国家出版基金项目

国家出版基金资助项目
“十二五”国家重点图书出版规划项目

中华佛教史

佛教文学卷

孙昌武 著

总主编
季羡林
汤一介

山西出版传媒集团　山西教育出版社

图书在版编目（CIP）数据

中华佛教史. 佛教文学卷 / 季羡林, 汤一介主编；孙昌武著. -- 太原：山西教育出版社, 2013.7

ISBN 978-7-5440-6228-2

Ⅰ. ①中… Ⅱ. ①季… ②汤… ③孙… Ⅲ. ①佛教－宗教文学－文学史－中国 Ⅳ. ①B949.2 ②I299

中国版本图书馆CIP数据核字(2013)第107890号

书　　名 / 中华佛教史 · 佛教文学卷
作　　者 / 孙昌武

出 版 人：荆作栋
总体设计：崔元和
编辑主持：雷俊林　刘立平　郭志强
责任编辑：赵　峰　孟绍勇
复　　审：郭志强
终　　审：刘立平
装帧设计：李𧆞岳　陶雅娜
印装监制：郭　勋　贾永胜
出版发行：山西出版传媒集团 · 山西教育出版社
（地址：太原市水西门街馒头巷7号　电话：0351-4729801　邮编：030002）
印　　装：北京图文天地制版印刷有限公司
版　　次：2013年7月第1版　2013年7月第1次印刷
开　　本：787×1092　1/16
印　　张：29.75
字　　数：509千字
印　　数：1—5000册
书　　号：ISBN 978-7-5440-6228-2
定　　价：80.00元

如发现印装质量问题，影响阅读，请与印刷厂联系调换。电话：010-84488980

《中华佛教史》总序

◎季羡林

此丛书名曰《中华佛教史》，为什么我们不按老规矩，称此书为《中国佛教史》呢？用意其实简单明了，就是想纠正一个偏颇。我们惯于说中国什么史，实际往往就是汉族什么史。现在改用“中华”这个词，意思是不止汉族一家之言，而是全国许多个有佛教信仰的民族大家之言。

谈到中华佛教史，我们必须首先提到汤用彤先生的《汉魏两晋南北朝佛教史》，此书取材丰富，分析细致，确是扛鼎之作，已成为不朽的名著。但是，人类社会总是在不停地前进，学术也是日新月异，与时俱进。到了今天，古代西域（今新疆一带）考古发掘随时有新的考古材料出土，比如，吐火罗语就是在新疆发现的，过去任何书上都没有这种语言的记载。所以我们感觉到，现在有必要再写一部书。

在中国古代佛教的著述中，有几种实际上带有佛教史的性质，比如《佛祖历代通载》等。佛教以及其他学科而冠以史之名称（如文学史之类），是晚近才出现的，其中恐怕有一些外来的影响。

近代以来，颇有几种佛教史的著作，这些书为时代所限，各有短长，我在这里不一一加以评论。

我们现在有胆量写这一套中华佛教史，就是为了赶上学术前进的步伐。

总而言之，归纳起来我们这套书有几个特点：第一，就是我们不只说汉族的事情，也介绍我国其他有关的少数民族的情况；第二，我们对古代西域佛教史的发展有比较详细的论述；第三，现在写这部书不仅有学术意义，而且还有现实意义。佛教发源于印度，传入中国后，经过两千多年的演变，最终已成为中华文化的一部分。在现实生活中，佛教仍然是一个有生命的团体。中国人民不管信佛教与不信佛教的，都必须了解佛教的真相，这会大大地促进社会主义和谐社会的发展。

在另一方面，也有利于世界各国对中国人民精神生活的了解。我们现在所需要的正是中外互相了解，全世界都互相了解。

我是不信任何宗教的，但是，对世界上所有的堂堂正正的宗教，我都有真挚的敬意。因为这些宗教，不管它的教义是什么，也不管它是如何发展起来的，这些宗教总是教人们做好事，不做恶事，它们在道德上都有一些好的作用。因此，现代世界上，宗教的存在有它的必要性。专就佛教与中国而论，佛教的原生地印度和尼泊尔，现在佛教已经几乎绝迹，但在我们中国，佛教得到了很大的发展。原因是中华民族几千年来，大度包容。中华民族文化之所以达到今天这样如火如荼的程度，就是因为我们民族有这种特点。从当前世界来看，我们最近提出了和谐世界的概念，这就希望全世界各个国家各个民族之间互相了解，互相促进，共同达到人类社会更高的层次。

所以，我们研究佛教写佛教史，不但有其学术意义，还有更深刻的现实意义。

目 录

前 言

一

佛教在中国两千年左右的历史发展中，在文学领域作出了巨大贡献，发挥了重大影响；而中国文学对于佛教的传播和发展也起到相当大的作用。二者之间的相互交流和推动对于中国佛教史和中国文学史都是十分重要的方面，其间的复杂关系更对于中国文化的诸多领域造成了广泛而深远的影响。有鉴于此，本书设专卷讨论中国佛教与中国文学相互影响和交流的诸多现象与问题。

梁启超曾指出：

> 凡一民族之文化，其容纳性愈富者，其增展力愈强，此定理也。我民族对于外来文化之容纳性，惟佛学输入时代最能发挥，故不惟思想界生莫大之变化，即文学界亦然。①

佛教在中土传播并生根开花，结成丰硕果实，是古代中外文化交流的重大成果，也是中华民族在文化上具有巨大包容力的卓越体现。而在文学领域，这种成果更为显著。可以

①梁启超《翻译文学与佛典》，《佛学研究十八篇》，台湾中华书局，1976年7月，第27页。

毫不夸张地说，如果没有佛教的输入和传播，中国文学的发展将会是另一种面貌。当然，具体影响及其后果是错综复杂的，需要进行历史的、科学的分析和判断。

从佛教自身发展历史看，无论是在发源地古印度①，还是后来在中国弘传，从经典的结集到教法的传播，从对教主、教义的赞颂到信仰心的抒发，如此等等都要广泛地采用文学手段。这样，历代创作出大量所谓“佛教文学”② 作品。佛教从而成为文学的一种载体。外来的佛教是其发源地印度与所流传各地区、各民族文学的载体；在中国这样具有高度文化和优秀文学传统的土壤上发展的佛教，历代也创造出大量的、有价值的文学作品。属于这一范畴的，从具有不同文学价值的翻译佛典，到中土僧俗的护法、颂佛作品，构成中国文学遗产的重要组成部分，而其成就和价值远远超越于宗教意义之外。

而另一方面，随着佛教在中土广泛弘传，对于世俗文学（不论是文人还是民间创作）也逐渐发挥多层面的影响。中土知识阶层普遍而深入地接受佛教是在两晋之际。在此后漫长的历史时期里，众多文人和民间作者不同程度地受到佛教的熏染。这种熏染不限于信仰层面，更表现在观念、感情、习俗、生活方式等等诸多层次。这些都以不同方式和不同程度地通过文学创造表现出来。有关佛教的“人物”、题材、语言、事典等等被人们相当普遍地当作创作“材料”；创作的作品涵盖诗歌、散文、小说、戏曲、各种民间文学创作等众多文学样式，并创造出一批全新的文体。佛教的影响不仅促成了历代文学作品思想内容的丰富和变化，对于其艺术表现的发展和创新也起到十分巨大而深远的作用。

值得注意的是，一方面佛教的传播大幅度地改变着中国文学发展的面貌，另一方面文学领域的这种变化和成果又反过来推动了佛教自身的发展和建设。从根本上说，中国佛教影响下所产生的文学作品本来就是佛教活动的重要成果。它们生动、形象地体现了中土人士对佛教的独特认识和理解，乃是佛教“中国化”的具体体现，从而又成为佛教进一步发展的推动力。中国佛教具有鲜明的个性，形成独特的面貌，取得特殊的成

---

①这里使用约定俗成的称呼，泛指以印度支那半岛为中心的南亚和中亚地区，即佛教发源和早期传播的地区。

②“佛教文学”已是约定俗成的概念，但具体所指却有相当大的差异。就佛教典籍而言，广义的佛教文学泛指经、律、论“三藏”，狭义的则限制在具有浓厚文学意味和较大文学价值的作品。在学术研究领域，广义的佛教文学包括世俗文学中表现佛教观念、受到佛教影响的作品，狭义的则限制在僧俗所创作的主旨为赞佛、护法、宣扬佛教信仰的作品，而在具体运用中又有差别。本书尽量避免采用这一含混的概念，不得已使用时将有所限制和说明。

就，是和来自文学方面的作用与影响有重大关系的。

而从更广泛的视野看，在世界宗教史上，中华民族积极地接受佛教，经过不断的发展、创新而实现“中国化”，形成独具特色与成就的“汉传佛教”，进而对东亚各国、各民族造成影响、作出贡献，乃是文化交流史上的范例。而中土人士通过佛教认识接受了印度和西域各国、各民族的文化成就，融摄、消化，作为创作本国、本民族文学的滋养和借鉴，继而又把自己创造的新成果贡献给其他国家和民族，这也是世界文化、世界文学交流史上的范例。

这样，中国历史上佛教与文学关系的诸现象，对于佛教史、文学史以及一般的文化史、文化交流史等众多领域的研究都是具有重大意义的课题。

二

宗教与文学艺术本来有着密切的、类似孪生的关系，二者在内容和形态上具有极大的共通性。黑格尔论述“艺术对宗教与哲学的关系”，曾指出“宗教却往往利用艺术，来使我们更好地感到宗教的真理，或是用图像说明宗教真理以便于想象；在这种情形之下，艺术却是在为和它不同的一个部门服务”，简单地说，就是艺术可以为宗教目的“服务”；黑格尔又指出“最接近艺术而比艺术高一级的领域就是宗教”①，他把二者同样看作是个客观真理的体现形态，从而沟通了二者的关系。从宗教史的实践看，各民族的文学艺术往往把宗教作为重要表现内容；对于宗教信徒来说，文学艺术创作不仅是表达信仰心的主要手段，又是重要的宣教工具。各宗教都创造出一定数量或精致、或粗俗的“宗教文学”和“宗教艺术”作品，各民族的文学艺术也必然在一定程度上受到宗教的影响或支配，或多或少地表现宗教内容。佛教在中国当然也不例外。由于佛教传入时期的中国文学已经形成十分发达、卓越的传统，此后中国文学的历史发展更是高潮迭起，成绩辉煌，因而佛教在中国传播、扎根，就必然要“倚重”文学，文学领域是它必须“占据”的重要领地。

而主、客观形势也给外来的佛教发挥对中国文学的影响提供了充分、有利的条件，

①黑格尔《美学》第一卷，朱光潜译，人民文学出版社，1962年，第125～128页。

举其荦荦大者有：

首先，佛教自身有着卓越、丰厚的文学传统。作为佛教创造者的佛陀本人具有高度文学素养，他当初施行教化，即已广泛、有效地利用文学手段。他所开创的这一传统被后世信仰者所继承并加以发扬。在陆续结集成的庞大的佛教圣典经、律、论“三藏”里，有相当数量的作品本身就是有巨大艺术价值的文学创作，还有一大部分具有浓厚的文学情趣。这些作品随佛典传译输入中土，成为中土民众接受佛教的机缘，文人们也出于不同理由积极地接受它们。例如龚自珍有《题梵册》诗说：

> 儒但九流一，魁儒安足为。西方大圣人，亦扫亦包之。即以文章论，亦是九流师。释迦谥“文佛”，渊哉劳我思。①

这种说法相当典型地表明了古代文人倾心、赞赏佛教“文章”的态度。佛教经典，特别是那些具有强烈文学情趣的经典受到文人们的重视和欢迎，在他们中间得到广泛流传，以至成为他们教养的案头必读书，从而也就自觉、不自觉地成为他们从事创作的借鉴。

其次，从总的环境说，佛教传入时期的中国已经形成牢固的封建专制集权统治制度。即使后来国家几度形成分裂割据局面，各王朝在统治体制方面也没有大的改变。在这种情势下，在中国历史上活动的各宗教都不能高踞于世俗统治之上，也不能超离于其外，而必须屈居于现实的专制体制之下。各王朝出于巩固统治和施行教化的理由，一般均实行“三教齐立”政策，这就促成了源远流长的“三教调和”以至“三教合流”的潮流。而佛教本来具有突出的包容、柔韧的性格，自传入中土即不断主动地协调与世俗政权的关系，从而争得了在社会上活动的广阔空间，也使得历代王朝在位的官僚和不在位的文人有机会、有可能怀抱不同目的、从不同角度接近或接受佛教。因而可以毫不夸张地说，从东晋直到晚清，没有哪一位重要作家是全然没有接触过佛教、受到佛教影响的；即使是那些并不信仰甚至是反对佛教的人，往往也都以不同形式与佛教发生过纠葛。

再次，佛教确实具有极其丰富而有价值的文化内涵。佛陀当初所创造的基本教义已经包含有丰厚、深刻的哲学、伦理等方面的内容。在佛教的长期发展过程中，这一传统

①龚自珍《龚自珍全集》第九辑，上海人民出版社，1975 年，第 506 页。

又被传播所及的各地区、各民族的信仰者们发扬光大了，从而使佛教成为具有特别重大的学术、文化价值的宗教。这也是佛教在世界诸宗教中的鲜明特色。佛教传入中国，带来了它在哲学、伦理、心理学、教育学、语言学、文学、艺术以及各门科技等等广阔领域的优异成果，其中包含有许多中土人士前所未闻的新的思想观念、新的知识。特别因为它是在中国这样文化高度发达的环境里扎根、发展的，它的新信仰、新思想、新观念、新知识等等与中土传统在矛盾、斗争中相交流、相融合，一方面不断地丰富、改造、发展自己，另一方面给中国的信仰、思想、文化提供滋养与借鉴。这个过程，不只是一种外来宗教的输入和传布，更是两种异质的文化、不同信仰、观念、思想、学术等等的碰撞和交流。长达千余年（公元十二世纪初，伊斯兰势力入侵印度，毁灭佛教，中国佛教从而失去了外来资源）的这种交流必然结出丰硕的果实。特别是在晋、宋到两宋之际这近千年间，在佛教逐步实现“中国化”过程中，形成一批汉传佛教的学派、宗派，成为推动整个思想、文化领域建设和发展的十分活跃、积极的、常常是主要的力量。例如，在先秦以来中土重视经世济民、“褒贬讽喻”的传统中，缺乏关于个人心灵体验、抒发和转化等属于“心性”范畴的观念和理论，而刘宋时期的著名文人范泰、谢灵运则已明确“六经典文本在济俗为治耳，必求性灵真奥，岂得不以佛经为指南邪”①；六朝时期更有“儒以治外，佛以治内”，“儒以治国，道以治身，佛以治心”之类说法。后来的章太炎也曾指出:“佛教行于中国，独禅宗为盛者，即以自贵其心，不愿鬼神，与中国心理相合。”② 这样，佛教注重“心性”问题的探讨和解决，无论是理论上还是实践上都给中国学术补充了新内容，开拓了新局面，也极大地丰富了中土人士的精神世界。这是佛教给中国学术输入新的思想观念并发挥影响的一例。而在更注重表现内心世界、抒发个人“性灵”的文学创作中，这种影响所产生的成果必然是更为巨大、意义深远的。

最后，但并不是不重要的，即在中国高度发达的文化环境里，不断完成“中国化”的佛教形成十分浓厚的文化性格。历代有大量高水平的文化人参与僧团，特别是六朝到唐、宋时期，僧侣成为社会上最有文化的阶层之一，僧团活动具有丰富的文化内涵；众多具有高度文化素养的僧侣热心参与社会上各种文化事业，在文化领域起到巨大作用；

---

①《何尚之答宋文帝赞扬佛教事》，《弘明集》卷一一，《大正藏》（以下简称为《正》）第52卷第69页中。
②《答铁铮》。

作为佛教活动基地的寺院往往成为城乡文化活动中心；而文人们与僧侣密切来往并相互交流，“真乘法印与儒典并用”，“统合儒、释，宣涤疑滞”① 更形成一种传统。特别值得注意的是，在中国“以孝治天下”的社会体制中，在家居士佛教更容易被人们所接受，在文人中居士思想和居士制度也特别受到欢迎，居士佛教从而成为支撑和推动整个佛教发展的重大力量。

如此等等，具有高度文化水平的中国佛教发展了高水平的佛教文化，吸引历代文人的倾心、赞赏或皈依。关系到文学领域，更有许多僧侣热衷文事，既丰富和活跃了佛教活动的内容，又密切了佛教与文人的关系，强化了佛教对文人及其创作的影响。如印度独立后第一任总理尼赫鲁曾精辟地指出：“在千年以上的中印两国的交往中，彼此相互地学习了不少知识，这不仅在思想上和哲学上，并且在艺术上和实用科学上。中国受到印度的影响也许比印度受到中国的影响为多。这是很可惋惜的事，因为印度若是得了中国人的健全常识，用之来制止自己过分的幻想是对自己很有益的。中国曾向印度学到了许多东西，可是由于中国人经常有充分的坚强性格和自信心，能以自己的方式吸取所学，并把它运用到自己的生活体系中去。甚至佛教和佛教的高深哲学在中国也染有孔子和老子的色彩。佛教哲学的消极看法未能改变或是抑制中国人对于人生的爱好和愉快的情怀。”② 这段简短的论述包含着对中、印两种文化的看法和评价，特别对中国文化表示由衷的赞赏。其中关于中国文化吸收外来滋养而保持自身的传统和优长的意见，更是颇中肯綮。这一点也特别适用于中国佛教与文学的关系。

总之，在中国的具体历史环境下，又基于佛教与文学发展的特质与形态，二者间形成了密切关联：一方面，文学成为中国佛教活动的重要领域；另一方面，中国文学接受佛教的广泛、深刻的影响，取得了十分丰硕的成果。

①柳宗元《送文畅上人登五台遂游河朔序》，《柳河东集》卷二五。

②尼赫鲁《印度的发现》，世界知识出版社，1958 年，第 246 页。

三

就狭义的“佛教文学”作品而言，有外来翻译的和本土创造的。英国印度学家 C. 埃利奥特在论述佛陀事业时说:“他不仅传播了就严格意义而言的宗教，而且也传播了印度艺术和文学远及印度国境以外。”① 东汉以来，伴随着佛典传译的，是空前规模的外国文化和文学的输入。传译为汉语的部派佛教的佛传、本生、譬喻故事等可视为翻译文学作品，大乘经如《法华经》、《维摩经》、《华严经》等，其文学成就更被人们普遍赞赏，给历代文人提供了众多的创作材料以及思想和艺术借鉴。中国文学的发展从中得益良多。历代中土信徒也创造出大量“辅教”作品，有文人创作的赞佛、护法诗文，还有民间宣扬佛教的故事传说和变文、宝卷等等，种类繁多，数量巨大。这些都构成中国文学遗产的重要内容。

而在佛教影响下的文学创作成果则更为丰富，也可分为僧、俗创作两大部分。就僧人情况而言，晋、宋以来许多士大夫进入僧团，僧团本身也培养出许多学养高深的学僧。其中一部分人具有杰出的文学才能，热衷于文事，他们独特的生活方式和思想境界，决定其文学创作独具特色并能够取得特殊成绩。例如六朝时期的支遁、慧远等人乃是诗歌发展史上表现山水题材的开拓者；六朝义学沙门中盛行讲学之风，推动了议论文字艺术技巧的进步；僧人制作的宣扬灵验神通的“辅教”故事，则形成志怪小说的特殊分支；而僧人的求法行纪、僧传等，本是史地著述，从文学角度看又是新发展的文学体裁，如此等等，都是僧侣在文学领域的成就与贡献。僧侣不只是信仰者和修道者，又是佛教活动的主力。他们所创作的可看作是“佛教文学”的作品从数量看并不占太大比例，质量一般也不是文坛上特别杰出的，但无论是他们积极从事创作活动这一事实本身，还是他们独具特色的创作实践，对于整个文学创作领域的作用和影响都是不可低估的。

佛教在中国的历史发展明显形成两个“小传统”，即社会上层知识精英信仰者为主体的佛教（后来形成“居士佛教”）和民众间檀施供养、消灾祈福的佛教。前者更多地体现为一种独特的思想观念和文化内涵，后者则主要表现为信仰和教化。当然在存在状

①查尔斯·埃利奥特《印度教与佛教史纲》第一卷，李荣熙译，商务印书馆，1982 年，第 11 页。

态上两者间相互影响和交叉，关系是十分复杂的。基于中国佛教发展的这种总体形势，严格意义上的“佛教文学”或受到佛教影响的世俗文学创作也可分为两大类：一类是文人的创作，另一类是民间创作。这两者间当然同样相互影响，并不可能画出绝对的界线；而且在具体时代、具体文人、具体文学作品中，相互的影响与借鉴更会形成十分复杂的状况。

就知识阶层而论，王国维指出：

> 自汉以后，儒家唯以抱残守缺为事……佛教之东，适值吾国思想凋敝之后。当此之时，学者见之，如饥者之得食，渴者之得饮……①

佛教传入中土伊始，知识阶层不是单纯把它当作宗教信仰，更是作为外来的思想、学术来理解和接受的。特别是随着佛教“中国化”程度加深，与中国固有传统逐渐相融合，晋、宋以后南北各王朝又基本采取“三教齐立”政策，这一方面给佛教在知识阶层更广泛地传播提供了良好条件，同时也决定了佛教的发展与知识阶层接受它的总趋势。在被评价为“名士百科全书”的《世说新语》里记载了许多僧、俗交往的故事，相当真切地反映了早期儒、释交流的情形。东晋玄言诗人孙绰在其护法名文《喻道论》里已明确地提出“周、孔即佛，佛即周、孔，盖内、外名之耳”，“周、孔救极弊，佛教明其本耳”②，这就确立了后来中土知识阶层“统合儒、释”的基本思路。著名文人如谢灵运、沈约等大都供养师僧、研习佛书、参悟佛理，佛教的影响不同程度地体现在他们的创作中。唐代以后，禅宗、净土法门大盛，宋人张安道所谓“儒门淡薄，收拾不住，皆归释氏耳”③，成为引人注目的社会现象。文人喜禅、习禅、逃禅的颇多，他们中的大多数普遍地喜读佛典，结交僧人，热衷在作品里渲染佛说，运用佛教事典。宋代以后，居士佛教盛行，文人居士阶层成为支持佛教的重要力量。另一方面则理学兴起，虽然理学家们大体是反佛的，但如戴震所指出：“宋以来儒者皆力破老、释，不自知杂袭其言而一一傅合于经，遂曰‘六经’孔、孟之言，其惑人也易而破之也难……”④ 宋元以来文人间形式不一的“外儒内释”、“阳儒阴释”已是普遍现象，这种倾向以不同形

---

①《论近年的学术界》，《静安文集》。

②《弘明集》卷三，《正》第52卷第17页上。

③陈善《扪虱新话》。

④戴震《孟子字义疏证》卷下，中华书局，1961年，第59页。

式或隐或显地在创作中表现出来。

就民间而论，在佛教输入以前，中土还没有定型的宗教。汉代以来作为统治思想理论依据的“儒术”更对宗教取排斥态度。佛教与大体同时发展起来的本土道教恰可以充实中土传统的宗教“真空”。汉末到南北朝时期国土分崩，战乱连年，生民涂炭，水深火热的处境使得民众迫切期望救济，更容易滋长信仰心。佛教的观音信仰、净土信仰、经典信仰等等很快在社会上下流行开来。相关题材的大量民间故事、传说、曲辞等等随之被创作出来。这方面的创作成果历来不受知识阶层重视，难以形成文字记录，传世很少。值得庆幸的是上世纪初在敦煌陆续发现的写卷里保存有大量这方面的资料。宋、元以后，佛教虽然衰落，但民众间的通俗信仰兴盛不衰，以至形成“家家阿弥陀，户户观世音”的局面。而这一时期文学创作的重心又从士大夫的诗文转而为市井的小说、戏曲，民间各类曲艺也空前地繁荣。从而佛教内容得到更为充分也更为丰富多彩的艺术表现。当然就具体作者、作品所体现的信仰的真挚、纯正程度是不同的。

佛教的传播和影响与所有宗教一样，内容上又可以分为不同层次。除了作为宗教核心的信仰之外，还有思想观念、思维方式、感情、情绪、习俗、生活方式等诸多层面。在中国自古形成的人本主义和理性精神居主导地位的传统中，文人怀抱真挚宗教信仰的历来只是少数，但接受佛教观念、佛教思维方式的却大有人在，而不同程度地抱有宗教情怀的就更多，生活习俗受到佛教影响的也不在少数。甚至坚定反佛如韩愈也赞赏禅宗的“外形骸，以理自胜，不为事物侵乱”① 的心态。历代无数文人慨叹“万事皆空”、“人生如梦”、“人生无常”，许多人的作品流露出敬畏之感，忏悔之心，慈悲之怀，等等，显然都得自佛教的薰习。在小说、戏曲、民间曲艺作品里因果报应更是常见的主题。这都反映了佛教熏染下的潜移默化的影响。接受佛教有不同层面，不同层次，体现在创作内容与形式上的具体形态会是大有不同的。这也是在考察佛教对文学的影响和作用时应当注意的。

从文学创作的艺术表现层面看，佛教影响更普遍地及于主题、题材、“人物”、情节、结构、语言、事典和具体写作技巧等诸多方面。而体现在具体作家身上、具体作品里，则更是千变万化，丰富多彩。晋宋以来，文人创作中表现佛教题材和主题十分普遍，抒写奉佛、习禅的体验，描写塔寺风光和寺院生活，与僧侣交往唱和等等，一直是

①《与孟尚书书》，《韩昌黎集》卷一八。

诗文常见的内容。后来的小说、戏曲更多取材于佛教故事。翻译佛典里本来有佛、菩萨、“天龙八部众”等众多幻想“人物”，中土佛教又创造出许多想象的或真实的人物，他们都被补充到文学形象的长廊之中。语言本是文学创作的基本材料。佛教给中国文学增添了无数新的语汇、句式、修辞方式、表现方法。文体的情况前面已经略有涉及。这里只举出一个事实：佛典行文中的韵、散结合方式直接给从讲经文、变文到宝卷、鼓词等众多说唱文体提供了借鉴，间接更影响到唐传奇、宋元话本、章回小说的行文结构。在创作体裁方面，借鉴翻译佛典和佛教的宣教方式更促使一批新的文学体裁的形成。如此等等，就艺术方面而言，佛教提供的资源和借鉴是把中国文学的传统大为补充、丰富了。

上述极其复杂的佛教影响于中国文学的现象在佛教史和文学史上均占有重要地位，以下即基本按照历史顺序，分门别类地加以讨论。

附带指出，与中国文学的发展相关联、相互间造成影响的不限于汉地佛教、汉传佛教。本书则基本依据汉文资料，介绍汉地佛教与文学的情况。其理由除了有作者学识水平的限制之外，还因为历史上中华民族中诸少数民族文学发展情况复杂，考索艰难①，而更主要的是汉传资料代表着中国主流的文化，汉语文学从来是中国文学的主体。这也是确定中国历史著作的内容范围的一般原则。本书有关西域佛教、南传佛教、西夏佛教各卷对于文学课题有涉及，可补本书的不足和缺憾，请读者参阅。

①明清以来，特别是近、现代，少数民族语言文献传世较丰富，包含众多与本书课题相关的资料。这还是待开掘的宝库，值得认真研究。

第一章

佛典翻译文学

第一节 佛典汉译及其文学价值

佛典，一般称为“佛经”，即经、律、论“三藏”，是佛教的根本典籍。佛陀的教法和佛陀的形象，主要是通过佛典传布世间的。我国翻译佛典年代可考最早的一部，是安世高于东汉桓帝元嘉元年（公元151年）所出《明度五十校计经》。此后直到北宋时期，大规模的佛典翻译工作十分兴旺地进行了九百年左右（以后仍在断断续续地进行①）。据元代佛经目录——《至元法宝勘同总录》，到那时留有译籍的著名译师计达194人，共翻译佛经1644部5586卷。这还不包括翻译过但又佚失的大量经典。如此巨大的翻译工作，是世界文化交流史上的壮举，其贡献首先是在中国传播并发展了佛教，而对于中华文明多方面的影响更是不可估量的。现存各种《大藏经》里包含有中国和其他国家的著述，但其基本部分是从古印度和中亚语文翻译过来的。这批佛典的数量十分庞大，内容非常丰富。它们作为佛教圣典，本来是佛教教理、教义的载体，实际更包含着古印度、西域文化、学术的十分丰富多彩

①宋代以后的译业，参阅周叔迦《宋元明清译经图记》，《周叔迦佛学论著集》下集，中华书局，1991年，第582～604页。

的内容。其中即包括本卷序言已述及的大量“佛教文学”作品。在漫长历史时期传译为汉语的这一大批典籍，除了作为宗教圣典的基本意义之外，又成为中国文化的宝贵财富，成为中国文学遗产的一部分，在中国文学史上占有重要地位。

本来许多佛典都具有宗教和文学两方面（或更多方面）的意义：经典的宗教内涵往往通过文学形式表现和发挥出来；具有文学意味的描写由教义、教理来支持。这样，对于具有文学价值的佛典，接受和研究时就不应受到宗教观念的局限。当然，所谓“佛典翻译文学”是个相当不确定的概念。有些经典，例如一些本生、譬喻故事，原本是民间文学作品，被利用、附会以教义而成了佛教经典；有些作品如佛传、佛弟子传，则是按文学创作的方式编撰的。这些可算是典型的佛教文学作品。而另一些作品则本来就是作为宗教经典结集的，或者插入了具有文学意味的情节，或者使用了文学表现方法，因而具有一定的艺术性。从广义说，这后一类作品也应包含在“佛典翻译文学”范围之内。

这大量的“佛典翻译文学”作品，形成和翻译情况十分复杂。有些原典是古印度梵文或巴利文的，有些是西域“胡语”的；“胡语”的有些是从梵文或巴利文翻译的，有些则是当地创作的；还有些是中土撰述的所谓“伪经”，为了提高其宗教的神圣性质而假托为翻译的。又古代从事翻译，做法和现代不同。佛教初传，经典靠西来传教者口诵，后来才逐渐有经本输入。即使是在有了经本之后，往往也不是由精通外语的人独自进行翻译，而是由多数人分工诵出原典、译为汉语、再写成汉文并加以修饰等复杂过程。翻译时为了适应中国人的思维或表达习惯往往有增删、改动，还有借用汉语已有词语加以比附的“格义”办法。例如在本生、譬喻故事里大量加入有关忠孝的说教；又如《佛所行赞》，“译者的目标显然不是传译文学作品而是译经，因此保存了原文的主要内容，不过多少也注意到汉语诗体的要求”①。这样，各家译文就有了较自由的意译和忠实的直译间的不同。

荷兰学者许理和曾指出，自有记载的第一位译师安世高系统地翻译佛典，就“标志着一种文学活动形式的开始，而从整体上看来，这项活动必定被视为中国文化最具影响的成就之一”②。佛教传入中国这样文化高度发达的国度，其“文学活动形式”必然会受到特别重视并被发扬光大。汉译佛典翻译文学的丰硕成果就是这种成就的典型表现。下面即对佛典翻译文学的几种主要类型加以讨论。

---

①金克木《梵语文学史》，人民文学出版社，1964 年。金著对比梵文原典和汉译，对汉文《佛所行赞》的表现艺术作了讨论，第 264 ~ 265 页。

②李四龙等译《佛教征服中国》，江苏人民出版社，1998 年，第 46 页。

第二节　佛　　传

佛传是专门一类经典。释迦牟尼作为佛教的创始者，本是现实人物。生前是执著的修道者、成功的求道者和热情的布道者。他作为教团领袖，是教主，是信徒膜拜的对象；而作为历史上的真实人物，无疑又是不世出的伟人。他的人格、胸怀和意志，他的思想、学识和技艺，无论哪一方面都是十分杰出的。这样的人物，对于信徒必然是崇拜、颂扬的对象，也是传记文学的好素材。佛传文学塑造出伟大佛陀的生动形象，在世界文学史上堪称为最杰出的典型之一。这些作品无论是作为宗教典籍，还是作为传记文学作品，都是具有重大思想意义和艺术价值的杰作。汉译佛传乃是佛典在中土流传最广的一部分，它们对于中国文学，特别是叙事文学的影响是十分巨大的。

佛陀寂灭之后，大迦叶带领众弟子结集佛陀的教诲，形成最初的佛典，包括有追忆他的行事、教化的情节，已有传记的成分①。例如描述佛陀成道后到鹿野苑对五弟子“初转法轮”的故事，即是《杂阿含经》里的一系列“转法轮经”的内容；又如描写佛陀逝世前后情形，他对弟子谆谆教诲，弟子们悲痛欲绝，等等，则有《长阿含经》里的《游行经》(同本异译基础上)。到部派佛教时期，随着佛陀观和佛陀崇拜的新发展，形成了描写佛陀一生行事的完整的佛传。由于各部派关于佛陀的传说不尽相同，不同部派的佛传内容也有差异②。大众部的佛传称为《大事》(Mahä vastu Avadä na)，法藏部的名为《本行经》③，等等。许多部佛传先后传译为汉语。除了翻译经典（例如四《阿含》里包括很多单本异译）和律藏（除了汉传四部律之外，重要的还有义净所译有部律《毘奈耶杂事》和《破僧事》等）里的片段记述外，按所出年代现存完整的佛传译本有：东汉竺大力译《修行本起经》(约 197 年；异译吴支谦《太子瑞应本起经》、刘宋求那跋陀罗《过去现在因果

①属于《阿含》类的经典是在部派佛教时期结集成的，更多体现了佛陀教法的本来面貌，应是以更原始的记述为基础的。翻译成汉语的有四部《阿含经》即《杂阿含经》、《中阿含经》、《长阿含经》和《增一阿含经》。

②日本学者平等通昭《印度佛教学文の研究》第一卷《梵文佛所行赞の研究》把佛传的发展详细分为四个阶段，可供参考；日本印度学研究所，1967 年，详该书第 139 ~ 166 页。

③参阅吕澂《印度佛学源流略讲》，上海人民出版社，1979 年，第 12 ~ 13 页。

经》)，东汉昙果、康孟祥译《中本起经》(207)、西晋竺法护译《普曜经》(308；异译唐地婆诃罗《方广大庄严经》)，东晋迦留陀伽译《十二游经》(393)，北凉昙无谶译、马鸣作《佛所行赞》(412—421[①]；异译刘宋宝云《佛所行经》)，隋阇那崛多译《佛本行集经》(587—591)，宋法贤译《佛说众许摩诃帝经》(973—1001)等。此外还有些已翻译的佚失不存。这其中《修行本起经》只写到佛陀出家，《中本起经》则从初转法轮开始记述佛陀传道，二者应是相衔接的；《佛所行赞》是纪元后一世纪印度著名佛教文学家马鸣菩萨所造，本身即是典型的佛教文学创作；《佛本行集经》是一部六十卷的庞大经典，是由不同佛传汇集而成的，或以为是巴利文《大事》的译本。

不同佛传所述内容范围不尽相同。有的从佛陀前生写起，有的从释迦族祖先写起，有的从佛陀降生写起，等等；大部分佛传结束于佛陀成道后的一段时期。一般说来，部派时期的佛传更富于现实性，基本把佛陀表现为现实的人的形象。越是到后来结集的佛传中越多神秘、玄想的成分。中国所出佛典大体与其结集成的时间层次相一致。所以前后不同时期译出的佛传，不但有繁简的差异，往往也反映了佛陀观的变化。例如在《佛所行赞》里，青年佛陀曾耽于结婚之乐，表现的是真实的婚姻状况；但在《过去现在因果经》和《普曜经》里，太子结婚已不同于世俗婚配，而是为了说法随顺世习现欢娱相，这就是所谓“方便”说或“幻影”说。又如佛陀入灭，在《佛所行赞》里虽然已有法身常驻观念的萌芽，但却表现为真实的寂灭，并不如后来《大涅槃经》那样说成是佛陀为了教化施行方便。不过，尽管佛传内容范围不同，但表现重点均在其成道以前。这是因为不管其中有多少夸饰和神化成分，着力描述的基本是佛陀作为求道者、修道者、成道者的奋斗历程，即“作者思想上是站在上座部说一切有部的立场，不是把释尊看作具有本体佛意义的应化佛，而是具有觉悟的人的肉体的生身佛，只是在寂灭后才作为法身存在。换言之，是把释尊当作完善的人来描绘，而不是绝对的神，或毋宁说是接近神的神人”[②] 来表现的。因此，所有佛传描写佛陀成道前的部分篇幅最大，情节最为复杂、内容也

---

①据《房录》和《开元录》;《出三藏记集》做“失译”(苏晋仁、萧链子点校《出三藏记集》，中华书局，1995年，第124页)。又参阅周一良《汉译马鸣佛所行赞的名称和译者》，《周一良集》第三卷《佛教史与敦煌学》，辽宁教育出版社，1998年，第242～249页。

②平等通昭《印度佛教文学の研究》第一卷《梵文佛所行赞の研究》，佛教学研究所，日本横滨，1967年，第336页。

最有趣味，主要也是通过这一部分塑造出一位目标明确、意志坚定、通过艰苦磨炼得到成功的“伟人”形象，颂扬一位从尘世苦海解脱出来的“觉悟者”所走过的艰苦人生历程。较强的现实性乃是佛传作为文学创作的卓越之处。

中国古代有以《左》、《国》、《史》、《汉》为代表的卓越的史传文学传统。但中土史家重“直笔”，主“实录”，努力做到“辨而不华，质而不俚，其文直，其事核，不虚美，不隐恶”①。从文学角度看，它们的优点在具有强烈的真实感和现实精神，但发挥想象和夸饰的空间却大大受到限制。而佛传是印度文化的产物，又是宗教圣典，既体现了印度民族善于玄想的性格，其主人公又是宗教教主，必然要加以神化和美化。所以佛传的描写，就悬想的放肆无羁、描摹的生动细腻而言，是中国史传作品不能望其项背的。而如《佛所行赞》那样上万行的长诗，如《佛本行集经》那样几十万字韵散间行的传记，仅就篇幅而言也是中国的单篇传记难以比拟的。当然佛传作为宗教文献，记叙方面也有缺陷。特别由于创作主旨在宣扬主人公的道德和教化，夸饰往往荒诞，记叙常忽略次序，时间观念淡漠。造成这类情况，和古印度人缺乏历史观念也有关系。

佛传中的修饰大体可分为两种情形。一种基本是宗教性的，如兜率天下降、右肋出生以及修道中恶魔扰乱、成道后梵天劝请等等。这类“捏造”的情节夹杂在佛陀生平的各个阶段，它们体现了神化人物的意图，往往又具有宗教隐喻意义。如佛陀求道时恶魔扰乱，表现的实际是修道中思想搏斗的激烈而艰巨的过程。另一种情形则出于加强艺术效果的需要。如对于太子逸乐生活情景的渲染、宫女丑陋形态的刻画、太子出家后合宫忧悲的描绘，直到佛陀寂灭前后师弟子们哀情的记叙，等等，都叙写得生动细腻而又极富人情味。这样，佛传作为宗教文学杰作，又善于把宗教性的和艺术性的两种描写方法和修饰技法巧妙地结合起来，形成独特的风格和特色。

汉译佛传中最为杰出的当数马鸣所造、昙无谶所出《佛所行赞》(另有宝云异译)。马鸣是迦腻色迦王时代著名的佛教思想家和文学家。他属于有部，这是十分富于文学传统的部派。他的著作包括戏剧、小说多种。《佛所行赞》全文二十八品，凡九千三百余句，四万六千多字，比古乐府中最长的叙事诗《孔雀东南飞》要长五

①班固《汉书》卷六二《司马迁传》，中华书局点校本（以下引用《二十四史》文字，均采用中华书局点校本，不另作说明)，第 2738 页。

十倍，内容从佛陀出生叙述到寂灭后八分舍利，即完整描写了主人公的一生。唐代义净写他到印度时看到这部作品流行的情形说："又尊者马鸣亦造歌词及《庄严论》，并作《佛本行诗》，大本若译有十余卷，意述如来始自王宫，终乎双树，一代教法，并辑为诗。五天南海，无不讽诵。"① 马鸣使用的是印度古典文学大宫廷诗体裁，这种体裁要求表现战争和爱情，又要有治国、做人的道理。就后一方面，马鸣讲的是佛教出世之道；而前一方面则与佛陀的在俗生活、他修道期间与恶魔的斗争相应。马鸣又充分吸取了古印度神话传说和婆罗门教圣书《吠陀》、《奥义书》、古代大史诗《摩诃婆罗多》、《摩罗衍那》等传统典籍的典故和技巧，更借鉴了各部派经、律中有关佛陀的传说和各种佛传的内容和写法，从而创造出佛传艺术的一个新高峰。再一部值得特别注意的佛传是隋出《佛本行集经》。由于这是一部各部派佛传的总结性作品，篇幅最长，以内容最为细致、翔实取胜。

中土史传长于叙事，主要通过行动、语言的矛盾冲突来刻画人物。而以《佛所行赞》和《佛本行集经》为代表的佛传却长于场面的描摹，环境的铺陈，特别是出于表达主题的需要，更重视人物心理描绘，用相当大的篇幅刻画人的感情、情绪、感受等心理动态。如《佛所行赞》讲到太子出走、仆人车匿带着白马回宫，合宫悲痛万分，先是描写车匿回归一路的心情，当来到王宫时：

> 宫中杂鸟兽，内厩诸群马，闻白马悲鸣，长鸣而应之，谓呼太子还，不见而绝声。后宫诸婇女，闻马鸟兽鸣，乱发面萎黄，形瘦唇口干，弊衣不浣濯，垢秽不浴身；悉舍庄严具，毁悴不鲜明，举体无光耀，犹如细小星，衣裳坏褴褛，状如破贼形。见车匿白马，涕泣绝望归，感结而号咷，犹如新丧亲，狂乱而搔扰，如牛失其道。②

接着描绘姨母瞿昙弥"闻太子不还，竦身自投地，四体悉伤坏，犹如狂风吹，金色芭蕉树……"；她回忆起太子形容的美好和在宫中的优裕生活，"念子心悲痛，闷绝而躄地"；接着描写诸夫人，特别是耶输陀罗的悲伤，把整个场面渲染得活灵活现。《佛本行集经》描写宫女们发现太子已经出走的情形说：

> 尔时太子宫内所有婇女睡寤，忽然唱言："不见太子！不见太子！"耶输陀

①王邦维《南海寄归内法传校注》，中华书局，1995 年，第 184 页。
②《佛所行赞》卷二《苦行林品》，《大》第四卷第 14 页下。

罗既睹卧床，独自一身，不见太子，而大唱叫，作如是言："呜呼呜呼！我等今被圣子诳逗。"即大叫唤，以身投地，把撮尘土，以散头上；又举两手，自拔发毛，拗折打破身诸缨络，以扑于地；以手指爪攫裂四肢、身体皮肉，所着衣服，皆悉掣毁。举声大哭，出于种种酸楚痛言；又以余诸种种苦恼，逼切萦缠自身肢体。①

像这样的细腻铺张的描写是中国文人的作品中不能见到的。又如《佛所行赞》描绘太子出游，街头巷尾观赏太子风姿：

街巷散众华，宝缦蔽路旁，垣树列道侧，宝器以庄严，缯盖诸幢幡，缤纷随风扬。观者挟长路，侧身目连光，瞪瞩而不瞬，如并青莲花。臣民悉扈从，如星随宿王，异口同声叹，称庆世稀有。贵贱及贫富，长幼及中年，悉皆恭敬礼，唯愿令吉祥。郭邑及田里，闻太子当出，尊卑不待辞，寤寐不相告，六畜不遑收，钱财不及敛，门户不容闭，奔驰走路旁。楼阁堤塘树，窗牖衢巷间，侧身竞容目，瞪瞩观无厌……②

这段描写与中国古诗《陌上桑》"行者见罗敷，下担捋髭须……"所用烘托手法类似，但就叙写的夸饰、细腻而言，后者远不及前者的铺张扬厉。当然佛传与一般佛典一样，叙写中多有烦琐罗列和严重程式化的倾向。这也是印度文学的特色。但总的看来，佛传在艺术上确实给中土文学输入了新鲜成分。

佛传在行文体制上也很有特色。还是以《佛所行赞》为例，其《离欲品》和《破魔品》连用"或"字排比句式，前者描绘宫女诱惑太子的种种媚态，后者描绘魔和魔女对太子的攻击、恐吓，都使用排比来极尽夸张形容之能事。后者描写魔的形象：

或一身多头，或面各一目，或复众多眼，或大腹身长，或羸瘦无腹，或长脚大膝，或大脚肥踵，或长牙利爪，或无头目面，或两足多身……③

如此连用三十余"或"字叠句，刻画魔军的千汇万状，饶宗颐指出后来韩愈《南

①《佛本行集经》卷一七《舍宫出家品下》，《正》第3卷第733页上。

②《佛所行赞》卷一《厌患品》，《正》第4卷第5页中~下。

③《佛所行赞》卷三《破魔品》，《正》第4卷第25页下。

山》诗“用‘或’字竟至五十一次之多，比马鸣原作，变本加厉”①。当然就诗的技巧说，这类偈颂文字远如中土文人诗歌那样雅驯畅达。但就创新意义看，佛传的这类表现方法确是新颖、独特的。

佛陀有他的家族、亲友，成道后有他的弟子、信徒，还有反对者以至敌人。这各种各样的人物除了出现在佛传里，又形成一些专门的经典。它们依教义本是附属于佛传的，实际则成为佛教传记文学的一部分。如西晋竺法护所出《佛五百弟子自说本起经》，是描写迦叶等大弟子皈依佛法的经过的。佛陀的十大弟子更被广泛表现在各种经典里，构成丰富多彩的人物画廊。其中不乏有趣的、富于人情味的故事。例如《杂宝藏经》里写到佛陀的弟弟难陀，因为贪恋美妻，不愿出家，佛陀为了教化他，把他带到天界，对比之下，让他发现人世丑陋，从而开悟了。还有一部《摩登迦经》，写阿难的感情纠缠。阿难年轻貌美，被摩登迦女所爱恋和迷惑，也是在佛陀帮助下得到解脱。这个故事，被编入《首楞严经》序分，成为这部经典破除分别计度、攀援外境的教法的缘起。有些描写佛陀信仰者、追随者的故事也相当生动，如舍卫国有大臣须达，即“给孤独长者”，其传说见于有部律《破僧事》，佛传《佛所行赞》、《摩诃帝经》等典籍，后来《贤愚经》的《须达起精舍品》则描写得更为完整和生动，其中对于舍利弗与六师外道斗法的场面作了多姿多彩的艺术描绘。陈寅恪联系《增一阿含经》卷二九和《大智度论》卷四五所记佛弟子舍利弗与目连角力事，指出“今世通行之西游记小说，载唐三藏车迟国斗法事，固与舍利弗降服六师事同。又所述三藏弟子孙行者猪八戒等，各矜智能诸事，与舍利弗目犍连较力事，或亦不无类似之处”②。佛陀周围的众多人物，无论是弟子、信仰者，还是反对者、敌人，来自不同的阶层，有着不同的生活经历。在有关他们的故事里，塑造出各不相同的人物性格，表现了广泛、生动的生活内容。

佛传作为宗教圣典乃是宣扬佛教教义的重要资料，同时也是古印度历史和宗教史的重要文献。而作为佛教文学的典范作品，其文学价值是不言而喻的。就其对中国文学的影响而言，佛传乃是佛典中最为文人所熟悉的部分之一。《牟子理惑论》里已记述一些佛传情节，学者用来证明汉末佛传流行的情形。关于梵呗的起源，有

①饶宗颐《马鸣佛所行赞与韩愈南山诗》，《梵学集》，上海古籍出版社，1993 年，第 316 页。
②陈寅恪《须达起精舍因缘曲跋》，《金明馆丛稿二编》，上海古籍出版社，1980 年，第 174 页。

传说谓“亦兆自陈思，始著《太子颂》及《睒颂》等”[①]；《太子颂》显然是叙述佛传的；《睒颂》则是名为睒的人的本生故事。关于曹植在渔山制作梵呗一事当出于传说，但这段记述表明早期梵呗的内容显然有讲佛传的。梁武帝命虞阐、刘溉、周舍等编辑《佛记》三十卷，沈约为序，其立意即鉴于佛陀“妙应事多，亦加总辑”，因此“博寻经藏，搜采注说，条别流分，各以类附”而加以整理[②]。这都说明文人间流传多种佛传的情形。同是出自梁武帝之命、宝唱编辑的佛教故事总集《经律异相》里也收录有许多佛传故事片段。至于佛传的记述启发了文人创作的构思，化为写作的语言、典故，在历代作品里更是比比皆是。

第三节　本生故事

昙无谶所出《大般涅槃经》说到“阇陀伽”即本生经：

> 何者名为阇陀伽经？如佛世尊本为菩萨修诸苦行，所谓比丘当知，我于过去作鹿、作罴、作麞、作兔、作粟散王、转轮圣王、龙、金翅鸟，诸如是等行菩萨道时所可受身，是名阇陀伽。[③]

《本生经》，或叫做“本生谭”，被称为古印度“民间寓言故事大集”[④]，是可与希腊伊索寓言并称的古代世界寓言文学宝典，也是佛典中艺术价值最高、最为普及的部分之一。

《本生经》的形成大体与集结佛传同时，二者都是部派佛教时期的产物。和佛传形成的情形一样，《本生经》的创作也与佛陀观的变化有关。如前所述，佛陀在世的时候，他的弟子们把他当作榜样、导师，是作为现实的人看待的。到佛灭后的部派佛教时期，形成了“三世诸佛”、“过去七佛”之说，神圣的、永生的佛陀也就有了他的过去世。赞美佛的过去世，就出现了《本生经》。在今印度中央邦博帕尔附近公元前三世纪阿育王所建桑奇大塔牌坊上的浮雕，即多有以本生和佛传故事为题材的。数量众多的同类故事后来被陆续创作出来。其中有些是以商人为主人公

①汤用彤校注《高僧传》卷一三，中华书局，1992 年，第 508 ~ 509 页。
②沈约《佛记序》，陈庆元《沈约集校笺》第 6 卷，浙江古籍出版社，1995 年，第 180 ~ 181 页。
③《大般涅槃经》卷十五《梵行品》，《正》第 12 卷，第 452 页上。
④季羡林主编《印度古代文学史》，北京大学出版社，1991 年，第 135 页。

的，显然是南亚地区商业发达时期的产物。

在南传佛教巴利文佛典里，保留有完整的《本生经》，共有 547 个故事（内有重复），是五部《阿含》中《小尼迦耶》（小部）的第十部经。但这部经也已不是原典，是大约在五世纪由斯里兰卡比丘依据古僧伽罗文译本用巴利文写出的。我国南北朝时期传译的《五百本生经》应就是这部经，后来佚失了①。除了巴利文的《小尼迦耶》之外，各部派在结集各自“三藏”时都大量把本生故事纳入其中。前面讨论的佛传里也编入不少本生故事，特别是后出的《佛本行集经》搜罗繁富。部派佛教的律藏、论藏以及各种大乘经、论都编入许多本生故事，不过后者在观念上改变为宣扬大乘思想了。

本生故事在古印度十分流行。东晋法显西行求法，在天竺曾访问过本生故事讲到的菩萨割肉贸鸽、施眼、舍身饲虎处；在狮子国（斯里兰卡），他遇到王城供养佛齿，在仪式上“王便夹道两边，作菩萨五百身已来种种变现：或作须大拏，或作睒变，或作象王，或作鹿、马，如是形象，皆采画装校，状若生人”②。在玄奘所著《大唐西域记》里，同样记载了许多五印流行的本生故事。而义净写他旅印时的佛教“赞咏之礼”：

> 其社得迦摩罗亦同此类社得迦者，本生也。摩罗者，即是贯焉。集取菩萨昔生难行之事，贯之一处，若译可成十余轴。取本生事，而为诗赞，欲令顺俗妍美，读者欢爱，教慑群生耳。是戒日王极好文笔，乃下敕曰：“诸君但有好诗赞者，明日旦朝，咸将示朕。”及其总集，得五百夹。展而阅之，多是社得迦摩罗矣。方知赞咏之中，斯为美极。南海诸岛有十余国，无问法俗，咸皆讽诵。③

这些都说明本生故事在南亚各地长期流行的情形。

在汉译佛典里，不存在完整《本生经》译本。但那些流行最广的著名故事如尸毘王（舍身贸鸽）本生、萨埵太子（舍身饲虎）本生、须大拏本生、九色鹿本生、

---

①据《出三藏记集》卷二《新集撰出经律论录》：“《五百本生经》为详卷数，阙。……右二部，齐武皇帝时，外国沙门大乘于广州译出，未至京都。”这部经大概就是巴利文本《本生经》；苏晋仁等点校本，第 63 页。参见陈寅恪《读书札记三集·高僧传初集之部》，三联书店，2001 年，第 28 页。

②章巽《法显传校注》，上海古籍出版社，1985 年，第 35、36、38、154 页。

③王邦维《南海寄归内法传校注》，中华书局，1995 年，第 182～183 页。

月光王本生、睒子本生、善事太子本生等大体均有相当的译文，而且多不止一种。比较集中地保存本生故事的汉译佛典有十几部，散见于其他经、律、论里的不少。其中吴康僧会所出《六度集经》、西晋竺法护所出《生经》、失译《菩萨本行经》等都是相当集中地存录本生故事的经典；此外各种不同类型的譬喻经以及《贤愚经》、《杂宝藏经》里也包含有不少属于本生故事的部分；还有许多单本异译的本生经。

《本生经》是在古印度民间文艺的传统中形成的。仅从表达方式就可以看出，“这一类故事和另外一种完全是夸张想象以至堆砌辞藻的经和故事显然是两种风格，有两种来源，起两种作用”①。本生故事原典体裁多种多样，有神话、传说、寓言、传奇故事、笑话（愚人故事）、诗歌、格言等等。译成汉语多采用韵、散结合的译经体。其中占相当大比重的是以动物为主人公的故事，它们本来是民间寓言。又根据历史学家考察，如“顶生王本生”、“大善见王本生”，则来自古印度先王事迹传说。此外还显然受到古印度叙事文学的影响，如汉译《六度集经》里的“未名王本生”和《杂宝藏经》里的“十奢王缘”，情节合起来就是印度古代史诗《罗摩衍那》的提要。后出的故事多是有意编撰而成，大体上已没有民间创作的根据了，艺术水平也显然降低了。后来西域地区也不断有新的本生作品出现，汉译本生有些应是出于西域的。又据学者们考证，早期的本生与一般早期佛典一样，应是先有偈颂，然后不断充实、丰富，增加了散文叙述，故事也逐渐复杂、完整起来。不过这一过程在汉译里已难以见到痕迹了。

汉译《本生经》有固定的结构。一个故事大体分为三部分。第一部分是佛陀现世状况，这一部分比较简单。另一部分是他过去世行事：他曾经是菩萨，示现为动物如鹿、猴、兔、鸽等或人物如国王、贵族、商人、平民、穷人、婆罗门等，描述他精勤修道的善行。最后是关联语，由现世佛陀出面说明过去世与现世的关联：当初行善的某某就是佛陀前生的自己，作恶的某某就是现在加害或反对他的人，从而表达教义或喻义。在巴利文原典里，在过去世故事之后有偈颂，然后又有一段解释文字，汉译里没有这两段。在这种以过去世为中心的结构固定的本生故事里，情节多相当简单，但却极富情趣，“人物”个性鲜明，善恶对比分明。这都体现了民间文学的特色。

①金克木《梵语文学史》，人民文学出版社，1964 年，第 173 页。

许多本生故事颂扬菩萨善行，具有宝贵的伦理内容。人间伦理是佛教根本教义的重要基础。富于伦理内容也是早期佛典的特征。舍己救人就是本生故事里常见的主题。著名的有尸毗王以身代鸽故事，见于《杂宝藏经》、《菩萨本生鬘论》、《大庄严经论》等多部经典中。故事是说曾有大国王名叫尸毗，生性仁慈，爱民如子。其时天帝释即将命终，世间佛法已灭，诸大菩萨不复出世，大臣毘首告以阎浮提今有尸毘王，志固精进，乐求佛道，当往投归。天帝释听了，决定加以考验。他让毘首变成鸽子，自己变成鹰，鹰追逐鸽子到国王面前，鸽子惊恐地躲藏到国王腋下。鹰作人语要求国王以鸽救饥，结果国王决定以身代鸽，自割股肉。鹰要求分量一定要与鸽身相等。但两相称量，股肉以至臂、肋、身肉割尽，轻犹未等。最后国王奋力置身秤盘上，心生喜足，并发誓说："我从举心，迄至于此，无有少悔如毛发许。若我所求，决定成佛，真实不虚。得如愿者，令吾肢体，当即平复。"当他发这一誓愿时，身体恢复如初。这时候天神、世人都赞扬为稀有之事，欢喜踊跃。故事的最后，佛告大众："往昔之时，尸毘王者，岂异人乎？我身是也。"[①] 这个故事立意在赞颂菩萨的牺牲精神，结尾有教义的说明，但客观上却把舍己救人的高贵品德表现得淋漓尽致。另有萨埵太子舍身饲虎、鹿王本生等故事，都表现同样的主题。见于《大涅槃经》的雪山童子"舍身闻偈"故事是《本生经》里训育意义深刻的另一类故事之一。故事说当初世尊作婆罗门，在雪山苦行，叫作"雪山大士"或"雪山童子"。天帝释为试验他的诚心，变作罗刹，向他叙说过去佛所说半偈："诸行无常，是生灭法。"童子听了，心生欢喜，四面观望，只见罗刹，就对他说："大士，若能为我，说是偈竟，吾当终身为汝弟子。"罗刹说："我定为饥苦所逼，实不能说。"童子说："汝当具足说是半偈，我闻偈已，当以此身奉施供养。"罗刹就说出后半个偈："生灭灭已，寂灭为乐。"[②] 童子听了，就在石头上，墙壁上，树木上，道路上，书写这个偈，然后升高树上，投身地下。这时候罗刹现天帝释形，接取其身，雪山童子以此功德超生十二劫。这里所说的偈就是"雪山偈"，又名"无常偈"，是表现佛教基本教义的一个偈。这个故事歌颂雪山童子"舍身求法"的大无畏品格。如果扬弃其宗教训喻的意义，这种追求真理、不畏牺牲的精神，也对人们有着普遍的教育意义。值得注意的还有《六度集经》里的睒子本生那样的故事

①《菩萨本生鬘论》卷一《尸毘王救鸽命缘起》，《正》第3卷第334页上。
②《大涅槃经》卷一四《圣行品》，《正》第12卷第450页上～451页上。

（有乞伏秦法坚所译单经《睒子经》）是宣扬孝道的，与中土传统伦理完全相合。

和菩萨善行形成对比，本生故事常常揭露恶人恶行，对他们进行强烈谴责。其中经常出现的是提婆达多（另译“调达”）。他本是佛陀从兄弟，但心术不正，是佛陀的反对者、教团的叛逆者。在佛传里他就是作为反面人物出现的。而在本生故事里，他前世已是作恶多端的极恶之人。《六度集经》卷六有九色鹿故事，又有单行《九色鹿经》。故事说菩萨昔为九色鹿，曾从大水里救出溺人。时有国王夫人欲得九色鹿皮作褥，得鹿角作拂柄；溺人闻王募重，遂向国王告发。这个故事揭露以怨报德的恶行，立意和中土“东郭先生”寓言相类似。又《法句譬喻经》里的“雁王”故事，是说昔有国王，遣猎师捕雁，日食一只；时有雁王将五百雁，飞下求食，不幸堕网，雁群徘徊不去，更有一雁悲鸣吐血，昼夜不去；国王感念其义，遂放归雁王。结尾佛陀说当年的雁王就是自己，那一只悲鸣的雁就是阿难，五百雁就是五百罗汉，猎师就是调达。阿阇世王本是摩竭陀国王，结交调达，囚禁父母，在《观无量寿经》里有详细描写。雁王本生通过影射现世的阿阇世王，批判杀戮恶行，颂扬佛陀不念旧恨、以德报怨的功德。

有些故事具有较丰富的社会内容，具有一定的现实批判意义，传达出民众的心声。批判残暴统治者的暴虐、贪婪，赞扬仁慈的统治者仁民爱物、悱恻为怀，宣扬和平、富足、国泰民安的社会理想，是许多以国王为题材的本生故事的主题。例如《六度集经》里的长寿王本生，异译有失译(《佑录》作道安译)《长寿王经》，其中说长寿王仁恻慈悲，愍伤众生；而邻国小王却“执操暴虐，贪残为法，国民贫困”，闻长寿王国土丰富，怀仁不杀，无兵戈之备，即兴兵来犯；长寿王以为如果抵抗“胜则彼死，弱则吾丧，彼兵吾民，皆天生育，重身惜命，谁不然哉！全己害民，贤者不为也”，即弃国而去；后来他又把身命布施给慕名来归的梵志，让他向贪王告发领得重赏；他死后，儿子长生做了贪王园监，得到贪王信任，尽管有机会杀死贪王，却“赦而不戮”；佛告诸沙门：“时长寿王者，吾身是也；太子者，阿难是；贪王者，调达是。”① 这个故事本是宣扬忍辱的，而两个国王的对比却体现了仁民爱物的政治理想；但宣扬对恶采取不抵抗、宽赦的态度，则是消极观念了。又普明王本生描写一位“慈惠光被，十方歌懿，民赖其休，犹慈子之宁亲也”的贤王。邻国有王贪残，嗜食人肉，至命宰人杀人以供。群臣谏诤说：“违仁从残，即豺狼之类

①《六度集经》卷一《布施度无极章》，《正》第3卷第5页上~6页上。

矣；去明就暗，瞽者之畴矣；替济自没，即坏舟之等矣；释润崇枯，即火旱之丧矣；背空向室，即石人之心矣……”并说“豺狼不可育，无道不可君”，贪王终于被逐出国。他为了复国，向树神发誓，要杀一百个国王贡献，已捕捉到九十九个，最后捕到普明王。他从王受偈，悔过自新而命终。经历世轮回，到佛出世时，又受所师梵志教唆，告以杀百人斩取手指即可成仙。他杀到九十九人，又得佛教化，成佛弟子。经文最后佛告诸比丘：“普明王者，吾身是也。”① 《六度集经》的国王本生里大臣说“宁为天仁贱，不为豺狼贵”，百姓说则“宁为有道之畜，不为无道民”②，都鲜明地表达了民众对清明政治的渴望。

前面说过，本生故事在部派佛教时期被大量编入各部派“三藏”。这些故事作为宣教材料又被大乘信徒所重视和利用，编入大乘经、论之中。汉译佛典里的本生故事特别突出地体现大乘佛教慈悲为怀、自利利他、普度众生的精神，则与大乘佛教作为中国佛教主流的发展形势有关。在中土最早集中传译本生故事的是三国时东吴康僧会，他所出《六度集经》里集中八十二个本生故事，该经从名称看就是按大乘“六度”（“六波罗密”）排列的。全经分为六章，其中颂扬的正面“人物”分别被表现为布施、戒、忍辱、精进、禅、明度（慧）的典型。编撰这部经显然意在宣扬大乘思想。从另一方面看，则也是利用大乘观念对本生故事重新加以解释。著名大乘论书《大智度论》卷四编入尸毗王以身代鸽和须陀须摩王舍身守信事、卷十四有忍辱仙人歌利王事、卷三十四有狮子分肋肉与鹫事等，也是用它们来说明大乘教理。

《本生经》本是赞佛文学的一种，结穴在最后的说教，立意在作教义的宣传，表现上则有程式化的结构，这就难免造成较严重的概念化、训喻化倾向。例如见于《六度集经》卷二的须大拏太子本生（有单篇异译《太子须大拏经》），描写太子放弃宫中享乐生活，到深山修道，刻意宣扬其乐善好施：在宫中向敌国施舍大王爱象，因此被驱逐出宫；出宫前用七天时间施舍掉全部财物；在赴深山路上施舍车、马和自己、妃子、两个儿子的衣服；最后在山中又施舍儿子和妃子。这种描写仿佛是施舍概念的图解。现存作品中又有些后世的模拟之作，艺术上更远不及早期作品的生动感人。如《贤愚经》卷一《梵天请法六事品》，写佛陀成道后，梵天请说

①《六度集经》卷四《戒度无极章》，《正》第3卷第22页中～23页下。

②《六度集经》卷五《忍辱度无极章第三》，《正》第3卷第26页下。

法，讲了六个佛陀前世为求法不畏牺牲的故事，情节大体相同，如施舍妻子、剜身燃灯、身上斫千铁钉等，也是枯燥地图解概念。至于许多本生故事描述残暴和苦行之类事相，极力夸张其残毒凄苦，虽然在客观上反映了古印度社会的苦难现实，但过度的恐怖、阴森的描绘却也破坏了艺术上的美感。

不过从总体看，本生故事作为源出民间的赞佛文学作品，生动活泼，富于情趣，堪称宗教文学的典范之作。虽然许多故事主旨在施行教化，但体现着普遍的伦理和社会意义，确是寓言文学的精品。

第四节　譬喻故事

《杂阿含经》记载佛陀说：

> 今当说譬，大智者以譬得解。①

同样意思的话常见于不同佛典。如《法华经》记述佛对舍利弗说：过、未、现诸佛“以无量无数方便，种种因缘譬喻言辞，而为众生演说佛法”②。《大智度论》则指出：

> 譬喻为庄严议论，令人信著故……譬如登楼，得梯则易上；复次，一切众生著世间乐，闻道得涅槃则不信不乐，以是故，以眼见事喻所不见。譬如苦药，服之甚难，假之以蜜，服之则易。③

这都反映佛教传统上对譬喻说法的重视。佛典初传中土，这一特点已引起人们的注意。《理惑论》里记载当时攻击佛教的言论：“佛经说不指其事，徒广取譬喻，譬喻非道之要。和异为同，非事之妙，虽辞多语博，犹玉屑一车，不以为宝矣”；而辩解时引用圣人之言：“自诸子谶纬，圣人秘要，莫不引譬取喻，子独恶佛说经牵譬喻耶?”④ 从广义说，前面所讨论的佛传和本生故事也可算是譬喻文学；而佛经里为了说明教理、教义，更多用譬喻故事，如《法华经》、《金光明经》等经典都是如

①《杂阿含经》卷一〇，《正》第2卷第71页上。
②《妙法莲华经》卷一《方便品第二》，《正》第9卷第7页中。
③《大智度论》卷三五《释报应品》，《正》第25卷第320页上。
④《弘明集》卷一，《正》第52卷第4页中。

此。此外还有一批专门集录譬喻故事、以“譬喻”立名的经典。这里主要讨论这部分作品。

1926 年鲁迅先生为校点本《百喻经》作题记指出：

尝闻天竺寓言之富，如大林深泉，他国艺文，往往蒙其影响。即翻为华言之佛经中，亦随在可见，明徐元太辑《喻林》，颇加搜录，然卷帙繁重，不易得之。佛藏中经，以譬喻为名者，亦可五六种，惟《百喻经》最有条贯……①

此前的 1914 年，鲁迅曾出资刊刻《百喻经》，次年并根据自藏校本校阅，写有后记②。他高度评价《百喻经》所代表的佛典譬喻文学的价值。

佛典里的“譬喻”有多种含义。一种是经、律、论大量使用的比喻修辞方式。这是为把道理说得生动、鲜明的修辞方法。又印度佛教对佛典进行分类，有所谓“十二分教”或称“十二部经”，其中的“阿婆陀那”（avadäna）意即“譬喻”，本义是“英雄行为故事”；“尼陀那”即因缘，即佛陀说经或制律的缘起，实际也是一种譬喻故事③。至于前面讨论的本生和本事当然也是譬喻。有些经典或经典的某一品本身就是对教理、教义的譬喻。如《中阿含经》里的《箭喻经》，是佛对弟子摩罗鹫摩罗的说法，用人中毒箭作比喻，告诫不要沉迷于形而上学的思辨，首要的是去解决人们面临的“生死事大”，要“从修梵行”。又如竺法护所出《修行道地经》卷三《劝意品》，写一个国王为选择大臣，让被选定的人处在种种危难环境里加以考验，结果证明他“有信精进，质直智慧，其心坚强”④。这个故事被胡适当作古代白话文学的范例，引录到他的《白话文学史》里。另外上面提到的大乘经如《法华经》、《华严经》、《维摩经》等，不但包含许多譬喻故事，整部经典作为方便说法，也可以看作是广义的譬喻。

而狭义的“譬喻经”则是专门辑录的、具有特色的譬喻文学选集。在汉语“三藏”里，这类经典现存多部：题为吴康僧会所出《旧杂譬喻经》、题为支娄迦

①《〈痴华鬘〉题记》，《鲁迅全集》第 7 卷，人民文学出版社，1980 年，第 101 页。

②《〈百喻经〉校后记》，《鲁迅全集》第 10 卷，人民文学出版社，1980 年，第 45 页。

③在汉语翻译里阿波陀那经常被翻译为“譬喻经”或“譬喻”，如《增一阿含经》卷一七：“或有比丘高声颂习所谓契经……譬喻如是诸法。”《正》第 2 卷第 635 页上；又《四分律》卷一：“契经……譬喻经……”《正》第 22 卷第 569 页中。

④《正》第 15 卷第 198 页中。

谶所出《杂譬喻经》、失译《杂譬喻经》、比丘道略集·鸠摩罗什译《杂譬喻经》（有异本《众经撰杂譬喻经》）、僧迦斯那撰·南齐求那毗地所出《百句譬喻经》即《百喻经》等。上面举出的“譬喻经”的前两部译者、所出年代都存在问题，从译语和译文风格看不像是康僧会或支娄迦谶所出。但它们出于佛教传入中土的早期则是可以肯定的。又有西晋法炬·法立所出《法句譬喻经》是用譬喻故事来解释“法句”的。在梁天监年间宝唱等所编、“抄经律要事，皆使以类相从”[①] 的《经律异相》里存有《十卷譬喻经》、《譬喻经》（一卷，引文不见现存诸经）的佚文；《出三藏记集》卷二《新集条解异出经录》《譬喻经》条下，又列出安世高出《五阴譬喻》一卷、竺法护出《譬喻三百首经》二十五卷（原注：无别题，未详其名）、释法炬出《法句譬喻》六卷、求那毗地出《百句譬喻》十卷、康法邃出《譬喻经》十卷，并注明“右一经五人出”，即把五部经作为同本异译。但今存释法炬和求那毗地的两部经，并非同本；另三部情况不明。《经律异相》录有佚文的《十卷譬喻经》可能即是康法邃所出。卷四《新集续撰失译杂经录》又著录《杂譬喻经》六卷、《旧譬喻经》二卷、《杂譬喻经》二卷、《譬喻经》一卷、《譬喻经》一卷（原注：异出）、《法句譬喻经》一卷（原注：凡十七事，或云《法句譬经》）、《杂譬喻经》一卷（原注：凡十一事。安法师载《竺法护经目》有《譬喻经》三百首二十五卷，混无名目，难可分别。今新撰所得，并列名定卷，以晓览者。寻此众本，多出大经，虽时失译名，然护公所出或在其中矣）[②]；卷五《新集抄经录》里有《抄法句譬经》三十八卷等。可见魏晋以来有众多以“譬喻”为名的经典广为流行，其中大部分已经佚失了。僧祐著录“失译杂经”时曾指出，这类经典一卷已还者五百余部，“率抄众经，全典盖寡。观其所抄，多出《四含》、《六度》、《道地》、《大集》、《出曜》、《贤愚》及《譬喻》、《生经》，并割品截偈，撮略取义，强制名号，仍成卷轴”[③]。就是说，多数“譬喻经”乃是出于中土人士的经抄[④]。正因为是抄撮而成，这些经典收录的故事多有相互重复的。

---

①《经律异相序》，《经律异相》卷一，《正》第 53 卷第 1 页上。

②苏晋仁等点校《出三藏记集》，中华书局，1995 年，第 77、124 ~ 125、175 页。

③苏晋仁等点校《新集续撰失译杂经录》，《出三藏记集》卷四，中华书局，1995 年，第 123 页。

④现存的“譬喻经”除《百喻经》有梵文原本外，其他均不见外语原典，所以有人认为它们都是“在中国结集成书的抄译经”。参阅丁敏《佛教譬喻文学研究》第六章《譬喻佛典研究之三——六部以“譬喻”为名的佛典》，东初出版社，1996 年，第 275 ~ 388 页。

除了这些名为“譬喻”的经典之外，还有两种经典亦属同类。一种是单本譬喻经，如前述《箭喻经》。《出三藏记集》里列有一大批这类经典的名目，如《恒河譬经》、《须洹譬喻经》、《马喻经》、《鳖喻经》等。周叔迦论《天尊说阿育王譬喻经》说:“东晋佚名译。按此经所记，率取故事以证嘉言，约如我国《韩诗外传》体例。凡十二则……大率取譬浅近，引人皈信，与《杂宝藏经》、《百喻经》等殊途同归。取此种经典，与六代《搜神记》、《颜氏家训》互相辜较，天竺思想影响中土程度，亦可窥一二矣。”① 更多的并不以“譬喻”立名，如下面将要讲到的《奈女耆婆经》。另一种是别有标题的譬喻故事集，如题为支谦译《撰集百缘经》、姚秦竺佛念译《出曜经》、马鸣撰、鸠摩罗什译《大庄严论经》、北魏慧觉等译《贤愚经》、北魏吉迦夜共昙曜译《杂宝藏经》等，都是专门辑录譬喻故事的经集。

“譬喻经”的结集情况是多种多样的。有些故事是从“修多罗藏十二部经中抄出”② 的，有些则是创作的。创作的部分，有的是从外语翻译的，有些是本土编撰的；外语翻译的有些是印度的，有些是西域“胡族”的。部派佛教时期在创作大量佛传、本生的同时，也积极地利用譬喻故事。特别是活跃在贵霜王朝的论师，热心地搜集、创作譬喻故事并编辑成书来宣扬教义。窥基说：

> 佛去世后一百年中，北天竺怛义翅罗国有鸠摩罗多，此言童首，在九百论。时五天竺有五大论师，喻如日出，明导世间。名日出者，以似于日，亦名譬喻师。或为此师造《喻鬘论》，集诸奇事，名譬喻师。③

这里说的《喻鬘论》，本世纪初在新疆发现一部梵文残卷，作者题鸠摩罗多，陈寅恪与德国梵文学者刘士德勘同旧题马鸣所造、属于《法及譬喻经》类的《大庄严论经》④。窥基所谓“佛去世后一百年”，计算时间有误，实际应是贵霜王朝的产物。同时代的法胜、法救（下面将要讲到的《法句经》就是他编订的）、众护（上面提到的《修行道地经》即他所编撰）⑤ 等都是具有卓越文学才能的人物，对发展

---

①《释典丛录》，《周叔迦佛学论著集》下集，中华书局，1991 年，第 1024 ~ 1025 页。

②《百句譬喻经前记》，《出三藏记集》卷九，第 355 页。

③《成唯识论述记》卷八，《正》第 43 卷第 274 页上。

④参阅陈寅恪《童受喻鬘论梵文残本跋》，《金明馆丛稿二编》，上海古籍出版社，1980 年，第 207 ~ 211 页。

⑤吕澂《印度佛学源流略讲》，上海人民出版社，1979 年，第 54、59 页。

譬喻文学都作出了巨大贡献。在佛教传入中国的汉、魏的时期，正是这批论师十分活跃的时候。什译《杂譬喻经》的编者比丘道略也是这类论师之一。另有些“譬喻经”是中土人士辑录的。例如关于《贤愚经》，僧祐说：

十二部典，盖区别法门。旷劫因缘，既事照于本生；智者得解，亦理资于譬喻。《贤愚经》者，可谓兼此二义矣。河西沙门释昙学、威德等凡有八僧，结志游方，远寻经典。于于阗大寺遇般遮于瑟之会。般遮于瑟者，汉言五年一切大众集也。三藏诸学，各弘法宝，说经讲律，依业而教。学等八僧随缘分听，于是竞习胡音，析以汉义，精思通译，各书所闻，还至高昌，乃集为一部。既而逾越流沙，赍到凉州。于时沙门释慧朗，河西宗匠，道业渊博，总持方等。以为此经所记，源在譬喻；譬喻所明，兼载善恶；善恶相翻，则贤愚之分也。前代传经，已多譬喻，故因事改名，号曰《贤愚》焉。①

就是说，《贤愚经》本来是河西沙门昙学等人在于阗求法时的听讲记录，因为所录为譬喻故事，“因事改名”，称为《贤愚经》。又康法邃编辑《譬喻经》，也有序记说：

《譬喻经》者，皆是如来随时方便四说之辞，敷演弘教训诱之要。牵物引类，转相证据，互明善恶罪福报应，皆可寤心，免彼三途。如今所闻，亿未载一，而前后所写，互多重复。今复撰集，事取一篇，以为十卷。比次首尾，皆令条别，趣使易了，于心无疑。愿率土之贤，有所尊承，永升福堂，为将来基。②

这表明，康法邃这部《譬喻经》是鉴于同类经典记载混乱而重新编辑的。

具体譬喻经的艺术水平大不相同。有些譬喻故事，特别是那些专门为宣教而制作的，往往是教义的图解，没有多少文学意味。例如讲施舍则得到财富，慈心则得到善报，等等；有的故事表现前世行为乃是现世果报的因缘，情节简略、粗糙，严重程式化，索然寡味。在艺术上更有价值的，是那些取自或模仿民间创作的作品，它们具有更普遍、更深刻的训喻含义，艺术上也相当有特色。

---

①《贤愚经记》，《出三藏记集》卷九，中华书局，1995 年，第 351 页。

②《譬喻经序》，《出三藏记集》卷九，中华书局，1995 年，第 354 ~ 355 页。

例如失译《杂譬喻经》卷下第二十九“瓮中见影”故事，说新婚夫妇二人见瓮中自己影子而怀疑对方藏有情人；《旧杂譬喻经》卷上第十九经讲二道人从象迹判断出怀雌母象；《百喻经》第十《三重楼喻》说愚人不想造下两层屋想直接造第三层。经文对故事的寓意都有说明：第一个故事讽刺“世人愚惑，以空为实”①；第二个故事告诉人“夫学当以意思维”②；第三个故事教育四辈弟子“精勤修敬三宝”，不要“懒惰懈怠”③。这类说明具有明显的宗教意味，但人们却可以从中体会到与宗教全然无关的更深一层的哲理。当然佛教教义本身往往也含有一定的哲理内容。

有一部分故事则具有普遍的伦理内容。这类故事本来的主旨是指示修道方式和态度的，这也体现了佛教教义的伦理价值。如《旧杂譬喻经》卷上第二十三经：鹦鹉以翅羽取水，欲扑灭山中大火，以援救曾帮助过自己的鸟兽。这个寓言式的故事歌颂了知恩图报的情操和“知其不可而为之”的坚定意志④。《杂宝藏经》卷一的《弃老国缘》，说过去有一弃老国，按国法驱弃老人，有一大臣孝顺，在地下掘一密室孝养老父，借老父的智慧解答了天神的问题，终于使国王改变了弃老法令。这明显地是在宣扬仁孝敬老观念，符合中土的伦理规范⑤。譬喻故事里宣扬戒绝贪、瞋、痴，提倡施舍、忍辱、精进努力的很多。如《贤喻经》卷三《贫女难陀品》，讲佛经里常常提到的“贫女一灯”故事，本来是宣扬诚心施舍的，但那种为达到一定目标精诚努力的精神，却具有普遍的教育意义⑥。

譬喻故事的背景或内容又往往反映故事产生当时的现实矛盾，从而体现出积极的社会意义。《旧杂譬喻经》卷上第二十二经祸母故事说，过去有个国家，富足安乐，但国王贪心不足，忽发奇想，派人到邻国买“祸”，结果祸害了民众，闹得饥荒遍地，结尾说:“坐厌乐，买祸所致。”⑦ 故事寓意本是戒“贪”的，但客观上却对统治者的残暴荒唐进行了揭露和讽刺。在一些有关国王的譬喻故事里，常常以鲜

①《正》第4卷第509页下。
②《正》第4卷第541页中。
③《鲁迅辑录古籍丛编》第4册，人民文学出版社，1999年，第731页。
④参阅《正》第4卷第515页上。
⑤参阅《正》第4卷第449页上、中。
⑥参阅《正》第370页下～371页上。
⑦《正》第4卷第514页下。

明的爱憎态度拿贤明国王与残暴国王作对比，揭露暴君滥杀无辜、贪得无厌、盘剥百姓、侵略别国的罪行；而对仁政爱民的国君加以赞扬。《杂宝藏经》里的一个故事揭露国王“七事非法”：“一者耽荒女色，不务贞正；二者嗜酒醉乱，不恤国事；三者贪著棋博，不修礼教；四者游猎杀生，都无慈心；五者好出恶言，初无善语；六者赋役谪罚，倍加常则；七者不以义理，劫夺民财。有此七事，能危王身。”又指出“倾败王国”的“三事”：“一者亲近邪佞谄恶之人，二者不附贤圣，不受忠言，三者好伐他国，不养人民。”① 这乃是对残暴统治者的十分全面而尖锐的揭露和抨击。《贤愚经》卷八《盖事因缘品》描写国王出游，“见诸人民耕种劳苦”，问大臣人民何以如此，大臣回答说：“国以民为本，民以谷为命。若其不尔，民命不存；民命不存，国则灭矣。”② 则表明了以民为本、仁政爱民的政治理想，这不但在观念上，语言上也和儒家仁爱思想相通。而卷五《散檀宁品》写五百乞儿出家，佛陀说：“我法清净，无有贵贱。譬如净水，洗诸不净，若贵若贱，若好若丑，若男若女，水之所洗，无不净者……”③ 这些说法当然有其特定的教理内容，但其中表现的人性平等观念是十分宝贵的。许多譬喻故事就这样直接或间接地显现出这类古代思想的精华。

譬喻故事里更具特色的是那些短小精悍的笑话。它们奇思异想，妙趣横生，对世态人情的揭露和讽刺极其尖锐、深刻。《百喻经》里集中了一批这样的故事。日本佛教文学学者岩本裕以为这类故事从古印度民间流行的愚人故事脱胎而来④，所以能体现民间文学特有的幽默情趣。例如《旧杂譬喻经》卷上妇人富有金银为男子骗取、被狐狸嘲笑；什译《杂譬喻经》田舍人至都下见人以热马屎涂背疗鞭伤、命家人鞭背；《百喻经》“效其祖先急快餐喻”，“愚人食盐喻”，等等，都以简短篇幅叙说风趣的小故事，生动幽默，充满机智。这类故事当然也往往附带教理的说明，但其客观训喻意义更为普遍、深刻。由于它们多取自生活实际和日常现象，因此让人倍感亲切。

有些譬喻故事以动物为主人公，采取拟人化手法来表现世态人情，成为具有鲜明艺术特色的寓言一类作品。

---

①《杂宝藏经》卷八《拘尸弥国辅相夫妇恶心于佛佛即化导得须陀洹果》，《正》第 4 卷第 483 页下。

②《正》第 4 卷第 403 页中。

③《正》第 4 卷第 386 页上。

④《佛教说话研究》第二卷《佛教说话の源流と展开》，开明书院，1978 年，第 118 页。

几种专门《譬喻经》里的故事篇幅较短，情节简单，结构单纯。而如《贤愚经》等后出的经集，则出现一批情节较复杂的故事。有些更是由多种情节组合而成的，还常常把本生、因缘故事组合其中。常见的有两种结构方式：一种是在现实情节中组合进往昔、过去世的复合式；另一种是由一个情节引出另一个情节的连锁式。复合式故事有些较简单，例如讲现世某人行善或作恶，原来其前世也同样曾行善、作恶；有些则是多种情节相当复杂的组合。例如《贤愚经》卷十一《无恼指鬘品》，故事是从《六度集经》里的普明王本生发展而来，说佛陀在世时波斯匿王有子聪明博达，受邪师所惑，拟斩千人指，以为鬘饰，号鸠仇魔罗，已斩九百九十九人，受佛陀教化，出家得阿罗汉道；接着加入痤陋比丘善声因缘，以下是四个鸠仇魔罗前世受佛陀教化故事①。连锁式的故事则更为复杂，例如同是在《贤愚经》卷十一里的《檀腻鞘品》，主人公是个穷婆罗门，生活困顿，从佛出家，佛告阿难前世因缘：原来过往阿僧祇劫，有婆罗门名檀腻鞘，贫困饥饿；接着是他一系列倒霉情节：丢失借别人的牛，打折别人的马脚，过河时丢了凿子，等等，在被捉到国王那里的路上，又有雉、蛇和一位母亲向他提出问题；被捉到国王处，国王一一断案，使他得以解脱；事情结束，檀腻鞘又看到国王评判二母争儿案，并逐一地解答了雉等的问题。这样由一个情节引出另一个情节，构成两个大的段落②。又如《佛说奈女祇域因缘经》，描写一个奈女从奈树上出生，与瓶沙王生了一个儿子，生时手持针药囊，后来学习医术，成就医道；接着描述他医治四个病人的事迹：照见五脏，开腹破颅等；然后又写他为南方大国热毒攻心、动辄杀人的蟒子国王治好了病，并让国王请佛加以超度；最后补叙了奈女前世因缘。这实际是一个“神医”故事，反映了古代印度医学发展的高度成就③。这类故事结构上不用复线，线索围绕着一个人物展开，显然保持了口头传说的基本格局；但由多个故事构成的较复杂的结构，已经具有长篇叙事作品的规模。

譬喻故事的总体风格是内容上主题清晰，善恶分明，褒贬对比强烈，往往附有直接的评论；表达上平易、生动，语言通俗易懂，即使是翻译为汉语的，也和六朝时期书面语言的雕琢华丽不同。这是在当时文坛上很富特色的作品。

---

①参阅《正》第 423 页中～427 页下。

②参阅《正》第 427 页下～429 页下。

③参阅《正》第 14 卷第 896 页下～902 页上。

“法句经”也是一种富于文学性的特殊一类经典。所谓“法句”（梵文 Dharmapada，巴利文 Dhammapada），意谓真理的语言，即传达佛陀教法的偈句，本是古代沙门从众经中拣选出来分类加以编辑的。汉译“法句经”有四部：吴维祇难等译《法句经》二卷，法炬共法立译《法句譬喻经》四卷，姚秦竺佛念译《出耀经》三十卷，宋天息灾译《法集要颂经》四卷。据考前二者出于巴利文系统，后二者出于梵文系统。它们的内容大体相同。不过第一、四两种全是韵文偈颂；二、三两种则取韵、散间行文体，以散文宣说义理或举出故事以为佐证。韵文的法句只取句式整齐，基本不用韵，其中也多用比喻方法，可以看作是哲理诗。如《法句经》：

> 《教学品》：若人寿百岁，邪学志不善，不如生一日，精进受正法。若人寿百岁，奉火修异术，不如须臾顷，事戒者福称。
>
> 《多闻品》：斫疮无过忧，射箭无过患，是壮莫能拔，惟从多闻除。盲从是得眼，暗者从得烛，示导世间人，如目将无目。
>
> 《言语品》：夫士之生，斧在口中，所以斩身，由其恶言。①

这些“法句”以譬喻宣说佛里，包含着古人智慧的结晶，有着普遍的教育意义。而用譬喻故事来说明“法句”，则与一般的譬喻经没有差别了。

譬喻故事是佛典翻译文学中最为普及、最受欢迎的部分之一，也是施设方便、施设教化最有成效、最常利用的手段之一。不论是在印度、西域还是在中国，这些故事都流传得十分广远。直到今天，许多这类故事仍传承在中国各族民众间；还有许多广泛流传于民间的故事传说是根据佛典譬喻故事改编的。譬喻故事作为寓言文学的典范，更为历代文人创作提供了宝贵借鉴。

第五节　大乘佛典的文学性质

有些大乘经的文学性质十分鲜明，同样可以当作文学作品来阅读。本来大乘经一般说来无论是内容还是表现形式都具有综合特色，它们在构筑、阐发庞大而严密的教理、教义体系时，往往利用多种文体、多种表现方法、多种修辞手段，例如常常把前面介绍的本生、佛传、譬喻故事等纳入其中；另一方面，大乘经的结构均组

①《正》第 4 卷第 559 页上、560 页中、561 页下。

织在佛陀于某时、某地、对某些人说法的框架里，这就决定了它们具有叙事和描述的文体特征。加之大乘教义富于想象和玄想性格，就更增强了文学性质。当然，就具体经典而论，情形有所不同。如各种《般若经》，主要是说理，思辨色彩更浓厚；而如《维摩经》、《法华经》、《华严经》等，则更多使用叙事和描述手法，更富于故事性和形象性。就论书而言，从性质说它们本是解经的，以议论为主，但同样包含叙事成分，生动形象的例证往往成为说理的不可或缺的部分。所以如《大毗婆沙论》、《大智度论》等大、小乘论书，也包含譬喻文学的成分。以下只简要地介绍几部经典。

《法华经》是一部重要大乘经，被称为"经王"。在中土，自竺法护于太康七年（286）初译《正法华》即广受欢迎；后来以什译《妙法莲华经》最为流行。本经一再说到"以无数方便，种种因缘，演说佛法"① 的道理，其表现的重要特点之一即在利用譬喻说明教理。道宣指出：

> 朽宅通入大之文轨，化城引昔缘之不坠，系珠明理性之常在，凿井显示悟之多方，词义宛然，喻陈惟远。②

这里讲到《法华经》里"朽宅"（火宅）、"化城"、"系珠"、"凿井"四喻，加上"穷子"、"药草"、"医师"喻，构成有名的"《法华》七喻"，这是七个说明教理的生动故事。如"三世朽宅"、"导师化城"不论在观念上还是在文字上，都已深入中土人心。把人世比喻为"火宅"，就教理说极其贴切、形象；经文的描述更十分细致、生动。先是散文（长行）的叙述，写得很简单：

> 若国邑聚落有大长者，其年衰迈，财富无量，多有田宅及诸僮仆。其家广大，唯有一门，多诸人众，一百二百乃至五百人，止住其中。堂阁朽故，墙壁隤落，柱根腐败，梁栋倾危。周匝俱时，欻然火起，焚烧舍宅。长者诸子，若十、二十，或至三十，在此宅中。长者见是大火从四面起，即大惊怖，而作是念：我虽能于此所烧之门，安稳得出，而诸子等，于火宅内，乐著嬉戏，不觉不知，不惊不怖，火来逼身，苦痛切己，心不厌患，无求出意……

①《妙法莲华经》卷一《方便品》，《正》第9卷第7页上。

②《妙法莲华经弘传序》，许明编《中国佛教经论序跋记集》第1册，上海辞书出版社，2002年，第252页。

后面对朽宅和大火的情景再用韵文（偈颂）加以形容、描绘，极尽铺排能事：

譬如长者，有一大宅，其宅久故，而复顿弊。
堂舍高危，柱根摧朽，梁栋倾斜，基陛隤毁。
墙壁圮坼，泥涂褫落，覆苫乱坠，椽梠差脱。
周障屈曲，杂秽充遍，有五百人，止住其中。
鸱枭雕鹫，乌鹊鸠鸽，蚖蛇蝮蝎，蜈蚣蚰蜒，
守宫百足，狖狸鼷鼠，诸恶虫辈，交横驰走。
屎尿臭处，不净流溢，蜣螂诸虫，而集其上。
狐狼野干，咀嚼践蹋，哜啮死尸，骨肉狼藉。
由是群狗，竞来搏撮，饥羸慞惶，处处求食。
斗诤摣掣，啀喍嗥吠，其舍恐怖，变状如是。
处处皆有，魑魅魍魉，夜叉恶鬼，食啖人肉。
毒虫之属，诸恶禽兽，孚乳产生，各自藏护。
夜叉竞来，争取食之，食之既饱，恶心转炽。
斗诤之声，甚可怖畏，鸠盘荼鬼，蹲踞土埵，
或时离地，一尺二尺，往返游行，纵逸嬉戏。
捉狗两足，扑令失声，以脚加颈，怖狗自乐。
复有诸鬼，其身长大，裸形黑瘦，常住其中，
发大恶声，叫呼求食；复有诸鬼，其咽如针；
复有诸鬼，首如牛头，或食人肉，或复啖狗，
头发蓬乱，残害凶险，饥渴所逼，叫唤驰走。
夜叉饿鬼，诸恶鸟兽，饥急四向，窥看窗牖。
如是诸难，恐畏无量，是朽故宅，属于一人。
其人近出，未久之间，于后舍宅，忽然火起。
四面一时，其炎俱炽，栋梁椽柱，爆声震裂，
摧折堕落，墙壁崩倒。诸鬼神等，扬声大叫。
雕鹫诸鸟，鸠盘荼等，周章惶怖，不能自出。
恶兽毒虫，藏窜孔穴；毘舍阇鬼，亦住其中。
薄福德故，为火所逼，共相残害，饮血啖肉。

野干之属，并已前死，诸大恶兽，竞来食噉。
臭烟烽㶼，四面充塞。蜈蚣蚰蜒，毒蛇之类，
为火所烧，争走出穴。鸠盘荼鬼，随取而食。
又诸饿鬼，头上火燃，饥渴热恼，周章闷走。
其宅如是，甚可怖畏，毒害火灾，众难非一。①

这样使用了大胆想象和极度夸张的手法，极力形容朽宅的破弊危险，描写大火焚烧的恐怖，为拯救作铺垫。这乃是大乘佛典进行描绘的典型手法。胡适说“《法华经》（《妙法莲华经》）虽不是小说，却是一部富于文学趣味的书。其中的几个寓言，可算是世界文学里最美的寓言，在中国文学上也曾发生不小的影响”②。

《华严经》是规模更为宏大的经典，内容是佛成道后，藉普贤、文殊等大菩萨示现佛陀的因行果德如杂花庄严，广大圆满，无尽无碍。汉语有三译，流行的是东晋佛陀跋陀罗所译六十《华严》。这是一部充分、典型地显示大乘佛教玄想性格的经典。全经按说法地点是七处，按场面是八会。前两会佛在成道的菩提道场和普光法堂说法，从第三会移到天上忉利天宫、夜摩天宫等处，第七会又回到普光法堂，第八会在佛陀圆寂的逝多林。而说法的佛陀已不是通过修道而成佛的沙门释迦，而是遍满十方、常住三世、总该万有的真理化身、十相具足的法身佛卢舍那佛；说法的对象不仅有佛弟子，还有众多菩萨。其中展现了万德圆满、妙宝庄严、无限华丽神秘的诸佛境界，以至有人把它比作一部规模宏大的神魔小说。在第七会里，佛陀现种种神变，使诸菩萨得到无数大悲法门，文殊师利率大众辞佛南行，到福城东，在庄严幢娑罗林中说法，有善财童子等两千人前来听法；善财童子一心求菩萨道，在普贤教示下，辗转南行，寻访五十三位善知识，听受无数广大甘露法门，终于证入法界。这就是六十《华严》里占十七卷的《入法界品》。

例如他到光明山（即补陀洛山、普陀洛迦山）寻访第二十八位善知识观世音一段：

……渐渐游行至光明山。登彼山上，周遍推求，见观世音菩萨住山西阿。处处皆有流泉浴池，林木郁茂，地草柔软，结跏趺坐金刚宝座，无量菩萨恭敬

①《妙法莲华经》第2卷《譬喻品》，《正》第9卷第12页中、13页下～14页中。

②胡适《白话文学史》，上海古籍出版社，1999年，第107页。

围绕，而为演说大慈悲经，普摄众生。见已，欢喜踊跃，不能自胜，合掌谛观，目不暂瞬，作如是念：善知识者则是如来，善知识者一切法云，善知识者诸功德藏，善知识者十力妙宝，善知识者难见难遇，善知识者无尽智藏，善知识者功德山王，善知识者开发示导一切智门，能令一切入萨婆若海，究竟清净，无上菩提。时观世音遥见善财，告言："善来，童子，专求大乘，摄取众生，直心深心，乐求佛法，长养大悲，救护一切，向普贤行，清净成满一切大愿……"尔时善财诣观世音，头面礼足，绕无数匝，恭敬合掌，于一面住。白言："大圣，我已先发阿耨多罗三藐三菩提心，而未知菩萨云何学菩萨行，修菩萨道？"答言："善哉善哉！善男子，乃能发阿耨多罗三藐三菩提心。善男子，我已成就大悲法门光明之行，教化成熟一切众生，常于一切诸佛所住，随所应化普现其前。或以惠施摄取众生；乃至同事摄取众生；显现妙身不思议色摄取众生；放大光网，除灭众生诸烦恼热，出微妙音而化度之，威仪说法，神力自在，方便觉悟，显变化身，现同类身，乃至同止摄取众生。善男子，我行大悲法门光明行时，发弘誓愿，名曰摄取一切众生。欲令一切离险道恐怖，热恼恐怖，愚痴恐怖，系缚恐怖，杀害恐怖，贫穷恐怖，不活恐怖，诤讼恐怖，大众恐怖，死恐怖，恶道恐怖，诸趣恐怖，不同意恐怖，爱不爱恐怖，一切恶恐怖，逼迫身恐怖，逼迫心恐怖，愁忧恐怖。复次，善男子，我出生现在正念法门，名字轮法门故，出现一切众生等身，种种方便，随其所应，除灭恐怖而为说法，令发阿耨多罗三藐三菩提心，得不退转，未曾失时。善男子，我唯知此菩萨大悲法门光明之行，诸大菩萨一切普贤大愿成满，究竟成就普贤所行，不断一切诸善根流，不断一切菩萨诸三昧流，一切劫流，修菩萨行未曾断绝顺三世流，善知一切成败诸世界流，断一切众生不善根流，出生一切众生诸善根流，除灭一切诸生死流。我当云何能知能说彼功德行。"①

这样使用复叠方法、排比句式，极度夸张地描写观世音的功德。在善财童子与观世音的对谈中，后者的无限慈悲，善财的虔敬虚心被表现得淋漓尽致。就这样，经文描写善财童子的寻访经历，情节生动，"人物"众多，形象鲜明，含义深刻，有人把《华严经》的这一部分比作英国约翰·班杨著名的宗教小说《天路历程》。《华

①佛陀跋陀罗以《大方广佛华严经》卷五一，《正》第9卷第718页上~718页下。

严经》描绘出的大胆玄想的境界，恢宏开阔，汪洋恣肆，是中土作品中前所未见的。

《维摩经》是另一部极富文学意味的经典。胡适说：

> 鸠摩罗什译出的经，最重要的是《大品般若》，而最流行又最有文学影响的却要算《金刚》，《法华》，《维摩诘》三部。其中《维摩诘经》本是一部小说，富于文学趣味……这一部半小说，半戏剧的作品，译出之后，在文学界与美术界的影响最大。中国的文人诗人往往引用此书中的典故，寺庙的壁画往往用此书的故事作题目。后来此书竟被人演为唱文，成为最大的故事诗。①

有人把《维摩经》看作一出三幕戏剧。其中塑造的信仰诚挚、学养高深的在家居士维摩诘更是内涵丰富、性格鲜明的佛教居士典型，对历代中国士大夫产生了巨大而深远的影响。经文里维摩诘是这样出场的：

> 尔时毘耶离大城中有长者名维摩诘，已曾供养无量诸佛，深植善本，得无生忍；辩才无碍，游戏神通，逮诸总持，获无所畏；降魔劳怨，入深法门，善于智度，通达方便，大愿成就；明了众生心之所趣，又能分别诸根利钝，久于佛道，心已纯淑，决定大乘；诸有所作，能善思量，住佛威仪，心大如海。诸佛咨嗟，弟子、释梵、世主所敬。欲度人故，以善方便，居毘耶离。资财无量，摄诸贫民；奉戒清净，摄诸毁禁；以忍调行，摄诸恚怒；以大精进，摄诸懈怠；一心禅寂，摄诸乱意；以决定慧，摄诸无智。虽为白衣，奉持沙门清净律行；虽处居家，不著三界，示有妻子，常修梵行；现有眷属，常乐远离；虽服宝饰，而以相好严身；虽复饮食，而以禅悦为味；若至博弈戏处，辄以度人。受诸异道，不毁正信；虽明世典，常乐佛法。一切见敬，为供养中最。执持正法，摄诸长幼，一切治生谐偶，虽获俗利，不以喜悦。游诸四衢，饶益众生；入治政法，救护一切。入讲论处，导以大乘；入诸学堂，诱开童蒙；入诸淫舍，示欲之过；入诸酒肆，能立其志。若在长者，长者中尊，为说胜法；若在居士，居士中尊，断其贪著；若在刹利，刹利中尊，教以忍辱；若在婆罗门，婆罗门中尊，除其我慢；若在大臣，大臣中尊，教以正法；若在王子，王

①胡适《白话文学史》，上海古籍出版社，1999年，第106页。

子中尊，示以忠孝；若在内官，内官中尊，化政宫女；若在庶民，庶民中尊，令兴福力；若在梵天，梵天中尊，诲以胜慧；若在帝释，帝释中尊，示现无常；若在护世，护世中尊，护诸众生。长者维摩诘，以如是等无量方便，饶益众生。其以方便，现身有疾……①

虽然与所有佛经一样，这部经典的全部叙述被置于佛陀说法的框架内，但实际说法的主要人物却是维摩诘。他这样从一出场，就展现出十分鲜明的个性：他作为在家居士的典型，度过世俗生活，享有资财、家属，行为放达，游戏人间，但本质上却又信心坚定，教养极高，体现了中土所未见的大乘居士的理想人格。这是一部大乘佛教教义的总括性经典，深刻地论述了诸法“毕竟空”、“无所缘”、“无决定性”的道理。在“以空遣法”的“空平等观”的基础上，打通世间和出世间，提出“不舍道法而现凡夫事”、“不断烦恼而得涅槃”的观念，从而发扬了佛法的现实精神，突出了大乘佛教的入世性格。这对于佛教在中国，特别是在知识阶层中传播是起了极其巨大的作用的。它在表现上更运用了十分高超的技巧：结构安排富于戏剧性，大胆玄想，引人入胜；人物性格鲜明，围绕着维摩诘，众多人物在矛盾交锋中突显出个性；场面描写恢宏、生动，情节具有戏剧性。经文前一部分写佛陀命十大弟子、四位菩萨前往维摩诘处问疾，所有的人都回忆以前和维摩诘辩难受讥诃的经过，加以推托，最后只有文殊师利敢于承当，从而有文殊师利前往问疾一段：

尔时佛告文殊师利：“汝行诣维摩诘问疾。”文殊师利白佛言：“世尊，彼上人者，难为詶对，深达实相，善说法要，辩才无滞，智慧无碍，一切菩萨法式悉知，诸佛秘藏无不得入，降伏众魔，游戏神通，其慧方便，皆已得度。虽然，当承佛圣旨，诣彼问疾。”于是众中诸菩萨、大弟子、释梵四天王等咸作是念：今二大士文殊师利、维摩诘共谈，必说妙法。实时八千菩萨、五百声闻、百千天人皆欲随从。于是文殊师利与诸菩萨、大弟子众及诸天人，恭敬围绕，入毘耶离大城。尔时长者维摩诘心念：今文殊师利与大众俱来。即以神力，空其室内，除去所有及诸侍者，唯置一床，以疾而卧。文殊师利既入其舍，见其室空无诸所有，独寝一床。时维摩诘言：“善来，文殊师利！不来相而来，不见相而见。”文殊师利言：“如是，居士，若来已，更不来；若去已，更

①鸠摩罗什译《维摩诘所说经》卷上《方便品》，《正》第14卷第539页上～中。

不去。所以者何？来者无所从来，去者无所至，所可见者，更不可见。且置是事。居士，是疾宁可忍不？疗治有损不至增乎？世尊殷懃致问无量。居士，是疾何所因起？其生久如？当云何灭？”维摩诘言：“从痴有爱，则我病生。以一切众生病，是故我病。若一切众生病灭，则我病灭。所以者何？菩萨为众生，故入生死；有生死，则有病。若众生得离病者，则菩萨无复病。譬如长者，唯有一子，其子得病，父母亦病；若子病愈，父母亦愈。菩萨如是，于诸众生，爱之若子。众生病则菩萨病，众生病愈菩萨亦愈。”……①

这样，与浩浩荡荡问疾队伍相对照，维摩诘在空无所有的方丈内隐疾而卧。这一方面突显出他的威望，另一方面也表现出他内心的坚定和沉稳；在两人睿智、幽默的对谈中，更鲜明地显现出各自的性格。整部经的表现手法也十分高超，如“天女散花”、“火中生莲”、“断取佛土”等构想，都极其大胆奇妙，又体现深刻的内涵。语言更是既精练又生动，其中一些句子如“一切众生，悉皆平等”、“随其心净则佛土净”、“无利无功德，是为出家”、“菩萨为众生故入生死”、“不尽有为，不住无为”、“不断烦恼而入涅槃”、“夫求法者，不著佛求，不著法求，不著众求”，等等，都是意义深刻的精辟格言；又如“殖种于空，终不得生”、“不下巨海，终不能得无价宝珠”、“欲行大道，莫示小径，无以大海，内于牛迹”、“高原陆地，不生莲花，卑湿淤泥，乃生此花”、“须弥之高广内芥子中”、“四大海水入一毛孔”等等，则以比喻说明深微的道理。这部以宣扬居士思想为主旨的经典对中国文人影响极其普遍和深刻，其卓越的艺术表现更具有极大的感染力，对于历代文学艺术造成的影响是十分巨大、深远的。

另一些大乘经同样具有浓厚的文学性质。如《观无量寿经》，简称为《观经》，是宣扬净土信仰的“净土三部经”之一。本经的缘起是一个凄婉动人的故事，说摩竭陀国太子即后来的阿阇世王，听信提婆达多调唆，把父王频婆娑罗幽禁在七重室内；其母韦提希夫人以苏蜜掺和麦（炒面）涂在身上，又用璎珞盛葡萄浆蜜，趁探访时送给国王吃，使国王得以存活；后来被阿阇世发现，夫人被囚禁；她忧愁憔悴，生厌离心，遥礼耆阇崛山，向佛祈祷；佛陀与目连、阿难现身王宫，为韦提希宣说三福、十六观往生阿弥陀佛国法门；韦提希闻佛说法，欢喜悟解，得无生法

①《维摩诘所说经》卷中《文殊师利问疾品》，《正》第14卷第544页上～中。

忍。本经后半部的三福、十六观法门，是净土禅观的主要方法；前半部这个故事情节动人，形象鲜明。特别是对韦提希夫人的描写，不但充分表现了她的忠贞、智慧、坚强、刚烈，更突出了她求道的热诚和执著，从而树立了一个女子求道的典范。又如《阿弥陀经》、《弥勒上生经》等净土经典，都对于净土景象的繁华、富丽进行极其夸张的描绘，展现出理想化的美好生活图景，令人无限憧憬。这些净土景象的描绘引发起历代无数信徒的信心。而作为一种理想境界的典型表现，更在思想上和艺术上为世俗创作提供了借鉴。

第六节　佛典翻译文学的影响

日本中国学的泰斗吉川幸次郎说过:“重视非虚构素材和特别重视语言表现技巧可以说是中国文学史的两大特长。”他还指出中国哲学“抑制对神、对超自然的关心，而只把目光集中在地上的人。这种精神同样地也支配着文学”①。这当然主要是针对古代正统文学创作而言的。吉川提出的“特长”，是中国文学传统的优点，但从一定意义上说也是局限。而就吉川所提出的两个方面论佛教、佛典及佛典翻译文学的输入，仅就对中国文学艺术的影响而言，贡献就是不可估量的。这主要体现在一方面是推进了中土固有传统的扩展和变化，另一方面则是对它的丰富和补充。所以正如刘熙载所说:“文章蹊径好尚，自《庄》、《列》出而一变，佛书入中国又一变。”② 下面仅就几个最为显著的方面概略地加以说明。先讨论语言和表现形式方面。

文学语言：

语言乃是文学的表现工具。佛典传译大量输入外语的词汇、语法和修辞方法、表达方式。从词汇看，翻译佛书输入大量外来语新词和新的构词法。外来词语翻译为汉语大体有三种情况：一种是利用汉语固有词语赋予新概念，如“空”、“真”、“观”、“法”之类，是赋予原有词语以特殊宗教含义，实际等于创造新词；另一种是利用汉语词素的本义组合成新词语，如“四谛”、“五蕴”、“因缘”、“法界”之类；再一种则是另造新词语，如实际、境界、法门、意识、大千世界、不可思议、

①(日) 吉川幸次郎《我的留学记》，钱婉约译，光明日报出版社，1999 年，第 168 页。

②刘熙载《艺概》卷一《文概》，上海古籍出版社，1978 年，第 9 页。

万劫难复、头头是道等等。特殊的一种是音译词，即玄奘所谓“五种不翻”[①] 的词，如般若、菩提、陀罗尼、阎浮提等。这一种里应包括音、义合译的，如禅定、偈颂、六波罗密、阿赖耶识等。随佛典翻译传入汉语的词语数量难以统计，有许多已经成为现代汉语常用词语。词汇本是语言中最活跃的因素。如此众多的新词语输入汉语，极大地丰富了中国文学创作的材料。从语法看，梁启超曾指出：

> 吾辈读佛典，无论何人，初展卷必生一异感，觉其文体与它书迥然殊异。其最显著者：㈠普通文章中所用“之乎者也矣焉哉”等字，佛典殆一概不用除支谦流之译本；㈡既不用骈文家之绮词丽句，亦不采古文家之绳墨格调；㈢倒装句法极多；㈣提挈句法极多；㈤一句中或一段落中含解释语；㈥多复牒前文语；㈦有连缀十余字乃至数十字而成之名词——一名词中，含形容格的名词无数；㈧同格的词语，铺排叙列，动至数十；㈨一篇之中，散文诗歌交错；㈩其诗歌之译本为无韵的。凡此皆文章构造形式上，画然辟一新国土。直言之，则外来语调之色彩甚浓厚，若与吾辈本来之“文学眼”不相习，而寻玩稍近，自感一种调和之美。[②]

这里㈠㈢㈣㈤㈥㈦项都是属于语法的。其他还有：叙述文中多插入呼语，如“时我，世尊！闻说是语，得未曾有”之类句法；多用复句，等等。前述梁启超所举第㈡㈧两项是属于修辞的。佛典中特别多用比喻、夸张等修辞方法，展卷即是，毋庸赘述。至于音韵方面，由于转读佛经，启发了汉语反切、四声的发明；而声韵学的进步，直接影响到各种韵文文体的演进。总之，佛典翻译的过程实际也是汉语和多种外语的长期、广泛交流的过程，极大地丰富和发展了汉语文学语言及其表现手段。

行文体制：

长期的译经实践，形成了“译经体”。这是一种华、梵结合，韵、散间行，雅俗共赏的文体。前引梁启超列举的第㈡㈨两点，指的就是这种文体特征。魏晋以来，文坛上文章“骈俪化”倾向日渐严重。行文讲究对偶声韵、使典用事，大量使用华词丽藻，刻意追求形式美，创作上弥漫着绮靡、唯美之风。中土大德如慧远、僧肇写作时用的也是十分精致的骈体文（他们的骈体文相对来说比较质朴），但译

---

①周敦颐《翻译名义记序》，《正》第 54 卷第 1055 页上。

②梁启超《翻译文学与佛典》，《佛学研究十八篇》，台湾中华书局，1976 年，第 28 ~ 29 页。

师们使用的却是完全不同于骈体文的"译经体"。胡适谈到翻译文体说：

> 这样伟大的翻译工作自然不是少数滥调文人所能包办的，也不是那含糊不正确的骈偶文体所能对付的。结果便是给中国文学史上开了无穷新意境，创了不少新文体，添了无数新材料。新材料和新意境是不用说明的，何以有新文体的必要呢？第一因为外国来的新材料装不到那对仗骈偶的滥调里去。第二因为主译的都是外国人，不曾中那骈偶滥调的毒。第三因为最初助译的很多是民间的信徒；后来虽有文人学士奉敕润文，他们的能力有限，故他们的恶影响也有限。第四因为宗教的经典重在传真，重在正确，而不重在辞藻文采；重在读者易解，而不重在古雅。故译经大师多以"不加文饰，令易晓，不失本义"相勉。到了鸠摩罗什以后，译经的文体大定，风气已大开，那般滥调的文人学士更无可如何了。①

另一方面，则是行文中韵、散间行。胡适又说：

> 印度的文学有一种特别体裁：散文记叙之后，往往用韵文（韵文是有节奏之文，不必一定有韵脚）重说一遍。这韵文的部分叫做"偈"。印度文学自古以来多靠口说相传，这种体裁可以帮助记忆力。但这种体裁输入中国以后，在中国文学上却发生了不小的意外影响。弹词里的说白与唱文夹杂并用，便是从这种印度文学形式得来的。②

"译经体"里的偈颂是一种不规则的韵文，使用五、四、七言或六言句，基本不用韵，节奏和句式则根据文义安排。这种"偈颂体"可以说是一种独特的"自由体"诗。后来颇有些中土文人加以模仿。此外什译《法华》被称赞"可谓折中，有天然西域之语趣"③，乃是既合乎汉语规范、又保持外语风格、成功译经的典型例子。这种具有异域情调的译文对中土文人产生相当的吸引力，对文风的演变也起了一定作用。就文章结构而言，如陶渊明写了韵文《桃花源诗》，又写散文《桃花源记》，唐人写传奇小说也常常与诗歌相配合，都是借鉴佛典韵、散结合写法的新创造。至于民间说唱体裁的变文、宝卷等，则更直接地取法佛典的行文体例。甚至唐宋人创

①胡适《白话文学史》，上海古籍出版社，1999 年，第 98 页。

②胡适《白话文学史》，上海古籍出版社，1999 年，第 109～110 页。

③《宋高僧传》卷三《译经论》，《正》第 50 卷第 724 页中。

作新“古文”，也从译经得到一定的启发。

文学体裁：

佛典的经藏和律藏主要是叙事，论藏主要是议论。其实论藏的议论也很有特点，值得注意。部派佛教的“阿毗达摩”作为议论文字很有特点：注重名相、事数的辨析、由因及果的论证、条分缕析的行文结构和举事为譬的说明方式。把它们译成汉语之后，首先影响到僧俗的义学著述，进而对中土的议论文字产生重大影响。僧人文字如僧肇《肇论》、文人文字如刘勰《文心雕龙》，就是受其影响的典型例子。唐宋人的议论文字也直接或间接地得到滋养。更重要的是佛典对中土叙事文学发展所起的作用。隋唐以前中土叙事文学主要是史传和志怪、志人小说。志怪小说如《搜神记》、志人小说如《世说新语》，或者记录奇闻异事，或者传述名士逸闻，还没有脱离“街谈巷语，道听途说”[①]的“残丛小语，近取譬喻，以作短书”[②]的规模。鲁迅说唐人“始有意为小说”[③]，就是说，前此还没有自觉地通过“幻设”创作小说的观念和实践。而佛典特别是大部佛传和一些大乘经，却是充满玄想的具有复杂情节的叙事文字。陈寅恪论及《顶生王经》、《维摩诘经》等与《说唐》、《重梦》等的关系说：“虽一为方等之圣典，一为世俗之小说，而以文学流别言之，则为同类之著作。然此祇可为通识者道，而不能喻于拘方之士也。”[④]正因为如此，后来中国小说的发展，包括长篇小说的兴盛，有形无形间与佛典的影响有一定关系。另一方面，服务于佛教宣传还形成一批新文体。陈寅恪在论及当时被称为“佛曲”的《维摩诘讲经文》时说：“佛典制裁长行与偈颂相间，演说经义自然仿效之，故为散文与诗歌互用之体。后世衍变既久，其散文体中偶杂以诗歌者，遂成今日章回体小说。其保存原式，仍用散文诗歌合体者，则为今日之弹词。”[⑤]陈寅恪当年说的“佛曲”实际是讲经文，同样的情况还可以补充变文、押座文、缘起等一系列讲唱文体和明、清的宝卷等。

以上属于文学表现的纯技术方面。在观念层面上，即艺术思维、构思方面影响就更为深远。佛典，包括佛典翻译文学所表现的正属于“子不语”的“怪、力、

①《汉书》卷三〇《艺文志》，第1745页。

②《文选》卷三一李陵《行军》李善注引桓谭《新论》，中华书局影印本，第444页。

③《中国小说史略》第八篇《唐之传奇文（上）》，《鲁迅全集》第9卷第70页。

④陈寅恪《敦煌本维摩诘经文殊师利问疾品演义跋》，《金明馆丛稿二编》第185页。

⑤陈寅恪《敦煌本维摩诘经文殊师利问疾品演义跋》，《金明馆丛稿二编》第180页。

乱、神”之列，无论是内容还是表达方式，都是中土传统思维所缺乏的。牟子《理惑论》里说：

> 佛者，谥号也。有名三皇神、五帝圣也。佛乃道德之元祖，神明之宗绪。佛之言觉也，恍惚变化，分身散体，或存或亡，能大能小，能圆能方，能老能少，能隐能彰，蹈火不烧，履刃不伤，在污不辱，在祸无殃，欲行则飞，坐则扬光，故号为佛也。①

后来范晔也说：

> ……然（佛典）好大不经，奇谲无已，虽邹衍谈天之辩，庄周蜗角之论，尚未足以概其万一。又精灵起灭，因报相寻，若晓而昧者，故通人多惑焉。②

这类记述清楚表明当初佛陀形象和佛典文字给人多么新奇的印象。它们在艺术上和美学上代表的是与中土不同的另一种传统，体现着特殊的思维方式，使用特殊的构思和表现技巧。中土文人在震惊、赞赏之余，必然要加以模仿和借鉴。吉川幸次郎又曾指出过：“小说和戏曲使文学从以真实的经历为素材的习惯限制戒律中解放出来……戏曲和小说都是虚构的文学。”③ 佛教和佛典中大量玄想的内容、虚构的方式有力地促进了中国小说、戏曲创作想象力的解放，对其艺术发展具有重大意义。

这首先表现在佛典里运用想象手法之普遍，表达方式的大胆、奇妙，是中土文学所不可比拟的。自部派佛教时期发展出独特的宇宙观、佛陀观，从而想象的世界变得无限的恢宏和神异。由于内容出自玄想和虚构，思维方式也就与中土重“实录”的原则根本不同。在佛教宇宙观里，有情世界有过、现、未三世和六道；诸佛及其佛国土更超越三世、遍在十方。佛典里表现的“人物”不只有三世轮回中的人，还有罗汉、天神、“天龙八部”以及恶魔、饿鬼等等。在俗的佛陀自不必说，就是罗汉、菩萨以至佛陀的敌人、恶魔等都有无数神通。由这些出于想象的“人物”、事件构想出千奇百怪、五彩缤纷的故事。如前述《维摩经》里维摩居士示疾说法，示现无数神通，典型地显示了大乘佛典富于玄想的性格。《法华经》里的“火宅”、“化城”等喻同样是出于大胆夸张和想象的成果。又例如《杂宝藏经》卷

①《理惑论》，《弘明集》卷一，《正》第52卷第1页下。

②《后汉书》卷八八《西域传论》，第2932页。

③（日）吉川幸次郎《我的留学记》，钱婉约译，光明日报出版社，1999年，第176页。

一《莲花夫人缘》，描述莲花夫人“脚蹈地处，皆莲花出”，她被立为夫人，生五百卵，王大夫人嫉妒，掷恒河中，成长为敌国的五百力士，两军对垒时“夫人按乳，一乳作二百五十岐，皆入诸子口中，即向父母忏悔”①；而《贤愚经》著名的须达起精舍故事里的舍利弗与劳度差变化斗法情节，更被《西游记》等众多中土作品借鉴和发挥。佛典里的奇思异想不仅超凡绝伦，往往又充满幽默感，具有强烈的艺术魅力。后来的小说、戏曲从中取得借鉴，开创出创作的新生面。

富于玄想的佛教故事，结构上更是恢宏自由。如上所述，一些佛典如本生、譬喻故事具有教条化、程式化倾向。这在宗教作品里也是普遍的弊病。而值得注意的是，在佛典大量输入的晋宋时期，中土叙事文字结构还比较单纯，一般篇幅也相当简短，而佛典里却包含有篇幅较长、情节更为复杂的作品。它们作为外来文化产物，反映着与中土截然不同的思维方式，构思与结构也具有不同于中土传统的特色。例如有些篇幅较长的佛典在佛陀说法的大的框架之下，组织进另外的故事，从而形成双重或多重结构。像《佛本行集经》里就组织进不少本生或本事故事；《贤愚经》里的故事不少是多重结构的；而如《维摩经》，从佛陀在庵罗树园说法开始，到文殊师利率领众弟子、菩萨等来维摩方丈问疾，再回到庵罗树园听佛陀说法，像是三幕戏剧，其中每一部分又插入另外的故事，构成极其复杂但又统一的结构。佛典里有些常见的观念，除前面提到的神变、拟人外，还有变形、分身、幻化（化人、化物、化现境界）、魔法、异变（地动、地裂、大火等）、离魂、梦游、入冥（地狱）、升天、游历它界（龙宫、大海等）等等，都是超出常识的构想，也成为构造故事情节的重要方式。它们直接给六朝传奇小说创作以启发，对后代更造成巨大影响。

在具体写作技巧方面，佛典更具有许多突出特长。如大量使用比喻、夸张和排比。佛典多用譬喻和譬喻故事前面已经说明。佛典的比喻修辞手法更是多种多样。《大涅槃经》里提出“喻有八种：一者顺喻，二者逆喻，三者现喻，四者非喻，五者先喻，六者后喻，七者先后喻，八者遍喻”②。该经同卷还举出所谓“分喻”，即喻体只比喻被喻者一部分。《大智度论》又指出“譬喻有两种：一者假以为喻，二者实事为喻”③。这即是所谓“假喻”和“实喻”。给人印象更深刻的还有所谓“博

①参阅《正》第4卷第251页下～252页中。

②《大涅槃经》卷二九《狮子吼菩萨品》，《正》第12卷第536页中。

③《大智度论》卷三五《释报应品》，《正》第25卷第320页上。

喻”，即连用多种比喻。至于佛典的所谓“好大不经”，即多用极度夸张，更是超越时空界限，超越常识度量。这本是印度人富于玄想性格的体现。如数量单位有俱胝（十万）、亿、那由他（兆）、阿僧祇（无限大）；时间单位从刹那（一瞬间）到劫（世界生灭一次，无限长的时间），都是极度夸张的。又如《华严经》里描写诸佛世界，以极度夸张的笔法描绘出无限奇妙、不可思议的佛土庄严。具体夸说一些事相，如写施舍，就不但施舍钱财，而且施舍家人妻子，舍身跳崖、割肉、剜眼等等，行为极其极端、不可思议；又如讲恶人，不但毁佛、骂僧、悭吝、骄恣，而且弑父、杀母，恶贯满盈，等等。这类极度夸张往往会有损作品整体的美感，情理上往往也难以让人信服，当然是缺陷。但也有些夸张虽然有悖情理，如鹦鹉用羽毛沾水灭火，有人用龟甲舀干大海水，等等，在艺术表现上却又是相当动人的。还有些夸张，如说恶人一旦反悔立即成为罗汉，平常人一旦皈依佛陀就剔除须发、袈裟在身，都意在表现佛法的无限威力，则是出于宣教的需要。比喻和夸张相结合则能造成更强烈的表达效果。佛典也常使用复叠和排比，胡适说：

> 《华严经》末篇《如法界品》占全书四分之一以上，写善财童子求法事，过了一城又一城，见了一大师又一大师，遂敷演成一部长篇小说……这种无边无际的幻想，这种“瞎嚼蛆”的滥调，便是《封神传》“三十六路伐西岐”，《西游记》“八十一难”的教师了。①

反复地使用复叠和排比，有时也会使行文显得烦琐、枯燥；但运用得当，则确实能加强艺术效果。

佛典翻译文学是古代的外国和外民族文学，带有外来文学的特征；作为翻译作品，它们又有外国、外民族文学的特色；而它们作为宗教圣典，更具有宗教文献的特征。这就形成这些作品的极其复杂、丰富的面貌。历代中国文人吸收、借鉴佛典翻译文学的成果，不断开拓出创作的新生面；中国文学与外来文学的交流和结合从而成为文学发展的巨大推动力，结成众多丰硕而精美的果实。

①胡适《白话文学史》，上海古籍出版社，1999年，第122～123页。

第二章
魏晋南北朝文人与佛教

第一节　儒、释交流传统的形成

佛教初传，主要作为一种外来信仰和法术流传于社会，虽然有个别文化人参与活动，但在高层次的文化领域尚不见显著影响。其被文人广泛接受，并在文学创作中有所表现，则要到两晋之际。其时佛典翻译渐多，佛教流传更广，文人们也有更多机缘接触佛教。西晋末年“八王之乱”，战乱连年，王弥、石勒起兵，匈奴攻逼，加以灾荒饥馑，使得中原萧条，白骨涂地，民众破产流亡，一些世家大族、文人士大夫纷纷逃奔南方。这种人命危浅、朝不保夕的环境，给宗教传播提供了有利土壤。而在北方，南下入据中原边疆诸族，对于作为外夷之教的佛教自有一种特殊的亲切感。而北方与西域交流十分方便，一批批西来的僧人来华，给中土佛教的发展不断输入营养。这诸多因缘凑合，使得中国本土宗教道教在这一时期得到长足发展，佛教也在更广泛的社会层面上传播开来。特别是魏、晋以来，传统儒家章句之学衰落，玄学盛行，佛教的义理一方面给困于儒家教条和玄学思辨的文人们以新鲜内容，另一方面又给玄谈提供了新材料，大乘般若学遂与玄学进一步相合流，佛教从而被社会上层的知识精英所相当普遍地接受。这样，佛教才算被纳入中华民族的主流文化，也才能够真正在中土扎根并得到大的发展。而如《六度集经》（吴康僧会译)、《生经》(西晋竺法护译)以至《正法华经》(西晋竺法护译)等富于文学性的经典大量传翻、流行,更以生动的内容和形式震慑中土人士。这样,如王国维所说:

> 自汉以后……儒家唯以抱残守缺为事……佛教之东,是值吾国思想凋敝之后。当此之时,学者见之,如饥者之得食,渴者之得饮……①

整个思想界如此,文坛也是如此。僧祐描述晋代以来佛教兴盛的情况说:

> 自晋氏中兴,三藏弥广,外域胜宾,稠叠以总至;中原慧士,炜烨而秀生。提(僧伽提婆)、什(鸠摩罗什)举其宏纲,安(释道安)、远(释慧远)振其奥领,渭滨务逍遥之集,庐岳结般若之台。像法得人,余斯为盛。②

刘宋时期的何尚之更详细谈到东晋初士大夫信仰佛教状况:

> 渡江以来,则王导、周顗,宰辅之冠盖;王濛、谢尚,人伦之羽翼;郗超、王坦、王恭、王谧,或号绝伦,或称独步,韶气贞情,又为物表。郭文、谢敷、戴逵等,皆置心天人之际,抗身烟霞之间。亡高祖兄弟(何充、何准),以清识轨世;王元琳昆季,以才华冠朝。其余范汪、孙绰、张玄、殷觊,略数十人,靡非时俊。③

这里举出的,都是一时间活跃朝野的名流。值得注意的是,如王、谢大族的代表人物,这时已和佛教结下密切因缘。在两晋门阀士族统治的政治环境里,这些世家大族的言行是代表并影响着社会风气的。后来柳宗元追忆说:

> 昔之桑门上首,好与贤士大夫游。晋、宋以来,有道林、道安、远法师、休上人,其所与游则谢安石、王逸少、习凿齿、谢灵运、鲍照之徒,皆时之选。由是真乘法印,与儒典并用,而人知向方。④

这就指出了文化史上一个重要现象:东晋以降,儒、释间的交流逐渐形成传统,在

①王国维《论近年的学术界》,《静安文集》。
②《出三藏记集序》,《出三藏记集》,苏晋仁、萧链子点校,中华书局,1995年11月,第1页。
③《答宋文帝赞扬佛教事》,《弘明集》卷一一,《正》第52卷第69页中。
④《送文畅上人登五台遂游河朔序》,《柳河东集》卷二五。

交流中佛教对知识阶层的影响扩大、加深了。这种交流对佛教自身发展的意义也是十分明显的：正由于加强了对于高层次思想文化领域的影响，它才有可能更牢固地扎根于中土；另一方面，它也才得以从中土文化传统中汲取营养，充实、丰富自身，进一步实现“中国化”，从而对中国思想文化作出更大贡献。

纵观中国文人受容佛教的历史，可以发现无论是内容还是表现形态均具有明显特点。内容方面，如汤用彤所指出：“溯自两晋佛教隆盛以后，士大夫与佛教之关系约有三事：一为玄理之契合，一为文字之因缘，一为生死之恐惧。”① 这三个方面体现在不同时代的具体文人身上，情形是大有不同的。就南北朝近三百年间的情况而言，译业繁盛，义学大兴，名僧谈玄，名士习佛，僧、俗间诗文唱和，玄谈与佛理交融；而在国土分崩、灾乱频仍、社会动荡、人命危殆的形势下，则更容易滋生信仰心。佛陀信仰、观音信仰、舍利、经典信仰等在社会上流行；王公贵族以及依附他们的文人们普遍地热心研读佛典，讲论佛理，斋僧礼佛，立像造寺，认真地从事受戒、持斋，广积公德。这正是中国历史上佛教信仰十分深入人心的时期。由于这还是佛教融入中土的初期，作家们还不善于把对佛教的信仰和理解转化为生动的文学形态表达出来；但就信仰的虔诚和热烈而言，这一时期的情形是后来其他时代难以再见到的。而对于中土思想和文学发展更为重要的是，正是在这一时期，文人们养成了以开放的姿态对待宗教，特别是亲近、容纳外来的佛教，儒、释互补、三教兼容的传统从而开始形成。这对后来中国思想、文化包括文学的发展所造成的影响是不可估量的。

第二节　东晋时期的名士与佛教

佛教初传，信仰者和传播者主要是外国或汉族之外的外族人。到两晋之际，情形大为改观，中土人士出家者激增，其中不乏出身士族高门的。名士谈玄成为风气，一些“名僧”则混迹于名士圈子，风格、行事几乎与名士无别。这种现象对于形成玄学化“格义佛教”起了关键作用，此不具论。名僧与名士的交流作为文坛重要现象，体现为儒、释交流的一种典型形式，对文人生活和文学创作均造成深远影响。

①汤用彤《隋唐佛教史稿》，中华书局，1982 年，第 193 页。

郗超（331？—373？），字景兴，一字嘉宾。《晋书》上说他“少卓荦不羁，有旷世之度，交游士林，每存胜拔，善谈论，义理精微”①，可知他是典型的名士。他的父亲郗愔本是天师道信徒，做过临海（今浙江临海市）太守，那里正是天师道盛行地区。但郗超却成了虔诚的佛教徒。陈寅恪指出“天师道世家中多有出入佛教之人”②，就曾举郗氏父子为典型。郗超有关佛教著述不少，见于《出三藏记集》所录陆澄《法论目录》的，有《奉法要》、《通神咒》、《明感论》以及给法叡、于法开、支遁、谢庆绪、傅瑗等人的书论等。今存《奉法要》，介绍“五戒”、“六思念”、“三界”、“三途”、“五阴”、“五盖”等佛教基本概念，从中可以看出当时士大夫对于佛教的态度和理解。这篇作品与下面将要介绍的孙绰的《喻道论》，同是早期中土文人所写的重要的护法文字。

郗超钦崇释道安德问，更直接受到名僧支遁影响。《晋书》上说支遁称赞郗超乃一时之俊；郗超在给亲友的信里则说，“林法师神理所通，玄拔独悟，实数百年来，绍明大法，令真理不绝，一人而已”③，可见二人观念与信仰契合之紧密。《奉法要》里说：

> 器象虽陈于世用，感绝则理冥。岂灭有而后无，阶损以至尽哉？由此言之，有故非滞，滞有则背宗；反流归根，任本则自畅。④

这是说，不必否认“器物”之“有”，但也不应滞于“有”，而要领悟根本的“空”。这基本合于支遁提倡的“即色义”。郗超曾受到权臣桓温倚重，支持他行废立之事，与谢安等人不睦。但这并不妨碍他大讲空寂、解脱之理，宛如真能出世者。这也表明当时名士信仰、行为无持操的一面。

天师道世家而出入佛、道的还可举出王羲之。王羲之（303—361），字逸少，琅琊临沂（今山东临沂县）人，居于会稽山阴（今浙江绍兴市），以书法名世。他娶郗鉴（郗愔父）女，于郗超为舅父；其子王献之娶郗昙（郗愔弟）女。这是两个天师道世家的联姻。史载他于永和十一年（355）去官，与东土士人尽山水之游，弋钓为娱；又与道士许迈共修服食，采集药石，可见其信道之笃。但他所交好者又

①《晋书》卷六七《郗鉴传》附《郗超传》，第1802～1803页。

②陈寅恪《陶渊明之思想与清谈之关系》，《金明馆丛稿初编》，上海古籍出版社，1980年，第196页。

③《高僧传》卷四《支遁传》，第161页。

④《弘明集》卷一三，《正》第52卷第89页上。

有支遁等名僧。他结交的名士如孙绰、许询、李充、刘惔等也都是信佛的。《世说·文学》篇记载他为会稽内史时，孙绰曾向他推荐支遁，待见面后，他起初不与交言，后“因论《庄子·逍遥游》，支作数千言，才藻新奇，花烂映发，王遂披襟解带，留连不能已”①。他终于被支遁的议论折服了。《赏誉》篇记载他赞叹支遁“器朗神隽”②。《文学》篇又写到支遁欲与殷浩论《小品（般若）》，他曾加以劝阻。他显然经常参与佛典讲席。王羲之的传世名作《兰亭序》，抒写“死生亦大”的忧惧和人生无常的感慨，感情上流露出浓厚的佛教色彩。在王羲之身上，体现了名士间佛、道斗争和交流的情形。

孙绰是另一种典型。绰（314—371），字兴公，太原中都（今山西平遥县）人，“少以文才垂称，于时文士，绰为其冠”③。他善谈论，能文章，作《天台山赋》，自负“掷地要作金石声”。支道林曾问他自认为与另一位名士、文人许询相比如何，他回答说:“高情远致，弟子蚤已服膺；一吟一咏，许将北面。”④ 其时名人碑诔如王导、郗鉴、庾冰、王濛等人的，都出自他的手笔。《论语集解》里引录孙注三十余条，马国翰《玉函山房辑佚书》辑为《论语孙氏集解》一卷。他还作有《父卒继母还前亲子家继子为服议》、《父母乖离议》、《京兆府君迁主议》等讨论礼制的文章，可见他的儒学教养。他又好道术。《晋书》本传记载他“少与高阳许询俱有高尚之志，居于会稽，游放山水十有余年，乃作《遂初赋》以致其意”⑤。《世说·品藻》篇则说他“时复托怀玄胜，远咏《老》、《庄》，萧条高寄，不与时务经怀，自谓此心无所与让也”⑥。他有《孙子》一书，马国翰、王仁俊均有辑本（称《孙绰子》），该书在《隋书·经籍志》、《旧唐书·经籍志》、《新唐书·艺文志》里皆收入《道家》类。马国翰说他“有飘飘欲仙之致……亦出入乎名、法诸家”⑦。他又热衷于习佛，是早期调和三教的典型。

如前所述，孙绰和许询一起，早年即与支遁交游，后来出入庾冰、殷浩幕，他

①余嘉锡《世说新语笺疏》上卷下《文学》，中华书局，1983 年，第 223 页。
②余嘉锡《世说新语笺疏》中卷上，中华书局，1983 年，第 470 页。
③《晋书》卷五六《孙楚传》附《孙绰传》，第 1547 页。
④余嘉锡《世说新语笺疏》下卷上《品藻》，中华书局，1983 年，第 529 页。
⑤《晋书》卷五六《孙楚传》附《孙绰传》，第 1544 页。
⑥余嘉锡《世说新语笺疏》中卷下，中华书局，1983 年，第 521 页。
⑦《玉函山房辑佚书》。

们同好佛名士。永和七年（351）王羲之为会稽内史，孙绰被引为右军长史，遂参与会稽名士、名僧们的活动。永和九年兰亭雅集，他曾作《后序》。支道林晚年在瓦官寺讲《小品》，他亦参与讲席。他留下两篇在学术史上具有重要意义的著作。一篇是仅存佚文的《道贤论》，继承东汉以来品评人物传统，以七位名僧比附“竹林七贤”：竺法护比山涛，帛法祖比嵇康，法乘比王戎，竺道潜比刘伶，支遁比向秀，于法兰比阮籍，于道邃比阮咸（此条严可均《全晋文》漏辑，见《高僧传》卷四）。这不只反映名士、名僧合流的状况，而且表明了名士对僧侣的态度。另一篇是《喻道论》，和前面提到的郗超的《奉法要》一起，是中土士大夫早期护法著述之一。其中论述儒、释关系说：

> 周、孔即佛，佛即周、孔，盖外、内名之耳。故在皇为皇，在王为王。佛者梵语，晋训觉也。觉之为义，悟物之谓，犹孟轲以圣人为先觉，其旨一也。应世轨物，盖亦随时。周、孔救极敝，佛教明其本耳。共为首尾，其致不殊，即如外圣有深浅之迹。①

这里标举儒、释合一，又把“佛”放在“儒”之上，强调佛的超越性和普遍性，认为它突破了儒的有限性。他反驳当时人对佛教的怀疑和攻驳，例如在戒杀、孝养等问题上儒、释间本来有矛盾，他都极力加以辩解。本来宗教的基点在信仰，确立信仰则要靠神秘的契悟，他从道理上加以辩护，难免流于诡辩和武断。但这也正体现了中土人士接受佛法注重理性的特征。他又给“佛”下定义说：

> 夫佛也者，体道者也。道也者，导物者也。应感顺通，无为而无不为者也。无为，故虚寂自然；无不为，故神化万物。②

如此用道家观念来理解佛法，也是当时“格义”的常调。

在文学史上，孙绰和许询被认为是玄言诗的代表。《文心雕龙·明诗》篇说“江左篇制，溺乎玄风”③；《诗品序》也说“永嘉时贵黄、老，稍尚虚谈……爰及江表，微波尚传”④。但《世说·文学》篇注引《续晋阳秋》又说：

---

①《弘明集》卷三，《正》第 52 卷第 17 页上。

②《正》第 52 卷第 16 页中。

③范文澜《文心雕龙注》，人民文学出版社，1961 年，上册第 67 页。

④陈延杰《诗品注》，人民文学出版社，1980 年，第 1 页。

……正始中，王弼、何晏好庄、老玄胜之谈，而世遂贵焉。至江左，李充犹盛。故郭璞五言始会合道家之言而韵之。（许）询及太原孙绰转相祖尚，又加以三世之辞，而《诗》、《骚》之体尽矣。①

“三世之辞”指佛家因果报应之说。《隋书·经籍志》著录《孙绰集》十五卷（注曰“梁二十五卷”），久佚，今存诗仅九首，又断句二，并不见有“三世之辞”。其名作《游天台山赋》的内容则确是佛、玄交融的，最后一段说：

……于是游览既周，体静心闲，害马已去，世事都捐。投刃皆虚，目牛无全，凝思幽岩，朗咏长川。尔乃羲和亭午，游气高褰，法鼓琅以振响，众香馥以扬烟。肆觐天宗，爰集通仙，挹以玄玉之膏，漱以华池之泉，散以象外之说，畅以无生之篇。悟遣有之不尽，觉涉无之有间，泯色、空以合迹，忽即有而得玄。释二名之同出，消一无于三幡。恣语乐以终日，等寂默于不言，浑万象以冥观，兀同体以自然。②

这里并讲“色、空”与“有、无”，共赞“无生”与“自然”，玄、释交融，指向超越的境界。他的《兰亭后序》更表达了“乐与时去，悲亦系之，往复推移，新故相换，今日之迹，明复陈矣”③ 的感受，则通于佛家无常之感。他的具有“三世之辞”的诗也应表现同样内容。

许询（生卒年不详），字玄度，高阳（今河北蠡县）人。《诗品》里说“世称孙、许，弥善恬淡之词”④。原有集八卷，今仅存佚文二则、诗断句三。《世说·言语》篇注引《续晋阳秋》，说他“总角秀惠，众称神童，长而风情简素。司徒掾辟，不就，早卒”⑤。《栖逸》篇又记载他好山水，隐居永兴南幽穴中。《文选》卷三十一有江淹《拟许征君自序诗》，称他为“征君”；前引《世说》又称他为“许掾”，大概是虽受征辟而终于隐逸了。孙绰《答许询诗九章》之五说：

孔父有言，后生可畏。灼灼许子，挺奇拔萃。方玉比莹，拟兰等蔚。寄怀

①余嘉锡《世说新语笺疏》上卷下，中华书局，1983 年，第 262 页。

②严可均《全上古三代秦汉三国六朝文·全晋文》卷六一，第 1806 页。

③《三月三日兰亭诗序》，《全上古三代秦汉三国六朝文·全晋文》卷六一，第 1808 页。

④陈延杰《诗品注》，人民文学出版社，1980 年，第 60 页。

⑤余嘉锡《世说新语笺疏》上卷上《言语》，中华书局，1983 年，第 127 页。

大匠，仰希遐致。将隆千仞，岂限一匮。[1]

称他“后生”，可知他年纪较轻。孙绰对其评价甚高，期望甚大，之六曰：

自我提携，倏忽四周。契合一源，好结回流。泳必齐味，翔必俱游。欢与时积，遂隆绸缪。一日不见，情兼三秋。

这里说二人“提携”的“四周”即四周星，也就是四十年，可见二人交谊之久和情好之笃。

如前所述，许询与支遁交谊甚密。道林讲《维摩》，他作都讲，可见他佛学素养之深厚。《世说·言语》篇记载刘惔说:“清风朗月，辄思玄度。”注引《晋中兴士人书》:“许询能清言，于时士人皆钦慕仰爱之。”[2]《赏誉》篇注引《续晋阳秋》也说“询能言理”[3]。《文学》篇记载他和支遁、谢安等人在王濛宅谈《庄子》，则他又是清谈名家。《品藻》篇又记载说“孙兴公、许玄度皆一时名流。或重许高情，而鄙孙秽行；或爱孙才藻，而无取于许”。注引宋明帝《文章志》:“询卒不降志，而绰婴纶世务焉。”[4]是说孙绰依附权门，奔走在庾冰、殷浩等人门下，纵诞多秽行；相比之下，许询更能洁身自好。但在文才方面，许似乎不及孙。从现存资料看，他的作品内容、风格应与孙绰相似。但佚存太少，已不可窥知全貌。

东晋承续西晋世家大族专政，又处在国土分崩、偏安一方的局面下，内忧外患，形成积弱之势。作为知识阶层精英的名士们在这种颓靡消沉形势下，骋挥麈之清谈，侈雕虫之余技，思想、文章都显得浅薄、低迷。当时人即有“虚谈废务，浮文妨要”的酷评。而一批名僧活跃在社会上层，则成为一时思想、文化领域的重要现象。他们的活动首先直接影响到士大夫的精神世界和生活方式，促进了佛理与传统思想、学术（特别是玄学）的交流；而从文化史、文学史的视野看，名士与名僧的交谊更在三个方面造成巨大影响，起着导夫先路的作用：

第一，开创了中土知识阶层与僧侣结交、交流的传统。一批文化素养相当高的僧人不是封闭在寺院里，而是积极活跃在社会上、士大夫圈子里；而作为社会精英

①逯钦立《先秦汉魏晋南北朝诗·全晋诗》卷一三，中华书局，1983 年，中册第 900 页。
②余嘉锡《世说新语笺疏》上卷上，中华书局，1983 年，第 134 页。
③余嘉锡《世说新语笺疏》中卷下，中华书局，1983 年，第 492 页。
④余嘉锡《世说新语笺疏》中卷下，中华书局，1983 年，第 533 页。

的士大夫又热心结交僧人，热衷佛说。这种传统，对形成以后儒、释、道三者鼎立、斗争、交融的文化结构，进而对于思想、文化发展的影响是巨大、深远的。

第二，名僧实际是信仰佛教、披上袈裟的知识分子。他们的活动提高了僧团的文化水平，有力地扩大了佛教的影响；而从另一方面看，有他们这样一批人在教团内部，也促进了佛教与中土传统的融合，成为推动佛教“中国化”的重要力量。而外来佛教在中国这样具有高度文化传统的土壤上扎根、发展，不融入到中土固有传统之中是不可能的。

第三，东晋以后的南朝文化、思想显得低迷，但文学艺术却得到很大发展。佛教与道教对造就一代文学成就是起了积极推动作用的（当然也有消极方面）。在中国文学发展史上，佛教与文学相互作用，相互影响，内容丰富多彩，情形极其复杂。这一传统也是由东晋名士、名僧们开启端倪的。关于这个方面，以下各节就是一些具体例子。

第三节　名僧与名士的交流

晋、宋以来的名僧们在推动佛教和佛教文化的发展，扩大佛教的影响方面，起着直接、积极的作用。

《理惑论》记载佛教初传，“世人学士，多讥毁之”，“视俊士之所规，听儒林之所论，未闻修佛道以为贵，自损容以为上”①。东汉文人在著作里写到佛教，仅有襄楷、张衡等少数人，且都是从纯客观角度把它作为方术来介绍的。后赵时中书令、著作郎王度上奏说：

> 夫王者郊祀天地，祭奉百神，载在祀典，礼有尝飨。佛出西域，外国之神，功不施民，非天子诸华所应祠奉。往汉明感梦，初传其道，唯听西域人得立寺都邑，以奉其神。其汉人皆不得出家。魏承汉制，亦修前轨。②

可见，外来的佛教对于中土环境不仅存在文化背景和思想观念的差异，还有律令制度的限制，使得佛教相当长一段时间在知识阶层中的传播十分有限。

---

①《弘明集》卷一，《正》第52卷第5页上、下。
②《高僧传》卷九《佛图澄传》，第352页。

到西晋，名士与名僧的交流开始频繁、密切起来。如系出天竺的竺叔兰，是《放光般若》和《异维摩诘经》译者，即与名士乐广交游①；又支孝龙，“神采卓荦，高论适时，常披味《小品》以为心要。陈留阮瞻、颍川庾凯（敳）并结知音之交，世人呼为‘八达’”②。据陶潜《群辅录》，“八达”为董昶、王澄、阮瞻、庾敳、谢鲲、胡毋辅之、沙门于法龙、光逸等，包容了儒、释双方人物。其中于法龙即应是支孝龙。竺叔兰译《放光般若》成，支孝龙“披阅旬有余日，便就开讲”③，两个人应当相识，且都是《般若》学者。而《般若》正是借助玄谈在士大夫间流行的。

西晋惠、怀年间，世势变乱，大量士族名士逃奔南方，文化随之南移。如前所述，正是在这动乱时代，佛教在社会上层迅速流行开来。《世说新语》一书具体而又生动地反映了东晋士大夫与佛教的关系。著者刘义庆（403—444），刘宋宗室，曾任江州刺史等职，雅好艺文，多与僧侣结交，是虔诚的佛教信徒。《世说》一书记载东汉至晋、宋间名士传闻逸事，反映名士清谈状况至为生动，被称为“名士清谈的百科全书”，是文学史上志人小说经典之作。梁刘孝标为之作注，引用大量资料，二者相得而益彰。鲁迅曾说“释道互扇而流为清谈”，佛教在名士间的流行与清谈的盛行有直接关系，他评论《世说新语》说：

> ……释教广被，颇扬脱俗之风，而老庄之说亦大盛，其因佛而崇老为反动，而厌离于世间则一致，相拒而实相扇，终乃汗漫而为清谈。渡江以后，此风弥甚，有违言者，惟一二枭雄而已。世之所尚，因有撰记……④

从这个意义说，《世说新语》本身也是佛教影响下的产物。

在晋、宋以来的早期著述里，对佛教僧侣的记载很少。而《世说》里记录了二十几位僧侣的言论行事，其中绝大部分是其他内、外典籍中没有记载的。虽然所述不一定都是史实，但即使是讹传的逸闻，其所表现的背景也是真实的。其中记述最多的是支遁，本书在相关处将加以介绍。这二十几位僧人，有外国或外族的，如高

①苏晋仁、萧链子点校《出三藏记集》卷一三《竺叔兰传》，第520页。

②《高僧传》卷四《支孝龙传》，第149页。

③《高僧传》卷四《支孝龙传》，第149页。

④《中国小说史略》《目录》、第七篇《世说新语与其前后》，《鲁迅全集》第九卷，Ⅱ，人民文学出版社，1981年，第60页。

坐道人尸离密、不知名的高丽道人等，但绝大多数是本土人士。其中有的人如康僧渊上辈是西域人，出生在中土。就是说，当时已有一批本土僧侣活跃在社会上。值得注意的是，这时候“高门为僧”已开始形成风气。如书中一再提到的竺道潜（法深），本为“衣冠之胤”[①]，死后晋武帝诏书中有“弃宰相之荣，袭染衣之素”[②]等语；另外如支遁、慧远、僧肇等人，从其教养和有关资料推测，均应出身于有文化的士族家庭。又如释昙邕，关中人，少仕苻坚为卫将军，后从道安出家[③]；苻坚的武威太守赵正，因关中佛法之盛乃出家[④]，等等。在西晋以来的门阀体制下，士族具有政治权威，也代表着文化传统，子弟出家为僧，对扩大佛教势力、特别是扩展其在文化领域的影响起着关键性的作用。王伊同说：“一时谈议之士，如道安慧远支遁佛图澄辈，人主致敬，贤俊周旋。值政出高门，权去公室，贵裔子弟，性喜出家，情好落发。知五朝私门政治，亦大有功于佛义哉。”[⑤]

晋室南渡，朝贵与文人结交僧人、研习佛说更形成风气。例如前面提到的竺法深，就和晋元帝司马睿、晋明帝司马绍、简文帝司马昱、丞相王导、太尉庾亮、散骑常侍桓彝、丹阳尹刘惔、孙绰等结好。一些名僧受到高官大僚的礼重和供养，如王导之于尸黎密、王洽（王导第三子，官拜中领军）之于法汰等。又“康僧渊初过江，未有知者，恒周旋市肆，乞索以自营。忽往殷渊源许，置盛有宾客，殷使坐，促与寒温，遂及义理。语言辞旨，曾无愧色。领略粗举，一往参诣，由是知之”[⑥]。这是僧人求取权贵揄扬的一例。殷渊源即殷浩，建元（343—344）初征为建武将军，都督扬豫徐兖青五州军事，以平定中原为己任。他喜佛书，和支遁等讲析佛义。后来上书北伐，会姚襄反，遣将击之，兵败，废为庶人，“徙东阳，大读佛经，皆精解。唯至‘事数’处不解”[⑦]。他是一代名士信佛的典型。值得注意的是，自后汉顺帝以来，滨海地域士族间流行天师道，殷氏也是天师道世家[⑧]。但到

---

①《高僧传》卷四《法潜传》，第157页。

②余嘉锡《世说新语笺疏》卷上之上《德行》，第31～32页。《高僧传》卷四本传谓道潜为丞相王敦之弟，考诸家晋史，无举。

③参阅《高僧传》卷六《昙邕传》，第236页。

④参阅《高僧传》卷一《昙摩难提传》，第35页。

⑤《五朝门第》上册，香港中文大学出版社，1978年，第256页。

⑥余嘉锡《世说新语笺疏》上卷下，中华书局，1983年，第231～232页。

⑦余嘉锡《世说新语笺疏》上卷下《文学》，中华书局，1983年，第240页。

⑧陈寅恪《天师道与滨海地域之关系》，《金明馆丛稿初编》，上海古籍出版社，1980年，第26～27页。

殷浩，显然更加倾心佛教。同样还有高平郗氏，《术解》篇记载：“郗愔信道甚精勤，常患腹中恶，诸医不可疗。闻于法开有名，往迎之。既来，便脉云：君侯所忌，正是精进太过所致耳。合一济汤与之。一服即大下，去数段许纸如拳大，剖看，乃先所服符也。”① 郗愔本以心尚道法著名，却又请僧人以方术治病。而如上所述，到他的儿子郗超就成为虔诚的佛教徒了。

《世说新语》的记载清楚反映了当时名士间所流行的佛教的性格，即特别注重名相的辨析、义理的理解。西晋最有名的和尚应数佛图澄。他善神咒，精方术，以神通著称，中土一代名德道安、法雅都出于他的门下。但《世说》正文记载他仅一条，即《言语》篇：“佛图澄与诸石游，林公曰：‘澄以石虎为海鸥鸟。’”据刘孝标注，这是用《庄子》海上之人从鸥鸟游的典故②。相对比之下，写到支遁的达数十条，写到竺法深的也有六条。支遁在山阴讲解《维摩经》，已是后来齐梁时期大型法会的雏形。《世说》里更详细地描写了名士、名僧共同讲习佛理的情况。如竺法汰是道安同学，辨析“六通”、“三明”异名同归。又如：

有北来道人好才理，与林公相遇于瓦官寺，讲《小品》。于是竺法深、孙兴公悉共听。此道人语，屡设疑难，林公辩答清晰，辞气俱爽。此道人每辄摧屈……(《文学》)

> 提婆初至，为东亭第讲《阿毗昙》。始发讲，坐裁半，僧弥便云：“都已晓。”即于坐分数四有意道人更就余屋自讲。③

余嘉锡据《出经序》所记载“提婆以隆安初至京师，王珣迎至舍”，谓“东亭第，当在建康”④。当时僧人们更在讲解中相互争胜，如：

> 于法开始与支公争名，后精渐归支，意甚不忿，遂遁迹剡下。遣弟子出都，语使过会稽。于时支公正讲《小品》。开戒弟子：“道林讲，比汝至，当在某品中。”因示语攻难数十番，云：“旧此中不可复通。”弟子如言诣支公。

---

①余嘉锡《世说新语笺疏》下卷上，中华书局，1983 年，第 709 页。

②刘孝标所引《庄子》海上之人好鸥事在《列子·黄帝》篇，不见今本《庄子》，或以为是《庄子》逸文，参阅《世说新语笺疏》，中华书局，1983 年，第 107 页。

③余嘉锡《世说新语笺疏》上卷下《文学》，中华书局，1983 年，第 242 页。

④余嘉锡《世说新语笺疏》上卷下《文学》，中华书局，1983 年，第 243 页。

刘孝标注引《名德沙门题目》:“于法开才辨从横，以数术弘教。”① 则于法开无论是义解还是辩才都是相当杰出的。又如:

愍度道人始欲过江，与一伧道人为侣，谋曰:“用旧义在江东，恐不办得食。”便共立“心无义”。既而此道人不成渡，愍度果讲义积年。后有伧人来，先道人寄语云:“为我致意愍度，无义那可立？治此计，权救饥尔！无为遂负如来也。”②

这更清楚表明，僧侣们为了争取群众，必须刻意树立新义。支愍度所立“心无义”，是《般若》空观的一家。正是在这种辩论中,《般若》学的“六家七宗”得以形成起来。

而名僧同样热心参与玄谈。如:

郗嘉宾钦崇道安德问，饷米千斛，修书累纸，意寄殷勤。道安答直云:“损米。”愈觉有待之为烦。③

“有待”、“无待”是《庄子》讨论的课题。又如僧意在瓦官寺中与王修辩论“圣人有情”，殷仲堪与慧远论“《易》以何为体”，都是玄谈的一般题目。这样，佛理辨析成为名士玄谈的新材料，也给玄学论辩提供了新内容。

从《世说》记载看，除了玄理的辨析与契合之外，名士们热心佛说，还特别倾心其心性修养理论。《文学》篇记载:

佛经以为袪炼神明，则圣人可致。简文云:“不知便可登峰造极不？然陶炼之功，尚不可诬。”

注引《释氏经》曰:“一切众生，皆有佛性。但能修智慧，断烦恼，万行具足，便成佛也。”④“简文”即简文帝司马昱，曾任抚军大将军、相王。他的看法所据是众生可以成佛的涅槃佛性新说。如后来谢灵运所说，这种“圣道遂远，积学能至，累

①余嘉锡《世说新语笺疏》上卷下《文学》，中华书局，1983 年，第 229 页。
②余嘉锡《世说新语笺疏》下卷下《假谲》，中华书局，1983 年，第 859 页。
③余嘉锡《世说新语笺疏》中卷上《雅量》，中华书局，1983 年，第 372 页。
④余嘉锡《世说新语笺疏》上卷下《文学》，中华书局，1983 年，第 229 页。

尽鉴生”[①] 的观点是中土传统所缺少的。它肯定人的心性的绝对性，认为人人都有超凡成圣的能力。追求精神解脱的名士们热衷于这一内容是很自然的。

正是实践这种新的心性理论，一些僧人提倡或实践一种高蹈超逸的风姿和自由放任的生活方式。这也是魏晋风流的新体现。如：“竺法深在简文坐，刘尹问：‘道人何以游朱门?’答曰：‘君自见其朱门，贫道如游蓬户。’”[②] 如此把朱门、蓬户等观，也就能齐物逍遥，对一切荣华利禄无所执著了。又：“支道林因人就深公买印山，深公答曰：‘未闻巢、由买山而隐。’”[③] “买山而隐”乃是矫情的表现，竺法深的意思同样在注重内心解脱。重视身心修养，把安身立命的依据放在自己的心性，这种理解对后代的影响也是十分深远的。

还有一点是值得提出的，就是一些名僧具有相当的艺术气质，他们的言行体现出浓厚的艺术趣味。如：

> 道壹道人好整饰音辞，从都下还东山，经吴中。已而会雪下，未甚寒。诸道人问在道所经。壹公曰:“风霜固所不论，乃先集其惨淡。郊邑正自飘瞥，林岫便已浩然。”

注引《沙门题目》:“道壹文锋富赡，孙绰为之赞曰：‘驰骋游说，言固不虚。唯兹壹公，绰然有余。譬若春圃，载芬载敷。条柯猗蔚，枝干扶疏。’”[④] 更典型的如支遁，其本人性格就有着巨大的艺术魅力。同样：

> 康僧渊在豫章，去郭数十里，立精舍。旁连岭，带长川，芳林列于轩庭，清流激于堂宇。乃闲居研讲，希心理味，庾公诸人多往看之。观其运用吐纳，风流转佳。加已处之怡然，亦有以自得，声名乃兴。[⑤]（《栖隐》）

他的风格、情趣得到众多文人欣赏，也给时人树立一种人生榜样。僧人在与名士交往中表现出的议论风采，他们的诗文体现的文学才能，都是吸引文人的重要因素。

---

①《与诸道人辨宗论》，《广弘明集》卷一八，《正》第52卷第224页下。
②余嘉锡《世说新语笺疏》上卷上，中华书局，1983年，第108页。
③余嘉锡《世说新语笺疏》下卷下《排调》，中华书局，1983年，第802页。
④余嘉锡《世说新语笺疏》上卷下《言语》，中华书局，1983年，第146页。
⑤余嘉锡《世说新语笺疏》下卷上《栖逸》，中华书局，1983年，第660页。

第四节　谢灵运和颜延之

文学史上著名作家信仰佛教而又在创作中表现突出、有显著成绩的，当推晋、宋之际的谢灵运为第一人。

谢灵运（385—433），陈郡阳夏（今河南太康县）人，出生于会稽始宁（今浙江上虞县）。谢氏和王氏一样是东晋以来的高门士族。灵运祖父谢玄是东晋名将，以担任晋军前军都督，指挥著名的秦晋"淝水之战"名垂史册。灵运出生"旬日，而谢玄亡。其家以子孙难得，送灵运于杜治养之。十五方还都，故名'客儿'"①。钱塘杜氏是天师道世家，"治"是天师道养炼静修的处所，可知他的家庭和南北朝许多世家一样，本是信奉天师道的②。但后来他却成为虔诚的佛教信仰者。

谢灵运早年受到良好教养，与从兄弟谢瞻、谢晦等同为谢氏一门之秀，袭封康乐公。义熙元年（405）二十一岁，被琅琊王司马德文（即后来东晋的最后一个皇帝恭帝）辟为大司马行参军。次年，刘毅为都督豫州扬州之淮南历阳庐江安丰堂邑五州诸军事、豫州刺史，驻节姑孰（今安徽当涂县），他被辟为记室参军。后来刘毅以讨伐卢循叛乱丧师失利，转为江州都督。应是在这个时候，谢灵运有机会见到正在庐山的慧远。他写《庐山慧远法师诔》，说"予志学之年，希门人之末"③；慧远传里也说"陈郡谢灵运负才傲俗，少所推崇，及一相见，肃然心服"④。慧远当时已是七十余岁的高僧，后来请谢灵运作庐山《佛影铭》，可见二人相契之深厚。

刘毅和刘裕都是东晋军事主力北府军将领，二人争权不谐，渐成水火。谢灵运的叔父谢混支持刘毅；刘毅又"爱才好士，当世名流莫不辐凑"⑤，谢灵运多年为他幕下士。义熙八年，刘毅移镇荆州，阴有图裕之志。裕诏书罪状毅与谢混等图谋不轨，起兵讨伐，混赐死。当年谢玄是北府军创建者，刘裕对其后人谢灵运表示优容，置于幕下为太尉参军。义熙十二年，谢灵运为骠骑将军刘道邻的谘议参军，曾两次至彭城慰劳北伐的刘裕。但后来终以擅杀门人罪名免官，实则是因为他与权势

①陈延杰《诗品注》，人民文学出版社，1980年，第29页。

②参阅陈寅恪《天师道与滨海地域之关系》，《金明馆丛稿初编》，上海古籍出版社，1980年，第14～15、20～21页；王叔岷《钟嵘诗品笺证稿》，"中央研究院"中国文哲研究所，1992年，第204～205页。

③《广弘明集》卷二三，《正》第52卷第267页上。

④汤用彤校注《高僧传》卷六，中华书局，1992年，第221页。

⑤《资治通鉴》卷一一五《晋纪》三七，第3611页。

正隆的刘裕有嫌隙。至刘裕代晋立宋，灵运降爵为侯，后起为散骑常侍，转太子左卫率。灵运负才自傲，自以为宜参权要，既不见重，心怀愤忿。加以遭到猜忌，终以构扇异同，非毁执政，出为永嘉（今浙江温州市）太守。“郡有名山水，灵运素所爱好，出守既不得志，遂肆意游遨，遍历诸县，动逾旬朔。民间听讼，不复关怀，所至辄为诗咏以致其意焉。在郡一周，称疾去职。”① 在永嘉，他与僧法勖、僧维等人游，写下佛学史上的名著《辩宗论》。后来他回到父、祖所居、也是出生之地的会稽始宁，修营别业，纵放为娱。这一时期，他又与昙隆、法流等诸道人游，是他信佛更加精进的时候。他作《山居赋》，描写卧疾山顶，顺适性情，得山居之乐，中有云：

> ……敬承圣诰，恭窥前经，山野昭旷，聚落膻腥。故大慈之弘誓，拯群物之伦倾，岂寓地而空言，必有贷以善成。钦鹿野之华苑，羡灵鹫之名山，企坚固之贞林，希菴罗之芳园。虽粹容之缅邈，谓哀音之恒存，建招提于幽峰，冀振锡之息肩。庶镫王之赠席，想香积之惠餐，事在微而思通，理匪绝而可温……谢丽塔于郊廓，殊世间于城旁，钦见素以抱朴，果甘露于道场。苦节之僧，明发怀抱，事绍人徒，心通世表，是游是憩，倚石构草，寒暑有移，至业莫矫。观三世以其梦，抚六度以取道，乘恬知以寂泊，含和理之窈窕。指东山以冥期，实西方之潜兆，虽一日以千载，犹恨相遇之不早……安居二时，冬夏三月，远僧有来，近众无阕。法鼓即响，颂偈清发，散花霏蕤，流香飞越。析旷劫之微言，说象法之遗旨，乘此心于一豪，济彼生之万理。启善趣于南倡，归清旸于北机，非独惬于予情，谅佥感于君子……②

这里认山林为修道场所，抒写山居求道乐趣，把山水、隐逸、求道三者统一起来。这在文学表现上是有开拓意义的。

宋文帝刘义隆即位后的元嘉三年（426），谢灵运被召为秘书监，并受命撰《晋书》。但仍不见任遇，意有不平，多称疾不朝，游行无度，遂被讽令自解，乞假东归。元嘉五年回始宁，与弟谢惠连、何常瑜等畅游山水，吟咏唱和。他率领义故门生数百，凿山浚湖，寻峰陟岭，在深山幽谷间寻幽探胜。会稽太守孟顗为灵运所

①《宋书》卷六七《谢灵运传》，第1753～1754页。

②《全宋文》卷三一，第2606～2608页。

轻，遂构嫌隙，诬以有异志。灵运诣阙上表，虽未被治罪，但不使东归，任命为临川（今江西抚州市）内史。他在郡游放，不异永嘉时，为有司所纠。又屡遭排遣，遂有逆志，被送廷尉治罪，徙送广州。元嘉十年，在广州被杀。原有集二十卷（或作十五卷），久佚。

谢灵运晚年曾参与《大涅槃经》的修订工作。义熙十三年（417）法显等已译出《大般泥洹经》六卷，内容相当于《大涅槃经》前五品；后有昙无谶于北凉玄始十年（421）在姑臧译出全本《大般涅槃经》三十六卷，后经补订成四十卷，是为北本《涅槃》。按硕法师《三论游意义》，此经于元嘉七年（430）传入建业，名僧慧严、慧观等以其文言质朴、品数疏简而加以“改治”，谢灵运参与的就是这项工作，遂成三十六卷南本《涅槃》。然而元嘉五年以后谢灵运没有在建业长期居住的机会，硕法师记载年代或许有误。唐元康《肇论疏》上说“谢灵运文章秀发，超迈古今”①，特别赞扬他修饰经文的贡献。谢灵运能够与一代名僧一起从事重要经本的改订，可见他的佛学水平是被公认的。又释慧叡曾西行求法至南天竺界，“音义诰训，殊方异义，无不必晓”，“陈郡谢灵运笃好佛理，殊俗之音，多所达解，乃谘叡以经中诸字，并众音异旨，于是著《十四音训叙》。条列梵汉，昭然可了，使文字有据焉”②。由此可知谢灵运学习过并熟悉梵文。这在古代文人中是少见的。南本《涅槃经》文字精美，得到广泛弘传，谢灵运参与修订是有功绩的。例如北本里有一句说“手把足蹈，得到彼岸”，谢改为“运手动足，截流而渡”③，即是著名一例。

谢灵运好佛，接受江南士族的信仰传统，又和自身处境有关。他身处两朝交替之际，谢氏家族和刘氏王朝本有嫌隙，他心怀旧主而勉仕新朝，受到猜忌、排挤是必然的。寄情山水和吟咏之外，能给他精神慰藉的就是佛说。他特别有取于佛教的心性理论。他说:“六经典文，本在济俗为治耳。必求性灵真奥，岂得不以佛经为指南耶?”④ 当时佛性理论正出现重要的新发展。以竺道生为代表的“新论道士”，提出阐提有性、顿悟成佛等新说。现存资料虽不见谢灵运与竺道生直接交往的记载，

①《肇论疏》上，《正》第45卷第163页下。

②《高僧传》卷七《宋京师乌衣寺慧叡传》，第259～260页。

③《肇论疏》上，《正》第45卷第163页下。

④何尚之《答宋文帝赞扬佛教事》，《弘明集》卷一一，《正》第52卷第69页中。

但从他的友人范泰、颜延之、僧慧琳均和竺道生密切往还①，可以推测二人间会有往来。谢灵运赞同竺道生对于佛性理论的新的发挥，在《辩宗论》里，他折中儒、释之言来阐扬竺道生的观点，其论旨大体是：

> 释氏之论，圣道虽远，积学能至，累尽鉴生，不应渐悟。孔氏之论，圣道既妙，虽颜殆庶，体无鉴周，理归一极。有新论道士，以为寂鉴微妙，不容阶级，积学无限，何为自绝？今去释氏之渐悟而取其能至，去孔氏之殆庶而取其一极。一极异渐悟，能至非殆庶。故理之所去，虽合各取，然其离孔、释矣。余谓二谈，救物之言，道家之唱，得意之说，敢以折中自许，窃谓新论为然……②

这里所谓“新论道士”，就是指竺道生和持竺道生观点的人。这里是说，按佛教传统观念，圣道虽然遥远，但可以达到，不过要经过渐修始得；儒家承认宗极的圣道存在，但如孔子所说，就是颜渊也不能达到目标的极致；而“新论道士”否定传统佛教的渐悟之说而取其普遍的佛性说，扬弃儒家的只有少数人能够超凡成圣的等级人性论而取其宗极之悟，从而提出“不容阶级，积学无限”的顿悟成佛新说。谢灵运认为这是折中儒、释两大传统而超越之的新观念。从中国思想史发展看，竺道生的佛性新说乃是佛教“中国化”潮流中吸取儒家心性理论对佛性理论的改造和发挥。汤用彤评论说：

> 康乐承生公之说作《辨宗论》，提示当时学说二大传统之不同，而指明新论乃二说之调和。其作用不啻在宣告圣人之可至，而为伊川“学”乃以至圣人学说之先河。则此论在历史上有甚重要之意义盖可知矣。③

这表明，谢灵运所肯定的“新论道士”的佛性新说又是唐代禅宗和宋儒性理学说的滥觞。他本人的佛学思想则是代表佛教发展的先进潮流的。

谢灵运写过许多颂佛、护法作品。前面论及的《辩宗论》是阐扬佛理的；更多有表述信仰、反映修道实践的。如《无量寿佛颂》：

---

①范泰有《与（竺道）生（慧）观二法师书》，见《弘明集》卷一二；慧琳有《龙光寺竺道生法师诔》，见《广弘明集》卷二三。

②《与诸道人辩宗论》，《广弘明集》卷一八，《正》第52卷第224页下~225页上。

③《谢灵运〈辩宗论〉书后》，《汤用彤学术论文集》，中华书局，1983年，第294页。

法藏长王宫，怀道出国城。愿言四十八，弘誓拯群生。净土一何妙，来者皆清英。颓年欲安寄，乘化好晨征。①

这是隐括《无量寿经》法藏国王立下四十八个救世本愿，表述对西方净土的倾心。他的《和范光禄祇洹像赞》、《维摩经十譬赞》则分别是赞佛和赞颂经典的。据说天竺有佛影，是当初佛陀教化毒龙所留，“会有西域道人叙其光相，（慧）远乃背山临流，营筑龛室，妙算画工，淡彩图写，色疑积空，望似烟雾，晖相炳焕，若隐若显”②。慧远本人曾为制铭，又请谢灵运作《佛影铭》。又《庐山慧远法师诔》、《昙隆法师诔》则是纪念僧人的诔文。前文最后表述对慧远的追仰之情：

……呜呼法师，何时复还？风啸竹柏，云霭岩峰，川壑如泣，山林改容。自昔闻风，志愿归依，山川路邈，心往形违。始终衔恨，夙缘轻微，安养有寄，阎浮无希。呜呼哀哉！③

这一段写得文情并茂，一唱三叹，把景仰恋慕之情表达得淋漓尽致。

谢灵运在文学史上的主要贡献是山水诗创作。沈约写他的传记，评论说：

有晋中兴，玄风独振。为学穷于柱下，博物止乎七篇。驰骋文辞，义单乎此。自建武暨乎义熙，历载将百。虽缀响联辞，波属云委，莫不寄言上德，托意玄珠，遒丽之辞无闻焉尔。仲文（殷仲文）始革孙（绰）、许（询）之风，叔源（谢混）大变太元之气。爰逮宋氏，颜（延之）、谢腾声。灵运之兴会标举，延年之体裁明密，并方轨前秀，垂范后昆。④

唐人所修《南史》则说：

（颜）延之与陈郡谢灵运俱以辞采齐名……延之尝问鲍照己与灵运优劣，照曰:“谢五言如初发芙蓉，自然可爱；君诗若铺锦列绣，雕缋满眼。”……是时议者以延之、灵运自潘岳、陆机之后，文士莫及，江右称潘、陆，江左称

①《全宋文》卷三三，第2617页。

②《高僧传》卷六《晋庐山释慧远传》，第213页。

③《广弘明集》卷二三，《正》第52卷第267页中。

④《宋书》卷六七《谢灵运传》，第1778～1779页。

颜、谢焉。①

这些都肯定了谢灵运的创作在诗歌史上的里程碑地位。白居易《读谢灵运诗》说：

吾闻达士道，穷通顺冥数。通乃朝廷来，穷即江湖去。谢公才廓落，与世不相遇。壮志郁不用，须有所泄处。泄为山水诗，逸韵谐奇趣。大必笼天海，细不遗草木。岂唯玩景物，亦欲摅心素。往往即事中，未能忘兴喻。因知康乐作，不独在章句。②

这则指出了谢灵运山水描写中的深刻内涵。谢灵运的诗既体现了庄子“逍遥”、“齐物”之类观念，又与佛教信仰、与他游放山林的修道生活有密切关系。他现存诗中可确定写作年代的有六十余首，作于滞留永嘉一年多时间里的就有三十首，其中包括《过始宁墅》、《登池上楼》等名篇；其中作于始宁的则有十八首。这也表明他热衷山水诗与交往僧侣、热心佛说有着密切关联。昙隆法师本来居止庐山，谢灵运回到会稽时招致上虞徐山。他们同游始宁西南的嵊山和剡县的嵊山等名山水，诗人追忆其时情景说：

缅念生平，同幽共深，想率经始，偕是登临。开石通涧，剔柯疏林，远眺重叠，近瞩岖嵚。事寡地闲，寻微探赜，何句不研，奚疑弗析。秩舒轴卷，藏拔纸襞，问来答往，俾日余夕……③

由此可见他结交僧人，一面游赏山水胜景，一面辨析佛教义理的情形。与谢灵运同时代的画家宗炳（375—443），同样是佛教信徒，曾说道：

夫圣人以神发道，而贤者通；山水以形媚道，而仁者乐，不亦几乎！……峰岫峣嶷，云林深渺，圣贤映于绝代，万趣融其神思，余复何为哉？畅神而已。神之所畅，孰有先焉！④

这表明当时信佛士大夫不只是以山水畅达心神，更把山水当作体道对象。谢灵运正是如此。他的作品里常常“否定以‘事’、‘物’为代表的世俗事相的世界，赞美

①《南史》卷三四《颜延之传》，第778页。

②朱金城《白居易集笺校》卷七，上海古籍出版社，1988年，第1册第369页。

③《广弘明集》卷二三，《正》第52卷第567页上。

④《画山水序》，《全宋文》卷二〇，第2545～2546页。

以‘道’、‘理’为代表的超俗的本原的世界”①。而这“道”与“理”则体现了竺道生的新的佛学思想。“正由于这‘新’思想，在左迁永嘉的山水里他才能看到‘表灵’、‘蕴真’（《登江上孤屿》）的内涵，进而在栖隐始宁时肯定追求‘乘恬知以寂泊’（《山居赋》）的自我的存在”②。

他有时在山水描写中直接抒发宗教体验，如《过瞿溪山饭僧》：

迎旭凌绝嶝，映泫归溆浦。钻燧断山木，掩岸墐石户。结架非丹甍，藉田资宿莽。同游息心客，暖然若可睹。清霄飏浮烟，空林响法鼓。忘怀狎鸥儵，摄生驯兕虎。望岭眷灵鹫，延心念净土。若乘四等观，永拔三界苦。③

据《永嘉县志》，瞿溪山在永嘉西南三十五里。面对荒凉静谧的山水，诗人内心的一切妄念都消释了；听到伽蓝的法鼓声，更滋生起皈依佛法的信心。在永宁、安固二县中间，渚山溪涧，凡有五处，谢灵运在南面第一谷创立石壁精舍，作《石壁立招提精舍》诗：

四城有顿踬，三世无极已。浮欢昧眼前，沉照贯终始。壮令缓前期，颓年迫暮齿。挥霍梦幻顷，飘忽风电起。良缘迨未谢，时逝不可俟。敬拟灵鹫山，尚想祇洹轨。绝溜飞庭前，高林映窗里。禅室栖空观，讲宇析妙理。④

诗人把自己的精舍比拟为佛陀说法的灵鹫山和祇洹精舍，在永恒的水光山色中，他痛感人世虚幻，完全沉浸在佛理玄想之中。

如果说上面两首诗还有挦扯事典的痕迹，那么另一些作品则更浑融无迹地把宗教感情体现在对于自然山水的生动描绘中，佛教义理从而被化为人生体验和感受表现出来。如《石壁精舍还湖中作诗》：

昏旦变气候，山水含清晖。清晖能娱人，游子澹忘归。出谷日尚早，入舟

①（日）矢渊孝良《谢灵运山水诗の背景——始宁时代の作品を中心にして——》，《东方学报·京都》，京都大学人文科学研究所，1984年，第56册第123页。

②（日）荒牧典俊《南朝前半期における教相判释の成立について》，《中国中世の宗教と文化》，京都大学人文科学研究所，1982年，第381页。

③黄节《谢灵运诗注》卷二，人民文学出版社，1958年，第40页。此诗逯钦立《先秦汉魏晋南北朝诗》题作《登石室饭僧诗》。

④黄节《谢灵运诗注》卷三，人民文学出版社，1958年，第62页。

阳已微。林壑敛冥色，云霞收夕霏。芰荷迭映蔚，蒲稗相因依。披拂趋南迳，愉悦偃东扉。虑澹物自轻，意惬理无违。寄言摄生客，试用此道推。[1]

这里抒写了在石壁精舍与道人们讲论之后的感受。“虑澹物自轻，意惬理无违”——看到在夕阳映照下大自然一片生机，体会到一种超然物外的愉悦。这正是高蹈出世的禅悦之情。他的诗更多有描摹生动的句子，如“白云抱幽石，绿篠媚清涟”（《过始宁墅诗》），“池塘生春草，园柳变鸣禽”（《登池上楼诗》），“扬帆采石华，挂席拾海月”（《游赤石进帆海诗》）等等，不仅描绘出如画的境界，其中表达的那种对待自然的物我一如的体验更能感动人心。他在作品里经常用到“赏心”一语：“含情尚劳爱，如何离赏心”（《晚出西射堂诗》），“我志谁与谅，赏心为良知”（《游南亭诗》），“赏心不可忘，妙善冀能同”（《田南树园激流植援诗》），等等；他又说“天下良辰、美景、赏心、乐事，四者难并”[2]。诗人所谓“赏心”不只是一种玩赏的眼光和态度，而是物、我无碍，心、物交融的轻安愉悦的境界。这与佛家宇宙观和人生观有着直接关系。

不过谢灵运的时代，还是中土文人接受佛教的早期，山水文学也处在开拓阶段。王瑶曾指出：“我们说山水诗是玄言诗的改变，毋宁说是玄言诗的继续。这不只是诗中所表现的主要思想与以前无异，而且即在山水诗中也还保留着一些单讲玄理的句子。”[3] 在谢灵运的作品中，也往往表现出谈玄说理、有欠浑融的一面。至于他受到佛教一些消极影响，更是不言而喻的。

刘勰曾指出：“宋初文咏，体有因革，老庄告退，而山水方滋。”[4] 实现这一转变的代表人物就是谢灵运。而从一定意义上说，谢灵运又是文学史上第一位真正对佛教有所体认的“慧业文人”。从后一种意义说，他的成就乃是佛教影响中土文人创作的第一个重要实绩；而他作为统合儒、释的榜样，对后代更产生了巨大、深远的影响。缪钺指出：“魏晋以来对于文学之新理想，在能以玄理佛义融于五言诗体中，造成特美，此理想至谢灵运而实现（余别有《六朝五言诗之流变》一文，阐

①黄节《谢灵运诗注》卷三，人民文学出版社，1958 年，第 63 页。

②《拟魏太子邺中集诗八首序》，黄节《谢灵运诗注》卷三，人民文学出版社，1958 年，第 98 页。

③王瑶《中古文学史论》，北京大学出版社，1998 年，第 276 页。

④范文澜注《文心雕龙注》卷二《明诗》，人民文学出版社，1962 年，下册第 67 页。

述此义，在拙著《诗词散论》中）。”[①]

与谢灵运并称的颜延之（384—456），字延年，琅琊临沂（今山东临沂市）人。他同样出身士族，是晋光禄卿颜含孙。义熙中被后将军吴国内史、江州刺史刘柳辟为行参军，转主簿；入宋，补太子舍人；少帝即位，以正员郎兼中书郎，出为始安太守；文帝时，官至金紫光禄大夫领湘东王师等职。有集三十卷（或作二十五卷），已佚。

颜延之创作上的成就远不及谢灵运。他的诗以记游、赠答、颂赞等一般应酬之作为多，喜欢铺陈排比，不如谢诗的清新秀美，鲍照批评说“如铺锦列绣，雕缋满眼”；散文则颇有传世之作，如《赭白马赋》、《陶征士诔》、《五君咏》等。而他一生倾心佛说，结交名僧慧静、慧彦等，具有相当高的佛学修养，著有一批重要护法作品，也是文人信佛的典型。

宋文帝曾说:“颜延年之折《达性》，宗少文（炳）之难《白黑》，论明佛法汪汪，尤为名理并足，开奖人意。”[②] 这里的“折《达性》”指他所作《释何衡阳达性论》和《重释》、《又释》等三篇。时有僧人慧琳以才学为宋文帝所赏识，朝廷政事多与之谋，作《白黑论》批判佛教，并得到著名天文学家何承天的支持。宗炳著文批评《白黑论》，何作《达性论》与之论辩。颜延之为此作了《释何衡阳达性论》等文章。这次论辩是佛教思想与中土传统意识的一次正面交锋。何承天的《达性论》、《报应问》等文提出“生必有死，形弊神散”，“施而望报，在昔先师或未之有”等论断，反对佛教的神不灭论和报应之说。而颜延之则主张“精灵必在”，宣扬“施报之道”[③]。值得注意的是，何尚之以传统的“人以仁义立”的儒家观点批评佛教，而颜延之等同样利用儒家（还有道家的庄子）为典据加以反驳。这表明在晋、宋之际，颜、谢等一批士族文人已经在融通儒、释的思想基础上接受佛说，佛教势力因而也大为扩展了。据陆澄《法论目录》，颜延之的护法论著还有《通佛影迹》、《通佛顶齿爪》、《通佛衣钵》、《通佛二氎不燃》、《离识观》、《妄书禅慧宣诸弘信》、《书与何彦德论感果生灭》（五往反）、《论检》、《广何(〈断家养论〉)》[④]等，均佚。从题目看，前几篇是颂佛的，后几篇是讨论佛义的，内容相当广泛。宋

①《清谈与魏晋政治》，胡晓明、傅杰主编《释中国》，上海文艺出版社，1998 年，第 3 册第 2060 页。

②何尚之《答宋文帝赞扬佛教事》，《弘明集》卷一一，《正》第 52 卷第 69 页中。

③《弘明集》卷四，《正》第 22 页上 ~ 中。

④《出三藏记集》卷一二，第 434 ~ 447 页。

文帝曾命慧严就颜著《离识观》和《检论》辩其异同，二人“往复终日，帝笑曰：‘公等今日，无愧支、许。’”① 这里“支、许”指支遁和许询，意在表扬其议论水平和风采。

颜延之有《庭诰》一文，题目取“闺庭之内……诰尔在庭”的意思，是对后人的训喻之词。文已散佚，现存五个片段。其中收在《弘明集》卷十三里的一段集中反映了他的佛教信仰：

> 达见同善，通辩异科：一曰言道，二曰论心，三曰校理。言道者本之于天，论心者议之于人，校理者取之于物。从而别之，繇涂参陈；要而会之，终致可一。若夫玄神之经，穷明之说，义兼三端，至无二极。但语出梵方，故见猜世学；事起殊伦，故获非恒情。天之赋道，非差胡华，人之禀灵，岂限外内。一以此思，可无臆裁。为道者盖流出于仙法，故以炼形为上；崇佛者本在于神教，故以治心为先。炼形之家必就深旷，反飞灵，糇丹石，粒芝精，所以还年却老，延华驻彩，欲使体合纁霞，轨遍天海，此其所长；及伪者为之，则忌灾祟，课粗愿，混士女，乱妖正，此其巨蠹也。治心之术，必辞亲偶，闭身性，师净觉，信缘命，所以反壹为生，克成圣业，智邈大明，志狭恒劫，此其所贵；及诡者为之，则藉发落，狎菁华，傍荣声，谋利论，此其甚诬。物有不然，事无不弊。衡石日陈，犹患差忒，况神道不形，固众端之所假。未能体神，而不疑神无者，以为灵性密微，可以积理知；洪变欻恍，可以大顺待。照若镜天，肃若窥渊，能以理顺为人者，可与言有神矣。若乃罔其真而眚其弊，是未加心照耳。②

作者在这里从同归于善的立场，为“语出梵方”的“玄神之经，穷明之说”的佛说辩护。文章对佛、道二教的修道实践及其意义作了具体比较，兼论二者流弊，从而说明“佛以治心为先”的优越性。这样的作品也清楚表明，在南北朝佛教广泛弘传、大规模浸入文化领域的时期，即使是那些对它怀抱虔诚信仰心的人，对儒学一般也并不取排他态度。这也清楚显示了中国文化融通的性格。“三教”并立、交流、融合的潮流正是在这样的观念上发展起来的。

---

①《高僧传》卷七《宋京师东安寺释慧严传》，第262页。

②《全宋文》卷三六，第2637页。

第五节 沈　约

继陶（渊明）、谢之后，南北朝成就最高、最有影响的作家当数活动在宋、齐、梁三朝的沈约。他是聚集在齐竟陵文宣王萧子良门下的“竟陵八友”之一，而“竟陵八友”乃是南朝文坛最有影响的文人集团，代表着当时贵族文人活动的典型形态。

沈约（441—513），字休文，吴兴武康（今浙江吴兴市）人。他的父亲沈璞因参与宋文帝末年皇族争夺帝位的斗争被杀。他在宋时曾任蔡兴宗征西记室参军，回朝为尚书度支郎；入齐，为文惠太子萧长懋太子家令，并受到竟陵王萧子良信重，先后任东阳太守、五兵尚书、国子祭酒；他与萧衍友善，又积极参与了萧衍代齐自立的活动。萧衍受禅，除尚书仆射，封建昌县侯，后迁尚书令，太子少傅。沈约著述宏富，《梁书》本传上记载“所著《晋书》百一十卷、《宋书》百卷、《齐纪》二十卷、《高祖纪》十四卷、《迩言》十卷、《谥例》十卷、《宋文章志》三十卷、《文集》一百卷，皆行于世；又撰《四声谱》……”①。而据《隋书·经籍志》，还有属于《史部·职官》类的《新定官品》二十卷，属于《子部·杂家》类的《俗说》三卷、《杂说》二卷、《袖中记》二卷、《袖中略记》一卷、《珠丛》一卷、《梁有子钞》十五卷，属于《集部·总集》类的《集钞》十卷、并注《梁武联珠》一卷等；他又曾撰次起居注，或以为撰者不详的《齐永明起居注》二十五卷即出自他的手笔②。这样，其著作遍及经、史、子、集四部，可见他学术成就之高文章涉及范围之广泛。

沈约如当时一般士大夫那样，以儒术立身，一生积极进取，有经世之志，而对佛、道二教他又都十分热衷和虔诚。《梁书》记载沈约临终前情形说：

……初，高祖有憾于张稷，及张稷卒，因与约言之。约曰：“尚书左仆射出作边州刺史，已往之事，何足复论。”帝以为婚家相为，大怒曰：“卿言如此，是忠臣耶！”乃辇归内殿。约惧，不觉高祖起，犹坐如初。及还，未至床，而

①《梁书》卷一三《沈约传》，第243页。

②（日）兴膳宏、川合康三《隋书经籍志详考》，汲古书院，1995年，第323页。

凭空顿于户下。因病，梦齐和帝以剑断其舌。召巫视之，巫言如梦。乃呼道士奏赤章于天，称禅代之事，不由己出。高祖遣上省医徐奘视约疾，还具以状闻。先此，约尝侍宴，值豫州献栗，径寸半。帝奇之，问曰："栗事多少？"与约各疏所忆，帝少三事。出谓人曰："此公护前，不让即羞死。"帝以其言不逊，欲抵其罪，徐勉固谏乃止。及闻赤章事，大怒，中使谴责者数焉，约惧遂卒……①

这段历史说临终时他让道士上表天神，表示忏悔，而内容则是齐、梁易代之际，他帮助萧衍篡夺帝位事。从这段记述也可以看出，他虽然是梁朝开国功臣，但并未受到信任。开头提到他的“婚家”张稷，出身于吴郡张氏，也是萧衍“佐命”功臣，后受到猜忌，由尚书左仆射出为安北将军、青冀二州刺史，在镇被州人所杀，有司奏削爵土②。从沈约和萧衍的争论中，可以看出他对张稷的同情。他竟以此危惧，终至不起。

而沈约又有《临终表》：

臣约言：臣抱疾弥留，迄今即化，形神欲离，月已十数，穷楚极毒，无言以喻。平日健时，不言若此，举刀坐剑，比此为轻。仰惟深入法门，厉兹苦节，内矜外恕，实本人情，伏愿圣心重加推厉。微臣临途，无复遗恨，虽渐也善，庶等鸣哀。谨启。③

这里沈约自认为已经“深入法门”，临终病痛乃是对自己生命的考验，表白自己“厉兹苦节，内矜外恕”，因此“无复遗恨”。表达了他信仰佛教更加执著的态度。

他兼融佛、道二教，从教理方面说，有两个观念起了决定作用：一是他赞成“神不灭”论。他认为：

生既可夭，则寿可无夭；既无矣，则生不可极。形、神之别，斯既然矣。形既可养，神宁独异？神妙形粗，较然有辨。养形可至不朽，养神安得有穷？养神不穷，不生不灭，始末相较，岂无其人？自凡至圣，含灵义等，但事有精粗，古人有凡、圣。圣既长存，在凡独灭？本同末异，义不精通。大圣贻训，

①《梁书》卷一三《沈约传》，第242～243页。

②参阅《梁书》卷一六《张稷传》，第270～272页。

③陈庆元《沈约集校笺》卷三，浙江古籍出版社，1995年，第93～94页。

岂惑斯哉！[1]

这表明他认为，道教的“养形”，佛教的“养神”，都是可以达到的目标，而且是无关于凡、圣的。在这段话里，他显然又把“神养”放在“形养”之上，表明他是更加倾心佛教的。另一方面，在佛教信仰与儒学关系上，沈约又认为“内圣、外圣，义均理一，而蔽理之徒，封著外教”[2]。当时范缜作《神灭论》，批判佛教，包括沈约在内的许多人著论加以反驳。沈约认为这不只是为了护法，而是“孔、释兼弘，于是乎在”[3] 的。即是说，弘扬佛法和发扬儒道是一致的。在具体论述里，他更突出阐述了佛教戒律与儒家伦理的共同性。正是这种统合儒、释或“三教”并用的观念，决定了他一生中对于佛、道二教兼容并蓄的态度。当然二者在他生命的某一具体时期，表现上畸轻畸重是有所不同的。

吴兴沈氏是源远流长的江东士族，本来有着信仰道教的悠久传统。他的父亲沈璞以参与宋文帝刘义隆太子刘邵等人谋反被杀，刘邵等人迷信道教。陈寅恪论东南滨海地区天师道，也曾举出吴兴沈氏一例，说“据此，则休文受其家传统信仰之薰习，不言可知”；“迨其临终之际，仍用道家上章之法。然则家世信仰之至深且固，不易湔除，有如是者。明乎此义，始可与言吾国中古文化史也”[4]。沈约本人与当时正在盛行的上清派道教有密切关系。上清派茅山道教代表人物陶弘景于永明二年（484）为兴世馆主，“一时名士沈约、陆景真、陈宝识等咸学焉，弟子百余人”[5]。梁台建，沈约与陶同为秉策佐命者。天监初年，沈约作《均圣论》，陶有《难镇军沈约〈均圣论〉》，沈约继有《答陶华阳》，往复辩难。天监七年（508），陶改名氏曰王整，官称外兵，沈有《奉华阳王外兵诗》。沈约作品里与陶弘景酬赠的还有《酬华阳陶先生诗》等。“齐梁间侯王公卿从（陶）先生授业者数百人，一皆拒绝。惟徐勉、江祐、丘迟、范云、江淹、任昉、萧子云、沈约、谢瀹、谢览、谢举等，

①《神不灭论》，陈庆元《沈约集校笺》卷五，浙江古籍出版社，1995 年，第 158 页。

②《均圣论》，陈庆元《沈约集校笺》卷五，浙江古籍出版社，1995 年，第 148 页。

③《弘明集》卷十《（释法云难范缜〈神灭论〉）并王公朝贵书尚书令沈约答》，《正》第 52 卷第 60 页下。

④陈寅恪《天师道与东海地域之关系》，《金明馆丛稿初编》，上海古籍出版社，1980 年，第 33 页。

⑤《茅山志》卷一〇《上清品》，《道藏》，上海书店、文物出版社、天津古籍出版社，1994 年，第 5 册第 599 页。

在世日早申拥篲之礼；绝迹之后，提引不已。”[①] 可见沈约与陶的密切关系。沈约结交道士，写作相关作品也不少。

而沈约从早年又已接受佛教。他有《长栖禅精舍铭》，其中说“此寺征西蔡公所立，昔厕番麾，预班经创之始；今重游践，览旧兴怀，固为此铭”[②]。宋泰预元年（472）蔡兴宗为征西将军、荆州刺史，沈为其记室参军，同年八月蔡卒。这篇作品是此后三年的元（原作“永”）徽三年（475）所作，是现存沈约护法作品中年代可考最早的一篇。

加深沈约佛教信仰的重大机缘是他投身文惠太子萧长懋和竟陵王萧子良门下。萧长懋以建元元年（479）为雍州刺史，封南郡王，出镇襄阳，其时沈约为征虏记室，带襄阳令，在军中曾作《为南郡王让中军状》（建元二年，萧长懋为中军将军）。建元四年，长懋立为太子，“引接朝士，人人自以为得意。文武士多所招集。会稽虞炎、济阳范岫、汝南周颙、陈郡袁廓，并以学行才能，应对左右”[③]。沈约时为东宫步兵校尉、掌书记，被亲重。而竟陵王萧子良与文惠太子志趣相投，更结纳文士，于鸡笼山开西邸，起古斋，多集古人器服以充之，讲习学术、经教。“子良少有清尚，礼才好士，居不疑之地，倾意宾客。天下才学，皆游集焉”[④]。其时萧衍和沈约、谢朓、王融、萧琛、范云、任昉、陆倕等交好，这就是所谓“竟陵八友”[⑤]。文惠太子、竟陵王结纳文士，显然有政治意图。武帝病重，子良侍医药，以萧衍、范云等为仗内军主。其时王融曾矫诏立子良，因而被杀。后来萧嗣业立为帝，子良死，史称“帝常虑子良有异志，及薨，甚悦”[⑥]。从中可窥知其中隐微。

竟陵王与文惠太子甚相友悌，同好释氏。数于邸园营斋戒，大集朝臣、众僧，讲说佛法，有关著述梁时集录为十六帙一百一十六卷，号《净住子》。道宣赞扬它们是“崇仰释宗，深达至教，注释经论，钞略词理，掩邪道而闢正津，弘一乘而扬士众”[⑦]。文惠太子和竟陵王经常组织讲论佛法的大型法会，沈约是积极参加者之

---

①《华阳陶隐居内传》卷中，《道藏》，上海书店，文物出版社、天津古籍出版社，1994 年，第 5 册第 509 页。

②陈庆元《沈约集校笺》卷六，浙江古籍出版社，1995 年，第 198 页。

③《南史》卷四四《齐武帝诸子传》，第 1099 页。

④《南史》卷四四《齐武帝诸子传》，第 1102 页。

⑤《梁书》卷一《武帝纪上》，第 2 页。

⑥《南齐书》卷四〇《武十七王传》，第 701 页。

⑦《统略净住子净行法门序》，《广弘明集》卷廿七上《诫功篇》，《正》第 52 卷第 306 页上。

一。现存《为文惠太子解讲疏》是为建元四年（482）四月至七月“集大乘望僧于玄圃园安居”[①] 所作；《为齐竟陵王发讲疏》则是“永明元年（483）二月八日置讲席于上邸，集名僧于帝畿”[②] 时所作；又有《为齐竟陵王解讲疏》等。而他的《和王卫军解讲》[③] 诗则是和王俭的，王于永明元年为卫军将军。沈约初为东阳太守时，曾携释国师、草堂寺慧约同行；三年后罢郡，又一起还都。沈约对他们“恭事勤肃，礼敬弥隆，文章往复，相继晷漏。以沈词翰之盛，秀出当时，临官莅职，必同居府舍，率意往来，尝以朱门蓬户为隔。齐建武中谓沈曰：‘贫道昔为王、褚二公供养，遂居令仆之省。檀越为之，当复入地矣。’”[④] 这是沈约和名僧交往的一例。

“（梁）武帝弱年好事，先受道法。及即位，犹自上章，朝士受道者众。三吴及边海之际，信之逾甚”[⑤]。沈约早年有《和竟陵王游仙诗二首》，《四库》本《古诗纪》卷八三题下有注曰“王融、范云同赋”[⑥]，可知西邸学士大抵又是兼容佛、道的。到萧衍即位后的天监三年（504），发布舍道归佛诏书，表示“宁在正法之中长沦恶道，不乐依老子教暂得升天”[⑦]。这是中国佛教史和文化史上的重大事件。而沈约晚年更倾心佛法，和他个人的境遇和思想有关系。他在《内典序》里说：“虽教有殊门，而理无异趣，故真、俗两书，递相扶奖。孔发其端，释穷其致。”[⑧] 这里讲到儒、释关系，与前面所引《均圣论》的说法一致，表明在他的内圣、外圣均一的理解中，佛教被认为是终极之道。在天监年间，他写下更多的礼佛、舍身、忏悔等作品，更作有《佛知不异众生知义》、《六道相续作佛义》、《因缘义》、《形神论》等多篇护法论著。梁武帝曾命虞阐、到溉、周舍等编纂《佛记》三十卷，命沈约为序。在当时发达的义学中，他的这些论著达到相当高的水平。他认为“佛者，觉也；觉者，知也。凡夫之与佛地，立善知恶，未始不同也”；而决定这普遍

①陈庆元《沈约集校笺》卷八，浙江古籍出版社，1995 年，第 243 页。
②陈庆元《沈约集校笺》卷八，浙江古籍出版社，1995 年，第 244 ~ 245 页。
③陈庆元《沈约集校笺》卷一〇，浙江古籍出版社，1995 年，第 443 页。
④《续高僧传》卷六《梁国师草堂寺智者释慧约传》。
⑤《隋书》卷三五《经籍志四 · 道经》，第 1093 页。
⑥参阅陈庆元《沈约集校笺》卷一〇，浙江古籍出版社，1995 年，第 356 ~ 357 页。
⑦《叙梁武帝舍道法事》，《广弘明集》卷四《归正篇》，《正》第 52 卷第 112 页上。
⑧陈庆元《沈约集校笺》卷六，浙江古籍出版社，1995 年，第 177 页。

的佛性的，则是“知性”，“众生之为佛性，实在其知性常传也”①。这样，把“佛性”看作“知性”，实际是汲取儒家的认识论，指出了实现“佛性”的现实途径。他主张因缘相续，“一念之间，众缘互起”②，“有此相续不灭，自然因果中来”③。他说，假如今生陶炼之功渐积，则来果所识之理转精，如此不断不绝，即可作佛；假如今生无明，来果所识转暗，则处于六道轮回之中不得解脱。由此，他一方面指出修道前途，另一方面说明因果报应之理。具体到生命个体，他依据大乘空观，以为“寻六尺所本，八微是构（指地、水、风、火‘四大’和色、香、味、触‘四微’），析而离之，莫知其主。虽造业者身，身随念灭”④。由于一念既召众缘，众缘各随念起，所以“一念而暂忘，则是凡夫；万念而都忘，则是大圣”⑤。这则是“顿悟”说了。在形、神关系上，他主张“神不灭”论。这是当时思想界争论的重大课题。齐末，本来也是西邸学士的范缜，著《神灭论》，批判佛教的有神论。沈约作《神不灭论》加以反驳。入梁，梁武帝又命朝臣论驳，沈约亦积极参与，作《难范缜神灭论》。他认为：“总百体之质谓之形，总百体之用谓之神”，因而从体、用关系看，二者是不合一的：耳、眼不同形，而神用则一；形是渐灭的，但形病神不病。据此他得出形灭而神存的结论。这种“神不灭论”成为他确立信仰的基础。

梁武帝萧衍曾说“江左以来，代谢之际，必相屠灭”⑥。沈约的一生不断经历残杀诛戮的恐怖。前面说过，他的父亲因为参与宋文帝元嘉末年刘邵、刘濬叛乱被杀，他当时年仅十三岁，被迫“潜窜”，遇赦得免。在统治集团纷争劫夺中，罹害的许多是他的亲朋好友。如齐武帝死后，皇族争权，他的朋友王融即因矫诏立竟陵王而死。沈约写了《伤王融》诗：

> 元长秉奇调，弱冠慕前踪。眷言怀祖武，一篑望成峰。途艰行易跌，命舛志难逢。折风落迅羽，流恨满青松。⑦

次年竟陵王亦以忧愤死。萧鸾（齐明帝）即位后，在位五年，高帝十九子、武帝二

---

①《佛知不异众生知义》，陈庆元《沈约集校笺》卷六，浙江古籍出版社，1995年，第182～183页。
②陈庆元《沈约集校笺》卷六，浙江古籍出版社，1995年，第184页。
③《六道相续作佛义》，陈庆元《沈约集校笺》卷六，浙江古籍出版社，1995年，第183页。
④《忏悔文》，陈庆元《沈约集校笺》卷八，浙江古籍出版社，1995年，第238页。
⑤《形神论》，陈庆元《沈约集校笺》卷五，浙江古籍出版社，1995年，第156页。
⑥《资治通鉴》卷一四五《梁纪一》，第4519页。
⑦陈庆元《沈约集校笺》卷一〇，浙江古籍出版社，1995年，第412页。

十三子中除高帝次子萧嶷一支外，后人全被杀掉。明帝死，东昏侯即位，始安王遥光叛乱。时为左卫将军的“沈约闻变，驰入西掖门，或劝戎服，约曰：‘台中方扰攘，见我戎服，或者谓同遥光。’”① 他险些遇害。在这次事变里他的朋友、诗人谢朓被杀掉了。他又作《伤谢朓》诗：

吏部信才杰，文锋振奇响。调与金石谐，思逐风云上。岂言陵霜质，忽随人事往。尺璧尔何冤，一旦同丘壤。②

他的另一位朋友刘渢也因参与叛乱被杀掉，他写了《伤刘渢》诗。包括上述三篇作品的《怀旧诗九首》，称扬友人的才具，痛悼他们无辜被害，流露出人命危浅、世事飘忽的无常感。

负罪和忏悔则渴望救济，忧惧和怜悯则祈求解脱。经历仕途波折，更促使沈约滋长高蹈长往之想。他晚年的天监八年（509）退居钟山麓东田，招僧俗百人为八关斋，作《郊居赋》。这可看作是他一生心志的总结。他述说自己“迹平生之耿介，实有心于独往。思幽人之轸念，往东皋而长想。本忘情于徇物，徒羁绁于天壤。应屡叹于牵丝，陆兴言于世网”。即是说自己早年已有超世“独往”志向，但受到仕途环境羁束，不得不忘情徇物，在饱阅世情险巇、目睹杀戮劫夺之后，“观二代之茔兆，睹摧残之余燧”，“伤余情之颓暮，罗忧患其相溢”，更使自己“敬惟空路邈远，神宗遐阔，念甚惊飙，生犹聚沫。归妙轸于一乘，启玄扉于三达。欲息心以遣累，必违人而后豁”，结果就立志“栖余志于净国，归余心于道场”③ 了。

沈约作为齐、梁间的文坛宗主，著述弘富，各体兼擅，声望很大。文的方面多诏、诰、碑、铭，诗的方面多侍从应制之作，再就是拟古乐府，内容显得比较贫乏，艺术上则追求典丽工赡。与佛教有关而值得提及的，有《瑞石像铭》、《释迦文佛像铭》、《千佛颂》、《弥勒赞》等铭赞文字，锤字炼句，巧用事典，显示出较高的写作技巧。又如《栖霞精舍铭》：

岩灵旅逸，地远栖禅，兰房葺蕙，峤甍架烟。南瞻巫野，北望淮天，遥哉林泽，旷矣江田。空心观寂，慧相淳荃，眷惟斯践，怆属遐年。游仁厕远，宅

①《资治通鉴》卷一四二《齐纪八》，第4449页。

②陈庆元《沈约集校笺》卷一〇，浙江古籍出版社，1995年，第413页。

③陈庆元《沈约集校笺》卷一，浙江古籍出版社，1995年，第5～10页。

赏凭旃，颁创神苑，陪构灵椽。瞻禁拓圃，望鹫疏山，制石调响，栖理凝弦。旷移羽旆，眇别松泉，委组东国，化景西莲。峦隰夷改，蓬筿粗迁，重依汉远，复逐旌悬。往辞妙幄，今承梵筵，八翻海鹤，九噪山蝉。珮华长掩，懋迹空传，或籍云拱，敢告祥缘。①

如此在山水描写中加入佛理，显得另具特色。但整体行文锤炼有余而流畅不足。钟嵘品诗，把沈约列入“中品”，说“于时谢朓未遒，江淹才尽，范云名级故微，故约称独步”；又说他的诗“五言最优，长于清怨”②。沈德潜则评论他“较之鲍、谢，性情声色，俱逊一格矣。然在萧梁之代，亦推大家。以边幅尚阔，词气尚厚，能存古诗一脉也”③。从他所存诗看，直接宣扬佛理的不多，但他既怀抱那样的信仰心，文字背后自然会隐含佛教的意味。他的名作如《登畅玄楼诗》、《直学省愁卧诗》、《应王中丞思远咏月诗》、《别范安成诗》、《游沈道士馆诗》等，流露人生无常的哀愁，抒发世事沧桑的感伤，体现出“长于清怨”的特点，显示出宗教情怀。至于当时佛教宣教流行歌呗声赞，西邸法会里创造“经呗新声”，启发了对于汉语文的“考文审音”，经过沈约、周颙等人的努力，发明了汉语四声；运用于诗歌，创造了讲究“四声八病”的“永明体”；在此基础上，到唐代发展出精美的近体格律诗。这作为佛教对于中国文化史的重要贡献之一，沈约也起了重大作用。

第六节　杨衒之的《洛阳伽蓝记》

北魏时期留下两部文学史上占有重要地位的长篇散文巨著——郦道元的《水经注》和杨衒之的《洛阳伽蓝记》。前者是地理书，也是优秀的山水记和游记作品，其中包含大量古代宗教、民俗资料。后者记述北魏京城洛阳佛寺兴废，本来是方志一体著作，更开创了寺塔记这一独特的散文体裁，也给佛教史和一般史学留下了宝贵材料。

作者杨衒之，生年、爵里、家世不可详考。道宣《广弘明集》卷六《王臣滞

①陈庆元《沈约集校笺》卷六，浙江古籍出版社，1995年，第198页。

②陈延杰《诗品注》，人民文学出版社，1980年，第52～53页。

③沈德潜《古诗源》卷一二，文学古籍刊行社，1957年，第294页。

感篇》记载他是“北平人”[①]，而北魏有两北平，分别相当于今河北遵化和满城一带。他在孝庄帝永安（528—530）年间曾任奉朝请；以后做过期城（今河南泌县）太守和抚军府司马等职。据其自述，《洛阳伽蓝记》完成于魏孝敬帝武定五年（547）之前[②]。

北魏立国，以拓跋族入主中原，对“夷狄之教”的佛教自有亲近感。佛教在北方民众间本已有广泛传播的基础。北魏一代，除太武帝拓跋焘一度毁佛，朝廷对于佛教一直是大力加护的。孝文帝拓跋宏迁都洛阳后，进一步全盘汉化，更隆兴佛教，大建塔寺，洛阳一地总计至一千余所。至孝敬帝天平元年（534）迁都邺城，洛阳随之残破，佛寺亦遭毁弃。《洛阳伽蓝记》即详细记述了洛阳繁荣时期的塔寺盛况。

关于写作动机，杨衒之在序文里说：

> 暨永熙多难，皇舆迁邺，诸寺僧尼，亦与时徙。至武定五年，岁在丁卯，余因行役，重览洛阳。城郭崩毁，宫室倾覆，寺观灰烬，庙塔丘墟。墙被蒿艾，巷罗荆棘，野兽穴于荒阶，山鸟巢于庭树。游儿牧竖，踯躅于九逵；农夫耕稼，艺黍于双阙。“麦秀”之感，非独殷墟；《黍离》之悲，信哉周室。京城表里，凡有一千余寺。今日寮廓，钟声罕闻。恐后世无传，故撰斯记。[③]

这清楚表明，作者的意图是通过塔寺兴废来表达对于都城洛阳的兴衰之感的。这也决定了这部书内容的深广程度。关于作者对佛教的态度，是牵涉到本书思想倾向的大问题，历来有不同看法。从书的内容看，对于佛教确实多有严厉的批判。但仔细分析起来，这些批评主要是针对僧尼伪滥和塔寺靡费的，并没有从根本上否定佛教教义；另一方面却有许多宣扬灵验、赞扬胜迹的文字，在塔寺描写里更多流露赞叹之情，所以陈寅恪有“衒之习染佛法”[④] 之说。实际这也正是作者写作激情的来源。

《洛阳伽蓝记》的学术价值是多方面的，就文学意义而言，在骈俪雕琢之风弥漫文坛的形势下，创作出如此精美的长篇散文巨制，显得十分难能可贵。毛晋绿竹

---

①参阅《正》第52卷第128页中。

②参阅曹道衡《关于杨衒之和〈洛阳伽蓝记〉的几个问题》，《文学遗产》2001年第3期。

③范祥雍《洛阳伽蓝记校注》，上海古籍出版社，1958年，第1～2页。

④陈寅恪《读洛阳伽蓝记书后》，《金明馆丛稿二编》，上海古籍出版社，1980年，第158页。

亭本《洛阳伽蓝记跋》说：

> 魏自显祖好浮屠之学，至胡太后而滥觞焉。此《伽蓝记》之所繇作也。铺扬佛宇，而因及人文，著撰园林、歌舞、鬼神、奇怪、兴亡之异，以寓其褒讥，又非徒以记伽蓝已也。妙笔葩纷，奇思清峙，虽卫叔宝之风神，王夷甫之姿态，未足以方之矣。①

《四库提要》则评论说：

> ……其文秾丽秀逸，烦而不厌，可与郦道元《水经注》肩随。其兼叙尔朱荣等变乱之事，委曲详尽，多足与史传参证。其他古迹逸闻，及外国土风道里，采摭繁富，亦足以广异闻。②

这部作品凡五卷，分别记述洛阳城内和东、西、南、北四方寺庙，以佛寺景物为中心，兼述时事，上而追述史迹，旁及传说逸闻，成为一代名都洛阳的极其丰赡、生动的写照。其描写的生动，如城内永宁寺塔：

> ……中有九层浮图一所，架木为之，举高九十丈。有刹，复高十丈，合去地一千尺。去京师一千里，已遥见之……绣柱金铺，骇人心目。至于高风永夜，宝铎合鸣，铿锵之声，闻及十余里……衒之尝与河南尹胡孝世共登之，下临云雨，信哉不虚。时有西域沙门菩提达摩者，波斯国胡人也。起自荒裔，来游中土，见金盘炫日，光照云表，宝铎含风，响出天外，歌咏赞叹，实是神功，自云："年一百五十岁，历游诸国，靡不周遍，而此寺精丽，阎浮所无也。极物境界，亦未有此。"口唱南无，合掌连日。至孝昌二年中，大风发屋拔树，刹上宝瓶随风而落，入地丈余。复命工匠，更铸新瓶。③

这里有描写，有烘托，有亲身的体验，有客观的比较，描摹出高塔的奇丽壮观。更由于作者胸中累积着兴衰沧桑之感，叙写间处处流露出深厚的沧桑之感。这种文字，今天读来仍让人感受到无穷的魅力。这里写到达摩，是禅宗史上有关这一重要人物的最早资料。又卷四法云寺记述洛阳"皇宗所居"的"王子坊"：

---

①转引范祥雍《洛阳伽蓝记校注》序，上海古籍出版社，1958年，第15页。

②《四库全书总目提要》卷七〇《史部·地理类·古迹之属》，中华书局影印本，1965年，上册第619页。

③范祥雍《洛阳伽蓝记校注》，上海古籍出版社，1958年，第1～5页。

……而河间王琛最为豪富……琛在秦州，多无政绩，遣使向西域求名马，远至波斯国，得千里马，号曰追风赤骥。次有七百里者十余匹，皆有名字。以银为槽，金为锁环，诸王服其豪富。

琛常语人曰："晋室石崇乃是庶姓，犹能雉头狐掖，画卵雕薪。况我大魏天王，不为华侈?"造迎风馆于后园，窗户之上，列钱金琐，玉凤衔铃，金龙吐佩，素奈朱李，枝条入檐，妓女楼上，坐而摘食。

琛常会宗室，陈诸宝器，金瓶银瓮百余口，瓯檠盘盒称是。自余酒器，有水晶钵、玛瑙杯、琉璃碗、赤玉卮数十枚。做工奇妙，中土所物，皆从西域而来。又陈女乐及诸名马，复引诸王按行府库，锦罽珠玑，冰罗雾縠，充积其内。绣、缬、紬、绫、丝、綵、越、葛、钱、绢等，不可数计。琛忽谓章武王融曰："不恨我不见石崇，恨石崇不见我。"融立性贪暴，志欲无限，见之惋叹，不觉生疾。还家，卧三日不起。江阳王继来省疾，谓曰："卿之财尽应得抗衡，何为叹羡以至于此?"融曰："常谓高阳一人宝货多于融，谁知河阳瞻之在前?"继笑曰："卿欲作袁术之在淮南，不知世间复有刘备也。"融乃蹶起，置酒作乐。①

这里描写北魏王公豪奢淫逸的情形可谓淋漓尽致，有概括，有典型，用人物的语言、行为等细节加以点染，使得情境如在眼前，字里行间的批判意味更是昭然若揭。

书里除了形容寺院的壮丽，更多有佛教史实的叙述，如当时贵族妇女出家的风俗，以及动乱中寺院风气的败坏，等等。如描写景乐寺：

有佛殿一所，象辇在焉，雕刻巧妙，冠绝一时。堂庑周环，曲房连接，轻条拂户，花蕊被庭。至于大斋，常设女乐。歌声绕梁，舞袖徐转，丝管廖亮，谐妙入神。以是尼寺，丈夫不得入。得往观者，以为至天堂。及文献王薨，寺禁稍宽，百姓出入，无复限碍。后汝南王悦复修之。悦是文献之弟。召诸音乐，逞伎寺内。奇禽怪兽，舞抃殿庭，飞空幻惑，世所未睹。异瑞奇术，总萃其中。剥驴投井，植枣种瓜，须臾之间皆得食。士女观者，目乱睛迷。自建义

①范祥雍《洛阳伽蓝记校注》，上海古籍出版社，1958 年，第 206～208 页。

以后，京师频有大兵，此戏遂隐也。①

这里记述佛寺内舞乐、技艺情况，而尼寺舞乐已成为贵族的娱乐。这也是当时佛寺滋生起严重腐败风气的一例。这些情形是难以在其他文献里见到的。

书中的描写更多有关系到时代风俗的。例如卷二景兴尼寺条记述洛阳县门外《洛阳令杨机清德碑》，连带写到隐士赵逸的识鉴之能，表现他对当时写作墓志碑文溢美扬善的批评，实际是揭露文风的败坏；卷三报德寺条王肃事，反映当时南北分立局面下地域、种族畛域之见，如此等等，都有相当高的史料价值。

这部书的文学价值，更由于关联寺庙而夹叙传说异闻，许多段落仿佛志怪小说，艺术上具有突出特点。有些故事是佛教的，如卷二崇真寺条惠凝事：

惠凝具说过去之时，有五比丘同阅：有一比丘是宝明寺智圣，坐禅苦行，得生天堂。有一比丘是般若寺道品，以诵十卷《涅槃》，亦生天堂。有一比丘云是融觉寺昙谟最，讲《涅槃》、《华严》，领众千人。阎罗王云："讲经者，心怀彼我，以骄陵物，比丘中第一粗行。今惟试坐禅诵经，不问讲经。"其昙谟最曰："贫道立身以来，惟好讲经，实不谙诵。"阎罗王敕付司。即有青衣十人送昙谟最向西北门，屋舍皆黑，似非好处。有一比丘云是禅林寺道弘，自云："教化四辈檀越，造一切经，人中象十躯。"阎罗王曰："沙门之体，必须摄心守道，志在禅诵，不干世事，不作有为。虽造作经象，正欲得他人财物。既得他物，贪心即起；既怀贪心，便是三毒不除，具足烦恼。"亦付司。仍与昙谟最同入黑门。有一比丘，云是灵觉寺宝明，自云："出家之前，尝作陇西太守，造灵觉寺成，即弃官入道。虽不禅诵，礼拜不缺。"阎罗王曰："卿作太守之日，曲理枉法，劫夺民财，假作此寺。非卿之力，何劳说此！"亦付司，青衣送入黑门……凝亦入白鹿山，居隐修道。自此以后，京邑比丘悉皆禅诵，不复以讲经为意。②

这个故事反映了当时北朝佛教重禅诵的倾向，正是唐代禅宗兴起的先声。

这部书的文学价值，更由于关联寺庙而夹叙传说异闻，许多段落仿佛志怪小说，艺术上显出突出特色。有些故事是佛教的，写法则与盛行的佛教灵验报应故事

①范祥雍《洛阳伽蓝记校注》，上海古籍出版社，1958 年，第 52 ~ 53 页。
②范祥雍《洛阳伽蓝记校注》，上海古籍出版社，1958 年，第 79 ~ 81 页。

类似：例如构思使用实人实事以寄托主旨的手法；叙写则是在“事实”的框架中加以虚构。前面引述的崇真寺惠宁事“送入黑门”的描写，留给人想象的余地，是相当巧妙的象征和联想手法。再如卷三菩提寺崔涵事，写主人公死而复生说阴间事，是六朝志怪常用的题材和构思方式；又写到父母不认已故之子，时人以为是鬼，使情节更为曲折，也更突显其真实性。大统寺洛子渊事，写民间流传的洛水神传说，塑造了与曹植《洛神赋》所描写全然不同的另一个嗜血杀人的洛神形象。这些段落兼具散文和小说的文体特征，创造出方志文的新体例和新风格。黄裳评论说：“文字雅洁，亦复炫丽，似不经意，转多媚姿。异于汉赋之流。间有清言玄理，颇近世说。小说志怪，更开唐人蹊径。有俾考史，尤可珍重。”①

《洛阳伽蓝记》开创了寺塔记这一佛教史和佛教文学的重要文体。特别是在雕琢藻绘文风流行文坛的形势下，出现这样一部文风质朴的优秀散文作品，其贡献和影响是极其巨大和深远的。

第七节　梁、陈时期的其他文人

建立齐、梁二朝的兰陵萧氏是著名奉佛世家。前面已论及文惠太子萧长懋、竟陵王萧子良及“竟陵八友”的活动。这个几乎网罗了一代文人精英的集团，佛教信仰可以说是它的精神纽带。这些声势赫奕的王公贵族大大推动了佛教在知识阶层中的传播。梁武帝萧衍是“竟陵八友”之一。他本来也信仰道教，即位后舍道事佛，竭力把梁朝建设成一个“佛教王朝”。萧衍长子昭明太子萧统、继承萧衍的第三子简文帝萧纲、继承萧纲的萧衍第七子元帝萧绎，还有齐豫章王萧嶷之子萧子显、萧子云，以及建立后梁的宣帝萧詧、明帝萧岿等都是虔诚的佛教信徒。陈代诸帝对待佛教的态度亦因循不改。而这些人又普遍地热衷文事，其中有些人更是具有相当水准的文学家。他们的佛教信仰就在文坛上起到了巨大的推波助澜的作用。

萧衍（464—549），字叔达，博学能文，多才多艺，南齐朝历官宁朔将军、雍州刺史，曾出入萧子良门下，与众文人结交；齐和帝中兴二年（502）代齐建梁；晚年诸皇子争夺帝位，引起东魏降将侯景叛乱，饿死台城。他著述繁伙，有集二十六卷（或作三十二卷）、《诗赋集》二十卷、《杂文集》六卷等，均佚。萧衍在位四

①黄裳《来燕榭读书记》卷一，辽宁教育出版社，2001 年，第 20 页。

十八年，注重文事，重用文学之士，本人又儒、玄、道、释通习，善文学，精音律，是南朝贵族文化的代表人物。受齐禅后，治国敦用儒术，信仰则笃敬佛教，即位三年后有发愿文说：

愿使未来世中，童男出家，广弘经教，化度众生，共取成佛，入诸地狱，普济群萌。宁在正法之中长沦恶道，不乐依老子教暂得升天。①

他作为宗教实践家，除了大力从事造像建寺、组织法会、亲自参与讲经、译经等活动外，更有两件事影响深远：一是戒绝酒肉，作《断酒肉文》，提倡蔬食，至此在中国佛教内部正式形成素食制度；再是四次舍身同泰寺为奴，成为后世舍身奉佛的榜样。陆云公有文章写到他晚年讲经盛况：

……以大同七年（541）三月十二日讲《金字般若波罗蜜三慧经》于华林园之重云殿……凡诸听众，自皇太子、王侯、宗室、外戚，及尚书令何敬容、百辟卿士、虏使主崔长谦、使副汤休之及外域杂使一千三百六十人，皆路逾九驿，途遥万里，仰皇化以载驰，闻大华而踊跃。头面伸其尽理，赞叹从其下陈。有别请义学僧一千人，于同泰寺夜覆制义……凡讲二十三日，自开讲迄于解座，日设遍供，普施京师，文武侍卫，并加班赉……②

皇帝亲自主持讲经法会，声势如此巨大，可以设想其影响之广远。萧衍的护法文字存留不少，艺术上有特色的当数《净业赋》，是意在提倡修持净行的，其中说：

外清眼境，内净心尘，不与不取，不爱不嗔。如玉有润，如竹有筠，如芙蓉之在池，如芳兰之生春。淤泥不能污其体，重昏不能覆其真。雾露集而珠流，光风动而生芬……患累已除，障碍亦净，如久澄水，如新磨镜。外照多像，内见众病，既除客尘，又还自性……唯有哲人，乃能披襟，如石投水，莫逆于心。心清泠其若冰，志皎洁其如雪，在欲结其既除，怀忧畏其亦灭……③

这里借鉴佛典常用的“博喻”手法，使用贴切的比喻，加上简洁的描绘，把抽象的义理表现得生动、鲜明。

---

①《舍道事佛疏文》，《全梁文》卷六，第 2986 页。
②《全梁文》卷五三，第 3260 页。
③《全梁文》卷一，第 2951 页。

以梁武帝为代表的萧梁皇室假帝王之尊倡导佛教，更饰之以文事。萧衍在位近半个世纪，是南朝动乱不绝中的相对安定时期，对文学的热衷和对佛教的提倡均成为其“文治”的一部分。从这个角度看，不只是他的文章，他崇佛的客观作用也不全是负面的。

江淹（444—505），字文通。他活动在宋、齐、梁三朝，仕途不得志，自叙平生“深信天竺缘果之文”①。他创作中最突出的成绩是抒情小赋，其中《恨》、《别》二赋传诵千古。其中虽然没有佛教观念的直接表露，但那种不可解脱的凄苦寂寞之情却是人生之“苦”的痛切感受的自然流露。

徐陵（507—583），字孝穆。其父徐摛曾在萧纲幕下任职；萧纲立为太子，他被任为东宫学士。他做文章精于骈体，诗歌创作上是萧纲、萧绎提倡的“宫体诗”的重要作者，被认为是一代文宗。家庭环境和所处境遇都决定他倾心佛教。据说他四岁时被家人带领拜见“神僧”宝志，即被许为“天上玉麒麟”。在陈代，他更与智者大师交，有上智者书状三首，其中《五愿上智者大师书》直接表白奉法的虔诚。他的《谏仁山深法师罢道书》是规劝想还俗的和尚的，写到为僧有十种大利：

> 佛法不简细流，入者则尊，归依则贵，上不朝天子，下不让诸侯，独玩世间，无为自在，其利一也；身无执作之劳，口餐香积之饭，心不妻妾之务，身饰刍摩之衣，朝无践境之忧，夕不千里之苦，俯仰优游，宁不乐哉，其利二也；躬无任重，居必方城，白壁朱门，理然致敬，夜琴昼瑟，是自娱怀，晓笔暮诗，论情顿足，其利三也；假使棘生王路，桥化长沟，巷使门儿，何因仰唤，寸绢不输官库，升米不进公仓，库部仓司，岂须求及，其利四也；门前扰扰，我且安眠，巷里云云，余无惊色，家休小大之调，门停强弱之丁，入出随心，往还自在，其利五也……②

这里缕缕细数为僧之“利”，客观上却也真切反映了当时僧侣生活的实态。他又有《东阳双林寺傅大士碑》，碑主傅大士名弘，称双林大士、善慧大士，自称国主救世菩萨，梁武时居建业钟山下定林寺。据说他曾预知梁灭，恨怜灾难，燃臂供养。文章开头说：

---

①《自序传》，《全梁文》卷三九，第3178页。

②《全上古三代秦汉三国六朝文·全陈文》卷一〇，第3455页。

夫至人无己，屈体申教；圣人无名，显用藏迹。故维摩诘降同长者之仪，文殊师利或现儒生之像。提河献供之旅，王城趔众之端，抑号居士，时为善宿。《大经》所说，当转法轮；《大品》之言，皆绍尊位。斯则神通应化，不可思议者乎！

文章极力表扬在家居士的“神通应化，不可思议”，宣扬居士思想，又歌颂说：

尔其蒸蒸大孝，肃肃惟恭，厥行以礼教为宗，其言以忠信为本。加以风神爽朗，气调清高，流化亲朋，善和纷诤，岂惟更盈毁璧、宜僚下丸而已哉！①

这里更明确地宣扬儒、释调和观念。文中还述说灵迹，说傅大士“神现影响，示现祯祥”，“天眼所照，预睹未来”，极力夸张其方术神通，从而塑造出一个理想的在家信徒形象，也表现了当时知识阶层佛教理解一个侧面。他塑造的傅大士形象更成为居士典型，后世影响极其深远。

江总（519—594），字总持。他出身豪门，早年即以才名为梁武帝所赏识，官至太常卿；入陈，为中书侍郎、尚书令；入隋，为上开府。他特别得到陈后主宠重，“当权宰，不持政务，但日与后主游宴后庭”，为其“狎客”② 之一，以写作宫体艳诗著名。他自弱年即寄心佛说，年二十余入钟山，从灵曜寺僧法则受菩萨戒；晚年仕陈，与摄山慧布上人游，悟人生苦、空，菜食持戒。但他虽两度入山，却终不能割断俗务。他所作佛教题材作品不少。台城陷，他入会稽，栖止龙华寺，寺为六世祖宋吏部尚书江湛所建。他在“华戎莫辨，朝市倾沦”之际，郁结伤情，作《修心赋》，表示要“幸避地而高栖，凭调御之遗旨。析四辩之微言，悟三乘之妙理。遣十缠之系缚，祛五惑之尘滓。久遗荣于势利，庶忘累于妻子。感意气于畴日，寄知音于来祀”③，等等。可是后来一但有出仕机会，他就食言而肥了。他入栖霞山，作《摄山栖霞寺碑》，历叙建寺经过和历代住寺僧侣，杂以神异荒唐之说，写景叙事表现出相当的技巧。又有《入摄山栖霞寺诗》：

净心抱冰雪，暮齿逼桑榆。太息波川迅，悲哉入世拘。岁华皆采获，冬晚共严枯。濯流济八水，开襟入四衢。兹山灵妙合，当与天地俱。石濑乍深浅，崖烟递有

①《全陈文》卷一一，第 3463 页。
②《陈书》卷二七《江总传》，第 347 页。
③《全隋文》卷一〇，第 4068 页。

无。缺碑横古隧，盘木卧荒途。行行备履历，步步轔威纡。高僧迹共远，胜地心相符。樵隐各有得，丹青独不渝。遗风伫芳桂，比德喻生刍。寄言长往客，凄然伤鄙夫。①

这首诗是至德元年（583）作；至祯明元年（587）入山见慧布，又作《游摄山栖霞寺诗》。他写这些作品有意规仿谢灵运，但不如谢诗清新生动。一个高官、狎客，是不可能怀有高蹈超世的真情的。到他的晚年，屡经兴亡丧乱之后，作《明庆寺诗》：

十五《诗》、《书》日，六十轩冕年，名山极历览，胜地殊留连。幽崖耸绝壁，洞穴泻飞泉。金河知证果，石室乃安禅。夜梵闻三界，朝香彻九天。山阶步皎月，涧户听惊蝉。市朝沾草露，淮海作桑田。何言望锺岭，更复切秦川。②

还有《哭鲁广达》等诗，则颇能抒写出更真切的感慨苍凉之情了，但仍摆脱不了滥用佛教事典的弊病。

颜之推（531—590?），字介。梁时萧绎为湘东王，颜之推为其国左常侍；萧绎称帝，为散骑侍郎；西魏攻破江陵被俘，遂投奔北齐，仕齐二十年；后入北周、隋。他历仕四朝，历尽人生艰辛。晚年作《观我生赋》，叙述一生遭遇，感叹“予一生而三化（指三次遭亡国之痛），被荼苦而蓼辛。鸟焚株而铩翮，鱼夺水而暴鳞。嗟宇宙之辽旷，愧无所而容身”③，被认为是可与庾信《哀江南赋》并称的感伤时事的杰作。他的《颜氏家训》被推为古今家训之祖，“篇篇药石，言言龟鉴”④，影响十分深远。所言以儒家伦理为主旨，又“徘徊于玄、释之间，出入于内、外两教之际”⑤，而更畸重佛教。其中有《归心》一篇，开头就说“三世之事，信而有征，家世归心，勿轻慢也”，然后提出：“内外两教，本为一体，渐积为异，深浅不同。内典初门，设五种禁；外典仁、义、礼、智、信，皆与之符：仁者，不杀之禁也；义者，不盗之禁也；礼者，不邪之禁也；智者，不酒之禁也；信者，不妄之禁也。”

---

①《先秦汉魏晋南北朝诗·陈诗》卷八，第2583页。

②《先秦汉魏晋南北朝诗·陈诗》卷八，第2582~2583页。

③《全上古三代秦汉三国六朝文·全隋文》卷一三，第4090页。

④王铖《读书从残》。

⑤王利器《颜氏家训集解·叙录》，上海古籍出版社，1980年，第4页。

这就明确地把佛教的五戒媲配儒家的五常，统合两者。这种观念被后来人屡屡发挥。接着，他列举出“俗之谤者”五条，逐一为释氏之说辩护。他告诉子弟:“汝曹若观俗计，树立门户，不弃妻子，未能出家，但当兼修戒行，留心诵读，以为来世津梁。人生难得，无虚过也。”① 他的这些话典型地反映了士大夫居士的佛教观念，对以后居士佛教的发展起了推动作用。

梁、陈时期是真挚的信仰空气弥漫文坛的时代，几乎所有文人都与佛教有或深或浅的关系。在易代频仍、战乱连年的动荡时期，佛教会引导人们走向消极和颓唐；更有一些人谈空说有，却又沉溺于颓废享乐生活，则表现出信心的虚伪。但在断杀劫夺不绝的环境中，佛教的慈悲之义、果报之说以及其所提倡的离欲出世的人生观念，却不能说没有一定的积极意义；而一些人热衷于佛教文化建设并取得一定成果，诸多文人调和儒、释，把佛教内容融入文学创作，并取得一定成绩，更是对于文化和文学领域的贡献。

①王利器《颜氏家训集解》，上海古籍出版社，1980 年，第 335、339、364 页。

第三章

六朝僧人的文学创作

第一节 支 遁

到两晋之际，佛教在社会上下得到广泛传播，“高门为僧”者多有其人，僧团的文化水准大为提高。一些文人虔诚地入道为僧，但文人习气并不一定改变。在中土繁荣的文学环境中，僧团里亦颇有热衷文事、擅长诗文的人，其创作成为文坛业绩的重要部分，在有些领域其成就是相当杰出的。徐陵谈出家为僧的“十种大利”，其第三项就说到“躬无任重，居必方城，白璧朱门，理然致敬，夜琴昼瑟，是自娱怀，晓笔暮诗，论情顿足”①，可见当时僧人写诗作文已成为风气。由于出家人的特殊地位和身份，其诗文创作也就形成某些特色；因他们与世俗文人又保持密切交往，相互间也必然造成影响。

前一章提到，《世说新语》记载二十余位僧人，其中最重要、记述最充分又十分具有代表性的当推支道林即支遁。书里涉及他的条目有五十几条之多（据后人考证，有的条目记载有误，如《政事》章“王、刘与林公共看何骠骑”条，或以为其中的“林公”为“深公”之讹），超过有关其他二十余人记述条数的总和。关于

①《谏仁山深法师罢道书》，《全上古三代秦汉三国六朝文·全陈文》卷一〇，第3455页。

他更有两点值得注意：一是在此前和同时期的佛教僧团里，著名佛教活动家主要是译经僧即“译师”，与他大体同时期的中土僧人释道安也主要以主持译事著称，而支道林乃是在士大夫间活动的新型汉族僧人，开启了僧团注重文事的新风尚；再一点是，他的活动范围空前广泛，结交众多名公、文士，在僧团中更占有重要地位，同时代的名僧如法虔与他同学，竺法深、于法开与他交好，等等。这样，认识他的为人与活动，可以大体了解当时名僧活动的一般情况。

支道林（314—366），名遁，或尊称为“林公”；本姓关，陈留（今河南开封市）人（一说河东林虑即今河南林县），出身于士族家庭。他是第一位精于佛教义理并多有著述的本土僧人。他注解过《安般》、《本业》等经，著有《即色游玄》、《圣不辩知》等论，并曾分判佛家三乘义；他还著有《道行指归》、《学道戒》等关于戒律、修学的著作。他更才艺双全，精诗文，善草隶，通名理，善谈论，雅好当时流行的玄远之谈，论才行、谈《庄子》皆有精解。这些又都成为他结交士大夫的良好条件。他可以说是披着袈裟的名士。

他所交好的多有当时名人、文坛上第一流人物。例如东晋政坛上的重要人物谢安，早年曾“寓居会稽，与王羲之及高阳许询、桑门支遁游处”[①]。又有书法名家王羲之：“会稽有佳山水，名士多居之……孙绰、李充、许询、支遁等皆以文义冠世，并筑室东土，与羲之同好。”[②] 谢安出仕在四十岁（他生于大兴三年即320年）以后，而王羲之任会稽内史在永和七年（351），据此可以推定支道林等人在会稽活动的时间。永和九年曾举行过被后人艳称的兰亭祓禊。王隐《晋书》上记载“王羲之初渡江，会稽有佳山水，名士多居之，与孙绰、许询、谢尚、支遁等宴集于山阴之兰亭”[③]。不过在不同资料里，支道林是否参加了这次兰亭雅集说法不一。但他参与这些名士的交游则是可以肯定的。而这一时期正是佛教在贵族士大夫间广泛流传的时候。支道林与名士们一起讲习佛典，从而也成为后者与佛教交流的津梁。支道林所讲《维摩经》，被称赞为“先圣之格言，弘道之宏标”[④]，又是宣扬在家居士思想的经典，自然会受到名士的欢迎。据传王濛曾听他在祇洹寺讲经，他坐在高座上，手举麈尾，侃侃谈论，预坐百余人皆结舌倾听。王濛说他“自是钵釪后王、

①《晋书》卷七九《谢安传》，第2072页。

②《晋书》卷八〇《王羲之传》，第2098～2099页。

③《太平御览》卷一九四《居处二三》，中华书局影印本，1960年，第938页。

④支愍度《合维摩诘经序》，《出三藏记集》卷八，第310页。

何人也”[1]。王、何指王弼与何晏。这里是把支道林比作前代的玄学大师了。

当时正是大乘经广泛传译、般若思想广泛流行起来的时候。般若主性“空”，而魏、晋以来玄学的根本命题则是本末、有无问题。般若与玄学相合流，被纳入为清谈的内容。当时人对于般若空观有不同理解，后人归纳为“六家七宗”，实际其基本思路都没有超出玄学本末、有无命题的框架。这即是所谓“玄学化的佛学”，乃是中土人士接受大乘佛教的过渡形态。支道林正是这一潮流的重要代表人物。在“六家七宗”里，他主“即色”义。《世说》注转引他在《观妙章》里所述见解：

> 夫色之性也，不自有色。色不自有，虽色而空。故曰色即为空，色复异空。[2]

意思是说：万法本身是没有自性的；因为没有自性，万法就是空而不实的；所以说它就是空，但又并不等同于空，这就是所谓“即色空”义。支谦译本《维摩经》（这是支道林能够看到的译本）的《不二入品》里爱觐菩萨论“不二法门”说:“世间空耳，作之为二：色、空。不色败空，色之性空。”[3]

这应是支道林立论的典据。他显然还没有像后来的僧肇那样深入理解“缘起性空”、“实相空”的真谛，但他已认识到色、空不一、不异的道理，比起当时一般地纠缠在玄学“本无”、“心无”的理解来显然前进了一大步。他理解般若“空”观的这种玄理上的超越，应是他争得名士赞赏的一大原因。

名士“谈玄”的主要内容取自“三玄”即《周易》、《老》、《庄》。支道林像早期多数名僧一样，有过研习《老》、《庄》的经历。他特别熟悉《庄子》。他把般若“空”观融入对《庄子》的理解中，做出新的发挥。《世说》记载：

> 《庄子·逍遥篇》，旧有难处，诸名贤所可钻味，而不能拔理于郭、向之外。支道林在白马寺中，将冯太常共语，因及《逍遥》。支卓然标新理于二家之表，立异义于众贤之外，皆是诸名贤寻味之所不得。后遂用支理。[4]

这里“郭、向”指郭象与向秀。今传《庄子注》，一般认为是二人合著（有郭窃向

[1]余嘉锡《世说新语笺疏》中卷下《赏誉》，中华书局，1983 年，第 479 页。
[2]余嘉锡《世说新语笺疏》上卷下《文学》，中华书局，1983 年，第 223 页。
[3]支谦译《维摩诘所说不思议法门经》卷下《不二入品》，《正》第 14 卷第 531 页中。
[4]余嘉锡《世说新语笺疏》上卷下《文学》，中华书局，1983 年，第 220 页。

义之说，此不具论)。刘注引郭、向“逍遥义”说：

> 夫大鹏之上九万，尺鷃之起榆枋，小大虽差，各任其性，苟当其分，逍遥一也。然物之芸芸，同资有待；得其所待，然后逍遥耳。唯圣人与物冥而循大变，为能无待而常通，岂独自通而已。又从有待者不失其所待；不失，则同于大通矣。

这段话在今本《庄子注》里分两节，是解释《逍遥游》题目和“列御寇御风而行”一句的。其内容是肯定小大虽殊，同资有待，各有定性；自足其性，则算是任性逍遥了。这乃是反映东晋名士们放纵自恣的人生态度和生活实践的理论，也是以郭、向为代表的玄学中“本有”一派学说的具体发挥。但支道林的“逍遥义”则以为：

> 夫逍遥者，明至人之心也。庄生建言人道，而寄指鹏、鷃。鹏以营生之路旷，故失适于体外；鷃以在近而笑远，有矜伐于心内。至人乘天正而高兴，游无穷于放浪，物物而不物于物，则遥然不我得；玄感不为，不疾而速，则逍然靡不适，此所以为逍遥也。若夫有欲当其所足；足于所足，快然有似天真。犹饥者一饱，渴者一盈，岂忘烝尝于糗粮，绝觞爵于醪醴哉！苟非至足，岂所以逍遥乎?①

郭、向以适性为理想，认为大鹏上高天，尺鷃起榆枋，虽然所处境况不同，但都算实现了自己的本性而“逍遥”了。这种看法的前提，是承认“有待”状态不可改变，也就是承认相对与绝对的矛盾存在。支道林则认为，大鹏为了“营生”能够飞得高，但高飞则消耗体力即“失适于体外”；尺鷃在榆枋丛中飞舞自以为适性得意，因此就有了矜伐之心。它们表面上都任性逍遥了，实际并没有“自足”本性。“至人”则应当不为物累，玄感不为，从而超越一切客观限制。他的这种主张的内涵，比照《高僧传》里的一段记载可以看得更清楚：

> 遁尝在白马寺，与刘系之等谈《庄子·逍遥篇》，云:“各适性以为逍遥。”遁曰:“不然。夫桀、跖以残害为性，若适性为得者，彼亦逍遥矣。”②

这是说，如果只强调“适性”，实际是在替现实中豪门士族的“残害”之行做辩

---

①余嘉锡《世说新语笺疏》上卷下《文学》，中华书局1983年，第220～221页。

②《高僧传》卷四《支遁传》，第160页。

护。支道林的认识则大大超越一步：他肯定的是无欲、无待的绝对的逍遥，要求挣脱“有待”的限制而得到真正的解脱。

支道林把这种理想的人格称为“至人”。“至人”的概念本出自《庄子·逍遥游》:“至人无己，神人无功，圣人无名。”这三种人格是同一的还是有差别的，历来说法不一，但三者都是理想的、达到绝对境界的人格则是可以肯定的。值得注意的是，支道林曾把《庄子》“至人”的概念用于佛陀，赞扬佛陀是“至人时行而时止”，“至人全化，迹随世微”[①]；他又具体描写“至人”的面貌说：

> 夫至人也，览通群妙，凝神玄冥，灵虚响应，感通无方。建同德以接化，设玄教以悟神，述往迹以搜滞，演成规以启源……故千变万化，莫非理外，神何动哉？以之不动，故应变无穷……夫体道尽神者，不可诘之以言教；游无蹈虚者，不可求之于形器。故以至人于物，遂通而已。[②]

这样，他所理想的“至人”是实现了“凝神玄冥”的“神悟”，从而“体道尽神”、“游无蹈虚”、不为一切言教所限制、进入绝对境界的人。这显然也是与他的“即色义”相一致的。所以，支道林是以佛教的般若空观改造了庄子和玄学的人生哲学。

支道林的文采、风度足以和第一流的名士相抗衡，他更以特殊的身份和学养从事文学创作，成为中土僧人中第一位留有文集的人。《隋书·经籍志》著录《支遁集》八卷，注曰“梁十三卷”；《高僧传·支遁传》谓文集十卷，《唐书·艺文志》著录同。原集久佚。现存后人辑录《支遁集二卷附补遗一卷》。逯钦立《先秦汉魏晋南北朝诗》辑录诗十八首；严可均《全上古三代秦汉三国六朝文》辑录文二十六篇（有断章），包括十六首铭赞。依据这有限的佚存，可以大体窥知支道林文学成就的一斑。

唐诗僧皎然有诗说:“山阴诗友喧四座，佳句纵横不废禅。”[③] 杜甫也曾有“道林不世才”[④] 的赞誉。阮元则说:“晋代沙门，多墨名而儒行。若支遁，尤矫然不

---

①《释迦文佛像赞》，《广弘明集》卷一五，《正》第52卷第196页。

②《大小品对比要抄序》，《出三藏记集》卷八，第299～301页。

③《支公诗》，《全唐诗》卷八二〇，第9251页。

④《大运寺赞公房二首》之一，《杜少陵集详注》卷四。

群，宜其以词翰著也。”[1] 这都指出了支遁的文才和影响。如前已指出，当时诗坛上的著名人物孙绰、许询等都与他有密切交谊，切磋诗歌技艺应是他们交往的重要内容。

余嘉锡曾指出:“支遁始有赞佛咏怀诸诗，慧远遂撰念佛三昧之集。”[2] 这是说支遁首开以佛禅入诗的风气。所谓“赞佛咏怀”，有《四月八日赞佛诗》、《咏八日诗三首》、《咏坏诗五首》等作品。支遁这类诗里表现佛理，不免玄言诗的偏枯之弊，但如皎然所称赞的：

> 天生支公与凡异，凡情不到支公地。[3]

就是说，他的诗抒写了不同于“凡情”的高蹈的、超然的情怀，也就是他所理想的“无待”、“至人”、“圣人”的境界。这也是某些名士优游生涯中所追求的体道境界。如《咏怀诗五首》之四：

> 闲邪托静室，寂寥虚且真。逸想流岩阿，朦胧望幽人。慨矣玄风济，皎皎离染纯。时无问道睡，行歌将何因。灵溪无惊浪，四岳无埃尘。余将游其嵎，解驾辍飞轮。芳泉代甘醴，山果兼时珍。修林畅轻迹，石宇庇微身。崇虚习本照，损无归昔神。暧暧烦情故，零零冲气新。近非域中客，远非世外臣。淡泊为无德，孤哉自有邻。[4]

诗人向往山林水涯，与“幽人”优游行歌，在离世绝俗的环境里洗落凡情，度过“近非域中客，远非世外臣”的逍遥淡泊的人生。这里不用佛语，但那种“虚且真”的境界，显然有佛教空观的影子。又他的《述怀诗二首》之一：

> 翔鸾鸣昆崿，逸志腾冥虚。惚怳回灵翰，息肩栖南嵎。濯足戏流澜，采练衔神蔬。高吟漱芳醴，颉颃登神梧。萧萧猗明翮，眇眇育清躯。长想玄运夷，倾首俟灵符。河清诚可期，戢翼令人劬。[5]

---

①《四库未收书目提要》，《揅经室外集》卷二。

②余嘉锡《世说新语笺疏》上卷下《文学》注（二），中华书局1983年，第265页。

③《支公诗》，《全唐诗》卷八二〇，第9251页。

④逯钦立《先秦汉魏晋南北朝诗·晋诗》卷二〇，第1081页。

⑤逯钦立《先秦汉魏晋南北朝诗·晋诗》卷二〇，第1082页。

这篇作品用寓言体，是魏晋诗人常用的写法。诗里描写一只远翥高飞的鸾鸟，它食神蔬，饮醴泉，栖梧桐，而所望在灵符降临，河清可期。由此可见支遁本是关心世道的人，这也体现他作为出世之人的内在矛盾。

文学史上一般认为首创山水诗体的是谢灵运。但沈曾植指出：

"老、庄告退，山水方滋"，此亦目一时承流接响之士耳。支公模山范水，固已华妙绝伦；谢公卒章，多托玄思，风流祖述，正自一家。①

"老、庄告退，山水方滋"是《文心雕龙·明诗》篇评论"宋初文咏"的话。而沈氏却指出，此前的支遁已经"模山范水"且已"华妙绝伦"，即认为他已开谢灵运的先河。

山居乐道乃是六朝僧侣的一种传统。支遁与众名士徜徉于会稽佳山水，在《八关斋诗三首序》里说：

……余既乐野室之寂，又有掘药之怀，遂便独往。于是乃挥手送归，有望路之想。静拱虚房，悟身外之真；登山采药，集岩水之娱……

他把山水之游作为"悟身外之真"的机缘，对自然风光之美自会有独特的领会，因此写出了相当优美的歌咏山水的篇章。如《八关斋诗三首》之三：

靖一潜蓬庐，愔愔咏初九。广漠排林筱，流飙洒隙牖。从容遐想逸，采药登重阜。崎岖升千寻，萧条临万亩。望山乐荣松，瞻泽哀素柳。解带长陵岐，婆娑清川右。泠风解烦怀，寒泉濯温手……②

支遁以这种清幽、寂寞的境界来寄托自己潇洒不羁的情怀。又《咏怀诗五首》之三：

晞阳熙春圃，悠缅叹时往。感物思所托，萧条逸韵上。尚想天台峻，仿佛岩阶仰。泠风洒兰林，管籁奏清响。霄崖育灵蔼，神蔬含润长。丹砂映翠濑，芳芝曜五爽。苕苕重岫深，寥寥石室朗。中有寻化士，外身解世网。抱朴镇有心，挥玄抚无想。隗隗形崖颓，炯炯神宇敞。宛转元造化，飘瞥邻大象。愿投

①《八代诗选跋》，《海日楼题跋》卷一。

②《先秦汉魏晋南北朝诗·晋诗》卷二〇，第1079～1080页。

若人纵，高步振策杖。[1]

这里描写水光山色，幽林响泉，在幽寂的自然风光中有“寻化士”，超越玄想，摆脱世务，成为诗人追求的榜样。这些作品虽然表达仍欠浑融，又多用“理语”（实际“谢公卒章”亦“多托玄思”[2]），但作为以山水为题材的作品，在当时确属创格。

在文的方面，现存支遁的长篇论文《大小品对比要钞序》，是佛学史上的重要著作，文采词华亦颇有可观。艺术上更有价值的是铭赞类作品。如《释迦文佛像赞》、《阿弥陀佛像赞》、《维摩诘赞》等，构想和辞藻均颇有创意。如《阿弥陀佛像赞序》：

夫六合之外，非典籍所摸；神道诡世，岂意者所测。故曰：人之所知，不若其所不知；每在常，辄欲以所不能见，而断所未能了。故令井蛙有坎宅之矜，凭夷有秋水之伐。故其宜矣。余游大方，心倦无垠，因以静暇，复申诸奇丽。佛经纪西方有国，国名安养，迥辽迥邈，路踰恒沙。非无待者不能游其疆；非不疾者焉能致其速。其佛号阿弥陀，晋言无量寿。国无王制斑爵之序，以佛为君，三乘为教。男女各化育于莲花之中，无有胎孕之秽也。馆宇宫殿，悉以七宝，皆自然悬构，制非人匠。苑囿池沼，蔚有奇荣。飞沈天逸于渊薮，逝寓群兽而率真。阊阖无扇于琼林，玉响自喈于箫管。冥霄贾华，以阖境神风，拂故而纳新；甘露征化，以醴被蕙风，导德而芳流。圣音应感而雷响，慧泽云垂而霈清……[3]

这里先是说明神道之奇妙，然后描写想象中的西方净土景象，夸饰奇丽，令人向往，是后来对净土的夸张描绘的滥觞。又《维摩诘赞》：

维摩体神性，陵化昭机庭。无可无不可，流浪入形名。民动则我疾，人恬我气平。恬动岂形影，形影应机情。玄韵乘十哲，颉颃傲四英。忘期遇濡首，亹亹赞死生。[4]

---

①《先秦汉魏晋南北朝诗·晋诗》卷二〇，第1081页。

②《八代诗选跋》，《海日楼题跋》卷一。

③《正》第52卷第196页中~下。

④《正》第52卷第197页上。

这里用诗语极其精辟地描述出维摩诘示疾一事的精神，显示了运用语言进行艺术概括的能力。

支遁生前饮誉士林，是中土新一代具有高度文化素养的僧侣典型。孙绰作《道贤论》，把他比作名士向秀：

支遁、向秀，雅尚《庄》、《老》，二子异时，风好玄同矣。①

他在《喻道论》里又评论说：

支道林者，识清体顺，而不对于物，玄道冲济，与神情同任，此远流之所以归宗，悠悠者所以未悟也。②

佛门有这一类具有高度学养的人，不仅在文学上、学术上创造出多方面成绩，对于推动中土佛教发展的意义也是十分重大的。

第二节 慧 远

南北朝时期战乱连年，矛盾丛生，社会剧烈动荡。在社会的动乱不安与剧烈变动中，民族的交流与融合，佛、道二教的兴盛与发展，文学理论与创作实践的“新变”，等等，显示人们的精神生活也在发生巨大变化。其中佛教的传播与繁荣对于思想、文化所造成的影响尤其巨大。这一时期有贡献、有影响的中外僧人很多，而就对于文化或文学的影响而言，无论是当时抑或是后代，没有一个人可以和慧远相比拟。胡适谈到庐山史迹代表中国文化历史的三大趋势，第一个即是“慧远的东林，代表中国‘佛教化’和佛教‘中国化’的大趋势”③。事实上中国从来没有真正“佛教化”；而“佛教中国化”则是个长远的过程，并不自慧远始，更不至慧远终。但慧远所开创的东林佛教确实增添了佛教发展的新内容，极大地促进了佛教的“中国化”。特别是他与刘遗民等人在庐山结社，开创僧、俗结社的先河，乃是当时儒、释交流的一大盛事，后世更形成流传广远的“白莲社”传说，对唐、宋以后文

①《全上古三代秦汉南北朝文·全晋文》卷六二，第1813页。

②《高僧传》卷四，第163页；此节未见《弘明集》所收《喻道论》。

③《庐山游记》，胡明编《胡适精品集》第5卷，光明日报出版社，1998年，第167页。

人居士佛教的发展影响十分深远而巨大。

慧远（334—416），雁门娄烦（今山西静乐县西南）人，是支遁以后又一位既“高”且“名”的中土士族出身的僧人。他既不同于那些以传翻外来佛典为主业的译经师，也不是刻苦求法的头陀僧，更不同于以支遁为代表的、《世说新语》里表扬的那些“名士”型僧人。他弱而好书，颖特秀发，博综六经，尤好《老》、《庄》。后从道安出家，闻道安讲《般若经》，豁然开悟。他在致刘遗民的信里自叙所学说：

> 每寻畴昔，游心世典，以为当年之华苑也。及见《老》、《庄》，便悟名教是应变之虚谈也。以今而观，则知沉冥之趣，岂得不以佛理为先？苟会之有宗，则百家同致。①

由此可见他广泛研习过儒、道、释三家，而以佛理为极致；同时又主张以佛理为基础会合诸家。他在庐山讲经，引《庄子》为连类。又陆德明《毛诗音义》记载“周续之与雷次宗同受慧远法师《诗》义”②。这表明，他不仅精于佛教义学，对于“外学”同样修养极高。他在信仰、修持实践方面更是一代典范。他声名卓著，在教团内外广有声望。后半生卜居庐山三十余年，教养学徒，门人众多。他在作风上也与支遁不同，坚持山居修道，不慕世务，对统治者保持高蹈、疏离的姿态，从而开创中土僧团中一种“抗礼万乘，高尚其事，不爵王侯，而沾其惠”③ 的新传统。这种精神和传统更广被文坛，沾丐后人。谢灵运的《庐山远法师诔》说：

> 昔释安公振玄风于关右，法师嗣沫流于江左。闻风而说，四海同归。尔乃怀仁山林，隐居求志。于是众僧云集，勤修净行，同餐法风，栖迟道门。可谓五百之季，仰合舍卫之风；庐山之嵎，俯传灵鹫之旨。洋洋乎未曾闻也。④

了解佛教对中国文化、文学的影响，了解中国文人与佛教的关系，慧远可作为典型个案。

慧远著述宏富，有《大智度论要略》二十卷、《问大乘中深义十八科》并《罗

---

①《与隐士刘遗民等书》，《广弘明集》卷二七上，《正》第52卷第304页上。

②陆德明《经典释文》卷五《毛诗正义》上，中华书局影印本，1983年，第53页。

③《沙门不敬王者论·求宗不顺化第三》，《弘明集》卷五，《正》第23卷第30页下。

④《广弘明集》卷二三，《正》第52卷第267页上。

什答》三卷、《法性论》二卷、文集十卷等。前三者为义学论著，今仅存《问大乘深义》，俗称《大乘大义章》，是中国佛教思想史上的一篇重要著作。文集久已散佚，但作品在《出三藏记集》、《弘明集》等文集里多有佚存。

慧远对于中土佛教的重大贡献，是根据大乘佛性思想系统地论证了“神不灭”论和据以生发的“三世报应”说。在已佚《法性论》里，他提出“至极以不变为性，得性以体极为宗”① 的观点，即认为法性是最高的精神实体，乃是不变之宗极，也就是涅槃。在《沙门不敬王者论》、《三报论》等论著里，他提出神识不灭，愚智同禀，所以精神永存，三世果报。印度佛教讲涅槃，让人追求不生不灭的、超离轮回的永恒境界，其精神是出世的；而慧远的三世果报说，主张此世因缘来世得报，来世乃是现世的继续，其精神是入世的。这也体现了中土文化重现世的传统性格。

为了超脱轮回之苦，慧远崇尚弥陀净土信仰。这是与当时盛行的弥勒信仰不同的另一种净土信仰。比起未来佛弥勒的极其遥远的龙华三会来，来世即有可能往生的净土显得更为现实而亲近。《高僧传》记载，“彭城刘遗民、豫章雷次宗、雁门周续之、新蔡毕颖之、南阳宗炳、张莱民、张季硕等，并弃世遗荣，依远游止。远乃于精舍无量寿像前，建斋立誓，共期西方”。接着录刘遗民的发愿文，开头说：

> 维岁在摄提格（元兴元年402），七月戊辰朔二十八日乙未，法师释慧远，贞感幽奥，霜怀特发。乃延命同志息心贞信之士百有二十三人，集于庐山之阴般若台精舍阿弥陀像前，率以香花敬荐而誓焉……誓兹同人，俱游绝域，其有惊出绝伦，首登神界，则无独善于云峤，忘兼全于幽谷，先进之与后升，勉思策征之道……②

这里所说的元兴元年那次法会，当是慧远结社的一次具体活动。这一次即有百余人参加，可见结社规模之盛大。慧远作为弥陀净土的坚定信仰者和热忱弘扬者，在所住庐山联系一批有素养的士大夫，使那里成为净土信仰的中心。庐山结社乃是中土历史上第一个有规模、有水平的高僧与居士的结社，开创了佛教信仰实践的新形式，也开启了后代文人居士信仰佛教的一种类型。值得注意的是，后人把这个结社

①《高僧传》卷六，第218页。

②《高僧传》卷六《慧远传》，第214～215页。

当作典范并加以传说化，形成有关“十八贤”结“白莲社”和慧远与道士陆修静、诗人陶渊明“三贤”交好的故事。这些传说不断生发出新的细节，被赋予新的内涵，显示了慧远结社巨大、深远的影响及其丰富的文化史的意义。

慧远的议论文字如《沙门不敬王者论》、《三报论》和与桓玄等人就沙门礼敬王者、沙汰僧尼事论辩的书论，基本是驳论文体。文字晓畅，析理透彻，议论滔滔，颇有气势，显示出高度的论辩技巧。《沙门不敬王者论》共计五篇，另有一篇序。序里说明作文缘起：早在东晋初的成、康年间，就有大臣庾冰提出沙门要向王者致敬，曾引起争论；到元兴（402—404）年间，太尉桓玄再提此议，文章即为此而作。僧人是否要向世俗王者致敬，表面看只是礼仪问题，实际却体现了佛教教法和王权孰轻孰重的关系。因此慧远要郑重抗辩。文章前两篇分别是《在家》、《出家》，正面论述出家僧人的超脱、优越地位，不当受世俗礼法的约束；后三篇采用论辩体裁，借用设问而进行答辩，把自己的看法进一步深化。如《求宗不顺化第三》，首先设问:“寻夫老氏之意，天地以得一为大，王侯以体顺为尊。得一故为万化之本，体顺故有运通之功。然则明宗必存乎体极，求极必由于顺化。是故先贤以为美谈，众论所不能异。异夫众论者，则义无所取，而云不顺化何耶?”这里对方是从人世间共通的原则立论，指出社会上每一个人都要遵从教化，没有例外。慧远的回答先是以退为进，承认上述原则，然后从人的“形”（有形）和“情”（有情）两个方面，指出出家人所追求的是宗极之道即涅槃，因而完全不同于常人而超越了有形和有情的境界，就此他说：

> 夫生以形为桎梏，而生由化有，化以情感，则神滞其本，而智昏其照，介然有封，则所存唯已，所涉唯动。于是灵辔失御，生涂日开，方随贪爱于长流，岂一受而已哉！是故反本求宗者，不以生累其神；超落尘封者，不以情累其生。不以情累其生，则生可灭；不以生累其神，则神可冥。冥神绝境，故谓之泥洹。泥洹之名，岂虚构也哉！请推而实之：天地虽以生生为大，而未能令生者不化；王侯虽以存存为功，而未能令存者无患。是故前论云：达患累缘于有身，不存身以息患；知生生由于禀化，不顺化以求宗。义存于此！义存于此！斯沙门之所以抗礼万乘，高尚其事，不爵王侯，而沾其惠者也。[1]

---

①《正》第52卷第30页中、上。

作者不是就事论事，而是从佛教教理的更高原则论证了出家人的超然品格和高尚地位，从而有力地肯定了他们不应受到现实礼法的约束。这样的文字当然是为僧人争权益、作辩护的。但其中体现的敢于抗衡世俗权威的精神，力图摆脱现实统治体制的要求，在封建王权高于一切的条件下，却有着普遍的思想意义。那种“抗礼万乘”、“不爵王侯”的精神更给后代文人以相当的鼓舞和启发。

慧远的铭赞体文字如《万佛影铭并序》、《晋襄阳丈六金像颂》也可以当作相当优美的骈体文来读。而真正意义的文学创作，今佚存有《庐山记》和《游山记》，是相当优秀的山水记。后者仅存数句，前者也是断章。《庐山记》存七百余字，以壮阔的笔墨为庐山绘影绘形，夹叙相关史迹、传说，把雄伟的奇山异水展现在读者面前。如总述庐山形势一段：

> 山在江州浔阳南。南滨宫亭，北对九江。九江之南为小江，山去小江三十余里。左挟彭蠡，右傍通州，引三江之流而据其会……其山大领，凡有七重。圆基周回，垂五百里。风雨之所摅，江山之所带，高岩仄宇，峭壁万寻，幽岫穿崖，人兽两绝。天将雨，则有白气先抟，而缨络于山岭下。及至触石吐云，则倏忽而集。或大风振岩，逸响动谷，群籁竞奏，其声骇人。此其化不可测者也。

又描写香炉峰一段：

> 东南有香炉山，孤峰独秀，起游气笼其上，则氤氲若香烟；白云映其外，则炳然与众峰殊别。将雨，则其下水气涌出如马车盖。此龙井之所吐。其左则翠林，青雀白猿之所憩，玄鸟之所蛰……①

如此用风云、动植来渲染山水，在动态中描写风光，从而创造出鲜明如画的境界。这样的描写，实开唐代山水记的先河。如有佚存描写庐山的五言《庐山东林杂诗》一首：

> 崇岩吐清气，幽岫栖神迹。希声奏群籁，响出山溜滴。有客独冥游，径然忘所适。挥手抚云门，灵关安足辟。流心扣玄扃，感至理弗隔。孰是腾九霄，

①《全上古三代秦汉南北朝文·全晋文》卷一六二，第2398～2399页。

不奋冲天翮。妙同趣自均，一悟超三益。[①]

结句里的“三益”用《论语》典：“友直、友谅、有多闻，益矣。”[②] 这里是说悟得佛理则会获得超越世俗的福利。这首诗借山水以咏志，格调类似当时流行的玄言体，但作为早期专门以山水为题材的作品还是值得注意的。慧远当有更多的嘉什没有流传下来。

还值得注意的是慧远庐山僧团积极地把诗文创作纳入到佛事活动之中。他周围的居士如刘遗民等也多是能文善艺之士。从他所作的《念佛三昧诗集序》可以知道，他的僧团曾利用诗歌来抒写念佛体验，就是说，诗歌被他们当作修道的辅助，表达佛道感悟的手段。他的这篇序在本书讨论佛教对文学理论的影响部分将有所说明。今存庐山诸道人《游石门诗并序》和庐山诸沙弥的《观化决疑诗》，可窥见当时庐山僧团诗歌创作的一斑。

第三节　僧　　肇

僧肇（384—414），京兆（今陕西长安市）人。少年家贫，以替人抄写书籍为生，从而得以遍观经史。他志好玄微，宗主《老》、《庄》。当时义学沙门的治学经历大体如此。他曾读《道德经》，慨叹说：“美则美矣，然栖神冥累之方，犹未尽善也。”[③] 后来读了《维摩经》，欢喜顶受，因而出家。东晋隆安二年（398），鸠摩罗什来到姑臧（今甘肃武威市），他前往受业。后秦弘始三年（401），姚兴迎请罗什入关，他随同来到长安。并奉朝廷之命参与罗什译场，成为罗什弟子中的第一人。罗什译出《大品般若》，他作《般若无知论》二千余言，庐山隐士刘遗民读后赞叹说：“不意方袍，复有平叔。”即把他比作玄学大师何晏。他英年早逝，死时年仅三十一岁，短促的一生里却写下一系列中国佛教史上影响深远的论著。

鸠摩罗什在佛教史上的主要贡献，是系统地传译了大乘经论；另一个重要贡献则是培养出一批学养有素的弟子。其中以僧肇、道生、道融、道恒为冠，有“四圣”之称（还有所谓“八俊”、“十哲”等说）。罗什译业对于中土人士了解大乘深

①《先秦汉魏晋南北朝诗·晋诗》卷二〇，第1086页。

②《论语·季氏》。

③《高僧传》卷七《僧肇传》，第249页。

义、摆脱玄学化的"格义"思路和方法起了决定性的作用。但他本人著作不多，思想、学说被弟子们所阐扬和发挥，其中以僧肇和道生成绩尤大。僧肇才思敏捷，善于谈说，二十岁已经名振关辅。他的代表作有《物不迁论》、《不真空论》、《般若无知论》、《涅槃无余论》等四论，后来与《宗本义》合为一书，俗称《肇论》；另有书、序等杂文并《维摩经注》。虽然作品数量并不算多，但对后世中土佛教的发展，特别是对于三论宗和禅宗的形成，影响却十分巨大而深远。

僧肇的佛学思想以般若空观为核心。他发挥了大乘中观学派空、有不二、"三谛圆融"的辩证精神，一方面破斥小乘佛教执著三世恒有的主张，另一方面又与以"无"解"空"的格义佛教划清界限。这样他的著作在中土大乘思想的发展中就占有里程碑的地位。同时他又汲取中土传统学术关于体用、本末的观念，理论框架和具体应用都体现出浓厚的调和色彩。这也是他的学说得以广泛认同和受容的重要条件。

僧肇的作品是纯粹的佛教论著。但作为论说文字，它们论证详悉，逻辑严密，特别是纯熟地应用当时流行的骈骊文体，辞严义密，精赅晓畅，达到相当高的表现水平。据说他写出《般若无知论》，上呈罗什，被称赞说："吾解不谢子，辞当相挹。"[①] 罗什译经，语言表达十分高超，却如此对他的文辞甘拜下风。值得注意的是，中土先秦以来十分发达的议论文字，基本属于政论体，讨论的主要是形而下的政治、伦理等社会现象和问题；形而上的抽象议论比较薄弱（道家和墨家多这类文字，可是文学性都较弱）。而佛教的经论、特别是部派佛教的阿毗达摩本来具有论辩的性格，中土发展起来的佛教义学同样注重议论。所以对于六朝时期各种议论文体的发展，义学沙门的成绩尤其显著。今存《出三藏记集》、《弘明集》、《广弘明集》，留下了这方面的突出业绩。而僧肇的议论文字，无论是从内容看，还是从艺术技巧看，在六朝僧人论著里都堪称翘楚。

僧肇议论的主要特征，一方面是引经据典地进行演绎推理，推理中十分注重逻辑的严密；另一方面是熟练地使用佛教论书习用的名相分析方法，界定名相的内涵和外延，仔细辨析，阐发义理。这样，他的文字就不是以气势压人，而是以逻辑力量服人。当然，作为宗教教义论证，他在理论上和逻辑上的根本漏洞是明显的；但就对于具体课题的辨析而言，其逻辑却往往是无懈可击的。如《不真空论》一文，

①《高僧传》卷七《僧肇传》，第249页。

是批驳当时流行在关河地区的三种般若空观即心无、本无、即色三宗宗义的。这是三种对大乘“般若空”观的片面、错误的玄学化的理解，是早期格义佛学的具体体现。《不真空论》的开头，首先确立基本观点：

> 夫至虚无生者，盖是般若玄鉴之妙趣、有物之宗极者也……万象虽殊，而不能自异。不能自异，故知象非真象；象非真象故，则虽象而非象。然则物我同根，是非一气，潜微幽隐，殆非群情之所尽……

这样提出“不真故空”论题，并引出“众论竞作”的心无、即色、本无三种观点，一一加以批驳；然后再依据一系列大乘经典，辨析大乘空观的真意；特别是利用中观学派的理论反复阐明“真谛以明非有，俗谛以明非无”的道理，通过真俗、有无的详细辨析，得出“欲言其有，有非真生；欲言其无，事象即形。象形不即悟，非真非实有。然则不真空义，于兹显矣”的结论。最后一段，进一步引申说：

> 夫以名求物，物无当名之实；以物求名，名无得物之功。物无当名之实，非物也；名无得物之功，非名也。是以名不当实，实不当名，名实无当，万物安在？……故知万物非真，假号久矣。是以《成具》立强名之文，园林托指马之况。如此，则深远之言，于何而不在？是以圣人乘千化而不变、履万惑而常通者，以其即万物而自虚，不假虚而虚物也。故经云：“甚奇，世尊，不动真际，为诸法立处。非离真而立处，立处即真也。然则道远乎哉？触事而真。圣远乎哉？体之即神。”①

这样由不真故空的荡相遣执的立场，转向对世俗事物的肯定。所谓“立处即真”、“体之即神”的观念与后来禅宗宗义相通，成为禅宗立宗的理论资源。这种细密、精致的名相辨析和丝丝入扣的推理方法，是当时文坛上一般议论文章难以见到的。而作为骈体文字，其对仗的工整、语气的流畅也是同时代作品鲜有其比的。

《物不迁论》则针对小乘佛教执著于无常而不了解大乘空观的真义立论。其中对动与静、往与常等对立概念进行辨析。依据《放光般若经》“法无去来，无动转者”的论断，提出“必求静于诸动”，“不释动以求静”；“静而常往”，“往而常

---

①《肇论》，《正》第45卷第153页上～154页下。

静”，因而即动即静，体、用一如，“如来功流万世而常存，道通百劫而弥固”[1]，从而发挥了龙树《中论》的“八不中道”思想。《般若无知论》同样先引用《放光般若》“般若无所知，无所见”的论断，根据“知”与“不知”相对待的关系，指出有所知即有所不知，圣心无知，所以无所不知；再进一步指出圣人之心“虚不失照”，“照不失虚”，“用即寂，寂即用”[2]，从而阐明动静相即、体用一如的道理。像这样，都是依据经典教条进行演绎，辨析概念以明义理，通过丝丝入扣的推理展开论证，真是文心之细、细如毫发，在中土文人作品中是难以见到的。

僧肇作为罗什大弟子，先师圆寂后写下长篇诔文，也是一篇很有特色的文章。文章由骈体序文和韵文铭诔两部分构成，其中并没有在先师事迹上多着笔墨，主要是赞颂其显扬大乘的业绩和功德，写到动情处激情喷涌，如序文的最后：

> ……以要言之，其为弘也，隆于春阳；其除患也，厉于秋霜。故巍巍乎，荡荡乎，无边之高韵！然隘运幽兴，若人云暮，癸丑之年年七十，四月十三日薨乎大寺。呜呼哀哉！道匠西倾，神轴东摧，朝曦落曜，宝岳崩颓。六合昏昏，迷驾九回，神关重闭，三途竞开。夜光可惜，盲子可哀，罔极之感，人百其坏。

铭诔的最后一段说：

> 公之云亡，时唯百六，道匠韬斤，梵轮摧轴。朝阳颓景，琼岳颠覆，宇宙昼昏，时丧道目。哀哀苍生，谁抚谁育，普天悲感，我增摧衄。呜呼哀哉！[3]
>
> 昔吾一时，曾游仁川，遵其余波，纂成虚玄。用之无穷，钻之弥坚，耀日绝尘，思加数年。微情未叙，已随化迁，如可赎兮，贸之以千。时无可待，命无可延，惟身惟人，靡凭靡缘。驰怀罔极，情悲昊天。呜呼哀哉！

像这样的真情倾吐，多方渲染，音节朗朗，运笔又避免流行文体的繁缛雕饰，在当时文坛上也是不可多得的高妙文字。

---

①《正》第45卷第151页。

②《正》第45卷第153页上~154页下。

③《广弘明集》卷二三，《正》第52卷第265页。

第四节　惠休、僧祐、慧皎、宝唱等人

上面介绍了南北朝僧人中对文学贡献巨大的代表人物。实际在南朝社会十分精致、发达的贵族文化环境里，僧人从事诗文创作已相当普遍，其中不少人取得了显著成绩，有些更在文学史上占有一定地位。下面简要介绍另外几位成就较突出的人物。

南北朝时期真正专门以能诗著名的僧人当数汤惠休，事见《宋书》：元嘉二十四年（447）徐湛之由中书令转南兖州刺史，“广陵城（今江苏扬州市）旧有高楼，湛之更加修整，南望钟山。城北有陂泽，水物丰盛。湛之更起风亭、月观、吹台、琴室，果竹繁茂，花药成行，召集文士，尽游玩之适，一时之盛也。时有沙门释惠休，善属文，词采绮艳，湛之与之甚厚。世祖命使还俗。本姓汤，位至扬州从事史”[①]。《隋书》著录“宋宛朐令汤惠休集三卷，梁四卷”[②]，已佚；逯钦立辑录诗十一篇。从这些记述可以知道他还俗后曾任县令、扬州从事史等职。他在宋、齐之间甚有诗名。著名文人颜延之“每薄汤惠休诗，谓人曰：‘惠休制作，委巷中歌谣耳，方当误后生。’”[③] 梁著名诗人江淹选择自古以来五言名篇拟作《杂体诗三十首》，其中唯一所拟僧诗是汤惠休的《怨别》（萧统《文选》作《别怨》；所拟应即《乐府诗集》卷四十一《怨诗行》）。锺嵘《诗品》品评僧人三人，第一位是惠休上人（另外两位是道猷上人、释宝月，下面将论及），说：“惠休淫靡，情过其才；世遂匹之鲍照，恐商、周矣。羊曜璠云：‘是颜公忌鲍之文，故立休、鲍之论。’”[④] 从这种争论，正可以透视出汤惠休的地位。刘师培在其名著《中国中古文学史讲义》中指出：“晋、宋之际，若谢混、陶潜、汤惠休之诗，均自成派。”这就把汤惠休与陶潜等人并列，当成是创立一派诗风的人物了。他在论述“梁代宫体”时又具体分析：“宫体之名，虽始于梁，然侧艳之词，起源自昔。晋、宋乐府，如《桃叶歌》、《碧玉歌》、《白苎词》、《白铜鞮歌》，均以淫艳哀音，被于江左。迄于萧齐，流风益盛。其以此体施于五言诗者，亦始晋、宋之间，后有鲍照，前则惠休。”下

①《宋书》卷七一《徐湛之传》，第 1847 页。
②《隋书》卷三五《经籍志四》，第 1075 页。
③《南史》卷三四《颜延之传》，第 881 页。
④陈延杰注《诗品注》，人民文学出版社，1961 年，第 66 页。

面注文里又说到“绮丽之诗，自惠休始”①。就是说，汤惠休创造侧艳诗风，乃是后来流行的宫体诗的源头。

沈德潜《古诗源》录《怨诗行》：

明月照高楼，含君千里光。巷中情思满，断绝孤妾肠。北风荡帷帐，瑶翠坐自伤。妾心依天末，思与浮云长。啸歌视秋草，幽叶岂再扬。暮兰不待岁，离花能几芳。愿作张女引，流悲绕君堂。君堂严且秘，绝调徒飞扬。②

沈德潜就这首诗评论说：“禅寂人作情语，转觉入微。微处亦可证禅也。”③

这是一篇代言体情诗，其“入微”处主要在绘影绘形，颇为真切，从而述情更显缠绵。他的《杨花曲》三首，是民歌风的小诗：

葳蕤花结情，宛转风含思。掩啼守春心，折兰还自遗。
江南相思引，多叹不成吟。黄河西北去，衔我千里心。
深堤下生草，高城上入云。春人心生思，思心长为君。④

这几首诗确能得到江南乐府的风韵，清丽自然，情深意长，而涉想奇妙，“黄河西北去，衔我千里心”，立意更显超绝。

僧祐（445—518），俗姓俞，彭城下邳（今江苏遂宁县西北）人，生于建业（今江苏南京市）。他幼年出家，精研律部，通《十诵律》，是有名的律师。齐竟陵王萧子良每请讲他律，听众常七八百人。文学史上著名的文论家刘勰年轻时家境清贫，曾在上定林寺投依他十余年，得以饱览经籍，后来写出名著《文心雕龙》，二人的交往成为佳话，流传后世。僧祐本人精于佛教造像、音乐，是佛教艺术家；更倾心文史，著述弘富，有《出三藏记集》十五卷、《萨婆多部相承传》、《十诵义记》、《释迦谱》五卷、《世界记》五卷、《法苑集》十卷、《弘明集》十四卷、《法集杂记传铭》十卷等，本人集合为《释僧祐法集》。八部著作今仅存《释迦谱》、《弘明集》和《出三藏记集》三种。前者是依据经律结集的中土第一部佛传；第二部书辑录自东汉末至梁时僧俗颂佛、护法论著，其中也保存一些批判佛教的作品；

①《刘师培学术论著》，浙江人民出版社，1998 年，第 292、311 页。

②《先秦汉魏晋南北朝诗·宋诗》卷六，中册第 1243 页。

③《古诗源》卷一一，第 270 页。

④《先秦汉魏晋南北朝诗·宋诗》卷六，中册第 1244 页。

后者是现存最早的完整经录。三部书都是开创体例、影响深远的著作，后代续有撰著。

《出三藏记集》十五卷可分为四个部分。根据僧祐的说法，第一部分一卷是“缘记撰”，记述结集佛经和传译缘起，关系翻译史和翻译理论的许多内容；第二部分四卷“诠名录”，分门别类著录经典，是经录的主体部分；第三部分七卷“总经序”，辑录东汉以来传译佛经的经序；第四部分三卷“述列传”，是三十二位（附记十六人）中、外译师的传记，也是中土现存最早的专题僧传。作者自己评述这部书的内容和特点说：

> 缘记撰则原始之本克昭，名录诠则年代之目不坠，经序总则胜集之时足征，列传述则伊人之风可见。并钻析内经，研镜外籍，参以前识，验以旧闻。若人代有据，则表为司南；声传未详，则文归盖阙。秉牍凝翰，志存信史，三复九思，事取实录。有证者既标，则无源者自显。庶行潦无杂于醇乳，燕石不乱于精玉……①

由此可见作者撰述态度之认真。这部书不仅是详细的目录书，更提供了有关佛教教理和佛教史的丰富而重要的资料，也为后来撰作经录和僧传提供了范本。就文学价值而言，仅就僧传部分而言，写法上具有相当的文采，刻画出一批舍身求法、献身弘法的人物形象。在三十二位正式立传的人之中有外国人二十一人，他们分别来自中亚和印度各国。这些人在古代极其艰难的条件下，排除万难，来到中国，书中描绘他们过雪山、越大漠的艰难长途和九死一生、不畏艰辛的执著精神，以及他们在中土陌生的环境下弘传佛教的卓绝努力，展现出这一批向中国输入佛教的先驱、也是早期中外文化交流使臣的卓异风貌。书中描写的中土僧人乃是最早接受并发展外来佛教的先行者。作者满怀崇敬之情，调动各种艺术手法，刻画他们的才能、智慧和崇高的人格、动人的风采。特别是道安、慧远、竺道生、法显等几位中国佛教史上的重要人物，形象描绘得相当丰满。如写道安在襄阳一段：

> 习凿齿闻而诣之。既坐而称曰:“四海习凿齿。”安曰:“弥天释道安。”时人咸以为名答。凿齿常饷安梨数十枚。正值讲坐，便手自割分，梨尽人遍，无

①《出三藏记集》卷一，第2页。

参差者。高平郗超遣使遗米千石，修书累纸，深致殷勤。安答书曰："捐米弥觉有待之为烦。"凿齿与谢安书曰："来此见释道安，故是远胜，非常道士。师徒数百，斋讲不倦。无变化伎术可以惑常人之耳目，无重威大势可以整群小之参差，而师徒肃肃，自相尊敬，洋洋济济，乃是吾由来所未见。其人理怀简衷，多所博涉，内外群书，略皆遍睹，阴阳算数，亦皆能通。佛经故最是所长，作义乃似法兰、法祖辈，统以大无，不肯稍齐物等智，在方中驰骋也。恨不使足下见之。其亦每言思得一见足下。"其为时贤所重如此。①

这里先是用几个言语、行动细节，写出人物的聪慧、机智；然后再用侧面评述，烘托人物的才能、品格。短短的一节文字就把一位超越群论的高僧形象展现在人们面前。又如对竺道生，写他热心求法，南北参访，积学多年，终于体悟渊旨，但却受到僧众排斥：

……守文之徒，多生嫌嫉，与夺之声，纷然互起。又六卷《泥洹》先至京都，生剖析佛性，洞入幽微，乃说阿阐提人皆得成佛。于时《大涅槃经》未至此土，孤明先发，独见连众。于是旧学僧党，以为背经邪说，讥忿滋甚，遂显于大众，摈而遣之。生于四众之中正容誓曰："若我所说反于经义者，请于现身即表厉疾；若与实相不相违背者，愿舍寿之时，据师子座。"言竟，拂衣而逝。星行命舟，以元嘉七年投迹庐岳，销影岩阿，怡然自得。山中僧众，咸共敬服。俄而《大涅槃经》至于京都，果称阐提皆有佛性，与前所说，若合符契。生既获斯经，寻即建讲。以宋元嘉十一年冬十月庚子，于庐山精舍升于法座。神色开明，德音骏发，论议数番，穷理尽妙。观听之众，莫不悟悦。法席将毕，忽见麈尾纷然而坠，端坐正容，隐机而卒，颜色不异，似若入定。道俗嗟骇，远近悲凉。②

这简短的文字把竺道生识见的卓绝不凡、坚持真理的信心和勇气发露无余，字里行间满怀着赞叹之情。作者所颂扬的不仅是一位坚定、热忱的求道者，更是一种为真理敢犯众怒、勇于献身的伟大人格，千古以来给人以感召，成为追求和坚持真理的榜样。

---

①《高僧传》卷一五，第562～563页。

②《高僧传》卷一五，第571～572页。

宝唱，俗姓岑，吴郡（今江苏苏州市）人。少精敏，经历和僧肇类似，也曾佣书为业。后投僧祐出家，精于律学，为其入室弟子。梁武帝好佛，他得到器重，敕为新安寺主，是著名的御用义学沙门。梁武帝命众僧撰集佛书，宝唱参与其事。著书有《续法轮论》七十卷、《法集》一百三十卷等，并佚。今存《经律异相》五十卷，是影响深广的佛教类书，具有相当高的文学价值。

关于此书的编撰，宝唱在序文里说：

> 圣旨以为像、正浸末，信乐弥衰，文句浩漫，鲜能该洽。以天监七年敕释僧旻等备钞众典，显证深文，控会神宗，辞略义晓，于钻求者已有太半之益。但希有异相，犹散众篇，难闻秘说，未加标显。又以十五年末敕宝唱钞经律要事，皆使以类相从，令览者易了。又敕新安寺释僧豪、兴皇寺释法生等相助检读。于是博综经籍，搜采秘要，上询宸虑，取则成规，已为五十卷，又目录五卷，分为五帙，名为《经律异相》，将来学者，可不劳而博矣。①

僧旻等所撰名《众经要钞》，八十卷，《经律异相》是宝唱领衔、出于众人之手的辅助之作。所谓“异相”，指不同于经典正论的“差别相”，即那些形象地阐发教理、教义的譬喻、传说等等。这正是佛教三藏中富于文学性的部分。《经律异相》就是这些譬喻、传说故事的辑录，因此实际是佛典翻译文学选集。

这部书的编排，按照佛教世界观，始于天部，终于地狱部，分为三十九部。主要部分是佛、菩萨、声闻、国王、太子、长者、优婆塞、优婆夷、婆罗门、仙人、居士、庶人等关系人事的各部，选取佛传、本生、譬喻、因缘等各类故事计七百六十五则②。每则故事后面均注明出处，行文中间或有夹注，或考校诸本异同，或解释梵名意义。这些故事本都出自流行的佛典，如此按表现对象集中编排起来，不仅给阅读提供方便，而且所选段落在主题、题材、构思、表现方法和语言修辞等方面大都比较精彩，就更能凸显出各类故事的艺术特色和价值。再则所选录的部分经典已经佚失，例如许多譬喻故事出于已佚的《十卷譬喻经》、《十八譬喻经》等譬喻类经典，有些出于名为《杂譬喻经》的也不见今本；还有些选自阙本如《善信磨祝经》、《三乘名数经》和疑伪经如《净度三昧经》等经典的段落，更可作为研究

①《正》第53卷第1页上。

②参阅陈世强《佛典精解》第746页，上海古籍出版社，1993年。

佛教史或校刊、辑佚的资料。

如此集中地选录佛典里具有强烈文学性的片段，做成一部专门的佛典翻译文学选集，使得那些故事传说得以更容易、更广泛地流传，其价值和意义是相当重大的。这部书的编辑本身也表明当时僧、俗间对佛典里的“异相”即具有文学性部分的重视。此外书的编撰体例也具有开拓性。后人编辑佛教类书如《法苑珠林》等，对它都有所借鉴。

慧皎（497—554），俗家姓氏不详，会稽上虞（今浙江上虞县）人。他博通内、外典，尤精于律学。梁元帝萧绎任江州刺史时，曾到他那里“搜聚”文书[1]，可见他藏书之富。他著有《涅槃经义疏》、《梵网经疏》等，已佚。今存《高僧撰》十四卷，是现存第一部专门记载僧人生平事迹的著作。

在慧皎以前已有各类专门僧传多种。但除上述《出三藏记集》的《述列传》部分、宝唱《名僧传》（佚文）和《比丘尼传》外，均已散佚。慧皎在批判地总结前人成果基础上进行著述，在《序录》里明确表示：

> ……然或褒赞之下，过相揄扬；或叙事之中，空列辞费。求之实理，无的可称。或复嫌以繁广，删减其事，而抗迹之奇，多所遗削。谓出家之士，处国宾王，不应励然自远，高蹈独绝。辞荣弃爱，本以异俗为贤，若此而不论，忘何所纪？

他又说：

> 自前代所撰，多曰名僧。然名者，本实之宾也。若实行潜光，则高而不名；寡德适时，则名而不高。名而不高，本非所纪；高而不名，则备今录。[2]

这里除阐明自己的写作方法和取材标准外，更表明了著书立场，就是肯定“高而不名”的高蹈隐逸之风。如上所述，齐梁时期的许多“义学沙门”活跃在王公贵族间，以名誉相夸炫，行迹已同于权门清客。慧皎有意抵制并试图改变这种风气，从而使得“此书之作，实为一部汉魏六朝之高隐传，不徒详于僧家事迹而已”[3]。这

①萧绎任江州刺史在梁武帝大同六年（540）至中大同二年（547），其所撰《金楼子·聚书》篇有“就会稽宏普惠皎道人搜聚”的记载。

②《高僧传》卷一四《序录》，第524～525页。

③陈垣《中国佛教史籍概论》卷二，中华书局，1962年，第24页。

也就决定了这部书的总体格调。

这部书沿袭《史》、《汉》列传中的“类传”体例，创制了佛传中的类传体。全书分十门，即译经、义解、神异、习禅、明律、亡身、诵经、兴福、经师、唱导。以后的僧传大体相循分门而名目不同。每门之后，系以论说，类似有关门类的史志和评论。由于作者识见精审，这些论说具有相当高的学术和史料价值。例如《译经》篇的总论，实际是一篇简明精要的佛典传译史；而《唱导》篇的总论描写当时流行的佛教文艺形式——唱导盛行的情形，生动展示了佛教通俗文学发展的一段轨迹：

> 至如八关初夕，旋绕行周，烟盖停氛，灯帷靖耀，四众专心，叉指缄默。尔时导师则擎炉慷慨，含吐抑扬，辩出不穷，言应无尽。谈无常，则令心形战栗；语地狱，则使怖泪交零；征昔因，则如见往业；核当果，则已示来报。谈怡乐，则情抱畅悦；叙哀戚，则洒泪含酸。于是阖众倾心，举堂恻怆，五体输席，碎首陈哀。各各弹指，人人唱佛。爰及中宵后夜，钟漏将罢，则言星河易转，胜集难留。又使人迫怀抱，载盈恋慕。当尔之时，导师之为用也……①

这里活灵活现地描绘出法会上进行唱导的情景，展现了当时社会上民众信仰的具体画面。这一节文字作为文学史的资料而被经常引用。慧皎首创的这种著述体例不仅为后来的僧传所因袭，也成为中土史传作品的一体。

本书传主自后汉至梁初凡二百五十七人，附见二百余人。由于作者见闻所限，所述基本是江左人物。部分内容主要取材书史文献，虽然出入诸家，但却善于抉摘取舍，融会贯通。加之作者具有相当高的文学素养，行文流畅，辞采可观，浑然成一家言。作为传记文学看，也是不可多得的好作品。

书中记述宗教人物，有两点值得注意。一是如前所述区分“高僧”与“名僧”而肯定前者，特别注重描写佛门中那些高蹈绝尘、超凡脱俗的人物。这从僧团建设看，在当时上层僧众征逐荣华势利的风气里，有着整肃风气的意义。在文学上，则树立起一批隐逸脱俗的典型。再是描写一些神奇怪异的人物和情节。特别是两卷“神异”中的佛图澄、耆域、杯度、保志等“神僧”，描写他们预言、射覆、分身、隐形、化物、秘咒、交通神仙、役使鬼物、治疗痼疾等等。这些情节都是玄想产

①《高僧传》卷一三，第521～522页。

物，表现手法在后世的小说、戏曲里被普遍地使用。

僧传作为史传作品当然以叙事记人为主。慧皎描绘人物，善于以简洁的文笔、清晰的脉络叙述事实，又注意检选具有典型意义的细节，并多引述人物自身的语言、议论、文章，从而生动地、鲜明地刻画出人物性格，让人直观地认识人物的观念、风姿。例如译师康僧会求取舍利一段：

……（孙权）乃谓会曰："若能得舍利，当为造塔；如其虚妄，国有常刑。"会请期七日，乃谓其属曰："法之兴废，在此一举。今不至诚，后将何及？"乃共洁斋静室，以铜瓶加几，烧香礼请。七日期毕，寂然无应。求申二七，亦复如之。权曰："此实欺妄。"将欲加罪。会更请三七，权又特听。会谓法属曰："宣尼有言曰：'文王既没，文不在兹乎！'法灵应降，而吾等无感。何假王宪，当以誓死为期耳。"三七日暮，犹无所见，莫不振惧。既入五更，忽闻瓶中枪然有声。会自往视，果获舍利……①

这里写的当然是怪异不经之事，但利用层层递进的手法，加上对人物行为、语言的细致描述，把一个坚定执著的布道者的形象呈现在人们面前。又如对竺道潜的描写：

……乃隐迹剡山，以避当世追踪。问道者已复结侣山门。潜优游讲席三十余载，或畅方等，或释《老》、《庄》，投身北面者莫不内、外兼洽。至哀帝好重佛法，频遣两使，殷勤征请。潜以诏旨之重，暂游宫阙……潜常于简文处遇沛国刘彦惔。惔嘲之曰："道士何以游朱门？"潜曰："君自睹其朱门，贫道见为蓬户。"……潜虽复从运东西，而素怀不乐，乃启还剡之仰山，遂其先志。于是逍遥林阜，以毕余年。支遁遣使求买仰山之侧沃州小岭，欲为幽栖之处。潜答曰："欲来辄给，岂闻巢、由买山而隐？"遁后与高骊道人书云："上坐竺法深，中州刘公之弟子，体德贞峙，道俗纶综，往在京邑，维持法纲，内外具瞻，弘道之匠也。顷以道业靖济，不耐尘俗，考室山泽，修德就闲。今在剡县之仰山，率合同游，论道说义，高栖皓然，遐迩有咏。"……②

①《高僧传》卷一《康僧会传》，第16页。

②《高僧传》卷四，第156～157页。

书中说竺道潜是丞相王敦之弟，记载并不可靠；但这种说法作为铺垫，却更加突出他山居求道的难能可贵。具体描写则选择两个细节，分别用教外人刘惔和教内人支遁来衬托。与刘惔的对答取自《世说》，富于禅机；支遁买山的情节更意味深长，后来成为著名典故。

汉魏六朝多有才华突出、行为杰特的高僧，他们创造出辉煌的佛教文化，成为一代贵族文化的重要组成部分。这些人物靠慧皎用生动的笔墨记述下来。慧皎更给后人写作僧传树立了一个范本。后来道宣写《续高僧传》、赞宁写《宋高僧传》等对他都有所借鉴。众多僧传成为研究佛教历史以至研究历代文史的宝贵的、不可或缺的资料，慧皎的开创之功是不可磨灭的。

第五节　僧人求法旅行记

唐义净《大唐西域求法高僧传》开端说：

> 观夫自古神州之地，轻生狥法之宾，显法师则创辟荒途，奘法师乃中开王路。其间或西越紫塞而孤征，或南渡沧溟而单逝……实由茫茫象迹，长川吐赫日之光；浩浩鲸波，巨壑起滔天之浪。独步铁门之外，亘万岭而投身；孤漂铜柱之前，跨千江而遣命。或亡飡几日，辍饮数辰。可谓思虑销精神，忧劳排正色。至使去者数盈半百，留者仅有几人……①

这里对历史上所谓“西行求法运动”的壮伟与艰辛做了概括而生动的描述。佛教初传中土，主要是依靠西来的中亚和印度僧侣。他们传译经籍，教授戒律，在中土发展信众，逐渐形成中土僧团。但早期传译经典多通过口授，篇章不备，译文失真，这成为中土僧人西行求法的动因。有记录第一位西行的是曹魏末年的朱士行，但他只到于阗（今新疆和田市）。自两晋，后继者渐多，如西晋有竺法护、东晋有康法朗、于法兰、竺佛念、慧叡、昙猛等。但实际上真正到过天竺的，只有慧叡、昙猛二人。直到东晋末年的法显，以六十左右高龄西行，从陆路去，从海道回，广游印度和南亚，访学圣迹，寻求经本，乃是西行求法成就卓著的第一人，法显更在中国佛教史上作出多方面贡献。特别是他记录旅途见闻，成《法显传》一书，乃是有关

①王邦维《大唐求法高僧传校注》第1页，中华书局，1988年。

中南亚史地和中西交通的经典著作①。他也成为后继者的榜样，从他开始，西行求法形成更大的潮流。至唐初玄奘西行，建树起更巨大的辉耀历史、万古流芳的业绩。由其弟子辩机记录的《大唐西域记》，则可与法显所作相媲美。其后著名西行者还有义净、慧超等人，都相循而有所著述。前者著有《南海寄桂内法传》、《大唐西域求法高僧传》等，后者著有《往五天竺国传》。这些求法行记具有多方面的学术价值。特别是法显和玄奘所著，篇幅巨大，文采斐然，作为具有高度艺术价值的旅行记，在文学史上对游记文体的发展也作出了巨大贡献。

法显（342?—423），俗姓龚，平阳（今山西临汾市西南）人。三岁出家，二十受大戒，于后秦弘始元年（399）六十岁左右从长安出发，西行求法，同行者有智严等十一人。经西域，越葱岭，进入印度。同行者有的折返，有的途中病故或冻死，到达印度的只有他和道整二人。他遍游北、中、东印三十余国，抄写经律，学习梵文，收集梵本。义熙五年（409）他渡海到师子国（今斯里兰卡），居住两年。回国途中又在今苏门答腊或爪哇停留，历尽风涛之苦，于东晋义熙八年在今山东崂山登陆，次年到达建康（今南京市）。这次西行求法前后历时十五年。《法显传》就是这长途求法历程的真实、生动的记录。

法显回国后从事译经，弘扬新兴的涅槃佛性学说，在佛教史上贡献卓著；他的《法显传》在佛教史、中南亚史地、中西交通史等诸多领域均有重大价值，此不具述。仅就文学成就而论，这部书作为旅行记，以质朴无华的文笔，历历叙写自长安出发到浮海东还十五年不顾生命、艰难困苦的历程。记述中注意详略剪裁，以求法行迹为主线，穿插所到之处的现状、风俗和名胜古迹的描写以及佛教史事和故事传说等等，绘形绘影，使人如亲临其地。虽然只是质朴的实录，但亲身的经历聚结成浓厚感情，流露在字里行间，动人心扉。如写在小雪山惠景冻死一段：

> 住此冬三月，法显等三人南度小雪山。雪山冬夏积雪。山北阴中遇寒风暴起，人皆噤战。慧景一人不堪复进，口出白沫，语法显云："我亦不复活，便可时去，勿得俱死。"于是遂终。法显抚之悲号："本图不果，命也，奈何！"复自力前，得过岭。②

---

①《佛国记》另有《法显传》、《佛游天竺记》、《历游天竺记传》等多种名称；而关于后二者是否同一书，学术界有不同看法，可参阅章巽《法显传校注序》，《法显传校注》，上海古籍出版社，1985年。

②章巽《法显传校注》，上海古籍出版社，1985年，第51页。

这简短的描述，把旅途的艰辛、求法者的勇气和相互间的深情呈现出来，颇能震撼人心。又如描写摩竭提国巴连弗邑行象的盛况：

> 凡诸中国，惟此国城邑为大。民人富盛，竞行仁义。年年常以建卯月八日行像。作四轮车，缚竹做五层，有承栌、揠戟，高二匹余许，其状如塔。以白氎缠上，然后彩画，作诸天形象。以金、银、琉璃庄校其上，悬缯幡盖。四边作龛，皆有坐佛，菩萨立侍。可有二十车，车车庄严各异。当此日，境内道俗皆集，作倡伎乐，华香供养。婆罗门子来请佛，佛次第入城，入城内再宿。通夜然灯，伎乐供养。国国皆尔。①

只是朴素的白描，烘托出盛大仪式热烈庄严的气氛。特别应当指出的是，当时骈体流行，这种质朴生动的散体文字给文坛留下一股清新气息，成为后来唐人革新文体的宝贵资源。

法显之后，西行求法继有其人，而且多留有行记之类的书。见于著录的有智猛《游行外国传》、释昙景《外国传》、释法盛《历国传》等②。而北魏孝明帝神龟元年（518）比丘惠生和宋云受胡太后派遣西行求法，经于阗，越葱岭，至北印乌场国等地，携回大乘经典。宋云撰有《行记》，惠生撰有《家纪》，二书虽久佚，但佚文存杨衒之《洛阳伽蓝记》卷五凝圆寺条。杨衒之引述二人旅行记时，又参照另一个西行求法者所作《道荣传》，以补缺文。从现存三种书的佚文看，内容是按旅行路线，叙写山川形势、社会风俗，而主要记述佛教史迹，夹叙一些传说，大体与《法显传》类似。由于杨著本来是记叙塔寺的，因而引述游记也注重有关塔寺的描写，其中关于雀离浮图的记载尤其详悉生动。雀离浮图或称雀离大寺是著名的龟兹佛教遗迹，在龟兹故城北约23公里处，现存遗迹主要是唐代的。杨衒之转述的三种游记反映的是北朝时期的情况：

> ……至干陀罗城，东南七里有雀离浮图，道荣传云“城东四里”。推其本源，乃是如来在世之时与弟子游化此土，指城东曰：“我入涅槃后三百年，有国王名伽尼色伽，此处起浮图。”佛入涅槃后二百年来，果有国王字伽尼色伽，

①章巽《法显传校注》，上海古籍出版社，1985年，第103页。

②参阅向达《汉唐间西域及海南诸国古地理书叙录》，《唐代长安与西域文明》，三联书店，1979年，第565～578页。向达考释昙景即昙无竭，见上文。

出游城东，见四童子累牛粪为塔，可高三尺，俄然即失。道荣传云："童子在虚空中向王说偈。"王怪此童子，即作塔笼之。粪塔渐高，挺出于外，去地四百尺然后止。王始更广塔基三百余步。道荣传云："三百九十步。"从此构木，始得齐等。道荣传云："其高三丈。悉用文石为陛，阶砌栌拱，上构众木，凡十三级。"上有铁柱，高三百尺，金槃十三重，合去地七百尺。道荣传云："铁柱八十八尺，八十围，金槃十五重，去地六十三丈二尺。"施功既讫，粪塔如初。在大塔南三步。婆罗门不信是粪。以手探看，遂作一孔。年岁虽久，粪犹不烂，以香泥填孔，不可充满，今有天宫笼盖之。雀离浮图自作以来，三经天火所烧，国王修之，还复如故。父老云："此浮图天火七烧，佛法当灭。"道荣传云："王修浮图，木工既讫，犹有铁柱，无有能上者。王于四角起大高楼，多置金银及诸宝物，王与夫人及诸王子悉在上烧香散花，至心精神，然后辘轳绞索，一举便到，故胡人皆云四天王助之。若其不尔，实非人力所能举。"塔内佛事，悉是金玉，千变万化，难得而称。旭日始开，则金盘晃朗；微风渐发，则宝铎和鸣。西域浮图最为第一。①

这里既有神秘的传说，又有史实的考察，有详细的叙述，也有生动的描写，展现出宏伟塔庙的雄姿，千年之下引人遐想。又北魏佛教造像艺术成就突出，与接受来自西域的影响有关。宋云等人的记述也正表明当时人对西方艺术的重视。

《续高僧传·玄奘传》说："前后僧传往天竺者，首自法显、法勇，终于道邃、道生，相继中途，一十七返，取其通言华梵，妙达文筌，扬导国风，开悟邪正，莫高于奘矣。"② 就是说，在西行求法僧人的行列里，玄奘的成就是无与伦比的。而由辩机所记录的《大唐西域记》更是求法行记著作中的巅峰。

玄奘（600?—664），俗姓陈，名袆，洛州缑氏（今河南偃师市）人。他求法和译经两方面的业绩均辉耀史册，人格品德更成为一代典范。他自贞观元年（627）西行，十九年回国，历时十八年，遍游五印，一路上"乘危远迈，杖策孤征。积雪晨飞，途间失地；惊沙夕起，空外迷天。万里山川，拨烟霞而进影；百重寒暑，蹑霜雨而前纵"③，舍身求法，艰苦备尝。回国后，对亲践者一百一十国、传闻者二

①范祥雍《洛阳伽蓝记校注》卷五，上海古籍出版社，1958 年，第 327～328 页。

②《正》第 50 卷第 458 页下。

③李世民《大唐三藏圣教序》，《全唐文》卷一〇，中华书局，1982 年，第一册第 120 页。

十八国的物产风土、习俗山川，特别是有关佛教的史迹传说、见闻现状，详为记录，写成《大唐西域记》十二卷。

这部书按所经各国，依次加以记述。第二卷前面有关于印度各方面情况的总论。书的重点不在描写求法历程的艰苦卓绝，而是叙写各地“物产风土之差，习俗山川之异，远则稽之以国典，近则详之于故老”①，其中特别注重对佛教史迹和故事传说的考辨记录，因而对于佛教史的研究具有重大意义。从文学角度看，记录者辩机在玄奘译场里本是“缀文大德”，具有相当高的文学素养，因此这部书文采词华远较《法显传》为胜。例如书里记述佛教圣地，连带写到相关的佛传或本生故事，拿这些记述和翻译佛典或早期譬喻经的文字相比较，会发现文字更为流丽鲜明。例如著名的兔王本生，书里这样描写：天帝释欲验狐、兔、猿等菩萨修行者，降灵应化为一老夫，对三兽说：“涉丰草，游茂林，异类同欢，既安且乐。”他说自己今正饥乏，向它们寻求食物。狐得鲜鲤，猿得花果，唯兔空无所有，受到讥议：

> 兔闻讥议，谓狐、猿曰：“多聚樵苏，方有所作。”狐、猿竞驰，衔草曳木，即已蕴崇，猛焰将炽。兔曰：“仁者，我身卑劣，所求难遂，敢以微躬，充此一飡。”辞毕入火，寻即致死。是时老夫复帝释身，除烬收骸，伤叹良久，谓狐、猿曰：“一何至此！吾感其心，不泯其迹，寄之月轮，传乎后事。”故彼咸言，月中之兔，自斯而有。后人于此建窣堵波。②

像这样的文字，已和晋宋以来译经文体的质朴风格全然不同，辞藻的修饰、文情的表达都更加精美。这段描写里有趣的是，本生故事中包含月中有兔传说，如果是原文如此，相关传说很可能是从中土流传到印度的。

从叙事技巧看，这部书对当时印度诸邦实况的描写，选材各有特色，用笔繁简得当。比如在卷五《羯若鞠阇国》一段，详细描写曲女城的繁华、戒日王的声威，特别是写到玄奘会见戒日王、戒日王赞叹中华文明盛大、描绘曲女城法会壮观等等，把中世纪印度的繁盛状况真切地展现在人们面前。又如卷八《摩竭陀国》记述菩提树垣佛成道处一段，细致地描写胜迹，杂以佛陀事迹和相关传说，生动鲜明，充满感情。而一些本生故事和佛传故事以及佛教历史上的重要事件，书中大都有相

①敬播《大唐西域记序》，季羡林《大唐西域记校注》卷首《序一》，中华书局，1985年，第9页。
②季羡林《大唐西域记校注》卷七，中华书局，1985年，第579页。

当生动的描述。特别还有一些采自当地的传说，艺术上更达到相当高的水平。如婆罗痆斯国施鹿林东救命池传说又名烈士池传说，是说数百年前有隐士欲求神仙长生，得一方术，要求筑建坛场，“命一烈士，信勇昭著，执长刀，立坛隅，屏息绝言，自昏达旦。求仙者中坛而坐，手按长刀，口诵神咒，收视反听，迟明登仙”，他访求一人，数加重赂，潜行阴德，感激其心：

> 烈士屡求效命，以报知己。隐士曰:“我求烈士，弥历岁时，幸而会遇，奇貌应图。非有他故，愿一夕不声耳。”烈士曰:“死尚不辞，岂徒屏息?”于是设坛场，受仙法，依方行事，坐持日曛。曛暮之后，各司其务。隐士诵神咒，烈士按铦刀。殆将晓矣，忽发声叫。是时空中火下，烟焰云蒸，隐士疾引此人入池避难。已而问曰:“诫子无声，何以惊叫?”烈士曰:“受命后，至夜分，惛然若梦，变异更起。见昔事主躬来慰谢，感荷厚恩，忍不报语。彼人震怒，遂见杀害，受中阴身，顾尸叹惜。犹愿历世不言，以报厚德。遂见托生南印度大婆罗门家，乃至受胎出胎，备经苦厄。荷恩荷德，尝不出声。洎乎受业、冠婚、丧亲、生子，每念前恩，忍而不语。宗亲戚属，咸见怪异。年过六十有五，我妻谓曰：‘汝可言矣。若不语者，当杀汝子。’我时惟念，已隔生世，自顾衰老，惟此稚子，因止其妻，令无杀害。遂发此声耳。”隐士曰:“我之过也。此魔娆耳。”烈士感恩，悲事不成，愤恚而死。免火灾难，故曰救命；感恩而死，又谓烈士池。①

如果从佛教教义看，这篇故事当是说明情欲的难以抑制的。故事发想奇特，情节曲折，用了渲染、烘托和情节递进等手法，使得故事更加生动感人。其中涉及神仙方术观念，与中土道教相通，值得注意。这样的故事可以看成是相当优秀的短篇小说。唐传奇名篇《杜子春》（见牛僧孺《玄怪录》卷一）的构思大体与之相似，显然对它有所借鉴。

唐代“安史之乱”以前，西行和南海旅途畅通，去印度求法的人不绝于途。义净著《大唐西域求法高僧传》，记录的只是唐前期赴印僧侣有事迹可考者，已达五十六人。义净本人著有《南海寄归内法传》，也可看作是旅行记一类著作，不过内容主要记述当时印度佛教的戒律仪轨。另外还有两部外国僧人用汉文写的求法行

①季羡林《大唐西域记校注》卷七，中华书局，1985年，第577～578页。

记。一部是新罗人慧超（700或704—780?）的《往五天竺国传》，他自天宝十一载（723）至十五载西游印度，所著书今存敦煌本残卷（P.3532）；另一部是日僧圆仁（794—864）的《入唐求法巡礼行记》，他于开成三年（838）入唐，大中元年（847）回国，遍游南北各地，中间恰逢会昌毁佛，历经磨难，备尝艰辛，其《行记》详细记录了在华旅行的经历。前者残缺不全，已难以认识全帙；后书作为外国人所写有关晚唐中土佛教的唯一一部长篇旅行记，其史料价值难以估量，文字也达到相当高的水平。

古代出国旅行的人除了使臣、将士之外，主要是商旅和僧侣，而中土僧侣里有这样一批文化素养高超的人，怀抱着求法的热忱，不辞艰辛，长途跋涉，去西域和印度访求经典，寻访胜地，他们更著书传述见闻，尤其难能可贵。在学术上，古代对于中外史地之学作出贡献的主要是他们。在文学上，发展早期游记文学的也主要是他们。在这两个领域他们的功绩都是无人可以替代的。

第四章

释氏辅教传说

第一节 “释氏辅教之书”的辑录与流行

南北朝时期，教团内、外对佛理的研讨形成所谓“义学”，与发达的“义学”讲论相对应，深入普及到民众间的信仰实践则成为当时佛教发展中的另一个强大的潮流。宗教的根基在信仰，所以这种兴旺发达的信仰实践更能体现佛教的本质，对后世佛教发展的影响也十分深远。

随着这一潮流的扩展，出现了大量宣扬佛法、鼓吹信仰的故事传说。这时正当中国小说创作的发轫期。这些传说也成为流行的志怪小说的一部分，在文学史上具有一定的价值和意义。

鲁迅指出：

> ……大共琐语支言，史官末学，神鬼精物，数术波流；真人福地，神仙之中驷，幽验冥征，释氏之下乘。人间小书，致远恐泥，而洪笔晚起，此其权舆。况乃录自里巷，为国人所白心；出于造作，则思士之结想。①

①《古小说钩沉序》，《鲁迅全集》第10卷第3页，人民文学出版社，1981年。

这里明确把包括“释氏”“幽验冥征”的“小书”看作是古小说发展的权舆。并指出这些作品有的“录自里巷”，即出自民间；有些是“思士之结想”，即文人创作。鲁迅在《中国小说史略》里称辑录佛教这类传说的书为“释氏辅教之书”，他说：

> 释氏辅教之书，《隋志》著录九家，在子部及史部，今惟颜之推《冤魂志》存，引经史以证报应，已开混合儒释之端矣，而余则俱失。遗文之可考见者，有宋刘义庆《宣验记》，齐王琰《冥祥记》，隋颜之推《集灵集》，侯白《旌异记》四种，大抵记经像之显效，明应验之实有，以振耸世俗，使生敬信之心，顾后世则或视为小说。①

鲁迅所提到的在文学史上均属于六朝志怪类著作，实际在唐代以至后来，这一类“辅教”之书一直在创作、流传。著名的如唐临的《冥报记》，其序言说：

> 昔晋高士谢敷、宋尚书令傅亮、太子中舍人张演、齐司徒从事中郎陆杲，或一时令望，或当代名家，并录《观世音应验记》，及齐竟陵王萧子良作《宣验记》、王琰作《冥祥记》，皆所以征明善恶，劝戒将来，实使闻者深心感悟。临既慕其风旨，亦思以劝人，辄录所闻，集为此集，仍居陈所受及闻见由缘，言不饰文，事专扬确，庶人见者能留意焉。②

可见唐临是在有意规仿前人的“释氏辅教之书”而写作的。六朝这类作品存有佚文的，鲁迅在《古小说钩沉》里曾加以辑录。众所周知，唐人“始有意为小说”③，唐传奇作为文学体裁已与以前的志怪根本不同。但从具体作品看，两者界限并不那么清楚。唐高宗时郎余令作《冥报拾遗》，是续《冥报记》的。而中唐戴孚的《广异记》，则兼具志怪和传奇的性质。晚唐传奇集如皇甫湜的《三水小牍》、段成式的《酉阳杂俎》、五代孙光宪的《北梦琐言》等，也都辑录不少类似志怪的作品。就是典型的传奇集如牛僧孺的《玄怪录》、李复言的《续玄怪录》等，里面也包含不少类似的故事。唐宋以后，佛教徒根据已有作品加以辑录，编撰出唐慧祥的《弘赞法华传》十卷、唐僧祥的《法华传记》十卷、宋非浊的《三宝感应要略录》等。

①《中国小说史略》第六篇《六朝之鬼神志怪书（下）》，《鲁迅全集》第9卷，人民文学出版社，1981年，第54页。

②《冥报记》，方诗铭辑校，中华书局，1992年，第2页。

③《冥报记》第八篇《唐之传奇文（上）》，《鲁迅全集》第9卷，人民文学出版社，1981年，第70页。

佛教类书如《法苑珠林》各部的《感应缘》，基本是这类故事。“释氏辅教之书”这庞大的数量，已表明其除了宣教、护法的意义之外，在文学史和一般文化史上也占有一定地位。只是由于佛教自身和文学的发展，后来这类作品的作用和价值逐渐削弱了。所以无论是从宗教角度，还是从文学角度，更值得注意的是六朝时期的作品。鲁迅又曾指出：

> 中国本信巫，秦汉以来，神仙之说盛行，汉末又大畅巫风，而鬼道愈炽；会小乘佛教亦入中土，渐见流传。凡此，皆张皇鬼神，称道灵异，故自晋迄隋，特多鬼神志怪之书。其书有出于文人者，有出于教徒者。文人之作，虽非如释道二家，意在自神其教，然亦非有意为小说，盖当时以为幽明虽殊途，而人鬼乃皆实有，故其叙述异事，与记载人间常事，自视固无诚妄之别矣。①

这段话对佛教输入给予中国小说发展的影响以及南北朝佛、道小说的流行作了十分精辟的论述，也指明了“释氏辅教之书”写作方面的一些特点：

第一，那些宣扬佛教“灵异”的故事，是被当作“异事”来记述的，即是与“记载人间常事”“诚妄无别”的。因此传说者和接受者绝对相信这些故事是真实可靠的，并把它们当成灵迹来崇信和宣扬。就传信而言，这是与文学发展到一定阶段更注重艺术虚构的创作态度全然不同的。

第二，这些作品有出自教徒和文人之手（口）的不同；而就具体作品的形成而言，情况更十分复杂。“教徒”有僧侣和一般信徒之分；文人有信仰者和非信仰者之分。有些作品本是从民众间传出，被僧侣所采用，或被文人记录、加工；有的则是僧侣或文人所创造，再传播到民众中去，等等。在笔录为定型作品的过程中，义学沙门和文人的作用是很重要的。正是经过他们的提炼、加工，提高了作品的表现水准，增强了感染力，才得以更广泛地流传。

第三，鲁迅特别提出小乘佛教的作用。前已指出，在部派佛教时期，各种佛传、本生经、譬喻经等等创作出来，佛教文学发展极盛。特别是说一切有部主张我空法有、三世实有，更给宣扬轮回报应、鬼神幽明的故事提供了根据。虽然中土教理上是大乘的，但在固有的“神仙之说”、“巫风”、“鬼道”等基础上，小乘佛教

---

①《冥报记》第五篇《六朝志鬼神志怪书（上）》，《鲁迅全集》第9卷，人民文学出版社，1981年，第43页。

的这些内容也就易于被接受和发挥。也正因此，中土流传的佛教故事，往往又杂糅着中土神仙、灵鬼、巫筮等观念，而与大乘佛学的基本教义相抵触。

这样，“辅教”题材的作品在相当程度上既反映了佛教信仰的实态，又相当集中地体现了佛教输入的早期对于文学的影响。

第二节　观音信仰传说

观音（Avalokitesvara），音译为“阿婆罗吉低舍婆罗”、“阿缚卢枳低湿伐罗”等，又有“观世音”、“光世音”、“观自在”、“观世自在”等不同译名。按玄奘所著《大唐西域记》的说法，“观世音”本是错认梵文的“讹谬”，按本义应译为“观自在”①。但对于中土人士来说，“观音”或“观世音”这个译名更能体现“观其声音，求其解脱”的神通，更能表明它作为佛与人的中介的身份及其捷如影响的救济功能，因此也更为流行。

中土人士观音信仰的主要典据是《法华经》的《普门品》和《华严经》的《入法界品》。这两部经都有不同译本。前者西晋竺法护初译《正法华经》出于太康七年（286），后世更为流行的是鸠摩罗什译本《妙法莲华经》；后者东晋佛陀跋陀罗初译于东晋义熙十四年至宋永初二年（418—421）。就经典形成的层次而论，《华严经》里的观音信仰保持着更原始的形态；而就在中土的影响说，《普门品》则更为重要。

今本《法华经》的形成有个过程。《普门品》是在其主体部分结集以后附加上去的。其中的观世音作为救济之神的性格得到了十分充分的发挥，主要体现在三个方面（以下引文据鸠摩罗什译本《妙法莲华经》）：

第一是称名解脱。《普门品》说：

> 佛告无尽意菩萨：善男子，若有无量百千万亿众生，受诸苦恼，闻是观世音菩萨，一心称名，观世音菩萨即时闻其音声，皆得解脱。②

这种“称名”祈救，具有咒语意味。

---

①季羡林《大唐西域记校注》，中华书局，1985年，第288页。

②鸠摩罗什译《妙法莲华经》卷七《观世音普门品》，《正》第9卷第56页下。

第二是拔苦济难。经文里指出称观音名号则避七难，即火、水、罗刹、刀杖、恶鬼、枷锁、怨贼；或加上“风”为八难；念观音则离三毒：贪、瞋、痴；礼拜观音则满二求：求男得男，求女得女。这样，观音有迅速地救苦救难的巨大威力，又具有亲近一般民众的性格。

第三是普门示现。观音以种种方便为众生说法，现种种化身救济民众。经文列举了三十三个化身：佛、辟支佛、声闻、梵王、帝释、自在天、大自在天、天大将军、毗沙门、小王、长者、居士、宰官、婆罗门、比丘、比丘尼、优婆塞、优婆夷、长者妇女、居士妇女、宰官妇女、婆罗门妇女、童男、童女、天身、龙身、夜叉、乾闼婆、阿修罗、迦楼罗、紧那罗、摩睺罗伽、执金刚神。这是大乘佛教应化身观念的具体发挥。值得注意的是，这里的化身有佛、天神等，也有普通人，还有女身。

在另外一些佛典里，观音信仰又得到发挥。特别是在净土经典中，观音成了阿弥陀佛的胁侍、引导众生往生净土的接引佛。净土信仰是大乘佛教的又一个潮流。反映这一信仰的经典《阿弥陀经》、《无量寿经》、《观无量寿经》，在魏、晋时期先后译为汉语，迅速得以弘传。特别是在《观无量寿经》里，观音与势至作为阿弥陀佛的胁侍并立在莲花座上，成为“三身佛”。经文对它们光明具足的身相和救济功能、对净土的美好庄严做出十分夸张、生动的描绘。又有一类讲观音授记故事的经典，如失译《大悲分陀利经》及其异译北凉昙无谶所出《悲华经》、宋昙无竭所出《观世音菩萨授记经》等，讲观音曾为王子，由如来授记，来世作佛，观众生苦，能生悲心，解脱其苦，故名观世音。这仍是突出观音救苦救难的性格，并与阿弥陀佛净土信仰联系起来。后来中土形成了另外的观音本缘故事，情节与这类经典无关，但精神和思路是类似的。

佛陀的教法以“自力”为基点，佛陀本人是导师，是慈航，而不是像基督那样的创始主、救世主。佛陀生前强调理性的证悟，明确表示反对古婆罗门教的神咒。根据学界的研究，观音这一司救济的菩萨乃是在大乘佛教发展过程中汲取了婆罗门教和西亚宗教的内容形成的，在中土的流传中更被赋予了道教神仙色彩。观音信仰在中土迅速普及，显示这一信仰特别适宜于中土民众的需要和中国传统的思想土壤。

《法华经》初译在西晋初，宣扬观音信仰的《普门品》很快传播开来。晋、宋之际宗炳作《明佛轮》，说到当时风气："有危迫者，一心称观世音，略无不蒙济。"① 宋元嘉十二年（435）何尚之答宋文帝赞扬佛法更说："……且观音大士，所降近验，并即表身世，众目共睹。祈求之家，其事相继。所以为劝戒，所以为深功……"②南北朝时期战乱、灾祸连年，人们处在水深火热之中，急切需要现世救济。作为救济之神的观音恰好可以满足人们的宗教需求。这种体现救济精神的观音被称为"救苦观音"。随之社会上陆续出现许多观音救苦救难的应验传说。这些传说起初是从以僧侣为核心的信徒间传出的。现存最早的一个故事是关于帛法桥的。据说他少乐转读佛经，但声音不够洪亮，绝粒忏悔七日七夜，稽首观音，终得现报。他卒于穆帝永和中即公元350年前后，少年时应是在《正法华》译出后不久③。又有始宁保山竺法义，于咸宁二年（372）忽感心疾，常存念观音，乃梦见一人为他破腹洗肠，觉便病愈④。又山阴显义寺竺法纯于兴元中（402）在湖上遇风而船小，唯一心念观音，口诵不辍，俄见一大船，乘之获免⑤。这些都是以僧侣为主人公的早期观音灵验故事。有些涉及著名僧侣的故事，影响就更大。如法显在所作《佛国记》里，自述自南海回国，航行中两次遇到风暴，都以诵念观音而得救。这是义熙七八年间（411—412）的事。宋黄龙昙无竭于永初元年（420）召集同志西行求法，至罽宾国，求得梵文《观世音授记经》一部，后向中天竺界，屡经危棘，以系念所赍经典而得救，终于译为汉语流通⑥。另一位有名的译师求那跋陀罗于元嘉十二年（435）至广州，在从师子国来华航行中，风止不行，淡水复竭，举船忧惶，他劝同辈同心力念十方佛、称观音获救⑦。资料里记载他一生中所遇观音灵验甚多。还有些传说以显贵名公为主人公。据传前秦苻丕为慕容永所败，右丞相许义被俘，"械埋其足，将杀之。义诵《观世音经》，至夜中，土开械脱，于重禁之中若有人导之者，遂奔杨佺期"⑧，其时应在前秦大安元年（385）。又元嘉年间王玄谟为长沙王刘义欣镇军中兵将军，北伐魏国，滑台兵败，辅国将军萧斌将斩

①《弘明集》卷二，《正》第52卷第16页上。
②《广弘明集》卷一一，《正》第52卷第70页上。
③《高僧传》卷一三，第497页。
④《高僧传》卷四，第172页。
⑤《高僧传》卷一二，第460页。
⑥《高僧传》卷三，第93～94页。
⑦《高僧传》卷三，第130～134页。
⑧《晋书》卷一一五《载记》，第2947页。

之，而“始将见杀，梦人告曰：‘诵《观音经》千遍，则免。’既觉，诵之得千遍，明日将刑，诵之不辍，忽传呼停刑”①。这些故事有名人印证，必然具有更大的感召力。

故事不断增多，被文人所辑录，遂形成宋刘义庆《宣验记》、梁王琰《冥祥记》等鲁迅所谓“释氏辅教之书”。在日本还保存着国内已经佚失的三种观音应验故事集，收录自东晋至齐末的观音故事近九十个，则更全面、集中地反映了这一时期观音信仰的面貌。

三种书的第一种是宋傅亮《光世音应验记》，其序文说：

> 谢庆绪往撰《光世音应验》一卷十余事，送与先君。余昔居会土，遇兵乱失之。顷还此境，寻求其文，遂不复存。其中七条具识。余不能复记其事，故以所忆者更为此记，以悦同信之士云。②

这段话不只写明成书经过，更反映了观音信仰在士族间传播的情形。谢敷，字庆绪，山阴（今浙江绍兴市）人。“性澄靖寡欲，入太平山中十余年，镇军郗愔召为主薄。”③ 郗超与他交好之事，已见前。他少有高操，笃信佛法，精勤不倦，结交名僧于道邃、竺法旷等。后者是中土最早宣扬净土信仰的人之一。傅亮也是东晋信佛名士。宋武帝即位，表册多出其手。后来他辅佐少帝，少帝废，被杀。他与竺法义、道渊等结好。谢、傅等人出身于世家大族，虔诚地信仰观音，其信仰形态显然与郗超、孙绰等人热衷于探讨佛教义理不同。谢把自己辑录的《光世音应验》送给朋友傅瑗，东晋末孙恩之乱，攻占会稽一带，书在战乱中遗失。傅瑗子亮凭记忆写下七条，仍名《光世音应验记》。

三部书的第二种是张演的续书，名《续光世音应验记》，计十条。张氏也是著名奉佛世家。张演和堂兄弟张畅师事僧佺，其堂侄张融就是护法名著《门训》作者，有留下遗嘱死后装殓“左手执《老子》、《孝经》，右手执《小品》、《法华经》”④ 的逸事，典型地体现了当时士大夫间调和三教的潮流。第三种书为齐陆杲的《系观世音应验记》，是续傅、张之作，六十九条。陆杲素信佛法，持戒精严，

①《宋书》卷七六《王玄谟传》，第 1974 页。

②孙昌武点校《观世音应验记三种》，中华书局，1994 年。

③《晋书》卷九四《隐逸传》。

④《南齐书》卷四一《张融传》，第 729 页。

禀上定林寺释法通戒法，并著有《沙门传》三十卷。这三部书相承而出，反映了当时士族间观音信仰的普及和传承情形。书里记录的许多故事里都有记述传闻来源的话，如说事情是某某亲见或耳闻，或某人所传出，以表明其出言有据。这也是这类“释氏辅教之书”的特点。

这近百个故事的唯一主题是观音救苦救难的灵迹，突出表现观音作为救济之神有求必应、捷如影响的神秘威力。条数较多的陆杲书是按《普门品》“避七难”次序排列的，这些故事实际上也就成了“经证”。所述说的灾难，有大火、大风、大水等自然灾害，更多的是战乱、囚禁、杀戮等社会苦难。故事背景多在北方少数民族统治地区，那里战乱连年，民众惨遭饥馑、屠戮的荼毒。如《系光世音应验记》“张崇”条，写晋太元中（376—396）苻坚兵败，关中千余家归晋，中路为方镇所录，男尽被杀，女被虏；“释开达”条记隆安二年（398）北方羌中大饥，捕生口食之；“僧朗”条记宋元嘉时（424—453）魏攻凉，凉取僧武装，及城破，三千人尽取作奴，等等。这类传说颇具现实意义，其中不少细节可补现存史料的不足。

这些传说作为宗教文学作品，有其鲜明的特征：故事被当作事实来传信，虚构的情节被安排在真实（某时、某地、某个真实人物）的框架里，故事有一定的结构方式，多用极端夸张的表现手法，等等。故事情节一般较单纯，往往不合常理，但在“反常”的情节里正凸显出观音的神秘和威力。经过记录者的加工，有些故事的表现方法显示出一定的技巧。如《光世音应验记》的《邺西寺三胡道人》条：

> 石虎死后，冉闵杀胡，无少长，悉坑灭之。晋人之类胡者，往往滥死。时邺西寺中有三胡道人，共计议曰：“冉家法严，正复逃遂，同无逸理。光世音菩萨救人免厄，今惟当至心自归。”乃共诵经请乞，昼夜不懈。数日后，收人来至，围寺一匝。三人拔刀入户，欲各杀之。一道士所住讲堂壁下，先有积林。一人先来，举刃拟之而诛。中积杖，刃曲如钩，不可得拔。次一人又前斫之，刀应手中，即一段飞在空中，一段反还自向。复余一人，见变如此，不敢复前，投刀谢之：“不审上人有何神术，乃令白刃不伤？”道士答曰：“我实无术。闻官杀胡，恐自不免，惟归心光世音，当是威神怜佑耳。”此人驰还白闵，具说事状。闵即敕特原三道士。道壹在邺亲所闻见。①

①孙昌武点校《观世音应验记三种》，中华书局，1994年，第4～5页。

又如前面提到的《系光世音应验记》的《释开达》：

> 道人释开达，以晋隆安二年北上垄掘甘草。时关中大饿，皆捕生口食之。开达为羌所得，闭置栅里，以择食等伴肥者，次当见及。开达本谙《观世音经》，既急，一心归命。恒潜讽诵，日夜不息。羌食栅人渐欲就尽，惟余开达与一小儿，以拟明日当食之。开达急，夜诵经，系心特苦。垂欲成晓，羌来取之。开达临急愈至，犹望一感。忽然见有大虎从草趋出，跳距大叫。诸羌一时怖走。虎因栅作一小穴，足得通人，便去。开达仍将小儿走出，逃叛得免。①

像这样的故事，作为志怪小说看，虚构与写实相交织，情节比较曲折，描写比较细致，又有一些心理刻画，是有一定艺术特色的。特别是作为出于真挚信仰心的记录，其间流露的朴素而热烈的感情更是一般文人作品难以见到的。

观音信仰在中土扎根而不断衍变出新的内容，呈现出新的面貌。如果说《普门品》观音是救苦的，净土观音则是与乐的；救苦观音解救现世苦难，净土观音则许诺人以来世福报。特别由于北魏昙鸾、隋、唐之际的道绰、唐初善导等一批净土大师弘扬简易的净土法门，净土信仰在民众间得以更广泛的流行。观音菩萨在民众中本来就有巨大威望，作为净土接引佛的观音也就容易争得广大信众。在北朝至唐初的造像里，观音像呈现逐渐增多的趋势，造像题记里往生净土的内容也在增加。在敦煌壁画的唐代作品里，“净土变”不仅数量众多，其富丽堂皇、花团锦簇的画面更体现出高超的艺术技巧。随着净土信仰的流传，出现许多净土观音传说。至唐初密教传入，大悲观音信仰也流传开来。中土早在东晋时期竺难提已传译《请观世音菩萨消伏毒害陀罗尼咒经》，宣扬一心称观世音名号并诵观音咒一遍至七遍则消伏一切毒害恶业，前来拯济的观音现大力鬼等奇特形象。到七世纪，印度大乘佛教已发展到烂熟期，金刚密教或称“金刚乘”形成，传入中土形成密宗，兴盛一时。众多的密教变形观音如马头观音、如意轮观音等随之输入中土，而以千手观音或称千手千眼观音即大悲观音最受欢迎。宣扬千手观音的经典很多，最重要的是《千手经》，即俗称《大悲咒》者所从出，译本有十余种，以天竺僧伽梵达摩译《千手千眼观世音菩萨广大圆满无碍大悲心陀罗尼经》最为流行。中土密典里又有一部《大佛顶首楞严经》，署“唐般剌密帝”译。但此经译出、传承多有疑点，晚近学界多

---

①孙昌武点校《观世音应验记三种》，中华书局，1994年，第47～48页。

以为是一部伪经。经中说观世音“超越世、出世间，十方园明，获二殊胜：一者上合十方诸佛本妙觉心，与佛如来同一慈力；二者下合十方一切六道众生，与诸众生同一悲仰”；因为与佛如来同一慈力故，“令我身成三十二应，入诸国土”①。这三十二应则与《普门品》三十三化身基本相同。经中宣扬“秘密法门”的十四施无畏力和四种不可思议无作妙德，极力夸张其神秘威力。汉地密教到中唐时期已经衰落，但大悲观音信仰却一直流传不绝，民众间也流传许多有关大悲观音灵验的传说。

在观音信仰广泛弘传之后，中土民众更制作许多伪观音经。见于经录的伪观音经不少，流传世间的更多，如《瑞应观世音经》、《观世音十大愿经》、《观世音咏托生经》等。伴随着这些伪观音经的流传，往往形成相应的传说，创造出一批本土变形观音。

《魏书》记载有卢景裕者专经为学，北魏时为国子博士，东魏天平四年（537）初还乡里，从兄仲礼据乡作乱，逼其同反，以响应西魏宇文泰；次年，齐献武王即高欢命都督贺拔仁讨平之。景裕“又好释氏，通其大义，天竺胡沙门道悕每论诸经，辄托景裕为之序。景裕之败也，系晋阳狱，至心诵经，枷锁自脱。是时又有人负罪当死，梦沙门教讲经，觉时如所梦，默诵千遍，临刑刀折。主者以闻，赦之。此经遂行于世，号曰《高王观世音》”②。景裕解脱后，以经明行著，驿马特征，被高欢迎入馆舍，使教诸子。流传的《高王经》主要是赞颂佛、菩萨的通俗经咒，文字上与“高王”即高欢没有什么关系。诵观音而临刑刀折的情节，出现在南北朝不少传说里。《魏书》作者魏收是卢景裕的朋友，曾为北齐中书郎兼著作郎，他把“信仰中之主宰观世音菩萨与现实中的权威高欢相结合，遂增添此种信仰之威力，更便于广泛传播”③。这样，高王观世音被创造出来，其信仰流传到今天。这是伪观音经形成的典型一例。

唐宋以后，观音信仰在社会各阶层中得到更广泛普及，观音形象进一步被“中国化”。许多地方被当成观音道场（如舟山群岛的普陀山），并创造出更多本土的变形观音如水月观音、杨柳观音、送子观音、鱼篮观音、香山观音、南海观音等

①《大佛顶如来密因修证了义诸菩萨万行首楞严经》卷六，《正》第 19 卷第 128 页中。

②《魏书》卷八四《儒林传》，第 1860 页。

③周一良《魏晋南北朝史札记》，中华书局，1985 年，第 115 页。

等。特别是观音被“女相化”了。观音逐渐变成救苦救难的民间善神、福神，有更多的应验传说形成并流传，被记录在小说、笔记之类作品里。如北宋李昉等编的《太平广记》、南宋洪迈的《夷坚志》里都记录不少这类传说。文人作品如蒲松龄的《聊斋志异》、纪昀的《阅微草堂笔记》里也有一些观音故事。这些故事更被广泛吸收进明、清以来的小说、戏曲里，各种民间文艺体裁如宝卷、鼓词、民间故事里更多有演说观音传说的。不过从总的趋势看，后期作品已缺乏早期传说那种信仰的热忱，而真挚的信仰心乃是作品感召力的根源；而且无论后期作品如何修饰加工，基本上没有超越早期作品的构想和框架，所以其价值和意义就都要大打折扣了。

第三节　地狱罪罚传说

齐、梁时期的著名道士陶弘景，区分道教与佛教对于形、神关系的不同观点时说：

> 凡质像所结，不过形、神。形、神合时，是人是物，形、神若离，则是灵是鬼；其非离非合佛法所摄，亦离亦合仙道所依。①

道教追求“长生久视”或“飞升成仙”，当然主张存在着“不灭”的“神”，俗语所谓“灵魂”，所以认为形、神“亦离亦合”，即二者相分；而依据佛教教理，人是五蕴和合而成，而从“人我空”观念出发，作为实体的“不灭”的“灵魂”、“神识”、“精神”等等和五蕴和合的人身一样，也是“空”的，所以形、神“非合非离，佛法所摄”。不过在中土人士的佛教理解中，一般却是把不灭的灵魂当作轮回果报的主体看待的。早自佛教初传，就宣扬“精灵起灭，因报相寻”，因而使得“若晓而昧者，故通人多惑焉”②。即使是在大乘教理被中土人士更准确地理解以后，在形、神关系上，基本上仍保持着形、神相分的思路。例如，在齐、梁时期关于“神不灭”的论争中，议论焦点就在形、神是否合一，是否形销神灭。护法的一

①《答朝士访仙佛两法体相书》，《华阳陶隐居集》卷上，《道藏》，文物出版社、上海书店、天津古籍出版社，1987 年，第 23 册第 646 页。

②《后汉书》卷八八《西域传论》，第 2932 页。

方均主张形、神为二、“神不灭”。如著名文人沈约参加形、神关系辩论，写《神不灭论》、《难范缜〈神灭论〉》等，其基本论点就是“生既可夭，则寿可无夭；既无矣，则生不可极。形、神之别，斯既然矣”。[①] 中土佛教对于形、神关系的这种认识，可看作是其在中土环境中受到固有传统思想、其中包括道教教理影响的一例，也是所谓佛教“中国化”的典型表现之一。

相信灵魂不死，本是中国先民早已存在的观念。据考距今一万九千年左右的北京山顶洞人把死者埋葬在下室，即表明当时已经有了灵魂观念[②]。而在公元前四千五百年左右的仰韶文化遗址里，则已发现更多信仰灵魂不死的证据。在同属仰韶文化的河南濮阳西水坡 45 号墓室中央、墓主两侧，有用蚌壳排列的一龙一虎图形，据考就是“象征死者魂升天上，而墓室外骑龙图形则表示其升天的过程”[③]。上古墓葬及对死者的祭仪制度，正是以灵魂不死观念为基点的。在以后的历史发展中，关于不灭的灵魂是否存在，有过“未知生，焉知死”的怀疑论，也有过形销神灭的否定论，但“神不灭”、灵魂不死观念却一直是中土传统思想的重要内容。《左传》昭公七年子产说:“匹夫匹妇强死，其魂魄犹能冯依于人，以为淫厉。”[④] 这种生生延续的灵魂观念成为中土宗教思想的重要理论支柱。

但是中土原来却没有地狱观念，也没有灵魂在地狱接受惩罚的设想。《礼记》记载孔子说:“骨肉归复于土，命也；若魂气，则无不之也。”[⑤] 上古人又往往以为魂升于天，魄藏于地，所以《诗经》有“济济多士，秉文之德，对越在天”[⑥] 的说法。在战国时期的帛画（如长沙陈家大山墓和子弹库帛画）里，也清楚地显示了灵魂升天的观念。又《楚辞·招魂》则说:“魂兮归来，君无下此幽都些。”据王逸注:“地下幽冥，故为幽都。”[⑦]《礼记·檀弓》里也说“葬于北方，北首……之幽之故也”。《汉书·武帝纪》里又有祭“高里”的记载，挽歌《蒿里曲》咏叹说:“蒿里谁家地，聚敛魂魄无贤愚。鬼伯一何相催促，人命不得少踟蹰。”[⑧] 这已是汉代

---

①《神灭论》，《全上古三代秦汉三国六朝文·全梁文》卷二九。

②参阅贾兰坡《中国大陆上的远古居民》，天津人民出版社，1978 年。

③李学勤《走出疑古时代》（修订本），辽宁大学出版社，1997 年，第 148 页。

④杨伯峻编著《春秋·左传注》（修订本），中华书局，1990 年，第 4 册第 1292 页。

⑤《礼记正义》卷一〇《檀弓下》，《十三经注疏》，中华书局，1980 年，上册第 1314 页。

⑥《毛诗正义》卷一九《周颂·清庙》，《十三经注疏》，中华书局，1980 年，上册第 582 页。

⑦王逸《楚辞章句》卷九。

⑧沈德潜《古诗源》卷三，第 72 页。

人的想法。到东汉时期，随着“鬼论之兴”，又形成了“泰山治鬼”之说[1]，则“泰山”又被当成死后灵魂聚居之处，而“蒿里”则被认为是泰山下的小山名。但无论是泰山还是蒿里，也还都不是灵魂接受报应惩罚的处所。对于死后的境界，当然会有恐怖的设想，如《招魂》里所描写的。但在更多的记述里，冥界并不像是残酷可怖的罪恶世界。又中国古代有“积善之家必有余庆，积不善之家必有余殃”[2]的说法，这是以家族血缘关系为基础的报应观念，却没有落实到个人的轮回业报观念。在佛、道二教兴起的初期，中土传统的亡灵观念仍然延续下来。晋宋以后志怪里的不少鬼魂传说，著名的如《搜神记》里的“胡毋班”（卷四）、“李娥”（卷一五），《列异传》里“蔡支”、“蒋济”，《幽冥录》里的“陈良”以及《晋书》里戴洋等人的故事，都还没有地狱的设想，只是把幽、明二界区分为人与鬼两个世界而已。鬼魂会作用于人世，或致福或降灾，二界也能相交通。这类故事体现的正是中土传统形态的鬼魂观念。

随着佛教弘传，中国人士在本土“神不灭”观念的基础上接受佛教的轮回业报及地狱罪罚思想，形成中土的地狱观念，具体而集中体现这种观念的，则有众多的地狱传说。其中有关地狱巡游的故事，无论是对于探讨佛教的“中国化”过程，还是了解佛教对文学的影响，都是具有典型意义的。佛教教理中的地狱观念，与中土的理解和发挥大有不同。按“六道轮回”之说，地狱和饿鬼、畜生并列，是有情依自身业报流转的“三恶道”之一，本来是轮回中的不同“状态”。但在中土人士的意识里，却把地狱等同于冥界，把它当成是罪恶亡灵接受惩罚的“处所”。按中国人的设想，饿鬼是在地狱里接受惩罚的有情的一类；畜生则附属于人间。这仍是传统的生死、人鬼、幽明两个世界的设想。鬼魂被当作生人生命的延续，阴间被看成是和阳世并立的另一个世界，地狱则是阴间的一部分。中国佛教的通俗教化就是这样理解轮回和地狱等观念的。这实际是佛教轮回业报在中土固有思想土壤上的改造和发挥，是对“六道轮回”观念的“曲解”。另外，翻译佛典表达地狱观念又相当含混，往往也把地狱表现为亡灵接受处罚的恐怖场所，这样就更容易把它和传统的泰山、幽都等等相混同了。按佛教教理，地狱作为轮回的一道，并不是随意可去的地方。自由地出入三界需要有特殊的神通。如佛弟子目犍连“神通第一”，典籍里

---

①顾炎武《日知录》卷三〇。

②《周易正义》卷一《坤·文言》，《十三经注疏》，中华书局，1980年，上册第19页。

记载有他与舍利弗入定同赴地狱，与提婆达多、六师外道等相会并听其诉说受难事[①]；又失译《鬼问目连经》里写到目连答饿鬼所问因缘[②]。设想普通人可以到地狱巡游，再回到人世，这是一种奇妙的构思，是基于中土幽、明二界观念的想象。

据传汉末江南珙亭神庙蟒身神本是著名译师安世高同学，以嗔恚故“身灭恐坠地狱”[③]。这是有关佛教地狱传说年代最早的记载。三国时康僧会曾对吴主孙皓说：“周孔虽严，略示浅近，至于释教，备极幽远。故行恶则有地狱长苦，修善则有天堂永乐。”[④] 在经典传译方面，按出经年代，东汉安世高译有《佛说十八泥犁经》，三国吴维祇难所出《法句经》里有《地狱品》；西晋法力共法炬所出《大楼炭经》有《泥犁品》（勘同《长阿含经·四分世纪品》），西晋竺法护所出《修行道地经》有《地狱品》，《方便般泥洹经》有《度地狱品》等，这些都是专门描写地狱的经典。东晋以后，写到地狱的经典传译更多。其中东晋昙无兰集中译出一批地狱经。鸠摩罗什所出《十住毗婆娑论》、《大智度论》等大、小乘论书中，也有许多地方讲到地狱情景和轮回报应。僧祐《出三藏记集》著录了许多地狱经，其中有些他“未见其本”，另有些今已佚失[⑤]。这些经典有一部分当是中土伪撰的。对地狱的恐怖描写极具震撼力，在对群众的宣教中起重要作用，是这类经典得以流传的重要原因之一。梁慧皎讲到寺院唱导的情形说：“谈无常，则令心形战慄；语地狱，则使怖泪交零；征昔因，则如见往业；刻当果，则已示来报。”[⑥] 可见地狱传说广泛流行的情形和信众接受的心态。

为了令人信服地宣扬地狱罪报，构想出生人前往巡游的故事，欧洲文学里从维吉尔（Publius Vergilius Maro）到但丁（Dante Alighieri）有许多名著写到这一内容。而在中土传统中，上古的巫筮担负着人、神交流的功能，又曾有神仙家和辞赋家幻游它界的设想，战国、秦、汉时期活跃一时的方士更以沟通仙、凡来炫惑人主，在这样的传统中冥游故事也就容易形成了。其具体构想之一，就是设想某人死而复生，向人世传达另一世界的情景。如三国吴戴洋年十二，遇病死，五日而苏，天使

①《根本说一切有部毗柰耶破僧事》卷一〇，《正》第24卷第150页中~151页上。

②《鬼问目连经》，《正》第17卷第535页中~536页中。

③僧祐《出三藏记集》卷一三《安世高传》，第509页。

④僧祐《出三藏记集》卷一三《康僧会传》，第514页。

⑤参阅《出三藏记集》卷四《新集续撰失译杂经录》。

⑥《高僧传》卷一三《唱导论》，第521页。

曾命为藏酒吏，上蓬莱、昆仑诸山，既而遣归①。这个故事里还没有明确的地狱观念。西晋时有故事说僧人竺叔兰无病暴亡，三日而苏，自云死后被驱入竹林中，见猎伴为鹰犬所啮，流血号叫；又值牛头人，欲叉之，由于他是佛弟子，得以救免②。这里虽然没有指明地狱，但业报罪罚观念已很清楚了。又传说东晋时王坦之与沙门竺法师甚厚，每共论幽明报应，后竺死经岁，忽然来报罪福不虚③。这其中同样没有点出地狱，但却已清楚表现了冥界报应观念。这类故事可以看作是后来地狱巡游传说的雏形。

完整的地狱巡游传说初见于宋刘义庆的《幽明录》，其中以赵泰的传说最为详细、生动。故事使用当时志怪小说常见的把虚构传说组织到事实框架之中的做法。这显示出当时在观念上无根的传闻还没有和历史事实完全分离，另一方面也是为了使所述情节更容易取信于人。故事说赵泰以太始五年七月十三日夜半忽然心痛而死，停尸十日后复活，自说初死时被捉入铁锡大城勘问，以无恶犯，被任为水官监作吏，后转水官都督总知地狱事，从而得以按行地狱，倍谙地狱之苦：

> 给马，东到地狱按行，复到泥犁地狱，男子六千人，有火树，纵广五十余步，高千丈，四面皆有剑，树上燃火，其下十十五五，堕火剑上，贯其身体，云:“此人诅咒骂詈，夺人财物，假伤良善。”泰见其父母及一弟在此狱中涕泣。见二人赍文书来，敕狱吏，言有三人，其家事佛，为有寺中悬幡盖烧香，转《法华经》，咒愿救解生时罪过，出就福舍……

然后又访问了佛度人的“开光大舍”和经地狱考治、受更变报的“受变形城”。在开光大舍见泰山府君对佛作礼，这是把“泰山治鬼”说融入故事之中了。在受变形城又看到男女分别以善恶事状分别托生为虫豸、鸟兽和鬼趣：

> 泰按行毕还，主者问:“地狱如法否？卿无罪，故而相浼为水官都督；不尔与狱中人无异。”泰问:“人生何以为乐？”主者言:“惟奉佛弟子，精进，不犯禁戒为乐耳！”又问:“未奉佛时罪过山集，今奉佛法，其过得除否？”曰：

①参阅《晋书》卷九五《戴洋传》，第2469页。
②《出三藏记集》卷一三《竺叔兰传》，第520页。
③许嵩《建康实录》卷九，中华书局，1987年，第196页。

"皆除。"①

而召都录使者检其纪年之籍，发现他尚有算三十年，遂被遣还魂。

类似的还有康阿得的故事。内容是康阿得死，三日还苏，说死后被捉入几重黑门，见府君，以尚有余算三十五年被放还：

> 府君曰："今当送卿归，欲便遣卿按行地狱。"即给马一匹，及一从人，东北出，不知几里，见一城，方数十里，有满城上屋，因见未事佛时亡伯、伯母、亡叔、叔母，皆著杻械，衣裳破坏，身体脓血。复前行，见一城，其中有卧铁床上者，烧床正赤。凡见十狱，各有楚毒，狱名"赤沙"、"黄沙"、"白沙"，如此"七沙"，有刀山剑树，饱赤铜柱，于是便还……②

然后他又到"福舍"，见佛弟子福多者升天，福少者住其中；又见到事佛后亲属。这里"七沙"地狱的名目是中土杜撰的（竺法护译经里有"雨黑沙地狱"）；"福舍"也是佛典里不见的虚构；升天则是神仙观念；"府君"应是指中土传说的泰山府君；地狱官府的面貌，从建筑到吏役，则都是按现世官府情形设想的。

在《幽明录》关于舒礼的故事里，舒里病死被送诣泰山，因为他曾佞神杀生，罪应上热熬地狱。太山府君"使吏牵著熬所，见一物，牛头人身，捉铁叉，叉礼著熬上，宛转，身体焦烂，求死不得。已经一宿二日，被极冤楚"，后以其仍有余算八年，被放生还，"遂不复作巫师"③。这里描写主人公受刑罚，情节已超出巡游；明确地狱就是"太山"，也是"中国化"的体现；对"巫神"严加抨击，则反映了当时佛、道斗争的激烈。

王琰《冥祥记》关于释慧达的故事更为曲折生动。慧达《高僧传》卷十三有传，记载说："释慧达，姓刘，本名萨河，并州西河离石人。少好畋猎，年三十一，忽如暂死，经日还苏，备见地狱苦报。见一道人，云是其前世师，为其说法训诲，令出家，往丹阳、会稽、吴郡觅阿育王塔像，礼拜悔过，以忏先罪。既醒，即出家学道，改名慧达。精勤福业，惟以礼忏为先……"④ 以下记述阿育王塔像灵迹和慧

①鲁迅《古小说钩沉》第3集，《鲁迅辑录古籍丛编》第1卷第256～258页，人民文学出版社，1999年。

②鲁迅《古小说钩沉》第3集，《鲁迅辑录古籍丛编》第1卷第266页，人民文学出版社，1999年。

③《鲁迅辑录古籍丛编》第1卷第201页，人民文学出版社，1999年。

④《高僧传》卷一三《晋竺慧达传》，第477页。

达寻觅、礼拜事。而《冥祥记》里则特别对地狱情景进行了详细描绘，写他“暴病而死。体尚温柔，家未殓，至七日而苏”，自述死后经历，见到地狱：

……因随沙门俱行。遥见一城，类长安城，而色甚黑，盖铁城也。见人身甚长大，肤黑如漆，头发曳地。沙门曰：“此狱中鬼也。”其处甚寒，有冰如席，飞散著人，著头，头断；著脚，脚断。二沙门云：“此寒地狱也。”荷便识宿命，知两沙门，往维卫佛时，并其师也。作沙弥时，一犯俗罪，不得受戒。世虽有佛，竟不得见从。再得人身，一生羌中，一生晋中。又见从伯，在此狱里。谓荷曰：“昔在鄴时，不知事佛。见人灌像，聊试学之；而不肯还直，今故受罪。犹有灌福，幸得生天。”次见刀山地狱。次第经历，观见甚多。狱狱异城，不相杂厕。人数如沙，不可称计。楚毒科法，略与经说相符。

以下写他亲聆观音说法，说法的内容是为亡人设福、忏悔罪过、建造塔寺、礼拜经像等，并受嘱出家作沙门，至洛阳、临淄、建业、鄮阴、成都礼拜阿育王塔，至吴中礼拜育王使鬼神所造石像。因为他曾射杀鹿、雉、燕，所以又受汤镬之罚；但以罪轻，又有福力所扶，终得附形苏活，遂精勤奉法，出家为沙门，法名慧达。最后说“太元末尚在京师。后往许昌，不知所终”①。关于慧达的传说流传很广，唐道宣《集神州三宝感通录》有记载，在敦煌写卷里保存有《刘萨诃和尚因缘记》(P.3570,P.2680,P.3727)，敦煌第98号窟、61号窟有描绘他的壁画，第72号窟有他的瑞相变。

在王琰《冥祥记》、刘敬叔《异苑》、唐临《冥报记》、张读《宣室志》等作品里，有许多情节类似的地域罪罚故事。其框架大体是：

(1) 暂死“入冥”——这种设想本是中土传统中所固有的；

(2) 经过“冥判”——设想冥间有与人世相类似的统治机构，这直接或间接地保留有“泰山治鬼”观念的痕迹；但确信生前作业，身后受报，则是佛教观念；

(3) 巡游地狱——故事中人物由于不同原因得到这种机会；地狱的描写基本根据佛典记述加以敷衍；

(4) 复活还魂，回到阳间——往往是因为阳寿未尽或做福得报；

---

①鲁迅《古小说钩沉》第3集，《鲁迅辑录古籍丛编》第1卷，人民文学出版社，1999年，第351~354页。

（5）说明故事传说缘由——这是取信于人的方法，也是当时传奇作品的通用程式。

这样的故事往往独自成篇，也有时作为情节组织在作品里。它们典型地体现了中土人士对于佛教轮回报应之说的独特理解和发挥。而由于它们被赋予了文艺形式，具有艺术欣赏的意味，在宣教中就会起到更大作用。

后来的传奇小说、笔记小说同样收录不少这类题材的故事。通过士大夫的手笔，更增强了艺术性，也得以更广泛地传播。唐代如唐临《冥报记》、张鷟《朝野佥载》、牛僧孺《玄怪录》、戴孚《广异记》、段成式《酉阳杂俎》、宋代如苏轼《东坡志林》、张邦基《墨庄漫录》、洪迈《夷坚志》，还有宋初所编小说总集《太平广记》等，都广泛收录这类作品。后出的文人创作（有些是经他们记录）故事情节更为生动，往往被赋予更积极的意义。如牛僧孺的《玄怪录》是唐传奇鼎盛时期具有代表性的作品集，其中有典型的地狱巡游故事《崔环》，描写主人公元和五年五月遇疾身亡，被追入冥府判官院。判官原来是他的父亲，传语曰："何故不抚幼小，不成家务，广破庄园，但恣酒色。又虑尔小累无掌，且为宽恕，轻杖放归……"在冥吏送归途中，过一大林，冥吏乘机往取贿赂。在等待中，崔环误入"人矿院"，见其中杻械枷锁者数千人，有付硙狱者、付火狱者、付汤狱者。崔环被误拽受锻，卧大石上，大锤锤之，骨肉皆碎。经冥吏来寻，知是判官之子，主狱将军及诸鬼皆惧，乃请濮阳霞以药末掺于矿上团抹，成人形送回，时濮阳霞：

> 以手承其项曰："起！"遂起来，与立合为一，遂能行。大为二吏所贵。相与复南行。将去，濮阳霞抚肩曰："措大，人矿中搜得活，然而去不许一钱？"环许钱三十万。霞笑曰："老吏身忙，当使小鬼枭儿往取，见即分付。"遂行。①

像这样的作品，地狱罪罚只是情节的一部分，内容远远超出"辅教"的意义。其中描写阴间官吏贿赂公行、谄上骄下，明显具有讽世意味，表达上也很有幽默感。另一篇有名的故事《杜子春》更为曲折生动，前已指出与《大唐西域记》里的"烈士池"传说有关系。故事写的是杜子春在道人指点下于华山云台峰下炼丹，被嘱"慎勿语，虽尊神、恶鬼、夜叉、猛兽、地狱，及君之亲属为所囚缚，万苦皆非真实，但当不动不语耳，安心莫惧，终无所苦。当一心念吾所言"。他守着丹炉，见

①《玄怪录》卷二，中华书局，1982年，第28～30页。

到身长丈余的将军催斩争射、毒蛇猛兽争攫于前、流电吼雷山川开裂、妻子被鞭扑烧煮寸寸锉碓，以至自己被杀下地狱：

> 斩讫，魂魄被领见阎罗王。王曰："此乃云台峰妖民乎?"促付狱中。于是镕铜、铁杖、碓捣、硙磨、火坑、镬汤、刀山、剑林之苦，无不备尝。然心念道士之言，亦似可忍，竟不呻吟。

这样，狱卒告受罪毕，被配送到宋州单父县丞王勤家为女，生而多病喑哑，后与进士卢珪成婚，生一男；一日，卢抱儿与言，以其无语，乃持儿两足，"以头扑于石上，应手而碎，血溅数步。子春爱生于心，忽忘前约，不觉失声云：'噫!'噫声未息，身坐故处，道士者亦在其前"①，炼丹终于失败了。在这篇故事里，地狱恐怖被当作构造情节的因素，主题显然是另有寓意的。

从上引慧皎《高僧传·唱导论》所说，可以知道地狱故事在佛教通俗宣传中的作用。古往今来许多民间文学作品里大量使用地狱巡游情节，明、清广泛流行的小说、戏曲里也往往穿插地狱巡游的故事或情节。具体作品的思想内容当然各种各样，它们都以奇特的想象和夸饰的描写来为表达主题服务。值得注意的是，这类故事在流传中不断地"世俗化"，即被赋予更多的人生内容和生活情趣，又和本土道教教理与信仰相融合。在道教的幽、明二界或天上（仙界）、人间、"冥界"、"三界"观念中，佛教的地狱观念也被积极地吸收和发挥了。作为佛、道二教地狱观念相融合的典型产物，唐代出现"道明和尚神游地府，见十王分治亡人"② 的传说，并形成了《佛说十王经》那样的中土伪经。在这类传说和"经典"里，设想地狱有着十分严密的组织机构，施行着严格的罚罪制度，完全是现实统治秩序的缩影。某些地狱题材的创作实际体现了佛、道二教合流的趋势，又融入儒家伦理。这方面的典型例子有目连救母传说，后面将加论述。

①《玄怪录》卷一，中华书局，1982 年，第 3～4 页。

②《佛祖统纪》卷三三《法门光显志·十王供》，《正》第 49 卷第 322 页上～中。

第四节　经像、塔寺、舍利灵验传说

在佛教传播过程中，形成了经像、塔寺、舍利崇拜之风。这些印度佛教信仰的表现形态在中土得以发展，当然与中土的实际条件直接相关。中土自古就有尊重经典的传统。佛教更把经典的流通、奉行当作重要功德。而在中国发达的文化环境里，与印度和西域经典主要靠口诵相传不同，主要通过书写和书卷流通。由于僧侣和民众中文化相当普及，读经、写经也就成为风气。又在中土经济条件下，形成了独特的寺院制度，建筑寺塔提供佛教发展的客观环境，信徒们同样也把兴建、礼拜塔寺当作功德。佛舍利信仰也流传到中土。这样，从魏、晋直到唐代，写经、造像、建筑塔寺（包括大量的石窟寺）、供养舍利的风气流行社会上下。帝王、显贵有更大的实力，搞得规模十分盛大；普通百姓也尽其力所能及而为之。在民众结社的社邑里，更依靠团体力量从事这方面活动。正是反映这种风气，社会上流传许多崇拜经像、塔寺、舍利等灵验故事。王琰所作《冥祥记》序里记载他幼年时在交趾遇到贤法师，授予五戒，并给他一躯观世音金像；“琰奉以还都。时年在齠齔，与二弟常尽勤至，专精不倦”；后来因为修理住房，把像寄存在南涧寺里，以后数十年间，他几经迁徙，金像旋得旋失，而屡现灵异，终于归还，“像今常自供养，庶必永作津梁。循复其事，有感深怀；沿此征睹，缀成斯记。夫镜接近情，莫逾仪像；瑞验之发，多自此兴”①。这是士大夫经像崇拜的具体事例，从中可以看到信仰者的宗教体验。这种事例本身就成为传说，而有了这种体验也会更积极地创造和宣扬这些传说。

后代结集成许多专门故事集，如隋王邵《舍利应验记》一卷、唐道宣《集神州三宝感通记》三卷、慧祥《弘赞法华传》十卷、僧祥《法华传记》十卷、卢求《金刚经报应记》三卷、孟宪忠《金刚般若经集验记》三卷、段成式《酉阳杂俎》里的《金刚经鸠异》一卷、佚名《金刚经灵验记》三卷、法藏《华严经传记》五卷、惠英、胡幽真《大方广佛华严经感应传》一卷等等。敦煌写卷里也保存一批这

①鲁迅《古小说钩沉》第3集，《鲁迅辑录古籍丛编》第1卷第313～314页，人民文学出版社，1999年。

类作品，如 P. 2094 号《持诵金刚经灵验功德记》；还有单篇的如 S. 6035 号《金光明经冥报验传记》、S. 462号《金光明经果报记》等。记录和流传这类作品的目的十分明确，就是鼓吹信仰；因此这类作品内容更单纯，情节也更简单，文学意味因而也比较淡薄。

某一类传说的创作与流传，和相关经典与信仰的流行状况有密切关系。晋宋以后，《观音经》（即《法华经》的《普门品》，作为单经流行又称《普门品经》）流行，创造和流传出大量观音传说，前面已经介绍，其中有许多是表现观音经或观音像的灵验的。在南北朝，《法华经》得到僧、俗重视，义学沙门写作大量《法华经疏》，有关这部经典的传说也逐渐增多。唐代南宗禅重视《金刚经》，据说慧能在广州，“忽闻一客读《金刚经》，惠能一闻，心明便悟”①。许多《金刚经》灵验故事和南宗禅盛行有关系。有关经像的传说也反映了佛教发展的实际状态。

受到题材限制，有关经像灵验的故事内容比较单调，结构更多是程式化的。绝大多数故事的情节是某人遇难，灾难可能是现实的患病、遭劫、陷狱、遇水、火灾等，也可能是幻想的地狱、罗刹之害等，或是因为以前（包括前世）礼拜经像的功德，或是临时祈求经像的救助，终于得救而解脱。描述患难往往极力加以夸饰，表现得救又极其轻易、直接，以突显经像的神秘威力。故事更常常用违背常理的情节造成耸动人心的效果。在宗教心态下，这种表现方式当是有一定感染力的。如《冥祥记》里的《史世光》条，说晋代的史世光死后还来听支法山和尚转经，并对婢女张信说：自己本来应堕地狱，因为支和尚为转经，已被迎到第七梵天快乐处了。接着是一段玄想描写：

> 世光生时，以二幡供养；时在寺中，乃呼张信：“持幡送我。”信曰：“诺。”便绝死。将信持幡，俱西北飞上一青山，如琉璃色。到山顶，望见天门，世光乃自持幡，遣信令还；与一青香如巴豆，曰：“以上支和尚。”信未还，便遥见世光直入天门。信复道而还，倏忽乃活；亦不复见手中香也；幡亦在故寺中。世光与信去时，其家有六岁儿见之，指语祖母曰：“阿爷飞上天，婆为见否？”世光后复与天人十余，俱还其家，徘徊而去。每来必见簪帢，去必露髻。信问之。答曰：“天上有冠，不著此也。”后乃著天冠，与群天人鼓琴行歌，径上母

①郭鹏《坛经校释》第 4 页，中华书局，1983 年。

堂。信问:“何用屡来?”曰:“我来，欲使汝辈知罪福也；亦兼娱乐阿母。”琴音清妙，不类凡声；家人悉闻之。然其声，如隔壁障，不得亲察也。惟信闻之，独分明焉。有顷去，信自送。见世光入一黑门，寻即出来，谓信曰:“舅在此，日见搒挞，楚痛难胜，省视还也。舅生犯杀罪，故受此报。可告舅母：会僧转经，当稍免脱。”舅即轻车将军报终也。①

像这样，想象相当丰富、奇特，叙写相当鲜明、细致，气氛的渲染也很好，把人情、世态表现得十分亲切、生动。主题本是宣扬转经功德的，但读起来别有趣味，又处处流露出浓厚的人情味。这是较好的篇章。再有唐代《异物志》里《李元平》的传说：说李元平本是睦州刺史李伯诚之子，大历五年，客居东阳佛寺，薄暮，见一美丽女子来入僧院，元平求见，不许；但后来女子主动会见元平：

既相悦，经七日，女曰:“我非人。顷者大人曾任江州刺史，君前身为门吏长直。君虽贫贱，而容色可悦。我是一小女子，独处幽房，时不自思量，与君戏调。盖因缘之故，有此私情。才过十旬，君随物故。余虽不哭，殆不胜情。便潜以朱笔涂君左股，将以为志。常持《千眼千手咒》，每焚香发愿，各生富贵之家，相慕愿为夫妇。请君验之。”元平乃自视，实如其言。及晓将别，谓元平曰:“托生时至，不可久留。后身之父，见任刺史。我年十六，君即为县令。此时正当与君为夫妇。未间，幸存思恋，慎勿婚也。然天命已定，君虽别娶，故不可得。”悲泣别去。他年果为夫妇。②

这本来写的是《大悲咒》灵验，实际又是一篇幻想的爱情故事，表扬一个弱女子对爱情的超越生死的追求，其意义远远超越对于具体经典的张扬。

还有些传说客观上反映了一定社会内容，甚至可补史料的缺失。例如《纪闻》里的《普贤社》条，记述了开元年间同州民间数百家结普贤社的情况，这是当时的法社，表现的是民众信仰的实态；《北梦琐言》的《僧义孚》条，讲到西川僧侣盗卖写经以生财，是寺院腐败情形的一面；还有些故事讲破坏佛寺、经像遭受报应的，如表现破坏佛像铸钱，反映了当时的经济问题，等等，都具有一定的史料价值。

①《太平广记》卷一一二，中华书局，1981 年，第三册第 771 ~ 772 页。
②《太平广记》卷一一二，中华书局，1981 年，第三册第 779 页。

但总的看来，从文学层面说，这类具有更单纯地宣教目的的作品难以达到更高的艺术水平。而且越是到后来越是如此。例如明清时期仍不断创造出不少这类老套故事，就只是愚民宣传了。

第五节　轮回报应传说

业报轮回是佛教的基本观念，经典里有许多论证，而对于一般民众来说，最有说服力的还是实事。因此在辅教传说里，宣扬罪福报应的占有相当大的比重。实际上，前面讨论的几类作品大多是讲报应的，不过题材集中到具体某个主题上。本节讨论一般的报应故事。

报应体现了作为佛教基本教义的因缘观念。结合中土的祖灵信仰、神魂不灭的传统，佛教的精灵起灭、因报相寻观念就更落到实处了。按佛教本来教义，业报只及于行为者自身，即所谓“自作孽，自遭殃”；但依据中土以家族血缘关系为纽带的报应观，佛教的业报观念也被改造了。此外，报应的依据是行为的善恶，佛教伦理的善恶则以佛陀所制经戒为标准，比如“五戒”的不杀、不盗、不淫等等，但在中土又依传统儒家伦理如忠、孝等等观念加以补充和改造了。在流行的这类传说中，更多体现的是中土的思想观念。它们除了宣扬教义之外，更起到一般的伦理教化作用。

从历史发展情况看，东晋初年干宝撰《搜神记》，意在“发明神道之不诬”①，有些故事已把因果报应作为主题，因此后来一直被佛教徒所称道。例如其卷二十弘农杨宝故事，说他九岁时救过一只黄雀，原来是西王母使者，得赠白环四枚，并预言“子孙洁白，位登三事”。历史上的杨宝一家所谓“四世三公”，成为这一传说的“证明”。后来吴均《续齐谐记》里同样记载了这个传说。这已具有后来佛教报应故事的格局。前述谢敷撰辑《光世音应验记》，实际上也是现存第一部专门辑录报应传说的书。以后这类作品被陆续编辑起来。除了前已论及的刘义庆的《宣验记》、王琰的《冥祥记》、唐临的《冥报记》等之外，还有东晋荀氏的《灵鬼志》三卷（已佚）、署名陶渊明的《搜神后记》（又名《搜神录》）十卷、宋刘义庆的《幽明录》三十卷（已佚）、王延庆的《感应传》八卷（已佚）、南齐萧子良的

---

①《搜神记序》。

《宣验记》三卷（已佚）、梁王曼颖的《续冥祥记》十一卷（已佚）、朱君台的《征应传》二卷（已佚）、任昉的《述异记》二卷、北齐颜之推的《冤魂志》三卷、北周释亡名的《验善知识传》一卷（已佚）、隋侯白的《精异传》（又名《旌异传》）十卷（已佚）、净辩的《感应传》十卷（已佚）、彦琮的《鬼神录》（已佚）、《道宣律师感通录》一卷、怀信的《释氏自镜录》二卷，等等。唐宋的志怪、笔记类著作里也多记载报应故事。后代这类作品仍不断编撰出来。出于释氏之手的如辽非浊的《三宝感应要略录》三卷、明智旭的《见闻录》一卷、清戒显的《现果报录》四卷、弘赞的《六道集》五卷等。

如上所述，报应传说的主旨是宣扬信仰，招致果报的善恶主要以佛教戒律为标准。有两个主题经常被表现：一个是戒杀，一个是崇佛。唐临在《冥报记》序言里说到“事专扬确”①，即记录的故事是现实中发生过的实事。许多故事主人公更是历史上的著名人物。这是促使人树立信仰的方便做法，也是这些作品被视为志怪而与传奇小说不同的地方。传说篇幅长短不同，所述情节基本仍是“粗陈梗概”。例如关于戒杀的，就讲某某杀害某人，后来得到报应，自己或家里人或患上恶病、或莫名其妙地死掉了；也有的说由于信佛追福而得宽免了。戒杀故事不限于对人，更扩展到一切生物，甚至虫豸蚊蝇以至胞卵。例如有不少关于好畋猎以至好吃鸡蛋而得恶报的传说：

> 隋鹰扬郎将天水姜略，少好田猎，善放鹰犬。后遇病，见群鸟千数，皆无头，围绕略床，鸣叫曰：“急还我头来！”略辄头痛气绝，久之乃苏，曰：“请为诸鸟追福。”许之，皆去。既而得愈，遂终身绝酒肉，不煞生命。临在陇右夏见姜也，年六十许，自临说云尔。②

对这类故事应作具体分析。有些全然是荒唐的迷信，例如表现杀毛虫得到恶报，但有一部分揭露权势者滥杀无辜，对他们加以诅咒，说冥冥中有力量给以报复；又有的故事抨击捕杀生物，如刘义庆《宣验记》里的吴唐传说，他靠打猎致富，春天射杀母鹿和所携幼鹿，结果当他再次射鹿时“发箭反击，还中其子”③，这在客观上

①《冥报记》卷上，方诗铭辑校，中华书局，1992年，第2页。
②《冥报记》卷下，方诗铭辑校，中华书局，1992年，第53页。
③鲁迅《古小说钩沉》，人民文学出版社，1999年，下册第438页。

已透露出朦胧的环境保护意识。

对于宣扬拜佛、斋僧、修建、保护塔寺的故事，客观意义也应加以具体分析。例如前面已提到刘义庆《幽明录》里关于巫师舒礼的传说，是从佛教角度抨击道教，反映了当时佛、道二教斗争的情形；而有关毁佛叛教遭恶报的故事，则往往从客观上表现了对宗教迷信的批判和斗争的现实情形。

有许多报应故事描写恶人歹徒为非作歹、贪盗劫掠、滥杀无辜，特别是帝王和当权者依靠权势、贪赃枉法、仗势欺人、凶残暴虐等等，表现这些恶德恶行得到报应，一方面反映了社会现实的黑暗残暴，另一方面也表达了民众惩治贪暴的愿望。特别是当现实中是非颠倒，作恶者得福、行善者遭殃的情况下，报应故事往往也表达了弱势民众无可奈何的幻想。而在现实中，这种报应故事作为民众朴素的道德观念和现实要求的体现，让人们相信“善有善报，恶有恶报”，对于宣扬惩恶劝善、规范社会行动、树立伦理信条起到某种潜移默化的作用。

报应故事的构思特点是把逻辑上的因果律普遍化、道德化，虚拟出人世间因果报应关系的“规律”。多样的事件被纳入到报应关系之中，也给发挥想象留出了空间。所以报应故事的题材和内容比较丰富，表现方法也多种多样。不少作品篇幅较长，情节较复杂，人物形象较鲜明，也显示出较高的艺术技巧。简短的，如任昉《述异记》：

> 汉宣城郡守封邵，一日忽化为虎，食郡民。呼之曰封使君，因去不复来。故时语云:“无作封使君，生不治民死食民。”夫人无德而寿则为虎。虎不食人，人化虎而食人，盖耻其类而恶之。①

这里说人无德则化为虎，显然是影射“苛政猛于虎”的现实的，是对盘剥百姓的官吏的揭露和抨击。后来杨升庵记载:“张禺山诗曰：‘昔者汉使君，化虎方食民。今日使君者，冠裳而食人。’又曰：‘昔日虎使君，呼之即惭止。今日虎使君，呼之动牙齿。’又曰：‘昔时虎伏草，今日虎坐衙。大则吞人畜，小不遗鱼虾。’”② 可见这段故事影响之深远。

颜之推《冤魂志》记录的多是事主无辜被杀、害人者终得恶报的传说。其中

①《述异记》卷上。

②《杨升庵全集》卷六〇《封使君》。

《弘氏》一条说，梁武帝替尊为文帝的父亲造寺，派曲阿人弘氏往湘州寻访木材。弘氏多有财物，被南津校尉孟少卿诬陷，结正处死，财物充寺用。一个月后，少卿呕血而死，凡参与狱事的人相继亡殁，寺庙建成后被大火烧毁，柱木入地成灰①。这个报应故事，客观上暴露了梁武造寺的耗财害人，显然对大肆造寺的行为取批评态度。又另一篇：

> 江陵陷时，有关内人梁元晖，俘获一士大夫，姓刘。此人先遭侯景丧乱，失其家口，惟余小男，始数岁。躬自担负，又值雪泥，不能前进。梁元晖监领入关，逼令弃儿。刘甚爱惜，以死为请。遂强夺取，掷之雪中，杖捶交下，驱蹙使去。刘乃步步回顾，号叫断绝。辛苦顿毙，加以悲伤，数日而死。死后，元晖日见刘伸手索儿，因此得病，虽复悔谢，来殊不已。元晖载病，到家而卒。②

这个故事的背景是承圣三年（553）西魏攻破梁都江陵，梁元帝被俘遇害，西魏选男女百姓数万口为奴婢，驱还长安，小弱者皆杀之。故事写的即是一个典型事件。所述报应结局不过是人们伸张正义的幻想。

到唐代，特别是中、晚唐时期，传奇小说的艺术手法丰富多彩，佛教因果报应的结构方式对于推动传奇小说发展中起了一定作用。值得注意的是，唐代的这类故事许多是写上层人物的，包括一些历史上著名的高官显宦以至帝王将相，有些故事更以重要的历史事件为背景。玄宗晚年李林甫专政、中唐藩镇叛乱、黄巢起义、五代割据等等，都被纳入报应故事里。如《逸史》所记宋申锡事：宋为宰相，欲除去窃取威柄的郑注，谋之京兆尹王璠，反被出卖，贬谪忧愤而卒，后王璠终于遭到报应，得罪腰斩于市；又《三水小牍》所记宋柔事：黄巢之乱，僖宗奔蜀，丞相王铎东出三峡讨伐，观军容使、宦官西门季玄下有都押衙何群志气骄逸，肉视其从，只因为孔目官宋柔不先礼谒，就杀而肢解，纳之溷厕；但他由此神情恍惚，渐不自安，终于挟众叛乱被杀。像这样的故事，利用报应不爽的情节，对权奸专政、强藩割据、骄兵悍将草菅人命、祸国殃民等罪行进行揭露和抨击，也体现了惩恶劝善的道义观念。

---

①参阅《太平广记》卷一二〇录《还魂记》，中华书局，1961年，第3册第845页。

②参阅《太平广记》卷一二〇录《还魂记》，中华书局，1961年，第3册第842页。

中唐以后的不少志怪作品受到传奇小说写法的影响，情节更复杂，写法也更细致、讲究。如《玄怪录》里尼妙寂事：她是江州浔阳人，姓叶，嫁给商人任华，贞元十一年其夫与父亲去潭州贸易被杀。父亲和丈夫先后托梦，以隐语告知凶手名字，遂四处寻访；后来到上元县瓦官寺服劳役，以期认识能解隐语者，恰好遇到从岭南来游的李公佐，帮助她识破隐语，知道凶手名申兰、申春；她遂化妆作男佣，流落江湖数年，终于找到凶手报仇，后来出家为尼，号妙寂[①]。这个故事情节相当曲折，人物性格刻画也比较鲜明。李公佐是当时著名的传奇小说作者，他写过《谢小娥传》，情节同于上述。但谢小娥姓谢，丈夫名段居贞。对比两篇作品，《谢小娥传》文笔更精练，结构也更严谨。而从这二者的关联，可知唐代志怪与传奇二者的密切关系。如《宣室志》贞元中“李生”事，他是深州录事推官，美风仪，善谈笑，时王武俊为成德帅，恃功负众，不顾法度，派遣其子士真巡属郡，太守畏士真，不敢以僚佐招待，让李生侍谈笑，结果士真把他莫名其妙地杀掉了。原来李生少年时为强盗，劫财杀一少年，已过了二十七年，正是托生的王士真，所以士真一见就愤激于心，有戮之之意[②]。这样的故事情节过于离奇，而正是通过这不可思议的事件证明果报之真实不虚，所描述藩镇将帅的骄横跋扈、草菅人命的暴行又正是当时真实情况的反映。

从总体发展看，在各类“辅教”传说中，因果报应一类艺术表现上是更为成熟的。又如上所述，佛教业报观念经过中土民众的长期消化、理解并加以发挥，特别是这种观念与儒家伦理、与对社会正义的追求和信仰、与事实的因果逻辑相结合，就更富于感召力和说服力。千百年来，业报观念已深浸到人们思想感情的深处，以至形成思维定式。就民众佛教信仰的实况而言，佛教义学的烦琐的名相、高深的教义历来难于被理解，一般人往往是通过通俗的善恶报应传说来接触和接受佛教的，所以这种观念十分深刻地影响着整个中国佛教发展的进程。

至于在文学历史上，这些报应传说在小说以至一般叙事文学发展史上占有相当重要的地位。陈寅恪在给敦煌本《忏悔灭罪金光明经冥报传》所作跋中说：

> ……至《灭罪冥报传》之作，意在显扬感应，劝奖流通，远托法句譬喻经之体裁，近启太上感应篇之注释，本为佛教经典之附庸，渐成小说文学之大

①《玄怪录》卷二，第23页。

②张读《宣室志》卷三。

国。盖中国小说虽号称富于长篇巨制，然一察其内容结构，往往为数种感应冥报传记杂糅而成。若能取此类果报文学详稽而广证之，或亦可为治中国小说史者之一助欤。①

至于报应故事中鲜明的善、恶对比，作者或传说者在其中流露的强烈爱憎，“善有善报，恶有恶报”观念演化成道义必胜的“大团圆”结局，这些都是报应故事的鲜明艺术特征，也给历代文学创作以深远的影响。

以上根据内容讨论了四种类型的释氏辅教传说。实际还有一些重要类型，如灵鬼、宿命等主题的传说，也有相当数量，艺术上同样具有特色和价值。触类可以旁通，不必一一讨论了。

①陈寅恪《忏悔灭罪金光明经冥报传跋》，《金明馆丛稿二编》第257页，上海古籍出版社，1980年。

第五章

隋唐文人与佛教

第一节　隋唐文人的信佛习禅之风

到隋唐时期，佛教传入中土已六百年左右，佛典传译相当完备，佛教义学高度发展，中国的佛教律仪制度亦已大体定型，佛教信仰更普及到社会各阶层。特别是经过与中土传统思想和宗教的长期冲突与斗争、交流与融合，佛教已实现了“中国化”。汤用彤指出:“且自晋以后，南北佛学风格，确有殊异，亦系在隋唐之际，始相综合，因而其后我国佛教势力乃达极度。隋唐佛教，因亦可称为极盛时期也。”①

隋唐佛教之臻于极盛，首先表现在宗派佛教的形成和发展。一般说来，中国佛教宗派的形成乃是佛教“中国化”的成果，也是“中国化”完成的标志。但不同宗派内容和特征不同，对文化各领域的影响也不同。就对文人与文学创作的影响而言，作用巨大的当数净土宗和禅宗。这两个宗派都是新兴的实践法门，当初都不以“宗”立名，宗义都比较单纯。净土信仰在中土流传久远，但直到北魏至隋唐的昙鸾、道绰、善导等提倡简易的净土念佛法门，才给它的发展注入了更强大的活力；习禅则是佛教传统教学的“三学”（戒、定、慧）之一，到唐初，有道信、弘忍等

①汤用彤《隋唐佛教史稿》，中华书局，1982 年，第 1 页。

一批“楞伽师”创立“楞伽宗”即“东山法门”，才开创出禅学发展的新局面。净土法门是一种典型的“它力信仰”，而禅宗主张“明心见性”，是所谓“心的佛教”。早期的禅宗更是从正面批判净土信仰的。但二者又有共同点：它们都具有突出的实践性和群众性；它们都扬弃烦琐的义学；它们又都是相对简易的成佛法门，体现出对于众生心性完善的信心。“明心见性”是要实现当下解脱，净土则给人提供方便的“来生之计”，二者所要解决的都是人生的现实课题。这样，净土宗与禅宗就大不同于六朝义学沙门和贵族文人的专门学问，也不像同时期的天台、法相、华严那样侧重宗义的探讨。它们更容易融入文人生活，贯彻到其日常践履之中，从而作用于文人的思想及其创作。

虽然隋唐时代佛教对文化领域的影响更为广泛和深刻，但就文人对佛教的态度而言，南北朝好佛文人那种真挚、热诚的信仰心却已很少见到了。更多的人把佛教当作安顿身心的依托，并更关注其文化内涵。这样的佛教可以说是一种人生的佛教，文化的佛教。这当然也与佛教自身的发展状况有关系。到隋唐时期，本是外来的佛教已调整好与专制国家世俗政权的关系，被更协调地纳入到现实统治体制之下，并强化了辅助教化、求福消灾、礼虔报本的功能。随之僧团也急剧地“世俗化”了：僧人更广泛地参与社会文化生活，文人结交僧徒、参与宗教活动更形成风气。通都大邑那些有规模的寺院成为当地文化活动的中心，各个文化领域也更积极地吸收佛教内容。正是在这样的条件下，文学成了僧、俗相互交流、共同耕耘的领域。而由于文人对佛教的接受和理解更为拓展和加深了，一些人或许并没有坚定、诚挚的信仰心，但在感情、情绪、生活方式、处世态度等人生践履的诸多方面却受到薰习，佛教遂成为他们生活和意识的有机组成部分。这样，不只是以佛教为题材和主题的创作显示出佛教影响，佛教的观念或感情往往更深隐在作品深层；这种影响不只反映在内容或言词上，更广泛地体现在美学观念、艺术风格等艺术表现诸方面。因而隋唐时期成为佛教对文学的影响空前巨大、对文学发展的推动空前有力的时期。

第二节　隋及初唐文人

杨坚代周立隋，距灭佛的周武帝去世仅三年。他以得天下仰赖佛教佑护之力，即位后大兴佛教，广度僧尼；继承他的隋炀帝对佛教崇重亦相沿不改，从而使佛教在隋代短短几十年间得到很大发展。隋末农民战争中佛教曾受到严重打击，但唐室初建即逐步得到恢复。唐王朝继承南北各王朝“三教齐立”政策，初唐诸帝对佛教均予以保护和尊崇。前一节论及的徐陵、江总、颜之推都活动到隋代。隋代有成就的文人卢思道、杨素等亦均好佛。唐初文坛活跃的多是陈、隋遗老，沿袭六朝余习，好佛风气相沿不衰。代表人物如虞世南，他酷慕徐陵，多为侧艳之诗，也是佛教的虔诚信徒。

继而变革文坛风气并作出重大成绩的是主要活跃在高宗朝的王（勃）、杨（炯）、卢（照邻）、骆（宾王）等所谓“初唐四杰”。从创作实绩看，王、骆二人更为杰出，而他们都与佛教有密切因缘。

王勃（649？—676？），字子安，绛州龙门（山西河津市）人。他才华早著，对策高第，乾封初（666）为沛王李贤侍读，两年后因作《檄英王鸡》文被逐出；从总章二年（669），滞留巴蜀二载；后补虢州（今河南灵宝市）参军，因擅杀官奴被除名；上元年间，南下探访贬官交趾的父亲，渡海落水，惊悸而死。如他那样才高命蹇，自然容易滋生宗教感情。他自叙说“我辞秦、陇，来游巴蜀，胜地归心，名都憩足”[1]。六朝时期，巴蜀佛教得到很大发展。王勃来蜀，正当遭遇打击之后，遂“归心”佛教。王勃写散文仍用骈体，杨炯称赞他“西南洪笔，咸出其词，每有一文，海内惊瞻”[2]。这些使“海内惊瞻”的作品主要是释教碑，如《益州绵竹县武都山净慧寺碑》、《益州德阳县善寂寺碑》、《梓州兜率寺浮图碑》、《梓州慧义寺碑铭》、《梓州玄武县福会寺碑》、《彭州九陇县神怀寺碑》等。这些作品典丽工赡，艺术表现堪称上乘；而记录巴蜀佛教兴衰，更有重大史料价值。他又作有《四分律宗记序》，是晚年南下前为怀素《开四分律记》所作[3]，其时怀素已是律学权威，王勃给他的著作写序，可知其佛学修养和名声。他的《释迦如来成道记》则是中土文人所作的佛传作品。

卢照邻（636？—695？），字升之，幽州范阳（今河北涿县）人。他自幼博学能文，出仕为邓王府典签；乾封初，出为益州新都尉，秩满，游蜀中；后寓居洛阳，曾被横祸下狱，为友人营救获免；晚年染风疾，不堪病痛，投颍水而死。他的

---

①《梓州郪县兜率寺浮图碑》，蒋清翊《王子安集注》卷一七，上海古籍出版社，1995年，第519页。

②《王勃集序》，《全唐文》卷一九一，第1930页。

③据王勃《序》，谓为“西京太原寺索律师”作，此“索律师”姓氏、籍贯与怀素合；又据《宋高僧传》，怀素“至上元三年丙子归京，奉诏住西太原寺”，则《序》中“索”为“素”之讹。

一生同样多遭不幸。他在蜀中与王勃相识，当时即倾心佛教，作有《石镜寺诗》、《游昌化山精舍》、《益州长史胡树礼为亡女造画赞》、《相乐夫人坛龛赞》等赞佛文字。他体弱多病，相信道教，曾访求、服食丹药，但“晚更笃信佛法”①。所作《五悲文》，最后一篇批驳儒、道二家“高论”说：

> 若夫正君臣，定名色，威仪俎豆，郊庙社稷，适足夸耀时俗，奔竞功名，使六艺相乱，四海相争，我者遗其无我，生者哀其无生；孰与乎身肉手足，济生人之涂炭，国城府库，恤贫者之经营，舍其有爱以至于无爱，舍其有行以至于无行。若夫呼吸吐纳，全身养精，反于太素，飞腾上清，与乾坤合其寿，与日月齐其明，适足增长诸见，未能永证无生；孰与夫离常离断，不始不终，恒在三昧，常游六通。不生不住无所处，不去不灭无所穷，放毫光而普照，尽法界与虚空，苦者代其劳苦，蒙者导其愚蒙。施语行事，未尝称倦，根力觉道，不以为功……②

这则明确表示佛法高于儒、道，他是全心皈依了。

陈子昂（661—702），字伯玉，是唐代诗文革新运动的先驱者。他年轻时爱黄、老言，耽味《易象》，并曾学神仙之术，从著名的嵩山处士田游岩游，作《酬田逸人见寻不遇题隐居里壁》、《题田洗马游岩桔槔》等诗。他虽被武后拔擢，但受到权臣排挤压抑，心怀抑郁，也倾心佛教。他在《夏日晖上人房别李参军崇嗣》诗序里说自己“讨论儒、墨，探览真玄，觉周、孔之犹述，知老、庄之未悟。遂欲高攀宝座，伏奏金仙，开不二之法门，观大千之世界”③。他的《秋园卧疾呈晖上人》诗里又说：“宿昔心所尚，平生自兹毕。愿言谁见知，梵筵有同术。”④ 而他登幽州台慷慨怀古，发出“前不见古人，后不见来者”的呼号，亦流露出世事无常的情怀。

武后至玄宗朝，新兴的禅宗传播于作为政治、文化中心的两京，是中国佛教发展的重大转变，也大为扩展了它对于知识阶层特别是文人的影响。禅宗“五祖”弘忍弟子法如住嵩山少林寺，武周垂拱中有名德就请开法；弘忍另一位弟子神秀于久

①《寄裴舍人遗衣药直书》，任国绪《卢照邻集编年笺注》卷七，黑龙江人民出版社，1989年，第442页。

②任国绪《卢照邻集编年笺注》卷四，黑龙江人民出版社，1989年，第284～285页。

③徐鹏校《陈子昂集》卷二，中华书局，1960年，第37页。

④徐鹏校《陈子昂集》卷二，中华书局，1960年，第43页。

视元年（700）被武则天迎请入东都洛阳，武则天说“若论修道，更不过东山法门”[1]。当这个被称为“楞伽宗”、“东山法门”的新兴法门征服两京道、俗的时候，弘忍的另一个弟子慧能又在南海对师门传授作出重大新发展。开元年间慧能弟子神会北上中原，树立所谓“南宗”宗旨，批判神秀所传为“北宗”，遂开创禅宗发展的新局面。这一新宗派把对“涅槃”、“佛性”等外在绝对境界的追求转化为“明心见性”的实践，否定繁难的经纶研习而代之以“无念”、“见性”的心性修养功夫，特别是当时整个思想学术界关注的中心已由探讨“天人之际”转向人的“心性”探索，新兴的禅宗正适应了这一潮流，因而得到广大知识阶层的欢迎并很快普及开来。朱熹曾慨叹“人才聪明，便被他（禅宗）诱引将去”[2]。明人胡应麟则说：

> 世知诗律盛于开元，不知禅教之盛，实自南岳（怀让）、青原（行思）兆基。考之二大士，正与李、杜二公并世。嗣是列为五宗，千支万委，莫不由之。韩、柳二公，亦与大寂（道一）、石头（希迁）同时。大颠即石头高足也。世但知文章盛于元和，而不知尔时江西、湖南二教，周遍寰宇……独唐儒者不竞，乃释门炽盛如是，焉能两大哉！[3]

这就指出了唐代禅宗发展与文学发展的密切关系。

如果说唐初文人习佛还是延续南北朝遗风的话，那么到武周时期新禅宗兴起，情况发生了巨大转变。一方面，作为新型僧侣的禅师更直接、普遍地参与社会生活，对文化领域各部门也发挥着更大作用；另一方面，文人喜禅、习禅空前地兴盛，他们更热衷这一新宗派的宗义与活动。

五祖弘忍弟子神秀住荆州玉泉寺，名声传至北方。他被武则天迎请进入东都，宋之问曾代东都诸僧草表，请与都城士庶以法事至龙门迎接；张说描写他入都盛况则说：

久视年中，禅师春秋高矣，诏请而来。趺坐觐君，肩舆上殿。屈万乘而稽首，洒九重而宴居。传圣道者不北面，有盛德者无臣礼。遂推为两京法主，三帝国师。[4]

神秀圆寂于神龙二年（706），僧传上记载：

---

①净觉《楞伽师资记》，柳田圣山《禅语录 初期の禅史 I》，筑摩书房，1985 年，第 298 页。

②黎靖德编《朱子语录》卷一二六《释氏》，中华书局，1986 年，第 3011 页。

③《少室山房笔丛》卷四八癸部《双树幻钞》。

④《唐玉泉寺大通禅师碑铭》，《全唐文》卷二三一，第 2335 页。

……士庶皆来送葬，诏赐谥大通禅师，又于相王旧邸造报恩寺。岐王范、燕国公张说、征士卢鸿各为碑诔。服师丧者名士达官不可胜纪。门人普寂、义福并为朝廷所重，盖宗先师之道也。①

这里的岐王李范，是睿宗四子，“好学工书，雅爱文章之士，士无贵贱，皆尽礼接待”②。他以王侯之尊，又是文坛后援，其行为当然会在社会上起到带动作用。张说（667—731），字道济，一字说之。他出身寒门，武后朝策贤良方正，对策第一，后以善文辞为天下宗主，是武后提拔起来的新进人物。神秀入都那一年，他预修《三教珠英》，同时参加者有李峤、阎朝隐、刘知几、沈佺期、宋之问、富嘉谟等人，皆一时之选。这些人都是谙熟佛、道二教的。他向神秀问道应即是在这个时候。

神秀的弟子普寂同样受到朝野普遍推重。晚年住长安兴唐寺，“闻者斯来，得者斯止，自南自北，若天若人，或宿将重臣，或贤王爱主，或地连金屋，或家蓄铜山，皆毂击肩摩，陆聚水咽，花盖抚日，玉帛盈庭”③。死后及葬，“河南尹裴宽及其妻子，并缞麻列于门徒之次，倾城哭送，里巷为之空焉”④。给普寂作碑铭的李邕（678—747），字泰和，是著名《文选》学者李善之子。他少知名，则天朝以词高行直为李峤等荐举；曾任左拾遗，以附宋璟举奏权佞张易之兄弟奸邪，又与张柬之厚善，被贬官；玄宗朝，以其不拘细行，矜夸躁急，屡遭贬抑，但名望更高；天宝初，为汲郡、北海太守，六载，被李林甫杀害。一家师事普寂的裴宽，景云中为润州参军，以拔萃出身，在朝与张说相善。后徙为河南尹，不避权贵，河南大治。他哭送普寂应是在这个时候，后来也是以不附李林甫被陷害。

神秀的另一位弟子义福，也于开元十年（722）被道俗迎请入都，往来两京，生荣死哀和普寂差不多，死后“制谥号曰大智禅师，葬于伊阙之北，送葬者数万人。中书侍郎严挺之躬行丧服若弟子焉，又撰碑文。神秀禅门之杰，虽有禅行，得帝王重之无以加者，而未尝聚徒开法也。洎乎普寂，始于都城传教二十余载，人皆仰之。初，福住东洛，召其徒戒其经期，兵部侍郎张均、太尉房琯、礼部侍郎韦陟

①《宋高僧传》卷八《唐荆州当阳山度门寺神秀传》，范祥雍点校，中华书局，1987年，第178页。

②《旧唐书》卷九五《睿宗诸子传》，第3016页。

③《大照禅师塔铭》，《全唐文》卷二六二，第2659页。

④《宋高僧传》卷九《唐京师兴唐寺普寂传》，第199页。

常所信重……”①。严挺之（673—742）亦是寒门进士出身，神龙年间被宋璟所汲引，直言敢谏，与张九龄相善。开元末年为尚书右丞，不附权臣李林甫，“薄其为人，三年，非公事竟不私造其门”②。张九龄罢相，出为外州刺史；后被李林甫陷害，责令于东都养疾。他归心释氏，死后葬于大照禅师塔侧。他为义福所作碑铭里提到的房琯，为则天朝宰相房融之子，为张说所汲引，屡任内外官，不得大用。他在历史上有名，是因为“安史之乱”中扈从玄宗奔蜀有功拜相，肃宗称帝后统兵失策败于陈涛斜。他热衷禅宗，师事义福，并从神会请益。他又和杜甫友好，在习佛上二人当为同调。韦陟是武后朝宰相韦安石之子，早年风华峻整，独立不群，“于时才名之士王维、崔颢、卢象等，常与陟唱和游处”；张九龄为中书令，“引陟为中书舍人，与孙逖、梁涉对掌文诰，时人以为美谈”③；天宝年间，他也遭到李林甫、杨国忠陷害；后于平定“安史之乱”中屡建功勋。

从以上诸人与新兴禅门的关系，可见这一新宗派在朝野、特别是在文人间流行的盛况，更表明佛教这一新潮流特别受到出身庶族的新进阶层和被统治阶级当权派排挤、打击的人物的欢迎。这也是他们的社会地位决定的。他们要反对士族权贵的品级特权，争取更大的活动空间，而禅宗主张“品均凡圣”、“行无前后”④，宣扬“道在心不在事，法由己不由人”⑤，要求发扬个人的主观心性；又主张“佛性在烦恼之中，佛身即众生之体，大法平等，无所不同”⑥，泯合佛与众生的界限，把绝对的佛性落实到平凡的人生践履之中，如此等等，这都表现出鲜明的反传统、反权威、反品级特权的性格，客观上体现了庶族阶层的要求。也正是在他们的支持之下，这一新的佛教宗派才得以迅速发展起来。

第三节　孟浩然和王维

孟浩然（689—740），字浩然，襄州襄阳（今湖北襄樊市）人。他的经历比较

①《宋高僧传》卷九《唐京兆慈恩寺义福传》，第197页。
②《旧唐书》卷九九《严挺之传》，第3105页。
③《旧唐书》卷九二《韦安石传附韦陟传》，第2958页。
④张说《唐玉泉寺大通禅师碑铭》，《全唐文》卷二三一，第2335页。
⑤严挺之《大智禅师碑铭》，《全唐文》卷二八〇，第2843页。
⑥李华《润州天乡寺故大德云禅师碑》，《全唐文》卷三二〇，第3243页。此碑主法云是普寂弟子。

简单：三十六七岁以前一直在家乡过隐居生活；曾短期到洛阳、长安、蜀中活动；晚年曾进入贬为荆州长史的张九龄幕府。他是真正的布衣诗人，但名声很大，一代文坛重镇李白、王维、李颀、王昌龄等都与之结交。他创作的主要成就是表现隐逸之志的山水田园诗，继承和发展陶、谢传统，境界清空淡远，语言简净明丽，创立盛唐诗坛的重要一派。在隐逸生活中，他多结交僧、道和隐士，对佛教更情有独钟。他以佛教为题材的优秀作品不少，如《寻香山湛上人》、《宿终南翠微寺》、《游明禅诗西山兰若》、《登总持寺浮屠》、《过融上人兰若》等，对佛教徒的清净生活、高蹈品格以及心性修持功夫流露出仰慕之情。他往往把僧人表现为隐逸的典型，显示出对于佛教的独特理解，这也是唐代以降好佛文人相当普遍的一种认识。如名作《晚泊浔阳望香炉峰》：

> 挂席几千里，名山都未逢。泊舟浔阳郭，始见香炉峰。尝读远公传，永怀尘外踪。东林经舍近，日暮空闻钟。①

诗人遥望香炉峰，追忆东晋高僧慧远不事王侯的风范，表示无限向往。王士禛评论说：“诗至此，色相俱空，政如羚羊挂角，无迹可求，画家所谓逸品是也。”② 孟浩然多有与僧侣赠答唱和之作，直接表达对佛教生活的赞赏。如《题大禹寺义公禅房》：

> 义公习禅寂，结宇依空林。户外一峰秀，阶前众壑深。夕阳连雨足，空翠落庭阴。看取莲花净，方知不染心。③

这首诗从风物著笔，凸显出人物的风格，写得清幽恬静，结句更直接表明对禅门所追求的清净心性的赞美。他的诗集编者王士源总结其生平说：“浩然文不为仕，伫兴而作，故或迟；行不为饰，动以求真，故似诞；游不为利，其以放性，故常贫；名不系于选部，聚不盈于担石，虽屡空不给而自若也。”④ 他是真正极力放纵真性灵的人，他亲近佛教的缘由也在于此。

王维（701？—761），字摩诘，太原祁（今山西祁县）人。其母崔氏，“师事

①许鹏《孟浩然集校注》，人民文学出版社，1989年，第66页。

②张宗柟纂集《带经堂诗话》，夏闳点校，人民文学出版社，1963年，第71页。

③许鹏《孟浩然集校注》，人民文学出版社，1989年，第158页。

④许鹏《孟浩然集序》，《孟浩然集校注》卷首，人民文学出版社，1989年。

大照禅师三十余岁，褐衣蔬食，持戒安禅，乐住山林，志求寂静”[①]。王维开元九年（721）及进士第，受到诸王驸马、豪右贵势的器重，“宁王、薛王待之如师友”[②]，而岐王李范乃是神秀门徒。他进入仕途，正是“东山法门”兴盛的时候。他生逢“开元盛世”，有志于以政能文才效力当世。这种豪情壮志，体现在他早年所写的那些踔厉风发的作品里。可是他仕途并不顺利，特别是对他有拔擢知遇之恩的张九龄于开元二十四年（736）罢相，成为他人生的转折点。此后虽然他官职屡屡迁转，但思想观念却趋向消极、超脱。他说“中年颇好道”[③]，更热衷地习佛当始于这一时期。开元二十五年，他奉使赴河西，节度副大使（驻节凉州，今甘肃武威市）崔希逸幕为书记，而崔氏一家是虔诚的佛教信徒。开元末年，他以殿中侍御使知南选，在南阳遇见神会并向其请益。后来他受神会请托写《能禅师碑》，这是有关慧能现存最早的可靠文献之一。天宝年间，王维亦官亦隐，与世浮沉。他住家于终南山，后来又得到宋之问在蓝田辋川的别业，和友人裴迪等优游闲放，赋诗酬唱。他表示“平生几许伤心事，不向空门何处销”[④]。“安史之乱”中叛军占领长安，他被迫受伪职。两京收复后被定罪，其弟王缙请削官为之赎罪，使他得以贬降为太子中允，后累迁至给事中。这时他的意志更加消沉，奉佛也更加精进，以至终老。

王维对于佛教是真挚的实践家。《旧唐书》描写他的奉佛生涯说：

> 维弟兄俱奉佛，居常蔬食，不茹荤血，晚年长斋，不衣文采。得宋之问兰田别墅，在辋口，辋水周于舍下，别涨竹洲花坞，与道友裴迪浮舟往来，弹琴赋诗，啸咏终日。尝聚其田园所为诗，号《辋川集》。在京师日饭十数名僧，以玄谈为乐。斋中无所有，惟茶铛、药臼、经案、绳床而已。退朝之后，焚香独坐，以禅诵为事。妻亡不再娶，三十年孤居一室，屏绝尘累，乾元二年七月卒。临终之际，以缙在凤翔，忽索笔作别缙书，由于平生亲故作别书数幅，多敦厉朋友奉佛修心之旨，舍笔而绝。[⑤]

---

①王维《请施庄为寺表》，陈铁民校注《王右丞集笺注》卷一一，第1085页。

②《旧唐书》卷一九〇下《王维传》，第5052页。

③《终南别业》，《王维集校注》卷二，第191页。

④《终南别业》，《王维集校注》卷六，第522～523页。

⑤《旧唐书》卷一九〇下《王维传》，第5052～5053页。

可见他多么认真地度过修道生活。他礼佛、读经、坐禅、斋僧、施庄为寺，等等，奉佛十分虔诚。他写过一些赞佛（如《赞佛文》，《王维集校注》卷八）、赞观音（如《绣如意轮像赞》，同上卷一二）、赞净土（如《给事中窦绍为亡弟驸马都尉于孝义寺浮图画西方阿弥陀变赞》，同上卷一〇）等文字。而他更为热衷的还是新兴的禅宗。他的友人苑咸曾称赞他是“当代诗匠，又精禅理”[①]。他与诸多禅门僧侣有着十分密切的关系。他作《大唐大安国寺故大德净觉师碑铭》（《王维集校注》卷一二），碑主净觉，是神秀弟子玄赜门人、北宗禅史《楞伽师资记》的作者。他有《过福禅师兰若》诗（同上卷七），“福禅师”应是神秀门人义福或惠福，他们二人在开元年间活跃一时，王维当与之相识。后来唐肃宗为神秀、普寂题写塔额，王维作《为舜阁黎谢御题大通大照和尚塔额表》，中有“御札赐书，足报本师之德”[②]等语，可知这位舜阁黎为北宗弟子。而他在朝的开元末年到天宝年间正是南宗确立宗旨的时候，因而有机会与南宗门人发生更密切的接触。前面提出他与神会有长期交往。《神会录》里记载王维在南阳临湍驿与神会一见相契，称赞“南阳郡有好大德”，和慧澄禅师一起“语经数日”，神会教以“众生本自心净，更欲起心有修，即是妄心，不可得解脱”。慧澄大概是北宗学人，主张以定发慧，神会则提出了“定慧等”的新见解[③]。后来神会请他写《能禅师碑》。王维有《同崔兴宗送衡岳瑗公南归诗序》，作于天宝十二载（752），其中说到“滇阳有曹溪学者，为我谢之”，“曹溪学者”当是指南宗弟子；诗的结句是“一施传心法，惟将戒定还”[④]。而崔兴宗原唱则说“归南见长老，且为说心胸”[⑤]，此长老应即是神会。王维诗文里涉及的僧人甚多，金陵钟山元崇于“安史之乱”后“于辋川得右丞王公之别业，松生石上，水流松下，王公焚香静室，与崇相遇，神交中断”[⑥]，二人是学佛法侣。

王维有许多诗文直接表现他的佛教思想，如在河西为崔希逸夫人作《净土变画赞》，主旨是宣扬“心净土净”的唯心净土观念。在他看来，净土只是一种施设方

①苑咸《酬王维》，《全唐诗》卷一二九，中华书局，1960年，第1317页。

②《王维集校注》卷一一，第1078页。

③参阅《神会语录第一卷残》，胡适校敦煌唐写本《神会和尚遗集》，“中央研究院”胡适纪念馆，1982年，第137～139页。

④《王维集校注》卷四，第334～335页。

⑤《同王右丞送瑗公南归》，《全唐诗》卷一二九，第1316页。

⑥《宋高僧传》卷一七《唐金陵钟山元崇传》。

便，是引导人达到“无生”境界的手段。他的《荐福寺光师房花药诗序》则要求凝然守心，不滞于物，认识到有、无皆幻，从而虽混迹于世，却做超然世外的“至人”。而晚年所作《与魏居士书》则更清楚地表达了自己的人生观。他表示不满于许由、嵇康、陶潜等人，认为他们还都有计较分别，有所追求，自己的态度是：

> 孔宣父云：“我则异于是，无可无不可。”可者适意，不可者不适意也。君子以布仁施义、活国济人为适意；纵其道不行，亦无意为不适意也。苟身心相离，理事俱如，则何往而不适？此近于不易。愿足下思可不可之旨，以种类俱生、无行作以为大依，无守默以为绝尘，以不动为出世也。①

这里王维标举孔子，显示出儒生本色，而他所发挥的身心相离，理事俱如的观念则是禅宗的。据此他要求摆脱一切分别计较，去住自如，混世随俗，以内心的解脱达到现实的解脱。他在《能禅师碑》里转述慧能的话：

> ……乃教人以忍，曰：忍者无生，方得无我，始成于初发心，以为教首。至于定无所入，慧无所依，大身过于十方，本觉超于三世。根尘不灭，非色灭空；行愿无成，即凡成圣。举足下足，长在道场；是心是性，同归性海……”②

《坛经》里要求“自性不染著”，“心但无不净”，与这里的意思一致。他认为做到“忍”即不起心动念，才能体认无生而达到无我，成就超越十方、三世的觉悟，从而六根不受六尘污染，也就“即凡成圣”，个人的净心就汇入佛性的海洋了。

王维的作品从主导方向说并没有把心中的不平发展为对现世矛盾的揭露、抨击和批判，而是采取消极退避、委顺随缘的姿态。这和他的教养、地位、性格有关系，佛教特别是禅宗的影响也是重要决定因素。相对于思想观念方面，禅宗对王维的诗歌艺术起了更为积极的作用。如上所述，王维对待佛教不只是接受其教理，度过长期、认真的修道生活，佛教信仰已经化为他的人生践履，特别是他所亲近的南宗禅，已融入他的人生体验和感受之中，从而可能自然地转化为诗情和美感，体现在诗作里，也就开创出抒情写意的新领域、新境界。

王维有些作品直接宣扬佛说，如《与胡居士皆病寄此诗兼示学人二首》，发挥

---

①《王维集校注》卷一一，第1095~1096页。

②《王维集校注》卷九，第817~818页。

《维摩经》“从痴有爱则我病生”[1] 的“荡相遣执”观念，说明作意住心、趣空取净并是虚妄的道理，全篇仿佛偈颂。纪昀曾说“诗欲有禅味，不欲著禅语”[2]。王维的这类诗正缺乏诗的韵味。前述六朝文人佛教内容的作品往往如此。他的优秀诗作却善于把禅意转化为诗情，描摹出充满禅趣的意境浑融的境界。如《终南别业》：

中岁颇好道，晚家南山陲。兴来每独往，胜事空自知。行到水穷处，坐看云起时。偶然值林叟，谈笑无还期。[3]

元人评论说：“此诗造意之妙，至与造化相表里，岂直诗中有画哉！观其诗，知蝉蜕尘埃之中，浮游万物之表者也。”[4] 诗中除第一句点出“好道”之外，全篇不用理语，但那种安逸自得毫无羁束的情趣，正是一种禅悦境界。特别是“行到水穷处，坐看云起时”一联，白云、流水成为象征，表达出物我无间随遇而安的乐道情怀，成为后来禅门参悟的话头。

王维诗歌创作的主要成就是山水田园诗。而他这类诗艺术上最为成功之处，在其所描绘的自然风景具有静谧恬淡的独特格调，流露出萧散闲逸的意趣。他有诗明确说：“一悟寂为乐，此生闲有余。”[5] 这种诗境正与他的悟境有关系。王士禛指出：

严沧浪以禅喻诗，余深契其说，而五言尤为近之。如王、裴辋川绝句，字字入禅。他如“雨中山果落，灯下草虫鸣”，“明月松间照，清泉石上流”，以及太白“却下水精帘，玲珑望秋月”，常建“松际露微月，清光犹为君”，浩然“樵子暗相失，草虫寒不闻”，刘昚虚“时有落花至，远随流水香”，妙谛微言，与世尊拈花，迦叶微笑，等无差别。通其解者，可语上乘。[6]

这里联系李白等人的作品，说明王维诗“字字入禅”的特征。值得注意的是，在高简闲淡的总风格之下，他的具体作品又表现出多样化的艺术特色。如《山居秋暝》：

空山新雨后，天气晚来秋。明月松间照，清泉石上流。竹喧归浣女，莲动

①僧肇《注维摩诘所说经》卷五《文殊师利问疾品》，上海古籍出版社，1990 年，第 96 页下。

②方回《瀛奎律髓》卷四七，郑谷《宿澄泉兰若》批语。

③《王维集校注》卷二，第 191 页。

④佚名《南溪诗话后集》。

⑤《饭覆釜山僧》，《王维集校注》卷五，第 451 页。

⑥张宗柟纂集《带经堂诗话》，夏闳点校，卷三，人民文学出版社，1963 年，第 83 页。

下渔舟。随意春芳歇，王孙自可留。[1]

这里的境界清新自然，景物如画。又如《过香积寺》：

不知香积寺，数里入云峰。古木无人径，深山何处钟。泉声咽危石，日色冷青松。薄暮空潭曲，安禅制毒龙。[2]

这里的景色幽寂清冷，一片萧瑟。特别是王维那些五言绝句，短短二十个字描摹一个景象片段，情景交融，明丽自然，如《皇甫岳云溪杂题五首·鸟鸣涧》：

人间桂花落，夜静春山空。月出惊山鸟，时鸣春涧中。[3]

《辋川集·辛夷坞》：

木末芙蓉花，山中发红萼。涧户寂无人，纷纷开且落。[4]

这样的诗如胡应麟所评论的，是“五言绝之入禅者”，“读之身世两忘，万年俱寂”[5]。

唐代禅宗的禅已经成为一种心灵的境界，成为人生的体验和感受。而无论是对禅意禅趣的领会，还是表达上的技巧，王维都是成功的。宋人黄庭坚是对诗与禅都有深刻了解并有亲切实践的人，他有诗说：

丹青王右辖，诗句妙九州。物外常独往，人间无所求。袖手南山雨，辋川桑柘秋。胸中有佳处，泾渭看同流。[6]

这就指出王维诗句之妙，是因为胸中有“佳处”。总的看来，无论是思想意识还是人生态度层面，佛教信仰、禅的观念给王维的消极影响都相当明显，但它们却成就了他的诗歌艺术，促成他诗歌的独特表现形式、艺术风格的形成。他从而成为佛教滋养的中国诗人的典型。

---

①《王维集校注》卷五，第451页。
②《王维集校注》卷七，第594页。
③《王维集校注》卷七，第637页。
④《王维集校注》卷五，第425页。
⑤《诗薮内编》卷六《近体下·绝句》。
⑥《摩诘画》，《山谷外集诗注》卷八。

第四节　李白与杜甫

李白（701—762），字太白，生于中亚碎叶城（今托克马克），神龙（705—707）初，随父潜回蜀中。他被认为是典型的道教诗人，与“诗圣”杜甫、“诗佛”王维鼎足而三，俗称“诗仙”。李白性格豪放不拘，一生热心求仙访道，击剑任侠，思想深处更潜藏着坚定的儒家经世之志，对佛教也有密切的接触和相当的了解。唐代“三教调和”思潮在他身上鲜明地体现出来。宋人葛立方说：

> 李白跌宕不羁，钟情于花酒风月则有矣，而肯自缚于枯禅，则知淡泊之味贤于啖炙远矣。白始学于白眉空，得“大地了镜彻，回旋寄轮风”之旨；中谒太山君，得“冥机发天光，独照谢世氛”之旨；晚见道崖，则此心豁然，更无疑滞矣，所谓“启开七窗牖，托宿掣电形”是也。后又有谈玄之作云：“茫茫大梦中，惟我独先觉。腾转风火来，假合作容貌。问语前后际，始知金仙妙。”则所得于佛氏者益远矣。①

李白确实对佛说颇下一番功夫。他早年出川游佛教圣地庐山，写了《庐山东林寺夜怀》诗：

> 我寻清莲宇，独往谢城阙。霜清东林钟，水白虎溪月。天香生虚空，天乐鸣不歇。宴坐寂不动，大千入毫发。湛然冥真心，旷劫断出没。②

这样，青年时期的李白对禅已有相当深刻的体会。天宝初年在当涂作《化城寺大钟铭》，赞颂“天以震雷鼓群动，佛以鸿钟惊大梦”③。他的《金银泥画西方净土变相赞》，是为湖州刺史韦景先的未亡人作。韦景先于天宝十二载（753）任湖州刺史④，其中宣扬净土信仰。他结交禅侣，谈禅论道，有更多诗作，如《自梁园至敬亭山见会公谈陵阳山水兼期同游因有此赠》、《赠宣州灵源寺仲濬公》、《秋夜宿龙门香山寺奉寄王方城十七丈奉国莹上人从弟幼成令问》、《别东林寺僧》、《将游衡岳过汉阳双松亭留别族弟浮屠谈皓》、《别山僧》、《送通禅师还南陵隐静寺》、《答

---

①《韵语阳秋》卷一二，何文焕辑《历代诗话》，中华书局，1981年，下册第576页。

②王琦注《李太白全集》卷二三，中华书局，1977年，第1075页。

③王琦注《李太白全集》卷二九，中华书局，1977年，第1339页。

④郁贤皓《唐刺史考》，江苏古籍出版社，1987年，第4册第1705页。

族弟僧中孚赠玉泉仙人掌茶》、《寻山僧不遇作》等。而他自号为“青莲居士”，亦可见佛教在他的意识中的地位。唐人范传正论及他求仙，说“好神仙非慕其轻举，将不可求之事求之，欲耗壮心、遣余年也”①，指出他求仙活动的内心隐衷，他的好佛也有同样的意趣。

中唐诗人杨巨源有诗说：

> 叩寂由来在渊思，搜奇本自通禅智。王维证时符水月，杜甫狂处遗天地。②

这说的是诗、禅一致的道理，用王维、杜甫作证明。杜甫（712—770），字子美，祖籍襄阳，生于河南巩县（今河南巩义市）。他在历史上被看作是儒家诗教的代表人物。晚唐人孟棨即曾评论说:“杜逢禄山之难，流离陇蜀，毕陈于诗，推见至隐，殆无遗事，故当时号为‘诗史’。”③“诗史”之说作为一种定评，概括了杜诗丰富的社会内容和现实精神，后人更把他当作儒家道德理想的典型。他生活在朝政日趋败坏、矛盾丛生的肇乱期，又处在佛、道二教盛行的环境下，不能不受后二者的熏染。特别是如上所述，新兴的禅宗在客观上体现了当时具有先进意义的思想潮流，像杜甫这样热心于精神探索的人，更不能不加以重视。这样，对于道教，他曾求仙访道，此不俱论；对于佛教，他一生保持着持久的热情，佛教对他的思想和创作也产生了不容忽视的影响。而从更开阔的视野看，这也从一个侧面显示了他精神世界的博大精深。

杜甫晚年在夔州作《秋日夔府咏怀奉寄郑监李宾客一百韵》诗，曾说到“身许双峰寺，门求七祖禅”。这里的“双峰”、“七祖”具体何指，关系南、北宗法统之争，历来有争论；但表明他家庭的禅宗信仰则是明确的。接着又写道“本自依迦叶，何曾藉偓佺”。“偓佺”为仙人名，这后一句诗的意思是“虽然也信仰道教，但并没有入道籍”④；而联系前一句，则表示自己更倾心单传直指的禅宗，也有“仙不如佛”的意思。后面又写道“晚闻多妙教，卒践塞前愆……勇猛为心极，清羸任体孱”⑤，进一步表明晚年更加热衷佛说、精进努力了。

---

①《唐左拾遗翰林学士新墓碑》，《李太白全集》卷三一《附录》，第1464页。

②《赠从弟茂卿》，《全唐诗》卷三三三，第3717页。

③《本事诗·高逸第三》，《历代诗话续编》，上海古籍出版社，1983年，上册第15页。

④郭沫若《李白与杜甫》，人民文学出版社，1971年，第191页。

⑤《杜少陵集详注》卷一九，文学古籍出版社，1955年，第Ⅷ-42~43页。

杜甫在乾元元年（758）所作《因许八奉寄江宁旻上人》诗说：

> 不见旻公三十年，封书寄与泪潺湲……棋局动随幽涧竹，袈裟忆上泛湖船。①

这里记载的是他开元十九年（731）游吴越时事，他当时已和旻上人结交。同时期作有《送许八拾遗归江宁觐省甫昔时尝客游此县于许生处乞瓦棺寺维摩图样志诸篇末》，江宁瓦棺寺的维摩诘像是顾恺之名作，杜甫诗的结句说“虎头金粟影，神妙独难忘”②。“虎头”是恺之小字，维摩诘据传是“金粟如来”化身，可见画像给杜甫留下了多么深刻的印象。《巳上人茅斋》诗一般系于开元二十四年求举落第游齐、赵时期，结句是“空忝许询辈，难酬支遁词”③，用的是《世说新语·文学》篇支遁在山阴讲《维摩经》、许询为都讲的典故，表明曾和巳上人一起研讨佛理，自谦的话也说明其佛学已达到一定水平。

杜甫天宝年间在长安，仕途不利，度过极其困顿的生活。当时士大夫间奉佛习禅的风气盛行，杜甫周围的人如前面提到的李邕、房琯、王维等人均习佛。杜甫《饮中八仙歌》赞赏当时佯狂傲世、以酒浇心中磊块的八位名人，其中的崔宗之曾向神会问道；而“苏晋长斋绣佛前，醉中往往爱逃禅”④，也是向神会问道者之一。杜甫与张垍友善，张垍是张说之子，与其弟张均都信仰禅宗⑤。当道教在玄宗倡导下声势正隆的时候，这些人却热心习佛，是深可玩味的。

杜甫在长安结交大云寺赞公。他在至德二年（757）身陷安、史叛军占领的长安，作《大云寺赞公房四首》诗，称赞赞公“道林才不世，惠远德过人”，把赞公比拟为支遁和慧远；又说“把臂有多日，开怀无愧辞……汤休起我病，微笑索题诗”⑥，又把赞公比拟为南朝善诗僧人汤惠休。后来到乾元二年（759），杜甫弃官流落秦州（甘肃天水市），就是投奔在那里的赞公。又赞公是房琯门客，杜甫与房有深交，杜甫结交赞公可能是房琯为中介。

---

①《杜少陵集详注》卷六，文学古籍出版社，1955年，第Ⅲ－107页。

②《杜少陵集详注》卷六，文学古籍出版社，1955年，第Ⅲ－106页。

③《杜少陵集详注》卷二，文学古籍出版社，1955年，第Ⅱ－10页。

④《杜少陵集详注》卷二，文学古籍出版社，1955年，第Ⅱ－47页。

⑤张均是鹤林玄素的俗弟子，见李华《润州鹤林寺故径山大师碑铭》，《全唐文》卷三二〇。

⑥《杜少陵集详注》卷四，文学古籍出版社，1955年，第Ⅲ－42页。

杜甫逃难到蜀中，是去投奔西川节度使严武，严武就是前面提到的禅门弟子严挺之之子，也是信佛世家出身的人。当时的西川又正是禅宗十分发达的地方。五祖弘忍弟子智诜受到武则天礼重，后来住资州德纯寺传法，形成声势巨大的“净众宗”、“保唐宗”一系。杜甫于乾元二年（759）冬入蜀，永泰元年（769）春夏间离成都，南下戎、渝，正是保唐宗大盛的时候。身处患难中的杜甫对佛教特别是禅宗表现出很高热忱是很自然的。

他在写给时为彭州刺史的友人高适的《酬高使君相赠》诗中说到“双树容听法，三车肯载书”①。娑罗双树是释迦入灭处，“三车”用《法华经》牛车、羊车、鹿车典，比喻三乘佛法。他的《赠蜀中闾丘师兄》诗里又说：

……穷秋一挥泪，相遇即诸昆……飘然薄游倦，始与道侣敦……漠漠世界黑，驱驱争夺繁。惟有摩尼珠，可照浊水源。②

这位俗姓闾丘的僧人是武后朝太常博士闾丘均之孙，杜甫的祖父当年和他交好，所以杜甫视他如兄弟。诗里直接表明遭受离乱之后的杜甫更需要到佛教中求取安慰。他在蜀中游览佛教胜迹，结交僧人，写下不少相关诗作。宝应元年（762）冬在梓州作《谒文公上方》诗：

野寺隐乔木，山僧高下居。石门日色异，绛气横扶疏。窈窕入风磴，长萝纷卷舒。庭前猛虎卧，遂得文公庐。俯视万家邑，烟尘对阶除。吾师雨花外，不下十年余。长者自布金，禅龛只晏如。大珠脱玷翳，白月当空虚。甫也南北人，芜蔓少耘锄。久遭诗酒污，何事忝簪裾。王侯与蝼蚁，同尽随丘墟。愿闻第一义，回向心地初。金篦刮眼膜，价重百车渠。无生有汲引，兹理傥吹嘘。③

这首诗表示羡慕文公的出世修道生活，倾诉自己追求佛教精义、叩问心法的愿望。“‘汲引’、‘吹嘘’，皆传法之意”④，即表示皈依的志愿。广德元年（763），杜甫在梓州，游历牛头、兜率、惠义诸寺，写下《望兜率寺》、《上兜率寺》诗；大历二年（767）在夔州，作《谒真谛寺禅师》；次年秋，杜甫顺江东下，至公安，作

①《杜少陵集详注》卷九，文学古籍出版社，1955年，第Ⅳ－104页。
②《杜少陵集详注》卷九，文学古籍出版社，1955年，第Ⅳ－126页。
③《杜少陵集详注》卷一一，文学古籍出版社，1955年，第Ⅴ－81页。
④张戒《岁寒堂诗话》卷下，《历代诗话续编》，上海古籍出版社，1983年，上册第471页。

《留别公安太易沙门》诗。直到临终前一年的大历四年在长沙，作《岳麓山道林二寺行》，仍表示：

> 飘然斑白身奚适，傍此烟霞茅可诛……久为谢客寻幽惯，细学何颙免兴孤。①

“谢客”指谢灵运，他曾和僧人们一起浪游山水、寻幽探胜；“何颙”为周颙之讹，也是刘宋时期的信佛名士，这都是用以自比的。这样，蜀中以后的杜甫经常表白投身佛门的愿望。虽然他并没有认真地实行，但其思想深处确实时时涌动着佛教出世意念。

杜甫习禅，对净土也流露热衷。天宝十四载的《夜听许十一诵诗爱而有作》诗中说：

> 许生五台宾，白业出石壁。余亦师粲、可，心犹缚禅寂。何阶子方便，谬引为匹敌。离索晚相逢，包蒙欣有击……②

许生到五台山求法，曾到石壁寺，这里自北魏昙鸾以来是净土法门道场。“白业”指感得清白乐果的善行，净土法门中把修习净土叫做白业。“包蒙”是《易经》“蒙卦”语，指包容愚昧之人。杜甫在这里说曾师法二祖惠可和三祖僧粲，但为禅所缚，许生以净土相启迪。这表现出杜甫对净土的热心③。

杜甫作为儒家诗教忠实的实践者，在创作中把儒家传统的政治原则、道德理想、现实精神和讽喻比兴艺术手法发扬到了极致。而佛教思想则成为他儒家积极用世之道的补充，又是他困顿失意时的安慰。就前一方面说，佛教的慈悲观念、“平等”意识、为实现道而奋斗义的大无畏牺牲精神，都给他以支持和鼓舞；佛家高蹈超越的人生风格，对世俗权威的鄙视，以至禅宗实现心性自由的要求，又使他能够怀疑和批判正统观念和习俗，从而发出“纨袴不饿死，儒冠多误身”④ 的呼号。就后一方面说，杜甫受到打击后往往也要追求心理上的安慰，维护心灵那一片自由清净的天地。特别是在蜀中那几年，经过流离失所的逃难生涯，得到比较安定的环

①《杜少陵集详注》卷二二，上海古籍出版社，1983 年，第Ⅸ－39 页。

②《杜少陵集详注》卷三，上海古籍出版社，1983 年，第Ⅱ－134 页。

③吕征先生认为由此可知杜甫已由习禅转修净土，见所作《杜甫的佛教信仰》，《哲学研究》1986 年第 4 期。

④《奉赠韦左丞丈二十二韵》，《杜少陵集详注》卷一，上海古籍出版社，1983 年，第Ⅱ－42 页。

境，作为心境的自我开脱，他咀嚼人生物理，体察内心委曲，写下不少潇洒闲淡、趣味悠然的小诗。这些诗特别反映了在艺术思维和美学趣味方面受到佛教特别是禅宗的影响。

杜甫写了许多佛教题材作品，前面已经提到一些。有的作品如《同诸公登慈恩寺塔》，一向被看作是感伤时事的杰作，而其中不但有“方知象教力，卒可追冥搜”的体会，那种时运变幻、命运莫测的苍凉情怀也透露出浓重的宗教色彩。有的作品则更直接地表达佛教的观念和感情，如《游龙门奉先寺》：

已从招提游，更宿招提境。阴壑生虚籁，月林散清影。天阙象纬逼，云卧衣裳冷。欲觉闻晨钟，令人发深省。①

浦起龙分析说：“题曰游寺，实则宿寺诗也。‘游’字只首句了之，次句便点清‘宿’字。以下皆承次句说。中四，写夜宿所得之景，虚白高寒，尘府已为之一洗。结到‘闻钟’、‘发省’，知一霄清境，为灵明之助者多矣。”② 宋人韩元吉则认为：“杜子美《游龙门诗》：‘欲觉闻晨钟，令人发深省。’子美平生学道，岂至此而后悟哉！特以示禅宗一观而已。是于吾儒实有之，学者昧而不察也。”③ 无论是“灵明之助”还是“禅宗一观”，都是肯定诗中的心性涵养境界与禅相通，韩元吉则更指出杜甫身上儒、禅相通的一面。

如果说前诗近乎直叙禅解，那么下面这首《江亭》表达上就更为含蓄：

坦腹江亭暖，长吟野望时。水流心不竞，云在意俱迟。寂寂春将晚，欣欣物自私。故林归未得，排闷强裁诗。④

这里结句流露出故园之思，表明不能忘情世事，但全篇抒写的是暂避战乱的闲适情怀，“水流”一联更表现出物我一如的超旷境界。理学家张九成说：

陶渊明辞云：“云无心而出岫，鸟倦飞而知还。”杜子美云：“水流心不竞，云在意俱迟。”若渊明与子美相易其语，则识者往往以谓子美不及渊明矣。观

①《奉赠韦左丞丈二十二韵》，《杜少陵集详注》卷一，上海古籍出版社，1983年，第Ⅱ-1页。
②《读杜心解》卷一之一《五古》，中华书局，1961年，第2页。
③《深省斋记》，《南涧甲乙稿》卷一六。
④《杜少陵集详注》卷一〇，上海古籍出版社，1983年，第Ⅴ-3页。

其云“云无心”，“鸟倦飞”，则可知其本意；至于“水流”而“心不竞”，“云在”而“意俱迟”，则与物初无间断，气更混沦，难轻议也。①

叶梦得也评论说：

杜子美云：“水流心不竞，云在意俱迟。”吾尝三复爱之。或曰：子美安能至此？是非知子美者。方至德、大历之间，天下鼎沸，士固有不幸罹其祸者。然乘间蹈利，窃名取宠，亦不少矣。子美闻难间关，尽室远去，乃一召用，不得志，卒饥寒转徙巴峡之间而不得，终不肯一引颈而西笑。非有“不竞”、“迟留”之心安能然？耳目所接，宜其了然自会于心，此固与渊明同一出处之趣也。②

这种闲适作品虽然没有蹈励风发的奋斗意志，但那种处患难不惧不馁，竭力保持心灵的平静和谐的精神却不无积极意义，又显然与禅的心性修养有一定关系。如果说杜甫那些沉郁顿挫的讽世刺时之作以其深刻丰富的思想内涵令人感动，那么抒写人情物理、表达内心隐微的小诗则以深婉的情致和精巧的艺术表现打动人心。罗大经举例说：

杜少陵绝句云：“迟日江山丽，春风花草香。泥融飞燕子，沙暖睡鸳鸯。”或谓此与儿童之属对何以异。余曰不然。上二句见两间莫非生意，下二句见万物莫不适性。于此而涵咏之，体认之，岂不足以感发吾心之真乐乎？大抵古人好诗，在人如何看，在人把做甚么用。如“水流心不竞，云在意俱迟”，“野色更无山隔断，天光直与水相逢”，“乐意相关禽对语，生香不断树交花”等句，直把做景物看亦可，把做道理看，其中以尽有可玩索处。大抵看诗，要胸次玲珑活络。③

这就指出，杜甫的这一类诗表达上明净透脱，玲珑自然，不用理语而真正做到情景交融，创造出安适和谐的艺术境界。这种境界给人以美感和慰藉，艺术上是有感染力的。

①蔡梦弼《杜工部草堂诗话》卷二，《历代诗话续编》，上海古籍出版社，1983 年，上册第 209 页。
②《避暑录话》卷上。
③《鹤林玉露》乙编卷二，王瑞来校点，中华书局，1983 年，第 149 页。

杜甫如所有艺术大家一样，在形成鲜明的个人风格的同时，艺术手法和格调又是多种多样的。在其多种多样的艺术表现中，这种惬理适心、平顺自然的一类，明显反映出禅的意趣。范温曾指出："老杜《樱桃》诗云：'西蜀樱桃也自红，野人相赠满筠笼。数回细写愁仍破，万颗匀圆讶许同。'此诗如禅家所谓信手拈来，头头是道者，直书目前所见，平易委曲，得人心所同然。但他人艰难，不能发耳。"①禅门主张触事而真，当下即是。这种思维方式体现在艺术里，就是即兴而发，不事雕琢，走简易平顺一途。杜甫在蜀中，写了不少这样的诗。有的直接用禅语，表佛理，如《望牛头寺》：

牛头见鹤林，梯径绕幽深。春色浮山外，天河宿殿阴。传灯无白日，布地有黄金。休作狂歌老，回看不住心。②

这里不但用了祇陀太子为佛陀创建园林、黄金布地的典故，最后又直接宣扬《金刚经》"应无所住而生其心"的观念。而同样是寺院题材的《后游（修觉寺）》：

寺忆曾游处，桥怜再渡时。江山如有待，花柳更无私。野润烟光薄，沙暄日色迟。客愁全为减，舍此复何之。③

这里则完全不用佛家语，但那种不忮不求、不粘不滞的心态，让人体会到自心与万物契合如一的境界，所以难解的"客愁"也得以消解了。"江山"一联为后来的禅师们所赞赏，也曾拿来作谈禅的话头。这一类诗就思想意义说，意境显得狭小以至卑俗，但作为心境的反映，特定环境下的感受、体验、情绪以及内心矛盾等等的表达，却给人以启迪和美感，有着一定的艺术价值。

第五节　韦、刘和"大历十才子"

"安史之乱"标志着唐王朝各种社会矛盾的总爆发。经过九年的惨淡经营，战乱勉强平定，但往昔的盛势已难以振起。代、德两朝的四十余年间，国家基本在走

①《潜溪诗眼》，郭绍虞《宋诗话辑佚》上册，人民文学出版社，1980年，第314页。
②《杜少陵集详注》卷一二，上海古籍出版社，1983年，第Ⅴ-101页。
③《杜少陵集详注》卷九，上海古籍出版社，1983年，第Ⅳ~136页。

因循衰败的下坡路。文人间已难以见到经国的理想、奋斗的激情、豪迈的气度，作品也失去了盛唐那种昂扬奋发的精神和绚烂夺目的光彩。这一时期也出现一批有成就的作家如韦应物、刘长卿等，还有代表一时风气的“大历十才子”［据《新唐书·卢纶传》，“十才子”为卢纶、吉中孚、韩翃、钱起、司空曙、苗发、崔洞（或作“峒”）、耿沣、夏侯审、李端等十人，异说甚多，或把李嘉祐、郎士元、李益等包含在内］。这些人多是失意士大夫，或沉迹下僚，或作权门清客，精神境界都比较窘狭，作品虽有些富于现实内容和真情实感的，但主要是抒写乡情旅思、描绘自然风光或是应酬唱和之作。这又正是佛、道二教大发展的时代，朝廷崇佛，禅、净土和密教广为流行，这种情势正适应境界低迷的文人们的精神需求。这样，结交僧侣，游居佛寺、谈禅问道就成为文人生活的重要内容，也是他们作品表现的主要题材之一。在宋初所编《文苑英华》卷二一九《释门》三百七十四篇作品中，大历时期作品占四分之一以上，“寺院”类四百零九篇作品里比例也大体相同，可见佛教在当时文人生活与创作中的地位。

这一时期创作成就最高的当数韦应物和刘长卿。韦应物（733？—约793）出身于式微的显赫世家，以门荫补三卫，侍从玄宗。安史之乱改变了他的命运。代宗朝他转徙各地为微官，屡遭贬黜；德宗时期为滁州、江州刺史、尚书左司郎中、苏州刺史。“天宝后，诗人多为穷苦流寓之思，及寄兴于江湖僧寺”①，寺院成为文人们寄居、习业、游览场所。韦应物先后寓居洛阳同德寺、沣上善福精舍、苏州永定寺等处。这样，他对寺院显然有着特殊的感情，更习惯于佛家清修生活。他“立性高洁，鲜食寡欲，所居焚香扫地而坐”②，生活方式以至性格都受到佛教熏习。按朱熹的看法，“韦苏州诗高于王维、孟浩然诸人，以其无声色臭味也”③。就是说，他更善于创造那种高简闲淡、澄清精致的艺术境界。这当然与他习染佛禅有关系。如《听嘉陵江水声寄深上人》诗：

凿崖泻奔湍，称古神禹迹。夜喧山店门，独宿不安席。水性自云静，石中本无声。如何两相激，雷转空山惊。贻之道门旧，了此物我情。④

---

①《新唐书》卷三五《五行二》，第921页。

②李肇《国史补》卷下，古典文学出版社，1957年，第55页。

③黎靖德编《朱子语类》卷一四〇《论文下》，中华书局，1986年，第3327页。

④陶敏、王友胜《韦应物集校注》卷二，上海古籍出版社，1998年，第65页。

这首诗被认为是“默契禅宗”之作，“不得耑谓之诗”①。他长期寄住僧院，写有许多相关题材的诗，如《起度律师同居东斋院》、《移疾会诗客元生与释子法朗因贻诸曹》、《慈恩伽兰清会》、《夜偶诗客操公作》等，它们情致悠远，淡而有味，体现出独特的风格。值得注意的是，韦应物对道教也相当热衷，结交道士，熟悉道典，写了些表现神仙信仰的诗。他对佛、道二教取融通无碍的态度，这一点在当时文人也是典型的。

刘长卿（约726—790），字文房。他和韦应物同样活动于玄宗至德宗四朝这一长时期，经历同样十分坎坷：年轻时屡试不第；出仕后又两遭贬黜；晚年为随州刺史，逢“建中之乱”，随州被叛军占领，屈抑而终。他本来“有吏干”，但不断被迫隐逸山林或退居闲职，内心有所不平，遂亲近佛、道，寻求安慰。他的诗以近体为佳，风格恬淡清秀，颇有韵致，有“五言长城”之誉。贬睦州时结交诗僧灵澈，有《送灵澈上人》诗云：

苍苍竹林寺，杳杳钟声晚。荷笠带夕阳，青山独归远。②

短短二十字，言简意长，有王维辋川诗风味。在睦州有《喜鲍禅师自龙山至》诗：

故居何日下，春草欲芊芊。犹对山中月，谁听石上泉。猿声知后夜，花发见流年。杖锡闲来往，无心到处禅。③

诗中流露对禅师超然生活的神往，结句则直呈禅解。

被归入“大历十才子”的诗人经历不同，成就不一，但其艺术特色有相似之处，而亲近佛、道则更是共通的。其中如吉中孚做过道士，戴叔伦则在晚年入道了。“十才子”都常常在佛禅脱俗的境界里寻找精神家园，并把这种心态集中地表现在作品里。其中钱起（710—780）年事较长，诗名亦大，有“前有沈（佺期）、宋（之问），后有钱、郎（士元）”之说。他的《东城初陷与薛员外王补阙暝投南山佛寺》诗，写“安史之乱”中与王维等人避乱的经历：

日昃石门里，松声山寺寒。香云空静影，定水无惊湍。洗足解尘缨，忽觉

①李邺嗣《慰弘禅师集天竺语诗序》，《杲堂文钞》卷二。

②储仲君《刘长卿诗编年笺注》下册，中华书局，1996年，第435页。

③储仲君《刘长卿诗编年笺注》下册，中华书局，1996年，第458～459页。

天形宽。清钟扬虚谷，微月深重峦。噫我朝露世，翻浮与波澜。行运遘忧患，何缘亲盘桓。庶将镜中象，尽作无生观。[①]

结句的“镜中象”，本是著名的“大乘十喻”之一，是比喻我、法两空的境界的。丧乱的经历使诗人更体会到世事无常之理，因此要到“无生”法中求取安慰。司空曙的《过钱员外》诗是描写钱起晚年生活的：

为郎头已白，迹向市朝稀。移病居荒宅，安贫著败衣。野园随客醉，雪寺伴僧归。自说东峰下，松萝满故扉。[②]

钱起官终考功郎中，因此有首句的慨叹。诗里描写他在困顿落寞的境遇中，与僧侣结伴，奉佛求道，度过寂寞的生活。

当时众多文人的经历与感受是相类似的。如韩翃，天宝十三载（754）进士，长期转徙幕职，直至德宗朝始入朝官中书舍人。他的《题玉山观禅诗兰若》诗说：“掖垣挥翰君称美，远客陪游问真理。薄宦深知误此心，回心愿学雷居士。”[③] 雷居士次宗，是与慧远结社祈求往生西方的名士。耿湋一生未致通显，晚年由拾遗贬许州司法参军，他的《春日游慈恩寺寄畅当》诗说：“浮世今何事，空门此谛真。死生俱是梦，哀乐讵关身。”[④]《寻觉公因寄李二端司空十四曙》诗说：“少年尝味道，无事日悠悠。及至悟生死，寻僧已白头。”[⑤] 这些赠答之作表现的是他们的共同感受。李端，字正己，大历五年进士，曾为郭子仪子郭暧门下清客，初授校书郎，移疾江南，官杭州司马，卒。他的《书志寄畅当并序》说：

余少尚神仙，且未能去。友人畅当以禅门见导。余心知必是，为得其门，因寄诗以咨焉。

诗云：

少喜神仙术，未去已蹉跎。壮志一为累，浮生事渐多。衰颜不相识，岁暮

①《全唐诗》卷二三六，第2615页。
②《全唐诗》卷二九二，第3314页。
③《全唐诗》卷二四三，第2730页。
④《全唐诗》卷二六八，第2985页。
⑤《全唐诗》卷二六八，第2991页。

定相过。请问宗居士，君其奈老何。[1]

由此可见，李端本学神仙术，转而从畅当习禅。他把畅当比拟为刘宋著名居士宗炳。李端也写了许多佛教题材的作品。如《赠南岳隐禅师》：

旧住衡州寺，随缘偶北来。夜禅山雪下，朝汲竹门开。半偈传初尽，群生意未回。惟当与樵者，杖锡入天台。[2]

南岳慧隐是著名禅师神秀弟子降魔藏法嗣，他有《送皎然上人归山》诗：

适来世上岂缘名，适去人间岂为情。古寺山中几日到，高松月下一僧行。云际鸟道苔方合，雪映龙潭水更清。法主欲归须有说，门人流泪厌浮生。[3]

这首诗是写给诗僧皎然的。从上面的作品，可以知道李端在与这些僧人密切交往中受到的启迪。卢纶，字允言，大历初累举进士不第，仕途不达，贞元中得到德宗器重，拜户部郎中。他也经历坎坷，对佛、道均表热衷，有《洛阳早春忆吉中孚校书司空曙主簿因寄清江上人》诗：

值迥峰高驻马频，雪晴闲看洛阳春。莺声报远同芳信，柳色邀欢似故人。酒貌昔将花共艳，鬓毛今与草争新。年来百事皆无绪，惟与汤师结净因。[4]

这里投寄诗篇的清江是著名诗僧，诗人把他比拟为刘宋的汤惠休。从诗里的描写，同样可以了解当时文人们与僧人交往，共同游赏、唱和的具体情形。

对宗教的热烈关切成为以“大历十才子”为代表的一代文人精神生活的一个重要特征。他们在宗教世界里寄托自己的愿望和理想，求得对于苦难现实和不平际遇的安慰，升华为诗情的宗教情怀乃是宣泄内心苦闷和矛盾的表现。但也正是因为宗教意识的虚幻和褊狭，必然导致意念的消极、颓唐和境界的窘狭、低沉，从而造成大历诗风的显著弱点。

---

①《全唐诗》卷二八五，第 3255 页。
②《全唐诗》卷二八五，第 3247 页。
③《全唐诗》卷二八六，第 3270 页。
④《全唐诗》卷二七八，第 3158 页。

第六节 白 居 易

白居易（772—846），字乐天，晚号香山居士、醉吟先生。他以和李绅、元稹等人提倡和创作“新乐府”而著名史册；所作“讽喻诗”标志唐代现实主义诗歌的又一个高峰。但他又倾心宗教。他曾热心地求仙访道，亲自炼过丹，长期服用云母散等仙药。他形容自己是“白衣居士紫芝仙，半醉行歌半坐禅”①，把所向往的神仙生活与佛教的修持等同看待。而实际上他更为热衷的是佛教，主要是禅与净土。白居易代表了唐代文人佛教信仰的又一种典型。

白居易不是如王维那样热诚进行习禅修道的宗教实践，也不是如柳宗元那样认真钻研教理、宗义。佛教主要给他提供一种理想的人生方式、精神境界和美感理念。对他来说，佛教主要不是体现为信仰，而是作用于人生践履和诗歌创作之中。也正因此，佛教的观念、情绪、感受等等渗透到精神深层，成为他自己划分的“闲适诗”、“感伤诗”和“杂律诗”的主要内涵之一。

白居易早年为准备制科考试作《策林》，有《议释教》一篇，对佛教的蠹国害民提出批评。这虽然是儒生的常谈，但也表明他是认识到佛教的过分膨胀在伦理上、经济上的弊害的。但他却又终生习佛，老而弥笃。这一情况也反映当时文人对待佛教矛盾心态的一面。

贞元十五年（799）他二十八岁，由宣城北归洛阳，曾师事圣善寺凝公；十九年凝公圆寂，次年他作《八渐偈》纪念，其序言说：

> 居易常求心要于师，师赐我八言焉，曰观、曰觉、曰定、曰慧、曰明、曰通、曰济、曰舍。繇是入于耳，贯于心，达于性，于兹三四年矣。②

可见他这时对禅已有相当深入的领会。他元和二年（807）入翰林院，所作《答崔侍郎钱舍人书问因继以诗》中有“我有二道友，蔼蔼崔与钱”③ 的句子，崔指崔

①《自咏》，朱金城《白居易集笺校》卷三一，上海古籍出版社，1988 年，第 2130 页。

②朱金城《白居易集笺校》卷三九，上海古籍出版社，1988 年，第 2641 页。

③朱金城《白居易集笺校》卷七，上海古籍出版社，1988 年，第 389 页。

群，钱为钱徽，都是他习佛的“道友”。后来他在《答户部崔侍郎书》里回忆说：“顷与阁下在禁中日，每视草之暇，匡床接枕，言不及他，常以南宗心要互相诱导。”① 这是在朝为官时的事。他元和十五年作《钱虢州以三堂绝句见寄因以本韵和之》诗，钱虢州即钱徽，曾回忆说：

> 同事空王岁月深，相思远寄定中吟。遥知清净中和化，只用金刚三昧心。②

下有注曰：“与早岁与钱君同习读《金刚三昧经》，故云。”陈寅恪考证《金刚三昧经》是当时流行的一部伪经。

白居易早年立志颇高，斗志甚盛，但忠言见忌，不断受到排挤打击。他在服母丧退居下邽时作《渭川退居寄礼部崔侍郎翰林钱舍人诗一百韵》感慨说：

> 渐闲亲道友，同病事医王。息乱思禅定，存神入坐忘。③

元和十年（815）他被贬到江州，那里的庐山是佛、道二教圣地，他更迫切地希求得到宗教慰藉。他亲自合炼丹药就是在这个时期。他的《郡斋暇日忆庐山草堂兼寄二林僧舍三十韵多叙贬官以来出处之意》诗中说：

> 谏诤知无补，迁移分所当。不堪匡圣主，只合事空王。④

世路倚伏，仕途失意，又感到对于现世无力俾补，不得不走消极的“独善”之路。他在与友人元稹叙说心曲的长篇书信中说：

> ……古人云：“穷则独善其身，达则兼济天下。”仆虽不肖，常师此语。大丈夫所守者道，所待者时。时之来也，为云龙，为风鹏，勃然突然，陈力以出；时之不来也，为雾豹，为冥鸿，寂兮寥兮，奉身而退。进退出处，何往而不自得哉！故仆志在兼济，行在独善。奉而始终之则为道；言而发明之则为诗。⑤

而佛、道正是他“独善”之志的寄托。他当然并没有完全放弃“兼济”理想，但

①朱金城《白居易集笺校》卷四五，上海古籍出版社，1988年，第2806页。
②朱金城《白居易集笺校》卷一八，上海古籍出版社，1988年，第1196页。
③朱金城《白居易集笺校》卷一五，上海古籍出版社，1988年，第876页。
④朱金城《白居易集笺校》卷一八，上海古籍出版社，1988年，第1151页。
⑤《与元九书》，朱金城《白居易集笺校》卷四五，上海古籍出版社，1988年，第2774页。

佛教和道教确实给他提供了一种人生理想和生活方式。特别是当时正是马祖道一一系"洪州禅"兴盛的时候，他与这一系禅宗有着密切关系。

马祖于贞元四年（788）圆寂，众多弟子弘传其禅法于四方，鹅湖大义、章敬怀晖、兴善惟宽先后进京，迅速扩大了这一派禅法的影响。元和九年（814）冬，白居易授太子左赞善大夫，曾四次到兴善寺向惟宽问道，作《传法堂碑》，胡适说是"十九世纪的一种禅宗史料"，"正合道一的学说"[1]。次年，白居易贬江州司马，其时马祖法嗣归宗智常在江州传法，他有《晚春登大云寺南楼赠常禅师》诗，中有"求师治此病，唯劝读《楞伽》"[2] 之句。他在江州结交的兴国神凑、东林上宏等也是洪州或曹溪弟子。他晚年寓居洛阳龙门，与嵩山如满为空门友，这位如满也是道一法嗣。洪州禅主张"平常心是道"，"非心非佛"，把南宗早期见性、顿悟的禅发展为随缘应用、肯定"平常心"的禅，从而认为穿衣吃饭、扬眉瞬目的日常营为就是道，更肯定"自性本来具足"，所以"道不属修"[3]。南宗禅的"无念"、"无相"之说本来与老、庄有密切关联，洪州禅更与庄、禅进一步结合。马祖所谓"平常心是道"[4]，正和《庄子》道"无所不在"，"物物者与物无际"[5] 思想相通；马祖提倡无造作、无是非、无取舍、无断常、无凡无圣的人生态度，也与《庄子》等是非、齐物我的观念相一致。白居易在《病中诗十五首序》里说："余早栖心释梵，浪迹老、庄，因疾观身，果有所得。"[6] 他把老、庄与"释梵"等同看待，又是从解决人生"疾患"的角度来对待二者的。白居易的"感伤诗"主要是感伤人事，"闲适诗"则抒写超脱闲适之情，正有洪州禅的观念为底蕴。他在江州作《睡起晏坐》诗说：

淡寂归一性，处闲遗万虑。了然此时心，无物可譬喻。本是无有乡，亦名不用处。行禅与坐忘，同归无异路。

---

①《白居易时代的禅宗世系》，（日）柳田圣山编《胡适禅学案》，日本中文出版社，1981 年，第 94、97 页。

②朱金城《白居易集笺校》卷一六，上海古籍出版社，1988 年，第 986 页。

③《古尊宿语录》卷一《马祖大寂形状》。

④（日）入矢义高编《马祖の语录》，日本禅文化研究所，1984 年，第 32 页。

⑤《庄子・应帝王》。

⑥朱金城《白居易集笺校》卷三五，上海古籍出版社，1988 年，第 2386 页。

下有注曰:“道书云无何有之乡，禅经云不用处，二者殊名而同归。”① 晚年所作《拜表回闲游》诗说:

达摩传心乞息念，玄元留语遣同尘。八关净戒斋销日，一曲狂歌醉送春。酒肆法堂方丈室，其间岂是两般身。②

像这样，佛、道一致，禅、教一致，真谛与世法一致，把乐天无为、优游自在的生活等同于修道实践。这当然显得谦退、柔弱，是受到打击之后的退避慰安之道，是在复杂险恶的环境中求得容身自保，但却也不是完全消极的。

早期禅宗主张“心净土净”，本来反对西方净土信仰。但白居易晚年对净土也十分热衷。他的《重修香山寺毕题二十二韵以纪之》诗中说:

南祖心应学，西方社可投。生宜知止足，死要悟浮休。③

这里的“西方社”指东晋慧远在庐山与僧俗所结净土社。在他看来，南宗心法和西方信仰并不矛盾。中唐时出现十八高贤结“白莲社”故事，白居易在宣扬这一传说中起了相当的作用。他官太子少傅时作《画西方帧记》，又表示愿为“一切众生”修弥陀净土业，有偈说:

极乐世界清净土，无诸恶道及众苦。愿如老身病苦者，同生无量寿佛所。④

他的净土信仰，显然也体现了普度众生的理想。晚年的白居易受八关斋戒，更曾从事修持实践。但他终不能忘情于世俗享乐，作文说，洛阳西郊山水之盛龙门为首，龙门游观之盛香山为首，自己作为“山水主”，做到了“足适”、“身适”、“心适”。在《香山寺二绝》里他描写自己的生活:

空门寂静老夫闲，伴鸟随运往复还。家酝满瓶书满架，半移生计入香山。⑤

他的净土观念显然倾向于心净土净的唯心净土思想，净土修持也就体现为知足保和优游自在的人生了。

①朱金城《白居易集笺校》卷七，上海古籍出版社，1988 年，第 373 页。
②朱金城《白居易集笺校》卷三一，上海古籍出版社，1988 年，第 2185 页。
③朱金城《白居易集笺校》卷三〇，上海古籍出版社，1988 年，第 2123 页。
④朱金城《白居易集笺校》卷七一，上海古籍出版社，1988 年，第 3802 页。
⑤朱金城《白居易集笺校》卷三一，上海古籍出版社，1988 年，第 2142 页。

白居易创作中最有价值的当然是那些“惟歌生民苦”的讽喻诗篇，但占他作品绝大部分的抒写“感伤”、“闲适”情致的篇章也有些思想和艺术价值颇高的。其中不少作品抒写放舍身心、超绝万缘的旷达胸怀，表达心有所守、不慕荣利的高蹈情致，有时又流露出现实压迫下内心矛盾的隐微，如此等等，既不完全是灰心灭志的悲观，也不是无所用心的颓废，无论作为一种精神境界，还是作为艺术表现，都有一定的意义和价值。刘禹锡称赞他说：

> 散诞人间乐，逍遥地上仙。诗家登逸品，释氏悟真诠……吏隐情兼遂，儒玄道两全。①

这是说，白居易儒、释、道兼用，无不适其情；以之指引人生，为官，作诗，无不通达无碍。他处患难不惧不馁，对名位不忮不求，也就不会与世浮沉，同流合污。而进退不萦于怀，苦乐不滞于心，百炼钢化为绕指柔，时刻等待实现济世利人理想的时机，这又是“以退为进”的手段。在这方面，禅的修养是起了一定作用的。

白诗在表达上走平易浅显一路，做到所谓“老妪能解”。这种艺术风格和语言表达方式实际也体现了禅的精神。所谓“性海澄渟平少浪，心田洒扫净无尘”②，“身觉浮云无所著，心同止水有何情”③，这样的精神境界体现为美学观念，表达为诗情，必然走平淡、清明一路。至于在诗歌创作的形式、语言等具体表现技巧上，他显然对当时流行的禅宗诗偈和语录也有所借鉴。

第七节　刘禹锡、元稹等中唐其他诗人

元和年间短暂的“中兴”之后，藩镇变乱又起，朝廷内部则宦官干政，朋党相争，政出多门，整个国家矛盾丛生，危机四伏。社会危机给宗教的扩展提供了良好土壤。官僚士大夫出于不同原因普遍地习佛学禅。刘禹锡有诗说：“钟陵八郡多名守，半是西方社中友。”④ 所谓“钟陵八郡”，指洪州都督府所辖洪、饶、抚、吉、

①《酬乐天醉后狂吟十韵》，卞孝萱校订《刘宾客集》卷三四，中华书局，1990 年，第 501 页。

②《狂吟七言十四韵》，朱金城《白居易集笺校》卷三七，上海古籍出版社，1988 年，第 2555 页。

③《答元八郎中杨十二博士》，朱金城《白居易集笺校》卷一七，上海古籍出版社，1988 年，第 1107 页。

④《送鸿举师游江西》，《刘禹锡集》卷二九，第 400 页。

虔、袁、江、鄂八州，刘诗是说这八个州的刺史一半以上是净土结社成员。这可以说是当时官僚士大夫好佛的典型情况。实际习禅则更为普遍。前面已介绍了白居易，以下简单介绍另一些重要诗人。

刘禹锡（772—842），字梦得，早年即在吴兴陪侍诗僧皎然、灵澈吟诗。他少有经世之志，与柳宗元友好，出仕后共同参与“永贞革新”；失败后同遭贬黜，得朗州（今湖南常德市）司马。在朗州，土风弊陋，举目殊俗，遭受挫抑，心情抑郁不乐，更倾心佛说。他在《送僧元暠南游》诗引里说：

> 余策名二十年，百虑而无一得，然后知世所谓道无非畏途，惟出世间法可尽心耳。由是在席砚者多旁行四句之书，备将迎者皆赤髭白足之侣。深入智地，静通还源，客尘观尽，妙气来宅。内视胸中，有煎炼然。①

这一自述表明他当时“事佛而佞”的心态。他遭受严酷打击，虽然经世的理想并没有消泯，但佛教总给心灵以寄托和安慰。而较之因果报应之类信仰，他更注重的是“性理”。他在《赠别君素上人》诗引里说：

> 曩予习《礼》之《中庸》，至“不勉而中，不思而得”，懱然知圣人之德，学以至于无学。然而斯言也，犹示行者以室庐之奥耳，求其径术而布武，未易得也。晚读佛书，见大雄念佛之普，级宝山而梯之。高揭慧火，巧镕恶见；广疏便门，旁束邪径。其所证入，入舟沿川，未始念于前而日远矣，夫何勉而思之邪？是余知突奥于《中庸》，启键关于内典，会而归之，犹初心也。②

《中庸》所谓“不勉而中，不思而得”，讲的是圣人“致诚返本”之说③。刘禹锡认为佛说正开出达到这一目的的途径。这清楚表明他倾心佛教的立意所在。他在为神会弟子乘广所作《袁州萍乡县杨岐山故广禅师碑》里又说：“儒以重道御群生，罕言性命，故世衰而寖息；佛以大慈救诸苦，广启因业，故浊劫而益尊。自白马东来，而人知像教；佛衣始传，而人知心法。弘以权实，示其摄修。味真实者，即清净以观空；存相好者，布威神而迁善。厚于求者，植因以觊福；罹于苦者，证业以销冤。革盗心于冥昧之间，泯爱缘于死生之际。阴助教化，总持人天。所谓生成之

①《刘禹锡集》卷二九，第 392 页。

②《刘禹锡集》卷二九，第 389 页。

③《礼记正义》卷五三《中庸》孔颖达疏，《十三经注疏》下册，中华书局，1980 年，第 1632 页。

外，别有陶冶；刑政不及，曲为调柔。其方可言，其旨不可得而言也。”① 这也十分清楚地阐述了佛教有助于心性教化的见解。

刘禹锡的诗风简练沉着，委顺自然，不同于白居易、元稹的辞繁言激，也不同于韩愈、孟郊的刻意高古，这与他的佛教修养有关系。其《秋日过鸿举法师寺院便送归江陵》诗引说：

> 梵言沙门，犹华言去欲也。能离欲则方寸地虚，虚而万象入，入必有所泄，乃形乎词。词妙而深者，必依于声律。故自近古以降，释子以诗闻于世者相踵焉。因定而得境，故翛然以清；由慧而遣辞，故粹然以丽。信禅林之花萼，而戒河之珠玑耳。②

这就指出以禅的虚净之心体察清静明丽的境界，乃是僧诗的特征。而他的一些作品正具体实现了这种观念。

元稹（779—831），字微之，与白居易齐名，是“新乐府运动”的倡导者。贞元十年十六岁，寓居西京开元观，紧邻永乐南街寺庙，就已“尽日听僧讲，通宵咏月明”③。白居易元和五年（810）作《和梦游春诗一百韵》序里说：“况与足下外服儒风，内宗梵行者有日矣。而今而后，非觉路之返也，非空门之归也，将安反乎？将安归乎？”诗的结句说：“《法句》与《心王》，期君日三复。”有注曰：“微之常以《法句》及《心王头陀经》相示，故申言以足其之志也。”④ 可见元、白二人不仅是政治上的同志、思想上的同道，也是习佛的法侣。这一年元稹以触怒专权的宦官被贬到江陵，更加热衷于佛说，一是希图心理安慰，再是求得“来生之计”。元稹的后半生，依附权阉，颇受讥评，但其内心纠缠着不可解脱的矛盾痛苦，倾心宗教也是寻求慰藉之道。所以他的《悟禅三首寄胡果》第二首说：

> 百年都几日，何事苦嚣然。晚岁倦为学，闲心易到禅。病宜多宴坐，贫似少攀援。自笑无名字，因名自在天。⑤

---

①《刘禹锡集》卷四，第 57 页。

②《刘禹锡集》卷二九，第 394 页。

③《答姨兄胡灵之见寄五十韵》，冀勤点校《元稹集》卷一一，中华书局，1982 年，第 124 页。

④朱金城《白居易集笺校》卷一四，上海古籍出版社，1988 年，第 2 册第 863 ~866 页。

⑤《元稹集》卷一四，第 158 页。

又《寄昙嵩寂三上人》诗说：

长学对治思苦处，偏将死苦教人间。今因为说无生死，无可对治心更闲。①

诗人对佛教采取的显然是非常现实的态度。前述白居易《和梦游春》诗结句说到“《心王》与《头陀》”，据陈寅恪考证，都是“浅俗伪造之经。夫元白二公自许禅梵之学，叮咛反复于此二经。今日得见此二书，其浅陋鄙俚如此，则二公之佛学造诣，可以推知矣”②。而这正可以表明，元、白习佛并不以义理见长，既不如东晋名士的玄辩，也不及南朝文人的讲学，他们采取的是更平庸的态度：用显俗的佛说做人生实践的指引。而如此浸渍于创作之中，却能发挥出更鲜明、深刻的影响。

李绅（772—864），字公垂，早年与元、白友善，是“新乐府运动”倡导者之一。他年轻时与僧鉴玄“同在惠山（寺）十年”③。这种经历培养了他终生怀抱对佛教的亲近感。他居官所至，到苏州虎丘、报恩寺，杭州天竺、灵隐寺，常州建元寺，润州鹤林寺等寺院，都曾游赏题咏，抒发感慨。如所谓“官备散寮身却累，往来惭谢二莲宫”④，“自叹秋风劳物役，白头拘束一闲人”⑤ 等等，抒写出宦途烦扰、希求解脱之感。

对寺院有特殊感情的还有张祜。他举进士不第，奔走权门，与世浮沉，诗作受到杜牧、陆龟蒙等人的推崇。又“性爱山水，多游名寺，如杭之灵隐、天竺，苏之灵岩、楞伽，常之惠山、善权，润之甘露、招隐，往往题咏唱绝”⑥。如《题润州金山寺》诗：

一宿金山寺，超然离世群。僧归夜船月，龙出晓堂云。树色中流见，钟声两岸闻。翻思在朝市，终日醉醺醺。⑦

佛寺的清幽生活使他生发出奔竞市朝的感慨。

宋人张耒说：“唐之晚年，诗人类多穷士，如孟东野、贾浪仙之徒，皆以刻琢穷

①《元稹集》卷一九，第222页。

②《元白诗笺证稿》，上海古籍出版社，1978年，第99页。

③《重到惠山》，《全唐诗》卷四八二，第5485页。

④《苏州不住遥望虎丘报恩两寺》，《全唐诗》卷四八二，第5483页。

⑤《望鹤林寺》，《全唐诗》卷四八二，第5487页。

⑥傅璇琮主编《唐才子传校笺》卷六，中华书局，1990年，第3册第174页。

⑦《全唐诗》卷五一〇，第5818页。

苦之言为工。”[①]

贾岛（779—843），字浪仙，是著名的“苦吟”诗人。他早年为僧，还俗后，“谈玄抱佛，所交悉尘外之人”[②]。他所抒发的愁苦幽独之情和枯寂清峭的诗风和这种生活有密切关系。其《青门里作》诗说：

燕存鸿已过，海内几人愁。欲问南宗理，将归北岳修。若无攀桂分，祇是卧林休。泉树一为别，依稀三十秋。[③]

青门里在长安，诗应是作者屡举不第困居时所作，“南宗理”是他精神依托所在。与贾岛并称为“姚、贾”的姚合（约779—约864），诗风与贾岛近似，但比较平浅。他同样喜欢游历或寓居佛寺僧社，多与僧人结交、酬唱，对佛家超然出世的风格表示向往或赞赏。他在武功主簿任上作《武功县中作三十首》，其中有句曰“净爱山僧饭，闲披野客衣”，“从僧乞净水，凭客报闲书”[④]。他有《闲居》诗：

不自识疏鄙，终年住在城。过门无马迹，满宅是蝉声。带病吟虽苦，休官梦已清。何当学禅观，依止古先生。[⑤]

这都清楚显示了他倾心佛说的心路历程。“姚、贾”在当时诗坛上影响甚大。同时或稍后的马戴、喻凫、李群玉、李频、曹松、薛能、李洞等创作大体同样走奇僻清峭一路，而这种风格正和他们所处萧条寂寞的处境与这种处境造成的落寞凄苦感情有关。这也是他们都不同程度地心仪佛说的缘由。

第八节　唐代“古文运动”与佛教

唐代“古文运动”是革正文体、文风和文学语言的运动，也是革新散文创作的运动。它从根本上变革了文坛上晋宋以来流行几百年的浮靡空洞的骈俪文体，使散文创作走上更加健康的发展道路。倡导“古文运动”的主要人物之一韩愈是文化史

①胡仔《苕溪渔隐丛话前集》卷一九《孟东野贾浪仙》。
②傅璇琮主编《唐才子传校笺》卷五，中华书局，1989年，第2册第332页。
③黄鹏《贾岛诗集笺注》卷六，巴蜀书社，2002年，第212～213页。
④《全唐诗》卷四九八，第5658页。
⑤《全唐诗》卷四九八，第5660页。

上著名的辟佛健将，后起的古文家中也有一批反佛的，所以人们往往强调文体复古与儒学复古的联系。但实际上在佛教昌盛的唐代，更多的古文家与佛教有密切关系；而且从一定意义上说，古文创作也从佛教得到滋养和借鉴。与韩愈并称的柳宗元就是主张“统合儒、释”的，下面有专节另述。

韩、柳以前，对“古文运动”有开拓之功的陈子昂、张说、萧颖士、李华、元结、独孤及、梁肃、权德舆等人，大多与佛教有密切关系，多少写过赞扬佛说或记录佛事的所谓“释氏文字”。他们的有关文章也是改革散文实践的一部分。

李华（715—766），字遐叔，天宝年间入仕。早岁习儒，又喜读佛书。“安史之乱”中受伪职贬官，以后即一蹶不振，只短期担任幕僚。他对唐代佛教各宗派均有相当的了解。他的《东都圣善寺无畏三藏碑》，碑主是中土密教创始人之一的善无畏。而其《润州天乡寺故大德云禅师碑》，碑主法云，是大照普寂弟子；《润州鹤林寺故径山大师碑铭》，碑主则是牛头宗径山道钦。他晚年从天台九祖荆溪湛然受业，被视为天台宗人[①]。他作《故左溪大师碑》，碑主就是天台八祖玄朗。他对儒、释交流十分赞赏：“昔支遁与谢公为山水之游，竺法师与王度为生死之约，古今同道，如见其人。”[②] 他又说：“五帝三王之道，皆如来六度之余也。”[③] “儒、墨者，般若之笙簧；词赋者，伽陀之鼓吹。”[④] 这又明确主张辞章是宣扬佛说的工具。他本人更身体力行，以文章“传佛教心要”，是唐代文人中写作释教碑众多者之一。

独孤及（725—777），字至之，“体黄老之清净，苞大雅之明哲”[⑤]，宗道家，又兼容佛说。他晚年为舒州刺史，曾赞助替禅宗三组僧粲建塔，亲书《舒州山谷寺觉寂塔隋故镜智禅师踏铭》。僧粲在早期禅籍中情况不明，独孤及表扬他，是南宗禅确立法系的重要行动。他概括僧粲的禅观：“其教大略以寂照妙用摄群品，流注生灭观四维上下，不见法，不见身，不见心，乃至心离名字，身等空界，法同梦幻，亦无得无证，然后谓之解脱禅门。”[⑥] 这也表明他个人的禅解相当精审。他与诗僧

---

①志磐《佛祖统纪》卷七《东土九祖第三之二》、卷四一《法运通塞志第八》，《正》第 49 卷第 189 页中、第 379 页中。

②《润州天乡寺故大德云禅师碑》，《全唐文》卷三二〇，第 3243 页。

③《台州乾元国清寺碑》，《全唐文》卷三一八，第 3224 页。

④《杭州余姚县龙泉寺大律师碑》，《全唐文》卷三一九，第 3232 页。

⑤梁肃《朝散大夫使持节常州诸军事常州刺史赐紫金鱼袋独孤公行状》，胡大浚、张春雯校点《梁肃文集》卷六，甘肃人民出版社，2000 年，第 199 页。

⑥《全唐文》卷三九〇，第 3973 页。

灵一交好，在《唐故扬州庆玄寺律师一公塔铭》里称之为“善友”，赞扬他“吻合词林，与儒、墨同其波流”①。他还写过《金刚经报应述》、《佛顶尊胜陀罗尼幢赞》等护法文章。

梁肃（753—793），字敬之，一字宽中，在“古文运动”中是承前启后的人物。他就学于独孤及，而韩愈、李翱从之受业。贞元八年（792）陆贽以兵部侍郎知贡举，梁肃佐之，推举韩愈、李观等及进士第。他学天台之道于荆溪湛然，又是湛然法嗣元浩的俗弟子。他对天台教理研习有得，以智者大师的《摩诃止观》文义弘博，览者费日，成《止观统例》一书，这是阐扬天台止观的重要文献。他还有《天台法门议》、《天台智者大师修禅道场碑》、《天台智林寺碑》、《荆溪大师碑》、《常州建安寺止观院记》、《维摩经略疏序》等作品，都是阐述天台教理的。后来天台宗人著僧史，也把他列入天台传法统序之中。

权德舆（761—818），字载之，在贞元、元和年间是文坛宗主式人物，对于韩、柳是先辈，有提携奖掖之恩。他的创作实践和“尚理、尚气、有简、有通”的文论对“古文运动”的发展均有所推动。他周流三教，代表了当时文人的一般倾向。贞元二年，他以大理评事兼监察御使在江西观察使李兼在判官，在洪州（今江西南昌市）游于马祖道一门下；马祖圆寂，他作《唐故洪州开元寺石门道一禅师塔铭》，这是宣扬“洪州禅”的重要文献。他也是唐代文人中写作释氏文字较多的人。他在晚年为百岩禅师所作碑铭里说:“尝试言之，以《中庸》之自诚而明以尽万物之性，以《大易》之寂然不动感而遂通，则方袍、褒衣其极致一也。向使师与孔圣同时，则颜生、闵损之列欤？释尊在代，其大慧、纲明其伦欤?”② 这也十分明确地表述了统合儒、释的观念。

情况比较复杂的是韩愈及所谓“韩门弟子”李翱等人。韩愈（768—824），字退之，与柳宗元一起是“古文运动”的旗手和领袖。他们二人不仅在创作上成绩巨大，更提出了系统的理论主张，又团结和指导同道与后学，从根本上扭转了文坛风气，对古文的发展作出了决定性的贡献。韩愈一生力辟佛、老，以弘扬儒道为己任。特别是后来宋人讲理学，更大力表扬他对儒道的起衰济溺之功。但如果仔细分析，韩愈辟佛立志颇高，出言颇壮，而理论方面并不相称。他指斥佛教以夷乱华、

①《全唐文》卷三九〇，第3963页。

②《唐故章敬寺百岩大师碑铭》，《全唐文》卷五〇一，第5104页。

败坏纲常、不事生产等等，基本是六朝以来反佛人士的常谈，不过针对性更强、态度更为坚定而已。而他生活在佛教思想笼罩社会的环境下，当时的佛教特别是禅宗已浸润到士大夫阶层的精神深处，个人不能不受到熏染。韩愈特别推崇孟子，发挥《中庸》、《大学》的正心诚意、修、齐、治、平之说，以为恢复儒道、整顿纪纲的关键，因而他重视心性问题。而当时在这方面用力最多、贡献最大的是禅宗，他因而不能不与之发生纠葛。韩愈论人性，严分“性”与“情”，说“性也者，与生俱生也；情也者，接于物而生也”①，已和禅宗的性净情惑说相通。无论是他提出还是解决心性问题的思路，都明显有与禅宗一致之处。他贬潮州，结识石头法嗣大颠，在给友人孟简的信里说：

……有人传愈近少信奉释氏，此传之者妄也。潮州时，有一老僧号大颠，颇聪明，识道理，远地无可与语者，故自山召至州郭，留十数日，实能外形骸以理自胜，不为事物侵乱。与之语，虽不尽解，要自胸中无滞碍；以为难得，因与来往。及祭神至海上，遂造其庐；及来袁州，留衣服为别，乃人之情，非崇信其法，求福田利益也。②

这本是自我辩解的话，但其中所赞扬的“外形骸以理自胜”、“胸中无滞碍”云云，正是禅宗所提倡的“自性清净”的境界；而所谓“求福田利益”等等也是禅宗所反对的。至于他虚构尧、舜、禹、汤、文、武、周公一脉相承的儒家传法统序，更是借鉴了禅宗建立祖统的做法。陈寅恪曾精辟地指出：

退之从其兄会谪居韶州，虽年颇幼小，又历时不甚久，然其所居之处为新禅宗之发祥地，复值此新学说宣传极盛之时，已退之之幼年颖悟，断不能于此新禅宗学说浓厚之环境气氛中无所接受感发，然则退之道统之说表面上虽由孟子卒章之言所启发，实际上乃因禅宗教外别传之说所造成，禅学于退之之影响亦大矣哉！

又说：

……新禅宗特提出直指人心见性成佛之旨，一扫僧徒烦琐章句之学，摧陷

①马其昶《韩昌黎文集校注》卷一，上海古籍出版社，1986年，第20页。

②马其昶《韩昌黎文集校注》卷三，上海古籍出版社，1986年，第212页。

廓清，发聋振聩，故吾国佛教史上一大事也。退之生值其时，又居其地，睹儒家之积弊，效禅侣之先河，直指华夏之特性，扫除贾、孔之繁文，原道一篇中心旨意实在于此……[1]

这就透过现象，分析思想实质，指出了在时代大环境下韩愈与佛教的复杂关系。

李翱（774—836），字习之，是韩愈侄婿，为学为文皆宗韩愈。韩愈后学分化为尚理、尚文两种倾向。李翱致力于弘扬儒道，是前一派人的代表人物。他作《去佛斋》文，借批判当时流行的“七七斋”丧仪，指斥佛教传入中国使得“礼法迁坏”，揭露佛道“非圣人之道”，并警告“溺于其教者，以夷狄之风而变乎诸夏，祸之大者也”[2]。他所提出的反佛根据与韩愈看法全同。而他的心性学说则发展了韩愈的观点，明显地汲取了禅宗内容，甚至语言也是禅宗的。他作《复性书》上、中、下三篇，开头就依韩愈的思路，严分“性”与“情”，提出“情既昏，性斯匿矣”的论点；进而论述“百姓之性与圣人之性弗差”，指出问题是“人之昏也久矣”，所以关键在“复其性”。而复性的方法，第一步要做到“弗虑、弗思，情则不生；情既不生，乃为正思”，也即是“斋戒其心”；进一步要“知本无有思，动静皆离，寂然不动者，是至诚也”，最后达到“视听昭昭，而不起于见闻”[3]。这实际是依据禅的观念对儒家“正心诚意”、“致诚返本”之说的发挥，把儒、释两家的心性说统合起来，从而为宋代新儒学“性理”之说开了先河。灯录上记载李翱曾问道于药山惟俨，并传出他写给惟俨的两首赠诗。这作为实事难以凭信。但他与禅僧如惟俨等人有交往，受其思想的熏陶则是肯定的。

这样，从文化史的广阔视野看，“古文运动”乃是儒、释交流和融合的结果。值得注意的还有，如从文体发展史看，佛典翻译和六朝僧俗释氏文字也给“古文”创作提供了借鉴。

第九节　柳　宗　元

柳宗元（773—819），字子厚，是唐代“古文运动”的另一位领袖，在诗歌、

①《论韩愈》，陈寅恪《金明馆丛稿初编》，上海古籍出版社，1980 年，第 286、287 页。

②郝润华点校《李翱集》卷四，甘肃人民出版社，1992 年，第 25～26 页。

③《复性书》（上）、（中），郝润华点校《李翱集》卷二，甘肃人民出版社，1992 年，第 6、10 页。

辞赋等方面也有突出成绩。他又是杰出的革新政治家和进步思想家，是对中唐社会造成重大影响的“永贞革新”的领导人之一。革新失败，他被贬官南方，一斥不复，终老于柳州任所。

拿他与唐代另外两位与佛教关系甚深的作家王维、白居易相比较，则显示出明显的不同点。王维受南宗禅影响较深，白居易则更多地接受洪州禅和净土信仰，佛教对于他们主要是提供一种不同于儒家传统的人生态度、生活方式，成为苦难人生的安慰与慰藉。而柳宗元具有思想家善于思辨、长于论理的品格，他对于佛学义理进行过认真探讨并有相当深入的理解，从而成为文人习佛的另一种典型。

柳宗元曾说:“与自幼好佛，求其道，积三十年。”① 这番话写在元和六年（811）四十岁前后，就是说他幼年已接触佛教。他的父亲柳镇于建中年间（780）曾在鄂、岳、沔三州节度使李兼处做幕僚，李兼迁江西，柳镇带领宗元赴洪州任所。其时正值马祖道一在洪州开法，李兼“勤护法之诚，承最后之说”②，作为一方守臣，为护法檀越。李兼门下人才济济，其中有杨凭，后来是柳宗元的岳父，也是佛教信徒。应是在这一时期，柳宗元对佛教，特别是洪州禅，已有所了解。

“永贞革新”失败后，柳宗元贬永州（今湖南永州市）司马，既无职守，又无居所。初到永州，他寄居龙兴寺，住持僧从巽是天台九祖湛然的再传弟子，柳宗元称赞他对佛教“穷其书，得其言，论其意”，是“楚之南”“善言佛”的第一人③。他从重巽研习天台教理，所结交僧人觉照、琛上人等也都应是天台学人。天台九祖湛然（711—782）发挥智者大师宗义，又接受华严教理的某些内容，倡“无情有性”说，造成天台“中兴”之势。如前所述，李华曾从学于湛然；梁肃也是学养甚深的天台学者，而柳宗元视为思想导师、在“永贞革新”中起过重大作用的《春秋》学者陆质也亲近天台宗。后者在贞元末年任台州刺史时曾供养湛然弟子道邃，请他讲《法华》止观学说④。天台教学本来具有统合儒、释的性质，对于“心性”问题又特别给予重视，受到柳宗元等业儒文人的欢迎是有缘由的。

---

①《送巽上人赴中丞叔父召序》，《柳河东集》卷二五，上海人民出版社，1974年，第423页。

②权德舆《唐故洪州开元寺石门道一禅师塔铭》，《权载之文集》卷二八。

③《送巽上人赴中丞叔父召序》，《柳河东集》卷二五，上海人民出版社，1974年，第423~424页。

④日本入唐僧最澄得《显戒论缘起》录有《天台道邃和尚形迹》、《陆淳印信》、《最澄入唐牒》、《台州刺史陆淳送最澄阇黎还日本诗》等资料可证，见（日）户崎哲彦《唐代中期の文学と思想》，滋贺大学经济学部，1990年，第1~26页。

如果说柳宗元在学理上更多地接受了天台教理，那么实践上则更倾心禅与净土。柳宗元结交不少禅师，如他所写《南岳弥陀和尚碑》的碑主承远，即“始学于成都唐公，次资川诜公”①，“唐公”是资州德纯寺处寂，“诜公”则是弘忍弟子智诜，均属于“保唐宗”一系。他到柳州后有来往的荆州文约、龙安如海等也都是禅宗弟子。元和十年柳宗元任柳州刺史，岭南节度使、广州刺史马总疏请朝廷追褒六祖慧能，朝廷赐谥大鉴禅师，宗元应请作《曹溪第六祖赐谥大鉴禅师碑》，这是王维《能禅师碑》后唐代文人所写的又一篇慧能碑文，俗称“第二碑”；前述刘禹锡碑作“第三碑”。在碑文中柳宗元转述马总的看法说：

> 自有生物，则好斗夺相贼杀，丧其本质，悖乖淫流，莫克返于初。孔子无大位，没以余言持世，更杨、墨、黄、老益杂，其术分裂。而吾浮图说后出，推离还源，合所谓生而静者。梁氏好作有为，师达摩讥之，空术益显。六传至大鉴……其道以无为为有，以空洞为实，以广大不荡为归；其教人，始以性善，终以性善，不假耘锄，本其静矣。②

这实际也是柳宗元自己的认识：他一方面指出儒、释一致，认为后出的佛说可为儒术的补充；另一方面又表明所重在“心性”，认为佛教的空观可以引导实现“性善”的目标。马祖道一的洪州禅肯定“平常心”，由“即心即佛”发展到“非心非佛”，纯任主观，破斥传统，导引出呵佛骂祖、毁经灭教一派禅风。柳宗元本是从完善心性、有益世用的角度来肯定佛教的，因而对这种禅风的流荡忘返表示反对，提出批评，在《送琛上人南游序》中说：

> 今之言禅者，有流荡舛误，迭相师用，妄取空语而脱略方便，颠倒真实，以陷乎己而又陷乎人；又有能言体而不及用者，不知二者之不可斯须离也，离之外矣——是世之所大患也。③

他强调体、用一致，显然更重视“用”的方面。他有《东海若》一文，也批评那种“无善无恶，无因无果，无修无证，无佛无众生”因而安于幽秽之说，要求达到

①《柳河东集》卷六，上海人民出版社，1974 年，第 94 页。

②《柳河东集》卷六，上海人民出版社，1974 年，第 91～92 页。

③《送巽上人赴中丞叔父召序》，《柳河东集》卷二五，上海人民出版社，1974 年，第 428 页。

“去群恶，集万行，居圣者之地，同佛知见”[①]的目标。这都表明柳宗元佛教思想的现实精神。

而柳宗元作为积极的政治家，以章明“大中”、“辅时及物”为职志，其佛教思想的主导方面还是从“统合儒、释”，“有益于世用”的认识出发，突出其文化的、教化的意义。他在《送元十八山人南游序》一文中批评儒、道相攻，认为“老子亦孔氏之异流”，进而肯定杨、墨、申、商、刑名、纵横等百家杂说都“有以佐世”，并把“释氏”列为其中之一，主张“悉取向之所以异者，通而同之，搜择融液，与道大适，咸伸其所长，而黜其奇斜”[②]。他与韩愈就佛教问题进行过激烈争论。他的《送僧浩初序》说：

> 儒者韩退之与余善，尝病余嗜浮图言，訾余与浮图游。近陇西李生础自东都来，退之又寓书罪余，且曰:“见《送元生序》，不斥浮图。”浮图诚有不可斥者，往往与《易》、《论与》合，诚乐之，其于性情奭然，不与孔子异道……退之所罪者其迹也。曰髡而缁，无夫妇父子，不为耕农桑蚕而活乎人，若是，虽吾亦不乐也。退之忿其外而遗其中，是知石而不知韫玉也。吾之所以嗜浮图者以此，与其人游者，未必能通其言也。且凡为其道者，不爱官，不争能，乐山水而嗜闲安者为多。吾病世之逐逐然唯印组为务以相轧也，则舍是其焉从？吾之好与浮图游以此。[③]

他明确表示对于佛教徒无视伦理、不事生产也是反对的，所赞赏的是佛说与《易》、《论语》相合的一面，并特别强调其心性观念与实践方面的优长。他显然并不信仰檀施供养、因果报应的佛教。在这里也表现了他的佛教思想的积极用世、理性批判的一面。

柳宗元在思想史上的主要贡献，是他发展了自然哲学的唯物主义思想，批判唯心主义的“天命”观，反对鬼神、符瑞、封禅之类迷信，从而替先秦以来作为理论核心的关于“天、人之际”的争论作了总结；他又和韩愈一样重视“心性”问题，为宋儒建设以“性理”为核心的“新儒学”开了先河。在这些方面，他都从佛教

①《送巽上人赴中丞叔父召序》，《柳河东集》卷二〇，上海人民出版社，1974年，第365页。
②《柳河东集》卷二五，上海人民出版社，1974年，第419页。
③《送巽上人赴中丞叔父召序》，《柳河东集》，上海人民出版社，1974年，第425页。

汲取了滋养。而他的“统合儒、释”观念和对待学术、宗教的批判态度和方法，则代表着唐代思想学术领域融会“三教”的潮流，给后代以深远影响。

柳宗元初到永州所居住的龙兴寺净土院已经残破，他与刺史冯叙等施资修整，在回廊壁上书写传为智顗所作的《净土十疑论》。他在《永州龙兴寺修净土院记》中说：

> 中州之西数万里，有国曰身毒，释迦牟尼如来示现之地。彼佛言曰：西方过十万亿佛土，有世界曰极乐，佛号无量寿如来。其国无有三恶八难，众宝以为饰；其人无有十缠九恼，群圣以为友。有能诚心大愿归心是土者，苟念力具足，则往生彼国。然后出三界之外，其于佛道无退转者——其言无所欺也。①

他如此对净土表示信仰心，则反映了其佛教观念庞杂、矛盾的一面。

柳宗元的创作从佛教得益甚多。他的议论文字以精赅细密见长，不同于韩愈的气势雄健，猖狂恣睢，显然得力于借鉴佛典论书的议论技巧。他的卓越的寓言文确立了这一文体在中国散文史上的独立地位，则明显继承了佛典譬喻故事的传统。他的有些诗歌禅意盎然，如《巽公院五首》的《禅堂》：

> 发地结菁茅，团团抱虚白。山花落幽户，中有忘机客。涉有本非取，照空不待析。万籁俱缘生，窅然喧中寂。心境本同如，鸟飞无遗迹。②

这表现了空有双亡、心物一如的清净愉悦的禅境，是诗人超越痛苦、摆脱尘渣的体会。他更善于把佛教洒脱超越的人生观和清寂愉悦的艺术趣味渗透到构思和表达之中，如《晨诣超师院读禅经》：

> 汲井漱寒齿，清心拂尘服。闲持贝叶书，步出东斋读。真源了无取，妄迹世所逐。遗言冀可冥，缮性何由熟。道人庭宇静，苔色连深竹。日出雾露余，青松如膏沐。淡然离言说，悟悦心自足。③

宋人范温评论说：“识文章者，当如禅家有悟门。夫法门千差万别，要须自有一转语悟。如古人文章直入须先悟得一处，乃可通其他妙处。向因读子厚《晨诣超禅师院

---

①《柳河东集》卷二八，上海人民出版社，1974 年，第 466 页。
②《柳河东集》卷四三，上海人民出版社，1974 年，第 732 ~ 733 页。
③《柳河东集》卷四二，上海人民出版社，1974 年，第 687 页。

读禅经》，一段至诚洁清之意，参然在前。”[①] 就是说，在这样的诗里，出于对禅悦真正的领悟，发而为感情的境界，从而造成苏轼所谓“青劲纡余”[②]的艺术风格。再如他的名作《与浩初上人同看山寄京华亲故》：

海畔尖山似剑铓，秋来处处割愁肠。若为化得身千亿，散在峰头望故乡。[③]

这里把受到贬黜、有家难归的痛苦表达得更是十分痛切，其中所利用的化身观念、剑锋割人的构思都取自佛典，是借鉴其写作技巧的杰出一例。

柳宗元散文最重要的成就是山水游记。他描写山水，不同于“留连光景”的“模山范水”，而赋予自然景物以生命和感情，使得文章表现出“静气”、“画理”和“诗情”[④]。在他的笔下，被弃置于南荒的美好景物本来具有象征意味，而作者与山水更在感情上相交流。他对山水的遭遇寄以同情，山水则给他以精神上的安慰。他在自然景物中体会到“心凝形释，与万化冥合”[⑤]，“悠然而虚者与神谋，渊然而静者与心谋”[⑥] 的意境，显然也是与超然禅悟的境界相通的。

第十节　李商隐和杜牧等

晚唐诗坛最重要的人物是被称为“小李杜”的李商隐和杜牧。佛教在他们身上的影响都相当突出，但表现形态则有所不同。

李商隐（813？—858），字义山，号玉溪生，又号樊南生。他早年曾在玉阳山学道，一生中与男女道士密切交往，其缥缈艳丽的诗风与道教神仙幻想有密切关系。而经历过仕途坎坷，长期在党争夹缝中挣扎，又促使他亲近佛说。他的《酬崔八早梅有赠兼见示之作》结联说：“维摩一室虽多病，要舞天花做道场。”下有自注曰：“时余在惠祥上人讲下，故崔落句云：‘梵王宫地罗含宅，赖许时时听法来。’”[⑦]

①《潜溪诗眼》，郭绍虞辑《宋诗话辑佚》上册，中华书局，1980 年，第 328 页。
②《东坡题跋》卷二《书柳子厚南涧诗》。
③《柳河东集》卷四二，上海人民出版社，1974 年，第 692 页。
④林纾《柳文研究法》，台湾广文书局，1980 年，第 120～121 页。
⑤《始得西山宴游记》，《柳河东集》卷二九，上海人民出版社，1974 年，第 471 页。
⑥《钴鉧潭西小丘记》，《柳河东集》卷二九，上海人民出版社，1974 年，第 466 页。
⑦冯浩《玉溪生诗笺注》卷五。

大中元年（847）他赴桂林郑亚处做幕僚，有《自桂林奉使江陵途中感怀寄献尚书》诗说：

白衣居士访，乌帽逸人寻。佞佛将成缚，耽书或类淫。[1]

“白衣居士”典出《维摩》，《维摩经》里说到“贪著禅味是谓菩萨缚”。大中五年（850）妻子王氏亡故，他更“丧失家道，平居忽忽不乐，始刻意事佛，方愿打钟扫地，为清凉山行者”[2]。随后他作为东川节度使柳仲郢的幕僚入蜀。他形容幕僚生活是“虽在幕府，常在道场”[3]。东川节度驻节梓州（今四川三台县），李商隐自出俸财，在那里的惠义寺经藏院创石壁五间，金字勒《妙法莲华经》，并嘱柳为记。柳仲郢也是“备如来之行愿”的虔诚佛教徒，二人在信仰上正有相互激励之处。惠义寺本是梓州名寺，当年杨炯、王勃来游，均留有碑记[4]。李商隐来到这里的时候，已是禅宗重镇，有四证堂，供养净众无相、保唐无住和洪州宗马祖道一及其弟子西堂智藏四人。李商隐作“四证微筌”的《唐梓州惠义精舍南禅院四证堂碑》。这是有关中唐禅宗的一篇重要文献。大中八年，著名禅师沩山灵佑圆寂，“卢简求为碑，李商隐题额”[5]。在蜀中他还与名僧智玄国师交往。智玄是眉州人，入京为唐文宗所重，图画禁中，赐国师号，大中八年乞归乡里，商隐与之交好即在此时。

李商隐是弃道逃禅的典型，所作佛教题材的占全部作品的5%（信佛著称的白居易也不过8%）。所以佛教对他的影响不可低估。钱谦益引述石林道源的话说：“诗至于义山，惠极而流，思深而荡，流旋荡复，尘影落谢，则情澜障而欲薪烬矣。春蚕到死，蜡烛灰干，香销梦断，霜降水涸，斯亦箧蚊树猴之善喻也。”[6] 商隐诗表达的那种缠绵的情思、凄恻的心怀，与佛教观念有明显关联。

杜牧（803—853），字牧之，是德宗朝宰相杜佑孙。他继承家学传统，富于经世之志，为学辟佛老而尊儒术。他有名文《杭州新造南亭子记》，写于武宗废佛时，借杭州刺史李子烈以废寺材造南亭子事，揭露佛教的虚妄和“吾民尤困于佛”[7] 的

①冯浩《玉溪生诗笺注》卷三。

②《樊南乙集序》，冯浩《樊南文集详注》卷七。

③《上河东公启二首》，冯浩《樊南文集详注》卷四。

④杨炯《梓州惠义寺重阁铭》，《全唐文》卷一九一；王勃《梓州惠义寺碑铭》，《全唐文》卷一八四。

⑤《宋高僧传》卷一一《唐大沩山灵佑传》，第264页。

⑥《注李义山诗集序》，《有学集》卷一五。

⑦《全唐文》卷七五三，第7810页。

现实，大力鼓吹废佛。可是他仕途不顺利，长期任幕职，“三守僻左（刺黄、池、睦三州），十换星霜”，遭受挫辱之后，流连诗酒，又结交僧、道求超脱。他有《将赴吴兴登乐游原一绝》诗曰：

清时有味是无能，闲爱孤云静爱僧。欲把一麾江海去，乐游原上望昭陵。[①]

“望昭陵”是表示对太宗君臣致治的向往，但大志难伸，只好去品味僧人的超脱情致。这样，杜牧写作佛教题材的诗，主要是赞赏僧人的高洁生活和超迈情趣，追求解脱苦闷的出路，如《将赴京留赠僧院》诗：

九衢尘土递追攀，马迹轩车日暮间。玄发尽惊为客换，白头曾见几人闲。空悲浮世云无定，多感流年水不还。谢却从来受恩地，归来依止叩禅关。[②]

这是经历了人生波折后的反省：对世事纷争感到厌倦，对年华飞逝表示感伤，“禅关”不过是息心之地而已。杜牧的佛教是心理寄托的佛教，是人生解脱的佛教。他的诗的总风格清丽俊爽，情韵跌宕，但有一类却触境伤怀，情致缠绵，流露出淡淡的哀愁。那种人生无常的感伤，世事难料的慨叹，正体现出宗教的情怀，也流露出佛教的意趣。纪昀说“言禅诗欲有禅味，不欲有禅语”[③]。杜牧的诗正能体现这一点。这也是当时禅思想深入人心，转化为美学趣味的结果。

唐末社会矛盾更加尖锐，文人间普遍存在着危机感和没落感。咸通年间“东南多才子，如许棠、喻坦之、剧燕、吴罕、任涛、周繇、张蠙、郑谷、李栖远，与（张）乔亦称‘十哲’，俱以韵律驰声”[④]。这些人生逢乱世，屈抑偃蹇，多怀隐逸之志，常发凄苦之音。郑谷诗说：“琴有涧风声转淡，诗无僧字格还卑。”[⑤]“谁知野性真天性，不叩权门叩道门。”[⑥] 张乔诗说：“乳毛松雪春来好，直夜清闲且学禅。”[⑦]而许棠形容张乔是“心同孤鹤静，行过老僧真”[⑧]。这都代表了一时风气。而这种

①冯集梧《樊川诗集注》卷二。
②《全唐诗》卷五二六，第6028页。
③方回编《瀛奎律髓》卷四七卢纶《题云际寺上方》批语。
④傅璇琮《唐才子传校笺》卷一〇，中华书局，1990年，第4册第302～303页。
⑤《自贻》，严寿澂《郑谷诗集笺注》卷三，上海古籍出版社，1991年，第345页。
⑥《自遣》，严寿澂《郑谷诗集笺注》卷三，上海古籍出版社，1991年，第347页。
⑦《省中偶作》，《全唐诗》卷六三九，第7333页。
⑧《题张乔升平里居》，《全唐诗》卷六〇三，第6967页。

隐遁意识，宗教情绪，也是造成唐末诗格卑弱的重要原因。

司空图（837—908），字表圣，自号耐辱居士、知非子，是典型的末世诗人，也是当时艺术水平最高的作家。他官至知制诰、中书舍人，目睹政局不可挽救，遂归居中条山王官谷。他的诗多述隐逸之趣或感伤情怀，格调精致澄淡。他写有《观音赞》、《观音忏文》、《今相国地藏赞》等护法文字。在《观音赞》里他说："某早坚信受，频致感通。梦则可征，足见未萌之戒；行而必禀，冀无入晨之虞。用建虔诚，永贻来裔。"[①] 表露出真挚的信仰。他又栖心禅门，是沩山灵佑法嗣香岩智闲俗弟子。其诗作也富于清轻愉悦的禅趣。他的诗论名作《二十四诗品》，提倡高妙清远、含蓄深沉的诗风，也和他的佛教修养有一定关系。司空图又热衷道教神仙之说，创作和诗论也与道家、道教思想有关。这也体现了兼容释、道这一当时文人共同的思想倾向。

唐末期还有一批关心民隐的文人，如杜荀鹤、皮日休、陆龟蒙、罗隐等。在当时的社会环境下，他们同样处在出世入世的矛盾中，大多也有隐逸求道的经历，对佛、道也表现出相当浓厚的感情。这样终唐一代，在百花纷呈的文坛上，不同时期、不同流派、不同风格的文人都与佛教结下或深或浅的因缘，佛教自始至终成为影响唐代文学发展的十分重要的因素。

①《全唐文》卷八〇八，第8496页。

第六章

唐、宋的禅文学

第一节　禅文学及其特征

在佛教诸宗派里，自诩为“教外别传”的禅宗可以说是“中国化”最为彻底的宗派。禅宗的宗义更充分和协调地融入儒、道二家的思想内容，发挥了适应时代要求的“心性”说，因而特别受到知识阶层的欢迎，成为所谓“适合中国士大夫口味的佛教”①。禅宗异军突起，很快在文人士大夫间造成一家独盛之势。而从更广阔的背景看，禅宗的发展不只是佛教的革新运动，更形成为影响深远的思想和文化运动，推动文化史发生一系列重大变化。

禅宗与文学的关联，大体可分为两个层次：一方面是禅门以文学形式来表现宗义，这就是所谓“禅文学”，其主要形式是偈颂和语录；另一方面是禅宗对文人及其创作产生影响。唐、宋时期是中国禅宗大发展的时期，是其最有生命力的时期，也是禅文学最为发达、成就最为辉煌的时期。唐五代的情况前面已有说明，宋代以后的情况另有专章介绍。

禅宗宗义的核心是所谓“见性”说，即众生自性清净，本来圆满具足；自见本

①范文澜《中国通史简编》（修订本），人民出版社，1965 年，第三编第二册第 613 ~ 614 页。

性，直了成佛；“自身自性自度”①，不需向外驰求。这是自部派佛教以来的“心性本净”说演化为大乘佛教“涅槃佛性”说、“如来藏”思想等外来佛教“佛性说”的进一步发展，也是佛家“心性”学说与中土传统的儒家、道家与道教“心性”理论相结合的产物。佛家讲“心性”，实际上讲的是“人性”问题，即人的本性是否能与超越、绝对的“佛性”相统一和如何统一的问题。禅宗的“心性”说比起历来佛家、儒家以至道家与道教的“心性”理论有一个大的飞跃，就是绝对地肯定每个平凡人心性不假外铄，本来圆满。不是平凡的众生改造自己的心性去向绝对的精神本体看齐，他们只需要自己发现自己；也不是众生因为具有清净自性可能成佛，而是这清净自性决定他们本来就是佛。禅史上记载许多学人请教禅师什么是佛、什么是佛法大意、什么是祖师西来意等等，往往遭到拳打棒喝；有时对方直呼发问人的名字，让他们截断常识情解，回头猛醒，体会到“当下即是”，佛法本来“一切见成”，“真佛内里坐”。这样，禅不再是传统的“四禅”、“八定”，也不再是通过心注一境、审正思虑来导以正观或获得神通，而是对“自性”的发现和体认。这就是所谓“了解自我本来面目”的“禅的立场”②。到这里，本来是宗教修持的禅在一定意义上已演变为人的精神体验和认识方法了。文学是通过作者的主观世界来反映客观世界的，从根本上说也是表达作者心灵感受的，即所谓“抒写性灵”的。这样，禅与文学也就相沟通了。

禅宗的基本宗义决定了它的三个重要特征，进一步密切了它与文学的关联。

第一，禅是实践的，即不但习禅是一种修持实践，对禅理的体悟更全靠人的实际践履。禅师们经常说“如人饮水，冷暖自知”③，对禅的体认是所谓“默契”。《坛经》里记载弘忍向神秀和慧能传法的故事是有象征意义的。神秀已经是“上座”、“教授师”、“少览经史，博综多闻”④，而慧能不过是南方僻远之地以打柴为生的“獦獠”，“不识字”，在黄梅弘忍东山门下做“踏碓”行者。可是在题偈呈禅解的时候，慧能却独能“见性”，禅悟远远超过神秀。禅宗比起佛教其他学派、宗派来有一个重要特点，就是更加富于入世的、肯定现实的精神。它主张“见性成

①《南宗顿教最上大乘摩诃般若波罗密经六祖慧能大师于韶州大梵寺施法坛经》（敦煌本），郭鹏《坛经校释》，中华书局，1983 年，第 44 页。

②（日）西谷启治《宗教论集Ⅱ·禅の立场》，创文社，1986 年，第 7 页。

③宗密《禅源诸诠集都序》卷上之二，《正》第 48 卷第 404 页中。

④《宋高僧传》卷七《唐荆州当阳山度门寺神秀传》，中华书局，1987 年，上册第 177 页。

佛”，即人的清净自性的实现不在彼岸，而是“立处即真”、“触事而真”[①] 的。我们看禅籍的记载，往往是人生的偶然际遇，如过水、观花以至除草、摘菜、拾柴等劳作成为悟道的机缘。而与一般僧侣相比，禅僧在社会上的身份和地位也有了很大转变：他们与其说是受人供养的“僧宝”，更像是普通人。百丈怀海法嗣大慈寰中上堂示法说：“说取一丈，不如行取一尺；说取一尺，不如行取一寸。”[②] 这就直接表明了对“行”的重视。雪峰义存门下保福从展说：“举得一百个话，不如拣得一个话；拣得一百个话，不如道取一个话；道取一百个话，不如行取一个话。”[③] 这里的“话”指“话头”，禅门里把古德的言句、行事加以拣练，后学问答商量来体悟禅机。从展是说不论如何熟悉这些“话头”，都不如能够身体力行之。正因此，禅门中有人对读经看教、墨守言句的做法大加抨击，有“承言者丧，滞句者迷”，“一句合头意，千载系驴橛”之类的说法。禅宗的这种观念使它更接近生活。而生活本是文艺的源泉，禅因此也必然更接近文学艺术。

第二，禅是独创的。禅悟是每个人的独特解会，是其他人不可替代的。佛教传入中土，所谓“中国化”的过程迄未间断，但直到禅宗出现，才终于以中国人所造的“论”、“语录”等等代替了外国传来的“三藏”，从而在根本上打破了外来经典的羁绊。早期禅宗还借四卷《楞伽》讲“如来禅”，仍把禅的来源推到释迦心法；到马祖道一则改讲“祖师禅”，即放弃印度佛教的宗祖关系而树立起中土祖统。在禅门内部，较研读经典、研习文句更注重师资传授；而师弟子之间的传承采取问答商量的方式，更提倡学人超越师说，勇创新解。禅籍里记载百丈怀海的一句话：“见与师齐，减师半德；见过于师，方堪传授。”[④] 由“东山法门”到“五家七宗”，新态百出，从观念到方法，都在不断创新。禅宗的这种创造性也是与文学艺术创作相通的。

第三，禅宗宗义的表现是象征的。禅门自诩唯传“佛心”。神会说：“六代祖

---

①这本是僧肇在《肇论》里的提法，后来被禅宗引为典据并加以发挥。

②《祖堂集》卷一七《大慈和尚》，日本禅文化研究所影印本，1994 年，第 621 页。

③《祖堂集》卷一一《保福和尚》，日本禅文化研究所影印本，1994 年，第 420 页。

④《五灯会元》卷三《马祖一禅师法嗣》，苏渊雷点校，中华书局，1984 年，第 1 册第 132 页。《祖堂集》卷七《岩头全奯章》因“古德”语作“智慧过师，方传师教；智慧若与师齐，他后恐减师德”。

师，以心传心，离文字故。”[①] 这个特点后来又被概括为“教外别传”，“不立文字”。这样讲的意义，一方面表明已经摆脱对于外来经论的依附，另一方面也是要求人们破除常识清解，打破“文字障”。佛教求“般若智”、“无分别智”，本来是“言语道断，心行灭处”的。但“佛说般若，即非般若，是名般若”，又并不完全否定言句的作用。禅宗求“见性”，重“证悟”，语言文字的作用就被进一步限制了。禅师们上堂、示法、斗机锋、说公案以及参访请益、问答商量，创造出众多的歌赞、偈颂、语录、灯录等等，被称为是“不立文字的文字”。禅在文字之中，又在文字之外。禅门经常用“指月”作比喻。就是说，指月的“指”和被指的“月”是一而二、二而一的。作为语言文字的“指”只是象征。顾随说:“禅者何？创造是。禅者何？象征是。何以谓之创造？试看作家为人，纵然千言万语，比及要紧关头，无一个不是戛然而止，一任学人自己疑去悟去，死去活去……何以谓之象征？祖师开口无一句一字不是包八荒而铄四天，绝不是字句所能限。所以者何？象征也。是故棒不可作棒会，骂不可作骂会，一喝亦且不可作一喝会。遗貌取神，正复大类屈子《离骚》之美人香草，若其言近而指远，语短而心长，且又过之。”[②] 禅文字本身具有鲜明的象征性，即是浓厚的文学性的体现。

这样，禅门文字在性质和表达上与文学就有众多相通之处，从而其许多作品即使从文学角度看也已达到相当高的水平。这也是禅宗对当时和以后的文坛发挥重大影响的重要原因之一。不过胡适已经指出:“佛教的革新，虽然改变了印度禅，可以仍然是佛教。”[③] 诸多禅籍虽然具有浓厚的文学性质，有一部分更可以当作“宗教文学”来接受，但它们本质上仍然是宗教文献，不能完全等同于文学创作。然而，也正是这种“宗教文学”的性质，又决定了它们的独特的文学价值及其对于影响文坛的巨大作用。

---

①《南阳和尚顿教解脱禅门直了性坛语》，《胡适校敦煌唐写本神会和尚遗集》，胡适纪念馆，1982 年，第 232 页。

②《揣籥录》，《顾随说禅》，上海古籍出版社，1998 年，第 47 页。

③《禅宗史的一个新看法》，姜义华主编《胡适学术文集·中国佛教史》，中华书局，1997 年，第 152 页。

第二节　禅宗诗颂

禅籍里文学性质最为浓郁的当推禅偈。宗密说：

> 教也者，诸佛、菩萨所留经论也；禅也者，诸善知识所述句偈也。但佛经开张，罗大千八部之众；禅籍撮略，就此方一类之机。罗众则莽荡难依，就机即指的易用。①

这里把禅、教加以区别，归结为经论与偈颂的区别，并肯定偈颂的作用高于一般经论。所谓“此方”当然是指中土，即是说，偈颂是适应中土佛教需要的表现形式。晚唐、五代是禅偈创作十分兴盛的时期，法眼文益指出：

> 宗门歌颂，格式多般，或短或长，或今或古，假声色而显用。或托事以伸机，或顺理以谈真，或逆事而矫俗。虽则趣向有异，其奈发兴不殊。总扬一大事之因缘，共赞诸佛之三昧。激昂后学，讽刺先贤，皆主意在文，焉可妄述。②

这在突出禅偈的多种方式及其作用的同时，又指出其“主意在文”的特征，即特别注重文采。

佛教本来有使用偈颂的传统。而唐、宋正是诗歌普遍繁荣的时期。在这种种机缘之中，其中重要的一点是禅门不只集中了一批具有诗歌创作经验的人，更普遍进行创作偈颂的训练。因此丛林中创作和使用偈颂的风气十分兴盛，而且其中不少作品已达到相当高的表达水平。

禅门偈颂收录在众多禅籍里。《祖堂集》里较集中，录存二百五十首左右；《景德传灯录》收录约二百首。二者有五十几首相重复。但即使是重复的文字也多有不同。这也显示禅籍富于“流动性”的一般特征。这多种多样的禅偈大体可划分为两大类：一类是阐明禅理的，它们更多地采取佛典偈颂和中土玄言诗的表现方法；另一类是禅师们开悟、示法、明志、劝学、顺世等机缘所作或后来的投机、颂

---

①《禅源诸诠集都序》卷一，《正》第48卷第399页下。

②《宗门十规论》。

古、宗纲等类偈颂。先讨论前一类作品。

禅宗初兴，这一新兴宗派的宣扬者们另造许多论书，包括今存的一批《达摩论》。它们是这一革新教派的新经典。而为了向群众宣传，也采取语言通俗、容易上口的韵文形式，特别是利用民间俗曲体裁，如陈、隋以来在民间广泛流传的《五更转》、《十二时》、《行路难》等曲辞形式。这也是当时佛教宣传采用的一般形式。后来被定为二祖的慧可得法后即“从容顺俗，时惠清猷，乍讬吟谣”①。敦煌写卷里保存不少禅门所作俗曲，如《十二时·“佛性成就”》（S.2679）②、《十二时·“禅门”》（P.3604；P.3116；P.3821；S.5567）、《五更转·禅师各作一更》（S.5996；S.3017；P.3409）和题为释寰中的《悉昙颂（佛说楞伽经禅门悉昙章）》（P.2204；P.2212；S.4583；P.3099；P.3082）等，均是宣扬早期楞伽宗的住心看心观念的；又如《行路难·无心律》（S.6042）表达的是牛头宗的“无心”观念；还有一些表现南宗思想，如《五更转·南宗赞》（P.2963；S.4173；S.5529；P.2984；周70；列1363）、《归常乐·证无为》（P.3065；P.3061）、《失调名·“一室空”》（S.2651）、《失调名·劝诸人一偈》（S.3017；P.3409）等。值得特别提出的是神会的两首《五更转》，是早期南宗的重要作品，也是相当优秀的禅文学创作。

神会“年方幼学，厥性惇明，从师传授五经，克通幽赜；次寻《庄》、《老》，灵府廓然”③，对世俗文化具有高度素养。他运用诗歌体裁已相当圆熟。他的《南宗定邪正五更转》（或题为《五更转》、《大乘五更转》、《南宗定邪五更转》）今传十多个抄本④。所谓“定邪正”，即他在《定是非论》里说的“为天下学道者定宗旨，为天下学道者辨是非”。胡适校写本如下：

> 一更初，妄想真如不异居。迷则真如是妄想，悟则妄想是真如。念不起，更无余，见本性，等空虚。有作有求非解脱，无作无求是功夫。
>
> 二更催，大园宝镜镇安台。众生不了攀援病，有斯障蔽不心开。本自净，没尘埃，无系著，绝轮回。诸行无常是生灭，但观实相见如来……⑤

---

①《楞伽师资记》，《续藏经》卷一六，第552页上。

②敦煌曲辞校释据任半塘《敦煌歌辞总编》，上海古籍出版社，1987年。

③《宋高僧传》卷八《唐洛京荷泽寺神会传》，上册第179页。

④S.2679；S.4634（2）；S.6083；S.6923（7）（103）；P.2045；P.2270；咸18；露6等。

⑤《神会和尚语录的第三个敦煌写本》，《“中央研究院”历史语言研究所季刊外编》第四本；《神会和尚遗集》，第461~462页。

直到“五更分”的五段，是一首相当整齐的哲理诗。表达上基本是中土玄言诗和佛典偈颂的风格；但把新的禅观加以概括，纳入到民间俗曲之中；三、三、七节奏的民间曲调曲折多变化，表述更为自由。胡适评论说：神会的两首《五更转》“词都不算美，但这个《五更调》唱起来必是很哀婉动人的”①，他又把它们称为“有趣味的讽刺文学”②。

以后禅门中有更多的人模仿这种俗曲形式。更著名、技巧也更为纯熟的当数署为永嘉玄觉所作的《永嘉证道歌》。这是一篇六十三段、三百四十四句、以三、三、七、七、七字为基本句式组织起来的长歌，语言相当精美，表达富于诗情，精练畅达，朗朗上口，文学价值远比神会的《五更转》为高。它与众多禅门流传的作品一样，应经过长时期修订成为定本，其定型应在晚唐③。这篇长歌每一段有独立的意义，许多段落都像精美的小诗；合起来又有统一的主题。如：

入深山，住兰若，岑崟幽邃长松下。优游静坐野人家，阒寂安居实潇洒……

江月照，松风吹，永夜清霄何所为。佛性戒珠心地印，雾露云霞体上衣。

这里描摹清幽静谧的境界，以环境衬托山居生活的优游自在，体现一种超离尘俗的精神追求。歌里更多用比喻，又如：

一性圆通一切性，一法遍含一切法。一月普现一切水，一切水月一月摄。

这是著名的水月之喻，生动、贴切，显然受到华严事理园融观念的影响。后来宋儒屡屡借用这个水月之喻来说明“理一分殊”、“事理不二”的道理。

禅师们也往往采用普通诗歌体裁。如普寂所作《夜坐号》：

---

①《神会和尚语录的第三个敦煌写本》，《“中央研究院”历史语言研究所季刊外编》第四本；《神会和尚遗集》，第455页。

②《新校定的敦煌写本神会和尚遗著两种》，《“中央研究院”历史语言研究所季刊》第二十九本；《神会和尚遗集》，第254页。

③玄觉有《禅宗永嘉集》，未收《证道歌》；《宋高僧传》的玄觉传也没有提到它。杨亿的《无相大师行状》说“……《证道歌》一首，并盛行于世”；他参与编撰的《景德传灯录》始收录今存完整的文本。敦煌写卷里仅存几个片段（S.4037；S.2165；S.6000；P.2105）。据僧传，玄觉遍探三藏，尤精天台止观，所以其《永嘉集》里把禅宗思想与天台教教旨相调和，而《证道歌》则明显地融入了华严教理；又其中的“二十八代西天记”、“六代传衣天下闻”之类说法，也是中唐以后二十八代传承说形成后的观念。在敦煌写卷里《证道歌》又称《禅门密要诀》（P.2014）。参阅胡适《海外读书杂记》，《胡适文存》第三集。

端坐寂无事，敛思入禅林。妄花随落动，迢迢天籁心。[1]

这则是相当工整的五绝。此外署为傅大士《心王铭》、僧粲《信心铭》和牛头法融《心铭》等三篇重要作品，也都采用传统诗体。《心王铭》讲即心即佛、放心自在之理，显然是托名之作；《信心铭》应是南宗学人所作，是经过长期流传逐渐形成的[2]；牛头法融的文集为佛窟遗则所编[3]，《心铭》应写定于中唐。这类作品与面向群众的民间曲辞体裁之作不同，目的在表达禅解，文学趣味比较淡薄。但是它们在锤炼语言、艺术概括等方面却显示功夫。如《信心铭》的前十六句：

至道无难，唯嫌拣择。但莫憎爱，洞然明白。毫厘有差，天地悬隔。欲得现前，莫存顺逆。违顺相争，是为心病。不识玄旨，徒劳念静。圆同太虚，无欠无余。良由取舍，所以不如。[4]

这样就十分简练地表达了荡除计度分别、无念无相、直契大道的思想。以下进一步说明一切违顺之念皆是“心病”，而不体认这样的“玄旨”，坐禅“念静”也是徒劳无益的，因此关键在体悟自性的圆满具足、无所欠缺。这十六句铭赞体四言诗简洁凝重，把禅理表述得极其精确显豁。

石头希迁的《参同契》是另一篇著名的禅理诗，题目借用传为东汉魏伯阳所作道典《周易参同契》。相传希迁受《肇论》“会万物为己，其为圣人乎”一句所启发，体悟到“吾与祖师同乘灵智游性海”[5] 的道理。这篇偈颂取其“参同”之义：“参”谓诸法各守其位；“同”谓万殊统于一元；“契”谓修证者领此玄旨，证之以日用行事，灵照不昧，体悟事理交融、寰转无碍、如环无端的宗义。全诗五言四十四句，二百二十字，用谈玄的思辨语言，辅以比喻，说明一心是“灵源明皎洁”，又“支派暗流注”，万法被它统合，各自“依位”而住，事、理“回互”相涉。这

①敦煌写卷 P. 3559，冉云华点校本，《敦煌卷子中的两份北宗禅书》，《中国禅学研究论集》，东初出版社，1991 年，第 171 页。

②今本《信心铭》的文句最初见于《百丈广录》，在“三祖云”下引用三次；华严澄观在《华严经随疏演义钞》卷三十七，临济义玄、洞山良价等人语录也一再引用，但只限于今本的前四句。敦煌写卷里发现四个文本，只有今本一百四十六句中的二十四句（前一六句、中间六句、结尾二句），大概即是当时流行的本子。今本应是逐渐增饰，至宋初才形成今存全篇的。

③参阅《宋高僧传》卷一〇《唐天台山佛窟岩遗则传》，上册第 229 页。

④《景德传灯录》卷三〇。

⑤《祖堂集》卷四《石头和尚章》，第 145 页；参阅《五灯会元》卷五，上册第 255 页。

样，“事存函盖合，理应箭锋拄”，依此而“归宗”、“会道”[①]。这篇作品论理深微，言辞精密，辞旨幽浚，后世颇有注解，大行于世。

从发展看，上述作品的表现形式还是袭用佛典偈颂传统，又和魏晋以来玄言诗、六朝时期的道教仙歌有渊源关系。到了中唐，另外两类明禅的韵文形式兴盛起来：一类是抒写修道生活的歌谣体作品；还有一类是以诗明禅的偈颂体作品。

南、北分宗以后，慧能一系南宗禅得到突出发展。南宗禅里又以南岳怀让和青原行思两系特盛。怀让传马祖道一，行思传石头希迁。大体说来，马祖门下重言句；石头门下重偈颂。这与二者宗风的不同有直接关系：道一的洪州禅兴起伊始就得到官僚士大夫的支持，其弟子百余人传法四方，鹅湖大义、嵩山如满、章敬怀晖、兴善惟宽等更北上京师，受到朝廷礼重，因此留下更多传法记录，成为“语本”、“广语”等，即后来的“语录”；而石头一系学人多度过山居乐道生活，在超脱凡俗的隐逸境界里体悟禅机，把玄思和禅情用如歌如颂的形式表现出来，流传出许多乐道逍遥的歌行。即以《祖堂集》和《景德录》所收作品为例，诗歌体作品被收录五篇以上的，马祖一系仅三人，即居士庞蕴、长沙景岑和香岩智闲；而石头一系则有丹霞天然、雪峰义存、玄沙师备、镜清道怤、般若启柔、临溪龙脱、龙牙居遁、南岳玄泰、清凉文益、同安常察等十人。

马祖弟子庞蕴（740?—808）后来被看作是居士典型。据传他的父亲是衡阳太守。从留下的文字看，他出身于士大夫家庭、具有较高文化素养是可以肯定的。他在马祖门下得法后，居止襄阳，被山南东道节度使于頔所礼重。今存《庞居士语录》署于頔编，分上、中、下三卷，中、下二卷是诗偈集。《祖堂集》、《景德录》所述行迹与《语录》相合，《宗镜录》所引庞居士诗偈亦见于《语录》，所传作品大体当是可靠的。他有一首著名的诗偈：

> 日用事无别，唯吾自偶谐。头头非取舍，处处没张乖。朱紫谁为号，丘山绝点埃。神通并妙用，运水与搬柴。[②]

据说他得法后，北游襄汉，度过云水生涯，有妻和一男一女，市鬻竹器为生。这首诗偈抒发解脱名缰利锁、无忮无求的潇洒情怀，禅悟体现在人生日用之中，无论是

①《祖堂集》卷四《石头和尚章》，第151页。

②(日)入矢义高编《庞居士语录》，筑摩书房，1985年，第15页。

生活形态还是人生情趣，都让后世许多士大夫向往。从苏轼、黄庭坚到董其昌、焦竑、李卓吾、袁宏道等名高一代的人物都对他表示羡慕之情。

长沙景岑是南泉普愿法嗣，《祖堂集》、《景德录》里录存诗偈二十四首。或以为今传《永嘉证道歌》即写定于他。香岩智闲嗣法沩山灵佑，和司空图交往，也是很有文学才能的人。

石头一门善诗偈的学人更多，文学成就也更为突出。

石头弟子药山惟俨与李翱、崔群、殷尧藩等一时文坛名流均有交往。他避居朗州芍药山，相传李翱曾入山问道，他答以“云在天，水在瓶”，意味极其迴永，李翱因而述偈曰：“练得身形似鹤形，千株松下两函经。我来问道无余说，云在青天水在瓶。”① 就事而论，这可能出于禅门附会，但反映的情境应是具有真实性的。

石头的另一个弟子丹霞天然善偈颂，留下《玩珠吟》、《弄珠吟》、《骊龙珠吟》等著名作品②。佛典里经常提到如意珠、摩尼珠，在禅门则往往用来比喻心性的圆满皎洁。如马祖法嗣慧海本姓朱，作《顿悟入道要门论》，被玄晏窃出江外呈马祖，祖览讫，告众曰：“越州有大珠，圆明光透，自在无遮障处也。”③ 这里以“珠”谐“朱”，称赞慧海心性明净皎洁。丹霞的诗颂则描写宝珠，以比喻立意，表现上更有特色的是《骊龙珠吟》：

> 骊龙珠，骊龙珠，光明灿烂与人殊。十方世界无求处，纵然求得亦非珠。珠本有，不升沉，时人不识外追寻。行尽天涯自疲极，不如体取自家心。莫求觅，损功夫，转求转觅转元无。恰如渴鹿趁阳焰，又似狂人在道途。须自体，了分明，了得不用更磨莹。深知不是人间得，非论六类及生灵。虚用意，损精神，不如闲处绝纤尘。停心息意珠常在，莫向途中别问人。自迷失，珠元在，此个骊龙终不改。虽然埋在五阴山，自是时人生懈怠。不识珠，每抛掷，却向骊龙前作客。不知身是主人公，弃却骊龙别处觅。认取宝，自家珍，此珠元是本来人。拈得玩弄无穷尽，始觉骊龙本不贫。若能晓了骊龙后，只这骊龙在我身。

这里使用七言歌行体裁，加入三、三、七民间曲辞句法，行文流利畅达，又保持了

---

①《景德传灯录》卷一四《澧州药山惟俨禅师》，《正》第51卷第312页中。

②见《祖堂集》卷四《丹霞和尚》；《景德录》卷三〇收录前二首，题名《丹霞和尚玩珠吟》，敦煌写卷P.3591亦录有《景德录》的第二首。下引文据《祖堂集》卷四，并据敦煌本校勘。

③《景德传灯录》卷六《越州大珠慧海禅师》，《正》第51卷第246页下。

民间通俗诗格调，反复咏唱，形象地说明清净自性本自具足，不劳外铄，“此珠原是本来人”，自身即是主人公，表达得相当生动、贴切。

当时禅门作品以宝珠作喻十分流行。今存即有马祖弟子石巩慧藏的《弄珠吟》、盐官齐安法嗣关南道常的《获珠吟》（《祖堂集》作《乐道歌》）、夹山善会法嗣韶山寰普的《心珠歌》、法眼文益的《僧问随色摩尼珠颂》等，题旨大体相同。同样以比喻立意的，还有以镜（洞山良价《宝镜三昧歌》、清凉泰钦《古镜歌三首》、南岳惟劲《赞镜灯颂》）、以剑（乐普元安《神剑歌》）、以浮沤（乐普元安《浮沤歌》）等为喻体的。这些作品的根本立意在解说禅理，基本保持“玄思”性格，如钱钟书所批评:“偈语每理声于词，质而不韵，虽同诗法，或寡诗趣。”[①]

更富诗情的是抒写山居乐道情趣的作品。它们可看作是真正的抒情诗。石头一系多歌唱山林隐逸中放舍身心的超脱境界。这类作品俗称“乐道歌”。如《祖堂集》记载庞蕴“平生乐道偈颂，可近三百余首”[②]；伏牛和尚诗颂里有“乐道逍遥三不归”[③] 之句；贯休诗里也对友人说“子爱寒山子，歌惟乐道歌”[④]。有不少作品即以“乐道”为题。石头希迁的《草庵歌》虽不以“乐道”为题，却是具有典型意义的、开风气的作品：

> 吾结草庵无宝贝，饭了从容图睡快。成时初见茅草新，破后还将茅草盖。住庵人，镇常在，不属中间与内外。世人住处我不住，世人爱处我不爱。庵虽小，含法界，方丈老人相体解。上乘菩萨信不疑，中下闻之必生怪。文此庵，坏不坏，坏与不坏主元在。不居南北与东西，基上坚牢以为最。青松下，明窗内，玉殿珠楼未为对。衲帔蒙头万事休，此时山僧都不会。住此庵，休作解，谁夸铺席图人买。回光返照便归来，廓达灵根非向背。遇祖师，请训诲，结草为庵莫生退。百年抛却任纵横，摆手便行且无罪。千种言，万般解，只要教君长不昧。欲识庵中不死人，岂离而今遮皮袋。[⑤]

这篇作品歌唱隐居草庵、不涉外缘、摆脱人间一切束缚的自由自在的生活，抒写住

①钱钟书《谈艺录》（修订本），中华书局，1984 年，第 227 页。
②《祖堂集》卷一五《庞居士》，第 584 页。
③《祖堂集》卷五《伏牛和尚》，第 557 页。
④《寄赤松舒道士二首》，《全唐诗》卷八三〇，中华书局，1960 年，第 9360 页。
⑤《景德传灯录》卷三〇，《正》第 51 卷第 461 页下。

庵人的清净心性，体现了与世俗相对立的人生价值。所住草庵虽有成坏，但基础牢固，隐喻灵明不昧的心性是不会败坏的。歌中赋予草庵以象征意义，把比喻与写实相结合，说理和描写相结合，显示丰富的创意。

表现出更强烈的主观抒情特色的有署名懒瓒和尚和腾腾和尚的《乐道歌》。在《祖堂集》卷三里二人名下仅各录有一篇作品，别无其他记述。懒瓒本是北宗普寂弟子；腾腾嗣法弘忍门下慧安国师。可是从作品风格和内容看，两篇作品完全是中唐南宗禅的观念，应是当时山居修道的禅僧所作。署名懒瓒的《乐道歌》如下：

> 兀然无事无改换，无事何须论一段。真心无散乱，它事不须断。过去已过去，未来更莫算。兀然无事坐，何曾有人唤。向外觅功夫，总是痴顽汉。粮不蓄一粒，逢餘但知餐。世间多事人，相趁浑不及。我不乐升天，亦不爱福田。饥来即吃餘，睡来即卧瞑……世事悠悠，不如山丘。青松蔽日，碧涧长流。卧藤萝下，块石枕头。山云当幕，夜月为钩。不朝天子，岂羡王侯。生死无虑，更复何忧。水月无形，我常只宁。万法皆尔，本自无生。兀然无事坐，春来草自青。①

作品用杂言歌行体，写法自由舒展，把山居生活无为无事的心境抒发得淋漓尽致，体现了洪州禅兴盛后众多禅师的人生取向。一方面否定“教下”轮回福报的追求，另一方面对功名利禄表示鄙弃，遣除一切向外“须索”、“计较”之心，保持“父母未生时本来面目”的清净自性，从而得到了精神上的绝对自由。这种境界与老、庄思想显然有密切关联。

药山门下有船子德诚，契药山密旨后，隐于澧源深邃绝人烟处，避世养道为生，他的生活方式本身就富于诗情。他有禅语说：“竿头丝线从君弄，不犯轻波意自殊。”② 表达随缘度日、如如自在的心情。船子门下夹山善会、夹山门下乐普元安都发扬乃师传统，善于利用诗境表禅解，一门之下诗颂创作十分兴盛。如有僧问善会：“如何是夹山境？”答曰：“猿抱子归青嶂后，鸟衔花落碧岩前。”③ 如此出语、造

---

①《祖堂集》卷三《懒瓒和尚》，第106～108页。

②《祖堂集》卷五《华亭和尚》，第202页。北宋时期传出船子和尚诗颂四十余首，见于释惠洪《冷斋夜话》、普济《五灯会元》等道、俗诸书，并有吕益柔石刻的三十九首（见吴聿《观林诗话》），流传甚广。但所出情况不明，当系伪托。录文见陈尚君辑校《全唐诗续拾》卷二六，陈尚君《全唐诗补编》中册，中华书局，1992年，第1054～1057页。

③《祖堂集》卷七《夹山和尚》，第263页。

境情意盎然，堪称警句。后来宋代禅文学的名著《碧岩录》即依此取名。药山的另一位弟子云岩昙晟，昙晟弟子洞山良价，作有前面提到的《宝镜三昧歌》；对前面已提到的洞山弟子龙牙居遁，诗僧齐己评论说：

> 洎咸通初，有新丰（洞山良价）、白崖（香岩智闲）二大士，所作多流散于禅林。虽体同于诗，厥旨非诗也。迷者见之，而为抚掌乎……龙牙之嗣新丰也，凡托像寄妙，必含大意，犹夫骊颔蚌胎，炟耀波底。试捧玩味，但觉神虑澄荡，如游辽廓，皆不若文字之状矣。①

今存龙牙名下的诗偈见于宋释子升、如祐所编《禅门诸祖师偈颂》卷上之上计九十五首，和今传船子和尚偈颂一样，大部分出于伪托。齐己说洞山和香岩的偈颂"厥旨非诗"，即指它们旨在明禅；又通过对比称赞龙牙作品的长处。药山门下另一弟子道吾圆智，圆智门下石霜庆诸，均善偈颂。著名诗僧贯休就出于石霜之门。石霜弟子南岳玄泰，"平生所有歌行偈颂，遍于寰海道流耳目"②。终南慧观说：

> 南岳泰公著五赞十颂，当时称之以美谈。及乐浦、香岩犹长厥颂，斯则著道之端耳。③

玄泰还写过《畬山谣》，描写山民畬山开田情景，反映古代的环境保护意识。

石头的又一弟子天皇道吾，道吾下有龙潭崇信，崇信下有德山宣鉴，宣鉴下有雪峰义存，一门昌盛。这一系学人禅解超群，云门、法眼二宗皆出其下，同样有制作偈颂的传统。如雪峰门下的云门文偃、南岳惟劲、翠岩令参、玄沙师备等，都多有制作。惟劲"著五字颂五章，览之者悟理事相融"④，还作有《续宝林传》、《南岳高僧传》行世，是禅门著作家。云门下临溪龙脱，玄沙下罗汉桂琛，桂琛下清凉文益，也都有不少偈颂传世。不过晚唐、五代的大量偈颂作品大部分已经佚失了。

禅门五家分宗之后，"文字禅"兴起，众多学人已不在禅解上下功夫。代替这类"禅理诗"的，是下面所述另外一类禅偈；而一些有才能的禅师则转而从事诗歌创作，从而有众多诗僧涌现出来。

---

①《龙牙和尚偈颂序》，《续藏经》。

②《祖堂集》卷九《南岳玄泰和尚》，第364页。

③敦煌写卷S.1635《泉州千佛新著诸祖师颂序》。

④《景德传灯录》卷一九《南岳惟劲禅师》，《正》第51卷第360页中。

第三节　以诗明禅

禅宗发展到晚唐，分化为不同派别，理论上已鲜有创造，各派都在接引学人的方式上争新斗异。禅宗本来主张“不立文字”，“以心传心”，因而忌直陈，忌说教，禅宿引导后学则要“不落言诠”，“意在言外”，靠启发、提示、诱导等间接方式。这样迤逦发展到晚唐，“文字禅”逐步兴盛起来，禅门“不立文字的文字”在技巧上也更加讲究；加之宗门里又形成了独特的教学制度，师弟子在示法传心和问答商量中力求使用独特奇险的表达方式，从而要特别讲究语言修辞技巧。在这种种机缘之下，形成了以偈颂表禅机的风气。顾随说“禅是象征”，特别切合这一类诗偈。钱钟书曾指出：

> 唯禅宗公案偈语，句不停意，用不停机，口角灵活，远迈道士之金丹诗诀。词章家隽句，每本禅人话头。如《五灯会元》卷三忠国师云：“三点如流水，曲似刈禾镰”；卷五大同禅师云：“依稀似半月，仿佛若三星”；皆模状心字也。秦少游《南歌子》云：“天外一钩斜月带三星”，《高斋诗话》谓是为妓陶心儿作；《泊宅编》卷上极称东坡赠陶心儿词：“缺月向人舒窈窕，三星当户照绸缪”，以为善状物；盖不知有所本也。《五灯会元》卷十六法因禅师云：“天上月圆，人间月半”；吾乡邹程村祗谟《丽农词》卷下《水调歌头·中秋》则云：“刚到人间月半，天上月团圆”；死灰槁木人语，可成绝妙好词。①

国忠禅师利用象形方式表“心”字，又是利用五言诗句来表达，已经颇富情韵；世人借以创造出“绝妙好词”，则成为禅语演化为诗语的一例。这里提到的投子大同（819—914）嗣翠微无学，曾对学人说：

> 汝诸人来遮里，拟觅新鲜语句、攒华四六，口里贵有可道……②

这表明在当时丛林中寻章觅句已成风气。中晚唐许多禅师表达禅解，语言是诗的、艺术化的。如马祖弟子泐潭常兴，有僧问：“如何是曹溪门下客？”答曰：“南来燕。”

①钱钟书《谈艺录》（修订本），中华书局，1984年，第226页。

②《景德传灯录》卷一五《舒州投子大同禅师》，《正》第51卷第319页上。

云:“学人不会。”又答:“养羽候秋风。”① 又药山惟俨问道吾圆智:“子去何处来?”回答说:“游山来。”药山曰:“不离此室,速道将来。”回答说:“山上鸟儿白似雪,涧底游鱼忙不彻。”② 又杭州佛日参夹山善会,夹山问:“子未到云居已前在什么处?”回答说:“天台国清。”夹山说:“天台有潺潺之瀑,渌渌之波,谢子远来,子意如何?”回答说:“久居岩谷,不挂松萝。”夹山说:“此犹是春意,秋意如何?”佛日良久未答,夹山说:“看君只是撑船汉,终归不是弄潮人。”③ 如此等等,都是借用富于诗情的语句来表达禅解,对答是形象、象征的、如诗如歌的。

这一类禅偈在禅门中兴盛起来,成为禅宿和学人谈禅的工具,其体制与前述明禅理的一般偈颂有所不同。它们或是出现在对答商量的言句里,或是产生于一定时节因缘中,是语录的有机构成部分。此外,这类禅偈作为“不可说”的禅的表现,许多意旨全靠揣摩,人们只能在可解不可解之间去作领会,而由于所表现的情境是具体的、形象的,就给读者留下了更广阔的想象天地。这正符合文学创作形象性的特征。

依据创作机缘不同,这类禅偈的具体内容和表达方式多种多样。

开悟偈:

南宗禅的“顿悟”,总需要一定时节机缘。或是得到禅宿的启示,或是由于某一境遇的启发。一悟之后,心灵即展现出全新的境界。以诗偈诵出个人的领会,就是所谓“开悟偈”。开悟过程本来类似诗歌创作中的灵感激发,表达出来则特别富于诗意。在禅籍里,开悟偈穿插在具体人的发悟故事里。由于“悟”的内容是个人心得,记录下来往往被有意地神秘化,这类禅偈大多索解为难,也就更增添了一分情趣。

洞山良价在云岩昙成处,问:“和尚百年后,有人问还邈得师真也无,向他作摩生道?”云岩回答说:“但向他道,只遮个汉是。”他很久不能理解这一回答的意思,总是心存疑惑。有一次过水睹影,忽然领悟,因述一偈曰:

切忌随他觅,迢迢与我疏。我今独自往,处处得逢渠。渠今正是我,我今

①《景德传灯录》卷七《洪州泐潭常兴禅师》,《正》第51卷第252页上。
②《景德传灯录》卷一四《潭州道吾圆智禅师》,《正》第51卷第314页上。
③《景德传灯录》卷二〇《杭州佛日和尚》,《正》第51卷第362页上。

不是渠。应须与摩会，方得契如如。[1]

前面说的“真”指写真、肖像。洞山问是否可以画出先师肖像，意谓能否真正传承先师禅法。云岩答说“只遮个汉是”，洞山不解所谓。后来过水看见水中影像，忽然开悟：水里的影子和本人不是一码事，当然描摹老师的肖像不等于老师，因此“切忌从他觅”；但影像“是”本人又“不是”本人，从禅宿学习也是同样。这样他体会到禅悟不即不离的道理。禅门经常用水中影像来说明禅悟。如有座主来谒大珠慧海，说:“某甲拟申问禅师义，得不?”大珠答:“清潭月影，任意撮摩。”又问:“如何是佛?”答说:“清潭对面，非佛而谁?”[2] 说的同样是“只这是”的道理。

香岩智闲博学利辩，才学无当，在沩山众中问难，对答如流，但未契根本。有一次沩山问:“如初从父母胞胎中出，未识东西时本分事。”他遍拣册子，无一言可对；遂烧尽册子，决心作长行粥饭僧。礼辞沩山后，到香岩山慧忠国师遗迹栖心憩泊，一天因除草木击瓦砾开悟，乃作偈曰：

一击忘所知，更不自修持。处处无踪迹，声色外威仪。十方达道者，咸言上上机。[3]

所谓“出从父母胞胎中出，未识东西时本分事”，即禅门常说的“本地风光”、“本来面目”，就是未受凡情污染的本来清净心。击瓦砾的一声响动，使香岩截断常识情解，忘却“所知”，也就恢复了“从父母胞胎中出”的状态，一切“踪迹”、“声色”都被排遣在外，从而也就除去了向外驰求之心。

还有沩山另一位法嗣灵云志勤见桃花而悟道的故事。据传他一造大沩，闻其教示，昼夜忘疲，一次偶睹春时桃花繁盛，喜不自胜，忽然发悟，作偈说：

三十年来寻剑客，几逢花发几抽枝。自从一见桃花后，直至如今更不疑。[4]

他遂被沩山称赞“随缘悟达，永无退失”。这首偈里的“寻剑”，意谓追求绝对的禅解。禅门常常把禅法比喻为“神剑”，取义能够斩断凡情。花开花落本是宇宙间

---

①《祖堂集》卷五《云岩和尚》，第 194 页。

②《景德传灯录》卷一四《大珠慧海》，第 526 页。

③《景德传灯录》卷一九《香岩和尚》，第 700 ~ 701 页。

④《祖堂集》卷一九《灵云和尚》，第 714 页。

永恒规律的体现，正如禅理是如如不动的，可是以前却视而不见，是因为被常情所阻；透出凡情，体悟禅理，从而疑念顿消了。

禅门流传的开悟机缘，特别显示出禅富于实践性的特点。对禅的体悟在一机一境之中，因此一些开悟偈往往禅思与诗情相交融，如哲理诗，含义深厚，耐人寻味。

示法偈：

中、晚唐丛林中禅宿上堂示法，师资间商量问答，互斗禅机，棒喝交驰，往往使用象征的、模棱两可的语句或奇特的动作表达禅解。示法偈即在这样的情况下兴盛起来。

洞山良价问马祖法嗣潭州龙山和尚："和尚见什么道理，便住此山？"这是问他禅悟的境界。龙山回答说："我见两个泥牛斗入海，直至如今无消息。"这是比喻自己已悟解万法性空的道理，进而作颂说：

三间茅屋从来住，一道神光万境闲。莫作是非来辨我，浮生穿凿不相关。[①]

这像是一首抒写山居乐道情趣的小诗。"一道神光"本指阳光，又象征忽然开悟、豁然开朗的心境。诗偈是说多年山居，一旦开悟，对一切人间是非、浮生穿凿都不再挂怀。洞山问"道理"，而禅是"不涉理路"的，所以只能用两个比喻来表达悟境。

南泉普愿法嗣长沙景岑以善诗偈著称，他的示法偈特别有名：

百尺竿头不动人，虽然得入未为真。百尺竿头须进步，十方世界是全身。

时有三圣和尚问："承师有言：'百尺竿头须进步。'百尺竿头则不问，百尺竿头如何进步？"景岑答："朗州山，澧州水。"进曰："更请和尚道。"景岑说："四海五湖王化里。"[②] 景岑用古代杂技缘橦作比喻：已毫无畏惧地爬上百尺高竿，但这还不算达到绝对境界，因为仍有所执著，应当更进一步，让自身与宇宙合一。三圣问"如何进步"，表明他仍摆脱不了执著；回答说"朗州山，澧州水"，意谓绝对境界就在具体的一机一境之中；当要求再进一步说明时，又用五湖四海皆在王化之中作譬

---

①《景德传灯录》卷八《潭州龙山和尚》，《正》第51卷第263页。

②《祖堂集》卷一七《岑和尚》，第644页。

喻，以表明事事物物皆与绝对境界相契合。这首禅偈不但禅理深刻，所体现的不断精进、永不满足的精神也是很感人的。

有僧问河中公畿和尚:“如何是道？如何是禅？”公畿以偈答曰：

有名非大道，是非俱不禅。欲识此中意，黄叶止啼钱。①

北本《涅槃经》卷二十有佛说天上之乐果以止众恶，犹如以杨叶为金诳小儿止啼。有的禅宗学人把佛陀全部说法都比喻为“黄叶止啼”，正体现破除一切语言执著的否定精神。公畿和尚的这个偈说一切名相、是非，讲“道”说“禅”，都是“黄叶止啼钱”，让人到名相、是非之外去体悟禅机。

子湖岩利纵禅师有示众偈曰：

三十年来住子湖，二时斋粥气力粗。无事上山三五转，问汝时人会也无?②

这是说三十年来山居修道，实际每天过的是无为无事的闲适生活，即表明禅在平凡的人生日用之中。这篇偈与大珠慧海所谓禅就是“饥来吃饭，困来即眠”同一意趣，体现了洪州禅“平常心是道”的精神。最后一问，表明自己的见解远超“时人”，充满了自信与自负。

从上述几例可以看出，不同示法偈风格颇有不同：有比喻、暗示的“理语”，也有富于情趣的“诗语”。而且越是到后来，越是讲究表达技巧，富于“诗情”。有一段北宋时圆悟克勤参五祖法演的逸事：

……方半月，会部使者解印还蜀，诣祖问道。祖曰:“提刑少年，曾读小艳诗否？有两句颇相近：‘频呼小玉元无事，只要檀郎认得声。’”提刑应:“喏喏。”祖曰:“且仔细。”师适归，侍立次，问曰:“闻和尚举小艳诗，提刑会否？”祖曰:“他只认得声。”师曰:“‘只要檀郎认得声’，他既认得声，为什么却不是？”祖曰:“如何是祖师西来意？庭前柏树子聻！”师忽有省，遽出。见鸡飞上栏杆，鼓翅而鸣，复自谓曰:“此岂不是声？”遂袖香入室，通所得，呈偈曰:“金鸭香销锦绣帏，笙歌丛里醉扶归。少年一段风流事，只许佳人独自知。”祖曰:“佛祖大事，非小根劣器所能造诣，吾助汝喜。”祖遍谓山中耆旧

①《景德传灯录》卷九《公畿和尚》，《正》第51卷第270页上。
②《景德传灯录》卷一〇《衢州子湖利纵禅师》，《正》第51卷第279页上。

曰："我侍者参得禅也。" 由此，所至推为上首。①

这里用来示法的是世俗的艳诗。偈里用情人间心心相印的"认得声"，来比喻禅悟全靠感悟，不可言说，也不可替代。如果不用在谈禅里，这样的作品已和一般情诗毫无区别了。

投机偈：

学人参访禅宿，测验对方禅解，主要是利用言句来问答商量，即所谓"斗机锋"；有时投以诗偈，譬如投石入水，测其浅深，称"投机偈"。

南泉普愿有《久住投机偈》：

> 近日还乡入大门，南泉亲道遍乾坤。法法分明皆祖父，回头惭愧好儿孙。

景岑答曰：

> 今日投机事莫论，南泉不道遍乾坤。还乡尽是儿孙事，祖父从来不入门。②

这里所谓"还乡"、"入门"，比喻对清净自性的回归；"祖父"、"儿孙"则是指古德和后辈学人。南泉普愿的意思是说古德悟解万法归于一心，并以此来启发后辈儿孙。长沙景岑的回答则用宋人所谓"梵志翻着袜法"，把普愿的"亲道"翻案为"不道"，指出"还乡"全靠儿孙自己，不可徒然模仿、追随前人。后者的见解显然又进一步。

国清师静睹教中幻义，乃述一偈以问学流：

> 若道法皆如幻有，造诸过恶应无咎。云何所作业不忘，而藉佛慈兴接诱。

这是提出佛教教理上一大矛盾：如果诸法全部如幻如化，那么业报何在？佛法何用？时有小静上座答曰：

> 幻人兴幻幻轮围，幻业能召幻所治。不了幻生诸幻苦，觉知如幻幻无为。③

这个回答首先肯定大乘空观诸法如幻的基本观念，又据以生发，以为幻人、幻事招来如幻的业报，这正是人生之苦的所在；因而要觉悟如幻的真谛，达到无为无事的

①《五灯会元》卷一九，下册第1254页。
②《景德传灯录》卷一〇《湖南长沙景岑禅师》，《正》第51卷第276页上。
③《景德传灯录》卷二一《天台国清师静上座》，《正》第51卷第374页上。

禅境。这种看法是富于辩证色彩的。

明志偈：

禅德以偈颂明志，作品已接近“言志”诗了。

伏牛自在放小师行脚时有颂曰：

> 放汝南行入大津，碧潭深处弄金鳞。等闲莫与凡鱼伴，直透龙门便出身。

这是用中土传说鲤鱼跳龙门典故，指示弟子要立大志，成大事。小师回答：

> 鱼龙未变志常存，变时还教海气浑。两眼不曾窥小水，一心专拟透龙门。千回下网终难系，万度垂钩誓不吞。待我一朝鳞甲备，解将云雨洒乾坤。[①]

回答袭用老师的比喻，表示自己决心要透过龙门，超凡成圣，实现以法雨弘济天下的悲愿。这篇作品运用七律形式，押韵、对仗均较工稳，从中可以看出诗的技巧对于禅门的影响。

曹山本寂住曹山（江西临川县吉水山），割据江西的“钟陵大王”（南平王）钟传再三遣使迎请。第三次遣使时，使者说如不赴王旨，弟子一门便见灰粉，时本寂附上古人偈一首：

> 摧残枯木倚青林，几度逢春不变心。樵客见之犹不顾，郢人那得苦追寻。[②]

这篇偈像是托物咏志的七绝。古人以松柏之后凋比喻人的志节，这篇偈的立意即由之脱胎：枯木逢春而不花，表明不为荣华所诱，耐得起枯淡，这是对迎请坚决表示拒绝。所谓“古人偈”，是指禅门流行的作品。据说使回通偈，王遥望山顶礼拜。

越州观察使差人问五洩灵默：“依禅住持？依律住持？”灵默以偈答曰：

> 寂寂不持律，滔滔不坐禅。酽茶三两碗，意在镢头边。[③]

这同样像一首咏志五绝，表明自己在吃茶、作务的平常生活中，淡泊安闲，无所追求，达到任运随缘、禅而非禅的境界。这也是洪州禅观的典型体现。

唐武毁佛，大批僧侣被迫还俗，有些还俗或避居民间的禅师保持志节，这对后

---

①《祖堂集》卷一五《伏牛和尚》，第5556~5557页。

②《祖堂集》卷八《曹山和尚》，第309页。

③《祖堂集》卷一五《五泄和尚》，第564页。

来禅门的复兴起了重要作用。有的人在毁佛中述偈言志，如龟山智真有二偈：

明月分形处处新，白衣宁坠解空人。谁言在俗妨修道，金粟曾为长者身。

忍仙林下坐禅时，曾被歌王割截肢。况我圣朝无此事，只令休道何可悲。①

第一首用禅门流行的“一月普现一切水”典故，说明禅无处不在，因此在俗不妨修道。第四句用了维摩居士典故。后一首用佛典里歌利王害忍辱仙人的本生故事：歌利王为了试验忍辱仙人是否还有贪著，割其耳，更刖鼻削手，但仙人能够忍辱，相好圆满，无少变化。偈里说虽然被迫还俗，但总还没有遭受酷刑，仍然可以修道。这是带有讽刺意味的反语，表明对迫害的蔑视和坚定不移的意志。

这些明志偈颂主要有两方面的意义：一是表白信仰心，不只是其坚定的信仰心，那种不为权势所屈的求道意志更有着普遍的伦理意义；再一方面是发露禅解，主要是表现修道习禅重在自心的禅理。

劝学偈：

洪州禅讲“道不要修”，因为“修”道本身已是一种驰求、知见；但禅宗学人奔竞于禅宿门下，以求得到启发、印可。这样，禅门“教学”就形成特殊的、不拘一格的形式。禅宿指点学人修习和悟解方法，形成“劝学偈”。

长沙景岑的《劝学偈》：

万丈竿头未得休，堂堂有路少人游。禅师欲达南泉去，满目青山万万秋。②

这是发挥他示法偈“百尺竿头不动人”的主旨：说到了万丈竿头，前面仍然有路，只是很少有人去走；这是指示学人去追求超越相对的绝对境界，也是他的老师南泉普愿的境界。结句指出到达那种境界才算见到满目青山的无限风光。后来天台德韶有偈说：“通玄峰顶，不事人间。心外无法，满目青山。”③ 即从这篇偈脱化而来。

香岩智闲的《劝学偈》：

出家修道莫求安，失念求安学道难。未得直须求大道，觉了无安无不安。④

---

①《景德传灯录》卷九《福州龟山智真禅师》，《正》第51卷第269页；第一首亦见《祖堂集》卷一七。

②《祖堂集》卷一七《岑和尚》，第643页。

③《景德传灯录》卷二五《天台山德韶禅师》，《正》第51卷第408页中。

④《祖堂集》卷一九《香岩和尚》，第710页。

这一篇勘辨玄理，在如何“安心”上立意。早期的“楞伽宗”求“安心”。依洪州禅的观念，“求安”仍有所求，并没有达到“无心是道”的境界，所以被说成是“失念”；只有超越“安”与“不安”，才算真正做到“无不安”。这也是指示断绝向外驰求的禅理。

雪峰义存初出家时，有“儒假大德”送给他三首偈，这实际是托名的劝学偈：

> 光阴轮谢又逢春，池柳亭梅几度新。如别家乡须努力，莫将辜负丈夫身。
> 鹿群相受岂能成，鸾凤终须万里征。何况故园贫与贱，苏秦花锦事分明。
> 原宪守贫志不移，颜回安命更谁知。嘉禾未必春前熟，君子从来用有时。①

这三篇偈勉励学人要立志高远，努力不懈，并预言将来的远大前程。在表达方式上，这种偈不只风格已与一般七绝无别，更用孔门弟子颜回和原宪、“挂六国相印”的纵横家苏秦为榜样，符合“儒假大德”的口吻，也表明当时儒、禅观念上相通的趋势。

雪峰弟子翠岩令参的劝学偈写法和风格都很特别：

> 苦哉甚苦哉，波里觅干灰。劝君收取手，正与摩时徕。②

这里讽刺向外驰求如“波里觅干灰”，永无得时；让人“收取手”，指出放下驰求之心，才是得道之时。“正与摩时徕”就是当下即是的意思。全篇二十个字，构思奇崛，纯用口语，体现了奇僻的禅风。

顺世偈：

禅宿在去世时往往说偈付法，留下遗偈，这也是传法偈一类。这种临终付法事迹多出于后人传说，多数遗偈应是弟子神化先师的伪托。

顺世偈的创作与禅宗建立祖统有关。在敦煌本《坛经》里，已记载有法海所述自达摩至六祖慧能的传法付心颂。如达摩颂曰：“吾本来唐国，传教救迷情。一花开五叶，结果自然成。”这是预记其后五祖传承。而慧能颂是：“心地含情种，法雨即花生。自悟花情种，菩提果自成。”③ 同时还记载了慧能的两首顺世偈。据考应成立于贞元十六年（801）的《宝林传》更整理出西天二十八祖传承的祖统，每位祖

①《祖堂集》卷七《雪峰和尚》，第 293 页。
②《祖堂集》卷一〇《翠岩和尚》，第 292 页。
③《坛经校释》，第 103 页。

师都有传法偈。如释迦传迦叶的偈曰："法本法无法，无法法亦法。今付无法时，法法何曾法。"[①] 到后来的《祖堂集》里，过去七佛也各有偈传出。其写法都循一定格式；取五言二十字韵文体，组织进心、法、境、菩提、无生、因缘等观念，又用种、花、果等作比喻，以说明基本禅理。这也就树立起一个传统，即禅宿往往有一首总结性的传法偈留给后人，临终遗偈的习俗从而形成了。不过后来的遗偈内容广泛得多，形式也自由得多。

如归宗智常弟子五台智通遗偈：

> 举手攀南斗，回身倚北辰。出头天外见，谁是我般人。[②]

这完全可以看成是一首富于浪漫精神的抒情小诗。其中表现的顶天立地的巨人形象，和李白"欲上青天览明月"[③] 的气概颇有相通之处。

洞山良价弟子疏山光仁的遗偈同样用了想象、夸张手法，表达面对死亡的态度：

> 我路碧天外，白云无处闲。世有无根树，黄叶送风还。[④]

这里把人生比喻为无根树，寒风一吹则叶黄枝枯；但自己作为风中树叶却永远在天空中遨游，犹如天上白云一样。唐代诗歌里的白云常常作为随缘人生和自由意志的象征。禅师们谈禅也喜欢借白云为喻，如长庆慧棱法嗣灵隐广严院咸泽，有僧问："如何是广严家风？"答曰："一坞白云，三间茅屋。"[⑤] 光仁的诗偈把落叶和白云两个意象贯穿起来，构想更为奇突，也更显深意。

白水本仁弟子重云智晖善偈颂，"诲人之暇，撰歌颂千余首"，有遗偈说：

> 我有一间舍，父母为修盖。住来八十年，近来觉损坏。早拟移住处，事涉有憎爱。待他摧毁时，彼此无相碍。[⑥]

经典里往往利用房舍的成坏来说明人我空观念。石头希迁《草庵歌》曾从另一个角

①《双峰山曹侯溪宝林传》卷一，中文出版社影印《宋藏遗珍》本。
②《景德传灯录》卷一〇《五台山智通禅师》，《正》第51卷第281页上。
③《宣州谢朓楼饯别校书叔云》，王琦注《李太白全集》卷一八，中华书局，1977年，第861页。
④《祖堂集》卷八《疏山和尚》，第330页。
⑤《景德传灯录》卷二一《杭州广严咸泽和尚》，《正》第51卷第376页上。
⑥《景德传灯录》卷二〇《京兆重云智晖禅师》，《正》第28卷第883页下。

度作比喻，说草庵坚牢，内有真主，比喻常驻不变的灵明自性。智晖的偈立意更朴素，只是说身体如房舍一样已经破损，自己以洒脱的态度看待生死，对人间爱憎全取超然姿态。最后一联的设想更十分诡异：把自己的人身看作外物，完全作超然遗世之想。

同样，保福清豁的遗偈也表达生死面前的通达姿态：

> 世人休说路行难，鸟道羊肠咫尺间。珍重苎萝溪畔水，汝归沧海我归山。[①]

他不但把死亡看作如百川归海那样本是自然归宿，对人生患难也全取坦然姿态，毫无患得患失之念。

以上举出的几类禅偈，风格上有侧重谈玄和侧重抒情的不同，写法上则有直截和隐讳的不同，但都意在明禅，即是“意在言外”的。其中的优秀作品诗情相当浓郁，置之当时诗坛上也堪称佳作。

第四节　禅偈的衍变——宗纲颂、颂古偈等

晚唐五家分灯后，各家形成接引学人的不同方法，如曹洞宗的“五位君臣”，临济宗的“四宾主”、“四料简”、“四照应”，云门宗的“云门三句”等等，这就又形成不同的“宗纲”。用偈颂来形容这些宗纲，就是所谓“宗纲颂”。

宗纲颂的形成有个过程。本来禅宿以形象的言句来表达对于禅境的特殊体验，意义含蓄，耐人寻味，作为诗看大抵也相当优美、生动。如有僧问慧观行修：“如何是南源景致？”“南源”本是他所住之地，这里是探问他的禅境如何。答曰：“几处峰峦猿鸟啸，一带平川游子迷。”[②] 这描写的是南源实景，但回答者意在言外。由于景象的内涵并不确定，正适合互斗机锋的要求，语句也很富诗意。同样，有僧问伏龙山延庆院奉璘：“如何是伏龙境？”答曰：“山峻水流急，三春足异花。”[③] 问开先圆智：“如何是开先境？”答曰：“最好是‘一条界破青山色’。”[④] 后者是借用徐凝咏

①《五灯会元》卷八，中册第492页。

②《景德传灯录》卷一七《吉州南源山行修禅师》，《正》第51卷第342页中。

③《景德传灯录》卷二〇《延州延庆奉璘禅师》，《正》第51卷第368页中。

④《景德传灯录》卷二一《庐山开先圆智禅师》，《正》第51卷第375页。

庐山瀑布的著名诗句[1]。到晚唐，丛林中宗派观念逐步形成，辨别宗门法系也成为问答勘辨的重要内容。石头一系多问“如何是和尚家风”，洪州一系则多问“师唱谁家曲，宗风嗣阿谁”。学人同样多用如歌如诗的形容词来作答。如有僧问吉州禾山：“如何是和尚家风？”答曰：“满目青山起白云。”[2] 又有僧同样问钦山文遂，答曰：“锦帐银香囊，风吹满路香。”[3] 这很像艳诗的句子。有僧问风穴延昭：“师唱谁家曲，宗风嗣阿谁？”答曰：“超然迥出威音外，翘足徒劳赞底沙。”[4] 这都是利用象征性的诗语来表达不同宗风的特征。

以诗句答问在善偈颂的石头一系学人中更为流行。如有僧问夹山善会弟子洛浦元安：“瞥然便见时如何？”这问的是“见”道。答曰：“晓星分曙色，争似太阳辉。”又问：“如何是本来者？”问的是“自性”如何。答曰：“一粒在荒田，不耘苗自秀。”是说如一粒种子，不需任何作用，自会发芽、成长。又进一步问：“若一向不耘，莫草埋却去也无？”对曰：“肥骨异刍荛，稊稗终难映。”这是进一步说明好的种子不能埋没的道理。又问：“如何是西来意？”这是禅门勘验的常谈。答曰：“飒飒当轩竹，经霜不自寒。”僧拟再问，答曰：“只闻风击响，不知几千竿。”[5] 这实际是“西来无意”的传统回答，四句话组合起来恰是一首意境浑融的五绝。

南岳一系也有善诗颂的人物。前面提到风穴延昭，有僧问：“如何是佛？”答曰：“嘶风木马缘无绊，背角泥牛痛下鞭。”又问：“随缘不变者忽遇知音人时如何？”答曰：“披莎侧笠千峰里，引水浇蔬五老前。”[6] 对于前一问“如何是佛”，回答的意思是，正如木马、泥牛不能奔走，求佛者绊木马、打泥牛也是徒然。接着问习禅者随缘不变，遇到真正知音人应如何对待？答话里“披莎侧笠”是说将要下雨，但这时仍要继续引水灌园，是说不能消极等待，而要主动、积极地参访、学习。

再进一步，师资间斗机锋全用诗语，如联句做诗。遵布衲问韶山寰普说：“凤凰直入烟霄路，谁怕林中野雀儿。”对曰：“当轩画鼓从君击，试展家风似老僧。”遵

①《庐山瀑布》，《全唐诗》卷四七四，第5377页。
②《景德传灯录》卷一七《吉州禾山和尚》，《正》第51卷第339页上。
③《景德传灯录》卷一七《澧州钦山文邃禅师》，《正》第51卷第340页中。
④《景德传灯录》卷一三《汝州风穴延昭禅师》，《正》第51卷第302页下。
⑤《祖堂集》卷九《落浦和尚》，第341页。
⑥《景德传灯录》卷一三《汝州风穴延昭禅师》，《正》第51卷第302页下。

曰:"一句迥超今古格，松萝不与月轮齐。"对曰:"饶君直出威音外，犹较韶山半月程。"[1] 两个人以诗句相互测度，试图以难以索解的语句压倒对方。这与其说在较量禅解高下，不如说是在斗语言技巧了。更简单的办法，则是用现成的诗"断章取义"，如常用"枯桑知天风，海水知天寒"(《古诗十九首》)、"行到水穷处，坐看云起时"(王维)、"水流心不竞，云在意俱迟"(杜甫)等等做参悟的对象。

正是在这种禅风下，宗纲颂的创作也形成了风气。其中以曹洞和临济二宗纲领更为系统，创作也更为丰富。

中唐后禅门逐渐形成宗派，随着"五家"分宗，诸家都利用诗语来表达各自的主张。如临济义玄与弟子涿州纸衣和尚的一段对话：

> 璘(纸衣和尚)初问临济:"如何是夺人不夺境?"临济曰:"春煦发生铺地锦，婴孩垂发白如丝。"师曰:"如何是夺境不夺人?"曰:"王令已行天下遍，将军塞外绝烟尘。"师曰:"如何是人境俱不夺?"曰:"王登宝殿，野老讴歌。"师曰:"如何是人境俱夺?"曰:"并汾已信，独处一方。"师于言下领旨。[2]

所谓夺境、夺人，是指破除对于人我和法我的执著，这里指示禅解全用诗语说明。临济所说"春煦"句形容春光烂漫，草木萌发，是"不夺境";"婴儿"句说小儿发白如丝，未老先衰，是"夺人"，等等。这就是后来所说的"四料简"。曹洞宗有所谓"五位君臣"之说，说明时也常常利用诗语。

这类问答，意在树立自宗宗旨。后来作为各宗纲领的公式形成，解说"宗纲"的偈颂也就被创作出来。它们采取组诗的形式，大量出现于五代、北宋时期，这也是"五家七宗"定型的时期。如佛鉴惠懃颂"四料简":

> 瓮头酒熟人皆醉，林上烟浓花正红。夜半无灯香阁静，鞦韆垂在月明中。(夺人不夺境)
>
> 莺逢春暖歌声滑，人遇时平笑脸开。几片落花随水去，一声长笛出云来。(夺境不夺人)
>
> 堂堂意气走雷霆，凛凛威风掬霜雪。将军令下斩荆蛮，神剑一挥千里血。(人境俱夺)

---

①《景德传灯录》卷一六《洛京韶山寰普禅师》,《正》第51卷第333页上。

②《景德传灯录》卷一二《涿州纸衣和尚》,《正》第51卷第295页下~296页上。

圣朝天子坐明堂，四海生灵尽安枕。风流少年倒金樽，满院桃花红似锦。（人境俱不夺）

总颂：千溪万壑归沧海，四塞八蛮朝帝都。凡圣从来无二路，莫将狂见逐多途。①

像这样的偈颂，所写的是诗的意境，禅意完全通过暗示、联想体现出来。

“以诗明禅”的另一种格式，也是偈颂的新体裁，是“颂古”。由于禅门中祖师传灯统绪确立，先贤的言句、行为以至佛门中掌故等等就成为后学参学的材料。所谓“颂古”，就是捻出古德的言行，加以评唱，借以表达禅解。这类偈颂在晚唐已经出现。如马祖弟子石巩接待大颠弟子三平义忠有一公案：三平到石巩处参学，石巩却架起弓箭，叫道：“看箭。”三平擘开胸受；石巩抛下弓箭云：“三十年在者里，今日射得半个圣人。”三平住持后云：“登时将谓得便宜，如今看却输便宜。”②后来罗山道闲法嗣灌州灵岩颂云：

解擘当胸箭，因何只半人。为从途路晓，所以不全身。③

石巩射出一箭，意谓要夺取对方性命，即斩断他的凡情；三平明白他的用意，擘胸接受。但在石巩看来，三平这个行动表明他仍存有知解，虽悟却不透彻，因此只能算是半个圣人。灵岩所颂也是这个意思。

这种取古德为题材加以歌颂的写法，显然受到中唐以来诗坛上“咏古”、“怀古”诗发达的影响。而禅门的“颂古”是明禅解的，和咏古、怀古诗比较起来，更能体现偈颂的“象征”特色。

第一位大量写作颂古诗偈的是北宋初年的汾阳善昭。他少而习儒，“愿力勇猛，学解淹博”④。弟子慈明楚圆编辑语录为三卷传世。中卷是颂古一百首和“代别”二百条，下卷是诗、歌、偈、颂。他是当时具有代表性的禅文学家，颂古体在他的手下定型。下面是两则：

二祖问达摩：“请师安心。”磨云：“将心来，与汝安。”祖云：“觅心了不可

①《人天眼目》卷一；括号文字为笔者所加，《正》第28卷第301页中。

②《祖堂集》卷一四《石巩和尚》，第533页。

③《景德传灯录》卷二三《灌州灵岩和尚》，《正》第51卷第393页下。

④杨亿《汾阳无德禅师语录序》，《汾阳无德禅师语录》卷首，《续藏经》本。

得。”磨云:“与汝安心竟。”　　九年面壁待当机，立雪齐腰未展眉。恭敬愿安心地法，觅心无得始无疑。

僧问赵州:“如何是祖师西来意?”州云:“庭前柏树子。”云:“和尚莫将境示人?”云:“我不将境示汝。”云:“如何是祖师西来意?”云:“庭前柏树子。”

庭前柏树地中生，不假犁牛岭上耕。正示西来千种路，郁密稠林是眼睛。①

这里前一则是达摩与慧可安心公案，“九年面壁”和“立雪齐腰”是禅史所传二人著名事迹，诗颂的意思是明显的。后一则是赵州从稔公案，“祖师西来意”是禅门著名话头，赵州看似答非所问，大概意思是禅如庭前柏树，自然长成，不靠耕耘扶植，即不需驰求；最后一句的“眼睛”指“顶门眼”：传说摩醯罗天有三眼，其顶门一只竖眼超于常眼，偈中喻见道之特识。汾阳的一百则颂的都是禅门著名公案，从中可以看出当时丛林里公案流行的具体情形。两个例子代表他的风格：表达比较质朴直率，内容也较浅显，易于揣摩。

进一步发展颂古一体的是造成所谓“云门中兴”的雪窦重显。他是云门三世智门光祚法嗣，早年游方，后住明州雪窦山资圣寺，是一代著名禅匠，卒谥“明觉大师”。他著述甚富，有《颂古百则》、《祖英集》和《语录》等多种。云门宗风险峻高古，有所谓“涵盖乾坤”、“截断众流”、“随波逐浪”等云门三种句，追求以简洁含蓄的言句显示大机大用。他的颂古正体现了这种风格。其题材更加开阔，除了禅宗公案外，还有取自《维摩》、《金刚》、《楞严》等流行经典的。取自公案的，关于云门文偃的十四则，赵州从稔的十一则，其次是百丈怀海四则，马祖道一、雪峰义存、南泉普愿各三则，多是晚唐禅门流行故事。以云门为多，因为他本是云门宗人。他的颂古更讲究语言修辞和表现技巧，象征意味也更为浓郁。

雪窦颂古流传丛林，到北宋末，有杨岐派的圆悟克勤，他宿习儒业，博通能文，广参东林常总、黄龙晦堂等人，在五祖法演门下得法。徽宗政和中，在荆州遇到著名官僚居士张商英，经其劝请，对雪窦颂古加以评唱，门人记之。因为书成于夹山灵泉院，取夹山善会“鸟衔花落碧岩前”句意，名其书为《碧岩录》。书的体例是在雪窦颂古的每一则公案和偈颂前加“垂示”，引录公案和颂诗中间夹批“著语”，然后加上评唱以为解说。这样，雪窦颂古借《碧岩录》而更广泛地流行。下

①《汾阳无德禅师语录》卷中，《续藏经》本。

面是一则简单的例子（黑体字是公案，楷体是颂古，小字分别是垂示和著语，评唱省略）。第七则：

举：僧问法眼：道什么担枷过状。**“慧超咨和尚，如何是佛？”**道什么，眼睛突出。**法眼道：“汝是慧超。”**依模脱出，铁馂馅，就身打劫。

江国春风吹不起，尽大地那里得这消息，文采已彰。鹧鸪啼在深花里。喃喃何用，又被风吹别调中，岂有恁么事。三级浪高鱼化龙，通这一路，莫谩大众好，踏著龙头。痴人犹戽夜塘水。扶犁摸壁，挨门傍户，衲僧有什么用处，守株待兔。①

《碧岩录》是为弟子提唱制作的，即是讲解公案的记录。以后同类的书续有撰作。如曹洞宗的投子义青、丹霞子淳、宏智正觉等均有《颂古百则》之作，其后分别有人模仿《碧岩录》加以提唱。如南宋末万松行秀提唱正觉《颂古》而为《万松老人评唱天童觉和尚颂古从容庵录》（《从容录》），元代行秀弟子林泉从伦评唱子淳《颂古》而为《林泉老人评唱丹霞淳禅师颂古虚堂集》（《虚堂集》），又评唱义青《颂古》而为《林泉老人评唱投子青和尚颂古空谷集》（《空谷集》）等。但既说公案，再就公案作颂古，已落入文字障；对颂古再加解说，则又加上一层文字障。这就与禅“不立文字”的精神大相径庭了。这类书的某些机锋俊语和诗情画意的表现给喜好禅籍的人提供了文字借鉴，但一般说来，对文坛的影响是有限的。这也是因为禅宗的鲜活的生命力已消失殆尽，这些书从内容到形式也都严重地形式化了。南宋淳熙二年（1175），法应宝鉴编颂古总集《禅宗颂古连珠通集》四十卷，收宗师 112 人，公案 325 则，颂 2100 余首。元鲁庵普会加以增集，公案达 493 则，颂 3050 首。到清代，集云堂性音编《宗鉴法林》七十三卷，集拈颂之大成，收公案 2564 则，颂诗近万。这些书都进入禅宗十分庞大的文字堆积之中，文献意义之外，已没有多大价值了。

第五节　禅史、灯录和语录

禅语录和禅史、灯录是另一大类禅文学作品。特别是语录，在散文史上取得了值得注意的成就。胡适曾说：“六朝以下，律师宣律，禅师谈禅，都倾向白话的讲

①《碧岩录》卷一，《正》第 48 卷第 147 页上～下。

说；到禅宗的大师的白话语录出来，散文的文学上遂开一生面了。”①

早期禅宗“藉教悟宗”，无论是内容还是方法，都与传统教法紧密联系。如注重对《楞伽经》、《金刚经》等经典的研习和诠释，著论（如各种《达摩论》）来阐发禅理等。但随着“不立文字，教外别传”的观念越加明晰，禅的表达方式也全盘翻新了。于是偈颂被大量创作出来，另一种就是散文体的禅史、灯录和语录。

禅史和灯录是属于僧史一类历史书。禅史随祖统的形成而撰集起来，记录的是历代祖师的行迹、言论；由禅史逐渐演变出灯录，主要记述历代禅德传承的统绪、“传灯”的言句，大量公案、话头、偈颂就记载在里面。由于是宗门文献，后辈弟子要对祖师或先德加以美化、神化，所述事迹和言句必然有相当多的创造成分。特别是有些禅师行迹多有不明之处，就更给后人留下了想象余地。另外从撰集禅史和灯录的目的看，主要不在写出信史，而是通过对历代禅德的记述来表达禅解。从这个意义说，它们与其说是史书，不如说是禅门的创作。其中表现的人物在很大程度上是凭想象创造的艺术形象。当然就具体作品而言，其真实成分多寡是不同的。大体说来，越是涉及早期的记录，虚构的成分就更多些。

南宋时期编撰的《五灯会元》里有二祖慧可嗣法的完整故事：

> ……时有僧神光者，旷达之士也。久居伊、洛，博览群书，善谈玄理。每叹曰:“孔、老之教，礼术风规；《庄》、《易》之书，未尽妙理。近闻达摩大士住止少林，至人不遥，当造玄境。”乃往彼，晨夕参承。祖常端坐面壁，莫闻诲励。光自惟曰:“昔人求道，敲骨取髓，刺血济饥，布发掩泥，投崖饲虎。古尚若此，我又何人?”其年十二月九日夜，天大雨雪。光坚立不动，迟明，积雪过膝。祖悯而问曰:“汝久立雪中，当求何事?”光悲泪曰:“惟愿和尚慈悲，开甘露门，广度群品。”祖曰:“诸佛无上妙道，旷劫精勤，难行能行，非忍而忍。岂以小德小智，轻心慢心，欲冀真乘，徒劳勤苦。”光闻祖诲励，潜取利刀，自断左臂，置于祖前。祖知是法器，乃曰:“诸佛最初求道，为法忘形；汝今断臂吾前，求亦可在。”祖遂与易名曰“慧可”。可曰:“诸佛法印，可得闻乎?”祖曰:“诸佛法印，匪从人得。”可曰:“我心未宁，乞师与安。”祖曰:“将心来，与汝安。”可良久曰:“觅心了不可得。”祖曰:“我与汝安心竟。”……②

---

①胡适《白话文学史》（上）第十章《佛教的翻译文学》（下），上海古籍出版社，1999 年，第 131 页。
②《五灯会元》卷一《东土祖师》，苏渊雷点校，中华书局，1984 年，第 1 册第 44 页。

这是插在达摩传里的传法因缘，通过立雪、断臂、易名、安心四个情节，塑造了慧可这一坚忍不拔、舍身求法的祖师形象。但在最早完整记述达摩故事的道宣《续高僧传》里写慧可，说“年登四十，遇天竺沙门菩提达摩游化嵩、洛。可怀宝知道，一见恰之，奉以为师”等，并无“立雪”事，只是有那禅师弟子慧满居洛阳南会善寺“四边五尺许雪自聚集，不可测也”；而关于“断臂”则是“遭贼斫臂，以法御心”[①]，而非自断其臂。道宣又写到慧可后来“埋形河涘”、“纵容顺俗”，对他求法的坚定性似有微词。在开元初编成的杜朏《传法宝记》里有简单的断臂故事，而无立雪事。到《楞伽师资记》，才有慧可自述：“吾未发心时，截一臂，从初夜雪中立，直至三更，不觉雪过于膝，以求无上道。”[②] 但这里却又没有说为什么断臂。直到大历末年的《历代法宝记》，故事的线索才清楚了：“初事大师，前立，其夜大雪，至腰不移。大师曰：‘夫求法不贪躯命。’遂截一臂，乃流白乳……”[③] 从这些材料可以看出慧可形象的形成过程：人物是经过想象、加工逐步完整、生动起来的。

达摩形象的情况也同样。现存典籍里最早记载达摩的是北魏杨衒之的《洛阳伽蓝记》和道宣《续高僧传》卷十六《达摩传》，二者记述大不相同。这表明到初唐达摩已是真相相当朦胧的人物。后来流传禅门的达摩故事，如他于普通年间来梁、梁武问法、一苇渡江、少林面壁、付法说偈、只履西归等充满传奇色彩的“事迹”，实际是经过唐五代数百年间一代代禅门中人创造出来的。所以从一定意义说，不是达摩创造了禅宗，而是禅宗创造了达摩。就禅史而言，祖师形象的形成反映了宗门发展的过程；就禅文学而言，这也是文学典型被创造的过程。

早期禅史现存者有敦煌写本、北宗学人杜朏所撰《传法宝记》、净觉所撰《楞伽师资记》和属于保唐宗的《历代法宝记》等；到宋代还有慧洪所撰《禅林僧宝传》三十卷、石室祖琇所撰《僧宝正续传》七卷等。

在南宗禅发展中形成了主要是记述禅宿言行的新的著述形式——语录。

六祖慧能的《坛经》是祖师个人说法的记录。被胡适定名为《神会录》的神会著作，如《南阳和尚顿教解脱禅门直了性坛语》、《菩提达磨南宗定是非论》也

---

①《续高僧传》卷一六《慧可传》，《正》第51卷第552页上～中。

②（日）柳田圣山编《禅语录》2《初期の禅史Ⅰ 楞伽师资记》，筑摩书房，1985年，第162页。

③（日）柳田圣山编《禅语录》3《初期の禅史Ⅱ 历代法宝记》，筑摩书房，1984年，第77页。

同样；而《南阳和尚问答杂征义》则已是有问有答的语录。典型意义的语录普及于中唐以后开放的禅门风气之中，表达方式不但和中土诸子百家的语录不同，也和神会的作品不同。当时禅宗已确立“教外别传”的格局，禅门师资教学也形成了全新的方式。学人们游方参访，来往于禅宿门下。师资间扣问商量，相互探询禅解高下。为了不落言诠，问答之间，就要破除常识情解，使用机锋俊语。在上堂、示法制度形成以后，禅宿的言句更成了学人研习的对象。如此等等，积累下一大批风格特殊的言句。把这些言句记录下来，就是禅宗的“语录”。

当时石头一系重偈颂，马祖一系则特重言句，现存最初的语录也是马祖的。不过当初不叫“语录”，而叫“语”、“语本”、“广语”等等。有记载说“自大寂禅师去世，常病好事者录其语本，不能遗筌领意”①，表明后人采录的马祖语录还不止一种。马祖弟子一辈如南泉普愿、大珠慧海、居士庞蕴等也均留有语录，应是较忠实地保留着原来面貌的。到晚唐，丛林间各种“册子”已流传很广。但在众口流传之中，不会定型。现在所能见到的晚唐语录只有《镇州临济慧照禅师语录》是唐慧然编辑起来的，其他都是入宋以后甚至更后编写的。宋代以后的语录则多是有意的创作了。

如上所述，许多禅师都是具有高度文化素养的人，而禅门又有其独特的思想观念和教学方法，再经过一代代传承积累，谈禅“言句”的技巧得以不断提高，并形成了一定的规范和特征，就是从表达艺术上看也达到了相当高的水平。晁公武评论说：

> ……五宗学徒，遍于海内，迄今数百年，临济、云门、洞下日益愈盛，尝考其世，皆出于唐末五代兵戈极乱之际。意者乱世聪明贤豪之士，无所施其能，故愤世嫉邪，长往不返。而其名言至行，譬犹联珠叠璧，虽山渊之高深，终不能掩覆其光彩，而必辉于外业。故人得而著之竹帛，罔有遗轶焉。②

语录和禅史相结合，形成独特的禅宗史书——“灯录”。这是按禅门传法统绪所作的记录，内容以禅宿的言句和偈颂为主。因此这也是综合性的禅文献。唐智炬的《宝林传》十卷（佚存六卷），据考写作于德宗建中年间，记载西土二十八祖和东

①《祖堂集》卷一五《东寺和尚》，第569页。

②《郡斋读书志》卷一六，《中国历代书目丛刊》，现代出版社，1987年，第一辑下册第717页。

土六祖等人行事、言论，已具有灯录格局。五代南唐泉州招庆寺静、筠二禅师于保大十年（952）编著的《祖堂集》二十卷，内容包括释迦牟尼、迦叶到唐末、五代凡二百四十六位（另有著录名字的六位）祖师的事迹、言句。该书于上世纪初在韩国海印寺被发现，是现存第一部完整翔实的灯录。历来受到重视的是北宋真宗景德元年（1004）道原所编《景德传灯录》三十卷。这部书是在广取前人成果的基础上编写的，叙述禅宗世系五十二世，一千七百零一人事迹，附录有言句的九百五十一人，并附有神会、慧忠至法眼文益等人的语录和辑录的一批诗、颂、歌、赞等。这部书本是受朝命编撰，有著名文人杨亿等参与撰写，辞章文采相当讲究，但却在相当大的程度上失去了对答商量中使用口语的原貌。在这方面《祖堂集》显示出更高的价值。《景德录》流行以后，续有李遵勖撰《天圣广灯录》、惟白撰《建中靖国续灯录》、南宋悟明撰《联灯会要》、正受撰《嘉泰普灯录》，各三十卷。鉴于上述五灯多有重复，普济于理宗淳祐十二年（1252）加以删繁就简，博贯综要，合五灯为一，成《五灯会元》二十卷，是为后来最为流行的灯录书。以后同类著作续有撰著。但因为禅宗本身的发展已经式微，后人所作徒增篇幅，已没有更大的价值。流行较广的有明瞿汝稷撰《水月斋指月录》三十九卷和朱时恩撰《居士分灯录》二卷等。

禅史、语录、灯录体制不同，但其重在记录祖师言句的特点则一致。从发展状况看，不同时期著述表现形态是不一致的。大体说来，中唐以前，即洪州、石头所代表的南宗禅极盛以前，写法比较质朴，还是多作正面的陈述。洪州、石头之后到晚唐、五代，参问请益之风盛行，学人往来憧憧，朝参昔聚，激扬宗要；禅门间形成派系，相互争胜；禅客较量禅解，互斗机锋。这是禅门学风十分活泼、富于创造力的时代。师弟子间对答商量，相互测度，相互争胜，努力胜出对方一头。入宋以后，禅门则严重地贵族化了，禅的表现也逐渐形式化了。虽然仍流行貌似前人的机锋语句，但多已徒具形骸，失去了活泼泼的创造精神。以后佛门中几乎人人有语录，动辄数十卷，大多只是徒灾梨枣而已。

从禅文学角度看，禅史、语录和灯录是独特的白话散文。其中的优秀之作艺术上具有鲜明特征，取得了相当高的成就，在散文发展史上造成了深远影响。总括这三种体裁的作品，成就主要表现在如下三个方面：

首先，这些文献描绘出一系列生动的人物形象。自诩为“教外别传”的禅宗，特别是南宗禅本是以传统佛教的改革者、甚至是叛逆者的面目出现的。中唐到北宋初这二百余年间，是禅思想新见迭出、十分自由活泼的时期。禅门中多有才智过人、个性突出的人物。他们身上不只表现出作为求道者、传道者的热忱和坚定，其卓越人物的性格更普遍具有两个特点：一是创新的、叛逆的个性，不为传统所拘，具有大胆怀疑精神，行动上多有惊世骇人之举；再是他们多具有浓厚的艺术气质，言语行动里表现出强烈的艺术情趣。这样，把他们描写出来，就形成一批鲜明、生动的艺术形象。如临济义玄的一段示众：

问："如何是心心不异处？"师云："尔拟问早异了也……乃至三乘十二分教皆是拭不净故纸，佛是幻化身，祖是老比丘。尔还是娘生已否？尔若求佛，即是被佛摄；尔若求祖，即被祖魔缚。尔若有求皆苦，不如无事……道流，真佛无形，真法无相。你祇么幻化上头作模作样，设求得者，皆是野狐精魅，并不是真佛，是外道见解。夫如真学道人，并不取佛，不取菩萨、罗汉，不取三界殊胜，迥然独脱，不与物拘。乾坤倒覆，我更不疑。十方诸佛现前，无一念心喜；三途地狱顿现，无一念心怖……道流，尔欲得如法见解，但莫受人惑。向里向外，逢着便杀：逢佛杀佛，逢祖杀祖，逢罗汉杀罗汉，逢父母杀父母，逢亲眷杀亲眷，始得解脱，不与物拘，透脱自在……"①

以上只节录示众的一段，全文三千余字，大胆激烈，雄辩滔滔，体现了南宗慢教破相一派批判怀疑、诃佛骂祖的精神。在这样的文字里，临济鲜明的叛逆个性被清晰地显现出来。再看马祖弟子丹霞天然的行迹：

邓州丹霞天然禅师……才见马大师，以手托幞头额。马顾视良久，曰："南岳石头是汝师也。"遽抵南岳，还已前意投之。石头曰："著槽厂去。"师礼谢入行者房，随次执爨役，凡三季。忽一日，石头告众曰："来日刬佛殿前草。"至来日，大众诸童行各备锹镢刬草。独师以盆盛水净头，于和尚前胡跪。石头见而笑之，便与剃发，又为说戒。法师乃掩耳而出，便往江西，再谒马师。为参礼，便入僧堂内，骑圣僧颈而座。时大众惊愕，遽报马师。马躬入堂视之，曰："我子天然。"师即下地礼拜曰："谢师赐法号。"因名天然……唐元和中，至洛京龙门香山，与伏牛和尚为莫逆之友。后于慧林寺遇天大寒，师取木佛焚

①《镇州临济义玄禅师语录》，《古尊宿语录》卷四。

之。人或讥之。师曰:“我烧取舍利。”人曰:“木头何有?”师曰:“若尔者,何责我乎?”……①

天然这些奇特诡异的言语、行动不但表明其思致的机敏、见解的深刻,更突显出他满怀自信、蔑视传统、敢于挑战权威的性格。

禅史、语录、灯录里描写的人物形象具有相当大的艺术创造成分。如聪慧机敏、活泼大胆的马祖道一,机智深沉、绵密亲切的石头希迁,机锋峻峭、恃才佯狂的德山宣鉴,还有这里说到的丹霞天然、临济义玄等等,都具有鲜明的个性,不仅体现出一定的典型意义,更显现出特殊的艺术魅力。这些形象被广泛传颂,它们被历代文人所认识和亲近,它们体现的性格和观念,它们的表现方法,都给后人思想上和艺术上提供了借鉴。

禅史、语录、灯录作为文学散文的另一个鲜明特色和突出成就表现在语言运用上。如上所说,问答商量不但是禅宗学人请益的主要途径,也是宣扬禅解的主要手段。往往因为一句机锋俊语就被确定为宗统继承人,确立起在丛林中的地位。著名的言句流传丛林,成为学人研习的“教材”。这样,讲究言句就成了宗门的重要技术。禅文献记载下那些言句,则可作为后学的典范。

朱自清说:“……禅家却最能够活用语言。正像道家以及后来的清谈家一样,他们都否定语言,可是都能识得语言的弹性,把握着,运用着,达成他们的活泼无碍的说教。”② 丛林中师弟子们问话驳难,如临大敌,努力在禅语的机巧上压倒对方。值得注意的是,禅门的师弟子间是平等关系,这就决定了禅家的语录和儒家的语录如《论语》、《孟子》等等口吻语气大不相同,也和汉魏以来“载昔人一时问答之辞,或设客难以著其意”③ 的“问对”体文章不同。又禅宿和参访学人对谈时,无论是提问还是答话,又力求不落窠臼,不循旧辙,灵活多变,花样翻新,这就是所谓“参活句”。马祖对弟子说“石头路滑”,就是指石头希迁善于使用模棱两可的暧昧言句,使前来参访的学人颠坠失利。这实际也是一时禅宿的共同风格。而且越是到后来,这种方法越加发展,所谓“绕路说禅”,成了表达禅解的一般形式。禅门对答,消极方面要避免承言者丧,滞句者迷;积极方面则要求创造出灵活的言句

①《景德传灯录》卷一四《邓州丹霞天然禅师》,《正》第51卷第310页中~下。

②朱自清《禅家的语言》,《朱自清古典文学论文集》上册,上海古籍出版社,1987年,第141页。

③吴讷《文章辨体序说》,于北山点校,人民文学出版社,1982年。

——活句。从而丛林间总结出所谓“透法身句”、“临机一句”、“盖天括地句”、“绝渗漏底句”、“提宗一句”、“直示一句”、“当锋一句”、“为人一句”等等，也就是要所谓“死蛇弄活”，“活泼泼的”。早期的对谈大体意义还算分明，虽然往往故意答非所问，但总的说来还比较质朴。如马祖弟子大珠慧海：

有源律师来问：“和尚修道，还用功否？”师曰：“用功。”曰：“如何用功？”师曰：“饥来吃饭，困来即眠。”曰：“一切人总如是，同师用功否？”师曰：“不同。”曰：“何故不同？”师曰：“他吃饭时不肯吃饭，百种须索；睡时不肯睡，千般计校，所以不同也。”律师杜口。①

而越是到后来，不但答话力求超绝，问话也常常奇突难解了。如南泉弟子赵州从稔：

问：“如何是祖师西来意？”师云：“亭前柏树子。”僧云：“和尚莫将境示人。”师云：“我不将境示人。”僧云：“如何是祖师西来意？”师云：“亭前柏树子。”

师问僧：“还曾到这里么？”云：“曾到这里。”师云：“吃茶去！”师云：“还曾到这里么？”对云：“不曾到这里。”师云：“吃茶去！”又问僧：“还曾到这里么？”对云：“和尚问作什摩？”师云：“吃茶去！”②

这是《祖堂集》的记载，后来有更离奇的对话：

问：“承闻和尚亲见南泉，是否？”师曰：“镇州出大萝卜头。”

问：“万法归一，一归何所？”师曰：“老僧在青州作得一领布衫重七斤。”③

著名禅宿这类莫名所以或模棱两可的话流传丛林，成为学人参悟的话头，也成为前面讨论过的颂古的题材。其中当然有故弄玄虚或东施效颦的意味，但问答中表现的思致的机敏、见识的超绝以及使用象征、暗示、联想等修辞手段的独创与娴熟，都显示出语言运用的创造性。梁启超说：

---

①《景德传灯录》卷六《越州大珠慧海禅师》，《正》第51卷第247页下。

②《祖堂集》卷一八《赵州和尚》，第661、663页。

③《五灯会元》卷四《赵州从稔禅师》，上册第200、205页。

自禅宗语录兴，宋儒效焉，实为中国文学界一大革命。然此殆可谓为翻译文学之直接产物也。盖世尊只是说法，并无著书，其说法又皆用“苏漫多”。弟子后学汲其流，即皆以喻俗之辩才为尚。入我国后，翻译经典，虽力谢雕饰，然犹未敢径废雅言。禅宗之教，既以大刀阔斧，抉破尘藩，即其现于文字者，亦以极大胆的态度，调臂游行，故纯粹的“语体文”完全成立。然其动机实导自翻译。①

胡适当年提倡白话文，高度评价禅门语录的价值，他说：

这种白话，无论从思想上看或从文字上看，都是古今来绝妙的文章。我们看了这种文章，再去看韩愈一派的古文，便好像看了一个活美人之后再去看一个木雕美人了。这种真实的价值，久而久之，自然总有人赏识。后来这种体裁成为讲学的正体，并不是因为儒家有意模仿禅宗，只是因为儒家抵抗不住这种文体的真价值。②

这样，禅语体现一种舒卷自如、杀活无方、趋奇走险、大胆泼辣的文风，无论是其思维方式，还是语言运用，都取得了特殊的成就，因而也被许多文人欣赏、借鉴和汲取。

再一方面是禅文献中口语、俗语的使用。祖师作为宗教偶像，其言谈要保持本来面貌，又要有意避开经典的陈旧语言和经过修饰的文言，因此记录下来，就要尽可能传达其声情口吻。这样，禅文献就更多地保存了中古汉语口语、俗语资料，无论在文学史上还是在语言史上都具有不可替代、不可估量的价值。当然如前所述，后出的材料或者经过修饰、加工，或者作者本人讲究辞藻文章，在不同程度上已改变了口语的本来面目。

近人刘师培是从批判角度评语录的：

若六朝之时，禅学输入，名贤辩难，间逞机锋，超以象外，不落言诠，善得言外之旨，然此亦属于语言。而语录之文，盖出于此。且所言不外日用事物，与辞旨深远者不同。其始也，讲学家口述其词，弟子欲肖其口吻之真，乃

①梁启超《佛学研究十八篇》，《翻译文学与佛典》，台湾中华书局，1976年，第29页。

②胡适《禅宗的白话散文》，《国语月刊》第1卷第4期，1922年。

以俗语笔之书，以示征实。至于明代，凡自著书者，亦以语录之体行之，而书牍序记之文，杂以俚语。观其体制，与近世演说之稿同科，岂得列之为文哉！①

刘师培是古文家，新“文笔论”的倡导者，因此从文体立论，干脆不承认语录为“文”。但这段话里所说的现象，正表明禅宗语录作为新文体的巨大影响。在中国文学史上，言与文、口语和书面语言一直存在矛盾，并关系到艺术表现的诸多重要问题。先秦两汉的诸子散文和史传、唐宋“古文”，还有乐府诗、唐诗、宋词、元曲等等取得重大艺术成就，都和其语言不同程度地更贴近口语、从民间吸收语言养料有直接关系。禅文献包括前面讨论过的禅诗、偈颂，作为通俗的口语作品，不仅包含着大量的新鲜词语、句式、修辞方式，更体现一种全新的文字表现风格，对推动当时和以后文学创作在语言、表现方法和文体等方面的建设与革新都起了巨大的积极作用。禅宗在这方面的贡献也是很显著的。

①刘师培《论近世文学之变迁》，舒芜等编《中国近代文论选》，人民文学出版社，1981 年，下册第 579 页。

第七章
诗　僧

第一节　诗僧与禅宗

东晋以降，儒、释交流成为风气，一批士大夫栖身佛门，僧众的文化水平也大幅度提高，南北朝僧侣中多有能诗善文者。声名卓著并留有文集的，即有支遁、慧远、汤惠休、惠琳等人。到唐代，更有一批才华卓著的“诗僧”出现。他们以独具特色的诗歌创作丰富了诗坛，其行为和作风更影响一代僧团和文坛风气。

刘禹锡在《澈上人文集纪》中说：

> 世之言诗僧多出江左。灵一导其源，护国袭之；清江扬其波，法振沿之。如幺弦孤韵，瞥入人耳，非大乐之音。独吴兴昼公能备众体。昼公后，澈公承之。至如《芙蓉园新寺诗》云：“经来白马寺，僧到赤乌年。”《谪汀州》云：“青蝇为吊客，黄犬寄家书。”可谓入作者阃域，岂独雄于诗僧间邪！①

这段话概括了中唐时期自灵一到灵澈等主要活动在江左的诗僧的情况。这也是真正意义上的“诗僧”活动的开始。

①卞孝萱校订《刘禹锡集》卷一九，中华书局，1990 年，上册第 240 页。

虽然以前能诗的僧人不少，但严格意义上的“诗僧”应是到中唐才出现的。被称为“诗僧”，不仅因为这些人能诗，更重要的是他们在佛教发展的特殊情况下被培养出来，具有独特的活动方式，显示出特殊的创作风格，取得了特殊的成就。白居易《题道宗上人十韵诗序》说：

……予始知上人之文为义作，为法作，为方便智作，为解脱性作，不为诗而作也。知上人者云尔。恐不知上人者，谓为护国、法振、灵一、皎然之徒与?①

这表明写诗的僧侣有两种基本类型。白居易意在表扬道宗，所以强调对方为宣扬佛法而作诗；相对应地则把护国等四人划归另一类，指出其作品是“为诗而作”的。这实际正是护国等后起诗僧与支遁、慧远以至道宗等善诗文的僧人的区别。除了个别例外，这些人对于佛教义学不感兴趣，也不重修持，对佛法的建设也没做出什么努力。钱钟书指出:“僧以诗名，若齐己、贯休、惠崇、道潜、惠洪等，有风月情，无蔬笋气；貌为缁流，实非禅子，使蓄发加巾，则与返初服之无本贾岛、清塞周朴、惠铦葛天民辈无异。”② 这种人物出现并活跃一时，乃是佛教史和文学史上的新现象，反映了佛教发展中僧团结构变化的一面。

《唐才子传》里记载诗僧中“乔松于灌莽，野鹤于鸡群者”八人：灵一、灵澈、皎然、清塞、无可、虚中、齐己、贯休，并说“皆东南产秀，共出一时”③，即全都出于江左。其中前四位就是前面刘禹锡举出的。被他赞扬“导其源”的灵一卒于宝应元年（762）；而灵澈卒于元和十一年（816）。这大体是“安史之乱”后半个世纪的时期。无可的活动年代更靠后，直到文宗朝（827—840）。虚中、齐己和贯休则属于晚唐、五代了。所谓“江左”，指长江下游江南地方，即润州（今江苏镇江市）、常州（今江苏常州市）、苏州（今江苏苏州市）、湖州（今浙江湖州市）、杭州（今浙江杭州市）、越州（今浙江绍兴市）、台州（今浙江临海市）一带。“安史”乱后，一批诗僧活动在这一带活跃。他们开创的风气被延续下来，直到五代、北宋，这里仍是诗僧十分活跃的地区。

①朱金城《白居易集笺校》卷二一，上海古籍出版社，1988 年，第 3 册第 1445 页。

②钱钟书《谈艺录》（修订本），中华书局，1984 年，第 226 页。

③傅璇琮主编《唐才子传校笺》，中华书局，1987 年，第 1 册第 534 页。

诗僧在这一时期出现于“江左”，有其社会和教团内部的具体条件。“安史”动乱，中原凋敝，江左基本保持安定，乱后更成为中原财赋仰赖之地。从而那里的经济、文化得以发展，有大批文人聚集。有些人是为了躲避战乱而流寓；另一些人则把那里当作营生或栖身之地；再是由于朝廷倚重江左财赋，多派遣有政能文才的能臣干吏出任地方官，他们之中不少人结纳文士，倡导诗文，等等。仅从代、德、顺、宪、穆、敬、文七朝被称为“中唐”的近八十年（763—840）看，在江左各州任刺史的著名文人即有（按到任时间先后为序）李栖筠、颜真卿、独孤及、韦应物、韦夏卿、孟简、钱徽、李德裕、白居易、元稹、韩泰、刘禹锡、李绅、杨虞卿、姚合、李宗闵等。其中李德裕任浙西观察史，刺史是兼职。至于没有在江左任职而活动在那里的文人则更多。有关上述诸人更有两点值得提出。一是他们中有些人在任职江左时有意识地提倡文艺。如颜真卿在湖州，广聚“三教”能文之士，编辑大型辞书《韵海镜源》，是当地文化建设的盛事；元、白在苏、杭、越州任刺史，以诗坛领袖身份，接纳友朋，诗文唱和，大大活跃了当地诗歌创作，等等。再一点是这些人多与佛门，特别是与禅宗有关系。这从前面所介绍的唐代文人情况可以知道。

就佛教僧团自身情况而论，当时禅宗正发展到极盛阶段，而江左则是禅宗的重要中心。禅宗把繁难的修持简化为自心体悟功夫，从而破除烦琐戒律的束缚，并进一步打破僧、俗界限。禅师们离开僧院，走向社会，出现了孝僧、艺僧等畸形人物。而更开放的禅门也有可能吸纳更多文人。这都使得禅门内部形成更兴盛的写诗作文的风气。有的文人曾出家为僧，如钱钟书提到的贾岛法名无本，周朴法名清塞；而有文化的僧人则出入官场、文坛，甚至专门以诗文写作为务。特别是宗门大兴创作禅偈之风，更对推动诗歌创作起了巨大作用。

江东禅宗的牛头一系对于发展丛林的诗歌创作传统起了一定作用。当初五祖弘忍弟子江宁法持传禅法于江东，经牛头智威到牛头慧忠、鹤林玄素、径山道钦，臻于极盛。牛头宗宗义的核心是“无心”、“绝观”，显然较多接受了老、庄和玄学的内容，并与江东的文化传统有密切关系。牛头慧忠（638—769）居牛头山，“州牧明贤，频诣山礼谒，再请至郡，施化道俗。天宝（742—756）初年，始出止庄严”①。庄严寺是金陵南朝旧寺。他著有《见性序》和《行路难》，精旨妙密，盛传

①《宋高僧传》卷一九《唐昇州庄严寺惠忠传》，下册第495页。

于世。《见性序》已佚；《行路难》疑即今传署名傅大士的《行路难》。其弟子有继主庄严寺的慧涉，《宋高僧传》称赞说“若考师之艺文，则草堂、庐岳各美于当代矣”①。草堂指宗密，庐岳指慧远，都以文学知名。由此可见慧忠一门的文学气氛。鹤林玄素（668—752）有名于开元（713—741）中，死后，当时的文坛领袖、也是他的俗弟子的李华为作《碑铭》，其中记载从其受菩萨戒的有“故吏部侍郎齐澣、故刑部尚书张均、故江东采访使、润州刺史刘日正、故广州都督梁升卿、故采访使、润州刺史徐峤、故采访使、常州刺史刘同升、故润州刺史韦昭理、故给事中韩延赏、故御史中丞李丹、故泾阳县令万齐融、礼部员外郎崔令钦，道流人望，莫盛于此”②。这些人都是一时名流。玄素弟子径山法钦（714—792），约当天宝末年开法于杭州径山，从学者众；大历三年（768），代宗召请入京，赐号国一大师。晚年回径山，杭州刺史王颜请至龙兴寺供养。《宋高僧传》说他“在京及回浙，令仆公王、节制州邑名贤执弟子礼者，相国崔涣、裴晋公度、第五琦、陈少游等”；死后，“刺史王颜撰碑述德，比部郎中崔元翰、湖州刺史崔玄亮、故相李吉甫、丘丹各有碑碣焉”③。牛头慧忠有弟子佛窟遗则（754—830），南游天台，至佛窟岩而居，影响颇大。他“善属文，始授道于钟山，序集《融祖师文》三卷，为《宝志释题二十四章》、《南游傅大士遗风序》，又《无生》等义，凡所著述，辞理灿然，其他歌诗数十篇，皆行于世”。由此可知，署名牛头法融和宝志、傅大士的作品，都是经他传出的。他隐居天台的时候，“盖薜荔、荐落叶而尸居，饮山流、饭木实而充虚。虎豹以为宾，麋鹿以为徒，兀然如枯”④，加之又兼善诗歌，因此有人以为他就是寒山的原型，甚或是寒山诗的作者之一。上述诸人体现了牛头一派学人的文学气质。他们对推动当时、当地丛林的诗颂创作起到相当大的作用。

唐代诗僧较集中地出现于两个时期：一批在中唐，有前述灵一、清江等人，其中以皎然最为杰出；另一批在晚唐、五代，以贯休、齐己为中心，包括处默、修睦、尚颜、栖一、虚中、自牧、玄泰等人。以下分别加以讨论。

①《宋高僧传》卷二九《唐金陵庄严寺慧涉传》，下册第735页。

②《润州鹤林寺故径山大师碑铭》，《全唐文》卷三二〇，第3243页。

③《宋高僧传》卷九《唐杭州径山法钦传》，上册第211～212页。

④《宋高僧传》卷一〇《唐天台山佛窟遗则传》，上册第229页。

第二节 皎　然

皎然（720？—?），字清昼，湖州长城（今浙江长兴县）人。俗姓谢，郡望陈郡阳夏（今河南太康县），自称是谢灵运十世孙，为谢安后裔。大约在开元、天宝之际应进士举不第，失意出家。有《效古》诗，题下注曰“天宝十四年”；又《答李侍御问》诗：“入道曾经离乱前，长干古寺住多年。”① 则他天宝前曾住江宁长干寺。天宝后游方各地，到过长安，与公卿士大夫交游。至德（756—758）后定居湖州，先后住白萍洲草堂、苕溪草堂、龙兴寺和杼山妙喜寺等处。他作佛川惠明《塔铭》，惠明事慧能弟子东阳玄策法嗣，其中说到“菩萨戒弟子刺史卢公幼平、颜公真卿、独孤公问俗、杜公位、裴公清，惟彼数公，深于禅者也”②，这些也都是他所交往的人。《宋高僧传》则说：

> ……观其文也，亹亹而不厌，合律乎清壮，亦一代伟才焉。昼公常与韦应物、卢幼平、吴季德、李萼、皇甫曾、梁肃、崔子向、薛逢、吕谓、杨逵，或簪组，或布衣，与之交结，必高吟乐道，道其同者，则然始定交哉。③

当时江左乃文人荟萃之地。除上述诸人外，与皎然交往唱和的还有著名诗人刘长卿、张志和、李端、顾况、李嘉佑、秦系、朱放、权德舆、诗僧灵澈、道士吴筠、女道士李季兰、隐士陆羽等。颜真卿大历七年（772）任湖州刺史，曾集和僧、俗修订大型工具书《韵海镜源》，次年移席杼山寺。《妙喜寺碑》里列出参加者名单，都是一时名流。孟郊和刘禹锡早年都曾从皎然学诗，李端也自称是皎然门人，曾从之问诗法。

福琳作《唐湖州杼山皎然传》，说他“及中年，谒诸禅祖，了心地法门，与虎丘山元浩、会稽灵澈为道交”④。皎然初从律师守真受具足戒，习律学，后来转而习禅。禅、律交融乃是当时江左佛教的特征。于頔为湖州刺史时曾为朝廷征集皎然文集作序，并有《郡斋卧疾赠昼上人》诗，其中称赞皎然“吻合南北宗，昼公我

---

①《全唐诗》卷八二〇、八一六，第9246、9193页。

②《唐湖州佛川寺故大师塔铭》，《全唐文》卷九一七，第9558页。《塔铭》中有“方岩即佛川大师也”的记述，“大”字衍，参阅贾晋华《皎然年谱》第101页，厦门大学出版社，1992年。

③《宋高僧传》卷二九《唐湖州杼山皎然传》，下册第729页。

④《全唐文》卷九一九，第9273页。

禅伯。尤明性不染，故我行贞白”[1]；皎然留有《达摩大师法门义赞》、《二宗祖师赞》、《能、秀二师赞》、《唐大通和尚法门义赞》等赞颂禅祖文字，表明他对南北二宗是并重的。皎然又作有《唐鹤林和尚法门义赞》，可见与牛头禅的关系。实际上当时禅门派系并不像后来灯史记述的那样分明，而他更热衷文事，对宗义的分别也不会那么认真、明晰。

宋人严羽论诗，取法甚高，主意兴、兴趣，他曾称赞“皎然之诗，在唐诸僧之上”[2]，肯定皎然在唐诗僧中成就最为突出。这也是文学史上一般看法。皎然创作颇丰，有《杼山集》十卷传世。其中直接宣扬佛法的只占一小部分，大多是游赏山水、酬答友朋之作，也不乏以现实和咏史为题材的作品，如《从军行五首》、《咏史》等。他有诗说:“吾嘉鸱夷子，身退无瑕摘。吾高鲁仲连，功成弃□璧。”[3] 表示羡慕救危济难、不慕名利的范蠡和鲁仲连，流露出用世之志和侠士意识。他的《读张曲江集》是颂扬开元年间贤相张九龄的。他在颜真卿幕参与修订《韵海镜源》，工作完成后写诗向众人表示:“王言欲致君，研精业已就。”[4] 意思是说这部书宣达王言，可以起到致君尧舜的作用。他对民生也相当关心，如《赠乌程李明府伯宜沈兵曹仲昌》诗:

> 水国苦凋瘵，东皋岂遗黍。云阴无尽时，日出常带雨。昨夜西溪涨，扁舟入檐庑。野人同鸟巢，暴客若蜂聚。岁旱无斗粟，寄身欲何所。空羡鸾鹤姿，翩翩自轻举。[5]

这种痛陈民间疾苦之作在大历诗坛上是并不多见的。不过最能体现其创作风格的还是那些抒情、应酬之作。僧人独特的社会地位和生活环境养成他特殊的精神世界，而这种境界必然自觉或不自觉地在诗作里表现出来。韦应物《寄皎然上人》诗云:

> 吴兴老释子，野雪盖精庐。诗名徒自振，道心常晏如……愿以碧云思，方

---

[1]《全唐诗》卷四七三，第5366页。

[2]郭韶虞《沧浪诗话校释·诗评》，人民文学出版社，1961年，第172页。

[3]《苕溪草堂自大历三年夏新营泊秋及春弥觉境胜因记其事简潘丞述汤评事衡四十三韵》，《全唐诗》卷八一六，第9187页。

[4]《奉陪颜使君修〈韵海〉毕东溪泛舟饯诸文士》，《全唐诗》卷八一九，第9228页。

[5]《全唐诗》卷八一五，第9179页。

君怨别余。茂苑文华地，流水古僧居。何当一游咏，倚阁吟踌躇。[①]

皎然答诗则说：

诗教殆沦缺，庸音互相倾。忽观《风》、《骚》韵，会我夙昔情。荡漾学海资，郁为诗人英。格将寒松高，气与秋江清……[②]

韦应物赞赏皎然诗风格之“清”，皎然又反过来用以称赞韦应物。而苏轼也以“清”字评价皎然诗：

沽酒独教陶令醉，题诗谁似皎公清。[③]

黄宗羲曾说：“诗为至清之物。僧中之诗，人、境俱夺，能得其至清者。故可与言诗，多在僧也。”[④] 皎然的优秀作品正体现“人、境俱夺”的静谧、超逸、洒脱境界。所以辛文房评价他“公性放逸，不缚于常律……外学超然，诗兴闲适……”[⑤] 例如名作《寻陆鸿渐不遇》：

移家虽带郭，野径入桑麻。近种篱边菊，秋来未著花。扣门无犬吠，欲去问西家。报道山中去，归来每日斜。[⑥]

这首五言律通篇作散语，浑朴自然，不露一丝雕琢之痕，但构想极其精密：写“不遇”、不见，更凸显出人物的飘忽、神秘，再加上景物衬托，描摹出隐士陆羽的超然风神，表白自己的倾慕之意。再如《送刘司法之越》：

萧萧鸣夜角，驱马背城濠。雨后寒流急，秋来朔吹高。三山期望海，八月欲观涛。几日西陵路，应逢谢法曹。[⑦]

谢灵运族弟谢惠连曾为彭城王刘义康的法曹参军，有名作《西陵遇风献康乐诗》五章，抒写客游的悲慨。刘姓友人是同样职务，这首诗结尾用作出典；而描写旅途的

---

①陶敏、王友胜《韦应物集校注》，上海古籍出版社，1998 年，第 199 页。

②《答苏州韦应物郎中》，《全唐诗》卷八一五，第 9172 ~ 9173 页。

③《与舒教授张山人参寥师同游戏马台书西轩壁兼简颜长老二首》之二，《东坡集》卷一〇。

④《平阳铁夫诗序》，《南雷文定三集》卷三。

⑤《唐才子传校笺》卷四，第 2 册第 204 ~ 205 页。

⑥《全唐诗》卷八一五，第 9178 页。

⑦《全唐诗》卷八一八，第 9223 页。

寂寞、凄凉，运笔简括，可以上追惠连。又《怀旧山》：

> 一坐西林寺，从来未下山。不因寻长者，无事到人间。宿雨愁为客，寒花笑未还。空怀旧山月，童子念经闲。①

纪昀批这首诗是“吐属清稳，不失雅音”②。胡应麟评论说：“皎然《杼山集》清机逸响，闲淡自如。读之觉别有异味，在咀嚼之表。当繇雅慕曲江，取则不远尔。”③。

皎然也写了不少古体诗，但远不如这些五言近体精美。白珽与友人论唐诗僧，以皎然、灵澈为称首；具体论及皎然的《戛铜碗为龙吟歌》，引“万籁无声天境空”作者自注：“专听一境，则众音不闻，非万籁之无声也。”接着评论说：“皎然此说更精到，事亦不凡，诗家未见有引用者。”④ 皎然诗格的“清”正有得于他心境的专注，而这又正与他的禅解有关。他在《诗式》里提倡“取境”说：

> 夫诗人之诗思初发，取境偏高，则一首举体便高；取境偏逸，则一首举体便逸……。⑤

这就是说，“取境”乃是决定创作成败的关键。但这“境”并不是主观反映客观的实境，他又说：

> 如何万象自心出，而心淡然无所营。⑥

他的诗正是这种观念的实践。清人冯继聪《论唐诗绝句·皎然》说：

> 刺史编来《韵海》成，高僧论著亦从容。诗篇独有清超处，十里松声万壑钟。⑦

这里也是表扬皎然近体，称赞其“清超”的风格。这是他创作上的主要特征和成就，但也正是四库馆臣指出的“弱”的方面：局面较狭小，内容较平淡，格调较单

①《全唐诗》卷八一五，第9178页。

②纪晓岚批点《瀛奎律髓》卷四七，中国书店影印扫叶山房本，1990年。

③胡震亨《唐音癸签》卷八，古典文学出版社，1957年，第69页。

④《湛渊静语》卷二，皎然诗见《全唐诗》卷八二一。

⑤《诗式·辩体有十九字》，张伯伟《唐五代诗格汇考》第241页，江苏古籍出版社，2002年。

⑥《奉应颜尚书真卿观玄真子置酒张乐舞破阵画洞庭三山歌》，《全唐诗》卷八二一，第9255页。

⑦郭绍虞等编《万首论诗绝句》，人民文学出版社，1991年，第3册第1191页。

薄，表达也较单调。这当然也和他较枯淡的生活有关系。但从诗歌史总的发展趋势看，中唐时期韦、柳的高简闲淡一派诗风，正与皎然的创作风格有相通之处。而思致的闲淡转而为理致的追求，则又开以后宋诗重性理的先河。

皎然文学成就突出的一方面，还有撰作《诗式》一书。唐代诗歌创作繁荣，但系统地诗论著作不多，皎然这部书是最为完整、详尽的一部，本卷讨论文学理论时将予论及。

第三节 贯　休

晚唐、五代是又一个诗僧辈出并十分活跃的时期。经过黄巢起义大动乱，朝廷元气已丧失净尽；割据强藩纷纷独立，终于形成“五代十国”的分裂局面。这一时期中原地区战乱不绝，而江南和两川则比较安定。江东的钱镠、江陵的成汭、两川的王建等在其割据地区都采取一些保境安民、发展生产的措施；同时又比较注重文事，容纳文人。文化包括文学在这些地区都得到一定的发展。例如后来蔚为大观的“曲子辞”就是在这一时期、在这些地区发展起来的。就佛教而论，唐武宗毁佛以后，不重经戒、又与世俗社会结合紧密的禅宗恢复较易。禅宗本来与士大夫阶层有密切关系，动乱时期更有不少文人习佛逃禅。这种种条件都促成诗僧大量出现，其中心人物是贯休和齐己。

贯休（832—912），字德隐，有《禅月集》传世。他七岁在家乡兰溪（今浙江兰溪县）和安寺出家，勤奋好学，“与邻院童子法号处默偕，年十余岁，同时发心念经，每于精修之暇，更相唱和。渐至十五六岁，诗名益著，远近皆闻”①。青年时期的贯休山居修道，已结交诗人方干和李频，并曾上书处州（今浙江丽水县）刺史、著名文人段成式。约在咸通四、五年（863—864）移居洪州（今江西南昌市）开元寺，结交诗人陈陶。陶“不求进达，恣游名山，自称‘三教布衣’”②。其时诗僧栖隐亦住洪州开元寺，“平常与贯休、处默、修睦为诗道之游，沈颜、曹松、张凝、陈昌符皆处士也，为唱酬之友。隐为群士响臻，淡然若水”③。后游吴越，访

①昙域《禅月集序》，《全唐文》卷九二二，第9604页。

②《唐才子传校笺》卷八，第3册第415页。

③《宋高僧传》卷三〇《唐洪州开元寺栖隐传》，第746页。

方干于旧居，并结识诗人周朴。时镇海军节度使（治润州，今江苏镇江市）钱镠割据江东，乾宁三年（896）领镇海（浙西，今浙江杭州市）、镇东（浙东、今浙江绍兴市）两镇。贯休前往拜谒并献诗曰：

> 贵逼人来不自由，龙骧凤翥势难收。满堂花醉三千客，一剑霜寒十四州。鼓角揭天嘉气冷，风涛动地海山秋。东南永作金天柱，谁羡当年万户侯。①

但与钱氏不契，匆匆离去。西至鄂渚，会见诗僧栖一。复至江陵，依荆南节度使（治荆州，今湖北江陵市）成汭。当时荆州是又一个文人荟萃之地，贯休在那里结交了吴融、令狐涣、姚洎、王溥、韩偓等人。吴融为其初编诗集《西岳集》作序说：

> ……止于荆门龙兴寺。余谪官南行，因造其室。每谈论，未尝不了于理性，自是（旦）而往，日入忘归，邈然浩然，使我不知放逐之感。此外商榷二《雅》，酬唱循环，越三日不相往来，恨疏矣。如此者凡春有半。上人之作，多以理胜，复能创新意。其语往往得景物于混茫之际，然其旨归，必合于道。太白、乐天既没，可嗣其美者，非上人而谁?②

可见当时贯休作为禅师和诗人的声望。但贯休不久即离开荆州。关于原因，史料记载不一。据《十国春秋》，他因为得罪成汭被递解到黔中；而据《五代史补》，是不得意而自动离去。此后他曾游黔中、南岳，在长沙会见诗僧齐己。天复二年（903）前后贯休至蜀，正是王建酝酿到实行称帝的时候。他和前蜀重臣、也是著名诗人的韦庄、著名文人毛文锡、欧阳炯等往还唱和，对王建亦多有颂美之作。贯休生在乱世，作为僧人，奔走在豪门权贵之间，形如俳优、清客；但他又相当地关注世事，具有正义感。据说王建僭位后游龙兴寺，有诸王贵戚陪侍，召贯休，令诵近

---

①《献钱尚父》，《全唐诗》卷八三七，第9436页；又收录《唐僧宏秀集》卷六。此诗《禅月集》未收。《宋高僧传》卷三〇《梁成都府东禅院贯休传》载："乾宁初，赍志谒吴越往钱氏，因献诗五章，章八句，甚惬旨，遗赠亦丰。"而计有功《唐诗纪事》卷七五《僧贯休》条下载："钱镠自称吴越国王，休以诗投之曰：'贵逼人来不自由，几年辛苦蹈林丘。满堂花醉三千客，一剑霜寒十四州。莱子衣裳宫锦窄，谢公篇咏绮霞羞。他年名上凌烟阁，岂羡当时万户侯。'镠喻改为'四十州'，乃可相见。曰：'州亦难改，诗亦难改。然闲云孤鹤，何天而不可飞。'遂入蜀。"《唐诗纪事》卷七五《僧贯休》，上海古籍出版社，1987年，下册第1089页。这里不仅诗的字句有出入，且钱镠晋爵吴越王在天复二年（902），与贯休行事不符。

②《禅月集序》，《全唐文》卷八二〇，第8643页。

诗，休读《公子行》：

锦衣鲜华手擎鹘，闲行气貌多轻忽。稼穑艰难总不知，五帝三皇是何物。①

这样，贯休虽然依附权势，却以自恃为“闲云野鹤”的身份，在一定程度上坚持其批判的姿态。

齐己称赞贯休是“南宗一句印灵台”②，他们二人都是南宗禅师。日本宽元二年（1244）信瑞撰《泉涌寺不可弃法师传》里提到“唐代禅月大师”有注曰：“后素得名，曾在石霜和尚会下，掌知客职。”③ 他与士大夫结交，以谈禅为乐。他的《酬韦相公见寄》诗，是在西川赠给韦庄的，其中又说到“秦客弈棋抛已久，《楞严》禅髓更无过”④。他平居习禅修道十分认真，在《山居诗二十四首》里描写自己的志趣和生活说：“终须心到曹溪叟，千岁槠根雪满头。”⑤ 表明自己一生追求南宗禅的心迹。

按四库馆臣说法，贯休诗写法显得“粗”，表现技巧不及前面的皎然和后来的齐己。但就题材的广阔和思致的高远论，贯休则远超过二人。贯休比齐己年长三十岁左右，经历过黄巢起义的战乱，目睹割据强藩的纷争劫夺和民众所受苦难，一些作品相当真实地反映了现实的黑暗和严酷。如他有《阳春曲》说：

畏口莫学阮嗣宗，不言是非非至公。为手须似朱云辈，折槛英风至今在。男儿结发是君亲，须学前贤多慷慨。历数雍熙房与杜，魏公、姚公、宋开府，尽向天上仙宫闲处坐。何不却辞上帝下下土，忍见苍生苦苦苦。⑥

这首诗题下有注“江东广明初作”。广明元年（880）春黄巢起义军攻下江东，同年入长安。诗中表示反对像诗人阮籍那样空作无谓慨叹，希望出现汉代朱云那样直言敢谏、肃清朝廷的大臣，又讽刺当政者自比为唐初能臣房（玄龄）、杜（如晦）等人却尸位素餐，无视民间疾苦。诗的结句更倾诉对于民生苦难的痛切感受。他入

①《全唐诗》卷八二六作《少年行》，此为三首之一，第9305页。
②《荆门寄题禅月大师影堂》，《全唐诗》卷八四五，第9362页。
③参阅（日）小林太市郎《禅月大师の生涯と艺术》，淡交社，1974年，第50页。
④《全唐诗》卷八三五，第9410页。
⑤《全唐诗》卷八三七，第9426页。
⑥《全唐诗》卷八二六，第9302～9303页。

蜀后向王建献《尧铭》、《舜铭》，当然有颂谀意味，又显然所望匪人，但却也表现了他希望政治清明的理想。他更写出直接批评时政的诗如《富贵曲二首》、《陈宫词》、《行路难》等，对权悻的倒行逆施和世道的腐败黑暗加以揭露和抨击。如《偶作五首》其一：

谁信心火多，多能焚大国。谁信鬓上丝，茎茎出蚕腹。尝闻养蚕妇，未晓上蚕树。下树畏蚕饥，儿啼亦不顾。一春膏血尽，岂止应王赋。如何酷吏酷，尽力搜将去。蚕蛾为蝶飞，伪叶空满枝。冤梭与恨机，一见一沾衣。①

唐人颇有写蚕妇题材的，但写得如此痛切、深刻是不多见的。又如《酷吏词》，对酷吏的控诉更是尖锐激烈。其中指出天下滔滔，逃避无所，正是当时的真实形势。贯休的一些描写战事军旅的诗写得也很有气势。宋代的诗僧智圆称赞说："属性难忘水与山，救时箴戒出其间。读终翻恨吾生晚，不得私人一往还。"② 当然他作为诗僧，写的最多的还是禅悟修道和赠答应酬之作。

与贯休同时代的诗人李咸用有诗说：

李白亡，李贺死，陈陶、赵睦等相次。须知代不乏骚人，贯休之后唯修睦而已矣。③

这是把贯休和另一位诗僧休睦看作李白、李贺的流亚。一个有趣的事实是，今传《李白集》里有《赠怀素草书歌》、《笑矣乎》等篇，据苏轼说是曾巩编辑《李太白集后》窜入的，"皆贯休、齐己诗格"④。贯休有《读离骚经》等对屈原表示敬仰，又有诗说"常思李太白，仙笔驱造化"⑤，还有《观李翰林写真二首》等赞美李白的诗。他在精神上是和李白有契合之处的。而他作诗更欣赏孟郊、贾岛的风格。他的《读孟郊集》诗说："清刳霜雪髓，吟动鬼神司。举世言多媚，无人师此师。"⑥孟、贾诗风凄苦寒俭，更以"苦吟"著称，追求构思奇辟，注重造句、练字的功

①《全唐诗》卷八二八，第9329页。

②《读禅月集》，《闲居篇》卷四六，《续藏经》第56卷第934页上。

③《读修睦上人歌篇》，《全唐诗》卷六四四，第7386页。

④《东坡志林》卷一。

⑤《古意九首》之八，《全唐诗》卷八二六，第9308页。

⑥《全唐诗》卷八二九，第9343页。

夫。贯休赞赏他们，与他本人追求奇辟的艺术趣味有关。他身处晚唐五代黑暗衰败的时代，不再可能具有李白那种盛世培养出来的激昂奋进精神，心理上自然走向幽辟偏枯一途，作诗境界比较窘狭，所描写多为琐细幽僻景物，这就颇与孟、贾有类似之处了。范晞文批评说：

> “枫根支酒瓮，鹤虱落琴床。”贯休诗也。“鹤虱”两字，未有人用。又“童子念经深竹里，猕猴拾虱夕阳中”，亦生。①

这类句子还可以举出很多，如“乳鼠穿荒壁，溪龟上净盆”（《桐江闲居作十二首》），“浮藓侵蛩穴，微阳落鹤巢”（同上），“石獭衔鱼白，汀茅侵浪黄”（《秋末入匡山船行八首》），“印缺香崩火，窗疏蝎吃风”（《寄怀楚和尚二首》），等等，都是描写涉想不凡、难以入诗的景物，造成的意境生僻怪诞。

贯休诗也有在艺术上相当精致的，如代表作《山居诗二十四首》。这篇组诗是咸通年间在南昌开始创作的，中和元年（881）避乱于山寺，修改定稿。其第一、二首：

> 休话喧哗事事难，山翁只合住深山。数声清磬是非外，一个闲人天地间。绿圃空阶云冉冉，异禽灵草水潺潺。无人与向群儒说，岩桂枝高亦好扳。
>
> 难是言休即便休，清吟孤坐碧溪头。三间茆屋无人到，十里松阴独自游。明月清风宗炳社，夕阳秋色庾公楼。修心未到无心地，万种千般逐水流。②

这组诗表面是抒写山居之乐，表达自己的处境和心情。与他同时的著名诗人吴融评论他的诗说“多以理胜，复能创新意，其语往往得景物于混茫自然之际，然其旨归，必合于道”③，《山居诗》正切合这样的评价。

贯休的有些小诗也写得简净透脱，意象鲜明。如《招友人宿》：

> 银地无尘金菊开，紫梨红枣堕莓苔。一泓秋水一轮月，今夜故人来不来。④

又《马上作》：

①《对床夜语》卷五，《历代诗话续编》，上册第446页。
②《全唐诗》卷八三七，第9425页。
③《禅月集序》，《全唐文》卷八二〇，第8643页。
④《全唐诗》卷八三六，第9424页。

柳岸花堤夕照红，风清襟袖辔璁珑。行人莫讶频回首，家在凝岚一点中。①

这样的作品，体现了贯休创作精致、隽永的一面。

贯休还是取得独特成就的书法家和画家。唐末五代两川佛、道二教盛行，寺观多有壁画，培养出一批善佛、道题材的画家，《益州名画录》里记载五十多人。贯休“善草书图画，时人比诸怀素。师阎立本画罗汉十六帧：庞眉大目者，朵颐隆鼻者，倚松石者，坐山水者，胡貌梵相，曲尽其态。或问之，云：‘休自梦中所睹尔。’又画《释迦十弟子》，亦如此类，人皆异之，颇为门弟子所宝，当时卿相皆有歌诗”②。他画的罗汉“悉是梵相，行骨古怪”③，奇形异貌，如“夷獠异类”④，欧阳炯表扬是“逸艺无人加”，“人间为第一”⑤。罗汉形象正反映了他精神上孤傲绝俗的一面，风格上与他的诗作也有相通之处。

第四节　齐　己

齐己（864—943），俗姓胡，字得生，益阳（今湖南益阳市）人，自号“衡岳沙门”，有《白莲集》传世；又今传《风骚指格》一卷，是否齐己所作尚有疑问。他幼孤贫，居家近大沩山（在潭州，今湖南长沙市），据说七岁为寺院放牛，就用竹枝画牛背作小诗，老僧异之，遂共推挽授戒。出家后，游历江、湘一带，曾居于长沙道林和庐山东林等寺，后入京城长安，遍览名胜，诗名渐高。他曾到襄州，拿自己的作品请教大诗人郑谷，据说其《早梅》诗有句曰：“前村深雪里，昨夜数枝开。”郑谷说：“数枝非早也，未若一枝佳。”当时齐己不觉下拜说：“我一字师也。”郑谷有赠诗赞扬他：“格清无俗字，思苦有苍髭。讽味都忘倦，抛琴复舍棋。”⑥ 他又到豫章（江西南昌市）西山，访问施肩吾、陈陶故居。天复（901—904）年间，后来的楚国国主马殷割据湖南，招纳文士，有沈彬、廖宁、刘昭禹、李宏杲、许中

①《全唐诗》卷八三五，第9411页。

②《益州名画录》卷下《能格下品》，陈高华《宋辽金画家史料》，文物出版社，1984年，第86页。

③《图画见闻志》卷二《纪艺上》，湖南美术出版社，2000年，第96页。

④《宣和画谱》卷三《道释三》，湖南美术出版社，1999年，第82页。

⑤《禅月大师应命罗汉歌》，《全唐诗》卷七六一，第8638页。

⑥孙光宪《白莲集序》，《全唐文》卷九〇〇，第9391页。

雅、诗僧虚中、尚颜等，齐己俨然为盟主。应是在这个时候他和贯休见过面。成汭之后，高季兴割据荆南，搜聚四方名节之士，齐己前往依附。龙德元年（921）礼于龙兴寺，净院安置，给其月俸，名为僧正。时孙光宪亦在江陵，他于后晋天福三年（935）给《白莲集》作序说：

江之南，汉之北，缁侣业缘情者，靡不希其声采。自非雅道昭著，安能享兹大名。敝以旅宦荆台，最承宽狎，较风人之清致，赜大士之旨归，周旋十年，互见阃域。①

可见齐己当时的声望。他在荆州日久，交往的还有欧阳炯、贯休弟子昙域、可准等人。见于其诗作、与之往还的有陆龟蒙、司空图、李洞和诗僧修睦、自牧等。齐己晚年曾入长安。胡震亨谈到诗僧们涉世而受到迫害，举出“齐己附明宗东宫谈诗，与宫僚高辇善，东宫败，几不保首领”②。“东宫”指后唐明宗李嗣源第二子从荣，长兴四年（933）明宗病危时起兵欲夺取皇位被杀。而“从荣为诗，与从事高辇等更相唱和，自谓章句独步于一时，有诗千余首，号曰《紫府集》”③。齐己被他接纳，结果从荣败死，齐己险些罹祸。

齐己在各地参学、修习中广泛结交禅门学人，树立起自己的声望；同时也接触社会，对世事有更多了解。他和贯休一样，以“闲云野鹤”的姿态奔走于强权豪势之间，内心是充满矛盾的。他有诗说：

禅外求诗妙，年来鬓已秋。未尝将一字，容易谒王侯。④

他生活在乱世之中，不得已而投靠权势，而对统治者的残暴、腐败又有一定的认识。他有《看金陵图》诗说：

六朝图画战争多，最是陈宫计数讹。若爱苍生似歌舞，隋朝自合耻干戈。⑤

这首诗影射现实，指斥统治者骄奢淫逸，不恤民命，又暗示社会动乱的责任在他们

①孙光宪《白莲集序》，《全唐文》卷九〇〇，第9391页。
②《唐音癸签》卷二九《丛谈五》，古典文学出版社，1957年，第253页。
③《旧五代史》卷五一《秦王从荣传》，第253页；又参阅卷四四《明宗纪第十》，第609~610页。
④《自题》，《全唐诗》卷八四三，第9530页。
⑤《全唐诗》卷八四六，第9580页。

身上。

齐己也写了不少揭露社会黑暗、同情民间疾苦的诗。其中有些用乐府体，如《猛虎行》、《苦热行》、《西山叟》等，颇能发扬中唐“新乐府运动”的讽喻精神。又如《耕叟》诗：

> 春风吹蓑衣，暮雨滴箬笠。夫妇耕共劳，儿孙饥对泣。田园高且瘦，赋税重复急。官仓鼠雀群，共待新租入。①

像这样的作品，以质朴的语言揭露苛政暴赋对民众的残害，与晚唐杜荀鹤、皮日休、聂夷中的同类诗歌相似。他的《乱后经西山寺》诗写道“松烧寺破是刀兵，谷变陵迁事可惊”②，抒写亲身经历战祸带给他的沉痛印象；他的《谢炭》诗写寒冬珍惜炭火：“必愿吞难尽，唯愁拨易销。”没有切身体验恐怕难以写出这样曲折的心情；而结尾说“豪家捏为兽，红迸锦茵焦”③，以鲜明的对比，揭露了贫富不均的实况；他的《读岘山碑》更是立意新颖，不是正面歌颂当年羊祜的功德如何受到民众爱戴，而说“何人更堕泪，此道亦殊时……那堪望黎庶，匝地是疮痍”④，在今昔对比中揭露世道的黑暗。这类作品清楚表明齐己虽依附豪门，却并非被豢养的奴仆，而能持比较清醒的批判态度，代民众抒写不平和愤慨。

齐己同样推重贾岛、孟郊。他的《经贾岛旧居》诗说：“若有吟魂在，应随夜魄回。地宁销志气，天忍罪清才。”⑤《览延栖上人卷》诗则说：“贾岛苦兼此，孟郊清独行。”⑥ 他赞赏孟、贾，首先是因为同样怀才不遇而引为同调；并且又和贯休同样，有意追模孟、贾作诗的苦吟功夫。他曾说“觅句如觅虎”⑦。写到自己的创作体验时说：“诗在混茫前，难搜到极玄。有时还积思，度岁未终篇。”⑧ 这样，他的不少作品专求雕琢字句，如“霜杀白草尽，蛩归四壁根”⑨，“影乱冲人蝶，声繁

①《全唐诗》卷八四七，第9584页。
②《全唐诗》卷八四五，第9553页。
③《全唐诗》卷八四一，第9498页。
④《全唐诗》卷八三九，第9466页。
⑤《全唐诗》卷八三八，第9443页。
⑥《全唐诗》卷八三九，第9469页。
⑦《寄郑谷郎中》，《全唐诗》卷八四〇，第9478页。
⑧《寄谢高先辈见寄二首》之二，《全唐诗》卷八四一，第9504页。
⑨《永夜感怀寄郑谷郎中》，《全唐诗》卷八三八，第9449页。

绕堑蛙”①，“鹤归寻僧去，鱼狂入海回”② 等等，也和贯休所作相似，意境显得窘狭。

但四库馆臣评论说：

> 齐己七言律诗不出当时之习，其七言古诗以卢仝、马异之体缩为短章，佶屈聱牙，尤不足取。惟五言律诗居全集十分之六，虽颇沿武功一派，而风格独遒，如《剑客》、《听琴》、《祝融峰》诸篇，犹有大历以还遗意。③

齐己的五言律确实写得清润平淡，兼有冷峭之致，所以后人称赞其仍保有唐调。如前面提到的《剑客》诗：

> 拔剑绕残尊，歌终便出门。西风满天雪，何处报人恩。勇死寻常事，轻仇不足论。翻嫌易水上，细碎动离魂。④

这首诗描写义士反抗强暴、不畏牺牲、只身慷慨赴敌的情景，显露出作者精神世界的另一侧面。当然作为诗僧，齐己的更多作品抒写修道体验，或描写自然风光，或表现交际应酬，这后面几类作品中也颇有可读篇章。如《秋夜听业上人弹琴》：

> 万物都寂寂，堪闻弹正声。人心尽如此，天下自和平。湘水泻寒碧，古风吹太清。往年庐岳奏，今夕更分明。⑤

这样的作品清通娴雅，而寄托遥深。又《登祝融峰》：

> 猿鸟共不到，我来身欲浮。四边空碧落，绝顶正清秋。宇宙知何极，华夷见细流。坛西独立久，白日转神州。⑥

这首诗意境更是相当高远，在晚唐五代诗里是不可多见的。清人许奉恩《兰苕馆论诗》说：

> 《杼山》、《禅月》足随肩，不染尘氛唯《白莲》。绝妙早梅深雪里，前村

---

①《残春》，《全唐诗》卷八三八，第9453页。

②《严陵钓台》，《全唐诗》卷八三九，第9462页。

③《四库全书总目提要》卷一五一《集部·白莲集十卷》，中华书局，1965年，下册第1304页。

④《全唐诗》卷八三八，第9452页。

⑤《全唐诗》卷八四一，第9495页。

⑥《全唐诗》卷八四一，第9489页。

开见一支先。[1]

这里把齐己的成就置于贯休之上。其中提到的《早梅》诗，是前面已经提到的名篇：

万木冻欲折，孤根暖独回。前村深雪里，昨夜一枝开。风递幽香出，禽窥素艳来。明年如应律，先发望春台。[2]

古人截取这首诗的前四句，成为精美的绝句。纪昀评论说“不失格韵”，“起四句极有神力”；方回则说“五六亦幽致”[3]。全篇意趣深远，情景鲜明，特别是写出“早”梅的神韵，在盎然生趣中暗示出一种强韧、积极的风格，在古今咏梅诗中堪称佳作。

第五节　唐五代其他诗僧

前面引录《唐才子传》论诗僧，先列出灵一等八人，接着又列出四十五个名字，说这些人“其或虽以多而寡称，或著少而增价”，又指出他们“名既隐僻，事且微冥”[4]。但仅仅这些名字就足可见一时诗僧的众多及其创作之繁盛。其中有些人有或多或少的作品流传至今，可以借以大体窥知其创作面貌。有些人的生平行事则储仲君有考订，见傅璇琮《唐才子传笺校》第一册。

“江左诗僧”里行年最早的是灵一（727—762）。灵一俗姓张，广陵（今江苏扬州市）人。九岁出家，十三削发。据李华《扬州龙兴寺经律院和尚碑》，他是龙兴寺律师怀仁弟子。怀仁禅、律双修，体现了江东佛教的特征，又“以文字度人，故工于翰墨；法皆佛法，兼采儒流”[5]，带有浓厚的文人色彩。独孤及所作灵一《塔铭》说：

公智刃先觉，法施无方，每禅诵之隙，辄赋诗歌事，思入无间，兴含飞

①郭绍虞等编《万首论诗绝句》，人民文学出版社，1991 年，第 3 册第 1382 页。

②《全唐诗》卷八四三，第 9528 页。

③《瀛奎律髓》卷二〇《梅花类》。

④傅璇琮主编《唐才子传笺校》卷三，中华书局，1987 年，第 1 册第 534 页。

⑤《扬州龙兴寺经律院和尚碑》，《全唐文》卷三二〇，第 3245 页。

动。潘、阮之遗韵，江、谢之阙文，公能缀之。盖将吻合词林，与儒、墨同其波流，然后循循善诱，指以学路。由是与天台道士潘清、广陵曹评、赵郡李华、颍川韩极、中山刘颖、襄阳朱放、赵郡李纾、顿丘李汤、南阳张继、安定皇甫冉、范阳张南史、清河房从心等相与为尘外之交，讲德味道，朗咏终日……①

和他为诗友的，还有刘长卿、严维、陆羽等人。

高仲武评灵一诗：

自齐、梁以来，道人工文多矣，罕有入其流者。一公乃能刻意精妙，与士大夫更唱迭合，不其伟欤！“泉涌阶前地，云生户外峰。”则道猷、宝月何尝及此？②

这里所引诗句出《宿天柱观》：

石室初投宿，仙翁喜暂容。花源隔水见，洞府过山逢。泉涌阶前地，云生户外峰。中宵自入定，非是欲降龙。③

“泉涌”一联不仅得体物之妙，而且从流泉、白云的变化透露出无拘无碍的精神，全篇意境更清和高妙，潇洒透脱。灵一住杭州宜丰寺时，作著名的《宜丰新泉》诗，刘长卿、严维均有和作。诗云：

泉源新涌出，洞澈映纤云。稍落芙蓉沼，初淹苔藓文。素将空意合，净与众流分。每到清宵月，泠泠梦里闻。④

这样的作品也是意境鲜明，清新淡雅。灵一诗特别善于以简洁的笔触描摹生动的物态，如《溪行即事》的“野岸烟初合，平湖月未生”，《春日山斋》的“晴光拆红萼，流水长青苔”，《酬陈明府舟中见赠》的“稻花千顷外，莲叶两河间”，等等，神清气爽，表露出方外之士抖落尘埃的情怀。所以辛文房评论其风格为“气质淳

①《唐扬州庆云寺律师一公塔铭》，《全唐文》卷三九〇，第3963页。

②《中兴间气集》卷之下。

③《全唐诗》卷八〇九，第9123～9124页。

④《全唐诗》卷八〇九，第9124页。

和，格律清畅”①。灵一虽然只活了三十多岁，但在诗歌创作上他却导出诗僧创作的先路。

灵澈（746？—816），一作灵彻，俗姓汤，字源澄，又字名泳，会稽（今浙江绍兴市）人。幼年出家于云门寺，是左溪玄朗门下越州焦山大历寺神邕弟子，本属天台宗；年轻时曾从严维学诗，即以诗名闻于江南。约在大历末年至吴兴，住何山寺，与皎然结交，广受时人赞誉。他往来南北各地，广泛与文坛名流如卢纶、陈羽、窦庠、柳宗元、韩泰、吕温等交游。刘禹锡为他的文集作序评论说：

> ……以文章接才子，以禅理说高人，风仪甚雅，谈笑多味。贞元中，西游京师，名振辇下，缁流疾之，造飞语激动中贵人，因侵诬得罪，徙汀州。②

关于此次被谪事件，有的学者以为与结交刘、柳和“八司马”被贬事件有关，但难于确证。元和初年，他栖泊庐山，后又至湖、越、宣州等地，结交李肇、韦丹、熊孺登、范传正、李翱、李逊等人。

灵澈平生作诗两千余首，门人秀峰删取三百首，编成《澈上人文集》十卷；又有五十年间与人唱和诗十卷，均已散佚；佛学著作《律宗引源》二十一卷亦佚。在唐诗僧中他存诗较多，历代评价也较高。如杨慎评论说：

> 僧灵澈有诗名于中唐，《古墓》诗云:“松树有死枝，塚墓惟莓苔。石门无人入，古木花不开。”《天台山》云:“天台众山外，岁晚当寒空。有时半不见，崔嵬在云中。”《九日》云:“山僧不记重阳节，因见茱萸忆去年。”诸篇为刘长卿、皇甫冉所称。余独取《天台山》一绝，真绝唱也。③

《天台山》一诗全称《天姥岑望天台山》，短短二十字，以虚实相生的笔法写出天台山磅礴气势，遗世独立的高山风姿更体现出一种高蹈绝尘的精神。

他的《初到汀州》诗曰：

> 初放到汀州，前心讵解愁。旧交容不拜，临老学梳头。禅室白云去，故山

①傅璇琮主编《唐才子传笺校》卷三，中华书局，1987年，第1册第531页。

②《澈上人文集纪》，《刘禹锡集》卷九，上册第239页。

③《升庵诗话》卷一四，《历代诗话续编》，中册第933页。

明月秋。几年犹在此，北户水南流。[1]

这是他在流放中所作。虽被流言中伤，身处困境，却心境达观，表现了超然物外的情怀。

江左诗僧护国、清江、法振等均有时名，今存作品不多，却颇有可读篇章。

护国（生卒年不详）约与灵一同时，诗名盛于一时，应卒于大历年间。诗人张谓有《哭护国上人》诗，结句是“支公何处在，神理竟茫茫”[2]，把他比拟为东晋名僧支遁。今存诗多为忆旧怀人、赠答应酬之作。如《题王班水亭》：

湖上见秋色，旷然如尔怀。岂惟欢垄亩，兼亦外形骸。待月归山寺，弹琴坐暝斋。布衣闲自贵，何用谒天阶。[3]

这最后的结句表达出蔑视权势的精神，颇有气度。

法振（生卒年不详），一作“法震”，行年与护国大体相当。曾游历江南各地，住长安慈恩寺。善近体诗，与王昌龄、皇甫冉、李益等相友好。今存主要是题赠送别之作。如《送友人之上都》：

玉帛征贤楚客希，猿啼相送武陵归。潮头望入桃花去，一片春帆带雨飞。[4]

送友人赴朝应征召，以景物相烘托，特别是三、四两句，神思飞动，情趣盎然。法振关心世事，诗里常有所表现。如《送韩侍御自使幕巡海北》的“因说元戎能破敌，高歌一曲陇关情”[5]，《丹阳浦送客之海上》的“如君岂得空高枕，只益天书遣远求”[6] 等等，都流露出慷慨用世情怀，在诗僧作品里并不多见。

清江（生卒年不详），会稽（今浙江绍兴市）人。《宋高僧传》记载他“有禅观之学”，并从慧忠国师“密传心要”。慧忠国师是南宗慧能弟子。又说他“善篇章，儒家笔语，体高辞典，又善一隅之美，少所伦拟”[7]。他诗名闻于江南，先后

①《全唐诗》卷八一〇，第 9131 页。
②《全唐诗》卷一九七，第 2002 页。
③《全唐诗》卷八一一，第 9139 页。
④《全唐诗》卷八一一，第 9143 页。
⑤《全唐诗》卷八一一，第 9142 页。
⑥《全唐诗》卷八一一，第 9143 页。
⑦《宋高僧传》卷一五，上册第 368 ~ 369 页。

与诗人卢纶、朱湾、严维、耿沣、章八元等人相唱和。与皎然齐名，被称为“会稽二清”。今存《秋日晚泊》诗断句“万木无一叶，客心悲此时”①，短短十个字，客居寂寞的意境全出。他的作品题材比较广泛，境界也比较开阔。如《早发陕州途中寄严秘书》：

此身虽不系，忧道亦劳生。万里江湖梦，千山雨雪行。人家依旧垒，官路闭层城。未尽交河虏，犹屯细柳兵。艰难嗟远客，栖托赖深情。贫病吾将有，精修许少卿。②

这是寄严维的。严维在大历末年曾任秘书郎，其时河北三镇割据之势已经形成，时局动荡，兵连祸结。这首诗得自旅途真实感受，反映了离乱中的世态人情。

诗僧中存诗较多的还有无可（生卒年不详）。无可俗姓贾，范阳（今河北涿县）人。他是贾岛从弟，少年出家，居长安著名的密宗道场青龙寺，与贾岛、姚合等相唱和。后来云游越州、湖州、庐山等地。他广交文人，以雕章琢句为务。诗人张籍、马戴、喻凫等都和他交往。他工五言律，诗风与姚、贾相近，追求清奇简淡的境界，注重句律文辞的推敲。释惠洪说：

唐僧多佳句，其琢句法，比物以意，而不指言某事，谓之象外句。如无可上人诗曰：“听雨寒更尽，开门落叶深。”是以落叶比雨声也。又曰：“微阳下乔木，远烧入秋山。”是以微阳比远烧也。③

“听雨”一联出《秋寄从兄贾岛》，全篇是：

暝虫喧暮色，默思坐西林。听雨寒更澈，开门落叶深。昔因京邑病，并起洞庭心。亦是吾兄事，迟回共至今。④

诗的前四句描摹物态相当真切，以景物烘托出落寞寂寥的情怀。又《同刘秀才宿见赠》：

浮云流水心，只是爱山林。共恨多年别，相逢一夜吟。既能持苦节，勿谓

①《全唐诗》卷八一二，第9148页。
②《全唐诗》卷八一二，第9144页。
③《冷斋夜话》卷六。
④《全唐诗》卷八一三，第9152页。

少知音。忆就西池宿，月圆松竹深。①

方回评论这首诗“中四句苦淡，末句洒脱高妙”②。无可善于用情景交融的手法描写“清苦”情境，正与他个人的生活体验有关，也是诗僧创作具有代表性的风格。

供奉朝廷的广宣（生卒年不详）是另一种类型的诗僧。他是交州（今越南河内市）人，贞元年间居蜀，与著名女诗人薛涛相唱和。元和（806—820）年间来到长安，初住大兴善寺，又诏住安国寺，作为供奉僧人应制唱和，直至文宗（827—840 年在位）朝。其间除一度得罪遣归，长时间侍奉内廷。由于他的特殊地位，著名文人如元稹、刘禹锡、白居易、李益、张籍、雍陶，甚至包括以反佛著名的韩愈等皆与之交游。他住在红楼院，因称“红楼广宣”，集名称《红楼集》。今存他的作品基本是应制之作。如《驾幸天长寺应制》：

天界宜春赏，禅门不掩关。宸游双阙外，僧引百花间。车马喧长路，烟云净远山。观空复观俗，皇鉴此中闲。③

如此把佛教观念和词语用于歌功颂德之中，正显示了他作为内廷供奉的御用人格。

晚唐栖白（生卒年不详）居越中。早年结识姚合、贾岛、无可，后与李洞、曹松等相赠答。尝居长安荐福寺，宣、懿、僖三朝为内供奉，赐紫。作诗亦多近体，尚苦吟，受到姚、贾影响。有《经废宫》诗：

终日河声咽暮空，烟愁此地昼濛濛。锦帆东去沙侵苑，玉辇西来树满宫。鲁客望津天欲雪，朔鸿离岸苇生风。那堪独立思前事，回首残阳雉堞红。④

这首诗写黄巢义军焚毁长安后的残破景象，表现今昔沧桑之感。

同样是文章供奉的子兰（生卒年不详），活动在昭宗（889—904 年在位）朝。他所处时代衰乱动荡，也颇写些具有现实内容的作品。如《悲长安》：

何事天时祸未回，生灵愁悴苦寒灰。岂知万顷繁华地，强半今为瓦砾堆。⑤

---

①《全唐诗》卷八一四，第 9162 页。
②方回《瀛奎律髓》卷一五《暮夜类》。
③《全唐诗》卷八二二，第 9270 页。
④《全唐诗》卷八二三，第 9278 页。
⑤《全唐诗》卷八二四，第 9289 页。

这同样是描写黄巢之乱后长安一带残破情形。同类作品还有《长安早秋》、《长安伤春》等，都较真实地反映了现实矛盾的一些侧面。他的名作是乐府古题的《饮马长城窟》：

游客长城下，饮马长城窟。马嘶闻水腥，为浸征人骨。岂不成流泉，终不成潺湲。洗尽骨上土，不洗骨中冤。骨若比流水，四海有还魂。空流呜咽声，声中疑是言。①

这不是形式上的拟古，因为有身经战乱的体验，写得相当沉痛。

晚唐五代还有一位知名的供奉僧可止（860—934），俗姓马，范阳人。幼年出家，住长安大庄严寺。乾宁三年（896）献诗朝廷，诏赐紫袈裟，应制内廷，也是一位备受荣宠的名僧。可止学识广博，诗歌长于近体，与当代文人孙偓、赵风、李详等相唱和。有诗集《三山集》，又《顿渐教义抄》一卷，均佚。他的《赠樊川长老》诗传诵一时：

瘦颜颧骨见，满头雪毫垂。坐石鸟疑死，出门人谓痴。照身潭入楚，浸影桧生隋。太白曾经夏，清风凉四肢。②

这首诗描写一位老僧孤高超凡的风格，设想奇僻，写形造境颇有新意，琢句上更见功夫。

尚颜（生卒年不详）也是供奉僧，俗姓薛，字茂盛。乾符（874—879）年间在徐州依节度使、诗人薛能；景福（892—893）年间至长安，后云游荆州、庐山、峡州、潭州等地；光化（898—901）年间为文章供奉、赐紫。与同时诗人方干、郑谷、陈陶、李洞、吴融、司空图、陆龟蒙等交游。他也长于五言律，有诗曰“矻矻被吟牵，因师贾浪仙”③，其专意琢句亦与贾岛类似，诗情也同样凄苦。如《夷陵即事》：

不难饶白发，相续是滩波。避世嫌身晚，思家乞梦多。暑衣经雪着，冻砚

①《全唐诗》卷八二四，第9286页。
②《全唐诗》卷八二五，第9291页。
③《言兴》，《全唐诗》卷八四八，第9598页。

向阳呵。岂谓临岐路，还闻圣主过。[①]

这首诗表现旅途穷窘，第三、四句写心情，第五、六句写境况，极尽夸饰、雕琢之能事，结句更流露讽刺之意。他有诗句如“合国诸卿相，皆曾着布衣”（《与王嵩隐》）、“远行无处易，孤立本来难”（《送刘必先》）、“芳草失归路，故乡空暮云”（《述怀》）等等，对人情世态都有较深刻的体察和描写。

唐末、五代在南方有更多的诗僧活动。他们大体与贯休、齐己有交谊，共同推动了僧侣间的创作风气。

处默（生卒年不详），活动时期与贯休大体同时。幼年出家于兰溪某寺，结识贯休；后游历江南各地，入长安，住慈恩寺。与罗隐、郑谷交好。有《织妇》诗：

蓬鬓蓬门积恨多，夜阑灯下不停梭。成缣犹自陪钱纳，未直青楼一曲歌。[②]

织妇是晚唐诗人习用的题材，这首诗无论是内容还是手法都与晚唐皮日休、聂夷中、罗隐等人同类讽喻之作相近。又《忆庐山旧居》：

粗衣粝食老烟霞，勉把衰颜惜岁华。独鹤只为山客伴，闲云常在野僧家。丛生嫩蕨黏松粉，自落干薪带藓花。明月清风旧相得，十年归恨可能赊。[③]

这一首则是着意刻画幽僻静谧的境界，表现寂寞超然的追求了。

修睦（？—918），字楚湘，光化（898—901）年间为洪州（今江西南昌市）僧正，与贯休、处默、虚中、齐己为诗友。后应杨吴之召至金陵。时兖州节度使朱瑾由于不满徐温、徐知训父子专政而被排挤，乃设计杀知训，后自刎而死。“修睦赴伪吴之辟，与朱瑾同及于祸”[④]，他应是朱瑾的同党。他有《卖松者》诗：

求利有何限，将松入市来。直饶人买去，也向柳边栽。细叶犹粘雪，孤根尚惹苔。知君用心错，举世重花开。[⑤]

这里流露出怀才不遇的感慨，并对浮华世风加以讽刺。修睦有意保持高洁品格，却

---

①《全唐诗》卷八四八，第 9598 ~ 9599 页。
②《全唐诗》卷八四九，第 9615 页。
③《全唐诗》卷八四九，第 9614 页。
④《唐音癸签》卷二九《谈丛五》，古典文学出版社，1957 年，第 253 页。
⑤《全唐诗》卷八四九，第 9618 页。

又依附权势，终于卷入政争而惹下杀身之祸。这也是一些“方外之人”处身乱世的悲剧。

虚中（生卒年不详），袁州宜春（今江西宜春市）人。少出家，住玉笥山（在江西峡江县）二十余年，读书吟咏不辍。后游湖湘、越中。天祐（904—907）年间北上中条山，会见在那里隐居的司空图，未果，赠“诗云：‘道装汀鹤识，春醉野人扶。’言其操履检身，非傲世也；又云：‘有时看御札，特地挂朝衣。’言其尊戴存诚，非邀君也。故图诗云：‘十年泰华无知已，只得虚中两首诗。’言得其意趣”①。回到江西后，住湘西宗成寺。马殷据湖南称楚国王，其长子马希振延之阁中，时在后唐明宗天成（926—930）年间。他与诗人郑谷、方干、诗僧贯休、齐己、修睦、栖蟾为友，相互唱和。有诗集《碧云集》和论诗著作《流类手鉴》一卷，皆佚。其《赠屏风岩栖蟾上人》：

> 岩房高且静，住此几寒暄。鹿嗅安禅石，猿啼乞食村。朝阳生树罅，古路透云根。独我闲相觅，凄凉碧洞门。②

这首诗三、四两句写禅僧入定，鹿、猿不觉所在，被人称道；五、六两句描摹境况荒寂亦佳。虚中论诗推重贾岛、齐己。像这首诗，也是力图在词句上求出新，露出刻意雕琢的痕迹。又《经贺监旧居》诗：

> 不恋明主宠，归来镜湖隅。道装汀鹤识，春醉钓人扶。逐朵云如吐，成行雁侣驱。兰亭名景在，踪迹未为孤。③

这是怀古人诗，是歌颂贺知章的。贺在天宝年间不满朝政混乱，归隐会稽镜湖，诗里描写他潇洒的风姿，显然另有寓意。

栖蟾（生卒年不详），俗姓胡，一说姓顾，曾住庐山屏风叠，游历江南各地，并曾远游边疆。与诗人沈彬、诗僧齐己、虚中、玄泰友善。作品境界在同时流辈间较为开阔，如《牧童》：

> 牛得自由骑，春风细雨飞。青山青草里，一笛一蓑衣。日出唱歌去，月明

①《全唐诗》卷六三四《句》注，第7289页。

②《全唐诗》卷八四八，第9606页。

③《全唐诗》卷八四八，第9605、9610页。

抚掌归。何人得似尔，无是亦无非。①

这样的诗感情浓郁，也比较清新自然，与一般诗僧的崇尚幽僻清奇风格不同。

可朋（生卒年不详），眉州丹棱（今四川丹棱县）人。“少与卢延让为风雅之友，有诗千余篇，号《玉垒集》。曾题洞庭诗云：‘水涵天影阔，山拔地形高。’赠友人曰：‘来多不似客，坐久却垂帘。’欧阳炯以此比孟郊、贾岛。言其好饮酒，贫无以偿酒债，以诗酬之。可朋自号‘醉髡’。《赠方干》诗云：‘月里岂无攀桂分，湖中空赏钓鱼休。’《杜甫旧居》云：‘伤心尽日有啼鸟，独步残春空落花。’《寄齐己》云：‘虽陪北楚三千客，多话东林十八贤。’”从这些例句可见他运思的技巧。“（后蜀）孟昶广政十九年（956）赐诗僧可朋钱十万，帛五十匹。孟蜀欧阳炯与可朋为友，是岁酷暑中，欧阳命同僚纳凉于净众寺，依林亭，列樽俎，众方欢适，寺之外有耕者曝背烈日中耘田，击腰鼓以适倦，可朋遂作《耘田鼓诗》以贽欧阳，众宾阅已，遽命撤饮。诗曰：‘农舍田头鼓，王孙筵上鼓。击鼓兮皆为鼓，一何乐兮一何苦。上有烈日，下有焦土。愿我天翁，降之以雨。令桑麻熟，仓箱富。不饥不寒，上下一般。’言虽浅近，而极于理。”② 由此可见可朋为人和创作风格的一斑。

留有可读诗作的僧人还有不少。篇幅所限，不能一一介绍。纵观这些诗僧的创作，可以看出，虽然他们创作的总风格大体已和一般文人作品接近，但无论是题材还是写法仍都体现出明显的特征。由于他们具有清修生活的体验，自然善于描绘枯寂、脱俗的境界，表现高蹈、超世的情怀；又由于他们云游四方，能较多接触和了解社会矛盾，因此颇写出些反映民生疾苦的篇章。在写作手法上，他们或追求浅俗，这和禅宗语录的写作风格有关系；或追求奇僻，热衷“苦吟”，则和他们处境狭窄有关系。而这些都丰富了诗坛创作，是对诗歌史的贡献；特别是在晚唐五代诗坛上，他们占有一定的地位。当然由于才能和境界所限，诗僧中没有出现十分杰出的人物；另外，如果按白居易所谓“道人”之诗和“文人”之诗来区分，唐五代诗僧的创作中没有多少真正的“道人”之诗。就是说，他们的创作已经相当接近一般文人创作了。从而作为诗僧这一特殊群体的创作也逐渐失去了独立的价值和地位。这也是后来的诗僧难于在创作上有所开拓、文学史上诗僧创作很少得到重视的原因。

---

①《全唐诗》卷六三四《句》注，第 7289 页。

②王仲镛《唐诗纪事笺校》卷七四，下册第 1949 页。

第六节　宋代诗僧

入宋以后，就佛教的整个发展形势而论，已经逐渐趋于式微；而就其对于文化诸多领域的影响而论，却又在逐步深入。例如理学的形成就接受了佛学的大量成果。而这一时期居士佛教一直盛行，僧人和文人阶层的交流也仍然十分密切。佛教对文坛的影响下面将具体讨论。此后历代僧人善诗的也不少，也仍有不少诗僧活动，在诗坛上也是值得注意的。不过尽管出现众多诗僧，几乎人人有集流传，但无论是从作品的思想和艺术看，还是从对于诗坛的影响看，都不可和唐、五代情形同日而语了。主要是宋代以降的诗僧们创作的多是“文人之诗”，已经鲜有独创的特征。不过历代都出现些品格和成绩相当杰出的人物，更有许多作品是值得一读的。

宋初以写诗著名的僧人有九位，即淮南惠崇、剑南希书、金华保暹、南越文兆、天台行肇、汝州简长、青城维凤、江东宇昭、峨眉怀古，被称为“九僧”，其合集名《九僧集》，久佚不传。王士禛说：“大抵九僧诗规模大历十子，少窘边幅……”[①]九人中以惠崇最为杰出。惠崇生卒年不详，不但能诗，又多才多艺，以绘“惠崇小景”闻名。他的作品善于表现高蹈放达的情致，幽而不僻，深有意趣。如《访杨云卿淮上别墅》：

> 地近得频到，相携向野亭。河分岗势断，春入烧痕青。望久人收钓，吟余鹤振翎。不愁归路晚，明月上前汀。[②]

方回评论说：“九僧之中惠崇最为高音。三、四句虽断取前人两句，合成此联，为人所诋，然善诗者能合二人之句为一联亦可也。”[③] 这里三、四句用唐人成句，有“河分岗势司空曙，春入烧痕刘长卿”之讥，但把古人两句诗镶嵌得十分妥帖，如出己作，也是一种技巧。全诗则写出了友人别墅清净寂寥的风光和自己超逸的情怀。

北宋最著名的诗僧是道潜和惠洪。道潜（1043—?），字参寥，赐号总妙大师，

---

①《带经堂诗话》卷二〇，人民文学出版社，1963 年。

②方回《瀛奎律髓》卷四七《释梵类》，《四库全书》本。

③方回《瀛奎律髓》。

居杭州智果寺，善诗文，为时推重，与诗人苏轼、秦观、陈师道等诸文士交，与苏轼过从尤密。徽宗崇宁末，归老江湖。他有《秋江》诗曰:“赤叶枫林落酒旗，白沙洲渚阳已微。数声柔橹苍茫外，何处江村人夜归?”又《东园》诗曰:“曲渚回塘谁与期，杖藜终日自忘机。隔林仿佛听机杼，知有人家在水西。”惠洪《冷斋夜话》说:“道潜作诗追法渊明，其语逼真处：‘数声柔橹苍茫外，何处江村人夜归。’又曰：‘隔林仿佛闻机杼，知有人家住翠微。’京师士大夫以书抵坡曰：‘闻与诗僧相从，真东山胜游也。’坡以书示潜，诵前句，笑曰：‘此吾师十四字师号耳。’”①后来苏轼被贬官，他也受到牵连，谪居兖州（今山东兖州市）。直到建中靖国初年（1101）方才放还。晚年归老于江湖。有《参寥子诗集》传世。道潜的诗风格多样，而基本走高简闲淡一路。他特别工于描绘田园风光、自然景物，颇得陶渊明、储光羲的神髓，构思精练而含蓄，描写往往入微。如《夏日龙井书事》四首之二：

> 雨过千岩爽气新，孤怀入夜与谁邻？风蝉故故频移树，山月时时自近人。礼乐汝其攻我短，形骸吾已付天真。露华渐冷飞蚊息，窗里吟灯亦可亲。②

这首诗是写杭州龙井夏夜景色，刻画景物，烘托感情，富有创意。纪昀评论说:“四诗皆音节高爽，无龌龊酸馅之气。”又《梅花寄汝阴苏太守》:

> 湖山摇落岁方悲，又见梅花破玉蕤。一树轻明侵晓岸，数枝清瘦耿疎篱。良辰易失空回首，习气难忘尚有诗。所向皆公旧题墨，肯辜鱼鸟却来期。③

方回说:“……道潜师在西湖智果，八月，坡为贾易等所弹，出为龙学颍州，此诗其年冬所寄也。盖犹有望于坡之复来。绍圣元年甲戌，坡南行，而师亦下平江狱，屈具服编管邕州……”④

惠洪（?—1128），字觉范，学识、文才均相当杰出。他得到丞相也是著名居士张商英的器重。张得罪，受牵连流放崖州（今海南黎族苗族自治州）。放还后，曾再次被诬入狱。他生平坎坷，但处之泰然，用心于文章，有《石门文字禅》、《冷斋夜话》、《天厨禁脔》等传世。他的诗词意挺秀，在当时诗坛上别具一格，如

①《冷斋夜话》卷四。

②《参寥子诗集》。

③《参寥子诗集》卷七。

④方回《瀛奎律髓》卷二〇《梅花类》。

《上元宿百丈寺》：

上元独宿寒岩寺，卧看篝灯映绛纱。夜久雪猿啼岳顶，梦回清月在梅花。十分春瘦缘何事，一掬乡心未到家。却忆少年闲乐处，软红香雾喷京华。①

黄庭坚谪宜州，过长沙，惠洪在湘西作此诗，写得深情绵渺。但其中流露对俗情的眷恋，没有僧诗的清雅，为人们所诟病。又《次韵谒子美祠堂》：

颠沛干戈际，心常系洛阳。爱君臣子分，倾日露葵芳。醉眼盖千古，诗名动八荒。坏祠湘水上，烟树晚微茫。②

像这样的诗，艺术手法上没有多少可取之处，但可以表明惠洪这样的诗僧，虽处方外，却仍怀抱着经世之职。这也是他们热衷结交士人的原因。又《早行》：

失枕惊先起，人家半梦中。闻鸡凭早晏，占斗辨西东。辔湿知行露，衣单怯晓峰。秋阳弄光影，忽吐半林红。③

这样的作品则真正得自行脚的体验，颇能表现出人情物态。

代表宋诗风格特征的是所谓“江西诗派”。这派诗人里有“三僧”：如璧、善权和祖可。如璧，本名饶节，字德操，有《倚松老人集》。陆游说：“饶德操诗为近时僧中之冠。早有大志，既不遇，纵酒自晦。”④ 可见他在诗僧中的地位，也可知他是仕途不得意而为僧的。吕本中又说：“德操为僧后，诗更高妙，殆不可及。”⑤其《次韵答吕居仁》诗曰：

向来相许济时功，大似频伽饷远空。我已定交木上座，君犹求旧管城公。文章不疗百年老，世事能排双颊红。好贷夜窗三十刻，胡床趺坐究幡风。

这是规劝友人吕本中学道的。使典用事，十分新颖、精密，正是江西诗派的特点。同样如《题宗子赵明叔盘车图后》：

---

①《古今禅藻集》卷一一，《四库全书》本。

②《古今禅藻集》卷一〇。

③《古今禅藻集》卷一〇。

④《老学庵笔记》卷二，《丛书集成初编》本。

⑤《紫薇诗话》，《历代诗话》上册第363页。

跌宕平生万里程，盘车一展老心惊。溪昏树老牛争力，似听当年风雨声。①

这是通过描写老牛拉盘车（磨）的画面来隐喻人生，意味深长。

又诗僧善权，字巽中，俗姓高，人物清癯，人目为瘦权，落拓嗜酒，有《真隐集》。善权五古自然闲淡。其《寄致虚兄》诗曰：

避寇经重险，怀君屡陟冈。空余接淅饭，无复宿舂粮。衣袂饶霜露，柴荆足虎狼。春来何所恨，棣萼政含芳。②

《真隐集》里律诗仅三二首，这一首避寇寄兄，颇得杜甫风神，只是缺乏杜甫的细润工致。他有些长篇颇为可读，如《王性之得李伯时所作归去来图并自书渊明词刻石于琢玉坊为赋长句》：

王郎言语妙天下，眉宇清扬聚风雅。道山延阁归有时，吐雾珠绡已无价。乃翁勋业谁与俦，惠爱宛同陈太丘。胡床夜聚兴不浅，江波涨月明江楼。邺侯牙签三万轴，玉川五千贮枯腹。掌上双珠照户庭，人间爽气侵眉目。爱君羲、献来乃昆，草圣真行事逼真。是家此癖古不少，奇书异画元通神。龙眠解说无声句，时向烟云一倾吐。戏拈秃笔临冰纨，写出渊明赋归去。林端飞鸟倦知还，陌上征夫识前路。因君勒石柴桑里，便觉九原人可起。庐山未是长寂寥，挽著高风自君始。③

这首诗借题画行议论，运笔自如，波澜起伏，颇有气势。

祖可字正平，俗姓苏，“伯固之子，养直之弟也。作诗多佳句。如《怀兰江》云‘怀人更作梦千里，归思欲迷云一滩’，《赠端师》云‘窗间一榻篆烟碧，门外四山秋叶红’等句，皆清新可喜。然读书不多，故变态少。观其体格，亦不过烟云、草树、山水、鸥鸟而已。而徐师川作其诗引，乃谓自建安七子、南朝二谢、唐杜甫、韦应物、柳宗元、本朝王荆公、苏、黄妙处，皆心得神解，无乃过乎！”④从这段话，可见他当时的声望。他住庐山，被恶疾，人号癞可，有《东溪集》、

①《宋史纪事》卷九二，《四库全书》本。

②方回《瀛奎律髓》卷四七《释梵类》。

③《宋史纪事》卷九二。

④《韵语阳秋》卷四，《历代诗话》下册第514页。

《瀑泉集》。《西清诗话》评论说:"可诗得之雄爽。如'清霜群木落，尽见西山秋'，又'古口未斜日，数峰生夕阴'，皆佳句也。"[1] 又有《绝句》诗曰：

坐见茅斋一叶秋，小山丛桂鸟声幽。不知叠嶂夜来雨，清晓石楠花乱流。[2]

又《秋屏阁》：

袖手章江净渺然，舞风残叶舞翩翩。霜鸥睡渚白胜雪，雾雨含沙轻若烟。杨柳一番南陌上，梅花三弄远运变。匣鸣双剑忽生兴，我欲因从东去船。[3]

这些诗都显示他的清淡格调和琢词炼句的功夫。

第七节　元代以后诗僧

元代以后，著名僧人能诗者甚多，如元代的中峰明本、蒲室大䜣，明代的楚石梵琦、天界宗泐、憨山德清，明末的戒显、澹归、担当、大错，清代的苍雪、天然、戒庵、笠云、寄禅、道忞木陈、觉浪道盛等人，诗作创作均训练有素。这些人禅修之余，都热衷创作。他们之中许多人是因为身处乱世，或为前朝遗民，或有其他缘由为现实所迫而逃禅出家，避居丛林，因而对世事不能忘情。他们的经历、学养不同，作品内容和风格也多样，作品往往各有一定特色。他们创作的有些篇章比起同时世俗文人的作品亦未肯多让，在诗坛上占有一定地位。

偈颂创作本来是禅门传统，写作偈颂也是禅宗教学的基本功。南宋已降，临济宗的"看话禅"盛行，"文字禅"形成一时潮流。丛林中人几乎人人有语录，颂古、提唱成为风气。上堂、示法，往往是韵语、诗句联翩，而其表现形式又已经和一般诗歌作品十分接近。宋末元初有高峰原妙（1238—1295），活动在江南，一门甚盛，弟子数百，受戒者数万，而他正以"看话禅"为根本。门下盛行诗颂创作，其成就突出的是第一高足中峰明本。

明本（1263—1323），俗姓孙，号中峰（以住天目山中峰得名），钱塘（今浙

①《苕溪渔隐丛话》前集卷五七，《丛书集成初编》本。
②《宋史纪事》卷九二。
③《宋史纪事》卷九二。

江杭州市）人。年轻时云游四方，随从者众，宰相大臣曾以五山主席交聘，俱力辞；延祐五年（1318）回到天目山。元仁宗欲召见阙廷，终不一至。终谥智觉，塔曰法云，有《中峰广录》三十卷。一时著名文人赵子昂、冯海粟皆与之交好。艺文监丞揭傒斯为之序，谓其提倡激扬，如四渎百川，千盘万转，冲山激石，鲸吞龙变，不归于海不已。其大机大用，见于文字有如此者。中锋屡辞名山，屏迹自放。时或住一船，或僦居城隅土屋，若入山脱笠，即束茅而栖，俱名曰“幻住”，自作《幻住庵记》。名作有“四居”诗，即《船居十首·己酉舟中作》、《山居十首·六安山中作》、《水居六首·东海州作》、《廛居十首·汴梁作》，皆为避地时所作，写景述情，妙句联翩。如《船居》之一：

一瓶一钵寓轻舟，溪北溪南自去留。几逐断云藏野壑，或因明月过沧州。世波汩汩难同辙，人海滔滔孰共流。日暮水天同一色，且将移泊古滩头。

又《山居》之一：

头陀真趣在山林，世上谁人识此心？火宿篆盘烟寂寂，云开窗槛月沉沉。崖悬有轴长生画，瀑响无弦太古琴。不假修治长具足，未知归者谩追寻。①

如此抒写自己闲云野鹤的情怀，对于汩没在名利纷争中的生活表达无言的鄙弃。它如《船居》:“随情系缆招明月，取性推蓬看远山。烟蓑带雨和船重，学衲冲寒似纸轻。”“主张风月蓬三叶，弹压江湖舻一寻。”《山居》:“雪涧有声泉眼活，雨崖无路藓痕深。”“偷果黄猿摇绿树，冲花白鹿卧青莎。”“白发不因栽后出，青山何待买方归。”《水居》:“波底月明天不夜，炉中烟透室长春。”《廛居》:“锦街破晓鸣金蹬，绣巷迎猿拥翠钿。”“月印前街连后巷，茶呼连舍与西邻。”“玩月楼高门巷永，卖花声密市桥多。”如此等等，并颇有意境，精美可读。又《省庵》诗：

一声幽鸟到窗前，白发老僧惊昼眠。走下竹床开两眼，方知屋外有青天。②

《田歌（留天童寺作）》诗：

---

①顾嗣立《元诗选》二集，中华书局，1987年，第5册第1372、1273页。

②顾嗣立《元诗选》二集，中华书局，1987年，第5册第1376页。

村南村北春水鸣，村村布谷催春耕。手捧饭盂向天祝，明日插秧还我晴。①

明本继承临济传统，提倡“看话禅”，反对机锋、棒喝之类狂放作风。这大有助于他的诗歌创作。像上面两首小诗，都清新自然，禅意盎然，意味特别深长。他又有《梅花百咏和蔡学士海粟作》，在古今众多的咏梅诗里也算杰出的作品，其中之一：

横影伶仃似有神，半清浅处独呈真。数枝冲淡晚唐句，一种孤高东晋人。上苑清房谁耐雪，庐山玉峡肯蒙尘。是中天趣那能识，惜被东风漏泄春。②

大䜣（1284—1344），字笑隐，江洲（今江西九江市）陈氏子。家世业儒，去而学佛。元文宗天历元年（1328）以金陵潜邸为龙翔集庆寺，召之主寺事，设官隶之。所著有《蒲室集》十五卷，虞集为之作序；赵孟頫、袁桷等人皆委心而纳交。所作颇有气势，一变南宋末年疲弱诗风。如《月支王头饮器歌》：

呼韩款塞称藩臣，已知绝漠无王庭。驰突犹夸汉使者，纵马夜出居延城。我有饮器非饮酒，开函视之万鬼走。世世无忘冒顿功，月支强王头在手。帐下朔风吹酒寒，凝酥点血红阑斑。想见长缨系马上，髑髅见血如奔湍。手麾欲回斗柄转，河决昆仑注尊满。酒酣剑吼浮云悲，使者辞欢归就馆。古称尊俎备献酬，孰知盟誓生戈矛。斩取楼兰悬汉阙，功臣犹数义阳侯。③

这里是歌颂汉将军卫青经营西域的武功，写得慷慨激昂，意气昂扬。大䜣特别善于歌行，以磊落的长句抒写怀抱，又如《太白观瀑布图》：

我本白云人，见山每回首。披图得松泉，感我尘埃久。我家只在九江口，从此扁舟到牛斗。翻愁天上云涛堆，石转云崩万雷吼。水行地底不上天，龙泓岂与沧溟连。风叶无声飞鸟绝，月光云影天茫然。丈人何来自空谷，谪仙招隐当不辱。林梢喷雪舞飞华，尚想随风唾珠玉。马首青山如唤人，归来好及松华春。泉香入新酿，解公头上巾。今者孰不乐，荒坟委荆榛。遂令画师意，万古留酸辛。酸辛复何益，东海飞红尘。④

①顾嗣立《元诗选》二集，中华书局，1987 年，第 5 册第 1387 页。
②顾嗣立《元诗选》二集，中华书局，1987 年，第 5 册第 1377 页。
③顾嗣立《元诗选》初集《蒲室集》，中华书局，1987 年，第 3 册第 2454 ~ 2455 页。
④顾嗣立《元诗选》初集《蒲室集》，中华书局，1987 年，第 3 册第 2458 页。

这是一首题画诗，借画中人物抒写自己的感慨，笔致豪放，颇得几分李白风神。又《骏马图》：

世无伯乐亦久矣，骏马何由千里至。披图犹似得权奇，岂伊画师知马意。何人致此铁色骊，悬毛绕腹新凿蹄。帝闲远谪天驷下，驰来月窟浮云低。古王有土数千里，八极周游宁用尔。方今万国效奔命，合遣龙媒献天子。飚驰电没争辟易，万里所向无前敌。男儿马上定乾坤，腐儒诗书果何益。几愁骨折青海烟，黄沙野血穹庐前。幸逢好事写真传，似向长鸣谁与怜。嗟我身如倦飞鸟，十年茧足愁山川。安得千金购神骏，揽辔欲尽东南天。①

从这样的作品看，作为出家人的大䜣显然不能忘却世情。这也是他能写出值得一读的作品的原因。

清珙（1272—1352），字石屋，常熟温氏子。亦出高峰门下，与明本为师兄弟。退居霅溪之西曰天湖，吟讽其间以自适。所作名《山居稿》。有七言绝句云："天湖水湛琉璃碧，霞雾山围锦障红。触目本来成现事，何须插手问禅翁。"② 颇能反映他的为人风格。有《山居诗》五十六首，他自说是"山林多暇，瞌睡之余，偶成偈语自娱"，以下是其中的四首：

柴门虽设未尝关，闲看幽禽自往还。尺璧易求千丈石，黄金难买一时闲。云消晓嶂闻寒瀑，叶落秋林见远山。古柏烟销清昼永，是非不到白云间。

优游静坐野人家，饮啄随缘度年华。翠竹黄花闲意思，白云流水淡生涯。石头莫认山中虎，弓影休疑盏里蛇。林下不知尘世事，夕阳常见送归鸦。

茅屋青山绿水边，往来年久自相便。数株红白桃李树，一片青黄菜麦田。竹榻夜移听雨坐，纸窗晴启看云眠。人生无出清闲好，得到清闲岂偶然。

历遍乾坤没处寻，偶然来住此山林。茅庵高插云霄碧，藓径斜过竹影森。

①顾嗣立《元诗选》初集《蒲室集》，中华书局，1987 年，第 3 册第 2459 页。
②《石屋清珙禅师语录》卷下，《续藏经》第 70 卷第 668 页下。

人为名利惊宠辱，我因禅寂老光阴。苍松怪石无人识，犹更将心去觅心。①

实际上这些作品作为偈颂，更像是格律精严的近体诗，写景述情亦体现相当的诗情。诗中抒写隐居求道、优游闲适的情趣，隐含着深刻的人生哲理。

大圭，号梦观，字恒白，元初僧，有《梦观集》。为文简严古雅，诗作尤有风致。晋江有金钗山，所作《慕修石塔疏》云："山势抱金钗，耸一柱擎天之伟观；地灵侔玉几，睹六龙回日之高标"，一时传诵。其诗颇能表现民间疾苦，如《筑城曲》：

筑城筑城胡为哉？使君日夜忧贼来。贼来尤隔三百里，长驱南下无一跬。吏胥督役星火催，万杵哀哀亘云起。贼来不来城且成，城下人语连哭声。官言有钱雇汝筑，钱出自我无聊生。收取人心养民力，万一犹能当盗贼。不然共守城者谁？解体一朝救何得。吾闻金汤生祸枢，为国不在城有无。君不见泉州不纳宋天子，当是有城乃如此。②

此外还有《夜闻水车》、《僧兵守城行》等，风格类似。

值得一提的还有元叟行端，有《寒拾里人稿》，其中《拟寒山诗四十一首》，传颂丛林。如：

权门有贪恨，掠脂又剜肉。一己我喜欢，千家尽啼哭。溢窖堆金银，盈箱叠珠玉。只知丹其毂，不知赤其族。③

言辞的犀利，感情之激愤，都确能得寒山诗的神似。

明初名僧梵琦（1296—1370），字楚石，象山人，居海盐天宁寺，也是临济宗人，历住杭州、嘉兴等地大寺，受到元、明两代帝王器重。明洪武初年朝廷两次大做法事，均由他主持，称"国初第一宗师"。他善诗颂，对一代僧坛风气颇有影响。朱彝尊说："楚石僧中龙象，笔有慧仞，《净土诗》累百，可以无讥。和寒山、拾得、丰干韵，亦属游戏。读其《北游》一集，风土物候，毕写无遗，志在新奇，初无定则。假令唐代缁流见之，犹当瞠乎退舍，矧癞可、瘦权辈乎！愚庵智及挽章

①《石屋清珙禅师语录》卷下，《续藏经》第70卷第665页中～667页中。

②顾嗣立《元诗选》二集，中华书局，1987年，第5册第1396页。

③《元叟行端禅师语录》卷六，《续藏经》第71卷第537页中。

云：‘麻鞋直上黄金殿，铁锡时敲白下门。’诵之足以豪矣。”① 其《漠北怀古》组诗之二：

旷野多遗骨，前朝数用兵。烽连都护府，栅绕可敦城。象胆随时转，驼蹄入夜明。却因班定远，牵动故乡情。

北入穷荒野，人如旷古时。天山新有唱，耶律晚能诗。共说羊堪种，谁知茧作丝。漫漫风雪里，南望是京师。②

这组诗是早年在元朝时北游所作，正是“风土物候，毕写无遗，志在新奇，初无定则”的典型作品。同时还有《居庸关》：

天畔浮云云表峰，北游奇险见居庸。立排剑戟三千士，门掩关河百二重。渠达自今收战马，兜铃无复置边烽。上都避暑频来往，飞鸟犹能识衮龙。③

这样的作品也写得意气豪放，慷慨苍凉。又《晓过西湖》诗曰：

船上见月如可呼，爱之且复留斯须。青山倒影水连郭，白藕作花香满湖。仙林寺远钟已动，灵隐塔高灯欲无。西风吹人不得寐，坐听鱼蟹翻菰蒲。

沈德潜评论说：“释子诗取无蔬笋气者，寥寥数章，已尽其概。”④

又一位明初名僧宗泐（1318—1391），字季潭，号全室，天台宗人。洪武初举高行沙门，居首，十年（1377）被遣往西域求遗经，十五年返回，命住金陵天界寺，掌理天下僧教。有《全室集》。朱彝尊说：“洪武十四年六月，开设僧录司，掌天下释教事，曰善世，曰阐教，曰讲经，曰觉义，左右各一员。府设僧纲司、都纲，有副。州设僧正司、僧正，县设僧会司、僧会。明年四月，以戒资为左善世，宗泐为右善世……来复为左觉义……先是九年春，孝陵幸天界，泐公主持斯寺，赏其识儒书，知礼仪，命蓄髭发，发长数寸矣。欲授以官，固辞。帝亲作《免官说》。时宋学士景濂好佛，帝目为宋和尚；泐公好儒，帝呼以泐秀才。尝奉诏制赞佛乐

①《静志居诗话》卷二三，黄君坦点校，人民文学出版社，1998年，下册第733页。

②沈德潜《明诗别裁》卷一二。

③钱谦益《列朝诗集·壬集》卷一，《续修四库全书》本。

④沈德潜《明诗别裁》卷一二。

章，帝嘉叹，赐和平日所作诗。晚奉旨佚老，归奉阳之槎峰。帝降书曰：‘寂寞观明月，逍遥对白云。汝其往哉！’其后僧智聪坐胡惟庸党，词连泐及来复，谓‘泐西域取经，惟庸令说土番举兵为外应’，有司奏当大辟，诏免死。孝陵御颁《清教录》，僧徒坐胡党者六十四人，咸服上刑，唯泐得宥，盖受主知之深矣。止庵读其《西游集》，赋诗云：‘一字一寸珠，一言一尺玉。’其推重若此。”① 四库馆臣评其诗：“宗泐虽托迹缁流，而笃好儒术，故其诗风骨高骞，可抗行于作者之间。徐一夔作是集序，称其如霜晨老鹤，声闻九皋，清庙朱弦，曲终三叹，仿佛近之。皎然、齐己，固未易言，要不在契嵩、惠洪下。”② 其诗多语近情遥，意味深长。如《江南曲》：

> 泛舟出晴溪，溪回抱山转。欲采芙蓉花，亭亭秋水远。心非桥上帆，随风起舒卷。但得红芳迟，何辞岁年晚。

这首诗写得清新婉约，流露出的对于美好事物的赏爱和追求，正是其人格的表露。而如《采芹》：

> 深渚芹生密，浅渚芹生稀。采稀不足濡，采密畏沾衣。清晨携筐去，及午行歌归。道逢李将军，驰兽春正肥。

这里是以比兴手法表达所谓“献芹”之志，表明作者虽然已经出家弃世，却未能忘情世事，而最后一结，讽刺权豪庸腐，更具深意。又《送徐伯廉归南陵》：

> 把酒城南道，离怀去住同。乌啼红树里，人在翠微中。山雨添秋色，溪云渡晚风。倚楼相忆处，明日各西东。

这篇送别诗，格调相当豪壮，中间两联描写送行景致，很有特色。又《登相国寺楼》：

> 冬日大梁城，郊原四望平。云开太行碧，霜落蔡河清。欲问征西路，兼怀吊古情。夷门名尚在，无处觅侯嬴。

这是登北宋京城汴梁（今河南开封市）相国寺楼的抒情怀古之作，境界开阔，结句

①《静志居诗话》卷二三，黄君坦点校，人民文学出版社，1998 年，下册第 734 页。

②《四库全书总目》卷一七〇《全室外集》九卷《续集》一卷，中华书局，1965 年，下册第 1479 页。

更是寄托感慨无限。

来复（1315—1391），字见心，号竺昙叟。洪武初，曾召见京师，诗作受到明太祖朱元璋的称赞。后来牵连到胡惟庸案，被凌迟处死。有《蒲庵》、《淡游》二集。早年与元代著名文人虞集等人交游，是典型的诗僧，时人推崇其创作说："……见心复公所为文，以敏悟之资，超卓之才，禅学之暇，发为文辞，抑扬顿挫，开合变化，蔼乎若春云之起于空也，皎乎若秋月之印于江也。溯而上之，卓然并趋于（契）嵩、（怀）琏诸师无愧也。"他善近体，如《游石湖兰若二首》：

荷花荡西湖水深，上有兰若当高岑。客吟时见猿鸟下，僧定不闻钟磬音。雨香秋林橘子熟，云落空磵棠梨阴。闲来扫石坐竹里，静与山人论素心。

五龙之峰云作屏，双崖削出芙蓉青。何人磵里拾瑶草，有客松间寻茯苓。林风不惊虎穴石，山雨忽来龙听经。吴王台榭今寂寞，秋香薜荔花冥冥。①

这样的诗锻炼字句，造境奇僻，写无人之境，抒超逸之情。又《西湖杂诗》四首之二：

宝网金幢变劫灰，瞿昙寺里尽蒿莱。鸟窠无树山夔泣，不见谈禅太傅来。

荷锄耕叟饷蒸梨，家在官塘九曲西。白发强谈兵后事，眼枯无泪向人涕。②

以短小的篇幅描写元、明易代之际西湖乱后景象。前一首用鸟窠禅师和白居易谈禅典故，表现寺院残毁破落；后一首写民间疾困，感伤无限。来复的长歌也颇有气势，如《题庐山瀑布图》：

庐山瀑布天下闻，白河倒泻千丈云。长风吼石吹不断，一洗浩劫消尘氛。我昔浔阳看五老，探湫直上青龙玙。六月飞涛喷雨来，洒作冰花满晴昊。是时谪仙邀我锦叠屏，山瓢共酌夸中泠。冷光直疑山骨裂，清味不作蛟涎腥。尔来漫游身已倦，归老芝岩寄淮甸。枕流三峡杳莫期，高寒每向图中见。可怜问津之子徒纷纭，高深谁得穷真源。大千溟渤敛一滴，污潢绝港焉足论。我知山中

①《列朝诗集·闰集》卷一。

②《列朝诗集·闰集》卷一。

有泉无，若此便欲临渊濯清泚。是非不到烟萝关，两耳尘空何必洗。

这是一首题画诗，发挥夸张、想象的笔法，把图画与实境、神游与怀古结合起来，描绘出迷离彷徨的意境，抒写出豪壮的情思。

守仁，字一初，号梦观。有《梦观集》。洪武中，被征为僧录司右讲经，升右善世。相传南粤贡翡翠，进诗曰："见说炎州贡翠衣，网罗一日遍东西。羽毛亦足为身累，那得秋林静处飞。"因而获罪。杨惟桢有《送兰、仁二上人归三竺序》，兰指古春如兰，仁即守仁，其略云："余在富春时，得山中两生，曰兰，曰仁，皆用世之才，授之以《春秋》经史学。兵兴，潜于释。"可见他们是迫于时事，逃禅出家的。其《题方壶画》：

方壶老人年九十，醉把金壶倾墨汁。染得蓬莱左股青，烟雾空濛树犹湿。危桥过客徐徐行，白石下见溪流清。仙家楼馆在何处，云中仿佛闻鸡声。古台苍苍烟景暮，药草春深满山路。招取吹笙两玉童，我欲凌风从此去。①

这篇作为僧诗，描写的实际是神仙幻想，篇幅虽然简短，但写得波澜起伏，想象十分壮丽，境界极其开阔。同样的《题画二首》之二：

积雨平原烟树重，翠崖千丈削芙蓉。招提更在秋云外，只许行人听晚钟。②

又《怀友二首》：

湖草青青上客舟，辛夷花老麦初秋。一春多少怀人梦，半在乡山雨外楼。

送尽梨花雪满林，坐来桐树绿成阴。十年故旧如云散，一夜春愁似海深。③

这样的作品都做到语近情遥，颇有韵味。

德祥（1332—1394），号止庵，朱彝尊谓："止庵诗，原出东野，意主崛奇，而能敛才就格，足与楚石季潭巾瓶尘拂，鼎立桑门，蒲庵以下，要非其敌。"④ 其《湖上》诗云：

---

①《列朝诗集·闰集》卷二。

②《列朝诗集·闰集》卷二。

③《列朝诗集·闰集》卷二。

④《静志居诗话》卷二三，黄君坦点校，人民文学出版社，1998年，下册第739页。

六桥山色裹湖光，柳傍桃随十里长。无限红香多少絮，并将春恨与刘郎。①

三、四两句情致绵长，极委婉之至。又《小筑》诗：

日涉东园上，余将卜此居。草生桥断处，花落燕来初。避俗何求僻，容身不愿余。堂成三亩地，只有一床书。②

以极其闲淡、安详的笔触，抒写出超脱的心境。《听雨蓬》：

溪边茅屋两三椽，宽窄其如一钓船。几树暮鸦蓬底看，一瓢春酒雨中眠。旧愁无复来心上，新梦何由到枕边。我亦江湖钓竿手，菰蒲丛里住多年。③

这同样是抒写悠然自得、乐道逍遥的境界。

宗衍，字道源，字石林。好读儒书，尝类纂子史百家为《小碎集》，又以余力注《李义山诗》三卷，其言曰："诗人论少陵忠君爱国，一饭不忘，而目义山为浪子，以其绮靡华艳，极《玉台》、《金楼》之体而已。第少陵之志直，其词危；义山当南北水火，中外钳结，不得不纡曲其旨，诞谩其词，此风人《小雅》之遗，推原其志义，可以鼓吹少陵。"④ 表明他对李诗确有个人独特解会。书未刊行，朱长儒笺李诗，多取其说。其《早梅》诗曰：

万树寒无色，南枝独有花。香闻流水处，影落野人家。雪后留云淡，篱边待月斜。床头看旧历，知欲换年华。⑤

这首诗取意齐己，描写更加细密委婉。又《对菊有感》：

百草竞春色，惟菊以秋芳。岂不涉寒暑，本性自有常。疾风吹高林，木落天雨霜。谁知篱落间，弱质怀刚肠。不怨岁月暝，所悲迫新阳。永歌归去来，此意不能忘。⑥

---

①《列朝诗集·闰集》卷二。
②《列朝诗集·闰集》卷二。
③《列朝诗集·闰集》卷二。
④《静志居诗话》卷二三，黄君坦点校，人民文学出版社，1998年，下册第753页。
⑤《静志居诗话》卷二三，黄君坦点校，人民文学出版社，1998年，下册第753页。
⑥《列朝诗集·闰集》卷二。

这同样是一首咏物诗，偕咏菊来抒发自己刚正不阿的怀抱。

“明末四高僧”云栖袾宏（1535—1615）、紫柏真可（1543—1603）、憨山德清（1546—1623）、藕益智旭（1599—1655），在佛教衰敝的形势下，对于振兴一代佛教做出相当贡献。他们都广交士人，具有一定的社会声望，多有海内知名之士为俗弟子。如云栖袾宏门下有宋应昌、张元、冯梦祯、陶望龄等；紫柏真可有陆祖光、瞿汝稷、王肯堂等，著名戏曲家汤显祖亦曾从之受记；憨山德清有汪德育、吴应宾、钱谦益、董其昌等。其中文学成就最高的当属德清。

德清，俗姓蔡，安徽全椒人，临济宗人。年轻时云游四方，广有声誉；万历年间，住东海崂山（今山东青岛市）；二十三年（1595）明神宗不满于皇太后佛事靡费，迁罪于他，充军雷州，至四十二年始遇赦还僧服；后示寂于曹溪。他学养甚高，论学、论诗有精到语，如说：

> 尝言为学有三要：所谓不知《春秋》，不能涉世；不精《老》、《庄》，不能忘世；不参禅，不能出世。此三者，经世、出世之学备矣。①

这可见他统合三教的立场。又论诗说：

> 昔人论诗，皆以禅比之。殊不知诗乃真禅也。陶靖节云：“采菊东篱下……”此等语句，把作诗看，犹乎蒙童读“上大人丘乙已”也。唐人独李太白语，自造玄妙，在不知禅而能道耳。若王维多佛语，后人争夸善禅。要之，岂非禅耶？特文字禅耳。非若陶、李造乎文字之外。②

这里表达的关于诗、禅关系的看法颇有见地。他的诗也颇有可读篇章。如《将之南岳留别岭南法社诸子十首》的最后三首：

> 时把纶竿见素心，竹枝唱罢几知音。扁舟归去霜天夜，明月芦花何处寻。

> 寒空历历雁声孤，踪迹从今落五湖。无限烟波寄愁思，片帆天际是归途。

①《学要》，《憨山大师梦游集》卷三九，《续藏经》第73卷第746页中。

②《杂说》，《憨山大师梦游集》卷三九，《续藏经》第73卷第745页下。

为法宁辞道路赊，岂云瘴海是天涯。频将一滴曹溪水，灌溉西来五叶花。①

这样的作品禅情、诗意相交织，抒写出云游四方的心境，真诚求道的坚定意志、超然物外的洒脱情怀溢于言表。他又有《山居诗六言》二十首，下面是第一、四两首：

松下数椽茅屋，眼前四面青山。日月升沉不住，白云来去常闲。

一片寒心雪夜，数声破梦霜钟。炉内香销宿火，窗前月上孤峰。②

只是以简括的笔墨，质朴地勾画出眼前景致，把自己安闲自如的心境发露无余。他南贬雷州有《从军诗》十七首，有引曰："余以弘法罹难，蒙恩发遣雷阳，丙申春二月入五羊，三月十日抵雷阳戍。时值其地饥且疠，已三岁矣。经年不雨，道殣相望，兵戈满眼，疫气横发，死伤蔽野，悲惨之状，甚不可言。余经行途中，触目兴怀，偶成五言律诗若干首。久耽枯寂，不亲笔砚，其辞鄙俚，殊不成章，而情境逼真，谅非绮语，聊记一时之事云。"从这篇引，可以看出他的感时伤世的情怀。下面是第三和第十一首：

旧说雷阳道，今过电白西。万山岚气合，一锡瘴烟迷。末路随蓬累，残生信马蹄。那堪深树里，处处鹧鸪啼。

旅宿悲寒食，兵戈老岁年。身经九死后，心是未生前。北伐思山甫，南征忆马渊。梅花何处笛，听彻不成眠。③

这就把含冤负累、奔走长途的凄凉，身经动乱、九死一生的感慨，通过鲜明的景致表现出来。又《庚子岁即事》四首之三：

满目黄尘暗，披肩白发垂。江湖归路杳，鸥鹭傍人疑。康济思当日，安危望此时。从来貂珥重，宁不愧恩私。"④

庚子是1601年，在雷州作，在对流贬命运抒发感慨之余，又寄托了对世事的关心。

---

①《杂说》，《憨山大师梦游集》卷三八，第738页上。

②《憨山大师梦游集》卷四九，《续藏经》第73卷第801页上、中。

③《憨山大师梦游集》卷四七，《续藏经》第73卷第791页下~792页上。

④《憨山大师梦游集》卷四七，《续藏经》第73卷第792页中。

“四高僧”里其他三人也留下许多诗颂，颇有值得一读的作品。如真可《吴氏废图》二首：

汾阳门第晋风流，缥缈吴山感胜游。今日松萝谁是主，断云残月锁江楼。

筑成金屋贮婵娟，草魅花迷知几年。愁见向来歌舞地，古槐疏柳起寒烟。①

这里在发思古之幽情中，预示了权豪富贵的末路。又云栖袾宏《跛脚法师歌自嘲》：

跛脚法师胡以名，良繇能说不能行。我今行说两俱拙，不应无实当斯称。春王正月才过十，午间随例入浴室。失足俄沉百沸汤，不起床敷五十日。疮痍甫平筋力疲，左长右短行参差。东行夹辅二童子，西行交倚双筇枝。是故此师名跛脚，跛去跛来人笑杀。笑杀平生好放生，善因恶果理难合。颇有行肆旃陀罗，刲羊击牛烹凫鹅。鳖鳝蟹蛤杀无数，而反康豫无纤疴。放生诚有长寿理，因果无差休乱拟。我昔杀业今须偿，身痛心生大欢喜。旁人问我喜者何，我以此脚成蹉跎。趋奔无始至今日，步步趍入无明窠。或趋名兮据高位，冲寒踏遍金阶地。或趋利兮走天涯，历尽燕秦并楚魏。或趋豪势侯门墙，不减立雪之游样。或趋女色越垣闸，繇此暮夜遭伤亡。或趋檀施求无已，匍匐泥涂没其趾。或趋友朋时往来，破夏践殒诸虫蚁。或趋五岳及三山，南驰北骛芒鞋穿。所以如来苦呵责，举足动足皆愆愆。幸哉今跛损成益，思欲闲行行不得。潜行敛迹守林峦，多种狂心一朝息。客来恕我不起延，兀兀似入磨砖禅。闭门无事且高枕，欲学翠色峦烟眠。只愁此脚不终疾，趋奔万境仍如昔。愿君不跛如跛人，胜彼长年掩关客。②

云栖袾宏的作品多采取唐人偈颂的风格。像这一篇长歌，本来是用以自嘲的，充满幽默情趣，意在说明因果报应之理，对奔走利禄、财色的风气却有尖锐的讽刺、批评。

明清之际，方外之人裹挟在动乱之中，诗僧中多有性情之人，慷慨咏怀，抒写兴亡之感。其最为杰出者为读澈苍雪和檗庵担当。

①《紫柏尊者全集》卷二八，《续藏经》第73卷第383页中。

②《云栖法汇》第4集《山房杂录》卷二，和裕出版社，1999年，第4387～4388页。

苍雪（1588—1656），名读澈，云南人，出家在鸡足山，万里巡游，住吴（今江苏苏州市）之中峰。江南本来是文人荟萃之地，南明王朝时期这里更曾一度成为抗清复明斗争的中心，清室定鼎北京之后，又有许多前朝遗民会集在这里。与苍雪交谊深厚的有钱谦益、吴伟业、毛子晋、陈继儒、朱彝尊、姚希孟、朱鹤龄等一代著名人物。

苍雪的诗“气盛骨劲，想幽语隽”①。王渔洋评论说：

> 南来苍雪法师名读澈，居吴之中峰，尝夜读《楞严》，明月如水，忽语侍者：庭心有万历大钱一枚，可往捡取，视之果然。师贯穿教典，尤以诗名。尝有句云：“斜枝不碍经行路，落叶全埋入定身。”“一夜花开湖上路，半春家在雪山中。”此类甚多。乙未二月，师弟子秋皋过访，说此。秋皋有句云：“鸟啼残雪树，人语夕阳山。”亦有家法。②

这里所引的第二首诗《别九玉徐公订铁山看梅》全篇是：

> 我欲求闲不得闲，君诗删过又重删。灯前预定看梅约，岁暮遥怜破冻换。一夜花开湖上路，半春家在雪中山。停舟记取溪桥外，望见茅庵直叩关。③

这首诗典型地体现了苍雪的风格：格律工稳，语丽情深，余意无限。

中年以后的苍雪声名愈隆，在教内外已有相当崇高的地位。但他一直不忘民生疾苦。他的描写民生的诗也是情真语切，甚为难得。如《杂木林百八首》中的三首：

> 青天犬吠云，白日花无语。农心那得月，偿租似求雨。

> 今秋山下田，莫问收几许。愁课不愁饥，那得上仓米。

> 斗水卖十钱，掘井深何底。而我山中人，犹幸富于此。④

---

①陆汾《南来堂诗集序》。

②《带经堂诗话》卷二〇。

③《南来集》卷三上。

④《南来堂集》卷四。

这是描写大旱之年农民无以为生的苦况的。又《赠蜀僧挝鼓篇》：

> 打鼓发船船下滩，滩回石转几千盘。掉头拨尾鼓为令，尔自蜀来非所难。轻衫短袖单搭帽，腰系丝绦三五道。势如擒虎不放松，初下一椎惊铁跑。一椎渐急一椎催，骤雨狂风大作雷。天门豁达三十六，古宫铁树顿花开。腕无力兮心亦苦，宫商变尽声凄楚。满座闻之涕泪哼，不见弥横三挝鼓。①

这是描写长江上的纤夫生活的，得自他出川时的见闻，可见他民胞物与的情怀。这一题材是古今少有人描写的。苍雪生逢明清易代之际，对王朝末代的痛惜，鼎革后的故国情思，感时伤世，在作品里都有十分痛切的表现。这与当时遗民间的抗清思潮相呼应，成为他诗作里最激动人心的部分之一。其中最著名的是《金陵怀古四首》：

> 倚楼何处听吹笙，二十四桥空月明。断岸青山京口渡，江翻白浪石头城。长生古殿今安在？饿死荒台枉受名。最是劳劳亭上望。不堪衰柳动秋声。

> 天子何年下殿走，萧萧变起事先征。挺戈一卒当洪武，骂贼孤臣泣孝陵。青草天涯无限路，白头宫禁有归僧。乾坤莫大袈裟角，覆得云山到几层。

> 浪打山根断铁绳，降帆曾见出金陵。三军天堑如飞渡，六月江流忽冻冰。剪尺杖头悬宝志，山河掌上照图澄。可怜白帽逢人卖，道衍终是未了僧。

> 石头城下水淙淙，水绕江关合抱龙。六代萧条黄叶寺，五更风雨白门钟。凤凰已去台边树，燕子仍飞矶上峰。抔土当年谁敢盗，一朝伐尽孝陵松。②

这是用传统的怀古为题，写明初惠帝朱允炆和成祖朱棣的帝位之争，来寄托对于明室灭亡的感慨。因为明王朝本在金陵立国，南明王朝又在金陵失败，映射的意味就更为明显。第一首借咏南朝萧梁的败灭，以江山依旧表达世事变幻的悲哀，特别是用梁武帝“饿死台城”的典故，批判惠帝腐败无能而丧家灭国。第二首写燕王破金

---

①《南来堂集》卷一。

②《南来堂集》卷三下。

陵，惠帝君臣回天无力的境况。孝陵是明太祖朱元璋陵墓，在今南京东北钟山南。后来赵翼《过前明故宫基》诗曰："孝陵灵爽如重过，应有沧桑涕泪流。"也是以哭孝陵来寄托明社既亡的悲哀的。第三首咏道衍事，这也切合作者自己僧人的身份。

道衍（1335—1418），俗名姚广孝，《明史》卷一四五有传，年十四度为僧，博学多才，能诗善画，元末兵乱，深自韬晦，参径山愚庵智及得法。洪武中，以宗泐之荐，随燕王赴北京，燕王起兵有天下，用力为多，论功居第一，赐复俗姓，复命蓄发。冠带而朝，退则缁衣，曾监修《太祖实录》，参与编纂《永乐大典》。作者以道衍来表达自己终于未能忘记世情的感慨。第四首描写金陵一地时移世易的景象，结以明室的残破荒凉，抒写朝代更易的悲愤。这一组诗沉郁苍凉，慷慨凝重，颇得老杜风神，历来受到推重。

陈垣评论苍雪说："僧能诗不奇，为当时僧中第一，或竟为当时诗中第一，则奇矣。"①

担当今存《担当遗诗》。其诗作得到当代名公极高评价，如李维桢《翛园集序》说："……自独能作开元、大历以前人语，清而不薄，婉而不荡，法古而不袭迹，卑今而不吊诡，后来之彦如子诗典雅温淳，指不数偻也……"② 董其昌《翛园集引》说："……读其诗，温淳典雅，不必赋《帝京》而有四杰之藻，不必赋《前后出塞》而有少陵之法……"③ 今传《担当遗诗》里"悲歌慷慨触时忌者"已经删落。不过集中许多作品仍能反映他高卧苍山、持守节操的风范，如《山居二首》之一：

> 高处谁能到，拳奇我欲探。涛翻新泼墨，雨洗旧堆蓝。舍宅真无累，买山亦是贪。拾得云几片，常在杖头担。④

又《感怀》：

> 一身何散淡，两眼遍创意。水国鱼龙斗，山城虎豹窥。逃往谁肯问，老大独堪悲。且保头颅拙，从他雪乱垂。⑤

---

①《明季滇黔佛教考》卷三，第 102 页。

②《担当遗诗》卷首。

③《担当遗诗》卷首。

④《担当遗诗》卷三。

⑤《担当遗诗》卷四。

大错（1600—1673），俗姓钱，名邦芑，丹徒人。本万历进士，崇祯年间官云南巡抚，辅佐南明王朝，守战有功，授佥都御史，永历帝奔缅甸，扈从不及，入鸡足山，削发为僧。他学品俱高，禅余吟哦，适性自悦。

近代诗僧中成就最为杰出的当属寄禅。寄禅名敬安，以字行，湘潭（今湖南湘潭市）人。曾参礼阿育王寺，曾割臂燃指，因自号“八指头陀”，后游江浙名蓝，声动四方。特别是诗才卓著，一时名流皆与之往还。民国初，在上海设中华佛教总会，被选为会长。有《八指头陀诗集》等。陈曾《读近人诗》曰：“为儒为佛两相宜，世外诗心辟一奇。如此才华销受得，宣尼不学学牟尼。”① 谭嗣同称赞他的诗是“当代之秀”②。梁启超则说：“寄禅者，当世第一流诗僧，而笠云之徒也。诗曰：‘每看大海苍茫月，却忆空林卧对时。忍别青山为世苦，醉游方外更谁期。浮生断梗皆无著，异国倾杯且莫辞。此地南来鸿雁少，天童消息待君知。’‘知君随意驾扁舟，不为求经只浪游。大海空烟亡国恨，一湖青草故乡愁。慈悲战国谁能信，老兵同胞尚未瘳。此地从来非极乐，中原回首众生忧。’”③ 他的诗不主故常，宗法六朝，追求自然古朴；又轨模中唐姚合、贾岛，走枯淡闲适一路。作品备受清末诸大家称许，在诗坛上占有一席地位。其《郑州河决歌》：

> 呜呼圣人千载不复生，黄河之水何时清。浊浪排空倒山岳，须臾沦没七十城。蛟龙吐雾蔽天黑，不闻哭声闻水声。天子宵衣起长叹，诏起师臣出防捍。帑金万镒添洪流，黄河之工犹未半。精卫含愁河伯怒，桃花水讯益汗漫。明庭下诏罪有司，有司椎胸向天悲。吁嗟乎时事艰难乃如此，余独何心惜一死。舍身愿入黄流中，抗涛速使河成功。④

这是写1888年黄河决口的惨状的。《感怀叠前韵》二首之二：

> 我亦哀时客，事成有哭声。寒暄看世态，生死见交情。野鹤愁将侣，闲云悔入城。会须冥物我，妙善岂能名。⑤

①郭绍虞等编《万首论诗绝句》，人民文学出版社，1991年，第4册第1604页。

②《论诗绝句六篇》之三，蔡尚思等编《谭嗣同全集》（增订本），中华书局，1981年，第77页。

③梁启超《饮冰室诗话》，人民文学出版社，1959年，第118~119页。

④《八指头陀诗集》卷四。

⑤《八指头陀诗集》卷七。

1898 年作《书胡志学守戎牛庄战事后五绝句并序》，所写为甲午中日战争的牛庄之役，有序曰：

胡君志学从左文襄，积功至守备，乙未牛庄之役，胡君负营主尸，力杀数贼，中炮折足，遂擒羁海城六月。和议成始还至上海，西人续以木足。戊戌秋，晤余长沙，出木足及身上枪痕以示，为之泣下，感为五绝句：

折足将军勇且豪，牛庄一战阵云高。前军已报元戎死，犹自单刀越贼濠。

海城六月久羁留，谁解南冠客思忧。夜半啾啾闻鬼语，一天霜月晒骷髅。

一纸官书到海滨，国仇未报耻休兵。回首部卒今何在，满目新坟是旧营。

收拾残旗入汉关，阴风吹雪满松山。路逢野老牵衣泣，不见长城匹马还。

弹铗归来旧业空，只留茅屋惹秋风。凄凉莫问军中事，身满枪痕无战功。①

牛庄失陷在 1895 年 2 月，当时湘军苦战，死伤近两千，日军进入牛庄后大肆杀掠。这首诗歌颂抗敌壮举，慷慨苍凉。

近代佛门继承自古以来“以文字为佛事”的传统，许多僧人皆能诗。其中高僧如宗仰（1865—1921）、弘一（1880—1942）、圆瑛（1878—1953）等不仅是一代佛门龙象，诗歌创作亦有相当突出的成绩。如宗仰早年出家，遍游南北名山，后积极投身革命，曾任中国教育会会长，成立爱国学社，主编《苏报》。以《苏报》案亡命日本，结识孙中山，参加同盟会，后隐居山林，闭户读境。梁启超说：“宗仰上人，可谓我国佛教界第一流人物也。常慕东僧月照之风，欲为祖国有所尽力。海内志士，皆以获闻说法为欣幸。吾友汤觉顿礼之归，呈三诗以表景仰，读之可以想见上人之道行矣。诗云：‘不离佛法不离魔，出世还凭入世多。好是音云演真谛，八千里下泻黄河。’‘纵浪朱华道自存，心内渊渊有活源。六月霜飞冬自暖，一生从不异寒暄。’‘不言施报亦施报，不落言诠亦言诠。山僧自有山僧相，那得人间再与言。’觉顿之诗，亦渊渊有道心矣。上人好为诗，诗肖其为人，屡见《世界潮音

①《八指头陀诗集》卷一〇。

集》中，自署乌目山僧者是也。”①

源远流长、硕果累累的僧人诗歌创作，无论在佛教历史上还是在文学历史上，都是重要成果。这是宗教史上的特殊现象，是中国佛教文化高度发达的结晶的一部分。众多僧诗的创作体现了中国历代佛教徒“庄严国土，利乐有情”，关注世事、关心民隐的优良传统。而把诗歌这种艺术形式转变为弘扬佛法的手段，也显示了中国佛教的弘通性格。僧人的诗作以其独具特色的内容和风格丰富了历代诗坛，诗僧的活动更有力地扩大了佛教在世间的影响，推动了儒、释间的交流。僧人诗歌创作的意义和贡献是多方面的。

①梁启超《饮冰室诗话》，人民文学出版社，1959年，第45～46页。

第八章

唐五代佛教通俗文学

第一节　唐五代佛教通俗文学的繁荣

唐、五代是民间通俗文学十分兴盛发达的时代。通俗文学的发展当然有前代成就作基础。无论是韵文的民歌（乐府），还是散文的“说话”（说书），秦汉以来都已有长足的发展，积累了丰硕的成果。而到隋唐时代，在长时期南北分裂之后建立起统一的大帝国，国势强盛，经济繁荣，给教育的发展创造了坚实的物质基础。特别是唐王朝立国后，即建立起从中央国学、州县官学至私家讲学、家庭教育等相辅相成的相当完整的教育体系。当时社会不但重视应付科举、出仕的经学教育，还重视读书识字的普及教育。敦煌歌词里就留下些劝学内容的作品，例如说:“奉劝有男须入学，莫推言道我家贫……纵然未得一官职，笔下方圆养二亲。”① “三更半，到处被他笔头算。纵然身达得官职，公事文书争处断。”② 可见当时的民众已经把教育当作个人营生和教养的必要手段了。民众教育程度的提高，为民间文学创作提供了重要的客观条件。

①《十二时·劝学》，任半塘《敦煌歌辞总编》卷五，上海古籍出版社，1987 年，下册第 1556 页。
②《五更转（识字）》，任半塘《敦煌歌辞总编》卷五，上海古籍出版社，1987 年，下册第 1284 页。

而唐代民间文学的发展又与佛教有密切关联。从前面的介绍可以清楚看到，佛教本来就有利用文艺形式对民众进行宣教的传统，唐代佛教的兴盛更促使宣教内容和手段的不断发展变化。当时通都大邑的大小寺院成为文化活动中心，众多僧侣活跃在各文化领域，他们中的部分人成为佛教通俗文学创作的核心力量与推动者。这样，唐、五代就成为中国古代佛教通俗文学最为繁荣、成绩最为突出的时期。

不过所谓“通俗文学”，本是个含混的概念。文人作品有些是相当浅俗的；禅门偈颂更多利用口语；新兴的曲子词也源于民间。这些内容本书都在另外的章节讨论。本章集中介绍署名王梵志和寒山的通俗诗与敦煌写本里的变文、曲辞等作品。

第二节　王梵志诗

南北朝时期以来已出现众多宣扬佛教观念的通俗诗。到中唐时期，一批署名傅大士、宝志、王梵志、寒山的作品流传于教内外。这些作品内容、形式很庞杂，艺术水准和语言技巧也很不相同。齐梁时期的著名居士傅翕（大士）和义学沙门宝志到唐代已经成为具有传奇色彩的人物。今传他们名下的诗颂多数应是后代伪托，而且那些作品基本是偈颂风格，较少文学意味①。具有文学价值的真正的通俗诗是今存王梵志和寒山名下的作品。

关于王梵志，最早的记载见于晚唐严子休（冯翊子）的《桂苑丛谈》：

> 王梵志，卫州黎阳（今河南浚县）人也。黎阳城东十五里有王德祖者，当隋之时，家有林檎树，生瘿大如斗。经三年，其瘿朽烂，德祖见之，乃撤其皮，遂见一孩儿，抱胎而出，因收养之。至七岁能语，问曰：“谁人育我？”及问姓名，德祖具以实告：“因林木而生，曰梵天，后改曰志，我家长育，可姓王也。”作诗讽人，甚有意旨，盖菩萨示化也②。

这显然是后出的传说，不可信为事实。故事应是在王梵志名下的诗作广泛流传之后编造出来的。现存资料里最早引述王梵志诗的是保唐宗禅史《历代法宝记》，其中

①今存傅翕《善慧大师语录》四卷，题唐楼颖编，宋绍兴十三年（1143）经楼炤改编刊行，其中的诗颂多表现禅宗观念，当为后人所作；今存宝志作品，《隋书·五行志》、《南史·梁武帝纪》、《梁史·侯景传》录入的“谶诗”计四首，又《景德传灯录》卷二十九收录《大乘赞》十首，后者也应是禅门作品。

②《桂苑丛谈·史遗》，中华书局上海编辑所，1958 年，第 75 页。

记载保唐无住（714—774）说法时曾引用“王梵志诗”:“惠眼近空心，非开髑髅孔。对面说不识，饶你母姓董。”① 前苏联所藏敦煌写本中的一个卷子卷末有题记:“大历六年（771）五月某日抄王梵志诗一百一十首沙门法忍写之记。”② 这是王梵志诗结集流传时代的最早实证。著名诗僧皎然在其论诗名著《诗式》里论“跌宕格二品”，其中“骇俗”品举出郭璞、王梵志、贺知章、卢照麟四人的诗为例，王梵志《道情诗》是:“我昔未生时，冥冥无所知。天公强生我，生我复何为？无衣使我寒，无食使我饥。还你天公我，还我未生时。”③ 可知“王梵志诗”当时已相当流行，以至被当作某种创作风格的典范看待。前面已经提到，中唐著名佛教学者宗密在其《禅源诸诠集都序》最后，说到“达摩宗枝之外”的禅道，举出“志公、傅大士、王梵志之类”④。可知当时禅门对王梵志诗相当重视。宗密说这些人“降其迹而适性”，表明当时已有王梵志等乃是菩萨显化的传说，即已经不被当作现世的普通人看待了。又一个值得深思的情况是，在现存王梵志诗里，有几首诗是和北周释亡名的作品、署为宝志所作的《大乘赞》相同（字句有改动）的。这也可作为认识“王梵志诗”形成状况的参考。

从前面提到的前苏联所藏法忍抄本残卷，可以知道在大历年间已流传有一百一十首的《王梵志诗集》。在西陲敦煌留下来多种王梵志诗写本，也说明王梵志诗在晚唐五代流传的兴盛状况。晚唐范摅《云溪友议》卷下《蜀僧喻》条录有王梵志诗十二首，其中一首即是皎然《诗式》里引用的《道情诗》。《蜀僧喻》是讲南宗禅师玄朗（马祖道一弟子南泉普愿法孙）的，其中说:“……或由愚士昧学之流，欲其开悟，别吟以王梵志诗。梵志者，生于西域林木之上，因以梵志为名。其言虽鄙，其理归真，所谓归真悟道，徇俗乖真也。”⑤ 就是说，当时南宗禅师已经在拿王梵志诗作为启发学人的工具。这也合于前述宗密“警策群迷”的说法。到宋代，王梵志诗流传更为广泛。黄庭坚曾引用过两首王梵志诗:

梵志翻著袜，人皆道是错。乍可刺你眼，不可隐我脚。

---

①(日）柳田圣山校注《初期の禅史Ⅱ 历代法宝记》，日本筑摩书房，1984 年，第 270 页。

②前苏联科学院东方学研究所列宁格勒分所所藏敦煌第 1456 号写卷，见陈庆浩《法忍抄本残卷王梵志诗初校》,《敦煌学》第 12 辑，1987 年。

③何文焕《历代诗话》，中华书局，1980 年，上册第 32 页。

④《禅源诸诠集都序》卷四。

⑤范摅《云溪友议》，古典文学出版社，1957 年，第 73 页。

城外土馒头，馅草在城里。一人吃一个，莫嫌没滋味。[①]

南宋费衮《梁溪漫志》卷十《王梵志》条说："山谷以茅季伟事亲，引梵志梵袜之句，人喜道之。余尝见梵志数颂，词朴而理到，今记于此……。"[②] 接着转录诗八首，其中六首见于《云溪友议》，但章节长短、分合有所不同。宋人的《庚溪诗话》等作品里还录有另一些王梵志诗或断句。王梵志诗在宋代如此流行，显然与禅宗的提倡不无关系。值得注意的是，文献里佚存的这些王梵志诗全都不见于现存敦煌写本王梵志诗集，由此证明，在当时流传着不同的"王梵志诗"写本。

清人所编总集《全唐诗》里没有收王梵志诗。直到敦煌写卷发现，一批卷子出世，王梵志诗方引起人们的注意。先后有刘复（《敦煌掇琐》，1925）、郑振铎（《世界文库》第五册《王梵志诗》一卷即《王梵志诗拾遗》，1935）、孙望（《全唐诗补逸》，1936）、童养年（《全唐诗续补遗》，1980）等人根据所见写卷进行辑录；法国学者戴密微编译的《王梵志诗集》与《太公家教》合集于1982年出版，是为王梵志诗的第一个别集辑本；张锡厚在前人基础上对所见到的资料做了全面的整理、校辑工作，著《王梵志诗校辑》，1983年由中华书局出版，根据写本和文献记载，厘定作品336首。这是王梵志诗的第一个"全集"。但在当时条件下，所见写卷并不完全。陈尚君作《全唐诗续拾》，在前人辑录的基础上，参照学界研究成果（校订意见主要是郭在贻的，引录诸家有项楚、袁宾、蒋绍愚、周一良、黄征、松尾良树、戴密微等人）加以校定、转录[③]，特别是辑录了前苏联科学院东方学研究所列宁格勒分所所藏《法忍抄本王梵志诗残卷》。该书1988年编成，1992年出版。大体在同一时期，项楚根据所知的三十五个卷子加以校订、辨伪、分篇，厘定王梵志诗为331首诗，在出版过程中又增补法忍抄本所存，共计得390首，于1991年由上海古籍出版社出版《王梵志诗校注》，庶可作为迄今所知王梵志诗集的定本。

关于王梵志诗的创作年代，关系到人物虚实问题，学界历来分歧较大。现存王梵志名下的诗，除散见于文献者外，敦煌三十六个写本可分为三卷本、法忍抄本和一卷本三个系统。其中三卷本内容和形式丰富多样，艺术上也更具特色；法忍抄本

---

①黄庭坚《诗话总龟后集》卷四三《释氏门》，人民文学出版社，1987年，下册第236、237页。

②费衮《梁溪漫志》卷一〇《梵志诗》，上海古籍出版社，1985年，第117页。

③收录《全唐诗续拾》的《全唐诗补编》1992年由中华书局出版，但付梓在1988年，因此编者不及见下述项楚1991年所出书。

大体与之相似；一卷本是九十二首五言四句的小诗，表现方法类似训世格言，比较起来缺乏思想与艺术上的深度。因此一般判定三卷本乃是王梵志诗的主体部分。从内容所涉及的历史事件、典章制度、社会风俗等各方面综合考察、分析，三卷本王梵志诗的创作不会晚于唐玄宗开元（713—741）年间。法忍抄本里已多有南宗禅观念，产生年代应稍后，特别因为有大历六年的记录，大概形成于盛唐后期；又据项楚考证，一卷本王梵志诗应是唐时流行的童蒙读本，有些篇章是根据《太公家教》改编的，应编写于晚唐时期①。至于散见于禅籍、笔记小说、诗话里的王梵志诗，情况更为复杂，应是王梵志诗流行过程中不断制作并附会到名下的。有些甚至可能是宋人的拟作。这种情况，也反映了这类通俗诗形成过程的流动性。所以项楚说："所谓'王梵志诗'，从初唐直到宋初，陆续容纳无数白话诗人的作品于自己的名下；同时，其中的某些部分又分化出去，乃至成为广泛流传于民间的俗语。"② 关于作者，除了可以根据以上历史背景、作品体制等方面加以判断外，一些作品从具体内容看显然出自贫民、农夫、府兵、逃户、地主、官吏、僧侣等不同阶层的人之手。从体制看，王梵志诗基本是五言古诗，只有少数七言、六言、杂言（长短句）的篇章。这正是自汉乐府以来民众间流行的诗歌体裁。

最有价值、能够代表"王梵志诗"思想和艺术特征与成就的是三卷本。学术界讨论的重点也是三卷本。由于它们是长时期出于众人之手的创作，仅直观看即可以发现，其题材和主题相当驳杂。大体说来，内容可分为具有宗教性和全然世俗性的两部分，在这两部分之间看不出什么关联。但作为一个时代的产物，显然是反映了人们精神面貌的不同侧面的。所以又应当把王梵志诗看作是一个整体，是其产生时期的下层士大夫、一般僧侣和普通民众的思想观念的相当全面、真实的体现，是他们利用民间通俗诗体裁抒发的对于社会和人生的认识。这个三卷本里佛教题材的作品，还没有禅宗观念的直接表露。但在大历年间抄写的法忍抄本里却已有多篇直接表现禅宗思想。这正体现了新兴的禅宗思想逐步深入到民众间的实际过程。

王梵志诗表现世俗内容的部分，大体又可以分为两类：一类是暴露民间疾苦的，另一类是进行伦理训喻的。自唐初到开元年间，唐王朝逐步走向繁荣昌盛，社

①项楚《王梵志诗校注》前言，上海古籍出版社，1991 年，上册第 17～21 页。

②"'但存方寸地，留与子孙耕'考"，项楚《王梵志诗校注》附录，上海古籍出版社，1991 年，下册第 894 页。

会上弥漫着乐观向上的气氛。在这一时期的文人创作里，表现民间疾苦的作品很少；而王梵志诗却有不少篇章大胆揭露社会矛盾，诉说民众苦难，揭示出许多社会问题。这类诗无论是作为文学创作，还是作为社会史料都弥足珍贵。如：

> 贫穷田舍汉，菴子极孤恓。两共前生种，今世作夫妻。妇即客舂捣，夫即客扶犁。黄昏到家里，无米复无柴。男女空饿肚，状似一食斋。里正追庸调，村头共相催。幞头巾子露，衫破肚皮开。体上无裈袴，足下复无鞋。丑妇来恶骂，啾唧搦头灰。里正被脚蹴，村头被拳搓。驱将见明府，打脊趁回来。租调无处出，还须里正倍。门前见债主，入户见贫妻。舍漏儿啼哭，重重逢苦灾。如此硬穷汉，村村一两枚。①
>
> 天下恶官职，不过是府兵。四面有贼动，当日即须行。有缘重相见，业薄即隔生。逢贼被打煞，五品无人诤。②

前一首诗相当生动地描写了唐初均田制下农民所受租调之苦，其中写到走投无路的“硬穷汉”殴打催租的里正、被逮捕到县府惩处、里正被迫代出租赋等情节，都是一般史料没有记载的社会实态；写饿肚如斋戒、夫妇争吵，抒写苦难情状不无幽默。后一首诗写府兵制下的府兵终日生活在死亡边缘的痛苦处境。又如《夫妇生五男》、《富饶田舍儿》等篇生动地展现出农村差科繁重、官吏横暴、农民无以聊生的场面；而《父母生儿身》、《你道生胜死》、《相将归去来》等篇则描写府兵制下出征战士出生入死的艰辛，比当时一般边塞诗所表现的远为生动、真切。由于王梵志诗多产生于社会下层，因此能够相当广泛地描写贫农、逃户、工匠、商人、府兵、乡头、小吏、和尚、道士等普通民众的生活情景，生动地展现了文人笔下难以见到的社会实际生活的画面，替民众发出了“生时有苦痛，不如早死好”③、“死即长夜眠，生即缘长道”④ 的痛不欲生的呼声。而这种状况正是佛教信仰得以普及的社会基础。

王梵志诗中表现道德训喻内容的作品，宣扬安贫乐天、恪守孝道、知恩图报的伦理，揭露和批评贪财、吝啬、愚痴、不慈不孝、嫌贫爱富等恶行，表达的多是当

①项楚《王梵志诗校注》卷五，上海古籍出版社，1991 年，下册第 651 页。
②项楚《王梵志诗校注》卷二，上海古籍出版社，1991 年，上册第 186 页。
③项楚《王梵志诗校注》卷一，上海古籍出版社，1991 年，上册第 24 ~ 25 页。
④项楚《王梵志诗校注》卷二，上海古籍出版社，1991 年，上册第 216 页。

时民众间流行的平常道理。有的表面上看似乎庸俗浅显，和宗教信仰无关；但如果深入考察就会发现，其中有些对于人事的讽喻，让人痛感人生的苦难和黑暗，正是诱导人们倾心宗教的。如这样的诗：

吾家昔富有，你身穷欲死。你今初有钱，与我昔相似。吾今乍无初，还同昔日你。可惜好靴牙，翻作破皮底。①

这里是说，过去我家富有，你家穷得要死，忽然间却翻转过来，你家有钱，我却像你过去一样穷困不堪，就像鞋帮和鞋底翻着穿一样。这样的诗极其冷峻地揭示了世情翻覆的事实，实际也是道出了人世间荣华富贵不能持久的规律，而“破鞋底”的比喻十分显豁、生动，也只能出自穷苦人之口。这样的作品暗示，正是这人们自身不能把握的命运，造成了人生难以解脱之“苦”。又如：

吾富有钱时，妇儿看我好。吾若脱衣裳，与吾叠袍袄。吾出经求去，送吾即上道。将钱入舍来，见吾满面笑。绕吾白鸽旋，恰似鹦鹉鸟。邂逅暂时贫，看吾即貌哨。人有七贫时，七富还相报。图财不顾人，且看来时道。②

这首诗揭露嫌贫爱富，十分生动、逼真，更对那种重财轻义的行为进行了极其辛辣的讥刺。另如《心恒更愿取》讽刺老夫娶少妻，《当官自慵懒》揭露官员失职被处分，《父母是怨家》表现不孝子“阿爷替役身，阿娘气病死”，《夫妇拟百年》写续娶造成的家庭纠纷，《童子得出家》讽刺小沙弥愚顽不灵、不守戒律，等等，都是刻画人情之常，通过生活中的一些具体事件或场景，在冷峻的幽默中表达深沉的思索，又充满了人生的睿智和豁达的见识。所以像这一类表面上是表现世俗训喻的诗，内涵确也有宗教的意趣。

王梵志诗中佛教题材的作品，内容也相当驳杂。唐代佛教发展疾速，前后变化很大。特别是禅宗的兴盛对于传统的大、小乘教法造成重大冲击。王梵志诗是从初唐到晚唐的长时期形成的，所表现的佛教思想和信仰必然很不相同。有些是直接宣扬一般佛教观念的，这类作品又可以分为两类。一类是宣扬佛教义理的，例如《身强避却罪》：

---

①项楚《王梵志诗校注》卷五，上海古籍出版社，1991年，下册第718页。

②项楚《王梵志诗校注》卷一，上海古籍出版社，1991年，上册第14页。

身强避却罪，修福只心勤。专意涓涓念，时时报佛恩。得病不须卜，实莫浪求神。专心念三宝，莫乱自家身。十念得成就，化佛自迎君。若能自安置，抛却带囚身。①

这是相当典型的作品，用浅俗的语言来解说佛教义理。另如《一身元本别》、《以影观他影》、《非相非非相》等。从这些被拟作题目的句子就可以知道它们是说明佛教的基本观念的，所宣扬的基本是传统大、小乘教理。另有一类表现民众的通俗信仰，如《沉沦三恶道》、《受报人中生》、《生住无常界》、《愚夫痴杌杌》、《出家多种果》、《有钱不造福》、《福门不肯修》等，宣扬六道轮回、罪福报应的不爽，鼓吹地狱的恐怖和对西方净土的向往，劝人行善兴福、出家修道等等。这都体现了当时一般民众对佛教教义的通俗理解，也相当真实地反映了民众信仰的实态。如：

暂出门前观，川原足故塚。富者造山门，贫家如破瓮。年年并舍多，岁岁成街巷。前死后人埋，鬼朴悲声送。纵得百年活，还入土孔笼。②

饶你王侯职，饶君将相官。娥眉珠玉珮，宝马金银鞍。锦绮嫌不著，猪羊死不飡。口中气新断，眷属不相看。③

这些作品宣扬人命危浅，生死无常，实际是对那些自恃荣华富贵的王侯将相发出诅咒，也是对沉溺世间享乐的人的警醒。此外，还有些宣扬戒酒、戒肉、戒杀等题材的作品。

而较后出的法忍抄本的某些篇章则明显表现出新兴的禅宗观念，如《吾有方丈室》：

吾有方丈室，里有一杂物。万象俱悉包，参罗亦不出。日月亮其中，众生无得失。三界湛然安，中有无数佛。④

这里“方丈室”包罗万象，光亮明澈，无得无失，佛在其中，显然是清净自性的比喻。又《若欲觅佛道》：

---

①项楚《王梵志诗校注》卷五，上海古籍出版社，1991 年，下册第 613 ~614 页。
②项楚《王梵志诗校注》卷二，上海古籍出版社，1991 年，上册第 234 页。
③项楚《王梵志诗校注》卷三，上海古籍出版社，1991 年，上册第 327 页。
④项楚《王梵志诗校注》卷七，上海古籍出版社，1991 年，下册第 786 页。

若欲觅佛道，先观五阴好。妙宝非外求，黑暗由心造。善恶既不二，元来无大小。设教显三乘，法门奇浩浩。触目即安心，若个非珍宝。明识生死因，努力自研考。①

这里说到“观五阴”即传统的禅观，又说到“三乘”法门，但总的观念归结到境由心造，触目“安心”，则是新的禅宗观念了。又有题为王梵志《回波乐》的六言诗，这本是唐代流行的民间乐调：

回波尔时大贼，不如持心断惑。纵使诵经千卷，眼里见经不识。不解佛法大意，徒劳排文数黑。头陀兰若精进，希望后世功德。持心即是大患，圣道何由可剋。若悟生死之梦，一切求心皆息。②

这里所说的“佛法大意”不在经卷里，也不是精进修行可得，更反对心有所求，而只求自心的觉悟。又《心本无双无只》：

心本无双无只，深难到底渊洪。无来无去不住，犹如法性虚空。复能生出诸法，不迟不疾融融。幸愿诸人思忖，自然法性通同。③

这则可看作是对于“自性清净心”的通俗解说。当然，这些作品里所表现的禅宗观念还不那么纯粹。实际上，即使是在禅宗已经成为佛教主导潮流的形势下，对于普通民众来说，檀施供养、因果报应的通俗信仰仍然具有更大的吸引力。所以，如果综观全部王梵志诗，正可以了解禅宗逐渐兴盛的趋势和民众一般的信仰状况。

而值得注意的是，王梵志诗里有不少篇章表达对于现实、人生的感慨、激愤之情，流露的态度已和禅宗的“无相”“无念”观念有相通之处。例如前面提到的黄庭坚欣赏的“城外土馒头”一首，对生死采取通脱姿态，由人生无常的观感生发出对于“富者”的诅咒，言语极其冷峻。再如《饶你王侯职》：

饶你王侯职，饶君将相官。娥眉珠玉珮，宝马金银鞍。锦绮嫌不著，猪羊死不飡。口中气新断，眷属不相看。④

①项楚《王梵志诗校注》卷七，上海古籍出版社，1991年，下册第790页。
②项楚《王梵志诗校注》卷七，上海古籍出版社，1991年，下册第817页。
③项楚《王梵志诗校注》卷七，上海古籍出版社，1991年，下册第823页。
④项楚《王梵志诗校注》卷三，上海古籍出版社，1991年，上册第327页。

这里是说即使你身为王侯将相，有无数美女戴着珠宝，有好马佩有金鞍，连绸缎都嫌弃不穿，猪羊也嫌弃不吃，但一朝死掉，就是亲属都不来看你。《荣官亦赫赫》一首又说到“死王羡活鼠，宁及寻常人”[①]，揭示人生无常的现实规律，对那些自恃荣华富贵的王侯将相发出诅咒。这都是对于沉溺于世间享乐的人的警醒。也有的作品对业报轮回取漠不关心的姿态，如《我家在何处》：

我家在何处，结宇对山阿。院侧狐狸窟，门前乌鹊窠。闻莺便下种，听雁即收禾。闷遣奴吹笛，闲令婢唱歌。儿即教诵赋，女即教调梭。寄语天公道，宁能那我何。[②]

从作品的描写看，作者家里有奴婢服侍，生活无虞，是地主阶层中人，表达一种无为自然的人生观，对生死果报无所畏惧。又如《前业作因缘》：

前业作因缘，今身都不记。今世受苦恼，未来当富贵。不是后身奴，来生作事地。不如多温酒，相逢一时醉。[③]

这里抒写任运自然的心态，对宗教修持采取漠视态度。这些作品精神上已和达摩的“四行”十分接近。《少年何必好》、《无常元不避》、《造化成为我》、《观此身意相》等篇也流露出类似的思想倾向。这种对于传统信仰和修持的否定与批判，实际也是接受新禅观的前提。

王梵志诗里还有一部分作品是针对佛教进行抨击和批判的，如：

寺内数个尼，各各事威仪。本是俗人女，出家挂佛衣。徒众数十个，诠择补纲维。一一依佛教，五事总合知。莫看他破戒，身自牢主持。佛殿元不识，损坏法人衣。常住无贮积，家人受寒饥。众厨空安灶，粗饭当房炊。只求多财富，余事且随宜。富者相过重，贫者往还希。但知一日乐，忘却百年饥。不采生缘瘦，唯愿当身肥。今日损却宝，来生更若为。[④]

唐初朝廷优待僧、道，免除赋役，吸引一些没有生计的穷苦人避入寺、观，也有些

①项楚《王梵志诗校注》卷三，上海古籍出版社，1991年，上册第341页。
②项楚《王梵志诗校注》卷三，上海古籍出版社，1991年，上册第382~383页。
③项楚《王梵志诗校注》卷三，上海古籍出版社，1991年，上册第284页。
④项楚《王梵志诗校注》卷三，上海古籍出版社，1991年，上册第109页。

腐化堕落的宵小之徒借出家人身份安享供养布施，这成为严重的社会问题。这一篇讽刺“俗人女”“出家”，只求衣食丰足，安乐度日，描绘出当时寺院腐败的一个侧面。“常住”指寺院僧众共有的资产，诗里说“常住”空虚了，家人也不能沾光避免饥寒，完全是从平民的立场说的。又如《道人头兀雷》，描写一些和尚“每日趁斋家，即礼七拜佛。饱吃更索钱，低头著门出。手把数珠行，开肚原无物”① 等等，也是揭露僧众不重修持、只徒钱财的窳败风气。有人论定这类作品表面上是批判佛教的，实际指出部分僧尼的堕落行径，揭露教团内部戒律毁坏的现象，正是为了整肃佛教内部风气，所以并非是反佛的。但从另一个角度看，揭露佛教僧侣的腐败堕落，修持的虚伪，内心的污浊，又正表明经教戒律的无益，为宣扬禅宗“明心见性”的新宗教开辟道路。所以，在观念上这些“佛教问题”诗和部分士大夫辟佛的言行是相呼应的，构成当时社会思想潮流的一个重要组成部分。

一卷本写卷包括五言四句小诗九十二首。前七十二首是一般的训世格言，后二十首是佛教内容的，同样是格言式的作品。佛教内容的如：

> 世间难舍割，无过财色深。丈夫须达命，割断暗迷心。
> 布施生生富，悭贪世世贫。若人苦悭惜，劫劫受辛勤。②

从这些警句格言式的作品，可以了解当时民众的信仰和习俗。

从总体看，王梵志诗中表现禅宗思想内容的仅占很少一部分，而且从时代层次看，出现在全部诗作形成较晚的时期。就是说，王梵志诗的主要内容反映了六朝以来民间佛教信仰的一般情形。但其中少数表现新的禅观的篇章却表明，在禅宗初兴的盛唐时期，影响已经扩展到一般民众间。这正体现了禅宗发展起来的大趋势。而另一些所谓揭露“佛教问题”的诗则反映了民众对于佛教腐败衰落风气的不满和批判。对于传统佛教的怀疑和否定，则为接受禅宗新的信仰开拓出空间，创造了条件。

王梵志诗显示了鲜明的艺术特色：语言朴素无华，多用口语；表达力求浅俗，基本不作修饰；富于哲理性，多有说理的警句，道理往往出自切身的人生体验；对世态人情有清楚的了解，用一种冷峻的眼光加以审视；面对人生苦难，怀抱一种内

①项楚《王梵志诗校注》卷五，上海古籍出版社，1991 年，上册第 104 ~ 105 页。
②项楚《王梵志诗校注》卷五，上海古籍出版社，1991 年，下册第 538、553 页。

在的乐观态度，表现出幽默感，等等。这都是一般民间文学的特征。而这些特征在禅宗的偈颂和语录里往往也表现出来。这些艺术特征是在一般文人作品中难以见到的。这也成为其在艺术上的可贵之处。

第三节　寒　山　诗

寒山诗的情况，与王梵志诗类似：同样是一批基本为五言的通俗诗，作者同样难于考订，内容同样庞杂而佛教内容的篇章占有相当大的比重。但寒山诗的创作显然较王梵志诗为晚，并幸运地有宋人辑成的集子流传。

现存有关寒山的最早记录也出于晚唐。较完整的是杜光庭《仙传拾遗》里的记载：

> 寒山子者，不知其姓氏，大历（766—779）中，隐居天台翠屏山……好为诗，每得一篇一句，辄题于树间、石上，有好事者随而录之，凡三百余首……桐柏征君徐灵府集而序之，分为三卷，行于人间。十余年忽不复见。咸通（860—874）十二年，毗陵道士李褐……忽有贫士诣褐乞食……忽语褐曰："子修道未至其门，而好凌人侮俗，何道可冀？子颇知有寒山子邪？"答曰："知。"曰："即吾是矣。吾始谓汝可教，今不可也。修生之道，除嗜去欲，啬神抱和，所以无累也；内抑其心，外检其身，所以无过夜；先人后己，知柔守谦，所以安身也；善推于人，不善归诸身，所以积德业；功不在大，立之无怠，过不在大，去之不二，所以积功也。然后内行充而外丹至，可以冀道于仿佛耳……"①

杜光庭是唐末五代著名道士，兴盛的唐代道教教理的总结者，所以这里描绘的是道教色彩的寒山子。又杜光庭早年曾入天台山学道，善诗文；文中提到的徐灵府，也是道士，曾应唐武宗征辟，也曾活动在天台山，同样善诗。原始的寒山子传说由杜光庭传出，《寒山子诗集》由徐灵府采编，甚或参与创作，是合乎情理的。又晚唐诗人李山甫、诗僧贯休、齐己诗里都写到寒山，他们都用"寒山子"的称呼，也是道士的名字。但在佛教里，曹洞宗祖师曹山本寂（840—901）曾注解过《寒山诗》：

①杜光庭《仙传拾遗》，转引《太平广记》卷五五，第2册第338页。

……复注《对寒山子诗》，流行宇内，盖以寂素修举业之优也。[①]

而五代禅宗灯录《祖堂集》卷十六《沩山和尚》章有沩山灵祐（771—853）见到寒山的记载，则又明确把他当作佛门人物。寒山子“身份”的这一转变，正反映了禅宗兴盛的时代风气。后来有更多的禅宗灯录则把寒山诗句当作参悟的话头了。从这些情况推测，晚唐五代应已有《寒山诗集》流行。大概在这一时期，托名贞观年间台州刺史闾丘允的《寒山子诗集序》被创作出来。其中说寒山是隐居天台山上寒岩的“贫人风狂之士”，经常到国清寺止宿；拾得则在国清寺“知食堂”；二人是朋友，叫呼快活，形似疯狂；闾丘允前来寻访，寒山退入岩穴，其穴自合，拾得亦迹沉无所；“乃令僧道翘寻其往日行状，惟于竹木石壁书诗，并村墅人家庭壁上所书文句三百余首，及拾得于土地堂壁上书言偈，并纂集成卷”。文中还说闾丘允问丰干禅师，后者回答说“寒山文殊，遁迹国清；拾得普贤，状如贫子”[②]，则又把他们说成是菩萨显化了。这也就是后来流传的寒山及其同道拾得传说的主要情节。到宋初应已编集有完整的寒山诗集，并有刻本传世；与传说恰好相合，收诗三百余首。

有关寒山的上述传说显系无稽之词，从今传三百余首寒山诗的内容和风格看，不会是一人、一时所作。稳妥的看法是，不能完全否定存在过寒山其人，也不能排斥这个人是寒山诗的作者之一，但今存寒山诗应是自初唐到中唐长时期众人创作成果的结集。有人认为其主体结成年代应在开元以后，胡适估计迟至在公元8世纪初即800年至780年。现存寒山诗有一部分风格与王梵志诗类似，所以胡适说“寒山、拾得的诗是在王梵志之后，似是有意模仿梵志的”[③]。从作品实际内容看，和王梵志诗相比较，寒山诗的多数篇章所表现的观念显然更为靠后。例如有更多的篇章反映南宗禅观念，应是南宗禅兴盛以后所作。此外，寒山诗有相当一部分经过较多修饰。如胡应麟指出，其中“施家两儿，事出《列子》；公羊鹤，事出《世说》；又如子张、卜商，如侏儒、方朔，涉猎广博，非但释子语也”[④]；其他还有使用《诗经》、《庄子》、《古诗十九首》、《文选》以及陶渊明诗里的典故的。因此可以推

①《宋高僧传》卷一三《抚州曹山本寂传》，上册第308页。
②《全唐文》卷一六二，第1662～1663页。
③参阅胡适《白话文学史》，上海古籍出版社，1999年，第146～151页。
④胡应麟《困学纪闻》卷一八《评诗》。

测作者群里有一些具有较高文化水平的士大夫，这也是与王梵志诗重大的不同之处。又寒山、拾得诗里有些篇章直接说到创作意图，显然是其主体部分形成以后陆续创作的，这一点二者是相同的。如所谓“家有寒山诗，胜汝看经卷”，“有人笑我诗，我诗合典雅。不烦郑氏笺，岂用毛公解”，“都来六百首，一例书岩石”，以及拾得诗的“我诗也是诗，有人唤作偈。诗偈总一般，读时须仔细”等等，像是对已有作品的解说和总结。

寒山诗的内容同样有世俗的和宗教的两部分。世俗内容的篇章主要讽刺世相，劝喻世人，和王梵志诗大体类似，同样具有浓厚的伦理说教色彩。二者不同处在寒山诗多有倾诉下层士人的遭遇和不平、宣扬隐逸高蹈观念的。这显示作者群的层次二者有所不同。寒山诗应多出自下层文人之手。上述一类作品往往对社会现实表现出惊人的洞察力和尖锐的批判态度，刻画也相当生动、真切。如：

我见百十狗，个个毛鬇鬡。卧者渠自卧，行者渠自行。投之一块骨，相与啀喍争。良由为骨少，狗多分不平。[①]

这是一首讽刺诗，以狗群争骨来影射人世利禄纷争。像这样的诗，对人情世态观察之细微，体会之痛切，是一般文人作品少见的。又如：

贤士不贪婪，痴人好炉冶。麦地占他家，竹园皆我者。努膊觅钱财，切齿驱奴马。须看郭门外，磊磊松柏下。[②]

这一首对豪夺兼并加以揭露、讥刺。“努臂”、“切齿”，用语及其真切、生动。其中得出的结论看似消极，但作为对贪得无厌的富人的无情诅咒，批判意义是很明显的。

寒山诗有一个经常表现的主题，就是诉说贫穷或对贫困表示同情；相应地则批判贪欲，对荣华富贵表示鄙弃、憎恶。这反映的显然也是社会下层的价值观念和道德意识。由此则进一步把整个人世间看得十分丑恶，流露出悲观态度、厌世情绪。如这样形容人生：

---

①项楚《寒山诗注》，中华书局，2000 年，第 158 页。

②项楚《寒山诗注》，中华书局，2000 年，第 255 页。

人生在尘蒙，恰似盆中虫。终日行绕绕，不离其盆中。①

三界人蠢蠢，六道人茫茫。贪财爱淫欲，心恶若豺狼。②

如此漠视人生的积极意义，一个后果是欣赏高蹈隐逸，进而则向往出世，到佛教中去寻求安慰。寒山诗里有不少歌颂隐逸生活的篇章：

登陟寒山道，寒山路不穷。溪长石磊磊，涧阔草濛濛。苔滑非关雨，松鸣不假风。谁能超世累，共坐白云中。③

如此对于解脱名缰利锁的束缚、乐道逍遥的生活加以赞美、追求，是与南宗禅的人生观念相通的，诗的境界也与禅门《乐道歌》类似。而如：

世间何事最堪嗟，尽是三途造罪楂。不学白云岩下客，一条寒衲是生涯。秋到任它林叶落，春来从你树开花。三界横眠闲无事，明月清风是我家。④

这则是把出家修道看作是理想的人生了。

寒山诗直接表现佛教义理的作品内容相当庞杂，也可分为两大类。一类是劝导人出家修道、造福行善的，多与一般的佛教宣传一样，惧之以轮回报应，诱之以来世福利。如：

世有多解人，愚痴徒苦辛。不求当来善，惟知造恶因。五逆十恶辈，三毒以为亲。一死入地狱，长如镇库银。⑤

“镇库银”是镇压府库的银锭，用在这里，比喻身在地狱，永无出头之日。王梵志诗里也有和这一首的主题相类似的作品，显然产生在同样背景之下。寒山诗的独特部分是那些表达南宗禅“心性”观念的篇章，它们显然和南宗禅的兴盛有直接关系。如这样的诗：

岩前独静坐，圆月当天耀。万象影现中，一轮本无照。廓然神自清，含虚

①项楚《寒山诗注》，中华书局，2000年，第608页。
②项楚《寒山诗注》，中华书局，2000年，第604页。
③项楚《寒山诗注》，中华书局，2000年，第79页。
④项楚《寒山诗注》，中华书局，2000年，第512页。
⑤项楚《寒山诗注》，中华书局，2000年，第245页。

洞玄妙。因指见其月，月是心枢要。①

如此以水、月关系来说明自性清净心，与《永嘉证道歌》所用的比喻相一致。但后者所谓“万象森罗影现中，一颗圆光非内外”，“一月普现一切水，一切水月一月摄”② 体现的是华严事理圆融观念，寒山诗则有所不同。另有一些诗更一再说到“吾心似明月，碧潭秋皎洁”，“心意不生时，内外无余事”，“明珠元在我心头”等等，都是表现南宗禅的心性观念的，“明珠”之喻也是禅宗常用的。

寒山诗里同样有一批“佛教问题诗”。与王梵志诗不同的是，除了有揭露教团内部风气弊坏的篇章之外，还有些从禅宗立场对“教下”进行批判的，如宣扬“不要求佛果，识取心中宝”，“天真元具足，修证转差回”等等。有些作品则直接揭露僧团风气的败坏：

语你出家辈，何名为出家。奢华求养活，继缀族姓家。美舌甜唇嘴，谄曲心钩加。终日礼道场，持经置功课。炉烧神佛香，打钟高声和。六时学客舂，昼夜不得卧。只为爱钱财，心中不脱洒。见他高道人，却嫌诽谤骂。驴屎比麝香，苦哉佛陀耶。③

还有的篇章在对富人虚求福报极尽讥刺之能事的同时，鼓吹南宗禅所谓“不动”的“真心”：

我见凡愚人，多畜资财谷。饮酒食生命，谓言我富足。莫知地狱深，惟求上天福。罪业如毗富，岂得免灾毒。财主忽然死，争共当头哭。供僧读文疏，空见鬼神禄。福田一个无，虚设一群秃。不如早觉悟，莫作黑暗狱。狂风不动树，心真无罪福。寄语兀兀人，叮咛再三读。④

这里一方面对贪婪敛财的“愚人”加以揭露，又对以佛事行骗的庸僧肆意咒骂，结尾处则要求“觉悟”“心真”，正与当时呵佛骂祖的禅风相呼应。

寒山诗形成期间较长，作者群更为复杂，再加上宋人编辑时有所修饰，作品风

①项楚《寒山诗注》，中华书局，2000 年，第 733 页。
②《正》第 48 卷第 396 页。
③项楚《寒山诗注》，中华书局，2000 年，第 720 页。
④项楚《寒山诗注》，中华书局，2000 年，第 593 页。

格更为多样。比如其中有个别骚体篇章，还有些精致的近体诗。但代表其独特风格和突出成就的还是那些白话通俗诗。它们与王梵志诗在形成上有时代前后的差异，而社会背景和思想潮流则基本相同，所以面貌也大体相似：它们多采取五言古体，韵律较自由；表达力求浅俗，朴野无华，夺口而出；多有训喻，富于理趣；对世态人情的摹写体察入微，真切生动；富于讽刺、幽默意味；更多地使用民间口语、俗谚和比喻、象征、联想、谐音、双声叠韵、歇后等手段。这些表现方法和语言运用方面的鲜明特色，创造出文学史上影响深远的“寒山体”。与王梵志诗比较，寒山诗具有更强烈的主观色彩。例如寒山诗以“我”字开头的就有三十首，中间又多用“劝你”、“勉你”、“愿君”、“寄语”、“为报”等主观劝谕的句式。这种以个人为视角的、个性化的表达方式，使讽喻、教训口气更为突出。另一方面，寒山诗作者间确有一批落第士人。他们的更为积极的用世意识在一些篇章里鲜明地表现出来。寒山诗常常讽刺那些自以为是的“聪明”、“利智”之人，暗示自己才是真正的“智者”，如说：

下愚读我诗，不解却嗤诮。中庸读我诗，思量云甚要。上贤读我诗，把著满面笑。杨修见幼妇，一览便知妙。①

“杨修见幼妇”是《世说新语·捷悟》篇里的典故，“绝妙好辞”的意思。这样，作者对自身，对自己的诗表现出强烈的自信。他是在试图用自己的诗歌来教育人群、改变世风。

拾得是作为寒山的配角被创造出来的。同时被创造出来的人物还有丰干，据说也是天台山和尚，闾丘允去访问他，了解到寒山、拾得的情况。这样就形成了三人交往的富于戏剧性的传说。现存拾得名下的诗计有五十七首（包括佚诗二首）。写法、风格与寒山诗完全一致。

寒山诗因为有集流传，影响更为广远。宋代的苏轼、王安石、黄庭坚等文坛耆宿普遍重视寒山诗，他们都曾拟作“寒山体”。后代不少人一直把寒山诗当作通俗诗、说理诗的典范，有意模仿者亦代有其人。宋代和以后诗坛及禅门中拟寒山诗的大有人在。

寒山诗早已流传到海东的三韩和日本。在朝鲜半岛今存元贞丙申年（1296）据

---

①项楚《寒山诗注》，中华书局，2000年，第357页。

杭州钱塘门里车桥南大街郭宅纸铺印本的复刻本。日本所存最早的刻本有正中二年(1352)宗泽禅尼刊本五山版《寒山诗》一卷。日本江户时期更有注解本多种。20世纪60年代以来西方更重新“发现”了寒山诗，各种文字的译本纷纷出版，并有众多研究论著问世。特别是上世纪中叶风行一时的“垮掉的一代”把寒山当作典范，在寒山诗里找到了精神上的同调。如何解释和评价当代西方的理解和诠释是值得认真探讨的问题，但这一现象总在证明着寒山诗确实包含着永恒的思想、艺术价值，也体现了其在中外文化交流上的意义。

第四节　变　　文

敦煌写卷里包含一大批“俗文学”抄本。这些抄本不只是古代民间文学的宝贵遗产，更是研究中国文学史的新资料。前面介绍的王梵志诗就是其中的一部分。由于这些资料的发现，大幅度地改变了中国文学史的面貌。其中涉及佛教的占很大一部分，因此他们的发现也给佛教史研究，特别是佛教文化（包括文学）的研究开辟了新天地。

这批资料有叙事体和诗歌体两大类。韵文诗歌体作品属于民间通俗文学的，除上述王梵志诗，还有民间曲辞两千余首。学术界对这部分作品的认识没有多少分歧。对于叙事体作品的认识则经历了较长的过程。起初王国维把当时发现的讲唱体叙事作品称为“通俗诗”和“通俗小说”。后来罗振玉在《敦煌零拾》里整理、刊布《佛曲三种》，称为“佛曲”。还有把它们称为“演义”、“俗文”等等的。1931年郑振铎在《小说月报》上发表《敦煌的俗文学》一文，根据一些写卷的原有标题，确定了“变文”这一概念。在其后所作《插图本中国文学史》、《中国俗文学史》等论著里更对“变文”加以详细论述。此后，中外学术界就这批文献的名称、体制、起源、内容和表现形式等诸多方面进行了广泛、深入的研究，对有关问题大体有了较一致的看法。

对“变文”有广义和狭义两种不同的理解。广义上人们把敦煌发现的韵、散结合的讲唱体叙事作品统称为“变文”。潘重规认为:“变文是一时代文体的通俗名称，它的实质便是故事；讲经文、因缘、缘起、词文、诗、赋、传、记等等不过是它的外衣……变文之所以有种种的异称，正因为它说故事时用种种不同文体的外衣来表达的缘故。”[①] 但这些作品仅从体制划分就显然可以分出不同类型。周绍良区分出变文、讲经文、因缘（缘起，附押座文、解座文）、词文、诗话、话本、赋七类[②]。1989 年，美国学者梅维恒（Victor H. Mair）发表变文研究的力作《唐代变文》[③] 一书，对于敦煌这批叙事作品分类进行了更细致的研究。他归纳“变文”定义为五类，即“最狭义定义”、“狭义定义”、“广义定义”、“最广义定义”和“无意义的定义”，从而把变文与其他类型的作品，特别是与容易相混淆的讲经文严格区分开来。对于认识和研究曾被称为“变文”的这些敦煌俗文学作品，上述两类看法都值得重视。后一类看法除了周先生和梅维恒（两个人的具体看法有重大区别）为代表的两种，也有在分类上略有变动的[④]。以下即参考这两种见解，各取所长，对这部分作品加以介绍。

讲经文

这是俗讲法师“俗讲”的文本。

俗讲是由正式讲经演化而来。佛教传入中土，形成讲经制度，后来又发展出具有艺术表演性质的转读和唱导。转读即诵读佛经，包括转梵为汉的赞呗。间以歌唱的转读是后来讲唱文体的源头之一。唱导则是更通俗、更形象的说唱叙事方式，慧皎描述说：

> ……至如八关初夕，旋绕行周，烟盖停氛，灯帷靖耀，四众专心，叉指缄默，尔时导师则擎炉慷慨，含吐抑扬，辩出不穷，言应无尽。谈无常则令心形战栗，语地狱则使怖泪交零，征昔因则如见往业，覈当果则已示来报，谈怡乐则情抱畅悦，叙哀感则洒泣含酸。于是阖众倾心，举堂恻怆，五体输席，碎首陈哀，个个弹指，人人唱佛。爰及中宵后夜，钟漏将罢，则言星河易转，胜集

---

①潘重规《敦煌变文集新书》下册后记，台湾中国文化大学中文研究所，1984 年。

②《唐代变文及其它》，《敦煌文学作品选》代序，中华书局，1987 年。

③(T' ang Transformation Texts：A Study of Buddhist Contribution to the Rose of Vernacular Fiction and Drama in China，Harvard ~ Yenching Institute monograph Series 28，Cambridge，Massachusetts：Harvard ~ University Council on East Asian Studies，1989)

④如张鸿勋分为六类，详见《敦煌讲唱文学的体制及类型初探》，《敦煌俗文学研究》第 1 ~27 页，甘肃教育出版社，2002 年。

难留，又使人追怀抱，载盈恋慕。①

在唱导里，导师在宣讲佛经时引入一些世俗故事，以加强宣教效果。正是依此方向向前发展，形成了以演说故事为主的“俗讲”。俗讲保存了讲经的形式：也是由两个人（法师和都讲）共同主持，都讲宣诵经文，法师加以敷衍；一般在寺院里进行，有一定的仪式；演出中二人合作，有相互呼应的语句如“高著声音唱将来”、“依文便请唱将来”等等。中晚唐时期京师的俗讲由朝廷主持，规模盛大。《资治通鉴》记载：敬宗宝历二年（826）“（六月）己卯，上幸兴福寺，观沙门文溆俗讲。”② 日僧圆仁在其旅行记里多处记载长安俗讲的情况。当时培养出一些技艺超群的俗讲法师，名为文溆的即是其中著名的一位。时人赵璘有记载说：

有文淑（溆）僧者，公为聚众谭说，假托经论，所言无非淫秽鄙亵之事。不逞之徒转相鼓扇扶树，愚夫、冶妇乐闻其说。听着填咽寺舍，瞻礼崇奉，呼为“和尚”。教坊效其声调以为歌曲。其氓庶易诱，释徒苟知真理及文义稍精，亦甚嗤鄙之……③

由此可见如文溆这样的俗讲沙门讲说的内容、水平及其影响。

敦煌写卷里发现的讲经文，以讲《维摩诘经》的最多，还有讲《阿弥陀经》、《法华经》、《父母恩重经》、《金刚经》、《佛报恩经》、《弥勒上升经》等流行经典的，此外还有《长兴四年中兴殿应圣节讲经文》、《说三归五戒讲经文》（周绍良拟题）等。胡适曾说“《维摩经》为大乘经典中的一部最有文学趣味的小说”④。由于在中土居士思想一直十分流行，这部经典也更受重视。现存七件《维摩经讲经文》都是长篇作品的片断，而且其内容只限于经文前五品中的四品。从写法、风格看，它们分属两个系统，显然分别是由不同的大德写定，并在不同地区、通过不同途径

①《高僧传》卷一三《唱导论》，《正》第50卷第418页上。

②《资治通鉴》卷二四三《唐纪》五九，中华书局，1956年，第7850页。

③赵璘《因话录》卷四，古典文学出版社，1957年，第94～95页。关于文溆和文淑是否是同一个人，学术界有不同看法。日本学者那波利贞在《中晚唐时代俗讲僧文溆法师释疑》（《东洋史研究》第4卷第6期，1939年7～8月）一文里详加辨析，认为文溆乃是进行俗讲的名僧，文淑是以淫亵歌曲娱乐群众的艺人。就诸多学者把文溆或文淑说成是表演变文的僧人，梅维恒断定他与这种口头文学形式没有任何关系。因此，这里把他当作俗讲沙门的典型。

④《海外读书杂记》，胡明主编《胡适精品集》，光明日报出版社，1998年，第5卷第370～371页。

流传下来的。如一切群众性的创作一样，它们在流传过程中不断地被加以增饰、改变。而且即使是属于同一系统的，流传中也由于不断加工而在风格、写法上有所不同。

这些讲经文应形成于中、晚唐时期。写本中避唐讳也证明了这一推断。完整的《维摩经》讲经文规模应相当庞大，从现存片段推测，全部应在八十卷以上。一般说来一个人掌握起来是很困难的，所以被分割成单元，各自独立。俗讲法师在讲说时以这些单元为单位。又如 X. 101 号卷子尾题《维摩碎金一卷》，表明这原来本是一个片段。

这些讲经文内容之所以集中在经文的前五品，大概是因为这五品里描述人物交锋尖锐，特别富于戏剧性，而且情节已达到全经的高潮；特别是如“心净则佛土净”、“不断烦恼而得涅槃”之类观念与当时盛行的禅宗顿教思想相合，因而这一部分的写本传播得更广。

讲经文虽然取“讲经”形式，但却可以通过重新组织情节、渲染场面来表达讲说者的思想，艺术创造上也给发挥想象留下了相当广阔的空间。例如《维摩经》里表现的一系列极富戏剧性的故事本是佛陀导演出来的，维摩作为佛陀在人世间的代言人，其言论、行动都体现佛陀的教义；但在讲经文里，主要却突出表现维摩，特别强调他与佛陀及其弟子的对峙、对抗。经文里维摩在第二品《方便品》出场，从而全部维摩故事也就被编制在佛陀说法的大框架里；而敦煌写卷 S. 4571 号即宣讲《佛国品》的讲经文里，却已经让维摩提前上场，还编造了维摩入宫教化五百太子并引导他们归心向佛的情节，这就把他在整个作品中的地位提高了。在经文里，维摩示疾，“佛知其意”，佛陀派弟子问疾是让“维摩诘为诸问疾者，为应说法”，佛陀显示神通，主动权在佛陀手里。可是在讲经文里，是维摩“知道我佛世尊，在庵园说法”①，使五百长者相随同往，中途诈染疾患，遂引出问疾情节；在《维摩碎金》里，则是“居士知佛入于毗耶，缘我于此国教化众生，佛要共我助成大教，我须今日略用神通……”②，这样就都避去了关于佛陀神通力的说明，而突出了维摩

---

①敦煌写卷 S. 3872 号，拟题《维摩诘经讲经文》（一），黄征、张涌泉校注《敦煌变文集》，中华书局，1997 年，第 767 ~ 768 页。

②赵匡华录、周绍良校《苏联所藏压座文及讲唱佛经故事五种》，周绍良、白化文编《敦煌变文论文录》，上海古籍出版社，1982 年，下册第 855 页。

的神通与作用。在散682号《文殊问疾》里，文殊问疾“全须仗托我如来”①。而且“问疾”显然不是简单的“对谈”，讲经文里不断地出现佛陀大弟子“遭挫辱”、“遭摧挫”、“怀忧惧”之类字样。在一次次论争中，维摩都是胜利者。在众弟子和诸菩萨失败的潜台词中，佛陀实际也就成了被批判者了。形成这一状况，与讲经文繁荣时期正当南宗禅大发展的形势有关系。讲经文里常常出现表现禅宗观念的词句，也证明了这一点。

如上所述，在《维摩诘经讲经文》里居士思想特别受到推重。这也是因为讲经文的宣讲对象主要是在家信徒。讲经文突出强调与世俗生活和传统伦理相调和的一面。如S.3872号卷子发挥经文里形容维摩“若在大臣，大臣中尊，教以正法。若在王子，王子中尊，示以忠孝”，接着以偈颂宣扬教忠教孝之义：

为人不得多愚奥，认取真常神妙教。若悟永不受沉沦，真（直）须在意行忠孝。

忠不施，孝不展，神道虚空皆总见，须臾致得祸临身，妻男眷嘱遭除剪。
忠既行，孝既展，必见官高名位显，善神密护镇随身，自然灾行常除遣。
事须依劝莫因循，且要修持此个身，凡有行藏平稳作，低防祸幻使心神。
常孝顺，每忠贞，必遂高迁得显荣，倘若欺谩小子事，当时迍厄便施行。
蒙化后，转情开，节勒之心敛意怀，行孝行忠无少阙，修仁修德无所咍。
然福祐，息迍载，各愿归依近法台，总待周旋行化后，现身有病唱将来。②

这样就把佛教的因果报应观念和儒家的忠孝伦理完全调和起来。又S.4571号卷子解说维摩“为大医王”一段，则是一篇父母之爱的颂歌：

若论菩萨修持行，喜舍功能堪赞咏，三大僧祇舍爱憎，四弘愿力难相并。
爱慈悲，嫌谄佞，救疗众生终未定，愍恤长时系在心，恰如父母忧怜病。

在凡夫，长暗暝，镇染贪嗔难制整，事事贪婪似线牵，头头忘（妄）念如针钉。

纵教有漏姿（恣）狂迷，斗骋无明挎拗硬，菩萨慈悲系在心，恰如父母忧

①拟题《维摩诘经讲经文》（七），黄征、张涌泉校注《敦煌变文集》，中华书局，1997年，第916页。
②黄征、张涌泉校注《敦煌变文集》，中华书局，1997年，第831页。

怜病……①

这样，在对经文进行通俗化、世俗化的过程中，纯中土伦理的训谕色彩大为加强了。

讲经文在文学史上的重大意义，特别体现在新文体的创造上。陈寅恪认为可以由讲经文“推见演义小说文体原始之形式，及其嬗变之流别，故为中国文学史绝佳资料”②。

俗讲使用了韵、散结合的文体，这是后来中国民间文学讲唱体的滥觞。使用韵文的情况，多数是就散文叙述部分加以重复或发挥，有时是插入的偈颂（或称为“断诗”，简称为“断”）。多是七言，也夹杂有三、三、七的句式。而如 P. 2292 号卷子和《文殊问疾品》里则已有整齐的三、三、七、七、七句式段落，这也是后来民间说唱中占统治地位的形式。有时还夹带五字句或八字句。八字句应是演唱中在七言里加了一个衬字。四个节奏、七言为主的韵文句式适于叙述，早在汉魏乐府诗中已经出现，唐诗的歌行体也大量使用。有些长篇唱词四句或八句为一段，而每段的结尾二句或其中的一句相重复。这种重复句有时在用词上又有所变化。这表明当时的唱词有一定的乐调，一曲乐调是反复歌唱的。韵文中又运用一些中国诗歌常用的修辞方法，如比喻、重复等等。又如 S. 3872 号卷子描写弥勒菩萨对答佛陀派遣时的一段话采用了代言体，以“我”的口吻来歌唱。如此等等，都显示出民间文学的特色。

讲经文的散文部分基本采用通俗的骈体文，并多有华丽的辞藻和夸饰的表现。这和部分传奇小说使用骈体的情况一样，一方面是由于骈体流行，另一方面也是适应文化程度较低民众的艺术趣味、便于记忆的。例如 P. 2292 号卷子持世菩萨叙说魔波旬从一万二千天女出场一段：

……其魔女者，一个个如花菡萏，一人人似玉无殊。身柔软兮新下巫山，貌娉婷兮才离仙洞。尽带桃花之脸，皆分柳叶之眉。徐行时若风飒芙蓉，缓步处似水摇莲亚。朱唇旖旎，能赤能红；雪齿齐平，能白能净。轻罗拭体，吐异

①黄征、张涌泉校注《敦煌变文集》，中华书局，1997 年，第 761 页。

②《敦煌本维摩诘经文殊师利问疾品演义跋》，陈寅恪《金明馆丛稿二编》第 180 页，上海古籍出版社，1980 年。

种之馨香；薄縠挂身，曳殊常之翠彩。排于坐右，立于宫中。青天之五色云舒，碧沼之千般花发……于是魔王大作奢花，欲出宫城，从天降下。周回捧拥，百匝千遭，乐韵弦歌，分为二十四队。步步出天门之界，遥遥别本住宫中。波旬自乃前行，魔女一时从后。擎乐器者喧喧奏曲，响聒清宵；爇香火者淡淡烟飞，氤氲碧落。竟作奢华美貌，各申窈窕仪容。擎鲜花者共花色无殊，捧珠珍者共珠珍不异。琵琶弦上，韵合春莺；箫笛管中，声吟鸣凤。杖敲揭（羯）鼓，如抛碎玉于盘中；手弄秦筝，似排雁行于弦上。轻轻丝竹，太常之美韵莫偕；浩浩唱歌，胡部之岂能比对。妖容转盛，艳质更丰。一群群若四色花敷，一队队似五云秀丽。盘旋碧落，菀（宛）转清宵。远看时意散心惊，近睹者魂飞目断。从天降下，若天花乱雨于乾坤；初出魔宫，似仙娥芬霏于宇宙。天女咸生喜跃，魔王自已欣欢……①

像这样的表现手法，虽然有罗列陈辞之嫌，但对于一般听众来说，却颇能造成鲜明的印象。文中说到“太常之美”，指的是唐代宫廷中太常寺太乐署的舞乐；而“胡部”则指自六朝后期流入中原、隋唐时纳入燕乐的北方少数民族的“新声”。这表明讲经沙门对于宫廷乐舞是很熟悉的。这整个歌舞队的描写，仿佛再现了唐代宫廷舞乐的宏伟场面。

讲经文无论在文体、表达方法还是语言技巧上，都给以后的文学创作，特别是说唱文艺提供了宝贵的借鉴。

因缘（缘起，附押座文、解座文）

僧侣宣扬教义，有讲经与说法的不同：讲经由法师和都讲两个人进行，说法则是法师一人开示。周绍良说“相对俗讲方面也有两种，一种即韵白相间之讲经文，也是由法师与都讲协作的；至于与说法相应的，则是说因缘，由一人讲说，主要择一段故事，加以编制敷衍，或径取一段经文或传记，照本宣科，其旨总不外明因果……”② 又按周绍良的看法，依据佛教仪轨，讲经文应用于大型法会，说因缘则适用于较小型的法会。敦煌写卷里现存因缘计十二篇，即《难陀出家缘起》（《敦煌变文集》校者拟题）、《悉达太子修道因缘》、《太子成道经》、《太子成道因缘》、

①黄征、张涌泉校注《敦煌变文集》，中华书局，1997 年，第 884 页。

②周绍良《唐代变文及其他》，《敦煌文学作品选・代序》第 17 页，中华书局，1987 年。

《欢喜国王缘》、《丑女缘起》、《四兽因缘》、《十吉祥》、《佛图澄和尚因缘记》、《刘萨诃和尚因缘记》、《隋净影寺沙门慧远和尚因缘记》、《灵州史和尚因缘记》等。从题目就可以知道，因缘所演说的故事主要取自佛经片段，也有些采自僧传或民间传说。

《难陀出家缘起》演说《佛本行集经》卷五十七《难陀出家因缘品》，是一个相当幽默的故事。说佛陀异母弟难脱，眷恋美妻，虽经种种教化，不肯出家，佛陀示现神通，又把难陀带到天堂、地狱，终于使难陀领悟出家福利。故事很简单，用意显得庸俗，但描写却富于情趣。例如描写一日难陀和妻子饮酒，忽然佛陀到来，难陀狼狈出迎：

> 世尊直到难陀门前，道三两声“家常”。难陀欢饮之次，忽然闻门外世尊语声，向妻道:“娘子！娘子！”
>
> 吟　“有事谘闻娘子，请筹暂起却回。伏缘师兄到来，现在门前化饭。
>
> 欲拟如今不出，又缘知我在家。走到门前略看，即便却来同饮。”
>
> 断　欢喜巡还却饮杯，恐怕师兄乞饭来。“各请万寿暂崎岖，见了师兄便入来。
>
> 饮满匀巡一两杯，徐徐慢怕（拍）管弦催。各（搁）盏待君下次勾，见了抽身便却回。”
>
> 吟　难陀出门见佛，便乃阳作喜欢。合长（掌）礼拜起居:“不审师兄万福……”①

像这一段情境描绘入画，世态人情曲尽其妙。

敦煌写卷里有一批“押座文”。周绍良替 S. 2440 号卷子拟题为《押座文汇钞》（包括《八相押座文》等），此外还有《故圆鉴大师二十四孝押座文》、《阿弥陀经押座文》、《悉达太子修道因缘押座文》等。按俗讲仪轨，在开讲或说因缘以前要转读七言句组成的诗篇，间或夹杂一些说白，是为押座文。“押座”取镇压之意，意谓让听众安静，准备情绪听讲。宋代话本小说家数有“说参请”，讲有关参禅悟道内容的佛教故事，即直接继承了说因缘的方式；押座文用在俗讲之前，则是后来宋元话本“入话”的滥觞。俗讲完了，同样要读诵一种诗篇，是为“解座文”，取

---

①黄征、张涌泉校注《敦煌变文集》，中华书局，1997 年，第 590 页。

解散听众之意。《破魔变文》和《丑女缘起》后面的诗句就是解座文。

变　文

由讲经文进一步发展，脱离经典而专门讲说故事，则形成狭义的“变文”；又由讲说佛教故事发展到讲说世俗故事，则成了普通讲唱文学体裁。

“变文”一语的意义，是学术界长期争论的问题。按孙楷第的意见：

> ……更以图像考之，释道二家凡绘仙佛像及经中变异之事者，谓之变相。如云“地狱变相”“化胡成佛变相”等是。亦称曰变；如云《弥勒变》、《金刚变》、《华严变》、《法华变》、《天请问变》、《楞伽变》、《维摩变》、《净土变》、《西方变》、《地狱变》、《八相变》等是……其以变标名立目，与变文正同。盖人物事迹以文字描写之，则谓之变文，省称曰变。以图像描写之，则谓之变相，省称亦曰变。其义一也。然则变文得名，当由于其文述佛诸菩萨神变及经中所载变异之事……①

周绍良进一步解释说：“所谓‘变’，应该解释为‘故事’之意，所谓故事图像就是‘变相’，而故事文就是‘变文’。”②

变文作为更成熟的讲唱文学体裁，发展到后来已有专业化的艺人吟唱讲说，又有专门的表演地点称“变场”，即演出已不限于寺院。其文体韵、散交错，行文中有“处”（如《大目乾连冥间救母变文》“目连向前问其事之处”，“腾空往至世尊处”）、“若为”（如《降魔变文》“舍利弗共长者商度处，若为……”，“合国人民咸皆瞻仰处，若为……”）、“若为陈说”（《汉八年楚灭汉兴王陵变》“二将斫营处，若为陈说”，“说其本情处，若为陈说”）相照应，或用“道何言语”（如《破魔变文》“魔王当尔之时，道何言语”，“姊妹三个，道何言语”）、“若为陈说”（如《昭君变》“乃哭明妃处，若为陈说”，“遂出祭词处，若为陈说”）来提示，周绍良认为后面两点可作为识别变文文体的标志。

对某些具体卷子的归类，学者间尚有分歧。周绍良列出明确标出“变”或

---

①《读变文二则》，《现代佛学》第1卷第10期（1951.6），转引《敦煌变文论文录》，上海古籍出版社，1982年，上册第241页。

②周绍良《唐代变文及其他》，《敦煌文学作品选·代序》卷首第3页，中华书局，1987年。

"变文"的有九种，即《汉八年楚灭汉兴王陵变》、《舜子至孝变文》、《八相变》、《破魔变》、《降魔变文》、《大目乾连冥间救母变文》、《频婆娑罗王后宫彩女功德意供养塔升天因缘变》、《丑变》、《刘家太子变》。另有的卷子或缺标题，或所存即是残卷，没有留下"变"或"变文"题目，但从体例看是变文，有以下几种：《伍子胥变文》、《李陵变文》、《王昭君变文》、《张议潮变文》、《张淮深变文》、《目连变文》。这些题目皆是后拟的。从现存这十五篇题材看，属于世俗内容的计八篇，占总篇数的一半多。就是说，本来性质是佛教文学的变文在发展中逐步世俗化了，即已独立为一般的讲唱文学体裁了。

美国学者梅维恒的名著《唐代变文》对于变文的体裁、"变文"一词的含义、变文的形式、套语和特征，变文的演艺人、作者和抄手做了细致的研究。他不但广泛利用了中土资料，更参照世界各国、各民族民间通俗文艺的资料，许多结论是十分精辟的。他按所谓"狭义定义"所辨别的变文篇目，与周绍良的看法相同。关于变文的特征，他明确五点，即"独特的引导韵文的套用语，与故事画的密切联系，韵散相间的形式，由七言句组成的韵文，通俗化的语言"①。他据此明确区别开变文和讲经文的关系。②

世俗题材的变文中六篇是讲历史故事的，两篇是讲当世情事的。张议潮于大中年间驱逐吐蕃镇将，率领早已脱离中央统辖的瓜、沙等河西十一州内附，被朝廷任命为归义军节度使；后来其侄张淮深继守归义，是晚唐历史上的重要事件。当地文人以此重大事件为题材写成变文，体现出强烈的现实性。古代题材的变文如上述题目所示则是选取历史上著名人物和事件加以演绎的。描写佛教题材的有些内容出自佛传，有些敷衍经典里的故事。如《破魔变》取材《佛所行赞》，《降魔变文》取材《贤愚经》卷十《须达起精舍品》，《频婆娑罗王后宫彩女功德意供养塔升天因缘变》取材《撰集百缘经》卷六《功德意供养塔升天缘》；两种《目连变文》讲的则是中土创造的目连传说。

流传广远、影响巨大的是目连救母变文。其中《大目乾连冥间救母变文》现存有九件之多，可见其受到欢迎的程度。目连救母故事初见于《盂兰盆经》。这部经

---

①杨继东、陈引驰译《唐代变文》，中国佛教文化出版有限公司，1999 年，上册第 75 页。

②关于变文和讲经文的关系，梅维恒做出明确的划分，认为二者没有任何关联。但依常情而论，同为面向群众的讲唱体裁，相互间不会没有影响。

典一般以为是中土伪经，至迟形成（或传译）于齐、梁时期。在佛典里，目连在佛弟子中“神通第一”，有关于他出入三界、和饿鬼交往的记述。然而在《盂兰盆经》里，目连尽其诚孝、千方百计地去解救转生为饿鬼的母亲；其母亲得到解救并不是由于自身修善得福，而是依靠孝子目连的努力。这样，是人子“孝心”的外在力量使亡母得以解脱地狱之苦，这就把中土伦理和佛教的业报观念结合在一起，从而使地狱冥报故事的基本精神转化了。到唐代，目连传说进一步发展、变化。在敦煌文书中有一部《净土盂兰盆经》。这部经里的救母故事已和现存变文的情节相似，是根据《盂兰盆经》衍化出的新一代伪经。其中叙述目连母子过去世本事，即往昔五百劫前定光佛出世时罗陀国婆罗门家小儿罗卜解救坠为饿鬼的母亲青提夫人故事，这也是变文所叙述的内容。不过变文作为面向民众的讲唱文学作品，情节更为复杂，描写更加细致，内容更加世俗化，作为艺术创作也更为完整了。

在详略不同的《目连救母》变文里已把故事转移到现世：说在俗目连名为罗卜，父母双亡，终三年之丧后，出家为佛弟子，得阿罗汉果，以道眼寻访双亲；先到天堂访问亡父，从父亲那里得知亡母平生铿吝造恶，坠入地狱；他遂到地狱寻访，在冥路上得到阎王指点，遍历十王厅，知道生母现在阿鼻地狱；他遍巡包括刀山剑树地狱、铜柱铁床地狱等处，目睹种种罪罚恐怖景象；后借助在娑罗林接受的世尊所赐十二环锡杖，打破地狱之门，直赴阿鼻地狱，终于和母亲相会；但因为他自己并没有力量超度亡母，遂请佛施行救济，使母亲免地狱之苦而转生饿鬼道；目连受世尊教示，设盂兰盆斋，以此功德使母亲转生畜生道；然后又恢复女人身，最后终于灭罪修福，往生忉利天。在曲折细致的叙写中，地狱巡游是重点部分。其中极力渲染惩罚折磨的惨毒和受刑者的痛苦与恐怖，突出表现目连那种为寻母、救母而不畏艰辛、百折不挠的精神。其中不乏相当煽情的描写，如写目连到阿鼻地狱一隔一隔地寻找，终于在第七隔里找到母亲，描写母子相见，有一段韵文：

> ……狱卒擎叉左右遮，牛头把锁东西立，一步一倒向前来，目连抱母号咷泣。
>
> 哭曰：“由如不孝顺，殃及慈母落三途，积善之家有余庆，皇天只没杀无辜。
>
> 阿娘昔日胜潘安，如今憔悴顿摧溅，曾闻地狱多辛苦，今日方知行路难。
>
> 一从遭祸耶娘死，每日坟陵常祭祀，娘娘得食吃已否，一过容颜总憔悴。”

阿娘既得目连言，呜呼怕搦泪交连：“昨与我儿生死隔，谁知今日重团圆。

阿娘生时不修福，十恶之愆皆具足。当时不用我儿言，受此阿鼻大地狱。

阿娘昔日极芬荣，出入罗帏锦障行，那堪受此泥梨苦，变作千年恶鬼行。

口里千回拔出舌，凶（胸）前百过铁犁耕。骨节筋皮随处断，不劳刀剑自凋零。

一向须臾千过死，于时唱道却回生，入此狱中同受苦，不论贵贱与公卿。

汝向家中勤祭祀，只得乡闾孝顺名，纵向坟中浇历酒，不如抄写一行经……。”

目连哽咽啼如雨……①

这里的描写虽然有些程式化，运用典故不够得当，但从总体看情境渲染细腻、生动，人物感情也抒发得淋漓尽致。可以设想，在“变场”的表演里，这样的段落是有巨大感染力的。这样，在变文里救母故事的主题被进一步深化了：在宣扬因缘业报、地狱罪罚的本来的意义之外，更突出强调了仁孝救济观念。就是说，目连的诚挚的孝心终能战胜业报的规律，成为不可抵挡的巨大的救济力量，从而热情地讴歌了母子亲情，颂扬了儒家伦理，这个古老的传说从而也就演变成美好人性的颂歌。这也是唐、宋以后目连故事在民众间、在各类文学样式中广为流传的理由。

《破魔变》和《降魔变文》都取材佛传，是分别根据《佛所行赞》和《贤愚经》的相应段落加以生发的。《破魔变》表现释迦“八相成道”“降魔”一段。变文说释迦太子雪山修道，六载苦行，当腊月八日之晨下山于熙连河沐浴，接受牧女献乳供养，此时震动魔宫，魔王恐惧如来出世，遂设计闹乱释迦。先是派遣魔军，施行神变，但“魔王神变总骋了，不能动摇我如来”，不得不抽军返回魔宫；但愤怒之情犹未止息，又派遣三魔女前往诱惑。这个情节也是一般佛传着力描写的。变文里把魔女诱惑的情节变化为对话：第一女“情愿将身作夫妻”；第二女愿为“欲拟伴住山中，扫地焚香取水”，“看家守舍”；第三女“情愿长擎座具”②，而都被佛陀拒绝。魔女不信世尊之言，谩发强词，轻脑于佛；佛垂金色臂，指魔女身，魔女化为丑陋老母。这样，在佛、魔的激烈冲突中表现了佛陀求道的坚强意志，歌颂了他与邪恶斗争无所畏惧、不屈不挠的精神。《破魔变》首尾齐全，前有押座文，后

①黄征、张涌泉校注《敦煌变文集》，中华书局，1997 年，第 1033～1034 页。

②黄征、张涌泉校注《敦煌变文集》，中华书局，1997 年，第 533～535 页。

有解座文，最后纪录是“天福九年”（944）净土寺沙门愿荣写。当时统治沙洲一带的是继张氏任归义军节度使的曹氏曹元深。从这篇押座文可以知道当时变文的表演有祝颂之意，或许就是在祝贺当地统治者的礼仪上表演的。讲唱“破魔”、“降魔”故事，有象征被祝颂者威镇四方、战无不胜的意味。

《降魔变文》讲给孤独长者须达购得祇陀太子园林请佛陀前来安居说法的非常富于戏剧性的故事。这个故事见于多种经典，而以《贤愚经》的《须达起精舍品》最为生动、精彩。变文篇幅在一万字左右，情节多加增饰，叙述和描写也更为细致、详悉。故事最为生动之处，是六师外道遣弟子劳度差与佛弟子舍利弗二人施幻术斗法事。变文里劳度差先后变化为高山、水牛、水池、毒龙、二鬼、大树，舍利弗则相应地变化为金刚、师子、象王、金翅鸟王、毗沙门、风神战胜之。变化的顺序变文与原来经典里的描写有所不同，形容、渲染也更加细致、热闹。如斗法的第一回合：

舍利弗徐步安详，升师子之座；劳度差身居宝帐，捧拥四边。舍利弗即升宝座，如师子之王，出雅妙之声，告四众言曰：“然我佛法之内，不立人我之心，显政摧邪，假为施设。劳度差有何变现，即任施张。”

六师闻语，忽然化出宝山，高数由旬。钦岑碧玉，崔嵬白银，顶侵天汉，丛竹芳新。东西日月，南北参辰。亦有松树参天，藤萝万断，顶上隐士安居。更有诸仙游观，驾鹤乘龙，仙歌聊乱。四众谁不惊嗟，见者咸皆称叹。

舍利弗虽见此山，心里都无畏难。须臾之倾（顷），忽然化出金刚。其金刚乃作何形状？其金刚乃头圆像天，天圆祇堪为盖；足方万里，大地才足为钻。美郁翠如青山之两崇（重），口𠺕𠺕犹江海之广阔。手执宝杵，杵上火焰冲天。一拟邪山，登时粉碎。山花萎悴飘零，竹木莫知所在。百僚齐叹希奇，四众一时唱快。故云金刚智杵破邪山处，若为：

六师愤怒情难止，化出宝山难可比，崭岩可有数由旬，紫葛金藤而覆地。

山花郁翠金文成，金石翠微碧云起，上有王乔丁令威，香水浮流宝山里。

飞仙往往散名华，大王遥见生欢喜，舍利弗见山来入会，安详不动居三昧。

应时化作大金刚，眉高额阔身躯磊，手执金杵火冲天，一拟邪山便粉碎。

外道哽咽语声嘶，四众一时齐唱快。

于时帝王惊愕，四众忻忻。此度既不如他，未知更何神变？[1]

如此边讲边唱，一共六个段落，把斗法情景重复渲染，想象夸张，热闹非凡，表现出魔高一尺、道高一丈、正义摧毁邪恶必然胜利的斗争，对于吸引听众是有吸引力的。

变文创造了古代讲唱文学的一个高峰，虽然它作为文学体裁由于种种因缘早已沉埋在历史尘埃中，但作为艺术遗产却具有巨大价值，并曾潜移默化地影响到后来诸多样式的文学创作。

话　本

敦煌写卷里发现的话本，是繁荣的宋代话本小说的先期产物，是唐代“说话”文学的实证。“说话”作为艺术形式起源很早。考古发现的汉代说书俑即是当时已有发达的说书艺术的实证。隋唐时期这一艺术形式更加繁荣。隋侯白的《启颜录》记载他曾为杨玄感“说话”[2]。唐人郭湜记载“安史之乱”后唐玄宗回到长安，高力士为他“更讲经、论议、转变、说话，虽不近文律，终冀悦圣情”[3]。但是早期说话的底本却不见流传。而在现存敦煌卷子里却佚存多篇话本，而且题材多种多样，有历史故事（如《韩擒虎话本》、《苏武李陵执别词》等）、民间传说（如“秋胡”故事），也有宗教故事。宗教故事中内容有道教的（《叶净能诗》）；也有佛教的。这成为小说史上话本的实物资料。

佛教故事有《庐山远公话》和“唐太宗入冥”传说。

《庐山远公话》叙说具有传奇色彩的慧远生平，全篇结构紧凑，首尾完整，是相当成熟的话本。其情节多有神异成分，又夹杂佛理宣传，基本是出于虚构，远离历史真实。这也正表现了作者丰富的想象力。刘铭恕说:“此为远公古传，说者谓如《庐山莲宗宝鉴》所指《庐山成道记》伪纂惠远神变故事，向来以为必非出自古记，但今以本卷证之，知远公七狂中所谓：出庐放浪白庄三十年，不应晋帝之召，为崔相公家奴，臂有肉钏等神变故事，并早已脍炙人口，宁得谓为晚出。抑考此远公传，以体近小说，命名为《话》，亦犹李娃小说之命名为《一枝花话》，此亦考

①黄征、张涌泉校注《敦煌变文集》，中华书局，1997年，第563～564页。

②《太平广记》卷二四八，第5册第1919页。

③《高力士外传》。

小说史之宝贵资料。”① 可以设想，这种高僧传说形成“说话”，在当时会流传很多。

又敦煌写卷 S. 2630 号、王国维等定名为《唐太宗入冥记》的残卷，经今人考订也是一篇早期话本。唐太宗到冥府游历的传说，唐初张鷟《朝野佥载》里已有记载。话本对于情节又有所发挥，其中写到唐太宗生魂被拘入冥，阎王使人勘问武德三年至五年杀六十四人之罪（这是武德九年六月四日“玄武门之变”杀太子建成、齐王元吉及其诸子的讹传），判官崔子玉是阳间的辅阳县尉，让他审问当朝皇帝，他十分忧惧；这崔子玉原来是著名术士李淳风的朋友，他本为皇帝所司，太宗又带了李淳风的书信，经请求，蒙允不与建成、元吉对质；判官则以自己在阳间位卑，遂讨好太宗更改了名录，让他再归阳道做十年天子，因而得到阳间蒲州刺史兼河北廿四道采访使之职，官至御史大夫，赐紫金鱼带，仍赐辅阳县，等等。现存残卷只是一部分情节，从中可以看出，地狱描写已不重在渲染恐怖，而流露出强烈的讽世色彩；人物兼治阴阳二界的构想十分奇特，在后来小说、戏曲里得到广泛运用；唐太宗和崔子玉这一对人物在阴、阳二界地位反差悬殊，对其处境、心理、行为的矛盾描写得相当细腻、真切。唐太宗入冥故事后来被纳入到小说《西游记》里，并衍变为《唐王游地府》章回小说。

敦煌写卷里的民间叙事文学还有词文、诗话、俗赋等题材，应当同样有描写佛教题材的作品，不过目前尚未发现，这里不再讨论。

第五节　敦煌曲辞

敦煌曲辞主要是当时民间流行的歌唱词文。据今人整理，总数有两千余首。其中僧、俗具名的有二百余首。它们大部分应是唐代流行的民间俗曲。标有作者名字的大部分也曾流传民间。这些曲辞相当一部分是佛教内容的。

佛教题材的曲辞有一部分留有作者姓名，如南宗祖师神会、净土大师法照、诗僧贯休和寰中、真觉、圆鉴、智严等，但多数佚失作者名字。这后一类多应是下层僧侣和民间创作的。这类曲辞体裁与一般曲辞一样，形式多种多样。有单调的所谓“杂曲”，有复调的套曲；有些有调名，有些没有。有调名的如《五更转》、《十二

①黄征、张涌泉校注《敦煌变文集》，中华书局，1997 年，第 269 ~ 270 页。

时》等是南朝流传下来的传统曲式，更多的是唐朝流行的新曲。大体说来，套曲形式包容量大，便于叙述故事；单调“杂曲”则适于表达一般感受或抒情。

从内容分析，佛教题材的曲辞大体可分为两种类型：一种是宣教型的，是僧侣或信仰者向他人说教的作品，主要是通俗地演说轮回报应之类基本教理、教义，鼓吹修善向佛、皈依善道，等等，这类作品在现存曲辞中占多数；另一种则是抒情型的，或表达对佛陀、佛法的赞美，或抒发个人修道的决心和体验。由于作品大部分来自民间或面向民众，主要表达的也是普通民众的信仰心。例如《求因果·修善》十一首的两段：

> 有福之人登彼岸，免受三途难。无福之人被弃遗，未有出缘期。努力回心归善道，地狱无人造。轮回烦恼作菩提，生死离阿鼻。
>
> 普劝阎浮世界人，修善莫因循。切须钦敬自家身，莫遣受沉沦。今生果报前生种，惭愧生珍重。来生更望此生身，修取后来因。①

这里完全使用劝诫、训谕的语气。像这样的曲辞在法会上、在大众中歌唱，会发挥相当的规劝作用。

唐代宗派佛教发达，在曲辞里也有明显的表现。曲辞中表现净土信仰和禅宗观念的不少。如被定名为《三归依》的四首作品，就是宣扬皈依净土的。第一、二两首是：

> 皈依佛，大圣释迦化主。兴慈愿，救诸苦。能宣妙法甚深言，闻者如沾甘露。慈悲主，接引众生，同到净土。
>
> 到净土，五色祥云满路。双童引，频伽舞。一回风动响珊珊，闻者轻擂阶鼓。慈悲主，接引众生，同到净土。②

中唐时期净土大师法照活动于朝野。他提倡“五会念佛”，把歌咏赞佛当作修道的重要手段。他本人也是优秀的佛教诗人，写过不少曲辞，在敦煌卷子里保存有他的两组《归去来》。其中一组十首，题目是《归西方赞》；另一组六首，拟题为《宝门开》。以他的身份和影响创作这类歌词，对写作、传唱佛教曲辞的风气必然起到

①任半塘《敦煌歌辞总编》，上海古籍出版社，1987年，中册第870页。

②任半塘《敦煌歌辞总编》，上海古籍出版社，1987年，中册第963~964页。

推动作用。

表达禅宗观念的如《无相珠》十首。禅宗祖师多歌颂"如意珠"、"骊龙珠"等等，以比拟自性清净的明净透彻、圆融无碍，这在前面已经提到。《无相珠》的前面有七言四句诗一首，像是总序或提纲：

念珠出自王宫宅，旷劫年来人不识。有人识得难凡夫，隐在中山舍卫国。

接着十首从不同角度对明珠进行描绘和形容，如第三、四首：

智慧珠，明皎洁，上下通明四维彻。念念常思无相珠，须臾灭尽恒沙业。

奉劝人，勤念珠，念珠非有亦非无。非空非实非来去，来去中间一物无。①

这完全是利用"珠"的比喻来表现南宗禅的"顿悟见性"观念。

还值得一提的是，敦煌曲辞里的有些民间曲调，如《杨柳枝》、《回波乐》等，是后来兴盛的"曲子词"的词牌。这表明佛教通俗曲辞对于推动"词"这一新的韵文体裁的形成和发展起了一定作用。

长篇连章的叙事作品里，拟调名为《证无为》的曲子二十七首演说悉达太子出家修道因缘，从初学道写到破魔，是相当连贯的故事情节。体例是每段四句，用"五、五、七、五"言格式，每段后面有"释迦牟尼佛"赞佛声。虽然篇幅不算长，但描写中颇能捕捉矛盾冲突的细节加以生发，也具有相当情趣。如叙说太子出家、离别耶输陀罗几段，述说角度不断变换，情景表述得相当生动：

……耶输焚香火，太子设誓言：三世共汝结因缘。背我入雪山。释迦牟尼佛。

不念买花日，奉献释迦前。买花设誓舍金钱，相约过百年。释迦牟尼佛。

作女如花捺，百国大王求。誓共太子守千秋，同衾亦同丘。释迦牟尼佛。

雪山成正觉，教我没依头。看花肠断泪交流，荣华一世休。释迦牟尼佛……

而说到太子雪山修道，渲染环境，描摹景物，又很富诗情：

……寂净青山好，猛兽共同缘。崚嶒石阁与天连，藤萝绕四边。释迦牟

①任半塘《敦煌歌辞总编》，上海古籍出版社，1987年，中册第924页。

尼佛。

孤山高万仞，雪岭入层霄。寒多树叶土成条，太子乐逍遥。释迦牟尼佛……

只见飞虫过，夜叉万余多。石壁斑点绣纹窠，树动吹法螺。释迦牟尼佛。

岭上烟云起，散盖覆山坡。彩画石壁奈人何，太子出婆娑……①

这样的描写辞采比较精美，又颇能表现出诗语凝练、概括的特点。

任半塘依据敦煌写卷 S. 2454 号《维摩五更转》、S. 6631 号《维摩五更转十二时》一篇和 P. 3141 号一个残卷，加以校订、整理为《五更转兼十二时》凡二十八首（“五更”各一首，“十二时”各二首，其中缺子时一首），把体例定名为“复合联章”，认为是金、元“带过曲”（如元乔梦符《雁儿落带得胜令》等例）的滥觞。至于歌辞的创作年代，任半塘初步认定“在初唐之四十年间”②。考察歌辞内容，大体与讲经文相合。讲经文的韵文部分应与歌辞创作有密切关联。两种作品的产生时间距离不应太远。在与禅宗的关系上，歌辞的情况也与讲经文同样，都是利用《维摩经》来表现禅宗新的修道观和居士思想。由此可以推断歌辞应形成于禅宗发达的中晚唐时期。任半塘整理本“五更转”部分内容主要相当于经文的《佛国品》，类似全部歌辞的序语。以下将十大弟子、四位菩萨受维摩呵难和文殊问疾的情节概括在一天“十二时”之中。但其顺序已经变乱原来的经文。二大士对谈则夹在中间的午时，然后是天女散花在未时，申时又回来写光严童子和阿难，酉时是须菩提，戌时是阿那律和弥勒，最后亥时是全部歌辞的终结。这样一来，二大士对谈就和众弟子被讥呵放在同样位置上了。由于十二时的顺序是固定的，歌辞的这种顺序就不会是抄写错误。歌辞这种结构安排显然反映了作者的观念，即是有意以维摩与佛弟子的对立来展开主题。这里表现的讥弹精神也是与讲经文相一致的。歌辞里也不断地强调“折服大声闻”，声闻弟子则“被呵嗔”，“呵令去”，等等。如任二北所说:“设‘问疾’奇局，欲肆弹呵，尽折如来诸大弟子，即以折如来。”③ 这样，宣扬维摩也有着批判传统佛教的意味。如结尾一段歌辞说：

①任半塘《敦煌歌辞总编》，上海古籍出版社，1987 年，中册第 801 ~ 802 页。

②任半塘《敦煌歌辞总编》，上海古籍出版社，1987 年，下册第 1556 页。

③任半塘《敦煌歌辞总编》，上海古籍出版社，1987 年，下册第 1494 页。

辞渴爱，归妙海，取舍之心俱窒碍，不空不有不处中，若能如此真三昧。①

又正如任半塘所说，歌辞里“充满顿旨”即南宗禅观念。至于歌辞的表达，主要是哲理式的，具有更大的概括性，语言也更多地经过修饰和提炼，因此又可以看作是一种佛教哲理诗。写法上，对于弟子被讥呵的一个个故事，都是用几句歌辞加以概括，有些并有一定的形象性，如：

日昳未，日昳未，居士室中天女侍。声闻神变不知他，舍利怀惭花不坠。

花不落，心有畏，无明相中妄生二。将知未晓法性空，滞此空花便为耻。②

这里是利用了经文中天女散花、至大弟子便著不堕的情趣相当幽默的典故，但与经文相较，则更为通俗、简略，也更为形象。陈寅恪曾指出:“舍利弗者，佛弟子中智慧第一之人。维摩诘宅神之天女以智辩窘之，甚至故违沙门戒法，以香花散著其身，虽以神力去之而不得去，复转之使为女身。然则净名之宅神，与释迦之大弟子，其程度高下有如是者。”③ 歌辞里用两节来演说他的故事，正表明其讥呵的思想倾向。

失调名《五台山赞》十八首，分别描绘五台山东、南、中、西、北台的壮丽，夹写佛光寺、清凉寺胜迹，特别表现文殊菩萨的灵应以及新罗王子等求法事迹，相当全面而生动地反映了唐代五台山信仰的实况。

敦煌卷子里最长的套曲是署名智严的《十二时·普劝四众依教修行》。任半塘根据四个卷子整理为一个套曲一百三十四首。在一个卷子后面有“学子薛安俊”书写题记，题为“同光二年”（924）。但根据作品内容考订，其祖本必出于宣宗大中年间（847—860）以前。作者智严是鄜州开元寺观音院主，曾西行求法，东归后，愿焚身五台山，供养文殊。民间传唱的作品本具有流动性质，今本与智严创作的祖本有多大距离已难以考订。全套作品按十二时加上收尾共分十三段。除收尾六首外，其他各段八首至十三首不等。每首的格式是五句二十七字，句式是“三、三、七、七、七”，三仄韵。这是唐代民歌流行的曲式。这套主旨为“普劝四众依教修

①任半塘《敦煌歌辞总编》，上海古籍出版社，1987 年，下册第 1550 页。

②任半塘《敦煌歌辞总编》，上海古籍出版社，1980 年，下册第 1524 ~ 1529 页。

③《敦煌本维摩诘经文殊师利问疾品演义跋》，陈寅恪《金明馆丛稿二编》，上海古籍出版社，1980 年，第 181 页。

行”的歌辞篇幅长、容量大，除了宣扬轮回果报、劝人修行、赞扬佛法等内容之外，更对人情世态进行了精确、详细的描绘，相当真实地展现了当时社会生活的某些侧面，刻画出不同阶层人们的精神面貌。如第一段：

> 鸡鸣丑，鸡鸣丑，曙色才能分户牖。富者高眠醉梦中，贫人已向尘埃走。
> 或城隍，或村薮，矻矻波波各营构。下床开眼是欺谩，举意用心皆过咎。
> 或刀尺，或秤斗，增减那容夸眼手。只知劳役有为身，不曾戒约无厌口。
> 吃腥膻，饮酴酒，业障痴心难化诱。也知寺里讲筵开，却趁寻春玩花柳。
> 命亲邻，屈朋友，抚掌高歌饮酴酎。为言恩爱永团圆，将谓荣华不衰朽。
> 妻子情，终不久，只是生存诈亲厚。未容三日病缠绵，隈地憎嫌百般有。①

像这样的段落，主旨当然在宣传佛教信仰，但它既揭露了社会上的贫富不均，又批评了人情的贪婪、冷酷，客观上暴露了社会伦理的堕落，特别是宗教信仰败坏的实情。

唐代可以说是中国历史上民间俗文学最为兴盛、发达的时代。特别由于敦煌文献的发现，使一大批这个领域的宝贵遗产重见天日，体裁、题材、风格多姿多彩的众多作品让人们大开眼界。尽管佛教俗文学存在着这样那样的缺陷和局限，但它们在一定程度上相当真切地表达了民众的心声，反映了当时的社会面貌，体现出一般文人文学所没有的思想上和艺术上的特点和长处，不仅对后世的民间文学造成了广泛而深远的影响，就是对于文人创作也提供了宝贵的借鉴，作为社会史料对于历史研究包括佛教史研究更具有重大的意义和价值。

①任半塘《敦煌歌辞总编》，上海古籍出版社，1987年，下册第1596~1597页。

第九章
宋代以后的佛教与文人

第一节　佛教走向式微与居士佛教的发展

从佛教在中国发展的总形势看，自两宋之际已逐渐走向式微了。当时印度佛教已经衰落，中土佛教从而失去了外来的滋养源泉；在唐代宗派佛教极度繁荣之后，各宗派在教理、教义方面已鲜有新的发展；特别是自中唐以后，前有以韩愈、李翱为代表的文人“辟佛”，接着又有朝廷主持的会昌“法难”，虽然这些反佛的言论和措施并没有贯彻到底，但佛教所受打击却是相当沉重的。特别是在思想、学术领域，经过儒、道、释“三教”长期的斗争与交流，在佛、道二教极盛之后，中土人士的精神世界终于再度向理性主义复归，导致儒学在吸收释、道理论成果的基础上发展出“新儒学”——理学。宋代理学的形成进一步剥夺了佛、道二教的思想、理论阵地。而经过历代王朝在相续奉行兼容“三教”而以儒学为主导的思想统治政策的前提下，已牢固地确立了对于宗教神权的统辖，唐、宋以后更严格地限制佛、道二教在朝廷管制下发展。然而佛教在走向衰落的总趋势下，就思想文化层面而言，其在长期发展中积累的成果仍在发挥巨大影响，前代文人好佛习禅的传统也继续在起作用，佛教作为民众普遍的信仰实践也仍然是社会生活的重要因素。因而佛教对于文学艺术领域也继续产生相当巨大、深广的影响。

五代十国的分裂局面是唐代藩镇割据的延续。这一时期除了北方后周再度毁佛，南北各王朝均采取保护佛教的政策。特别是南方诸国，社会相对安定，更给佛教的发展提供了有利条件。江西钟传、湖南马殷等都崇佛好禅；而吴越钱氏自武肃王钱镠以下，均热心树塔建庙，广礼佛徒，天台宗和禅宗在其保护下都得到发展；南唐李氏亦崇重佛教，法眼宗在其直接庇护下形成巨大声势。这些都为宋代江南佛教的发展奠定了基础。

宋王朝由篡夺后周皇位而建立。立国之后，一反后周限制、打击佛教的做法。据说宋太祖赵匡胤见后周毁佛，即以为“大非社稷之福”；即位后，更敬僧礼佛，扶植佛教。宋太宗赵光义亦相沿不改。太平兴国元年（976）曾一次度童行达十七万人。他在位时期重设译经院，恢复自唐元和六年（811）中断一个半世纪的官营译经事业。宋真宗赵恒“并隆三教，而敬佛重法过于先朝，故其以天翰撰述，则有《圣教序》、《崇释论》、《法音集》，并注《四十二章》、《遗教》二经，一岁度僧至二十三万”①。两宋除徽宗一朝崇信道教外，各朝均采取优容佛教政策。在朝廷大力维护下，寺院经济有很大发展。苏辙《和子瞻宿临安净土寺》诗说:“四方清净居，多被僧所占。既无世俗营，百事得丰赡。”② 可见当时佛教发展的大体形势。

北宋初立，汴京两街诸寺所传主要是南山律宗和法相宗。南方吴越的钱弘俶曾遣使向高丽求取天台教典，促进了天台宗的“中兴”，江东从而成为天台宗的中心。而宋代最为兴盛的宗派当数禅和净土。五代时禅宗大盛于南方。至仁宗皇祐元年（1049）汴京建禅院，请云门五世大觉怀琏（1009—1090）主持，后又有这一系的明教契嵩（1007—1072）入京活动。特别由于云门一派具有浓厚的文化性格，因而受到官僚文人的欢迎，在朝廷上下盛行一时。临济宗则分化为黄龙、杨岐两派，特别兴盛于南方；至南宋，杨岐派且成为临济正统。两宋之际的杨岐派宗师大慧宗杲（1089—1163）提倡看话禅，影响尤为深远。曹洞宗的传承亦绵延不绝，经丹霞子淳（1064—1117）传弘智正觉（1096—1156），提倡默照禅，与看话禅并行于世。净土信仰本来为众多宗派所弘扬，经中唐法照等人大力提倡，唐末毁佛后恢复又较迅速，入宋后净土念佛、净土结社流行一时。至南宋，四明宗晓编《乐邦文类》，把净土与禅、教、律并称，以善导、法照、少康、省常上承慧远为历代祖师；后经

①志磐《佛祖统纪》卷四四，《正》第49卷第406页下。

②苏辙《栾城集》卷四。

志磐改订，在省常前加永明延寿，为七祖传承，净土法系从而确定。禅与净土两个宗派本来都是佛教各宗派普遍遵行的简易修行法门，宗义都比较简单，又注重个人修行，特别是都与中土传统伦理更相契合，有如此诸多因缘，也就更易于在士大夫和一般民众中传播。

两宋居士佛教进一步兴盛。宋初百废待兴，朝廷大力提倡儒学。士大夫间有孙复、石介等，直到仁宗朝的欧阳修等人，继承唐代韩愈的反佛传统，张扬辟佛。但到这个时期，儒、释调和已成为悠久、强大的潮流，前述佛教自身的发展对于推动这一潮流也起到巨大作用。而众多活跃在社会上层的僧侣则更积极地向世俗政权靠拢。如明教契嵩，曾“携所业三谒泰伯（李觏），以儒、释吻合，且抗其说。李爱其文之高，理之胜，因致书誉嵩于欧阳（修）”[①]。他更亲自往谒欧阳修，献《辅教篇》，大获赞誉。当时的宰相韩琦亦尊礼之。晚年他居杭州佛日禅院，杭帅蔡君谟优礼甚厚。苏轼对他也十分推重。同是云门宗的圆通居讷（1010—1071）住庐山，欧阳修庆历五年（1045）左迁滁州路经九江，曾上庐山拜访他。据说他的见解出入百家而折中于佛法，使欧阳修肃然心服[②]。后来应仁宗之召，入汴京任十方净因禅院住持。他是梓州中江人，当时苏洵父子入京，与他有乡谊，曾有密切交往。大觉怀琏（1009—1090）也是云门学人。皇祐元年（1049），应圆通居讷的荐举代掌十方净因禅院，与文坛名流亦广有交往。苏轼说“琏独指其（禅）妙与孔、老合者，其言文而真，其行峻而通，故一时士大夫喜从之游”[③]。其诗得到欧阳修、王安石的赞赏。也是云门宗的佛印了元（1032—1098）前后居江州承天寺、淮上斗方寺、庐山开先寺和金、焦二山等名寺，名动士林。他与道学家周敦颐有交谊；王安石晚年居金陵半山，度居士生活，结交禅侣，也曾与他往还；他与苏轼的交谊，后世更流传为佳话。其他如汾阳善昭、昭觉常总、黄龙慧南、圆通法秀、投子修颙、圆悟克勤等人，直到两宋之际的大慧宗杲，都内、外学兼擅，并喜欢结交士人。当时许多僧侣具有相当高的学养，成为他们在士大夫间活跃的条件。这些人也成为士大夫亲近佛门的津梁。陈善说：

世传王荆公尝问张文定公曰：“孔子去世百年，生孟子亚圣后绝无人，何

①《历代佛祖通载》卷一九，《正》卷49卷第668页下。

②参见志磐《佛祖统纪》卷四五，《正》第49卷第412页上。

③《宸奎阁碑》，《东坡集》卷三三，《四库备要》本。

也？”文定言：“岂无？只有过于孔子者。”公问：“谁？”文定言：“江南马大师、汾阳无业禅师、雪峰、岩头、丹霞、云门是也。”公暂闻，意不甚解，乃问曰：“何谓也？”文定曰：“儒门淡薄，收拾不住，皆归释氏耳。”荆公忻然叹服。①

这很可以代表当时士大夫对佛教及佛教僧侣的一般看法。一批高官显贵位居通显而热衷佛禅，“外为君子儒，内修菩萨行”，更带动了一代社会风气。典型的如张方平（1007—1091），字安道，号乐全居士。神宗初拜相，以极论王安石变法被排斥，出使南院、判应天府，后以太子太师致仕。有《乐全集》传世。他出身贫寒，跻身高位，虽然反对新法，却以立身方严著称。他家世业儒，所作《刍荛论》把“汉以兼并，唐则释、老，我朝加以兵马”视为天下之“蠹”②，但他感情上又喜好佛、老，又好道、喜服食。自号“乐全”。他有《题乐全堂》诗，题下自注：“庄子云‘乐全之谓得志’，古人之所谓得志者，非轩冕之谓也，谓其无以益其乐而已矣。”诗曰：

“乐全”得意自《庄》书，静阅流光乐有余。四句幻、泡明《般若》，一篇《力命》信冲虚。③

这里“四句”指《金刚经》“一切有为法，如梦、幻、泡、影，如露亦如电，应作如是观”的“六如偈”；《力命》则是《列子》的一篇。王巩在为其所作《行状》里称赞他说：

……每曰：“儒之诚明，道之正一，释之定慧，其致一也。君子之道，求诸己以正性命而已矣。”公即兼内、外之学，由是天下以通人推之。故颇僻诡邪不接于心术，爱恶哀惧无自入矣……④

这清楚表明他是统合“三教”而有得于性命之理的。方平早年守蜀，曾识拔三苏父子，结下交谊。后来苏轼以“乌台诗案”下制狱，他抗章为请，故苏轼终身敬事之。方平身处新、旧党争激烈之时，乐道和习禅都是保持乐全无亏的办法。他的

①陈善《扪虱新话》卷三《儒释迭为盛衰》，《丛书集成》本。
②张方平《刍荛论·原蠹下篇》，《乐全集》卷一五，《四库全书》本。
③张方平《乐全集》卷三。
④张方平《乐全集》附录。

《西斋偶书》诗说：

祖录（指《传灯录》）忘筌后，丹炉住火时。浮生更无事，燕坐复何思。暖日移棋局，寒风促酒卮。世间乐全法，不独净名知。[1]

这样，他的身上儒、佛、道融通无碍，一身而兼为达官、居士也就不显得矛盾了。

又张商英（1043—1121），字天觉，号无尽居士。他也活动在新、旧党争激烈时期，身为高官，依委于革新、守旧两派之间。他曾受知于王安石；而守旧派复辟的“元祐更化”时期又移书苏轼求进，有“老僧欲往乌寺呵佛骂祖”之语；后来哲宗亲政，新党重新当政，以与蔡京善，得以升迁；但又因为与蔡京政见不合，列入“元祐党籍”而被斥；京败，复为相。他是典型的行无持操的官僚。据说他早年本不信佛，曾欲著《无佛论》，以其妻向氏劝阻而止。后来偶然在寺院见到《维摩经》，倏然心会，因借归细读，始悟佛法深邃。他热衷于禅，黄庭坚赠诗中有“公家有闲日，禅窟问香灯”[2] 之语。他的身上典型地反映了宋代官僚士大夫习禅的贵族性格。

张九成（1092—1159），字子韶，号横浦居士，又号无垢居士，是宋代又一位有代表性的官僚居士。有《横浦集》、《横浦心传》传世。他是著名的理学家，是当时思想学术领域具有影响力的人物。他以忤秦桧被劾落职，钦慕著名杨岐派禅师、也是积极主张抗金的爱国者大慧宗杲，认为后者“议论超卓可喜”，与之结交；又明确表示“佛事一法，阴有以助吾教甚深，未可遽薄之”[3]。在学术史上他被评价为理学中程颢、程颐一派向陆九渊心学一派过渡的中间环节，论学以心为根本，又主张“定性识仁”，“一明皆明”，显然都是汲取了佛学内容。他论学而入于禅，南宋事功派的学者陈亮曾批评说：

近世张给事学佛有见，晚从杨龟山（杨时）学，自谓能悟是非，驾其说以鼓天下学者，靡然从之。家置其书，人习其法，几缠缚胶固，虽世之所谓高明之士，往往溺于其中而不能以自出，其为人心之害何止于战国只杨、墨也。[4]

---

①张方平《乐全集》卷二。

②《送张天觉得登字》，《豫章黄先生文集》卷四，《四部丛刊》本。

③《横浦心传》卷中、上。

④《与应仲实》，《龙川文集》卷一九，《四库全书》本。

朱熹同样对他给予讥评。但四库馆臣说：

……其立身自有本末：其邦试对策，极陈恢复大计，规戒高宗安于和议之非；又指陈时弊，言皆深切；于阉宦干政，尤反复申明，其在当时，可称谠论。刘安世喜言禅，苏轼喜言禅，李纲亦喜言禅，言禅不可以为训，要不以是掩其大节也。①

这里所谓“言禅不可以为训”，乃儒生之常谈。张九成在激烈的政争中浮沉，流落荒外十四载，一直坚持操守，安于寂寞，不为势力所屈，不能不承认有得于佛禅修养的助力。他取号无垢，这是维摩的另一译名。他有《午窗坐睡》诗说：

年老目飞花，心化柳生肘。万事元一梦，古今复何有……有梦尚有思，无梦真无垢。欲呼李太白，醉眠成二叟。②

他如此体悟到人间如梦如幻，企图以沉醉求安慰，则走向消极了。

其他人如杨亿、李尊勖、夏竦、富弼、赵抃、王韶、沈辽、吴则礼、邹浩、曹勋、李光、王庭珪、周紫芝等，都是朝廷显宦，又是著名居士。这些人经历不同，政治倾向不同，信仰的形态和程度不同，但都奔竞仕途而热衷佛禅。他们代表着当时士大夫的一般倾向。这样，居士阶层已逐渐成为推动佛教发展的主力；而佛教对思想文化的影响也依靠居士阶层得以发挥。这种影响在文学领域得到十分突出的表现。以下是几位著名文人的情况。

第二节　苏轼和苏辙

苏轼（1037—1011），字子瞻，一字仲和，号东坡居士，眉州眉山（今四川眉山县）人。他诗、文、词等各体兼擅，又精于书法、绘画，儒学方面则有《易传》等著作。他不仅在文学创作上成就卓著，并领袖文坛、引导后进，带动了一代文坛风气。他并且像当时一般文人官僚一样，以儒术立身，又旁通百家杂学，老、庄、仙、侠亦所用心，而对佛禅尤其热衷。

①《四库全书总目提要》卷一五八，中华书局，1965 年，下册第 1362 页。
②《横浦集》卷三，《四库全书》本。

苏轼族出寒门，信佛有家族传统。仁宗嘉祐元年（1056）张方平领益州，其父苏洵得到张的推荐，带领苏轼和苏辙兄弟来到汴京，拜谒翰林学士欧阳修，深得器重。苏轼于嘉祐六年（1061）制科入仕，为凤翔府签判，始在友人王大年影响下研读佛书。同年王安石为知制诰。两年后神宗即位，进入变法的政局动荡时期。苏轼政治主张持重保守，受到排挤，自熙宁四年（1071）至元丰（1078—1085）初，外放至杭州、密州、徐州、湖州等地为地方官。苏辙描写苏轼在杭州的生活说：

> 昔年苏夫子，杖履无不之。三百六十寺，处处题清诗。麋鹿尽相识，况乃比丘师。辩、净二老人，精明吐琉璃。笑言每忘去，蒲褐相依随。①

这里"辩、净"指当时杭州僧正海月慧辩和天竺观音道场辩才元净，苏轼对他们均礼敬如师友。与他交往的还有名僧梵臻、怀琏和孤山惠勤、惠思，诗僧清顺、可久等人。他自诩"吴越名僧与余善者十八九"。他于元丰二年（1079）在湖州被捕入狱，乃是人生重大转折。当时新党中人对其诗文深文周纳，罗织罪名，弹劾他"指斥乘舆"，"包藏祸心"，这就是有名的"乌台诗案"。他饱受几个月的折磨和屈辱后，被流贬黄州（今湖北黄冈市）。初到黄州，他寄居佛寺，随僧蔬食，惨痛际遇使他进一步探求佛理，从中寻求慰藉。苏轼后来总结这一段习佛心得说：

> ……道不足以御气，性不足以胜习，不锄其本而耘其末，今虽改之，后必复作。盍归诚佛僧，求一洗之。得城南精舍曰安国寺，又茂林修竹，陂池亭榭，间一二日辄往。焚香默坐，深自省察，则物我两忘，身心皆空，求罪始所从生而不可得。一念清净，染污自落，表里翛然，无所附丽，私窃乐之。旦往而暮还者，五年于此矣。②

他在给兄弟苏辙的诗里也说道：

> 凭君借取《法界观》，一洗人间万事非。来书云近看此书，余未尝见也。③

《法界观》即宗密《注华严法界观门》，这是阐述华严法界缘起思想的重要著作。华严学说中事理相即、圆融无碍的观念是宋代理学内容的组成部分。苏轼注重佛理

①《偶游大愚见余杭明雅照师旧识子瞻能言西湖旧游将行赋诗送之》，《栾城集》卷一三，《四部丛刊》本。

②《黄州安国寺记》，《东坡集》卷三三。

③《和子由四首·送春》，《东坡集》卷七。

研究，这成为他对待佛教态度上的重要特点。时有诗僧参寥和禅师佛印了元来到黄州。这两个人和他谈禅论文，此后长期与他保持亲密关系。在黄州，他取号东坡居士。“东坡”一语取自白居易诗，此后他也常常以乐天自比。他羡慕和仿效白居易经患难不惧不馁、乐天安命的精神，也和白居易一样结交方外，倾心佛说。

神宗死，王安石变法失败，保守派当政，这即是所谓“元祐更化”时期。苏轼被召回朝，但他遇事不随，又与执政者多龃龉，被斥再度通判杭州。至哲宗绍圣（1094—1098）年间，新党重新执政，苏轼又再遭流贬，由英州（今广东英德县）、惠州（今广东惠州市）而远至儋州（今海南儋州市）。其时饮食不具，药石无有，食芋饮水为生，极端艰苦。这一时期他更热衷佛禅。其妾朝云也学佛，和他一起到惠州，绍圣三年（1096）死在那里，弥留时咏《金刚经》“六如偈”，死后苏轼为制铭，并作《悼朝云诗》云：

> 伤心一念偿前债，弹指三生断后缘。归卧竹根无远近，夜灯勤礼塔中仙。①

这些都可见苏轼家里的宗教气氛。

他北归时路过禅宗著名道场南华寺，有诗题曰《昔在九江与苏伯固唱和其略云我梦扁舟浮震泽雪浪横江千顷白觉来满眼是庐山倚天无数开青壁盖实梦也昨日又梦伯固手持乳香婴儿示予觉而思之盖南华赐物也岂复与伯固相见于此耶今得来书已在南华相待数日矣感叹不已故先寄此诗》。这题目本身就是一篇精美、短小的散文。诗说：

> 扁舟震泽定何时，满眼庐山觉又非。春草池塘惠连梦，上林鸿雁子卿归。水香知是曹溪口，眼净同看古佛衣。不向南华结香火，此生何处是真依。②

他就这样表达了垂暮之年归诚佛教的心境。

苏轼在祭祀友人龙井辩才法师时又说过：

> 呜呼！孔、老异门，儒、释分宫，又于其间，禅、律相攻。我见大海，有北南东，江河虽殊，其至则同。虽大法师，自戒、定通，律无持破，垢、净皆

①《东坡后集》卷五。

②《昔在九江与苏伯固唱和其略云我梦扁舟浮震泽雪浪横江千顷白觉来满眼是庐山倚天无数开青壁盖实梦也昨日又梦伯固手持乳香婴儿示予觉而思之盖南华赐物也岂复与伯固相见于此耶今得来书已在南华相待数日矣感叹不已故先寄此诗》，《东坡后集》卷七。

空。讲无辩讷，事理皆融，如不动山，如常撞钟，如一月水，如万窍风。八十一年，生虽有终，遇物而应，施则无穷。吾初适吴，尚见五公，禅有辩（惠辩）、臻（梵臻），禅有琏（怀琏）、嵩（契嵩）。后二十年，独余此翁。①

这表明他不但对于禅、律各派取融通态度，对儒、释、道也兼容并蓄。他熟悉《金刚》、《维摩》、《圆觉》等大乘经，对于禅和华严宗义也有十分深刻的领会。禅的自性情净、“明心见性”，华严的事理圆融、无碍自如，以及大乘佛法我法两空、人生如梦等基本观念被他化为诗思抒写出来，表现出深刻的思致和特殊的理趣。例如他早年所写《和子由渑池怀旧》诗：

人生到处何所似，应似飞鸿踏雪泥。泥上偶然留指爪，鸿飞那复计东西。老僧已死成新塔，坏壁无由见旧题。往日崎岖还记否，路长人困蹇驴嘶。②

白居易《观幻》诗有句曰“更无寻觅处，鸟迹印空中”③，这里变化为“雪泥鸿爪”的比喻，写出在变幻不定、难以追寻的人生旅途中兄弟亲情的温馨和可贵。意境近似、更直接地表现“人生如梦”观念的还有《正月二十日与潘郭二生出郊寻春忽记去年是日同至女王城作诗乃和前韵》诗：

东风未肯入东门，走马还寻去年春。人似秋鸿来有信，事如春梦了无痕。江城白酒三杯酽，野老苍颜一笑温。已约年年为此会，故人不用赋《招魂》。④

这里也是用“秋鸿”的意象，更直接地表现出“事如春梦”、人生无常的惆怅。文如《赤壁赋》、词如《念奴娇·赤壁怀古》等等，也流露出同样的感慨。苏轼这类作品虽然时时表达出无可奈何的哀愁，但更隐含着人情的温馨和对于人生的依恋。他是把一种消极观念化腐朽为神奇了。

禅追求一念清净、身心洒脱、无所挂碍的境界。苏轼《书焦山纶长老壁》诗曰：

法师住焦山，而实未尝住。我来辄问法，法师了无语。法师非无语，不知所答故。君看头与足，本自安冠履。譬如长鬣人，不以长为苦。一日或人问，

①《祭龙井辩才文》，《东坡后集》卷一六。
②《东坡后集》卷一。
③《白居易集笺校》卷二六，第1813页。
④《东坡集》卷一二。

每睡安所措。归来被上下，一夜着无处。展转遂达晨，意欲尽镊去。此言虽鄙浅，故自有深趣。持此问法师，法师一笑许。[1]

这是典型的“借禅以为诙”[2] 之作，趣味盎然地表现了禅的“无念”、“无相”、无所执著的道理，也同于庄子的齐物逍遥精神。他的《泗州僧伽塔》诗表达了同样意念：

……至人无心何厚薄，我自怀私欣所便。耕田欲雨刈欲晴，去得顺风来者怨。若使人人祷辄遂，造物应须日千变。今我身世两悠悠，去无所逐来无恋……[3]

这也象征地抒写了对世间矛盾的想法：只要内心清净，无所执著，那么对一切患难都无怨无悔、以平常心处之了。

苏轼对佛理不只从感情上体悟，同样注重义解。他研习华严宗义有得，颇能用其万法一如、凡圣等一、理事无碍的道理来观察人生、安顿身心。如另一首同样幽默风趣的小诗《赠眼医王生彦若》，说的是这位医生谈笑自若间为人挑出眼翳，既不用幻术，也不用符咒，是由于把握了“形骸一尘垢，贵贱两草木”的道理，因而能够“鼻端有余地，肝胆分楚蜀”[4]。这使人们联想起《庄子》“庖丁解牛”的故事。庖丁的技艺“依乎天理”，掌握天理的关键在重内不重外，即保养精神。苏诗写的眼医则更能够体认事理一如、破执去缚之道，因而内心无有等差，树立起万物等一的平等观，从而治疗眼疾也就得心应手了。曾季貍曾评论这首诗说：“东莱（吕居仁）喜东坡《赠眼医王彦若》诗，王履道亦言东坡自负此诗，多自书与人。予读其诗，如佛经中偈赞，真奇作也。”[5] 这里更指出其写法也借鉴了佛经偈颂。

同样巧妙地表达禅机佛理的还有《泛颍一首》。“元祐更化”时期苏轼受到排斥，由知杭州移刺颍州，诗曰：

我性喜临水，得颍意甚奇。到官十日来，九日河之湄。吏民相笑语，使君

---

①《东坡集》卷六。

②《闻辩才法师复归上天竺以诗戏问》，《东坡集》卷九。

③《闻辩才法师复归上天竺以诗戏问》，《东坡集》卷三。

④《东坡集》卷一五。

⑤《艇斋诗话》，《历代诗话续编》上册第289页。

老而痴。使君实不痴，流水有令姿。绕郡十余里，不驶亦不迟。上流直且清，下流曲而漪。画船俯明镜，笑问汝为谁。忽然生鳞甲，乱我须与眉。散为百东坡，顷刻复在兹。此岂水薄相，与我相娱嬉。声色与臭味，颠倒眩小儿。等是儿戏物，水中少磷淄。赵、陈、两欧阳，同参天人师。观妙各有得，共赋泛颍诗。①

这里所谓“观妙”，谓观察宇宙妙理。杨慎指出：“东坡《泛颍》诗：‘散为百东坡，顷刻复在兹。’刘须溪谓本《传灯录》。按《传灯录》，良价禅师因过水睹影而悟，有偈曰：‘切忌从它觅，迢迢与我疏。我今独自往，处处得逢渠。渠今正是我，我今不是渠。’”② 这是说苏诗的观念通于曹洞禅。实际上诗里的观念更多地体现了华严总别相摄、一多无碍的宗义的影响，也包含老、庄的内容。他的作品富于理趣，正得力于善于把佛、道等义理化为诗思文情而巧妙地表现出来。

苏辙（1039—1112），字子由，号颍滨遗老。有《栾城集》。他嘉祐二年（1057）与苏轼同举进士；六年同中制科。兄弟二人思想观念相似，进退出处也大体相同。苏轼以“乌台诗案”入狱，他上书请以己官赎兄罪，牵连被贬，监筠州（今江西高安县）酒税。这个时期他开始用力学佛，他说：

予元丰中以罪谪高安，既涉世多难，知佛法之可以为归也。是时，洞山有文（洞山克文，黄檗慧南法嗣），黄檗有全（黄檗道全，泐潭克文法嗣），圣寿有聪（圣寿省聪，慧林宗本法嗣），是三老人皆具正法眼，超然无累于物，予稍从之游，既久而有见也。③

他也和乃兄一样，学佛同时好道，又不失儒生本色。在《卜居赋》里他说：

我师孔公，师其致一，亦入瞿昙、老子之室。此心皎然，与物皆寂，身则有尽，惟心不没。④

他显然是把学佛当作治气养心的重要手段了。后来旧党当政，他被召还朝，得以超迁，一度执掌朝政。但哲宗亲政，新党得势，他连续被贬黜至汝州、袁州，更至雷

①《东坡后集》卷一。

②《升庵诗话》卷三，《历代诗话续编》中册第697页。

③《逍遥聪禅师塔碑》，《栾城后集》卷二四。

④《栾城三集》卷五。

州、循州等远恶之地。晚年定居颍州，度过隐居生活。他后半生频遭挫折艰辛，从佛、道得到了安慰。

苏辙的创作同样兼擅各体。其文秀杰深醇，其赋淡雅详密，而其诗咏物写景，更多抒写心灵细致体验，与苏轼唱和尤多。如这样的诗：

冷枕单衣小竹床，卧闻秋雨滴心凉。此间本净何须洗，是病皆空岂有方。示疾维摩元自在，放身南岳离思量。病根欲去真元在，昨夜梦游何有乡。①

他把自己比喻为示疾的维摩，在困顿中求超脱，抒写体道的悠游自在、潇洒自如的境界。又如这样的小诗：

幽居一室少尘缘，妻子相看意自闲。行到南窗修竹下，恍然如见旧溪山。②

这里全然不见禅语，但那种闲淡的意境，悠远的情趣，却表明诗人已得无我一如的真谛。

“三苏”的道德文章传颂千古，善于继承和发扬古代文化优秀传统是他们得以成功的重要因素，而佛禅在其中所起的作用是不可低估的。

第三节　王　安　石

王安石（1021—1086），字介甫，号半山，封荆国公，世称王荆公。有《王文公文集》。王安石是著名的革新政治家。他活动的时期大体与苏轼同时，二人对“变法”的立场是对立的，因此在朝中进退正好相反。但实际上他们的分歧更多地表现在施政方针和行事缓急方面，在思想、学术观点上则多有相通之处。他们都以儒术立身，都富有经国之志，又都能广泛汲取百家杂说，对佛教都相当热衷。在文学创作方面，王安石所受佛教影响同样是相当深刻的。

王安石自诩“不思其力之不任也，而唯孔子之学”③。但他提倡的是作为革新依据的所谓“新学”。他少好读书，学术视野十分开阔。苏轼的《王安石赠太傅

①《病退》，《栾城集》卷一四。

②《南斋竹三绝》，《栾城三集》卷二。

③《答王该秘校书》，《临川先生文集》卷七七，《四部丛刊》本。

制》说他“少学孔、孟，晚师瞿昙，网络六艺之遗文，断以己意；糠秕百家之陈迹，作新斯人”[①]。他给曾巩的信里说：“方今乱俗不在于佛，乃在于学士大夫沉没利欲，以言相尚，不知自治而已。”[②] 佛书乃是他所研习的重要部分，他说：

……圣人之大体，分裂而为八九。博闻该见有志之士，补苴调脏，冀以就完而力不足，而无可为之地，故终不得。盖有见于无思无为、退藏于密、寂然不动者，中国之老、庄，西域之佛也。既以此为教于天下而传后世，故为其徒者，多宽平而不忮，质静而无求。不忮似仁，无求似义，当世之夸漫盗夺、有己而无物者多于世，则超然高蹈、其为又似乎吾之仁义者，岂非所谓贤于彼而可与言者邪？若通之瑞新、闽之怀琏，皆今之为佛而超然、吾所谓贤而与之游者也。此二人者，既以其所学自脱于世之淫浊，而又皆有聪明辩智之才，故吾乐以其所得者间语焉，与之游，忘日月之多也……[③]

他早年即结交黄龙瑞新、大觉怀琏等著名禅师。神宗去世，变法失败，安石辞去相位，更加专心于学术研究和诗文创作，也更热衷佛禅，从金山宝觉、蒋山觉海游。苏轼由贬所黄州奉调汝州团练副使，过金陵，曾访问安石，在给滕达道的信里说“某到此时见荆公，甚喜，是诵诗说佛也”[④]。这时安石又“作《字说》……流入于佛、老”[⑤]；他晚年更施所居园屋为寺即半山报宁禅寺，并将田地割入蒋山为常住。时有俞子中者，早年与黄庭坚同学，安石劝其住半山寺为僧，并命名紫琳，字清老。他还注解过《金刚经》、《维摩诘经》等佛教经典。黄庭坚对于王安石学佛有评论说：

荆公学佛，所谓吾以为龙又无角，吾以为蛇又有足者也。然余尝熟观其风度，真视富贵如浮云，不溺于财利酒色，一世之伟人也。暮年小诗，雅丽精绝，脱去流俗，不可以常理待之也。[⑥]

---

①《王安石赠太傅制》，《东坡外制集》卷上。
②《答曾子固书》，《临川先生文集》卷七三。
③《涟水军淳化院经藏记》，《临川先生文集》卷八三。
④《与滕达道书》，《东坡后集》。
⑤《宋史》卷三二七《王安石传》，第10550页。
⑥《跋王荆公禅简》，《豫章黄先生文集》卷三〇。

龙无角、蛇有足，是说不循常轨，独辟蹊径；而称赞其有得于佛说者，则在超脱利欲，心性淡泊。后来陆象山为其祠堂作记，也赞扬他“声色利达之习，介然无毫毛得以入于其心，洁白之操，寒于冰雪”①。安石生前死后受到各种攻击，但超脱利欲的品德是举世公认的。

安石晚年的创作特别着力于抒写超脱心境。如《次韵张得甫奉议》：

> 知君非我载醪人，终日相随免污茵。赏尽高山见流水，唱残白雪值阳春。中分香积如来钵，对现毗耶长者身。谁拂定林幽处壁，与君图写继吾真。②

从这种流连山水的高蹈生活的描写中，可以感受到诗人超然物外的情趣。他的有些作品更直接表露禅机，如《即事二首》：

> 云从钟山起，却入钟山去。借问山中人，云今在何处。
> 云从无心来，还向无心去。无心无处寻，莫觅无心处。③

这类诗“全类禅家机锋语，而独无其慌忽”④。他更有《拟寒山拾得》二十首，是诗人相当得意的作品，下面是第四首：

> 风吹瓦堕屋，正打破我头。瓦亦自破碎，岂但我血流。我终不嗔渠，此瓦不自由。众生造众恶，亦有一机抽。渠不知此机，故自认愆尤。此但可哀怜，劝令真正修。岂可自迷闷，与渠作冤仇。⑤

在后人众多拟寒山之作里，这些作品不仅风格近似，精神更得其神似。诗中那种对世情的激愤和冷峻的讽刺，显然有得于学佛的体验。

一代进步思想家和革新政治家与佛教的这种复杂纠葛，是佛教在中国文化中的影响和作用复杂性的例证。

---

①《荆国王文公祠堂记》，《象山先生全集》卷一九，《四部丛刊》本。

②《临川先生文集》卷一七。

③《临川先生文集》卷三。

④蔡尚翔《王荆公年谱考略》，《王安石年谱三种》，中华书局，1994 年，第 560 页。

⑤《临川先生文集》卷三。

第四节　“苏门弟子”和“江西诗派”

宋代新儒学的建立有力地抵制了兴盛几百年的佛、道二教，从而扭转了思想、学术发展的大方向。但在文学领域，深刻浸淫佛说的苏轼却造成十分巨大的影响。直接受其沾溉的是“苏门四学士”：黄庭坚、秦观、晁补之、张耒。其中黄庭坚更是“江西诗派”的开创者，成为宋诗风格的主要代表人物。

黄庭坚（1045—1105），字鲁直，号山谷，又号涪翁。有《豫章先生文集》。山谷外甥洪朋评论乃舅说：

> 诗家今独步，舅氏大名稀。屈、宋堪奴仆，曹、刘在指挥。禅心元诣绝，世事更忘机。①

这里高度评价他的诗作和禅学。吴之振等编《宋诗钞》，说黄庭坚“惟本领为禅学，不免苏门习气，是用为病耳”②，这是从否定角度说的，意思是相同的。

黄庭坚是洪州分宁（今江西修水县）人，这一带正是临济宗分化出来的黄龙派兴盛之地。黄龙派也以浓厚的文化性格见长。黄庭坚年轻时已和黄龙派祖师慧南交好。特别是分宁又是慧南法嗣晦堂（宝觉）祖心传法之地。元祐（1086—1094）年间，黄庭坚丁母忧回乡，馆其庵旁二年，视之为“方外之师”③，称赞他是“法中龙象，末世人天正眼”④。山谷后半生受到晦堂启迪甚多。又晦堂嫡传死心悟新，算是山谷同门，二人间也保持长久交谊。绍圣（1094—1098）年间，山谷以党籍谪黔州（今四川彭水县），有《与死心道人书（一）》曰：

> 往日常蒙苦口提撕，常如醉梦，依稀在光影中。今日昭然，明日昧然，盖疑情不尽，命根不断，故望涯而退耳。谪官在黔州道中，昼卧觉来，忽然廓

①《怀黄太史》，《洪龟父集》卷下，《四库全书》本。

②《宋诗钞》卷二八，《四库全书》本。

③史季温《别集诗注》卷下《赠法轮齐公》题注引《重书法轮古碑跋》，《四库全书》本。

④《跋心禅师与承天监院守环手诲》，《山谷别集》卷一二。

尔，寻思平生被天下老和尚谩了多少，惟有死心道人不相背，乃是第一慈悲。[1]

在分宁，他还结交慧南的另一弟子灵源惟新，有《寄黄龙清老》诗三首，表明二人交情的笃厚。和他交好的还有泐潭克文、中际可遵、投子普聪、五祖法眼等一代名宿。他又喜读禅录，后人评论说："本朝士大夫与当代尊宿撰语录序，语句斩绝者，无出山谷、无为（杨杰）、无尽（张商英）三大老。"[2] 今存山谷所撰云居元祐（嗣黄龙慧南）、翠岩可真（嗣石霜楚圆）及其弟子大沩慕哲等人的语录序。

山谷涉及佛禅题材的作品颇多，有些直接张扬佛理，而艺术上更成熟的是那些把对佛理的体会和禅机、禅趣化为诗情的作品。如晚年所写的《自巴陵略平江临湘入通城无日不雨至黄龙奉谒清禅师继而晚晴邂逅禅客戴道纯款语作长句呈道纯》：

山行十日雨沾衣，幕阜峰前对落晖。野水自添田水满，晴鸠却唤雨鸠归。灵源大士人天眼，双塔老师诸佛机。白发苍颜重到此，问君还是昔人非。[3]

这里"灵源大士"即他谒见的黄龙惟清法号，是宝觉祖心法嗣。同是晚年之作的《题落星寺》四首之一：

落星开士结深屋，龙阁老翁来赋诗。小雨藏山客坐久，长江接天帆到迟。宴寝清香与世隔，画图妙绝无人知。蜂房各自开户牖，处处煮茶藤一枝。[4]

后一首结句用黄龙晦堂诗语："生涯三世衲，故旧藤一枝。"[5] 两篇诗的境界都颇为开阔，人世沧桑之感、心地悠然之情流露在字里行间，实际这也是他的习禅心得。

在宋诗史上苏、黄并称，黄又出自苏门，但二人的创作风格却有所不同。这也和二人习禅态度、所得不一有密切关系。何良俊说："唐、宋诸公，如李文正（翱）、黄山谷于教中极有精诣处；白太傅、苏端明只是个洒脱，然洒脱却是教中第一妙用。"[6] 就是说，苏轼学佛，更能体得佛教荡相遣执、遗世超俗的精神，而黄庭坚则更精于佛理禅机。所以有人说苏轼是"士大夫禅"，黄庭坚是"祖师禅"。

---

①《山谷别集》卷二〇。

②道融《丛林盛事》，《续藏经》第86册，第700页下~701页上，白马精舍印经会印本。

③《豫章黄先生文集》卷一一。

④《山谷外集诗注》卷九，《四库全书》本。

⑤《苕溪渔隐丛话·后集》卷三七引《许彦周诗话》。

⑥何良俊《四友斋丛说》卷二一，中华书局，1997年，第192页。

苏轼自称是“借禅以为恢”[①]，刘熙载评论他的诗“善于空诸所有，又善于无中生有，机括实自禅悟中来”[②]。他重视对禅理、禅趣的领会，以之为陶冶性灵、解脱愤郁之具。而山谷则更注重参悟，对言句更有特嗜，因此更能借鉴禅的思维方式和表现方法。李屏山论山谷诗说：

> 黄鲁直天资峭拔，摆出翰墨蹊径，以俗为雅，以故为新，不犯正位，如参禅，着没后句为具眼。江西诸君子翕然推重，别是一派。[③]

当时或后来人总结他的诗歌技法，有“脱胎换骨”、“点铁成金”诸说，也都体现他在创作中借鉴禅的言句、机锋的成果。朱弁说他深悟禅家“死蛇弄活”之理，“乃独用昆体功夫，而造老杜浑成之地，今之诗人少有及者。此禅家所谓‘更高一着’也。”[④] 所谓“昆体功夫”指宋初杨亿、刘筠等的西昆体，专事模拟李商隐的辞藻典故，改头换面，挦扯成篇。如他的名作《登快阁》“落木千山天远大，澄江一道月分明”一联，分别使用杜甫《登高》和谢朓《晚望三山还望京邑》语；另一首《雨中登岳阳楼望君山》“投荒万死鬓毛斑，生入瞿堂滟滪关”一联，又分别用柳宗元《别舍弟宗一》和李白《长干行》语，都点化陈语而另铸新词，创造出新的诗语诗境。山谷诗的成就和局限都与他禅的修养有直接关系。

“苏门四学士”的另外三个人——秦观、晁补之、张耒在创作方面都取得相当成就，也都与佛教有密切关系。

秦观（1049—1100），字少游，一字太虚，号淮海居士。有《淮海集》。元祐年间以党同苏轼兄弟一再远贬，直到徽宗即位始北返，中途死于滕州。他的家庭“世崇佛氏”[⑤]。元丰七年（1084）苏轼向王安石推荐他，称赞他博综史传，通晓佛书；王安石回信则说“闻秦君尝学至言妙道，无乃笑我与公嗜好过乎”[⑥]。他的《心说》一文曰：

> 有心者累物，众人之事也；虚心者遗实，贤人之事也；无心者忘有，圣人

①《闻辩才法师复归上天竺以诗戏问》，《东坡集》卷九。

②《艺概》卷二《诗概》，上海古籍出版社，1978年，第66页。

③《翰院英华中州集》卷二《刘西汲小传》，《四部丛刊》本。

④《风月堂诗话》卷下，《四库全书》本。

⑤《五百罗汉图记》，《淮海集》卷三八，《四部丛刊》本。

⑥《回苏子瞻简》，《临川王先生文集》卷七三。

之事也；见心之真在而无所取舍者，死生不得与之变，神人之事也。呜呼！安得神人而与之说心哉！①

这里所赞扬的“神人”结习都尽、无所系缚的境界，正通于禅宗的“无念”、“无相”观念。

晁补之（1153—1110），字无咎，号知归子。有《鸡肋集》。早年受知于苏轼，后亦被列入元祐党籍被贬；徽宗初召还，崇宁（1102—1106）年间再度被贬；后任知河中府等。李光有《补之以炼养之说勉德循眷眷之意并见二诗若惧其不我从者……》② 诗，可知他热心于道术。但他晚年更倾心释氏，自叙说：

……晚得释氏外生死说，始尽屏旧习，皇皇如堂室如四达无所依，方寸之地虚矣。③

所作《白莲社图记》，是净土教名文。他主张以佛说调息身心。其《叙旧感怀呈提刑毅父并再和六首》之四说：

须弥纳芥事堪惊，千岁聊堪一日评。世上相逢俱梦寐，古来何处是功名。簿书听我依稀了，云水陪君浩荡行。便与此山同不朽，不应惆怅复牵情。④

须弥入芥子典出《维摩经》，以世界本相如故，万物相即相入。诗人由此体会到人生如梦、功名利禄都毫无价值，希望和友人一起徜徉山水，寄托余生。晁诗长于议论。像这类作品，虽无多新意，却也颇见理趣。

张耒（1054—1114），字文潜，号柯山。有《柯山集》。曾受知于苏氏兄弟，亦于绍圣年间被贬；徽宗立，出知汝、颍二州；后以言官弹劾再次遭贬，晚居陈州。他有《赠僧介然》诗说：

寒窗写就碧云篇，客至研茶手自煎。儒、佛故应同是道，《诗》、《书》本是不妨禅。长松千尺巢云鹤，寒峤三更啸月猿。请以篇章为佛事，要观半偈走

①《淮海集》卷二五。
②《庄简集》卷四，《四库全书》本。
③《归来子名缗城所居记》，《鸡肋集》卷三一，《四部丛刊》本。
④《归来子名缗城所居记》，《鸡肋集》卷一七。

人天。[1]

他同样也热心道术，取儒、墨、佛、道兼容并蓄的立场。张耒和晁补之好道，当与徽宗朝风气有关系。

苏轼友人中有李之仪（?—1117），字端叔，号姑溪老农。有《姑溪居士前、后集》。他从苏轼于定州幕，苏轼得罪，牵连被停职；后以得罪蔡京被除名，编管太平州；遇赦复官，即卜居其地。他有好禅名，与金山宝觉、慈受怀深、圣寿省聪等名宿交好。诗中自叙“比来重作坐禅僧，日语虚空相悟语”[2]，可见溺好之深。苏轼评论他的诗更说“暂借好诗消永夜，每逢佳句辄参禅”[3]，是说明诗禅相通之理的警句。

宋代诗坛创作成就本以苏轼为最高，黄庭坚乃是他的后学，但从一定意义说后者的影响却较苏轼为大。后来形成以他为楷模的江西诗派。黄是江西人，被列入这一诗派的却并不全是江西人。这一派的名目出于北宋末年吕本中所作《江西诗社宗派图》，以黄庭坚为宗派之主，以下列出二十五人：陈师道、潘大临、谢逸、洪刍、饶节、僧祖可、徐俯、洪朋、林敏修、洪炎、汪革、李錞、韩驹、李彭、晁冲之、江端本、杨符、谢薖、夏倪、林敏功、潘大观、何颙、王直方、僧善权、高荷等[4]。被后人归入江西诗派的还有吕本中、曾几、陈与义等人。宋末方回把杜甫和黄庭坚、陈师道、陈与义并称为江西诗派的“一祖三宗”。这一派作品多抒写身边琐事和个人情怀，境界比较狭小；艺术上则追求言辞句律、注重使典用事，典型地表现出“以文字为诗”的特色。这些都与他们习禅有一定关系。江西诗人成就不一，下面是几位创作成绩较突出、对后世影响较大的。

陈师道（1053—1102），字履常，一字无已，号后山居士。有《后山集》。元祐二年，得苏轼等人荐举，任徐州州学教授，以此绍圣年间被目为苏党，罢职还家；晚年曾任秘书省正字。他的母亲“修净土行，自疾至终，临必西向，病不知人，诵弥陀不绝”[5]；他本人也是“平生西方愿，摆落区中缘”[6]，笃信净土法门。

---

①《柯山集》卷一六，《四库全书》本。

②《再次韵并寄宁州孙子发》，《姑溪居士后集》卷三，《四库全书》本。

③《夜值玉堂携李之仪端叔诗百余篇读至夜半书其后》，《集注分类东坡先生诗》卷二五，《四库全书》本。

④这是现存最早的见于南宋胡仔《苕溪渔隐丛话前集》卷四〇的记载。

⑤《先夫人事状》，《后山集》卷一六，《四库全书》本。

⑥《寄参寥》，《后山集》卷一。

他在《别圆澄禅师》诗里说：

> ……平生准拟西行计，老著人间此何意。他年佛会见头陀，知是当年老居士。①

在禅宗兴盛的环境下，他也热心习禅。如他的名篇《别宝讲主》：

> 此地相逢晚，他乡有胜缘。咒功先服猛，戒力得扶颠。暂息三支论，重参二祖禅。夜床鞋脚别，何日著行缠。②

这里“三支论”指因明宗、因、喻三支论法，代指佛教义学；“二祖禅”指晚唐的赵州和临济，赵州、临济，曹人也。可见他更专注于修禅实践。方回评论这首诗是“语简而意博……愈细而奇，与晚唐人专泥景物而求工者不同也”③。

韩驹（?—1135），字子苍，号牟阳，学者称陵阳先生。有《陵阳先生集》。他年轻时于许下从苏辙学，后坐此谪官；南宋初出知江州。他以禅学知名，曾几赠诗中有句曰“闻到少林新得髓，离言语次许参否”④。他又自述说：

> 中岁厌凡子，结交唯道人。况此丧乱中，益信空门真。⑤

他也心仪维摩，给友人诗说：

> 闻道久闲金锝裹，有时高卧绣芙蓉。年来自说无尤物，已结维摩案两重。⑥

可见他十分羡慕居士的闲散生活。

陈与义（1090—1138），字去非，号简斋居士。有《简斋集》。徽宗朝入仕，南渡后官至参知政事。他本来与吕本中有交往，但吕作《宗派图》却没有列入他的名字。南渡后，他写诗转学杜甫，因而被方回列为杜甫下的“三宗”之一。他好禅，喜与僧人结交，自称“陈居士”。他描写自己的生活是“诸公自致青云上，病

---

①《后山集》卷三。
②《后山集》卷四。
③《瀛奎律髓》卷四七。
④《抚州呈韩子苍待制》，《茶山集》卷五。
⑤《送深老住芭蕉寺》，《陵阳先生集》卷二，《四库全书》本。
⑥《次韵钱逊叔侍郎见简》三首之二，《陵阳先生集》卷四。

客长斋绣佛前”[1]。他的《甘泉吴使君使画史作简斋居士像居士见之大笑如洞山过水睹影时也戏书二十三（四）字》说：

两眉轩昂，意像无寄，而服如此，又不离世。鉴中壁上，处处皆是，简斋虽传，文殊无二。[2]

当年洞山良价过水睹影而题悟得“处处皆是”的道理，简斋用以自比。

吕本中（1084—1145），字居仁，号紫薇，世称东莱先生。有《东莱先生诗集》。绍兴六年（1136）进士，擢起居舍人，迁中书舍人兼权直学士院。屡上疏言恢复大计，终因触怒秦桧而被罢职。他是宰相吕公著的曾孙，门第高华，又是道学家。但他又好佛，结交大慧宗杲等禅宿。他的《寄壁公道友》诗是与如璧酬唱的：

符离城里相逢处，酒肉如山放手空。已见神通过鹫子，未应鲜健胜庞公。且寻扇子旧头角，一任杏花能白红。破箬笠前江万里，无人曾识此家风。[3]

“鹫子”是维摩诘的另一个称呼，“庞公”指马祖弟子居士庞蕴，诗里用以比拟对方和自己。像这样的诗，表现了诗人与僧侣的交谊及其倾心佛教的思想倾向，也突显出江西诗派追求言句斩绝新奇的创作特征。

曾几（1084—1166），字吉甫，号茶山居士。有《茶山集》。高宗朝，以主张抗金得罪秦桧被免官，秦桧死后再起，官至权礼部侍郎。他早年从舅氏孔文仲、武仲学，后从胡安国游，精理学。免职时寓居上饶茶山寺，学禅有心得。其《寄泉南守赵表之》诗说：

天遣高人下别峰，谅无官事汩胸中。香来海外沉烟碧，果熟林间荔子红。曹植诗篇疏入社，裴休参问远同风。萧然丈室维摩诘，何日文殊对此翁。[4]

这又把对方比拟为维摩诘，是把居士生活当作人生理想境界了。

此外如谢逸、谢薖兄弟，洪朋、洪刍、洪炎、洪羽兄弟，都能诗，也有习禅名。后面的四个人是黄庭坚外甥，无论写诗还是学禅都受到乃舅的影响。

---

①《题小室》，《赠广笺注简斋诗集》卷五，《四部丛刊》本。

②《赠广笺注简斋诗集》卷二七。

③《东莱先生诗集》卷一，《四部丛刊》本。

④《茶山集》卷五。

到南宋，佛教从总体看是已经衰败了，但对于文坛却继续发挥影响。南宋初年所谓“中兴四诗人”尤袤、杨万里、范成大、陆游，以及后来以戴复古、刘克庄等人为代表的江湖派，还有姜夔、张孝祥、周必大等有成就和影响的作家，也都不同程度地亲近佛禅，并在创作中有所表现，此不赘述了。

第五节　辽金元居士文人

辽自太祖耶律阿保机置龙化州（今内蒙翁牛特旗）已建佛寺，取得燕云十六州后，那里本是佛教盛行之地，更支持佛教的发展。创建金王朝的女真人入主中原前已从高丽、渤海国传入佛教，后来更以礼佛敬僧为国策。元代尊崇藏传佛教即喇嘛教，显教诸宗亦余绪未绝。契丹、女真和蒙古人都是来自北方的游牧族，佛教本是他们所吸纳的中原文化的重要内容，又是他们接受中原文化的津梁。佛教对于这几个民族的发展、对于中华诸民族的融合都起了积极的作用。辽、金、元三代都出现了一些久负盛名的文人居士，对于佛教和文学的发展都有所贡献。

李纯甫（1177—1223），字之纯，号屏山居士，是金代著名居士。晚年自定文集，论性理和佛、老者为《内稿》，碑志诗赋为《外稿》，诗并被收入《中州集》。章宗承安二年（1197）进士，仕至尚书右司都事。他初习诗赋，后攻经义，仕途不利，遂与僧人往来，笃志佛禅。他师事一代禅宿万松行秀，撰《鸣道集说》，提倡三教调和，反对宋儒的排佛主张；并作有《楞严经解》、《金刚经解》等佛学著作。耶律楚才有诗赞扬说：

> ……大觉空生一沤起，悟斯独有屏山李。穿透《楞严》第一机，方信庵中人不死……①

有注曰:“屏山居士李之纯尝作《楞严别解》，为禅客所重。”可见他的佛学修养。

赵秉文（1159—1232），字周臣，号闲闲。有《闲闲老人滏水文集》。金世宗大定十五年（1175）进士，官至翰林侍读学士、礼部尚书。他诗、文、书、画俱工，是金后期文坛盟主。他的禅学也得到万松行秀的称赞。

耶律楚才（1190—1244），字晋卿，号湛然居士。有《湛然居士文集》。他是

①《和南质张学士敏之见赠七首》之四，《湛然居士文集》卷一，谢方点校，中华书局，1986 年，第 12 页。

契丹贵族后裔，金章宗泰和六年（1206）中进士，曾任开州同知。蒙古大军南下，他留守燕京，得到成吉思汗重用，随同西征；太宗窝阔台定都和林（1229），他曾任中书令。在燕京被围困期间，他皈依佛教，拜万松行秀为师。他在《琴道喻五十韵以勉忘忧进道》诗序自述说："予幼而喜佛，盖天性也。壮而涉猎佛书，稍有所得……谒万松老人，旦昔不辍，叩参者且三年，始蒙见许。"诗中有云：

……当年嗜佛书，经论穷疏笺。公案助谈柄，卖弄滑头禅。一遇万松师，驽骀蒙策鞭。委身事洒扫，抠衣且三年。圆教摄万法，始觉担板偏。回视平昔学，尚未及埃涓。渐能入堂奥，稍稍穷高坚。疑团一旦碎，桶底七八穿。洪炉片雪飞，石上栽白莲……①

纵观其一生立身行事，一方面奉行儒家之道，乱世中有志于治平之术，又坚持宣扬佛说。其《题西菴归一堂》诗说：

三圣真元本自同，随时应物立宗风。道、儒表里明坟典，佛祖权宜透色空。曲士寡闻能异议，达人大观解相融。长沙赖有莲峰掌，一拨江河尽入东。②

明确表达了调和三教的立场。他的诗不以研练为工，平顺自然，时时出入内典，多用机锋俊语，得力于习佛者不渺。

第六节　宋　濂

明、清两朝，佛教衰微的总趋势没有改变，而朝廷崇佛依旧，士大夫为主体的居士佛教也仍然盛行不衰，且在新的时代条件下表现出新的形态。由于这两个朝代理学统治严密，更多的人取"阳儒阴释"或"儒、释兼容"姿态；而随着时代发展，更有些具有革新意识的人从佛教中寻求变革或维新的思想武器。

宋濂（1310—1381），字景濂，号潜溪，他自幼聪颖好学，是明代"开国文臣之首"。元末召为翰林编修，不就，隐居著书。明室立，受到朱元璋重用，曾主修《元史》，累官至学士承旨知制诰，朝廷文诰多出其手。洪武十年（1377）辞官还

①《湛然居士文集》卷一二，谢方点校，中华书局，1986年，第256～257页。

②《湛然居士文集》卷二，谢方点校，中华书局，1986年，第34页。

家，后因长孙宋慎牵涉到胡惟庸案[1]，全家徙茂州，病逝于途中。有《宋学士文集》。

明代以理学立国，宋濂受业于道学家柳贯、黄缙，是许白云再传弟子，这些人都是有名的朱子学者。他在学术、思想上也都坚持理学主张。比如论文，就认为“文外无道，道外无文”。但他又崇信释氏，广交僧侣，好为佛事。他自述说“自幼至壮，饱阅三藏诸文，粗识世雄氏所以见性明心之旨，及游仕中外，颇以文辞为佛事”[2]。后人评论他说：

> 宋景濂一代儒宗，然其文大半为浮屠氏作。自以为淹贯释典，然而学术为不纯矣。不特非孔、孟之门墙，抑亦倒韩、欧之门户。八大家一派，宋景濂绝其防矣。[3]

这是从否定角度评论的。袁宏道则说他是紫阳（朱熹）和圭峰（宗密）分身入流者[4]，即把他看作是统合理学和佛学传统的人。

明太祖朱元璋年轻时在家乡凤翔皇觉寺做过和尚，对佛教自有感情；立国后，又延续历代三教齐立的策略；而鉴于元代崇信喇嘛教的流弊，更积极地支持、恢复诸宗。时有禅师梵琦，备受礼重，称“国初第一宗师”。宋濂与他交往，为他写过《六会语录序》和《塔铭》等。

宋濂称赞柳宗元“真乘法印与儒典并用”的观点，推崇宋代契嵩东、西大圣人其教一致的说法：

> 天生东鲁、西竺二圣人，化导蒸民，虽设教不同，其使人趋于善道则一而已。为东鲁之学者，则曰我存心养性也；为西竺之学者，则曰我明心见性也。究其实虽若稍殊，世间之理其有出一心之外者哉。[5]

他这样就把儒的“存心养性”和佛的“明心见行”统一起来，宗儒典以探义理之

---

①胡惟庸（？—1380），明初任中书省参知政事、丞相，以谋逆罪被杀。后太祖认为其有通倭、通元罪状，穷究党羽，株连者至三万余人。

②《佛性圆辩禅师净慈顺公逆川瘗塔碑铭》，《宋学士文集》卷一九，《四部丛刊》本。

③陆世仪《思辩录辑要》后集，卷一三。

④参阅《识篆书金刚经后》，《袁宏道集笺校》卷五一，钱伯诚点校，上海古籍出版社，1981年，第1486页。

⑤《夹注辅教篇序》，《宋学士文集》卷二九。

真奥，慕真宗以荡名相之粗迹，从而把理学与佛学相贯通了。理学中的心学和佛学中的禅学，都走避烦琐而求直接的路子。宋濂说："心者万理之原，大无不包，小无不摄，能充之则为贤知，反之则愚不肖矣。"[①] 他所理解的佛学，就是这样的"明心"之学。而在信仰层面上，宋濂的观念十分驳杂。他推崇虚灵的心性，又宣扬对菩萨、观音的迷信。他认为言心性的禅和言性相的教是一致的，只是表达手段不同而已。

在文字上，宋濂认为宣扬象教之懿和铺扬帝德之广可以统一起来，这显示了他的文人本色。所以他写了许多护法文字，同样也写了不少张扬世俗伦理道德的文章。他的《赠清源上人归泉州觐省序》，宣扬佛法与儒道并用是天彝之正理，因而明心见性之士也要有报本返始之诚；《冲默斋记》则宣扬"人生而静"的虚静境界，而归结到佛的"大觉"[②]；《观心亭记》主张"古先哲王相传心法，所谓精一执中之训"[③]，也是儒、释合一的。这样，宗教修持和作贤成圣事业也就相一致了。

宋濂是文坛盟主，更是开一代学术风气的人。他的以心性为核心统合儒、释的思想，他的统合佛教诸宗的立场，他的以文章为佛事的实践，对当代和后世都产生了巨大影响。

第七节　李　贽

明代自洪武三年（1370）设科取士，十七年颁为程式，一以朱子之学为根本。建学立师，亦用朱子之说，天下学者咸推朱子为大宗。从而理学不但统治了思想界，同样也制约着文学界。但万历以后，社会形势发生了重大变化。由于手工业、商业发达，城市繁荣，商品经济得到发展，封建生产关系下的诸多矛盾也就凸显出来。到明代后期，朝内党争激烈，地方吏治败坏，阉宦横行，贪暴成风，造成"民变"蜂起。思想界也出现了异端潮流。其代表人物是发展了理学中王阳明"心学"一派的所谓"王学左派"泰州学派的王艮、何心隐等人。理学本来从佛学汲取了思想理论资料，王阳明一系则更多地汲取佛家心性学说。王艮、何心隐等人同样深受

①《夹注辅教篇序》，《宋学士文集》卷二九。

②《夹注辅教篇序》，《宋学士文集》卷三。

③《宋学士文集》卷四。

佛家影响。正是在这种背景下，文坛上出现了李贽和“公安三袁”等人。他们乃是文坛上异端思潮的代表人物，他们在文学创作上的成果正与佛教有密切关系。

李贽（1527—1602），原姓林，名载贽，嘉靖三十一年（1552）通过乡试为举人，改姓李；后为避明穆宗讳，去载单名贽；号卓吾、宏甫、温陵居士，又号龙湖叟。著述颇多，重要者有《藏书》、《续藏书》、《焚书》、《续焚书》、《明灯道古录》等。他祖籍河南，先世为巨商，信奉伊斯兰教，至祖辈家世渐衰。李贽生长在泉州，那里自唐代以来就是东南国际贸易巨港，是培养新思想的良好环境。他中举后不再参加进士试，先后任河南共城教谕、南北两京国子监博士、礼部司务、南京刑部员外郎、云南姚安知府等职。万历五年（1577）任姚安（今云南姚安县）知府后开始集中精力学佛。其时正是云栖株宏、紫柏真可等“明末四高僧”活跃的时候，佛教复兴之象亦远被滇黔。他“为守，法令清简，不言而治，每至伽蓝，判了公事，坐堂皇上，或置名僧其间，簿书有隙，即与参论虚玄，人皆怪之，公亦不顾，俸禄之外，了无长物。久之，厌圭组，遂入鸡足山阅《龙藏》不出。御史刘维奇其节，疏令致仕以归”①。万历八年他回到湖北黄安（今湖北红安县），十三年移居麻城龙潭芝佛院，开始度亦儒亦僧的修道生活，终于遣妻别嫁，断然剃发为僧形。在芝佛院，他“日独有僧深有、周司空思敬（友山）语。然对之竟日，读书已，复危坐，不甚交语也”②。无念深有居麻城芝佛院为住持，与李贽一见相契。顺便指出，无念深有后来又结交“公安三袁”、焦竑、陶石篑、邹南皋、李梦白、梅国桢等人，在晚明文坛上是个相当活跃的人物。至万历二十八年（1600），李贽终因麻城士绅官宪的迫害，避难流落到北通州（今北京市通县），住在友人马经纶处。礼部给事中张问达上书参劾，李贽被逮系狱，因不堪困辱而自杀身亡，时在万历三十年三月。

李贽思想上接受“王学左派”影响，不被道学传统所羁束，治学博览群书，纵横百家，原情论势，择善而从。王学本从佛学特别是禅学汲取营养。李贽中年后在学佛上更用功夫，形成了批判的、叛逆的、反传统的性格。他抨击道学，不以孔子是非为是非，为“异儒”；他学佛，但又不弃世为僧，为“异僧”。他的思想、行

①袁中道《李温陵传》，《珂雪斋近集》卷一七，钱伯诚点校，上海古籍出版社，1989年，第720页。
②刘侗、于奕正《帝京景物略》卷八。

事、作品贯穿着异端性格。他说:“儒、道、释之学，一也，以其初皆期于闻道也。”[①] 他明确地对“三教大圣人”加以肯定。他的作品里有关儒学的不少，也讲忠讲孝，并作有专著《易因》。他反对的是“鄙儒”、“俗儒”、“迂儒”、“名儒”、“酸道学”、“假道学”。他认为“天生一人，自有一人之用，不待取给于孔子而后足也”[②]，行为上特立独行，不避权倖，无所顾忌，思想上更是激进、开放，文学创作上也大放异彩。

李贽文学创作的成绩主要是收录在《藏书》、《焚书》及二书续集里的书、序、论、说等诸体杂文，此外诗作也不少。他在创作上主张所谓“童心”说，并认为“童心”即是“真心”。这种观点与禅宗的心性学说有密切关联，本书论及佛教对文学理论影响时将加讨论。与“童心”相对待的是“以闻见道理为心”。“以闻见道理为心”则言“闻见道理之言”，就会“以假人言假事”[③]。当时“闻见道理”的准则是就孔子、朱子等圣贤之言。他的文字泼辣大胆，新鲜活泼，充满了批判战斗的激情。例如他说:“德性之来，莫知其始，是吾心之故物。”据此他认为“尧、舜与途人一，圣人与凡人一”[④]，男女平等无二，从而肯定了平常人的个性价值。他借用禅宗“即心即佛，人人是佛”之说，提出“人人之皆佛而善与人同”，推导下来，则“佛之世界亦甚多。但有世界，即便有佛；但有佛，即便是我行游之处，为客之场”[⑤]，这也是对人的主观心性的肯定。他大胆宣扬“夫私者，人之心也。人必有私，而后其心乃见”，“若无私，则无心矣”[⑥]，从而肯定人的情欲的正当性，反对禁欲主义，与儒家所主张的礼之大防正相反对。他认为“穿衣吃饭，即是人伦物理”[⑦]，“道之在人，犹水之在地也”[⑧]，更充分体现了关注现实人生的精神。他更要求“率性而为”，提倡“为己”之学，发扬禅宗呵佛骂祖、毁经慢教之风，以凌厉风发的姿态无所畏惧地向传统挑战。

他写诗同样体现抒写“真心”的主张，用语通俗，少用事典，多借鉴禅偈和王

---

①《三教归儒说》，《续焚书》卷二。
②《答耿中丞》，《焚书》卷一。
③《童心说》，《焚书》卷三。
④《明灯道古录》卷上，《李氏文集》卷一八。
⑤《与李惟清》，《焚书》卷二。
⑥《藏书》卷三四《德业儒臣后论》。
⑦《答邓石阳》，《续焚书》卷一。
⑧《藏书》卷三二《德业儒臣前论》。

梵志、寒山通俗诗写法，往往取得语尽情遥的效果。例如万历二十三年六十九岁时的《哭黄宜人》六首，是悼念他七年前离弃的妻子的，四、五、六三首是：

慈心能割有，约己善持家。缘予贪佛去，别汝在天涯。

近水观鱼戏，春山独鸟啼。贫交犹不弃，何况糟糠妻。

冀缺与梁鸿，何人可比踪。丈夫志四海，恨汝不能从。[①]

李贽和妻子黄宜人感情甚好，为解脱人世间束缚而离弃，感情上的矛盾和痛苦是可以想见的。这组诗真挚地写出了这种心情。又如他的《读书乐》、《富莫富于常知足》等篇，也是用朴素的语言道出人生体验，别有一种理趣。他的近体诗也相当可观。如他去世前游盘山极乐寺，其时袁宏道自江南北上京城任顺天教授，他有《九日至极乐寺闻袁中郎且至因喜而赋》七律：

世道由来未可孤，百年端的是吾徒。时逢重九花应醉，人至论心病亦苏。老桧深枝喧暮鸦，西风落日下庭梧。黄金台上思千里，为报中郎速进途。[②]

这里不只表达了志同道合的真挚情谊，更写出历尽坎坷的衰暮之年对于一生事业的坚强自信。

李贽的一生以悲剧终。但他的人格、思想、文章却代表着晚明进步的思想潮流，在当代和后世都造成了广泛而深刻的影响。

第八节 “公安三袁”

继承李贽的思想传统而在文学上做出更大成绩的是“公安三袁”，即袁宗道（字伯修，号石浦，1560—1600，有《白苏斋类集》）、袁宏道（字中郎，又字无学，号石公，1568—1610，有《袁宏道集》）、袁中道（字小修，一字少修，1575—1630，有《珂雪斋集》）三兄弟。以其为湖广公安（今湖北公安县）人，俗称“公安三袁”。“三袁”中以中郎成就最著。钱谦益评论说：

……中郎之论出，王（世贞）、李（攀龙）之云雾一扫，天下之文人才士

①《焚书》卷六。

②《焚书》卷六。

始知疏瀹心灵、搜剔慧性，以荡涤模拟涂泽之病，其功伟矣。①

但考之实际，“三袁”在思想理论上远不如李贽那样系统和激进，由于其成就主要体现在文学领域，在文学创作上取得了更大成就，在文学史上也占有更重要的位置。三人都信仰佛教，并受到李贽的直接影响，其中以中郎创作成绩最大。

袁宏道为万历二十年（1592）进士，二十三年选为吴县令，此后在官场上屡进屡退，先后授顺天府教授、礼部仪制司主事、吏部主事、考功员外郎、稽勋郎中等职。晚年请假归里，定居沙市（今湖北荆州市）。为官非其所志，数度辞职，度过呼朋挟娼、优游山水的轻狂生活，成为新一代名士的典型。但他自早年就“屈指悲时事”②，如鲁迅所说他“是一个关心世道，佩服‘方巾气’人物的人”③。他有《闻省城急报》诗说：

天长阊永叫不闻，健马那堪持朽辔。书生痛哭倚蒿蓠，有钱难买青山翠。④

可见他面对世路艰难的痛苦，放荡的名士生涯中自有难言的苦衷。

“三袁”之好佛，也是时代风气使然。宗道万历十五年（1587）会试第一，在京任翰林院庶吉士、编修，接近泰州学派焦竑、瞿汝稷等人，从之习得“性命之学”。万历十七年宗道奉命册封楚府归里，焦竑嘱其到麻城往见李贽。次年，李贽游公安，“三袁”相携往谒，自此定交。其时李贽已六十余岁，名满天下；而“三袁”中年龄最大的宗道也不过三十岁。与李贽结交对袁氏三兄弟影响甚大。此后宗道方“首倡性命之说，涵盖儒、释，时出其精语一二示人，人人以为大道可学，三圣人之大旨，如出一家”⑤。而中郎更特别得到李贽的器重。中道在中郎《行状》里说：

先生既见龙湖，始知一向掇拾陈言，株守俗见，死于古人语下，一段精光不得披露。至是浩浩焉如鸿毛之遇顺风，巨鱼之纵大壑，能为心师，不师于心，能转古人，不为古转，发为语言，一一从胸襟流出，盖天盖地，如象截急

①钱谦益《列朝诗集小传》丁集中，中华书局，1983年，第567页。

②《登高有怀》，《袁中郎集笺校》卷二，第94页。

③《“招贴即扯”》，《鲁迅全集》第6卷，人民文学出版社，1981年，第228页。

④《袁中郎集笺校》卷三二，第1032页。

⑤《募建青门庵疏》，《袁中郎集笺校》卷四〇，第1201页。

流，雷开蛰户，津津乎其未有涯也。①

此后，“三袁”还结交龙湖芝佛院主持无念深有等诸多僧人，更与焦竑、陶石篑、管东溟等熟悉佛学的学者往还，论道讲学，学佛也更加精进。

然而“三袁”亲见李贽被杀的惨剧，现实迫害的惨烈使得他们不再取“狂禅”、“异端”的姿态。在佛学上则走更加稳健的禅净合一之路。万历二十六年，宗道官春坊，宏道为顺天府教授，中道入太学，三兄弟在京城西崇国寺结蒲桃社。次年，宏道著《西方合论》十卷，以论合经，主禅、净合一，他说：

禅、教、律三乘，同归净土海。一切法皆入，是无上普门。②

万历二十八年长兄宗道去世。三十二年宏道又与僧寒灰、雪照、冷云及友人张明教等，避暑德山塔院，潜心道妙，著《德山尘谭》，后增补为《珊瑚林》。他有诗自述人生企向说：

觉路昏罗縠，禅灯黑绛纱。早知婴世网，悔不事袈裟。③

可见这时他对佛教更加倾心。对于中郎晚年的思想发展，中道《中郎行状》透露说：

逾年（指结蒲桃社之次年），先生之学复稍稍变，觉龙湖等所见，尚欠稳实。以为悟、修犹两毂也，向者所见，偏重悟理，而尽废修持，遗弃伦物，偭背绳墨，纵放习气，亦是膏肓之病。夫智尊而象天，礼卑而向地，有足无眼，与有眼无足者等，遂一矫而主修。自律甚严，自检甚密，以淡守之，以静凝之。④

这表明，“三袁”已有意识地改变了李贽的“狂禅”之风，而更注重静修。中郎晚年由禅向净土的转变，表明他由参究禅的宗旨转向“平实”、“稳妥”的修持，已与李贽等人生龙活虎的“狂禅”分道扬镳。当时已是明王朝末世，时事令人愤发裂眦，他们心中充满了痛苦与矛盾，但又感到自己无能为力，只好到留恋光景的名士

①《吏部验封司郎中中郎行状》，《珂雪斋集》卷一七，中册第756页。

②《西方合论》卷三《部类门》，《续藏经》第61册，第796页中。

③《宿僧房》，《袁宏道集笺校》卷二，第95页。

④《珂雪斋集》卷一七，中册第758页。

生活中寻求安慰。这是社会矛盾总爆发的前夕，统治者极力施用高压来挽救危机，思想界的生机也被扼杀了。袁氏兄弟的思想状态正表明这一点。

“三袁”的文学成就，主要在书、序、记、传、杂感等散文，大都缘事而发，不拘格套，短小精悍，意尽言止，俗称“小品文”；中郎留诗达一千七百余首。他们创作上主“性灵”，求“兴趣”，力求“情真语直”，这种观念与李贽的“童心说”相通。但“性灵”、“兴趣”是空泛的理念，具体内容可以有种种不同。有感于现实矛盾和灾难，“性灵”可以发为激愤、抗议的呼声；逃避现实苦难，“性灵”则会留恋光景、玩物丧志。“三袁”的作品正表现了这种矛盾。他们的优秀作品富于思想性，题材多样，立意新颖，表达上清新明畅，简括活泼，情致盎然。涉及佛教影响，禅的批判精神也颇为某些篇章注入了活力，如《致聂化南》一札：

> ……败却铁网，打破铜枷，走出刀山剑树，跳入清凉佛土，快活不可言，不可言！投冠数日，逾觉无官之妙。弟已安排头戴青笠，手捉牛尾，永作逍遥缠外人矣。朝夕焚香，惟愿兄长不日开府楚中，为弟刻袁先生三十集一部，兄尔时勿作大贵人，哭穷套子也。不妄语者，兄牢记之。①

像这样的文章，无论是观念，还是用语，都新鲜泼辣。但“三袁”的多数作品主要抒发个人情趣，境界狭小，现实意义有限。而效仿他们的“公安派”后继者则更发展了后一方面，局限就更明显了。

第九节　清代前期文人与佛教

明、清易代之际，“桑海之交，士之不得志于时者，往往逃之二氏”②。明末遗民或抗拒新朝，或逃避征辟，多有出家的。僧侣中如戒显、澹归、担当、大错等，均善诗。文人更有许多人热衷于佛说。满人入主中原，大力弘扬佛教。从发展形势看，在清王朝统治的近三百年间，虽然诸宗皆有传人，禅与净土且颇为兴盛，名僧代有，寺庙遍区宇，但社会上流行的主要是檀施供养、讲报应、求福佑的佛教。一般僧侣多是寻求衣食的贫苦人，文化水平低下；寺庙主要依靠法事、施舍支持。在

①《袁宏道集笺校》卷六，上册第311页。

②黄宗羲《邓起西墓志铭》，《南雷文定后集》卷二，《四部备要》本。

这种情况下，对于延续佛教慧命，居士阶层起着更大作用。清初居士著名者有宋文森、彭少升等人；清中叶有钱伊庵、江沅等人。鸦片战争以后，中国逐渐沦入半封建半殖民地状态。特别是十九、二十世纪之交，维新变法和资产阶级民主革命兴起，一批启蒙思想家寻求救国救民的道理，也注意到佛学。前有龚自珍，继有谭嗣同、章太炎、梁启超诸人，都热心研究佛说，并在著作里多所借鉴和发挥。还有居士欧阳竟吾、杨文会等提倡法相唯识之学，造成唯识学的“复兴”局面。这也为进入二十世纪用现代科学方法研究佛学打下了基础。此外值得注意的是，清代僧人中善艺者很多。如八大山人、石涛、石溪、渐江，被称为“四大画僧”；如苍雪、天然、戒庵、笠云、寄禅等，均以诗名。这些人对支持佛教及其文化的存续也作出了贡献。

明末清初的黄宗羲和王夫之在文坛上占有重要地位，对一代思想和文学的发展贡献尤大。他们都对佛学相当热衷并研习有得。

黄宗羲（1610—1695），字太仲，号梨洲，又号南雷，思想家，学者，诗文创作成就亦相当可观。著有《明儒学案》、《宋元学案》、《明夷待访录》等，诗文结集为《南雷文定》五集。黄宗羲明末为复社成员，积极参与反对阉宦权贵的斗争；清兵南下，曾组织起兵抗清，依鲁王于海上；明亡后隐居著述，坚不出仕。他学问渊博，对经史百家皆有相当精深的研究，兼治佛、老。黄宗羲本来生长在崇佛家庭中。他治学以阳明为宗，而阳明学本已融入禅学，其师刘宗周亦与佛教关系密切。他又生活在社会大动荡时代，重视经世致用之学，著作里一再明确儒、释之大防，但他却濡染佛说，深于佛学的作用。他说：

> 昔明道（程颐）泛滥诸家，出入于老、释者几十年，而后返求诸六经；考亭（朱熹）于释、老之学，亦必究其归趣，订其是非。自来求道之士，未有不然者。盖道非一家之私。圣贤之血路，散殊于百家，求之愈艰，则得之愈真。①

这样，他把释氏看作是百家中的一家，肯定其有功于道的一面。他既意识到儒、释之淆乱，却又主张穿透而出，实际是要在深通佛学之后操戈入室。他又说过这样意思的话：昔贤辟佛，不娴佛书，但施谩骂，譬如用兵，不能深入其险，剿绝鲸鲵。他认为只有细阅佛藏，深通其说，才能得其核要。他本人则热心结交僧徒，研究佛

①《朝议大夫奉敕提督山东学政布政司右参议兼按察司佥事清溪钱先生墓志铭》，《南雷文定三集》卷二。

典，作品中涉及佛教题材的甚多。当初王阳明根据“致良知”的纲领，主张“知为行之始”、“无身外之物”，钱谦益说是得禅门之精，改头换面，自出手眼。黄宗羲更一再为王辩护，说他是由佛而归之六经，并没有陷没于禅。但他理解的阳明之学是“以默坐澄心为学问”、“知之真切笃实处即是行，行之明觉精察处即是知”。他遵循刘宗周的思路讲“慎独”，说“指情言性，非因情见性也；即心言性，非离心言善也”[①]。这样，一方面分情与性，另一方面合心与性，基本仍是禅家的思路。他又曾说，儒、释二者的交流如肉之受串，学儒乃能知佛，知佛而又反求诸儒。这也是要取佛为我所用。明末清初正当社会大变动之时，又正是士大夫挺身报国之日，而他们中许多人封己守残，蒙于治国安邦，徒以道学迂论炫耀天下。黄宗羲是希望通过治“心”来改变时风，因而对佛学的心性论取融通态度。

王夫之（1619—1692），字而农，号薑斋，晚年隐居衡阳石船山，人称船山先生。著述甚众，后人汇编为《船山遗书》。明亡时曾在家乡衡山起兵抗清，兵败后退居肇庆，任职于南明；又从瞿式耜抵抗清兵。瞿殉难后，以为事不可为，辗转湘西、广东，隐居著述四十余年。他亲经“天崩地解”的时代巨变，思想、学术富于爱国精神和现实意识。他对待佛学的态度与黄宗羲又有所不同。他学术上自觉承续张载。张载哲学上主理气说，不离器而言道，不离气而言理，具有唯物主义倾向。基于这种观念，王夫之痛斥释、老，对禅宗拒之尤甚，对李贽的“狂禅”更抨击甚力，说是“导天下于邪淫，以酿中夏衣冠之祸，岂非逾于洪水、烈于猛兽者乎”[②]。但他对于佛学，却又并不采取一概排斥态度，而主张“通而因之”，以之丰富、发展自己的思想。所以谭嗣同后来说：“佛之精微，实与吾儒无异。偶观佛书，见其不可为典要；惟变所适，往往与船山之学宗旨密合。知其必得力于此。”[③] 王夫之对佛说主要有取于法相唯识之学的认识论和方法论。他有专著《相宗络索》，梁启超在《中国近三百年学术史》上说这部书和另一篇《三藏法师八十规矩论赞》是王夫之著作里最为特别的，是自唐代以来发展法相宗学说仅见的著作。他对唯识学理的研究和借鉴，为清末唯识“中兴”开了先河。

清自嘉庆以后，封建统治日渐衰朽，西方帝国主义入侵步步加深，清政府政治

①《先师蕺山先生文集序》，《南雷文定后集》卷一。

②《读通鉴论》卷末《叙论》三。

③《上欧阳中鹄（十）》，《谭嗣同全集》，中华书局，1981年，第464页。

腐败，阶级矛盾和民族矛盾更加尖锐。鸦片战争以后，中国逐步沦为半殖民地半封建状态。在日益深重的社会危机中，一批启蒙思想家、革新政治家起来，号召救亡图存，力求变革维新。一批启蒙和革新人物也热衷从佛学中寻求思想武器。

龚自珍（1792—1841），字尔玉，又字璱人；更名易简，字伯定；又更名巩祚，号定盦，又号羽琌山民。近人编辑作品为《龚自珍全集》。嘉庆二十五年（1820）为内阁中书；道光九年（1829）中进士，后任宗人府主事等低级官职；道光十九年辞官南归，两年后去世。龚自珍学术上有家学渊源。其外祖父是著名经学家段玉裁，自幼就教育他“博闻强记，多识蓄德，努力为名儒、为名臣，勿愿为名士”[①]。良好的教育环境培养龚自珍掌握了渊博学识。小学方面，他得到段玉裁亲传，精《说文》；史地方面，长于西北舆地；经学受业于今文大家刘逢禄，通《公羊》学；金石方面则搜罗精勤，创立义类，见解新颖；对佛学他更有相当深入的理解。魏源说他的学问“以朝章国故、世情民隐为质干，晚尤好西方之书，自谓深造微云”[②]。

龚自珍自称“幼信转轮，长窥大乘”[③]。他幼年已接触佛教，二十九岁作《驿鼓三首》诗中已有“我欲收狂渐向禅”[④] 之句，在此前后并向著名居士江沅请益。三十二岁丁母忧，学佛更加精进。这一时期他参与许多佛事活动，整理、刊布许多佛教典籍。他有《知归子赞》一文。“知归子”是彭绍升的号，是江沅的老师，他算是再传弟子。其中说：

> ……且求诸外，且索诸内，皆不厌吾意。于斯时也，猝焉而与其向者灵异智慧之心遇，遇而不逝，乃决定其心，盖三累三折之势，知有佛矣。[⑤]

他更潜心研读天台著作，用天台统一佛家各种异说是他晚年佛学思想的特色。

龚自珍一生关注现实。在他对佛说浸渍日深的时候，仍写出许多具有强烈现实性的诗文，表明他学佛并没有流于消极。创作方面他诗、词、文俱佳。议论文字则伤时言事，不避忌讳，尖锐犀利，多有痛切透辟之论。李慈铭说：“阅《定盦文集》……文章瑰诡，本孙樵、杜牧，参之《史》、《汉》、《庄》、《列》、《楞》、

---

①段玉裁《与外孙龚自珍札》，《经韵楼集》卷九。

②《定盦文录序》，《龚自珍全集》附录，上海人民出版社，1975年，第651页。

③《齐天乐序》，《龚自珍全集》第十一辑，上海人民出版社，1975年，第575页。

④《龚自珍全集》第九辑，上海人民出版社，1975年，第444页。

⑤《知归子赞》，《龚自珍全集》第六辑，上海人民出版社，1975年，第396～397页。

《华》之言。”[①] 柳亚子则评龚自珍诗是“三百年间第一流”。他又被认为是“中国封建社会最后一位浪漫主义诗人，又是民主主义革命前夕第一位启蒙主义诗人”[②]。他的诗意境鲜明，语言瑰丽，构想奇妙，情趣浓郁，自成一家。其中感时伤事，揭露、批判现实的黑暗、腐败，呼唤破旧立新的变革，表现了大无畏的战斗精神。有人指出:“昔人谓诗杂仙心，又谓得句先呈佛，如定公当之，可以无愧。”[③] 龚自珍谈仙的诗且不论，他曾明确说到“以诗通禅古多有”[④]。他的《己亥杂诗》七绝三百一十五首是文学史上前所未有的大型组诗，作于道光十九年（1839）辞官返家途中。通过大半生的仕宦经历、师友交游、所闻所见，抒写国情民隐、远忧近虑，夹述风华绮丽的男女情思，而佛教内容亦贯穿其中。其第一句就是“著书何似观心贤”；最后一首说:“吟罢江山气不灵，万千种话一灯青。忽然阁笔无言说，重礼天台七卷经。”[⑤] 所谓“天台七卷经”指《法华经》。组诗中说：

狂禅辟尽礼天台，掉臂琉璃屏上回。不是瓶笙花影夕，鸠摩枉译此经来。[⑥]

历劫如何报佛恩，尘尘文字以为门。遥知法会灵山在，八部天龙礼我言。

他更善于把信仰化为幽思丽情表达出来，极富浪漫情趣。例如《能令公少年行》，是诗人“自祷祈之所言”[⑦]，描写出一个多才多艺的狂放才人的形象，在投入佛乘的志愿中，抒写出内心的苦闷和矛盾。又如《西郊落花歌》，借西方净土的想象，表达对美好理想境界的神往，在极其夸张地描绘了落花的绮丽景象后，结尾说：

先生读书尽三藏，最喜《惟摩》卷里多清词。又闻净土落花深四寸，瞑目观想神亦驰。西方净国未可到，下笔绮语何漓漓。安得树有不仅之花更雨新好者，三百六十日长是落花时。

把禅思化成美好的诗情，创造出动人的理想境界。龚自珍的词作也很有特色，同样有表现佛教内容的。

---

①李慈铭《越缦堂读书记》，商务印书馆，1956年，下册第876页。

②陈铭《龚自珍评传》，南京大学出版社，1998年，第240页。

③丘炜萲《五百洞天挥麈》卷一二。

④《题鹭津上人册》，《龚自珍全集》第九辑，上海人民出版社，1975年，第480页。

⑤《龚自珍全集》第十辑，上海人民出版社，1975年，第509、538页。

⑥《龚自珍全集》第十辑，上海人民出版社，1975年，第517页。

⑦《题鹭津上人册》，《龚自珍全集》第九辑，上海人民出版社，1975年，第452页。

龚自珍去世的时候，鸦片战争正在进行之中。他是道光二十一年（1841）八月去世的。这一年三月，虎门炮台被英军攻陷；五月，中、英签订“广州条约”；八月，厦门失陷。道光十八年林则徐衔命出使广州查禁鸦片，龚自珍曾有《送钦差大臣侯官林公序》，为林则徐出谋划策，并殷殷期待林则徐出使成功：“我与公约，期公以两期期年，使中国十八行省银价平，物力实，人心定，而后归报我皇上。”①看起来龚自珍和当时的许多人一样，还是瞢于天下大势，对世情估计得太乐观了。这种美好的愿望不久就落空了。和他的期望相反，自此以后，清王朝统治的老大帝国内、外矛盾暴露无遗，连连惨败于帝国主义国家的围攻之下而走下坡路，中国从而堕入半殖民地半封建的境地。但陷入苦难深渊的中国人民却坚韧不拔地为挽救国家危亡进行持久不衰的努力抗争，众多有识之士贡献出各种各样的救国方略，并为之不屈不挠地奋斗。在这种形势下，中国佛教的发展也面临新的挑战和机遇。教内外都有些人试图振兴佛教、弘扬佛法，以作为拯救世风、挽救危亡的手段。有关情形下面将有专章讨论。

①《题鹭津上人册》，《龚自珍全集》第二辑，上海人民出版社，1975年，第171页。

第十章

佛教对古典小说、戏曲的影响

第一节 小说、戏曲发展与佛教的关联

中国文学发展到宋、元时代，迎来了通俗白话小说、戏曲的繁荣期。这不只是单纯的文体（文学样式）的转变，也是创作主体、接受主体以及思想内容和艺术表现方式等方面的全面转变。这种转变有两个方面与宗教有密切关联，佛教在其中所起的巨大作用。

一方面是宋、元以后的白话小说（从发展看与唐传奇以及后来的文言小说属于不同系统）和戏曲本来产生自民间，并被下层民众（特别是城镇市民）所接受。尽管它们在发展中逐渐融入到社会主流文化之中，但它们总更多地体现一般民众的思想观念和艺术趣味。这样，这一时期的宗教，特别是民众的宗教信仰必然会在这些文学样式里得到广泛而深入的体现。特别是由于宋代“新儒学”形成，经学统治加强，佛、道二教自身逐步失去其思想理论方面的优势，从而基本退出高层次的思想理论领域，而作为信仰实践活动却在民众间得到相当广泛的普及。就佛教而论，属于佛教中粗浅简陋的关于六道轮回、善恶报应、天堂地狱的通俗说教广为流行，甚至形成“家家阿弥陀，户户观世音”的局面。这种信仰一方面与儒家说忠说孝的伦理道德相融合，另一方面又与道教神仙长生的幻想相混淆，具有浓厚的“三教调

和”色彩，极易于在民众间普及。明、清以来，那些谋取衣食之资的庸僧所宣扬的主要是这样的佛教，统治者一般也支持这种宗教。流传在民众间的通俗小说、戏曲表现的也主要是这样的佛教。所以梁启超指出：“然自元明已降，小说势力入人之深，渐为识者所共认。盖全国大多数人之思想业识，强半出自小说。”① 这一判断虽然不免夸大，但确实道出了小说影响民众之巨大而深远。又署名黄人者曾指出：促成小说流传的有三个条件，第一就是宗教②。戏曲的情况也同样。小说、戏曲里所表现的宗教观念和信仰，正是当时宗教存在的实践形态的重要一种。它们表现上与正规的教理、教义不同，往往采取更通俗的、歪曲的形式，但却更真实地反映着民众间的宗教理解，因此也更容易在面向民众的小说、戏曲里得到表现。

还有一点是值得注意的，即在中国儒、释、道“三教调和”的总潮流中，宋元以后流行在民众间的佛教、道教以及各种民间宗教，无论是内容还是形态都相互交融以至相“合一”了。反映在文学创作里的佛、道二教的内容，特别是在通俗的小说、戏剧作品里，往往也是“三教”相混淆的。比如人物塑造方面，菩萨和神仙往往没有什么区别；又如构思方面，悟道和成仙也被当作一回事。这同样也是当时宗教发展形态的具体反映。

另一方面，从艺术表现角度论，如吉川幸次郎曾指出的，小说和戏曲“都是虚构的文学”，它们与正统诗文不同，“使文学从以真实的经历为素材的习惯限制中解放出来”③。而宗教的本质就决定其表现上具有玄想性格。特别是佛教，从内容到表达都更富于想象，恰与小说和戏曲艺术的虚构方式相通。这样，无论是内容还是表现方法，佛教都给小说和戏曲提供了宝贵的滋养和借鉴。

唐传奇是成熟的文言小说，从唐、宋民间“说话”发展出以后繁荣的长、短篇白话小说；戏曲则从宋南戏、元杂剧发展到明、清传奇，这些都相当普遍地受到佛教的影响。但这种影响已和六朝时期“辅教”作品的情况大不相同：已不再是简单地通过故事传说来宣说教义，鼓吹信仰，而是相关的观念渗透在作品的题材、主题、结构、情节、人物、语言等诸领域。就是说，佛教的相关内容和形式已深浸到作品的思想内容、艺术表现、审美趣味等各个方面。

---

①梁启超《告小说家》，《中华小说界》第2卷第1期（1915年）。

②黄人《小说小话》，《小说林》第1卷（光绪三十三年）。

③吉川幸次郎《中国文学论》，《我的留学记》，钱婉约译，光明日报出版社，1999年，第176页。

唐代俗讲和变文本是宋元以后通俗叙事文学的先驱，它们本来是典型的佛教文学体裁。白话小说的源头——唐代话本也有表现佛教内容的，如上述敦煌写本里的《唐太宗入冥记》、《庐山远公话》。宋代的“说话”分为小说、说经、讲史、合声（生）四家，其中“说经”应是直接承袭唐人俗讲的。据记载：

> 说经，谓演说佛书；说参请，谓宾主参禅悟道等事。①

例如现存宋代《大唐三藏取经诗话》就是说经的底本。又有所谓“说浑经”，内容则如俗讲里所讲远离经典正理的尘俗故事。而“说参请”，按张正烺的解释：

> 按:“参请”禅林之语，即参堂请话之谓。说参请者乃将此类故事以娱听众之耳。参禅之道有类游戏，机锋四出，应变无穷，有舌辨犀利之词，有愚骇可笑之事，与宋代杂剧中之打浑颇相似。说话人故借用为题目，加以渲染，以作糊口之道。②

如果此说可信，那么“说参请”就是以禅宗丛林人物和故事为题材的富有游戏意味的小说，《清平山堂话本》里的《五戒禅师私红莲记》就应属于这类作品。

从戏曲发展历史看，宋代是戏剧正式形成的时期。而有关戏曲的早期主要资料即有关系佛教的。孟元老《东京梦华录》记载说：

> 七月十五日中元节，先数日，市井卖冥器……即印卖《尊圣目连经》。又以竹竿斫成三脚，高三五尺，上织灯窝之状，谓之盂兰盆，挂搭衣服、冥钱在上焚之。市肆乐人，自过七夕，便搬《目连救母》杂剧，直至十五日止，观者倍增。③

目连救母传说是佛教与中土伦理相结合的典型产物，在本书变文一章里已经讨论。这一记述表明，这一传说在戏剧发展早期已被当作题材，而且是流行剧目。《目连救母》杂剧作为七夕节祭活动的重要节目，已融入到民俗之中。

在以后小说、戏曲的长期发展历史中，佛教始终起着不容忽视的作用。佛教的观念、形象、情节、语言等等成为各种类型的小说不可或缺的要素。明初朱权则把

---

①耐得翁《都城纪胜·瓦舍众伎》，《四库全书》本。

②张正烺《答问录与“说参请”》，《历史语言研究所集刊》第十七集，第2页。

③孟元老《东京梦华录》卷八，《四库全书》本。

杂剧分为十二科，其中“神头鬼面科”则是表现神、鬼和佛、菩萨的①。对于传奇，吕天成依据题材划分为六门:“一曰忠孝，一曰节义，一曰仙佛，一曰功名，一曰豪侠，一曰风情。”② 今人郭英德对传奇进行分期，把明成化元年（1465）到万历十四年（1586）划分为传奇的生长期，万历十五年（1587）到顺治八年（1651）为勃兴期，并就两个时期作品题材分类统计。前一时期题材可考的 71 部作品里神佛剧有 5 部，占 7%；后一时期的 631 部作品里神佛剧有 41 部，占 6.5%③。但这是仅就剧本绝对数量而言。实际上如目连戏、观音戏等“神佛剧”被用于庆贺、节祭等场合，更经常地演出。以至清人慨叹“近来牛鬼蛇神之剧充塞宇内”④，正表明这一类剧目流行的实情。

更重要的是，话本的“家数”也好，杂剧、传奇的“科目”也好，只是题材上的大体分类。丰富的社会和人生内容在实际创作中是交叉、相融的。以仙佛为创作题材、以宣扬仙佛为目的的作品在小说、戏剧创作中固然仅是一小部分，但关系到佛、道的内容则更广泛、更多样地被表现在更多作品里。例如长篇章回小说《西游记》并不是佛教小说，但以唐三藏师徒西行取经为题材，具有浓重佛教色彩是可以肯定的。又如汤显祖《牡丹亭》是传奇经典，也不是表现佛教观念的，但构思显然与佛教有关系。汤显祖说：

> 传杜太守事者，仿佛晋武都守李仲文、广州守冯孝将儿女事，予稍为更而演之；至于杜守收考柳生，亦如汉睢阳王收考谈生也。⑤

这样，《牡丹亭》的构思借鉴了古代传说中三个再生还魂故事，这三个故事分别出自佛教类书《法苑珠林》和志怪集《幽明录》、《列异记》，其理念都是以佛教“神不灭”观念为基础的。这类例子说明一个值得重视的现象：众多的艺术创作利用佛教“材料”，已经不同程度地超离了单纯的信仰和观念层次，已经把佛教的某些内容“转化”或“扬弃”了。就具体作品而言，这种“转化”、“扬弃”的成功与否、彻底程度是不同的。文学史的一般情形是：越是优秀的作者和作品，越较少受到宗

①朱权《太和正音谱》卷上，《四库全书》本。

②吕天成《曲品》卷下。

③郭英德《明清传奇史》，江苏古籍出版社，1999 年，第 261 页。

④《笠翁十种曲·风筝误·总评》。

⑤《汤显祖集》卷三三《牡丹亭题记词》，徐朔方笺校，中华书局，1962 年，下册第 1903 页。

教观念、信仰的束缚，越是能够汲取宗教观念和思维方式等方面的精华，消化融摄，转变成艺术创作的有益滋养。从这个意义上看，在众多优秀作品里，佛教的影响是淡薄了，淡化了，但从另一角度看，其影响浸透到思想内容和艺术表现的深处，又是更深化了。

第二节　小说里的佛教观念

从思想内容方面看，佛教对小说创作的影响，最直接明显地表现在主题题材方面，即主题是宣扬佛教教义的或题材是佛教的。但这类作品只是少数。而更普遍的情况是作品直接或间接地表现佛教的意象、观念、感情等等。署名无碍居士的《警世通言叙》说："于是乎村夫稚子，里妇估儿，以甲是乙非为喜怒，以前因后果为劝惩，以道听途说为学问，而通俗演义一种，遂足以佐经书史传之穷。"[1] 这就明确指出了小说宣扬佛教因果报应之说的作用。清代章回小说《金石缘》，静恬主人有序说："小说何为而作也？曰以劝善也，以惩恶也。夫书之足以劝惩者，莫过于经史，而意理艰深，难令家喻而户晓。反不若稗官野乘，福善祸淫之理悉备，忠佞奸邪之报昭然，能使人触目惊心，如听晨钟，如闻因果，其于世道人心不为无补也。"[2] 这更把小说的作用等同于宗教的善书了。当然，反映佛教观念或信仰有自觉或不自觉的区别，表现上也有或隐或显的不同。如因缘宿命、因果报应、人生如梦等佛教的基本观念表现在各种题材的作品中，并在构造情节、特别是解决故事矛盾纠葛中起到作用，则是相当普遍的现象。

"讲史"是宋代话本四"家数"之一，是早期白话小说的重要一类。它们所表现的是前代争战兴废之事，和佛教没有直接关系。但写作或讲说者却往往利用因缘宿命来解释所反映的历史事件。例如宋代讲史《新编五代史评话》这样说：

> 刘季弑了项羽，立着国号曰汉。只因疑忌功臣，如韩王信、彭越、陈豨之徒，皆不免族灭诛夷。这三个功臣，抱屈衔冤，诉于天帝。天帝可怜见三功臣无辜被戮，令他每三个托生做三个豪杰出来：韩信去曹家托生，做着个曹操，

①《警世通言》卷首，人民文学出版社，1957年。

②《金石缘》卷首，清同盛堂刻本。

彭越去孙家托生，做着个孙权，陈豨去那宗室家托生，做着个刘备。这三个分了他的天下……①

与这部小说相类似，《全相三国志评话》的开篇则说汉高祖杀戮功臣，玉皇断狱，令韩信转生为曹操，彭越为刘备，英布为孙权，汉高祖为汉献帝。这种宿命观念决定着这些讲史的情节发展程式。

后来的历史演义小说也同样。如名著《三国演义》的全部情节发展，从汉室衰亡、桃园三结义、三分天下直到诸葛亮赍志以殁，刘蜀终于败亡，一直贯穿着强烈的宿命观念。清人许宝善为《北史演义》作序也说："二千年间，出尔反尔，倏得倏失，祸福循环，若合符契，天道报施，分毫无爽，若此书者，非尤大障明较著者乎？余故亟劝其梓行，而为之序。"

明清时期盛行写作续书之风。这些续书大体以前书人物的后身因果作为结构框架。如《水浒传》风行，很快出现了《后水浒》，情节接续百二十回《水浒》，叙述宋江、卢俊义被害，梁山英雄尽皆同毙，惟有燕青身藏赦书遁去，后来他重至梁山，哭拜于宋江坟上，又至蓟洲寻访公孙胜，二人同见罗真人，真人为点明因果，谓二十八宿九曜均将先后应劫下界，托生人世，二人亦在数中。这样宋江托生为杨幺，卢俊义托生为王魔，从而展开了新的故事情节。邱炜萲说："词客稗官家每见前人有书盛行于世，即袭其名而著为后书副之，取其易行，竟成习套……如前《水浒》一书，《后水浒》二书，一为李俊立国海岛，花荣、朱宁之子共佐王业，应高宗'却上金鳌背上行'之谶，犹不失忠君爱国之旨；一为宋江转世杨幺，卢俊义转世王魔，一片邪淫之谈，文词乖谬，尚狗尾之不若也。"② 这种续书的水平和价值又当别论，其观念显然带有浓厚的佛教宿命色彩。同样《续金瓶梅》接续《金瓶梅》写吴月娘故事，人物也都是前书主要人物转生而来的：西门庆死后被阎罗亲审，以其奸淫纵欲，结官卖法，判托生东京沈越家，做失目乞丐，又转生做内监，又转生为狗；潘金莲托生黎家为女，名金桂，终生无偶；春梅托生北京孔家为女，名梅玉，嫁宦门为妾，死后再转生为女，生丑疾，不嫁而死；李平儿则托生袁指挥家，名常姐。故事在这些人物间展开。

缪全孙曾说："大凡小说之作……于此演说果报，决断是非，挽几希之人心，断

①《宣和遗事两种·新编五代史评话》，江苏古籍出版社，1993 年，第 2 页。

②《客云庐小说话》卷一，阿英《晚清文学丛钞·小说戏曲研究卷》，中华书局，1960 年。

无聊之妄想……”[1] 中土自古即有“积善之家必有余庆，积不善之家必有余殃”的以血缘关系为核心的报应观念，这种观念很容易和外来佛教以个人为主体的因果报应观念相结合。胡应麟说到隋唐以后思想界的大势：

> ……百家壅底正途之弊息，而神仙服食之说盛，释家因果之教兴，杂然与儒者抗衡，而意常先之。[2]

萧子显《南齐书》卷四五《高逸传》论赞，把儒家、诸子和佛教相比较，称赞佛教“有感必应，以大苞小，无细不容”，“树以前因，报以后果，业行相酬，连琐相袭”[3]。在不少小说里，因果报应就成了构造情节的重要根据。如宋代话本《错斩崔宁》写的是“十五贯戏言成巧祸”的富于现实意义的故事，其中对封建制度下官吏的愚执、法律的严酷和小民痛苦无告的生存状态进行了深刻的揭露。从情节和描写看，创作者对冤案的根由是有一定清醒认识的，但其中写到众人追拿崔宁时却说“天网恢恢，疏而不漏”；案情大白时众人又说“今日天理昭然”；说话人又劝说官吏“冥冥之中，积了阴骘”等等，这样，故事贯穿着报应观念，所以结尾处大娘子就一心礼佛，超度亡灵了。后来的“三言”、“二拍”里的许多拟话本更强烈地表现出这种观念。有些故事本来是反映现实矛盾的、主题思想是积极的，但创作者却往往以因果报应“规律”来加以解释。如《警世通言》卷十七《陆五汉硬留合色鞋》，写浮浪弟子张荩与潘寿儿有情，无赖陆五汉乘暗夜骗奸潘寿儿并杀了她的双亲，杀人罪名却落到张荩头上。后来张荩使银子买通牢狱看守，得以和潘寿儿对证，案情终于大白。在小说里，案情大白的关键是张荩对看守行贿，张荩受尽陷害后却说：“这也是前世冤业，不消说起。”这在观念上正和故事的开场诗相照应：“爽口食多应损胃，快心事过必为殃。”“奸赌两般都不染，太平无事作家人。”所以张荩得以剖白后，“吃了长斋”，改过行善。无碍居士替《警世通言》作序说：“余阅之，大抵如僧家因果说法度世之语，譬如村醪市脯，所济者众，遂名之曰《警世通言》。”[4] 而编写“三言”的冯梦龙则说：“小说家推因及果，劝人作善，开

[1]《醉醒石序》，《醉醒石》卷首，清董氏诵芬室刻本。
[2]《少室山房笔丛》卷二六《玉壶遐览一》，《四库全书》本。
[3]《南齐书》卷五四《高逸传》，第946～947页。
[4]《警世通言》卷首。

清净方便法门，能使顽夫伥子，积迷顿悟。此与高僧悟石何异？”①

《金瓶梅》是我国第一部文人独立创作的描写世态人情的长篇小说，反映社会生活达到相当的广度和深度。其中详细描写了市井间的宗教生活，如吃素、斋僧、念佛、宣卷等风习，反映了当时民间信仰的实态。这部书同样贯穿着因果报应观念。西门庆贪欲不足，终于家庭破败，荒淫而死，作者说“为人多积善，不可多积财；积善成好人，积财惹祸胎”；结尾处“普静师荐拔群冤”，小玉窃看冤魂一一托生，普静和尚向吴月娘点化孝哥本是西门庆转身，而吴月娘好善念经也得到了善报。终卷诗说：

> 闲阅遗书思惘然，谁知天道有循环。西门豪横难存嗣，经济颠狂定被歼。楼、月善良终有寿，瓶、梅淫佚早归泉。可怪金莲遭恶报，遗臭千年作话传。②

这样也是把整个故事纳入到因果报应框架之中了。前人评论这部书也往往从这方面着眼。如欣欣子《金瓶梅词话序》说：

> ……其中语句新奇，脍炙人口，无非明人伦，戒淫奔，分淑慝，化善恶，知盛衰消长之机，取报应轮回之事，如在目前始终，如脉络贯通，如万系迎风而不乱也，使观者庶几可以一哂而忘忧也。③

《金瓶梅》的续书都是拙劣模拟之作。如果说前者从主导方面看是对于社会现实生活的艺术概括与真切描述，因果报应之类宗教观念的表露只是附带的，那么这类续书里作为宗教宣传的因果报应观念就表现得更为强烈和明确，而现实性则大为削弱了。

一些公案小说往往更直接地把因果报应作为解破案情的关键。《包公案》、《施公案》、《海公案》等作品一方面表扬清官，一方面宣扬因果报应。问竹主人《忠义侠烈传（即〈三侠五义〉、〈龙图公案〉、〈包公案〉）》序说：“……至于善恶邪正，各有分别，真是善人必获福报，恶人总有祸临，邪者定遭凶殃，正者终逢吉庇。昭章不爽，报应分明，使读者有拍案称快之乐，无废书长叹之时……”④ 这也

①《石点头序》卷首，明叶敬池刻本。

②《金瓶梅词话》第一百回，人民文学出版社，2000 年，第 1506 页。

③《金瓶梅词话》第一百回，卷首第 1 页，人民文学出版社，2000 年。

④《三侠五义》卷首，广东人民出版社，1980 年。

是这类小说内容方面的一大矛盾：在惩恶扬善的主导力量是人力还是报应的认识上，二者是被混淆了。

文人笔记小说的情况大体也同样。《聊斋志异》多谈狐说鬼，利用奇诡怪异的题材来表现具有高度思想性和强烈现实性的内容，其中也多有因果报应之类说教。蒲松龄在《聊斋自志》中已明确说道：

> 盖有漏根因，未结人天之果；而随风荡堕，竟成藩溷之花。茫茫六道，何可谓无其理哉！独是子夜荧荧，灯昏欲蕊；萧斋瑟瑟，案冷凝冰。集腋为裘，妄续《幽冥》之录；浮白载笔，仅成孤愤之书。寄托如此，亦足悲矣！①

后人也往往从宗教观念对这部书加以评论，如余集《聊斋志异序》说："释氏悯众生之颠倒，借因果为筏喻，刀山剑树，牛鬼蛇神，妄非说法，开觉有情。然则是书之恍惚幻妄，光怪陆离，皆其微旨所存，殆以三闾侘傺之思，寓化人解脱之意欤？"② 优秀作品如《聊斋志异》尚不免于此。与《聊斋志异》同类且水平等而下之如袁枚的《子不语》、纪昀的《阅微草堂笔记》等，同样多写鬼神怪异之事，就更多因果报应的说教。

又近人著超说："中国小说，无一书不说梦。《三国志》、《水浒》，梦在夹里，此上乘者也；《红楼梦》等，梦在开头，此下乘者也；《西厢》不语梦，而梦语独多，此超以象外者也。"③ 这段话对具体作品的评价当否姑且不论，其中的理念可以从两方面加以理解：其表面的意思是，大凡小说都有梦想内容，都是作者梦幻的表现；而从另一个角度，也可以解释为小说里大都具有"人生如梦"观念。前一方面属于创作论，后一方面则是对作品内容的认识。当然，说小说"无一书不说梦"，是极端的说法；但"人生如梦"观念深刻浸染小说创作，则是事实。

唐传奇的两篇著名作品——李公佐的《南柯太守传》和沈既济的《枕中记》都是直接写梦幻的，都描写主人公在梦中享尽荣华富贵，经历人世坎坷，梦醒后觉悟到一切皆空、人生如梦，主题中明显融合了佛、道二教的人生观。作者在作品里更出面直接说教。《南柯太守传》最后写到主人公因感梦而觉悟了：

①朱其铠主编《全本新注聊斋文集》，卷首第1页，人民文学出版社，1989年。
②张友鹤《聊斋志异会校会注会评本》卷首，上海古籍出版社，1983年。
③《古今小说评林》，民权出版部，1919年。

感南柯之浮虚，悟人世之倏忽，遂栖心道门，绝弃酒色。①

《枕中记》更由主人公出面说：

夫宠辱之道，穷达之运，得丧之理，死生之情，尽知之矣。此先生所以窒吾欲也。敢不受教！②

感悟到人生如梦，从而否定一切欲念，这正是佛教观念。

历史小说《三国演义》本是“七分真实，三分虚构”的，其开卷诗说：

滚滚长江东逝水，浪花淘尽英雄。是非成败转成空，青山依旧在，几度夕阳红。白发渔樵江渚上，惯看秋月春风。一壶浊酒喜相逢，古今多少事，都付笑谈中。③

这里表现的对历史的态度，具有强烈的虚无色彩。类似说法往往成为历史演义小说的常套。如果说《三国演义》这样优秀作品挟带的这种观念并无碍于作品的思想价值，另一些作品则是把表达“色空”、“如梦”观念作为写作主旨了。如明方汝浩所作《禅真逸史》（又名《残梁外史》、《妙相寺全传》），本取材于历史，但把虚构和真实交织在一起来描写。主人公林时茂本是东魏将军，避祸出家，取号淡然，后习得高明道术，又有杜伏威、薛举、张善相三人义结金兰，与他为徒，梁、陈之际乱世参与争雄，至唐兴，三人受仙人点化，弃家学道，俱证上仙。而明诸允修《奇侠禅真逸史序》则指出：“……迷途顿觉，尘劫归空，修炼皆真，精神不灭，禅家要旨，宁有二耶？以奇侠而合以禅真，即所谓广额屠儿与鸠肉长老，更不必说苦说空，而徒论寂灭耳。导迷开世，在在津梁，有何烦棒喝哉！”④ 这则是用梦境来表现因果报应之理了。

所谓“世情小说”更容易表现四大皆空、人生如梦的感怀。许多作品直接利用梦幻构思，正体现了这样的用意。如《金瓶梅》里有“李瓶儿梦诉幽情”、“李瓶儿何千户家托梦”、“潘金莲托梦守备府”等情节，这些当然是一种构思方法，但

---

①鲁迅编《唐宋传奇集》卷三，《鲁迅辑录古籍丛编》第2卷第82页，人民文学出版社，1999年。

②鲁迅编《唐宋传奇集》卷一，《鲁迅辑录古籍丛编》第2卷第27页，人民文学出版社，1999年。

③《三国演义》第一章，人民文学出版社，1983年，第1页。

④《禅真逸史》卷首，明刻本。

梦幻场面不断出现，总会造成人生如梦如幻的感受。

典型地表现“色空”、“如梦”观念的当数《红楼梦》。其中写到梦境，多有深意。如第五回《贾宝玉神游太虚境，警幻仙曲演红楼梦》，写秦可卿梦游太虚幻境，看到载有判词的“金陵十二钗正册”、“副册”、“又副册”，听演《红楼梦曲》；第十三回《秦可卿死封龙禁尉，王熙凤协理宁国府》写秦可卿给凤姐托梦，如此等等，梦在情节上起到重要的照应、暗示作用，同样也关系到主题思想的发露。而作品从开头空空道人关于“色空”的说教，甄士隐《好了歌》到结尾贾宝玉出家，宝玉对薛宝钗感叹“我们生来已陷于贪嗔痴爱中”，终于和一僧一道飘然远去，始终贯穿着人生如梦的意识。甲戌本《脂砚斋重评石头记》卷首曹雪芹《凡例》最后有诗说：“浮生着甚苦奔忙，盛席华筵终散场。悲喜千般同幻渺，古今一梦尽荒唐……”① 有关《红楼梦》论述颇多，此不赘述。《红楼梦》传世后，出现大量续书。如前所说，续书多是拙劣的模拟。《红楼梦》众多续书拙劣处之一就是把“人生如梦”之类消极观念扩展了，往往表现为作品的主旨了。更有许多小说和《红楼梦》一样以“梦”命名，往往题面就表明了写作意图。晚清这类书很多，如孙家振《海上繁华梦》（1903）、黄仲则《廿载繁华梦》（1908），等等。大量出现这类题目的作品正反映了一种潮流：对没落的现世感到迷茫，因而视人生如梦幻或把希望寄托于梦幻了。

《老残游记》作者刘鹗主张三教同归，其作品里往往流露浓重的佛教观念。《老残游记二集》主要写泰山斗姥宫尼姑逸云讲述自己的恋爱和悟道经过，揭露清朝州县官吏作威作福、谄上骄下的种种丑态。作者在《自序》中说：“夫梦之情境，虽已为幻为虚，不可复得，而叙述梦中情景之我，固俨然其犹在也。若百年后之我，且不知其归于何所，虽由此如梦之百年之情景，更无叙述此情景之我而叙述之矣。是以人生百年，比之于梦，尤觉百年更虚于梦也。”② 他的这种“如梦”感慨是相当深刻的。

小说经常表现的佛教观念还有慈悲、戒杀、忍辱、施舍、护生等等，不一一举例了。

---

①甲戌本《脂砚斋重评石头记》卷首，上海人民出版社，1975 年。

②刘鹗《老残游记续集》卷首，《老残游记》附录，人民文学出版社，1957 年。

第三节　戏曲里的佛教观念

中国的小说艺术特别注重故事性，亦即戏剧性，即所谓“非奇不传”。所以小说和戏曲在题材和主题方面相互借鉴就是十分普遍的现象。许多杂剧、传奇是根据小说故事改变的。小说里的佛教内容往往被因袭下来。此外，中土戏曲由古代俳优、戏弄逐步形成而来，有着自身的传统，但随佛教传入的西域和天竺舞乐、梵剧对其发展也起了一定借鉴作用，也会带来佛教的影响。

当初佛陀制戒，本来是限制僧侣观听歌舞伎乐的。但到大乘佛教阶段，歌舞伎乐已成为供养佛、塔的手段。而在印度，戏剧更有着悠久的传统。渥德尔指出：“虽然在三藏中并没有真正的剧本（当然晚期增加到西藏三藏中的东西不算在内），我们将会看到，有证据说明其中有某些戏剧化故事情节，尤其在杂阿含里面，在节日集会时曾在舞台上表演……如果佛教徒们逐渐编纂出一本戏剧化诗歌的表演节目，和其他类型的文学一样，我们将会发现，在一定的阶段他们产生了一系列的地地道道的剧本。”“有少量的证据表明戏剧是在公元前四世纪之前的某个时期从表演婆罗门传统的神话故事的舞蹈中演变出来的。（实际还要更早，因为我们有一项引证难陀王朝时代戏剧表演教本的资料。）”①

中国佛教在南北朝时期已广泛使用舞乐。杨衒之的《洛阳伽蓝记》里记载景乐寺就以歌舞著名：

> ……至于大斋，常设女乐，歌声绕梁，舞袖徐转，丝管寥亮，谐妙入神。②

又佛教行像仪式早已传入中土，也具有歌舞表演性质。梁宗懔《荆楚岁时记》记载当时荆楚风俗：

> 十二月八日，为腊日……谚言：“腊鼓鸣，春草生。”村人并系细腰鼓，戴胡公头，及作金刚、力士以除疾，沐浴转除罪障。③

---

①渥德尔《印度佛教史》，王世安译，商务印书馆，1987年，第218~219、323页。

②《洛阳伽蓝记》卷一《景乐寺》，上海古籍出版社，1978年，第52页。

③梁宗懔《荆楚岁时记》，《四库全书》本。

北魏以来的敦煌壁画也多有描绘歌舞伎乐场面的。《旧唐书·音乐志》记载说:“大抵散乐、杂戏多幻术，皆出西域。”[①]这里所说的散乐、杂戏同样具有戏曲因素；它们从西域传来，其中有相当部分与佛教有关系。又早在梁代，荀济上书朝廷，讲到僧罪十等，其九就是“设乐以诱群小，俳优以招远会”[②]。所谓“设乐”指表演歌舞，“俳优”当是指僧侣亲自作为俳优演出。而到唐代，寺院作为城乡文化中心的作用更为突出，也成为民众娱乐场所。当时更有密教传入中土，密教仪轨里更多用歌舞，有“一一歌咏，皆是真言；一一舞戏，无非密印”[③] 之说。密教对中国戏曲的形成和发展也产生多方面影响。宋钱易说：

长安戏场，多集于慈恩，小者在青龙，其次荐福、永寿。尼讲盛于保唐。[④]

这里举出的是长安几所著名的大寺。所谓“戏场”是娱乐场所，可以设想其中也有“戏弄”之类表演。钱易又记载：

道吾和尚上堂，戴莲花笠，披襕执简，击鼓吹笛，口称鲁三郎。[⑤]

道吾圆智禅师是南宗石头一系药山惟俨法嗣，他上堂示法，扮演鲁三郎。从所写装束、动作看，也应是戏弄里的一个角色。中唐时期禅风狂放，禅师们往往以奇特行动呈禅解。道吾对戏弄是十分熟悉的。

唐段安节《乐府杂录·俳优》条记载有《弄婆罗》[⑥]；《通典》卷一四六《乐六》、《旧唐书》卷二十九《音乐二》叙“散乐”，都有“婆罗门”，归之“杂戏”。从题目看，显然是外来节目，任半塘认为就是佛教戏剧[⑦]。郑樵《通志》载“梵竺四曲：舍利弗、法寿乐、阿那瓌、摩多楼子”[⑧]。《舍利弗》今传李白有辞；《乐府杂录》里也有《舍利弗》名目。舍利弗本是佛弟子，神通第一，《贤愚经》里有他和六师外道斗法著名故事。特别是 1923 年在新疆吐鲁番发现马鸣所著梵剧三种，

①《旧唐书》卷二九《音乐二》，第 1073 页。
②《广弘明集》卷七《辨惑篇·列代王臣滞惑解》，《正》第 52 卷第 130 页下。
③《毗卢遮那成佛经疏》卷八，《正》第 39 卷第 666 页中。
④《南部新书》戊卷，中华书局，1958 年，第 50 页。
⑤《南部新书》己卷，中华书局，1958 年，第 65 页。
⑥《乐府杂录》，古典文学出版社，1957 年，第 29 页；据《说郛》，下有“门”字。
⑦参阅《唐戏弄》，上海古籍出版社，1984 年，上册第 309 ~ 310 页。
⑧《通志》卷四九《乐略一》，中华书局，1987 年，第 633 页。

其中有《舍利补特罗婆罗加兰那》九出，表现舍利弗和目犍连皈依故事，更让人猜测中土资料里的《舍利弗》与梵剧的关系①。而摩多楼子是佛弟子目犍连另一个译名，他乃是后来中土兴盛的目连戏的主角。阿那瓌不知是否就是阿那律，后者也是佛陀十大弟子之一。这种用佛教人名为题目的舞乐，应当是有一定的情节的。

从篇目看，宋、元以来直接以佛教为题材的戏曲作品并不多。其中目连戏和根据香山观音成道故事改编的传奇《香山记》是流传广远、影响巨大的真正的佛教戏。而宣扬佛教观念的却颇有一些。杂剧中如元郑廷玉《布袋和尚忍字记》，描写传说中弥勒化身布袋和尚行迹；刘君锡《庞居士误放来生债》写唐代居士庞蕴皈依佛法故事；郑廷玉《看钱奴买冤家债主》演述轮回报应之理；明叶宪祖《北邙说法》表现北邙寺僧空禅师向做了天神的甄好善和做了恶鬼的路为非讲说佛法；明杂剧《鱼儿佛》搬演观音度脱凡人故事。传奇则有屠隆《昙花记》、苏元俊《梦境记》、罗懋登《香山记》、吴德修《偷桃记》、金怀玉《妙相继》、智达《归元镜》、张宣彝《海潮音》、蒋士铨《庐山会》等。不过这些作品如屠隆说是"以传奇语阐佛理"②，带有浓厚的说教意味，缺乏生活情趣，艺术上往往也乏善可陈。

更多的作品则是在一般剧情里有意或无意地流露出佛教观念或信仰。这既彰显出佛教影响的深远，又体现了佛教观念的"世俗化"和"艺术化"倾向。例如多数表扬忠、孝、节、义的作品，在揭露和抨击权奸误国、忘恩负义、图财害命、欺凌孤弱、男盗女娼之类罪恶行径的同时，又或隐或显地宣扬惩恶扬善、因果报应等观念。历史题材作品里经常出现的反面人物如曹操（如明杂剧徐渭《狂鼓史渔阳三弄》）、秦桧（如元杂剧《东窗事犯》、明传奇无名氏《东窗记》、姚茂良《精忠记》、李梅实《精忠旗》等）、严嵩（传奇无名氏《鸣凤记》，或以为王士贞撰）、魏忠贤等，往往叙写他们在现世猖狂得志，但终于得到"阴报"。表现一般世情的作品如元杂剧武汉臣《包待制智赚生金阁》、无名氏《朱砂担滴水浮沤记》、《玎玎珰珰盆儿鬼》、《神奴儿打闹开封府》等，明传奇如郑若庸《玉玦记》、沈璟《桃符记》、《坠钗记》、周朝俊《红梅记》、屠隆《昙花记》等，清传奇如李玉《人兽关》、嵇永仁《双报应》、查慎行《阴阳判》、张彝宣《天下乐》等，也都宣扬报应不爽的"天理"。其中多数是所谓"鬼戏"，多有恶人在阴间受到阎罗或包公审判、

①参阅许地山《梵剧体例及其在汉剧上的点点滴滴》，《小说月报》第十七卷号外《中国文学研究》。

②屠隆《昙花记序》，《昙花记》卷首。

惩罚的情节。尤侗为岳端的传奇《扬州梦》作序说：

> 盖聚人世酒色财气之业，造成生死轮回，亦举吾身喜怒哀乐之缘，变出悲欢离合。①

许多戏都和这部作品一样，生死轮回、因缘果报之理成为构造情节的依据。清代戏剧家余治作《庶几堂乐府》，收录二十八个剧本，在《自序》里则说：

> 余不揣浅陋，拟善恶果报新戏数十种，一以王法天理为主，而通之以俗情……于以佐圣天子维新之化，贤有司教育之功，当亦不无小补也。

许多剧作家都在写作中有意贯彻道德教化目的，而利用佛教观念正适于达到这一目的。

元代大戏曲家关汉卿（1225?—1300?）一生创作杂剧多达六十七种，今存十八种。他的作品反映现实生活广泛而深刻，思想内容十分丰富，讽刺世相也相当尖锐，在中国戏剧史上是空前的成就。它们也常用超现实的情节，如冤魂告状（《窦娥冤》里屈死的窦娥游魂找到身为廉访使的父亲窦天章诉冤）、鬼魂托梦（《西蜀梦》里被害的关公和张飞的鬼魂往西川给刘备托梦）等等。而在揭露和批判卑劣与罪恶、张扬和同情善良与道义时，往往运用因果报应来解决矛盾。在优秀的世情戏《窦娥冤》、《望江亭》和公案戏《鲁斋郎》、《蝴蝶梦》等作品里都是如此。

马致远（?—1321）深受佛、道影响。他写过《吕洞宾三醉岳阳楼》那样的神仙道化剧，而《半夜雷轰荐福碑》则表现了浓厚的佛教宿命观念。这出戏是承袭南戏《雷轰荐福碑》，取材自释惠洪《冷斋夜话》里范仲淹镇鄱阳时帮助书生张镐拓荐福寺碑文、碑文被雷击轰碎故事而加以增饰的。

元末高则诚（1305?—1359）的《琵琶记》是根据南戏《赵贞女》改编的，描写蔡伯喈贪恋富贵、遗弃妻子赵五娘故事。同时期流行的还有“四大传奇”《拜月亭》、《白兔记》、《荆钗记》、《杀狗记》，俗称“荆、刘、杀、拜”，都是继承南戏传统、根据长期流行于民间的故事传说编写的。它们表扬贞孝节烈，抨击嫌贫爱富，又都体现了强烈的善恶果报意识，情节模式则是一成不变地为善者夫妻团圆富贵、为恶者终于受到惩罚的结局。

---

①尤侗《扬州梦序》，《扬州梦》卷首。

明汤显祖（1550—1616）深受“王学左派”心性学说的影响，又受到佛教熏染。他在给友人信里说自己“幼得于明德师，壮得于可上人”[①]。“明德师”指泰州学派的罗汝芳，“可上人”则是“明末四高僧”之一紫柏真可。他曾在南京高座寺从真可受记。在《寄石楚阳苏州》信里他又说：“有李百泉先生者，见其《焚书》，畸人也。肯为求其书，寄我骀荡否？”[②] 李百泉即著名的异端思想家、“狂禅”思潮的代表人物李贽。汤显祖显然与其声气相投。他的代表作品《临川四梦》所表现的强烈的重情、贵生等意识在当时是先进的、具有重大积极意义的，但佛教的虚无出世、忍辱求安等观念在其中也相当清晰地流露出来。如果说在《牡丹亭》里明、幽二界的构想出自佛教，影响还主要体现在构思上；那么在《邯郸梦》、《南柯梦》两出戏里，则流露出更浓重的“净世纷纷蚁子群”的悲观、虚无意识和“人生如梦”观念。这两出戏分别取材唐传奇《枕中记》和《南柯记》。汤显祖在戏里对富贵利禄进行强烈批判，但却看不到人生的积极出路，从而把它表现为“空花梦境”。

汤显祖开创明传奇所谓“临川派”，沈璟（1553—1610）则开创了所谓“吴江派”。沈璟重视音律，对于戏曲艺术的发展贡献甚大。他的作品很多，但成就远不及汤显祖，重要局限之一是封建道德说教和宗教迷信色彩过于浓重。《双鱼记》取材自马致远的《荐福碑》，《红渠记》取材自唐传奇《郑德麟传》，都流露出浓重的生死有命的宿命论倾向；《桃符记》里决定主人公刘天仪、裴青莺命运的，是轮回报应的铁的“规律”；《坠钗记》本是模仿《牡丹亭》的，但主要宣扬“好恶因缘都在天”，远不及汤著思想积极。

清传奇的重要作者无出“南洪北孔（尚任）”。洪升（1645—1704）的名著《长生殿》，利用白居易《长恨歌》、陈鸿《长恨传》的唐明皇和杨贵妃爱情悲剧题材，其主题在“垂诫”，本来具有强烈的现实意义。但作者在《自序》里说：“清夜闻钟，夫亦可以遽然梦觉矣。”[③] 在情节安排上，最后让李、杨“一悔能教万孽清”，终于“居忉利天宫，永为夫妇”[④]，则流露深厚的宗教谶悔观念。

明清时期又是各地民间戏曲蓬勃发展的时期，众多的地方剧种在这一时期形成。民间戏曲更多地反映民众的思想、观念、感情、情绪等等，他们的宗教信仰、

①《寄邹宾州》，《汤显祖集》卷四七，下册第1352页。

②《寄石楚阳苏州》，《汤显祖集》卷四四，下册第1246页。

③《桃花扇》。

④《桃花扇》。

宗教观念也在其中更鲜明、强烈地表现出来。鲁迅的小说《社戏》描绘了江南农村演出“年规戏”的情形；他的回忆文章《无常》则描写并赞扬了“目连戏”[①]。这乃是神佛戏在晚清流行的典型一例。鲁迅肯定其价值，反映了一些剧目在民间流传，思想、艺术上得以升华的情形。

第四节　佛教对小说、戏曲艺术的影响

如上所述，小说和戏剧作为更充分地发挥艺术想象和虚构的文学样式，更容易借鉴佛教的思维方式和表达手段。主要体现在如下方面：

“人物”塑造：

在佛教世界观里，“有情”的范围被大为扩展了：有佛、菩萨；“三界”、“六道”里除了人，还有天、阿修罗、畜生、恶鬼、地狱；“天神”里又包括“天龙八部众”。它们和道教的神仙、真人等一起，成为小说、戏剧作品中一类独具特色的“人物”。

有些作品直接以佛、菩萨为主人公。前面已介绍了六朝观音传说。后来更出现了许多观音小说和观音戏。特别是北宋流行起来的香山大悲观音信仰，形成结合中土传统的新型观音传说。蒋之奇据以创作《香山传》，叙述“过去国庄王，不知为何国王，有三女，最幼者名妙善，施手眼救父疾”[②] 而成道的大悲观音故事。元代有赵孟頫夫人管道升书刊《观世音菩萨传略》行世。明代万历（1573—1620）年间出现三十出传奇《观世音修道香山记》，或以为是罗懋登所作，情节更为曲折、复杂。清初张宣彝作二十八出传奇《海潮音》，情节与《香山记》略同。后来各地方剧种多演出以观音为主人公的折子戏，基本是根据这两部传奇改编的。同样题材的小说则有《南海观音全传》等。明初戏文里又有《观音鱼蓝记》三十二出，表现的是另外的观音本缘故事。大致情节是秀才张琼与金宠二家指腹为婚，后张家生下张真，被招至金府读书；伪装成金家小姐金牡丹的瑶池金线鲤鱼将他诱惑摄去；金家找回张真，但真、假张真难辨；请来包公断问不清，城隍也无能为力；后来玉

---

①《社戏》，《鲁迅全集》第1卷第559～579页，人民文学出版社，1981年；《无常》，《鲁迅全集》第2卷第267～277页。

②朱弁《曲洧旧闻》卷六，《知不足斋丛书》第27集。

皇派出神兵把鱼精收到鱼蓝之中，封为鱼蓝观音。这则是纯粹中土的观音传说了。公案小说《龙图公案》里的《金鲤》篇是据同一故事铺衍的。《西湖二集》卷十四《邢君瑞五载幽期》更以这个故事作引子。根据这出戏改编的剧本现在仍在演出，京剧里著名的折子戏《追鱼》即是它的一折。

又如唐三藏取经故事成为众多小说、戏剧作品的题材。宋人已创作出《大唐三藏取经诗话》。金院本里"和尚家门"类有《唐三藏》①。元吴昌龄根据取经故事创作出《西天取经》杂剧②。在元代（至迟在明初）还出现过一部《西游记平话》，据残存资料考证，情节与吴承恩《西游记》略同③。今存《永乐大典》第一万三千一百三十九送字韵梦字类有《西游记魏征梦斩泾河龙》一段，据考或许就是这部《西游记》的一部分。小说名著《西游记》具有丰富的思想内容，并不是宣扬佛教信仰的，但在情节构造和"人物"塑造方面却大量承袭了前述资料。这些作品里都描写了观音形象，她慈悲善良、惩恶佑善、法力无边，已成为寄托民众愿望的、家喻户晓的艺术典型。

龙是佛教"天龙八部"的一部分。这是和中土传说作为"麟虫之长"④ 的龙全然不同的一类天神。中国古代传说本来有冯夷、河伯、湘君、湘夫人等，外来的龙王与这些水神相捏合，被塑造成面貌独特的"人物"。在佛经里，龙王有他的家族，包括龙女；有他的住处龙宫，其水下宫殿藏有珍宝。这些都是创造故事的绝好材料。在《大唐西域记》里，已有乌仗那国兰勃卢山龙池龙女变化为人与一"释种"相爱结为婚姻的故事⑤。这是西域的艺术创造。在唐代文人笔下，龙及其家族已成为极富想象力的好素材。柳宗元《谪龙说》、沈亚之《湘中怨》、薛莹《龙女传》都以龙或龙女为主人公；更著名的有李朝威《柳毅传》，描写落魄文人柳毅解救龙女、终成眷属的故事；另有佚名《灵应传》，写龙神九娘子拒绝朝那龙子逼婚，求救于节度周宝事。柳毅与龙女传说被后人当作戏剧题材，"元尚仲贤更演为柳毅传书剧本，翻案而为张羽煮海。李好古亦有张羽煮海。明黄说仲又有龙箫记，勾吴梅

---

①陶宗仪《南村辍耕录》卷二五《院本名目》，中华书局，1997年，第313页。

②钟嗣成《录鬼簿》卷上，《录鬼簿外四种》，上海古籍出版社，1978年，第22页。

③参阅陈高华《从〈老乞大〉、〈朴通事〉看元与高丽的经济文化交流》，《历史研究》1995年第3期。

④段玉裁《说文解字注》十一篇中。

⑤季羡林等《大唐西域记校注》卷三，中华书局，1985年，第290～291页。

花墅又有桔蒲记，皆推原此文而益为傅会者也”①。在中土传说里，龙宫财宝、龙能行雨等等更成为程式化的情节；龙王和龙女的宗教色彩在许多作品里已大为淡化了。

钱彩撰《说岳全传》以岳飞抗金事迹为题材，开头和结尾部分讲大鹏金翅鸟与虬龙相斗，为全篇的缘起，由此敷演出宋、金和岳飞、秦桧斗争的情节。书的结尾写岳飞死后，玉皇大帝因为他是西天护法，派遣金星送归莲座，岳飞又变成金翅鸟，飞上佛顶。书里的因果报应和投胎轮回等观念都是佛教的。大鹏鸟中土传说已有，但金翅鸟只见于《增一阿含经》、《长阿含经》、《观佛三昧经》等佛典和中土辑录的《经律异相》卷四十八《禽畜生部》等。

本土佛教人物与故事也成为一些小说和戏曲的题材。敦煌卷子里的《庐山远公话》已开话本小说描写僧人的先河。后来有更多的僧人被写进小说、戏曲里。明代有题“逸士朱开泰选修”的《达摩出身传灯传》，写禅宗祖师达摩故事。前已提到的元杂剧《来生债》演述唐庞蕴居士事；明杭州报国寺僧智达《归元镜》则描写庐山慧远、永明延寿、莲池藕益三人在俗以至出家、传灯、成道行实，劝人念佛、戒杀、吃斋。中土小说、戏曲里最为流行的僧人则是济公。道济（1150—1209）本是宋僧，号湖隐，年十八投杭州灵隐寺出家，形迹多异，人莫能测，以疯癫著名，平日破裤裸裎，酒肉醉饱，醉则赋诗，言超意表。他的行事本来具有传说色彩，后来被传说化，有关故事广泛流传民间。明隆庆三年（1571）仁和孟祥梓述《钱塘渔隐济颠禅师语录》一卷。至清初，济公传说大为流行，各种《济公传》被创造出来。康熙（1662—1722）年间有《西湖佳话古今遗迹》十六卷，署“古吴墨浪子搜辑”，第九卷《南屏醉迹》即是描写道济的。张宣彝根据《西湖佳话》的故事加以缘饰，作传奇《醉菩提》。又有《济公全传》，则是三十六回的长篇章回小说，前有编者杭州人王楚吉康熙戊申（1668）年自序。这部小说把济公形象大为丰富了。此后出现了不同的《济公传》。这些小说里的济公，滑稽倜傥，玩世不恭，以醉酒而显灵救世，人称“济颠”。他利用神通变化宣扬佛法、化缘布施，更解人危难，治病救人，特别是蔑视权贵，救济穷苦，在一定程度上体现了苦难无告的民众的宗教理想和愿望。

小说、戏曲里写到佛教人物，描写角度和体现的观念多种多样。正面人物如

---

①王璧疆《唐人小说·柳毅传》按语，上海古籍出版社，1978年新一版，第82页。

《水浒传》里的鲁智深、《三宝太监西洋记通俗演义》里的郑和，反面的如《三言》、《二拍》等作品里写的妖僧、庸僧。而且以佛教“人物”为题材的作品，也不一定是宣扬佛教的。如台静农所说：“中土文人借用外来的素材，自由雕塑，以艺术为依归，毫无约束，可说是善于运用了。以此证明，民族与民族文化的交流与吸收，未必是直线的而是曲线的。”①

又基于轮回报应之说，“有鬼论”在中土颇为盛行，小说和戏曲更有大量表现鬼魂的。这在后文将加以讨论。

“故实”的利用：

鲁迅说：“魏晋以来，渐译释典，天竺故事亦流传世间，文人喜其颖异，于有意或无意中用之，遂蜕化为国有。”② 早期主要是简单地把外国故事搬到作品里，发展到后来则能够把外来故事加以消化、变通，重新加以创造，演化为新的情节，甚至已不见外来的痕迹。

典型例子是陈寅恪考证的《西游记》玄奘弟子故事。鸠摩罗什译《大庄严论经》卷三第十五个故事里难陀王说偈言：

> 昔者顶生王，将从诸军众，并象、马、七宝，悉到于天上。罗摩造草桥，得至楞伽城，吾今欲升天，无有诸梯凳。次诣楞伽城，又复无津梁。③

陈寅恪说：

> 此所言乃二故事，一为顶生王升天因缘，见于康僧会译六度集经四第四十故事、涅槃经圣行品、中阿含经一一王相应品四洲经、元魏吉迦夜昙曜译之付法藏因缘传一、鸠摩罗什译仁王般若波罗蜜经下卷、不空译仁王护国般若波罗蜜经护国品、法炬译顶生王故事经、昙无谶译文陀竭王经、施护译顶生王因缘经及贤愚经一三等。梵文 Divyāvadāna 第一七篇亦载之，盖印度最流行故事也……此闹天宫之故事也。由印度最著名之纪事诗罗摩延传第六编，工巧猿名 Nala 者，造桥渡海，直抵楞伽。此猿猴故事也。盖此二故事本不相关涉，殆因讲说大庄严经论时，此二故事适相连接，讲说者有意或无意之间，并合闹天宫

①台静农《佛教故事与中国小说》，香港大学《东方文化》第13卷第1期（1975年1月）。

②《中国小说史略》第五篇《六朝之鬼神志怪书（上）》，《鲁迅全集》第9卷第48～50页。

③《正》第4卷第273页上。

故事与猿猴故事为一，遂成猿猴闹天宫故事。[①]

陈寅恪还找出猪八戒高老庄招亲、流沙河沙和尚故事的来源。《西游记》本以佛教故事面目出现，直接或间接借用佛典情节不少。如人们熟悉的孙悟空车迟国斗法事，乃是《贤愚经》里《须达长者起精舍品》舍利佛与六师外道斗法的翻版。这种斗法情节更被其他一些章回小说经常使用，如《封神演义》里阐、截斗法，《年羹尧征西》里回、耶斗法，甚至《野叟曝言》里也有僧、道与儒斗法，等等。《中阿含经》卷一三一《大品降魔经》讲到大目犍连尊者入定，忽然发觉魔王已化作细形在自己腹中，乃叱曰："汝波旬出，汝波旬出……"[②] 魔遂化细形出尊者之口，由之变化出《西游记》里孙悟空三调芭蕉扇中化作蟭蟟小虫进入罗刹女肚子里的情节。《封神演义》里也有二郎神收服梅山七怪时化作桃子进入猿怪腹中情节。《西游记》里平顶山锐角大王把孙悟空押在山下，又把他装到葫芦里，孙悟空施展本领，夺过葫芦，反把对方装了进去，则与《旧杂譬喻经》"梵志作术"把人装进葫芦的想象相同。《卢志长者经》里讲帝释天化作卢志长者施行教化，有真假卢志长者之争。《西游记》里真假美猴王、真假牛魔王之争，显然受其启发。在《水浒传》里也有真假李逵，包公戏里更有真假包公等等构想。这类神通变化的情节在神魔、剑侠题材的小说、戏曲里被广泛使用。

鲁迅曾指出唐传奇《枕中记》的构思与干宝《搜神记》焦湖庙祝故事大体相同。而这种入梦感悟的情节亦见于佛典。《杂宝藏经》卷二《娑罗那比丘为恶生王苦恼缘》，写到优填王子娑罗那为恶生王诸采女说法而被毒打、尊者迦旃延便为现梦使其觉悟的情节。《大庄严论经》卷十二里也有类似故事。唐沈既济的《枕中记》、李朝威的《南柯太守传》正采取了同样的构思。其他小说、戏曲也多有运用类似构想的。

刘宋求那跋陀罗译有《佛说大意经》，《贤愚经》卷八《大施抒海品》、《佛本行集经》卷三十一里有同样的故事，描写主人公得到海中宝珠，海中诸神王前来夺取，宝珠落到水里，主人公以器具舀海水，精诚感动天神。故事立意与《列子》"愚公移山"传说相类似。据考，今本《列子》成书在晋代，其中多纳入竺法护所

①陈寅恪《西游记玄奘故事之演变》，《金明馆丛稿二编》，上海古籍出版社，1980 年，第 193 ~ 194 页。
②《正》第 1 卷第 620 页。

译《生经》内容[1]。“抒海”情节是否启发编成“愚公移山”故事待考，但《柳毅传》描写进入海上龙宫的情节显然因袭了佛典。而元杂剧李好古《沙门岛张生煮海》，描写潮州张羽与东海龙王第三女琼莲定情，为降服龙王，得到道姑秦时毛女的银锅、金钱、铁勺，舀海水煎之，终于迫使龙王嫁女，则是“抒海”情节的变型。

《贤愚经》卷十一第五十三《檀腻䩭品》有个国王断案故事：

……见母人共争一儿，诣王相言。时王明黠，以智权计，语二母言:“今惟一儿，二母召之，听汝二人各挽一手，谁能得者，即是其儿。”其非母者，于儿无慈，尽力顿牵，不恐伤损；其生母者，于儿慈深，随从爱护，不忍拙挽。王鉴真伪，语出力者:“实非汝子，强挽他儿，今于王前道汝事实。”即向王首:“我审虑妄，枉名他儿。大王聪圣，幸恕虚过。”儿还其母，各尔放去。[2]

李行道所作元杂剧《包待制智赚灰阑记》里描写包拯审问二母争子案，情节完全相同，承袭痕迹是很显然的。类似故事又见于《旧约・列王记》第三章和薛尔登（Shelton）所编《西藏故事集》（Tibetan Folk Tales New York，1925）[3]。这个故事的流传状况是研究民俗学和比较文学的好材料。

以上例举的是佛典里的情节直接被中土小说、戏剧袭用的典型作品。实际上受到启发变换方式利用佛典故事的例子举不胜举，如陈寅恪论述《维摩诘讲经文》，认为可由之“推见演义小说文体原始之形式，及其嬗变之流别，故为中国文学史绝佳资料”[4]。他认为中国“家传”体章回小说的形成，正与某些佛教故事的演变踪迹相合，创作中受到佛典的无形启发。

又沈增植曾论及唐代密教与小说的关系：

《妙吉祥最圣根本大教王经》有成就剑法，云持明者，用华铁作剑，长三

①参阅季羡林《〈列子〉与佛典——对于〈列子〉成书时代和著者的一个推测》，《季羡林学术论著自选集》，北京师范学院出版社，1991年，第17～30页。

②《正》第4卷第429页中。

③参阅赵景深《所罗门与包拯——解答振铎兄的一个问题》，《中国小说从考》，齐鲁书社，1980年，第505～511页。

④陈寅恪《敦煌本维摩诘经文殊师利问疾品演义跋》，《金明馆丛稿二编》，上海古籍出版社，1980年，第180、185页。

十二指，巧妙利刃。持明者持此剑往山顶上，如前依法作大供养，及随力作护摩。以手持剑，持诵大明，至剑出光明。行人得持明天，剑有烟焰，得隐身法。剑若暖热，得降龙法，寿命一百岁。若法得成，能杀魔冤，能破军阵，能杀千人。于法生疑，定不成就。又有圣剑成就法。又云：若欲成就剑法，及入阿苏罗窟，当作众宝像，身高八指云云。案：唐小说所纪剑侠诸事，大抵在肃、代、德、宪之世，其时密教方昌，颇疑是其支别。如此经剑法，及他诸神通，以摄彼小说奇迹，故无不尽也。①

唐后期剑侠类传奇如《虬髯客传》就可以作为沈增植这一论点的例证。而后来兴盛的剑侠小说里所描绘的神通技艺，更对密教的神通变化有所借鉴和发挥。

创作构思：

佛教建立了弥纶六道、三世的宇宙观，表现出极其大胆丰富的想象力和十分诡异离奇的思维方式。范晔说到佛典表现方法：

……然好大不经，奇谲无已，虽邹衍谈天之辩，庄周蜗角之论，尚未足以概其万一。又精灵起灭，因报相寻，若晓而昧者，故通人多惑焉。②

这样，佛教的玄想的、荒诞的思维方式，大为扩展了小说戏曲艺术构思的境界，提供了许多新的表现手段。例如六道、三世（过、现、未）、神通（神足、天眼、降妖等）、变形、分身、幻化（化人、化物、化现某种境界）、魔法、异变（地动、地裂、大火等）、离魂、梦游、入冥（地狱）、升天、游历它界（龙宫、大海等）等等。在佛典里这些本都是体现佛教教理的，是宣扬佛教教义、启发信仰的事相，以其想象的超凡和表现的奇异被小说、戏剧创作所汲取、运用。

六朝志怪小说里充斥着神通变化的内容。而后来的小说、戏曲作为有意识的艺术创作，表现神通变化和神秘能力的观念和方式都大为发展了。志怪的内容还是被当作“实事”来记录，小说和戏曲则更自觉地使用虚构。神魔小说如《西游记》、《封神演义》当然是如此，就是历史小说如《三国演义》，也有许多纯想象的、超现实的情节。如诸葛亮本是历史人物，但描写他借东风，无论是呼风唤雨的能力，还是坛场作法的仪式，都让人联想起密教曼荼罗仪轨。《水浒传》是所谓“侠义小

①《海日楼杂丛》卷五《成就剑法》。

②《后汉书》卷八八《西域传论》，第 2932 页。

说”，题材有历史根据，但全书却以“张天师祈禳瘟疫，洪太尉误走妖魔”为引子，以神通变化作为一百单八将出身的因由。同样，《红楼梦》是所谓“世情小说”，但开头和结尾都以僧、道变化来构造情节。

佛教的三世观念引发出天堂、地狱的设想。文学作品表现天堂景象的不多，更多的是写地狱的（这与绘画如敦煌壁画里大量净土变的情况形成对比）。这和有意宣扬报应以警世的创作意旨有关系。前面已介绍了六朝“辅教之书”里的地狱巡游故事。后来的小说、戏曲也多有利用地狱情节的。相当流行的目连救母题材就是个典型例子。前面业已介绍了敦煌变文里的《目连变文》和宋代的《目连救母》。元末陶宗仪所著《辍耕录》的《院本名目》记载金院本题目，其中有《打青提》，就是表现目连母亲青提在地狱被捉打情景的。明沈德符《野获编》里评论元杂剧说到“《华光显圣》、《目连入冥》、《大圣收魔》之属，则太妖诞”；同篇所引虞德园《昙花记》里又说到“此乃大雅《目连传》，免涉闺阁葛藤话”[①]。《录鬼簿续编》所录“失载名氏”的元杂剧剧目里有《目连救母》，剧名后所附题目是：“发慈悲观音度生，行孝道目连救母”。现存最古老的目连戏剧本是明万历年间郑之珍（1518?—1595）的《新编目连救母劝善戏文》，全本分上、中、下三卷，题目列出一百出，有四出《善人升天》、《擒沙和尚》、《观音生日》、《僧背老翁》没有列入目录，所以共计是一百零四出，许多情节是拼凑的，与救母故事没有必然关联。如《尼姑下山》（京剧折子戏《思凡》就是据此改编的）、《和尚下山》里的破戒尼姑、和尚都与目连故事关系不大，但这些情节往往富于生活气息。如鲁迅在《社戏》里提到的《女吊》，还有《王婆骂鸡》等，就分别是根据《七殿见佛》、《三殿寻母》两出改编的。郑之珍编写的这部戏，如题目中表明是“劝善”的，宣扬儒、释、道三教合一，贯穿着中土伦理。这种戏和明清以来流行的民间善书起着同样的教化作用，因而得到统治者重视。到清代，张照（1691—1745）又改编为《劝善金科》，是供宫廷演出的以目连救母故事为主干、拼凑众多宣扬忠孝情节的十本、二百四十出大戏。这部戏鬼魅杂出，于岁末搬演，有代人傩魃的用意，成为清廷岁末习俗[②]。各种地方戏如祁剧、辰河戏、湘剧、绍剧、弋阳腔、婺剧以及皮黄戏等等，都有目

①《万历野获编》卷二五《词曲》，中华书局，1997年，第648~649页。
②参阅昭梿《啸亭杂录·大戏·节戏》。

连戏的传统剧目①。此外，宝卷有《目连三世宝卷》，鼓词有《目连僧救母》等，各地民间传说也有众多讲目连故事的。

由佛教“神不灭”论发展出有鬼论，鬼魂被看作是活人生命的延续，它们有着和生人同样的生活。这也成为民间信仰的内容。相信存在人、鬼两个世界，人、鬼可以交通，遂幻化出许多冥界故事。六朝志怪已有许多描写鬼魂的。唐宋以后的小说、戏曲里，冥界、鬼魂更被当作构造情节的重要手段。唐传奇《霍小玉传》里女主人公霍小玉死后鬼魂作祟，终于向负心的李益报仇。宋代话本《碾玉观音》里咸安郡王府的养娘秀秀与碾玉匠崔宁私逃结为夫妻，捉回来被打死，但她的鬼魂又跟着崔宁到建康府居住。《醒世通言》里《闹樊楼多情周胜仙》的女主人公周胜仙与范二郎相恋，在假死后被盗墓人掘出，又去寻范二郎，误被范二郎用汤桶打死，她的阴魂仍然到狱中与范二郎相会，并把恋人解救。《古今小说》里《杨思温燕山思故人》描写金人南侵后杨思温在燕山观灯，见到嫂嫂郑意娘，意娘叙说靖康南渡时与丈夫被掳经历，实际她是个鬼魂。这些都是名篇，主题都相当积极，都以鬼魂来构造情节。在《三国演义》、《金瓶梅》等长篇小说里，鬼魂经常出现，在组织情节上起着重要作用。而在《聊斋志异》、《阅微草堂笔记》等文言短篇小说里，更多有“说鬼”的篇章。《聊斋》里的《画皮》写化为美女的恶鬼，其构想可以上溯到《西游记》里的白骨精，而到佛典里追溯根源，则《修行道地经》里讲到修行有四果，其二是修行者应思好色妙女如罗刹，不见其可爱，惟见其可畏如骷髅。也正是在这一构想的启发下，演化出一些小说、戏曲里恶鬼化为美女情节。“说鬼”更成为明清小说的重要内容。有些作品以冥界来影射世事，不仅在艺术上取得奇异动人的效果，作为隐喻方法也给作者留下了表现空间。蒲松龄在《聊斋》里说：

> 呜呼！幸有阴曹兼摄阳政。不然，颠越祸多，则卓异声起矣。流毒安穷哉！②

蒲松龄自称“才非干宝，雅爱搜神；情类黄州，喜人谈鬼”③。他的鬼狐故事别有

---

①参阅陈芳英《目连救母故事之演进及其有关文学之研究》第四章《有关目连救母故事的戏剧文学》，第122～164页，台湾大学出版委员会；凌翼云《目连戏与佛教》第七章《各地的目连戏》，广东高等教育出版社，1998年，第184～221页。

②《全本新注聊斋志异》卷六《潞令》，第712页。

③《聊斋自志》，《全本新注聊斋志异》卷首。

深意，具有强烈的现实意义。

神魂不灭观念更引发出离魂、负魂等构想，同样构造出不少离奇动人的故事。志怪小说《搜神记》、《搜神后记》、《幽明录》里已有离魂的设想。唐陈玄祐《离魂记》等传奇小说以离魂为主要情节。钟瑞先评论《离魂记》说："词无奇丽而事则微茫有神至，翕然合为一体处，万斛相思，味之无尽。"[①] 这一题材被后人屡屡袭用：元代诸公调有《离魂倩女》，见《董西厢》卷一《般涉调·柘枝令》；沈璟《南九宫十三调曲谱》卷四《黄钟赚》集录戏文名目，有《王家府倩女离魂》；元杂剧里有郑光祖和赵公辅二人同名的《迷青琐倩女离魂》；明王冀德和谢廷谅又都作过传奇《倩女离魂》。可见这一题材的巨大生命力，亦可知"离魂"这一构思方式的巨大吸引力。《古今小说》卷二《陈御使巧勘金钗钿》描写一起冤狱，作品情节表明，主要是由于办案的陈御史明察，才弄清了案情里的疑窦，但作者却设计女主人公"负魂"情节，把它作为解决矛盾的关键。

基于人死神存和六道轮回观念，又构想出冥游、再生、转生、幽婚之类情节。唐话本《唐太宗入冥记》已经把幽、明两个世界相沟通。宋话本《拗相公》是讽刺王安石的，写王安石祭其亡子王滂，梦入地狱，这是现世的人梦游它界。而《古今小说》卷二十二《游酆都胡毋迪吟诗》，写元朝人胡毋迪读秦桧《东窗录》和文天祥《文文山丞相遗稿》，感到二者遭遇不公，因而斥骂天道，冥府使者引领他游酆都，看到秦桧等所受苦罚，则是魂游它界了。据《夷坚志》、《江湖杂记》等书记载宋代传说：秦桧与其妻在东窗下画灰密谋害死岳飞一家，一次游西湖，忽得暴疾而亡，不久其子亦亡，方士发现他们在酆都备受诸苦。褚人获说："《七修类稿》又载元平阳孔文仲有《东窗事犯》乐府，杭金人杰有《东窗事犯》小说，庐陵张光弼有《蓑衣仙》诗……据此诸说，则当日实有是事，非只假说……"[②] 可知秦桧受阴罚传说流传已久，遂成为众多作品的题材。《熊龙峰四种小说》里的《孔淑芳双鱼坠传》，写主人公徐景春受到化为美女的亡灵诱惑，与之相交，最后把它送入酆都。《四游记》里《南游记》的第十四至十七回，写华光为救亡母而三下酆都，在冥界游行，情节显然脱胎自目连故事。《西游补》里写唐僧师徒西行取经过火焰山之后，孙悟空化斋进入鲭鱼气里被迷，在青青世界万镜楼中见古今未来之世，并

①《虞初志》评语。

②《坚瓠首集》卷四《东窗事犯》。

当了半日阎罗天子，后来醒悟过来。《三宝太监下西洋记》本是以明代三宝太监郑和率船队下西洋为素材的历史小说，其中也多有幻化情节，如写郑和在碧峰长老和张天师协助下擒妖伏怪，又写到冥界游行情事。《龙图公案》、《海公案》等公案小说本是表扬清官的，往往也加入冤魂告状、冥界察访等阴阳交通情节。牛僧孺《玄怪录》里有饶州刺史齐推女和湖州参军韦会夫妇的故事：韦赴调，送妻回娘家，被梁朝陈将军阴魂所杀；她的鬼魂找到韦会，告知他求助于有秘术的田先生；韦会不畏屈辱，终于在田先生帮助下使妻子重生，但因为尸体已破坏，再生的只是生魂。这个故事后来流传甚广。这些都是爱情小说，主题与佛教无涉，但都以“神魂不死”作为构思依据。宋代以后的小说、戏曲里，往往把鬼魂冥界、前世因缘等等作为现世果报的铺垫。如《警世通言》卷十三《三现身包龙图断冤》，写押司孙文被杀后到冥界作了东岳速报司判官，在侍女迎儿面前三次现身，终于揭发了奸夫淫妇。又例如章回小说《英烈传》，写朱元璋发迹变态，说他本是玉皇的金童托生为真命天子；《女仙外史》写唐赛儿，说她是嫦娥转世，而永乐帝则是下凡的天狼星。这又把神仙世界和人间交织在一起了。

从佛教的三世、六道、果报、轮回、神魂不灭等观念衍化出来的情节往往荒诞离奇，写法上又常常具有简单化、程式化的倾向，显得艺术趣味幼稚，技巧拙劣。但在优秀作者笔下，宗教的离奇荒诞的构想及其幻想、玄想的思维方式却能够演化为富于浪漫情趣和神奇色彩的艺术境界，取得生动不凡的艺术效果。又由于那些出于宗教幻想的故事和情节长期在民众中流传，为民众喜闻乐见，往往又包含民众创作的艺术成果，通过文人的再创造，就会创作出优异的作品。

佛教对小说、戏剧创作艺术的影响十分广泛，重要的还有语言（语汇、语法、修辞等）、文体（特别是韵、散结合的运用）等方面，前已涉及，不加赘述了。

总的看来，尽管宋、元以来佛教已走向衰落，但其对于小说、戏剧的影响还是相当深刻、巨大的。如果就这种影响从思想和艺术两个方面加以分析，应当说在前一方面，消极、落后的作用比较严重、突出，但一些优秀作者往往能够“化腐朽为神奇”，借用或发挥某些佛教观念、材料熔铸出具有现实意义的内容；而在后一方面，佛教提供了更丰富和宝贵的经验和借鉴，对于小说、戏曲艺术的发展起了相当重要、积极的作用。当然，艺术创作本是思想内容和艺术形式有机结合的统一体，在具体作品中二者又是密不可分的。

第十一章

明清佛教民间文学

第一节　宝　　卷

宝卷，简称“卷”，或称“宝忏”、“科仪”、“宣传（zhùan）”等，或径直称为“经”，是进行宗教宣传所谓“宣卷”的底本。据今人统计，现存宝卷1585种，版本五千有余（其中百分之八十为手抄本），可见其当年盛行程度[①]。宝卷由宗教宣传工具演化为一般文艺形式，情形和当初由讲经文发展出变文、变文由表现纯宗教内容扩展到一般内容的情形相似；其终于衰落的趋势也和变文的命运相同。

从文学体裁的演进看，按郑振铎的说法，宝卷“实即‘变文’的嫡派子孙，也当即‘谈经’的别名”[②]。他作为根据的是本书前面引用的宋吴自牧《梦粱录》和周密《武林旧事》关于“谈经”、“说参请”、“说经诨经”的记载。北宋末年的《道山清话》也记载说，汴梁慈云寺昙云讲师“每为人颂《梵网经》及讲说因缘，都人甚信重之，病家往往延致”[③]。依据这些资料推测，唐代变文自会昌毁佛受到

①参阅车锡伦《中国宝卷总目》，燕山出版社，2000年。

②郑振铎《中国俗文学史》，人民文学出版社，1954年，下册第306页。

③佚名《道山清话》，《四库全书》本。

打击，只能在西陲像敦煌那样的地区存留。俗讲僧和变文演唱者流入社会，到宋代，就发展出“瓦子”里的“说经”等；再进一步逐渐演化，遂形成为宝卷。无论从说唱结合的形式看，还是从表演者和表演方式看，俗讲和宝卷十分类似，推测其间有继承关系是合乎情理的。不过从唐五代变文到宝卷的中间环节仍不十分清楚，有的学者认为佛教的“科仪”书是其过渡形态，可备一说。

今存《销释金刚科仪》，题北宋隆兴府百福院宗镜所作；又《香山宝卷》，又名《观世音菩萨本行经简集》，题宋天竺普明禅师编辑。但据考，这些作品不可能出现于宋代[①]。郑振铎原藏《目连救母出离地狱升天宝卷》，曾被认为是元末明初写本；而本世纪初在宁夏发现的《销释真空宝卷》，也曾被推定为元钞本[②]。但经近年研究，这些也都不可能是元代以前的旧籍。宝卷的发展实得力于明代民间宗教的兴盛。南宋时期在净土教基础上形成白莲教，明代分化为众多支派。这些民间教门多具浓厚的“三教合一”色彩，其信仰和神祇往往混杂了道教内容，又贯穿着儒家伦理观念。其中一个流传久远、影响巨大的教派是明中叶兴盛起来的罗教，制作出简称“五部六册”五种宝卷。这是现存具有典型形式的早期宝卷。由于这已是相当成熟的宝卷，可以设想这种艺术形式应在更早的时期已经形成。只因为它们是不登大雅之堂的浅俗的民间作品，遂缺少流传下来的机会。随着民间宗教的兴盛，这种群众性的文艺形式作为宣教手段被更多的民间教派所采用，并进而在社会上广泛传播。至嘉靖、万历年间，宝卷的发展形势臻于兴盛。清康熙年间以后，伴随着官府查禁“邪教”，宝卷也屡遭禁毁。但宣卷作为秘密布道方式仍广泛流传于民众间。到清末民初，在江、浙与北京、河北、山西等地区，宣卷活动又进入一个鼎盛时期。建国以后，这种主要依附于民间宗教发展的文艺形式迅速式微。据上世纪八十年代的调查，只是在江、浙与河西走廊农村仍有零星的宣卷活动[③]。宝卷作为一种宗教文艺形式已退出历史舞台。

---

①参阅（日）塚本善隆《近世シナ大众の女神观音信仰》，《山口博士还历纪念印度学佛教学论丛》，法藏馆，1955 年；（日）吉冈义丰《销释金刚科仪の成立について》，《小笠原、宫崎两博士华甲纪念史学论集》，1966 年；（日）泽田瑞穗《宝卷研究》（增订本），国学研究会，1975 年。

②参阅胡适《销释真空宝卷跋》，《北京国立图书馆馆刊》第五卷第三号（1931 年）。

③参阅车锡伦《江苏靖江的讲经（调查报告）》，《中国宝卷研究论集》，学海出版社，1997 年；方部和《河西宝卷真本校注研究》，兰州大学出版社，1992 年；段平《河西宝卷的调查研究》，兰州大学出版社，1992 年。

罗教是罗梦鸿（1442—1527）创立的民间宗教，又称无为教、罗道教等，他也就被尊为“罗祖”。据说他于成化十八年（1482）悟道，以后四出传教，门徒渐众。从创立教派到《五部经》刊刻，已经过了二十几年时间。《五部经》是根据罗祖宣教口授，由教徒整理、写定成册的。这五部经是：《苦功悟道卷》、《叹世无为卷》、《破邪显正钥匙卷》、《正信除疑无修证自在宝卷》、《巍巍不动泰山深根结果宝卷》；其中《破邪显正钥匙卷》分上、下两册，因称“五部六册”。《五部经》每经分品，这是模仿佛经的体制。其内容一方面宣说罗祖悟道经过，这是为了树立教主形象；另一方面通俗地宣讲教义即所谓“无为大道”。从性质看，这是纯粹的民间宗教的宣教文献。从形式看，它们作为面向民众的宣传品，语言通俗易懂，又利用韵、散结合的表达方式，韵文有时用五、七言诗形式，部分用三、三、四字句式，这是适宜叙事的节奏，容易口耳相传。这几部所谓“经”有教主罗祖个人求道和悟道经过的亲切叙述，又有一定故事情节，某些描述也颇为动人。如罗祖叙说自身遭遇：父母双亡，孤苦伶仃，被遣送戍边，遂发感慨说：

叹人身，不长远，心中烦恼；父母亡，一去了，撇下单身。
幼年间，无父母，成人长大；无依靠，受苦恼，多受凄惶。
痴心肠，想父母，长住在世；忽然间，父母亡，痛苦伤情。
我只想，父子们，团圆长在；父母亡，一去了，再不相逢。
父见子，子见父，欢乐恩重；一去了，撇得我，无处投奔。
亏天佛，保佑我，成人长大；食长斋，怕生死，要办前程。①

像这样的说教，渗透着深刻的人生体验，又使用亲切叮咛的语气，很贴近普通民众的生活情境和感情，是有一定艺术感召力的。这种富于文学性质的宣教体裁受到群众欢迎，《五部经》先是在罗教内部广泛流传，到万历年间（1573—1620）形成一个传播高潮期。清代康熙（1662—1722）、嘉庆（1796—1820）年间清政府禁毁之后，仍有新刻本出现。直到今天起码仍有九种刻本传世②。罗祖以后，又有七位祖师活跃在河北、山东、山西等广大地区，这些人也都利用宝卷来宣传教义。如第一代传灯李心安有《三乘语录》三卷；第二代秦洞山有《佛说大方广圆觉修多罗了

①《苦功悟道卷》。

②参阅马西沙、韩秉芳《中国民间宗教史》，上海人民出版社，1992 年，第 178 ~ 180 页。

义宝卷》二卷；第三代宋孤舟有《双林宝卷》二卷；第四代孙真空有《销释真空归心宝卷》二卷；第五代于昆冈有《丛林宝卷》二卷；第六代徐玄空有《般若莲花宝卷》；第七代明空有《佛说大藏显性了义宝卷》二卷、《销释印空实际宝卷》二卷、《佛说三皇初分天地叹世宝卷》二卷等。其他民间宗教同样相习而编撰宝卷，如明末的《销释大乘宝卷》、《销释显性宝卷》、《泰山东岳十王宝卷》、《销释接续莲宗宝卷》、《清源妙道显化真君二郎宝卷》、《护国威灵西王母宝卷》等等，都是民间教派的宣教品。这样，明中叶以后民间宗教的兴盛，成为推动宝卷创作的主要力量。《金瓶梅》里曾生动描写了宝卷在市民中流行的情形。

对于推动宝卷的兴盛，更有三种趋势起了重大作用。

一是宝卷由主要在民间宗教教派中流传而向佛、道二教普及。特别是佛教的僧尼成为宣卷重要人物，从而创作出许多佛教内容的宝卷。具体考察宝卷与佛教的关系，大体又可分为两种情况：一种是直接以佛教内容为题材的。早期的如前面提到的《销释金刚科仪》是解说《金刚经》的；《药师本愿功德宝卷》是解说《药师本愿经》的，等等，这类宝卷并不以讲说故事为主。又如《太子宝卷》，讲释迦成道故事，这是自古以来众多佛教文学作品经常表现的题材；《目连宝卷》讲述广泛流传的目连救母故事。这两种题材都有相应的变文。又《佛说梁皇宝卷》演说崇佛的梁武帝事迹；《五祖黄梅宝卷》讲禅宗五祖弘忍故事，这是以中土佛教史实为题材的。另一种更普遍的情况是，作品表现一般的社会题材，但其中反映了六道轮回、因果报应之类佛教观念。例如著名的《窦娥宝卷》，本来取材关汉卿名剧《窦娥冤》，但情节作了较大改动，结尾部分在原来窦娥以弑母罪问斩之后，加上其父在外辗转十二年还都，官拜太师，见到刑部报告，急赴山阳；刑场六月飞雪，在众人大惊中窦太师到达；风雪之中张驴儿殛死；窦娥丈夫于大郎满载金银而归，母子、夫妇团圆，等等。这个庸俗的“大团圆”结局，不过是为了体现因果报应之不爽。许多宝卷都是这种“善有善报，恶有恶报”的收尾。推动宝卷创作的民间教派思想观念本来驳杂，佛教观念和题材融入其中是很自然的。宝卷也有道教题材的，如《三茅宝卷》，是宣扬道教祖师“三茅真君”茅盈、茅固、茅衷灵迹的。但无论是佛教还是道教宝卷，观念上又往往佛、道、儒“三教”相混杂，又把民间信仰的神祇如西王母、泰山、城隍、灶君、何仙姑、关帝等任意糅合其中。如《董永卖身宝卷》，所宣讲的董永遇仙故事初见于干宝《搜神记》，明人据以作《织锦记》传奇，宝卷应是据传奇改编的。故事最后讲到董永由太上老君点化到黄梅山凤凰洞出家成仙，而他所投靠的王员外则入寺修行而升天，如此仙、佛部分，宣讲者和接受者都不感到有什么矛盾。在有的宝卷里观音和太白金星一起出现，还有的既宣传轮回报应又鼓吹神仙飞升，把这些都同样地看作“善果”。

再是作为宗教宣传工具的宝卷向一般的文艺形式转化。宝卷本来具有娱乐性质，随着更多的民间艺人参与创作，出现了越来越多的世俗题材的作品。日本学者泽田瑞穗把宝卷发展划分为两个大的阶段，以清代嘉、道年间为界线，以前称“古宝卷时期”，以后则称“新宝卷时期”。这种“新宝卷”多是根据已有材料改编的。有些内容见于典籍，如朱买臣事见于《史记》；董永遇仙故事见于《搜神记》、变文《孝子董永传》和话本《董永遇仙传》，等等。但从这类宝卷看，很难说宣卷人认真阅读过那些古籍，材料大抵是道听途说而来。还有些宝卷取材现成的小说或戏曲，如前面提到的《窦娥冤》，又如《李三娘宝卷》出自《刘智远诸宫调》和传奇《白兔记》，《赵氏贤孝宝卷》出自高则诚《琵琶记》，《龙图宝卷》、《卖花宝卷》出自公案小说《龙图公案》，后期的《珍珠塔宝卷》则出自长篇弹词《珍珠塔》，等等。这表明宝卷与当时社会上流行的小说、戏曲、弹词有密切关系。由于宣卷人的文化程度不一，这些改编的宝卷的水平也有很大差距。多数宣卷人对原作并没有认真、深入地研究过，甚至没有读过原作，对原作内容上的精华不能全面把握，对其艺术上的长处也不能深入了解，只是取其大概情节，任意加以敷衍，又加上一些庸俗的说教。比较起来，取材民间传说题材的往往达到较高水平。如《英台宝卷》演述梁、祝的恋爱悲剧，《雷峰宝卷》演述《白蛇传》即雷峰塔故事。宣卷发展为以娱乐为主要目的一般的文艺形式，作者和表演者的身份也发生了根本变化。古宝卷的创作者和宣卷者主要是教派或寺院僧尼，新宝卷则主要是民间艺人了。

三是不论是教派宝卷、佛教宝卷还是民间世俗宝卷，接受者主要是城乡一般民众。知识阶层基本没有参与创作或流通。这是和古代另外一些产生在民间的文艺形式（例如乐府民歌、曲子词等）被知识阶层接受进而推进其发展的情形大不相同的。游走于城乡的普通僧尼或民间艺人一直是主要宣卷人，家庭（特别是富裕的市民或地主家庭）则成为主要的宣卷场所，而文化程度低下的妇女则是宝卷的主要接受者和欣赏者。值得注意的是，一些民间宗教得到内廷中的太监甚至后妃的信仰，有些早期教派宝卷是在他们的支持下刊印、传播的。明中叶内廷太监在观念和教养上都是与一般官僚士大夫截然不同的阶层。这种种情况也就决定了宝卷的内容必然是浅俗的。特别由于宝卷主要在家庭和妇女间流行，而她们感兴趣的主要是与妇女、家庭生活相关的内容，这样宝卷的题材也就受到了限制。

本来教派宝卷的兴起有其深刻的社会根源。向达曾指出：

> 这一种的左道之兴，自然同当时的环境有关系，或者换一句话说，就是那一个时代不良的政治情形同经济状况的产物。汉末的天师道如此，元明间的白莲教也是如此；源出白莲教的飘高的弘阳教诸派自然不能例外。到了世乱年荒，壮者死于兵刃，老弱转徙沟壑，人命轻于鸿毛，富贵有如弹指，免不了生死无常之感，因而有希求乐土之想。所以在《弘阳叹世经》里有赞叹生死无常不牢之物，有赞叹荒旱年景，叹富贵，叹生死受苦诸品。正是此意。①

这样，许多早期教派宝卷反映的信仰和观念又必然具有反体制的性格，并在一定程度上反映了现实矛盾和民众的心理与愿望。清道光年间河北一个地方官黄育楩先后刊刻《破邪详辩》和《续破邪详辩》，著录当时流行经卷的名目，各述大略，加以驳斥。他在序文中说："阅其文词，则妖妄悖谬，烦冗错杂，总不离乎'真空家乡、无生父母'之语。"② 所谓"真空家乡"即理想的"天堂"或"天宫"，"无生老母"指的是民间教派信仰的最高女神。这"八字真言"是民间教派的基本信仰。其观念本从佛教脱化而来，但采取了批判佛教的形式。黄育楩的指斥正表明这些作品思想观念上反叛的、批判的一面。后来的宝卷一直没有脱离民间宗教和佛、道二教或直接或间接的影响。这种影响的积极、批判的和消极、落后的两个方面也一直复杂地体现出来。

从积极方面说，有些宝卷取材社会生活，颇能反映官府横暴、为富不仁、社会不公、民不聊生的现实，对权势和富贵加以揭露和抨击。如《王月英宝卷》揭露官府贪赃枉法，富人嫌贫爱富；《还金镯宝卷》批判科场受贿，压抑人才；《落金扇宝卷》写到皇帝"龙游"，掠夺天下美女，都反映了统治阶级残暴和社会黑暗的某些侧面。前面提到，宣卷的主要对象是闺阁中的妇女，她们在社会里和家庭中地位低下，遭受凌辱，就更加倾心宗教信仰，希望通过修道、积德来获得善果。许多以妇女为题材的宝卷描写主人公如何受苦受难，但却能诚挚地求道向善，终于得到福报，或者享受荣华富贵，或者死后成佛成仙。例如《刘香宝卷》，主人公是个名叫

①《明清之际之宝卷文学与白莲教》，《唐代长安与西域文明》，三联书店，1957年，第602页。
②《破邪详辩自序》。

刘香的青年妇女，受尽姑嫂欺凌，但一心看经念佛，劝人行善。她被役使驱赶，不得不行乞，出家为尼，后来丈夫做了高官，也没有改变自己的志向，终于得成正果。听宣卷的妇女们在这样的形象里看到了自己的榜样和希望，也从她的“美好”结局里得到了精神寄托。有些作品表现家庭、恋爱题材，或是歌颂青年男女坚贞不渝的爱情，表现了民众朴素的道德观，或是批评包办婚姻、嫌贫爱富，或是揭露妇姑虐待儿媳、后母虐待继子以至妻妾、妯娌纷争等等。一般宣讲者都是同情被欺凌、被迫害的弱小的一边。后期由职业宣卷艺人宣讲的一些所谓“新宝卷”作品，故事情节比较平实，也多能反映某些社会问题，如《花钵宝卷》，讲蔡京之子蔡不能抢夺民妇郁廷祖之妻梅姣英故事，前半部分抨击豪强横暴、欺压善良颇为尖刻，对女主人公刚烈不屈的性格刻画也相当有力。但许多宝卷一方面宣扬天堂地域因果报应的迷信，另一方面则劝人忍辱求安，修成善果，以求得到荣华富贵，或成佛成仙，消极意义和作用是很明显的。有些宝卷更成为纯粹的劝善文字，还有些则像扶乩的“神谕”，则没有文学价值可言了。后期宝卷里还有些游戏文字，如百鸟名、百花名等等，这是所谓“杂卷”，则非宝卷的正格。

宝卷继承和发展了韵、散结合的说唱形式，在文体发展史和说唱文学史上做出了一定贡献，对后来的民间说唱艺术如弹词、鼓词更有直接影响。

正宗的宝卷一般分上、下两卷二十四品（或称“品选”、“际”、“分”、“参”），以韵文为主，散文为辅。早期宝卷的散文部分使用说经口吻，用“经云”、“盖闻”或“话表”、“却说”开头。但所谓“经”与真正经典无关。每一品基本由杂曲、说白、偈颂、唱词、诗词组成。唱词部分采取五、七或十言的句式，其中以三、三、四字节奏的“十字句”最为流行。杂曲则用《驻马听》、《沽美酒》、《上小楼》等民间曲调。这些也是后来曲艺常用的形式。黄育楩搜集五十余种宝卷，他描述说：

> 尝观民间演戏，由昆腔班戏，多用《清江引》、《驻云飞》、《黄莺儿》、《白莲词》等种种曲名。今邪经亦用此等曲名，按拍合版，便于歌唱，全与昆腔班戏文相同。又观梆子腔戏，多用三字两句、四字一句，名为十字乱谈。今邪经亦三字两句，四字一句，重三复四，杂乱无章，全与梆子腔戏文相似。再查邪经白文，鄙陋不堪，恰似戏上发白之语，又似鼓儿词中之语。邪经中《哭五更》曲，卷卷皆有，粗俗更甚，又似民间打拾不闲、打莲花乐者所唱之语。

至于邪经人物，凡古来实有其人，而为戏中所当唱者，即为经中所常有；戏中所罕见者，即为经中所不录。间有不见于戏中而见于经中者，必古来并无其人，而出于捏造者也。①

这段描述旨在揭露“邪经”的粗俗鄙陋，但却正表明了宝卷与当时民间文艺的紧密关联。明万历年间刊印的《金瓶梅》里经常写到家庭里的宣卷场面，对宣卷情形有相当细致的描述，这正是宝卷十分兴盛的时期。如第七十四回《宋御史索求八仙寿，吴月娘听宣〈黄氏卷〉》，描写薛姑子等三人在屋子里对众人宣卷，并逐字记录了宣卷内容。这个宝卷的情节很简单，是说有曹州南华县黄氏女嫁给赵令方，生有一男二女，她自七岁吃斋把素，念《金刚经》，感得阎王招入阴界，让她重新托生到张家，十八岁登科，授南华知县，会见前夫，一起开黄氏棺，见尸颜色不动，终于一同驾祥云升天。这是一部佛教内容的宝卷，所描写的“无常鬼”、“望乡台”、“奈河”、“森罗宝殿”等等都是民间信仰内容。宣卷形式先是吴月娘洗手焚香，这是简化了的讲经仪式；然后薛姑子“展开《黄氏女卷》”，她看着底本，高声演说，先说散文：

盖闻法初不灭，故归空；道本无生，每因生而不用……

这同于俗讲引用经文的口吻，接着唱偈：

富贵贫穷各有由，只缘定分不须求，未曾下的春时种，空手荒田望有秋。

接下来用散文加以解说：“众菩萨每，听我贫僧演说佛法，道四句偈子，乃是老祖留下。如何说‘富贵贫穷各有由’……”接着是两首七言诗，略加解说后，唱曲子《一封书》，以下是说白、唱偈、叙述、唱词、唱曲、念诗，如此循环往复。唱词多采用三、三、四节奏的十字句，所唱曲子则有《楚江秋》、《山坡羊》、《皂罗袍》等当时民间流行曲调。韵文主要是五、七言的；也有词，如《临江仙》。这样韵散、说唱交叉着演述，大体是散文交代情节，韵文和唱铺叙描摹。故事讲完，又有祝颂，并说偈结束。这反映的是明末宣卷的真实情景②。

后期宝卷即所谓“新宝卷”已不再遵循旧有的格式，也少用或不用民间流行的

①《破邪详辩》。

②参阅陶慕宁校点《金瓶梅词话》，人民文学出版社，2000年，下册第1097～1103页。

“曲子”。仍有唱，但运用较简单的曲调①；韵文则多用七言或三、三、四字的“十文”，押韵取顺口合辙，不太严格。像《韩湘宝卷》，分十七回，回目基本是七言二句，如《韩会求子格苍穹，钟吕湘江度白鹤》，《鹤童转凡啼不止，仙化星相慰灵童》等等，已和章回小说一样。这样，宝卷就与一般民间曲艺没有多大区别了。

今存宝卷大部分是手抄本。它们在文化程度较低的宣卷人间流传，因而艺术上多较粗糙。也有部分刻本经过文学修养较高的人加工过；有些据以改编的作品本来基础较好，这类宝卷往往达到较高艺术水平。

如上所述，宝卷以文化程度较低的民众特别是妇女为主要接受对象，表达上必然注重情节的生动、紧凑。对有些取自小说、戏曲的现成故事则增添枝节以强化故事性。不过这些增添的情节往往胡乱编造或生硬拼凑。当然也有较成功的例子。例如郑振铎称赞的“最有趣味的一个宝卷”《土地宝卷》（《先天原始土地宝卷》），“写的是‘大地’化身的土地神如何的大闹天宫，与诸佛、诸神斗法。他屡困天兵天将，成为齐天大圣孙悟空以来最顽强的‘天’的敌人。显然的，这宝卷所叙述的受有《光华天王传》和《西游记》的影响”②。其中塑造一个和玉皇大帝斗法的白发苍苍的土地公公的形象，下面是《南天门开品第六》：

夫却说，土地得了如意，还归旧路。前到南天门紧闭。土地自思：“三清宫随喜了，不曾进南天门，随喜龙霄殿。”遥望门首许多天兵神将，土地向前与众使礼。土地曰：“乞众公方便，将门开放，我今随喜。”众神闻言，唬一大惊。众神大叱一声：“你这老头，斯不知贵贱，不识高低。你在这里，还敢撒野！”土地曰：“我从无到此，随喜何碍？”青龙神将走将过来，掐着土地，连推带搡。众骂老不省事，一齐拥推。土地怒恼，使动龙拐，望众打去。众将一躲，打在南天门上，将天门打开。天门开放，毫光普遍，六方振动。诸神忙齐奏上帝。

未从随喜灵霄殿，土地打开南天门。

老土地，才得了，龙头拐杖；心中喜，此旬宝，大不相同。

正走着，猛然间，抬头观看；遥望见，南天门，瑞气腾腾。

三清宫，我随喜，看了一遍；天宫境，世间人，难遇难逢。

灵霄殿，好景致，不曾随喜；我看见，天门首，许多神兵。

---

①参阅戈唐《宣卷曲调介绍》，《江苏南部民间戏曲说唱音乐集》，音乐出版社，1955年。

②郑振铎《中国俗文学史》，人民文学出版社，1954年，下册第334页。

老土地，走向前，与众使礼；一件事，乞烦你，列位诸公。
你开放，南天门，随喜游玩；众神将，听的说，唬一失惊。
叫一声，老头子，你推无礼；推的推，搡的搡，骂不绝声。
怒恼了，老土地，抡拐一打；打开了，南天门，震动天宫。①

如这样的描述，相当生动活泼，更带有民间创作特有的幽默情趣，是宝卷里少见的精品。

宝卷结构、情节方面更有两个特点相当突出。一是为了达到感人效果，对人物、情节、场面等等极度地夸张。如表现主人公受苦受难，就堆砌各种各样折磨人的情节，把人物处境描绘得极其惨烈。再一点是如上所述题材范围比较狭小，因此同类题材的作品往往形成一定的程式，有些情节如善人受难、坏人得志、阴判阳罚、魂游地狱、死而复生（借尸还魂）等等经常在不同作品里出现，故事结局基本都是善恶报应不爽，受欺凌的好人大团圆，成佛、升天，坏人得到惩罚，等等。具体描写中所使用的语汇也是程式化的。这也是作者或演说者社会地位、文学水平低下、艺术创造力贫乏所决定的。

宝卷作为面向民众的表演艺术，无论是唱词，还是说白，用的都是通俗的、口语化的语言。虽然大体比较粗糙，但有些作品颇能体现出民间口语新鲜、活泼、生动的特征。如《药王救苦忠孝宝卷》，演唱唐代著名医药学家孙思邈传说，讲他救了白蛇、得到帮助、得道成为药王菩萨的故事。其中《思藐救白蛇分第五》说：

〔山坡羊〕孙思藐虔诚参道，每日家收炼丹药。时时下苦，将五气一处烤，将六门紧闭牢。三昧火往上烧，烧就了无价之宝，还源路才有着落。听着，出世人委实少；听着，把光阴休误了。

话说思藐将家财舍尽，采百草为药。圣心有感，惊动东海龙王太子，出水游玩，变一白蛇，落在沙滩，牧羊顽童，鞭棍乱打。多亏孙思藐救我一命。龙王听说有恩之人，当时可报巡海夜叉，速去请他进来。

夜叉听说不消停，辞别龙王出龙宫。
小太子，游玩时，落在沙滩；变白蛇，不得的，受苦艰难。
鞭的鞭，棍的棍，乱打太子；小太子，难展挣，跳跳镌镌。

①郑振铎《中国俗文学史》，人民文学出版社，1954 年，第 335 ~ 336 页。

不一时，孙思藐，采药到此；叫小童，不要打，走到跟前。
急慌忙，将白蛇，托在筐内；到海边，放在水，祷祝龙天。
是龙王，早归海，父子相见；是白蛇，在水内，任意作欢。
小太子，得了水，洒洒乐乐；进龙宫，见父王，两泪千行……

思藐、夜叉进得龙宫，忽地把眼睁，看见龙王，唬一大惊。龙王开言，高叫先生，休要害怕，答复你恩情。

进得龙宫内，看见老龙王。
思藐心害怕，龙王问短长。①

这是一个标准段落，由杂曲、说白、唱词、诗句组成。用如此新鲜的民间语言来叙述或描绘，给听者留下鲜明、生动、深刻的印象，又能烘托出演出场所的气氛。不过，限于宣卷人的文化水平、教养程度和欣赏习惯，多数作品充斥陈词滥调，习惯使用过分的形容词，描述中啰唆累赘处也不少。

宝卷是宗教文学的重要体裁，也是我国最后一个纯佛教文学体裁。今天它基本已成为宗教文学的“活化石”，仅作为一种文学艺术遗产来供人欣赏和研究了。

第二节 佛教民间故事

明、清以来，各类民间文学体裁仍在源源不断地创作出众多的表现佛教内容的作品。它们一方面成为民间信仰实态的真实表现，另一方面也起着鼓吹和传播信仰的作用。

民间文学体裁多种多样，有神话、民间传说、民间故事、笑话、歌谣、民间说唱、民间小戏等等。前一节介绍的宝卷即是民间说唱的一体。民间说唱、民间小戏等民间文艺的创作、演出基本从民间故事传说取材，了解民间故事传说的情况，对于全部佛教内容的民间文学创作也就有了大致的认识。

从历史发展看，六朝时期所谓“释氏辅教之书”所记录的众多佛教传说，唐、宋以来文人作品里的佛教故事，许多都来自民间。特别是唐宋以来的小说、笔记类作品，如宋李昉等编辑的大型总集《太平广记》、洪迈《夷坚志》等，直到清代著

①转引郑振铎《中国俗文学史》，人民文学出版社，1954 年，下册第 331 ~ 332 页。

名笔记小说如蒲松龄《聊斋志异》、纪昀《阅微草堂笔记》、袁枚《子不语》等，都有意识地大量搜录民间故事传说。蒲松龄在《聊斋自志》里说：

> 才非干宝，雅爱搜神；情类黄州，喜人谈鬼。闻则命笔，遂以成编。久之，四方同人，又以邮筒相寄，因而物以好聚，所积益伙。①

《聊斋》里的鬼狐故事即多取材当时的民间传说，其中有许多是关系佛教的。纪昀年近古稀作《滦阳消夏录》等五书，后来结集为《阅微草堂笔记》，他自己说是在“校理久竟”之后，“昼长无事，追录见闻，忆及即书，都无体例”② 而写成的。时人评论“《聊斋》以隽词胜，《阅微》以精理胜”③。这是因为纪昀对所录每事均下一评语，有意惩劝，宣扬名教，多发明因果报应等佛教教理。袁枚的《子不语》和《续子不语》，书名取义《论语》“子不语怪、力、乱、神”。他自叙说：“余生平寡嗜好，凡饮酒、度曲、樗蒲，可以接群居之欢者，一无能焉，文史外无以自娱，乃广采游心骇目之事，妄言妄听，记而存之，非有所惑也。”④ 表明他以“游心骇目之事”来“自娱”的强烈自觉。

以上三书都是辑录有民间传闻（其中包括部分佛教题材的）的影响深广的文言短篇小说集。唐宋以降类似而水平不一的书还有不少。

广义的民间故事可以区分为神话、民间传说、民间故事等多种体裁，依据具体内容各种体裁又可以划分为不同的文体类型。例如神话里包括创世神话、日月星辰神话、动植物神话等等；民间传说包括人物传说、史事传说、地方风物传说等；狭义的民间故事包括幻想故事（童话）、动物故事、生活故事（世俗故事）、民间寓言、笑话，等等。在我国各地区、各民族民众间，佛教民间故事创作十分丰富，流传非常广泛。虽然多有学者不断地从事搜集、记录、整理、研究，但由于工作内容庞大、复杂，如今还没有做出总结性的成绩。但从现有成果看，佛教民间故事中确有不少杰出作品⑤。

---

①《全本新注聊斋志异》卷首。

②纪昀《滦阳消夏录序》，《阅微草堂笔记》卷一，天津古籍出版社，1994 年，第 1 页。

③佚名《窕言》，蒋瑞藻《小说支谈》卷下。

④袁枚《子不语序》，《子不语》卷首，上海古籍出版社，1998 年。

⑤近年出版了几种佛教故事传说作品集，给阅读和研究提供了方便。内容较丰富的有徐建华、宋仲琤选编《中国佛话》，上海文艺出版社，1994 年；何学威等编著《佛话经典》，湖南文艺出版社，1996 年。以下介绍佛教故事传说即根据现有这些资料，不另一一注明出处。

相当于神话的，有以如来佛、弥勒佛、观世音及其随侍善才和龙女、地藏、文殊和普贤、天神韦陀、金刚、罗汉等等佛教“人物”为主人公的故事。其中“弥勒与释迦争天地”、“乾坤袋”等故事类似于创世神话。而更多的则是以佛、菩萨灵验为内容的传说。特别是观音灵验故事更多。这也是因为观音信仰在广大民众间一直盛行不衰。

有关佛教人物的传说数量众多，且多有相当优秀的作品。其中既有以历史上的名僧如达摩、怀素、一行等人为主人公的，也有出于创造的各类僧尼故事。前面讨论过关于济公的小说，民间有关他的传说也很多。从他出世的灵迹起，众多的故事表现他一生中在疯癫狂放的面貌下，机智聪敏，玩世不恭，劫富济贫，从而塑造出一个极有个性的民众喜闻乐见的神僧形象。例如“斗蟋蟀”故事，描写他和相府公子“花花太岁”斗蟋蟀，解救了被害欲死的穷人，让仗势欺人的公子倾家荡产。值得注意的是，有许多传说是表扬僧人慈悲喜舍的功德的，但也有相当部分作品是揭露恶僧、庸僧的。明清小说里就有不少抨击僧尼伪善、奸邪、败德、淫逸等恶行的篇章。这实际是当时佛门风气败坏实情的反映。例如关于《雷峰塔》的传说流行甚广，其中金山寺法海就是一个破坏人间美好爱情的典型的恶僧。民众间更流传有不少关于他的传说，如“蟹和尚”故事，是说许仙领着儿子哭倒了雷峰塔，白娘娘等找法海报仇，法海逃回老巢，变成一只螃蟹。这在情节上是原来雷峰塔传说的延伸，颇能反映民众的爱憎和愿望。

佛教史事传说也有相当精彩的作品。例如历史上流传有庐山慧远和陶渊明、陆修静结交的故事。慧远虎溪送客本是历代文人艳称的儒、释交流的掌故，民间也流传有同样的传说。又如“十三和尚救唐王”，是根据隋末群雄逐鹿时少林寺僧人帮助李渊义兵的史实编造的。关于求法高僧唐三藏也有很多传说，有些传说是根据《西游记》改编的。佛教史事传说多有创意，也是虚虚实实的。

最多的是属于地方风物传说类作品。这类传说多是说明某一事物、风俗等的起源的。例如有故事说明为什么要口诵“阿弥陀佛”、为什么念佛用木鱼、僧人（指喇嘛教）为什么要光着左臂等等。故事里的解释当然多为臆说，但往往很有风趣。这类作品中许多是解释某一地方的风物或习惯的由来的。例如在普陀山的一所寺庙里，韦陀塑像立于弥勒身后，正和观音相对，俗称“对面夫妻”，即有故事讲青年韦陀立志造泉州洛阳桥，观音前来帮助造桥，吕洞宾戏弄观音，设计让她与韦陀婚配，观音不得不把韦陀带回普陀山，结果二人成了“对面夫妻”。这样的情节充满了人情味和幽默感。又如关于飞来峰的传说：说它原本是四川峨眉山上会飞的小山峰，四处飞来飞去压死人，济公发现它将飞到一个村庄上面，就警告村民赶快搬家；但村民不相信，他就到村子里的一个婚礼上强抢新娘，飞快地逃走，村民跟着逃离，躲过了灾难；为了使会飞的山峰不再为害，济公又让村民在山上凿出五百个石罗汉镇住它，据说这就是杭州飞来峰的由来。传说里的济公机智、聪明、大慈大悲、神通广大。又如关于腊八粥的来历：说苏州西园戒幢律寺有个“火头僧”阿二，十分爱惜粮食，把淘米、洗碗的米粒都积攒起来，甚至做饭烧火时也盯着稻柴，发现谷粒就剥去谷壳，收到乾坤袋里；一年腊月初八庙里做佛事，吃斋没有粮食，阿二就用积攒的各种谷粒做成粥吃，这就是腊八粥，而阿二原来是布袋和尚化身。这实际是在宣扬民间传统的勤俭、节约美德。同类型的传说各地还流传许多，它们往往构思巧妙，又体现出某种训喻意味，在一定程度上反映了民众的思想观念和道德理想。

民间故事与民间传说很难划出明晰界线。大体说来，民间故事更富于现实性，题材主要取自社会生活，体裁上也超出上述三种传说类型的规范。涉及佛教内容的民间故事（包括批判、讽刺佛教的）也十分丰富。例如“和尚坐花轿”故事：说宋代祥符县有个好汉王兴勃，打抱不平打死了财主公子，出家少林寺，练就一身武艺，有一次赶路遇见强盗强娶民女，他代替被抢的女儿坐花轿，又设计把引婆绑上装到花轿里。像这样的故事，爱憎鲜明，又充满机趣，颇能体现民众的意愿。民间故事内容具有流动性特点，新的故事不断流传开来。例如上世纪初福建有妙月和尚，精拳法、医道，修行清苦，太虚法师曾赠以“双拳铁罗汉，十亩老农禅”的联语。当地有很多关于他的故事流传，主要描写他刻苦修炼、抱打不平、劫富济贫等等。也有些历史题材的故事，往往能体现出一定现实意义。例如关于如海禅师的一系列故事，描写他担任清王朝的殿前侍卫，又做强盗、然后又出家、终于在武斗中被害的一生经历，表扬他的武艺、义气，塑造出一位浪迹江湖的武师的悲剧典型。

涉及佛门的笑话各地流传不少。这类作品颇能反映民间对佛教和僧尼的看法。有些则是揭露佛门黑暗的。如“四十亩地耙和尚”就是一个施巧计惩治恶霸的故事，被惩治的是作恶一方的恶僧。又如关于“佛跳墙”的笑话，说广州一位高官宴请钦差大人，因为各种名菜都吃遍了，命厨师做出新菜待客，厨师没有办法，索性把厨房里积存的各种鸡鸭鱼肉等材料来个大杂烩，但菜香引来小和尚爬上墙头偷看，主客也吃得津津有味，主人问菜名，答称“佛跳墙”。这是个幽默风趣的笑话，谑而不虐，讽刺高官大僚的奢靡、颟顸，用小和尚作了陪衬。明清以来佛门风气日渐败坏，揭露、讥讽僧尼的笑话流传很多。

唐宋以来，大量佛教故事传说广泛流传在城乡民众间，对于佛教宣传起了相当大的作用。它们成为普及佛教信仰的重要手段，也真切地反映了民众的思想、感情和情绪，为佛教史和一般的历史研究提供了宝贵材料。它们作为民间创作，在文学史上的作用和价值也是相当巨大、重要的。它们首先直接影响和推动了各种民间文艺体裁的发展，在思想内容、艺术形式、艺术表现手法和语言等方面为鼓词、弹词、评书、唱本等各种曲艺提供了借鉴。当然这种影响是双向的。另一方面也给文人创作提供了滋养。如蒲松龄创作《聊斋》和晚近被陈寅恪所称赞的陈端生的《再生缘》就是很好的例子。

不过从实际情形看，虽然佛教故事传说无疑是民间文学遗产的重要部分，有许多艺术精品值得认真发掘，但由于佛教自身已走向衰落，旧有作品难以适应时代的要求，新的创作又难以为继，这一类型创作的现实意义和影响也就大受限制了。

第十二章

佛教与中国文学思想、文学批评

第一节 佛典翻译理论及其文体观念

佛教对于中国历代文学思想、文学批评的影响也是巨大的。一方面，文学思想、文学批评与历史上思想的发展和演变、与时代思想潮流有密切关联，而佛教自传入中土已逐渐成为思想文化的重要构成部分，在某些时期甚至成为决定时代思潮的主要成分；另一方面，繁荣的佛典翻译和历代僧、俗各类相关创作实践也必然会反映到文学理论、批评层面上来。

佛教对于中土文学思想较早的、直接的影响，是翻译佛典的理论总结和翻译过程中关于语言、文体等问题的讨论。这涉及文体、文风和文学语言建设等诸多层面。宗教经典的翻译需要十分虔诚、认真地工作，首要原则必然是表述上符合原典本意，既做到准确，同时要明晰易解，容易被人们接受。众多译师尽心竭力地从事这一工作，为达到这一目的而精进不息，取得了丰硕成果，并对于相关问题进行了细致、认真的探讨，得出许多翻译理论上有价值的结论。这些结论与文学创作规律相通，对于世俗创作也具有重大的启发和借鉴意义。

译经史上对东汉到鸠摩罗什时代的译籍称为“古译”，以后称“旧译”，唐玄奘以后则称“新译”。“古译”时期已存在“直译”即重“质”和“意译”即重

“文”两种倾向。中土第一位著名译师是安世高，他基本采取直译方式。后来道安评论他译的《人本欲生经》说：

> 斯经似安世高译为晋言也。言古文悉，义妙理婉，睹其幽堂之美、阙庭之富者或寡矣。安每览其文，欲疲不能。①

慧皎则说，世高所出经是“义理明晰，文字允正，辩而不华，质而不野，凡在读者，皆亹亹而不倦焉”②。但从现存安世高译籍看，无论是语汇、句法还是思想表述还都相当生涩，往往隔碍难解。这当然会影响到流通。当时还是译经的草创时期，不仅缺乏经验，而且参与者缺少必要的语学知识，甚至一般的文化水平也较低下。稍后的支谦则多采取意译方式。道安说：

> 前人出经，支谶、世高，审得胡本难系者也；叉罗、支越（支谦名越号恭明），斲凿之巧者也。巧则巧矣，恐窍成而混沌终矣。若夫以《诗》为烦重，以《尚书》为质朴，而删令合今，则马、郑所深恨者也。③

因为道安本人反对像支罗叉、支谦那样注重文字修饰，所以用《庄子》上的混沌凿窍做譬喻，并以儒家经典《诗》、《书》的质直当作样板，对意译的办法表示不满。僧叡则指出：

> 而恭明前译，颇丽其辞、乃迷其质，是使宏标乖于谬文，至味酰于华艳，虽复研寻弥稔，而幽旨莫启。④

这样，安世高和支谦代表早期译经的两种方式、两种文风。从后人的评论看，那种不重经旨、但求“文丽”的做法基本是被否定的。出于对待宗教圣典的敬重，有这样的看法也是必然的。

随着大量梵本传入，又已逐渐积累起翻译实践经验，译事也在逐渐成熟起来。西晋时期来华的竺法护是“古译”的最后一位重要代表，译出经论一百五十余部。他的译风忠于原文而不厌详尽，一改前人随意删略的偏向，“言准天竺，事不加

①《人本欲生经序》，《出三藏记集》卷六，第250页。

②《高僧传》卷一，第5页。

③《摩诃钵罗若波罗蜜经钞序》，《出三藏记集》卷八，第290页。

④《思益经序》，《出三藏记集》卷八，第308页。

饰”，给人以辞质胜文的印象。后来到道安与鸠摩罗什，更把译经提高到一个新的水平。道安本人是优秀的文学家，虽然他不懂外语，却是译经的卓越的组织者。前秦时在长安，僧伽提婆等译经，他与法常等诠定音字，详核文旨。梁启超说：

> （道）安为中国佛教第一建设者，虽未尝自有所译述，但苻秦时代之译业，实由彼主持；苻坚之迎鸠摩罗什，由安建议；《四阿含》、《阿毗昙》之创译，由安组织；翻译文体，由安厘定。故安实译界之大恩人也。①

至于罗什，对于译业贡献尤巨。他本是西域学僧，后秦弘始三年（401）来华，在直到去世的十二年间，译出或重译了《般若》、《法华》、《维摩》、《阿弥陀》等重要大乘经，系统翻译了《大智度论》、《中论》等中观学派论书，还翻译了小乘《成实论》。他本人深通梵语和西域语言，兼娴汉言，这是与一般西来僧侣不同的。这一时期译业的进步更有两点值得表扬。一时大规模译场的建立。北方的姚秦长安逍遥园、凉州的闲豫宫，南方的庐山般若台、建业的道场寺等，都是当时统治者支持下的规模宏大的译场。译场人数动辄数百、数千人，译主、诵出、笔受、正义、润色、校对等各有职司，严密分工。译主多是精通华、梵的义学大师；译场兼有翻译和教学、研究的功能，译主是导师，随译随讲。这样每译一文，都靠集体力量详其意旨，审其文义，一言三复，然后写出，再加润色。这就保证了译文的高质量。再一点是对已经翻译过的经论加以重译。因为有新的梵本传入，与旧译不同，重译就成为必要。重要经典更多次重译。例如罗什重译《法华》，就做到“曲从方言，而趣不乖本”②；重译《维摩》，则“陶冶精求，务存圣意，其文约而诣，其旨婉而彰，微远之言，于兹显然”③。正是在长期翻译实践的探索中，总结出以文应质、信、达兼重的翻译理论。道安把为求便约而随意删改原文的做法比拟为“葡萄酒之被水”，强调以忠实传达经旨为翻译的首要原则。在遵循这个基本原则的前提下，又兼顾文采。慧远本身即是学养高深的文士，又长期活动在重文采的南方，则更强调后一方面。他说：

> 譬大羹不和，虽味非珍；神珠内映，虽宝非用。信言不美，固有自来矣。

---

①梁启超《佛学研究十八篇》，《翻译文学与佛典》，台湾商务印书馆，1976 年，第 5 页。

②慧观《法华宗要序》，《出三藏记集》卷八，第 306 页。

③僧肇《维摩诘经序》，《出三藏记集》卷八，第 310 页。

若遂令正典隐于荣华，玄朴亏于小成，则百家竞辩，九流争川，方将幽沦长夜，背日月而昏逝，不亦悲乎！于是静寻所由，以求其本，则知圣人依方设训，文质殊体。若以文应质则疑者众，以质应文则悦者寡……于是简繁理秽，以详其中，令质文有体，义无所越……①

他所主张的也正是文、质兼重的折中论。这样，经过长期实践形成译经规范，确立起当时和后代众多译师努力的目标。

与表达的文、质关系相关联的，是翻译文体问题。翻译佛典作为外来文化产物，必然保持一些外来语汇和表述方式；但它们是面向中土信众的，又要照顾到文化较低阶层能够接受和诵读。佛典在散文叙述里夹有韵文偈颂，偈颂在诵读中起着特殊作用。兼顾到这些方面，遂形成华梵结合、韵散兼行、雅俗共赏的文体。这是经过长期探索、实践所创造的一种独特的、适宜表现佛典特殊内容的“译经体”。关于这种“译经体”的特征与成就本书第一章已经讨论，下面补充两点。

在处理“西方文体”和汉语的矛盾方面，经过多方探索，取得了成功经验，至道安，总结为“五失本三不易”之说：

译胡为秦，有五失本也：一者胡语尽倒，而使从秦，一失本也；二者胡经尚质，秦人好文，传可众心，非文不合，斯二失本也；三者胡经委悉，至于叹咏，叮咛反复，或三或四，不嫌其烦，而今裁斥，三失本也；四者胡有义说，正似乱辞，寻说向语，文无以异，或千五百，刈而不存，四失本也；五者事已全成，更将旁及，反腾前辞，已乃后说，而悉除此，五失本也。然《般若经》三达之心，覆面所演，圣必因时，时俗有异，而删雅古以适今时，一不易也；愚智天隔，圣人叵阶，乃欲以千岁之上微言，传使合百王之下末俗，二不易也；阿难出经，去佛未久，尊者大迦叶令五百六通迭察迭书，今离千年而以近意裁量，彼阿罗汉乃兢兢若此，此生死人而平平若此，岂将不知法勇者乎？斯三不易也。涉兹五失经本、三不易，译胡为秦，讵可不慎乎？②

这里所谓“失本”，是指不得已而改变原文表达方式；所谓“不易”，是指使翻译经典适于今人阅读、理解的困难。“五失本”和“三不易”实际上是要求翻译时一

①《大智论钞序》，《出三藏记集》卷一〇，第391页。

②《摩诃钵罗若波罗蜜经钞序》，《出三藏记集》卷八，第290页。

方面保持汉语表述规律，另一方面输入可能接受的外语表达方式。这是翻译外语文献时切实合行的、符合规律的做法。

再一点是翻译佛典大量使用音译词，这也形成为译经文体上的重要特征。但词语的音译和意译容易造成混乱，到“新译”时期终于总结出所谓“五种不翻”，即在五种情况下使用音译：一是“秘密故”，如经中的陀罗尼即经咒，因为内容和作用都是神秘的，所以用音译；二是“生善故”，如“般若”可译为智慧，但为了表示恭敬、启发信仰，所以用音译；三是“此所无故”，中土原来没有的概念，如阎浮树、迦陵频伽鸟，用音译；四是“顺古故”，如“菩提”可以意译为“觉”，但已约定俗成，相沿不改；五是“含多义故”，有些外语词有多义，如“薄伽梵”有六义，不能用一个汉语词语表达，所以只好采用音译①。在音译的基础上，又创造出许多音、义合译的汉语词语，如偈颂、禅定、六波罗蜜、有余涅槃，等等。音译词的运用，音译规律的总结，对于汉语文的创新和发展起了一定作用。

佛典在历代广泛传播，成为后世文人教养的必读书。魏晋以来译经的兴盛期正是文坛上浮靡雕琢的骈俪文风形成并盛行的时期。“译经体”的文体和文风体现了与当时文坛上截然不同的另外一种潮流，对当时和以后的文学创作和文学思想都造成了一定的影响。例如齐梁时期著名的文学思想家刘勰，早年曾在上定林寺从学于著名义学沙门僧祐，参与编撰《出三藏记集》，所著《文心雕龙》基本观念是遵循儒道的，但所受佛学影响也是很明显的。其中有关文、质关系的看法，显然受到佛典翻译理论的启迪。在当时文坛上普遍地追求华靡、浮艳的强大潮流中，他强调“风骨”、“气质”，主张“文质相称”②、“质文交加”③，其观念显然与佛典翻译文、质关系的理论有关联。

第二节　佛教义学影响下的文学观念

在南北朝繁荣的佛教“义学”中，许多概念与文学理论相通，因而被文学思想、文学批评所借鉴，对文学的发展起到重要作用。下面讨论几个影响重大、深远

---

①周敦颐《翻译名义集序》，《正》第54卷第1055页上。

②范文澜《文心雕龙注》卷一〇《才略》，人民文学出版社，1961年，第698页。

③范文澜《文心雕龙注》卷一〇《知音》，人民文学出版社，1961年，第714页。

的概念。

佛教的“形象”概念指相互关联的两方面内容：一是指直观的具象，即塔寺、造像等，这在艺术上即被看作是造型艺术作品；再一方面是指经典表述大量使用的形象方式。如慧皎说：

……圣人资灵妙以应物，体冥寂以通神，借微言以津道，托形象以传真。①

这里意思是说佛陀一方面使用深微的言词来宣扬教义，另一方面用“形象”来传达“真理”。文学批评家刘勰则说：

双树晦迹，形象代兴，固已理积无始，而道被无穷者矣。②

这里刘勰是说，佛陀寂灭之后就出现了造像，使得无始以来就存在的佛理借以传之无穷。慧皎、刘勰已十分清楚意识到“形象”对于宣扬佛教的巨大作用。

“形象”一词早已出现在东汉灵帝时来华的月支僧人支娄迦谶于光和二年（179）所译的《道行般若经》中。中国本土文献最初出现肖像意义的“形象”一语则是《东观汉记》，这部书也写作于汉灵帝时期③。现在还不能确证汉语里“形象”一词是否从佛典里借用而来，但在翻译佛典里开始大量使用它则是可以肯定的。

何尚之说:“塔寺形象，所在千计，进可以击心，退足以招劝。”④ 著名文学家沈约则说:“夫理贯空寂，虽熔范不能传；业动因应，非形相无以感。”⑤ 佛教造像对中国造型艺术以至整个文学艺术发展的影响是显而易见的。文学上的直接表现首先是文人们写作以造像为题材的作品，它们拓展了创作领域；而更值得注意的是，佛典里涉及“形象”有许多理论上的说明，对于从理论上探讨和总结文学的“形象性”规律具有启发意义。

《增一阿含经》里有关于佛像起源的传说。据传佛陀在祇树给孤独园说法，

①《高僧传》卷八《义解论》，第343页；最后一句“象以”据金陵刻经处本补。

②《理惑论》，《弘明集》卷八，《正》第52卷第50页下。

③《东观汉记·高彪传》:“画彪形象，以劝学者。”《吕氏春秋·慎大览·顺说》篇所谓“不设形象，与生与长”云云，“形象”一词含义不同，指具体事物。

④《答宋文帝赞扬佛教事》，《弘明集》卷一一，《正》第52卷第69页上。

⑤《竟陵王造释迦像记》，《全上古三代秦汉三国六朝文·全梁文》卷三〇，第3册第3132页。

“四部之众，多有懈怠，替不听法，亦不求方便使身作证”，佛陀只好到三十三天为亡母摩耶夫人说法。其时“四部之众，不见如来久”，优填王与波斯匿王亦“渴仰欲见”，“遂得若患”，“优填王即以牛头旃檀作如来形象，高五尺”，波斯匿王闻知，亦以紫磨金作五尺如来形象，“尔时阎浮里内始有此二如来像”①。从这个关于佛像出现因缘的传说可以看出，造佛形象的本来意义，是通过再现佛的色身来启发、坚定信仰心，并借以思念佛、追忆佛的教诲。同时也表明另一种观念：造像是取法现世佛陀的形貌的。这一原则提升为理论，则形成造型艺术的一个重要观念：人们创造形象是依据现实的真实面貌来提炼、概括的。这一原则当然也适用于文学创作。

但佛教造像不以模拟生人形貌为最终目的，在它们身上应寄托着更深远的意义。《无极宝三昧经》里有一段极富辩证意义的说明：

> 见佛像者为作礼。佛道威神岂在像中？虽不在像中，亦不离于像。②

因为形象本是用泥土、石头、金属制作或画在墙壁、布帛上的，佛当然不在像中；但绝对的、无限的佛法却又通过相对的、有限的造像表现出来，所以又不离于像。《法华经》大力宣扬形象崇拜，有偈说：

> 又诸大圣主，知一切世间，天、人、群生类，深心之所欲，更以异方便，助显第一义。③

这里所谓“第一义”即大乘深义，而“异方便”则指般若等六波罗蜜，还包括善软心、供养舍利、造佛塔、画佛像、以花、香、幡、盖供养佛塔、佛像、歌赞佛功德、礼佛等等。这表明，造像虽然只是方便施设，但却有显扬第一义的功用，所以又有偈说“若人为佛故，建立诸形象，刻雕成众相，皆已成佛道”④。

这样，佛典关于造像的说教又阐明了关系文学艺术的另一个原则：形而下的具体形象是体现形而上的佛道的，即造像是以有形表无形、以相对表绝对的。在物质的、有形的形象中寄托着无限的精神内容。六朝时期受到佛教影响的画家画山水，

---

①《增一阿含经》卷二八《听法品》，《正》第 2 卷第 705 页 ~ 706 页。

②《无极宝三昧经》卷上，《正》第 15 卷第 512 页。

③《妙法莲华经》卷上《方便品》，《正》第 9 卷第 8 页。

④《妙法莲华经》卷上《方便品》，《正》第 9 卷第 8 页。

已经明确意识到“山水以形媚道，而仁者乐”[①] 的道理。谢灵运写山水诗，更有意在自然景物中寄托更深一层意蕴，创造出“虑澹物自轻，意惬理无违”[②] 的境界。范晔在狱中写给侄子的信里，也表示反对“事尽于形，情急于藻”的文字，要求作文应表达“事外深致”[③]。这些都表明，六朝时人们在佛教关于形象的观念的影响下，对于文学艺术所创造的形象需要表现“道”、“意”等等更深一层的含义已有相当明晰的自觉。这类观念显然是与前述佛教造像观念相通的。

支娄迦谶所译《般舟三昧经》是宣扬大乘禅观的早期经典。“三昧”又译作“定”，指经过修证所得到的专注一境、心不散乱的精神状态；“般舟三昧”又称“佛立三昧”，意谓修此禅定则佛立现前。这是宣扬观像念佛的重要经典，其中说：

菩萨如是持佛威神力，于三昧中立，在所欲见何方佛，欲见则见。[④]

根据佛教“心性本净”说，以心性洁净故，自我观照，则可自见其影，进入清净禅定；清净心性与佛性合一，佛即映现其中。经中又说到做四件事即可迅速得到这种三昧，第一件就是“作佛形象，若作画”[⑤]。著名净土经典《观无量寿经》集中宣扬观想念佛的禅观，一一描述观想西方净土的十六观，实际是虔诚的信仰者沉溺于宗教玄想出现的幻觉。把幻想当作真实，是宗教思维的重要形式，是形成信仰的主要心理基础。而在艺术思维里，人们的想象同样采取了真实的形态，创造者和接受者同样把艺术形象当作某种真实事物来接受。这样，宗教与艺术在思维方式上具有共通性，宗教幻想与艺术想象有相通之处，从而翻译佛典中有关形象创造的理论，涉及形象的制作和表现、形象的形式与内涵、形象的主观意义和客观意义等诸多方面的说明，对于中土人士认识文学艺术的形象性规律也就具有启迪和借鉴意义。六朝时期兴盛的画论直接受到这方面的影响；文学理论如陆机的《文赋》、刘勰的《文心雕龙》、钟嵘的《诗品》以至萧绎的《金楼子》论述文学形象性规律，虽然观念各不相同，但都不同程度地受到佛教形象理论的影响。

与“形象”相关联的，还有“真实”观念。这也是涉及文学创作原则的根本

---

①《画山水序》，《全上古三代秦汉三国六朝文·全宋文》卷二〇，第3册第2545~2546页。

②《石壁精舍还湖中作诗》，《先秦汉魏南北朝诗·宋诗》卷二，中华书局，1983年，中册第1165页。

③《宋书》卷六九《范晔传》，第1830页。

④《般舟三昧经》卷上《行品》，《正》第13卷第905页下。

⑤《般舟三昧经》卷上《四事品》，《正》第13卷第906页。

概念。中国古代传统思想重实际、重伦理、重教化，文学上强调“征实”、“实录”、“诚实”，反对“增益实事”、“造生空文”①，“恶淫辞之淈法度”②。《说文解字》释“真”字，谓“仙人变形而登天也”，段注说:“此‘真’之本义也。经典但言诚实，无言真实者。诸子百家乃有真字耳……多取充实之意。”③ 大乘佛教则提出和论证一种全然不同与中土传统的“真实”观。如《华严经》说：

解了诸法真实性，永不随顺疑惑心。④
善解烦恼诸习气，不坏诸法真实性。⑤

所谓“真实性”，即“真实之相”，就是绝对的“空”。魏晋玄学讨论现象界的本末、有无，与这种“空观”的思路不同。玄学的“有”或“无”，实际都是绝对的“有”；而大乘佛学的“空”则是绝对的“无”。大乘“空观”从而厘清了现象和本质的界限。“中观”学说更对“有”、“无”进一步作了富有辩证观念的解释。

佛典里讲到“形象”、“像”、“象”，是指某一具体事物的表象；又讲“相”，则是指从具体事物抽象出来的观念、概念。依佛教教理看来，无论是现象界的具象还是抽象，都不被认为是真实的。而如依中观学说，“假有”也是法性的体现，“形象”、“相”等的本质是真实，但它们本身并不是真实。“真实谛”只能是“空”；不仅我、法两空，“空”这一观念也是空的。在中国佛学发展中作出重要贡献的僧肇谓诸法因缘而有，故非实有；但既为有，故亦非无，因而不真故空。这是在中土传统本体论的基础上、依据中观学理对大乘空观的发挥。他主张“立处即真”，“触事而真”⑥，更辩证地解决了绝对的真空与相对的假有的矛盾。

这样，依据大乘空观，现实世界本来是“虚妄”的。东晋孙绰说：

缠束世教之内，肆观周、孔之迹，谓至德穷于尧、舜，微言尽乎《老》、《易》，焉复睹夫方外之妙趣、冥中之玄照乎？悲夫，章甫之委裸俗，韶夏之弃

①张衡《论衡》卷二九《对作》，上海人民出版社，1974年，第442页。
②扬雄《扬子法言》卷二《吾子》，《二十二子》，上海古籍出版社，1986年，第813页。
③段玉裁《世说新语注》八篇上《匕部》，中华书局，1988年，第384页。
④佛驮跋陀罗译《大方广佛华严经》卷五《四谛品》，《正》第9卷第425页。
⑤佛驮跋陀罗译《大方广佛华严经》卷一五《金刚幢菩萨十回向品》，《正》第9卷第499页。
⑥《肇论·不真空论》，《正》第45卷第153页。

鄙俚，至真绝于漫习，大道废于曲士也。①

这里明确主张摆脱“世教”束缚，追求“方外”的“至真”。这里的“真”不是基于朴素反映论的“征实”、“实录”的真实。这是与中土传统真实观全然不同的另一种观念。名士而兼名僧的支遁则明确主张在作品里要表现“外身之真”。他论诗说：

静拱虚房，悟外身之真；登山采药，集山水之娱。遂援笔染翰，以慰二三之情。②

支遁本人的创作禅、玄交融，努力表现超脱行迹的高远境界。

佛教的真实观与画论中关于“形”、“神”，“言”、“意”的讨论直接相关联，对文学创作的真实观念也造成相当影响。

“言意之辨”本是玄学的重要课题。佛学在这个问题上与玄学采取了类似思路。大乘佛学的绝对的“空”本是“言语道断”、非名言可以表达的。什译《维摩诘经》的《入不二法门品》写到三十二位菩萨各说佛道的“不二法门”之后，文殊师利说:“如我意者，于一切法无言、无说、无示、无识，离诸问答，是为入不二法门。”而维摩诘默然无言。文殊师利叹曰:“善哉！善哉！乃至无有文字语言，是真入不二法门。”③ 这里所表现的观念与从《易经》到玄学的“言不尽意”观念正相符合。这种关于语言有限性的观念，与玄学的影响一起，对于后来文学创作言、意关系的理解和处理，无论是理论上还是实践中都起了巨大作用。例如诗人陶渊明追求“抱朴含真，投迹高轨”④ 的境界：他“养真衡茅下”⑤，表示“真想初在襟，谁谓形迹拘”⑥，“此中有真意，欲辨已忘言”⑦。谢灵运倾心佛说。他的山水诗并不单纯以描写山水作为目的，而是要以有限的自然景物表现“体道”、“蕴真”的境界。称赞“意在言外”的艺术效果，要求表达“言外深致”，这都成为中国传统美学的久远传统的内容。

---

①《喻道论》，《弘明集》卷三，《正》第52卷第15页。

②《八关斋会诗序》，《广弘明集》卷三〇，《先秦汉魏晋南北朝诗·晋诗》卷二〇，中册第1079页。

③《注维摩诘所说经》卷八《入不二法门品》，《正》第14卷第551页。

④《劝农诗》，《先秦汉魏晋南北朝诗·晋诗》卷一六，第969、967页。

⑤《辛丑岁七月赴假还江陵夜行途中诗》，《先秦汉魏晋南北朝诗·晋诗》卷一六，第983页。

⑥《始作镇军参军经曲阿诗》，《先秦汉魏晋南北朝诗·晋诗》卷一六，第982页。

⑦《饮酒诗二十首》，《先秦汉魏晋南北朝诗·晋诗》卷一七，第998页。

第三节　佛教声明与声韵格律的演进

随着佛教的输入，传入了外语拼音知识，经过长时期的吸收、消化，推动了对于汉语的审音定声，促进了汉语音韵学的巨大进展；把这些音韵学的成果运用于诗文创作，又发展了汉语文学运用声韵格律的技巧，特别是推动了近体格律诗的完善和定型。这也是佛教对于中国文学发展的一个重大贡献。

《隋书·经籍志》说：

> 自后汉佛法行于中国，又得西域胡书，能以十四音贯一切字，文省而义广，谓之婆罗门书，与“八体”、“六文”之义殊别。①

“八体”指古代汉文的八种字体，即大篆、小篆、刻符、虫书、摹印、署书、殳书、隶书；“六文”即“六书”，指六种造字体例：指事、象形、形声、会意、转注、假借（这是按通行的许慎《说文解字》的说法，另有它说）。所谓“胡书”概指佛书原典的拼音文字。中土除从“梵本”翻译佛典外，还有许多是从西域各种“胡语”转译的。这些语言都是拼音文字。魏、晋以后汉语音韵学得到突飞猛进的发展，主要原因是得到随着佛教输入传来的外来拼音知识的启发。

关于翻切的发明，学术界历来有不同看法。一种意见以为早在汉代以前中土人士早已知晓，与后来和西域的交流无涉（如顾炎武，见《潜研堂文集》卷二十五《杜诗双声叠韵谱序》）；另一种更具说服力的意见则主张出现于东汉末，与佛典翻译直接相关。如宋人陈振孙说：“反切之学，自西域入中国，至齐、梁间盛行。”②一般认为，汉语音韵研究的突破，首先在音素的分析。这种分析正得力于对随着佛教传入的“音训诡蹇，与汉殊异”③ 的梵语（胡语）拼音知识的传习和借鉴。在早期的译经实践中，原文与译文的对应词语在语音、结构上的差异已被突显出来，“天竺言语与汉异音”④ 的现象必然引起人们的注意和探讨。进而就有可能仿照汉语拼音的办法，把一个汉字的音分为声和韵两部分，这就是翻切的发明；第二步再

①《隋书》卷三二《经籍一》，第947页。

②《韵补五卷》，《直斋书录解题》卷三，《中国历代书目丛刊》，现代出版社，1987年，下册第1211页。

③《安世高传》，《出三藏记集》卷一三，第510页。

④《法句经序》，《出三藏记集》卷七，第273页。

分析韵的部分，就会归纳出声调。这后一部分工作，是经过齐、梁之际的沈约、周颙等人的努力而系统化、规范化的。

古印度声明是关于语言文字的专门学问，其中包括拼音知识。声明作为印度佛教教学的“五明”之一（其他为内明、因明、工巧明、医方明），随着佛教传入中土。声音作为一种现象，在佛教教理中早已被重视。南本《大般涅槃经》里有一段经文用“半字”、“满字”来说明“如来之性”：

> ……是故半字于诸经书、记论、文章而为根本，又半字义皆是烦恼言说之本，故名半字；满字者乃是一切善法言说之根本也……何等名为解了字义？有知如来出现于世，能灭半字，是故名为解了字义；若有随逐半字义者，是人不知如来之性……善男子，是故汝今应离半字，善解满字。①

这里半字指没有组成词的字母，满字指由字母组合成的词。接下来经文对半字加以解释，又举出“十四音名为字义”，即《隋书·经籍志》里说的“贯一切音”的“十四字”，也就是梵语里的母音（一般称“摩罗十二音”，或有它解），即阿、短伊、长伊、短优、长优、埋、乌、菴、迦、伽、遮、吒、波、邪等。在对这十四音一一作了描述后，再附会以佛理的解释。接着又说到“吸气、舌根、随鼻之声，长、短、超声，随音解义，皆因舌齿而有差别”。这则是对发音方法的说明了。梁僧伽婆罗所译《文殊师利问经》里有专门的《字母品》，也是借用“一切诸法入于字母及陀罗尼字”②来说明教理的。而佛典传译的实践直接接触到拼音语言，必然使人们对汉语音素的分析有所领会。特别是悉昙在齐、梁时期已成为相当流行的学问。像灵味寺宝亮所集《大般涅槃经集解》卷二十一《文字品》就广引道生、僧亮、僧宗等人对“十四音”的解释。如僧宗说:“传译云十四音者，为天下音之本也。如善用宫商，于十四中随宜制语，是故为一切字本也。”③ 文人中懂梵文的也不只谢灵运一人。如对四声的发明作出贡献的周颙“好为体语”④，“体语”即“体文”，即梵文的辅音。梁武帝萧衍同样探讨过“十四音”问题。而僧祐的著于齐、梁之际的《出三藏记集》卷一有《胡汉译经文字音义同异记》一节，对于梵文语

---

①《文字品》，慧观等译《大般涅槃经》卷八，《正》第12卷第655页上、中。
②《文殊师利问经》卷上，《正》第14卷第498页上。
③《大般涅槃经集解》卷二一《文字品》，《正》第37卷第464页中。
④封演《封氏闻见记》卷二《声韵》。

音特征更有简要、清楚的说明。齐、梁时期悉昙的传习情况，饶宗义教授有详细考辨，可以参看。①

魏李登著《声类》，晋吕静著《韵集》，是最早的汉语韵书。韵书的编纂，前提即是“韵”（反切下字所代表的韵母）被明确起来。按时代看，这正是佛典拼音文字大量传入中土的时期。而只有区分出每个汉字的音素，形、音、义相统一的汉字的“音”被分离出来，也才能有真正的音韵之学。李、吕二书均已不传。关于《声类》，唐封演说：

> 魏时有李登者，撰《声类》十卷，凡一万一千五百二十字，以五声命字，不立诸部。②

《魏书》记载江式上表说到“（吕）静别放故左校令李登《声类》之法，作《韵集》五卷”③。可见吕静的书也是按“五声”分类来编纂的。对所谓“五声”含义的解释，汉语史学界有很大分歧。按郭绍虞的意见，认为“是喻义而不是实义”④。核之当时音韵知识的发展程度来分析，按“五声”对韵字进行分类应是包含分别声调的。但当时韵和调显然还没有被明确地区分开来。对韵母部分的声与调加以区分是音韵学发展的另一课题。而完成这一任务，则正是借助于对梵呗的“审音定声”。这是在萧子良的西邸中最后完成的。

萧子良（460—494）是南朝齐开国皇帝高祖萧道成之孙、武帝萧赜第二子。兰陵萧氏在刘宋朝已权倾天下，当时萧子良已网罗不少文人。齐建国后，他更以王侯之尊结纳文士，在建康郊外鸡笼山开西邸，起古斋，多集古人服器，结纳文士，门下呈彬彬之盛。史书记载：

> （永明）五年（487），正位司徒，给班剑二十人，侍中如故。移居鸡笼山邸，集学士抄《五经》、百家，依《皇览》例为《四部要略》千卷。招致明

①《文心雕龙声律篇与鸠摩罗什通韵——论四声说与悉昙之关系兼谈王斌、刘善经、沈约有关诸问题》、《鸠摩罗什通韵笺》、《论悉昙异译作“肆昙”及其入华之年代》、《北方泽州所述慧远之悉昙章》、《唐以前十四音遗说考》，见《梵学集》，上海古籍出版社，1993 年。

②《封氏闻见记》卷二《文字》，《丛书集成初编》本。

③《魏书》卷九一《江式传》，第 1963 页。

④《声律说考辨》，《照隅室古典文学论集》，上海古籍出版社，1983 年，下册第 264 页。

僧，讲语佛法，造经呗新声。道俗之盛，江左未有也。[①]

又《梁书》记载：

……时竟陵王亦招士，（沈）约与兰陵萧琛、琅琊王融、陈郡谢朓、南乡范云、乐安任昉等皆游焉，当世号为得人。[②]

以上六人加上后来的梁武帝萧衍和陆倕，就是所谓“竟陵八友”。此外一时名士如柳恽、王僧孺、孔休源、江革、范缜等，也是西邸的常客。齐、梁之际的许多名僧大德亦参与其间。鸡笼山西邸里开展了多方面文化活动，其中主要一项是讲读佛经，包括读颂梵呗。关于呗赞流行的情形，慧皎说：

自大教东流，乃译文者众，而传声盖寡。良由梵音重复，汉语单奇。若用梵音以咏汉语，则声繁而偈迫；若用汉曲以咏梵文，则韵短而辞长。是故金言有译，梵响无授。[③]

所谓“梵响”，是指“作偈以和声”的“西方之赞”。慧皎是说，当佛教初传时，有人按拼音文字的外来声调来谱汉文偈颂，则显得“声繁而偈迫”；而用汉地本土的声调来配合拼音的梵语，则“韵短而辞长”，这都会突显出乐曲和歌辞配合上的矛盾，因此就需要制作汉语梵呗。据传曹植在东阿渔山由神灵感应而首创梵呗。但此事别无他证，应是出于佛徒的附会。又据传与曹植大体同时的支谦在吴国亦“依《无量寿》、《中本起》制菩萨连句梵呗三契”[④]。可以肯定魏晋时期汉语梵呗已经开始流行了。这种借鉴西方语言音律的新型韵文创作必然会直接影响到汉语韵文体制的演进。

萧子良门下聚集名僧，举行法会，歌赞梵呗，培养出许多“善声沙门”，形成一种“专业”技巧。著名者如昙迁，“巧于转读，有无穷声韵，梵制新奇，特拔终古”[⑤]。他的弟子道场寺法畅、瓦官寺道琰并富声哀婉。另有僧辩亦以善赞呗著名。

①《南齐书》卷四〇《武十七王传》，第698页。
②《梁书》卷一三《沈约传》，第233页。
③《高僧传》卷一三《经师论》，第507页。
④《高僧传》卷一《康僧会传》，第15页。
⑤《高僧传》卷一三《昙迁传》，第501页。

这些人都是萧子良法会里的常客。子良本人也“冥授于经呗”①。《高僧传》记载：

……逮宋、齐之间，又昙迁、僧辩、太傅、文宣等，并殷勤嗟咏，曲意音律，撰集异同，斟酌科例，存仿旧法，正可三百余声。②

当时善声沙门众多，如：

永明七年二月十九日，司徒竟陵文宣王梦于佛前咏《维摩》一契……便觉韵声流好，著工恒日。明旦即集京师善声沙门龙光普智、新安道兴、多宝慧忍、天宝超胜及僧辩等，集第作声。辩传古《维摩》一契、《瑞应》七言偈一契，最是命家之作。③

陈寅恪特别提出七月二十日这一次活动，认为这“实为当时考文审音之一大事”④。当然类似活动不会只此一次，“考文审音”也不会是一次可以完成的。萧子良作《赞梵呗偈文》、《梵呗序》等有关梵呗的作品，还有《转读法并释滞》这样专讲转读方法的专门文章，又有《法门赞》等赞呗文字。赞宁称赞萧子良“将经中偈契，消息调音，曲尽其妙”⑤。他身居高位，又是一代文坛领袖，如此热衷于赞呗的传诵、制作，可知其对“考文审音”的推动。

在“考文审音”中，音调的分析是个重要方面。对于汉语声调，不能说在“四声”说成立之前人们对之绝无认识，但总结出声调的规律则确实要有个过程，如前所述，其前提是先要分出字的“声”和“韵”，由“韵”再明确分出几个“调”，则是由赞呗的审音给予了决定性的启发。“善声沙门”之所“善”，不只在声音的优美，还在音调的丰富多变化。如法邻“平调牒句，殊有宫商”，慧念“少气调，殊有细美”⑥ 等等，所说的“调”即指声调；如上所说“宫商”是当时以“五音”（宫、商、角、徵、羽）指代“四声”的习惯称谓。郭绍虞指出：

梁慧皎《高僧传》说：“智欣善能侧调，慧光喜骋飞声。”飞侧对举，飞声

①道宣《统略净住子净行法门序》，《广弘明集》卷二七，《正》第 52 卷第 306 页上。
②《高僧传》卷一三《经师论》，第 507 ~ 508 页。
③《高僧传》卷一三《僧辩传》，第 503 页。
④陈寅恪《四声三问》，《金明馆丛稿初编》，上海古籍出版社，1980 年，第 329 页。
⑤《僧史略》卷上《赞呗之由》，《正》第 54 卷第 242 页中。
⑥《高僧传》卷一三《经师论》，第 505 ~ 506 页。

可看作平声。又说:“道朗捉调小缓，法忍好存急切。”以缓与切对举，则可能是平入之分，同样也包括在平仄律范围以内。[①]

《高僧传》的一段记述更表明当时审音之精细：

若能精达经旨，洞晓音律，三位七声，次而无乱，五言四句，契而莫爽。其间起掷荡举，平折放杀，游飞却转，反叠娇弄，动韵则流靡弗穷，张喉则变态无尽。故能炳发八音，光扬七善，壮而不猛，凝而不滞，弱而不野，刚而不锐，清而不扰，浊而不蔽。谅足以超畅微言，怡养神性。故听声可以娱耳，聆语可以开襟。若然，可谓梵音深妙，令人乐闻者也。[②]

这里的“三位”，指前引《涅槃经》中所谓吸气、舌根、随鼻三个发音部位；“七声”又名“七转声”，原指梵语名词语尾变化的声音；“五言四句”是汉语呗赞的一个单位，即一个偈；“八音”为经典说如来所得八种声音：极好、柔软、和适、尊慧、不女、不误、深远、不竭；“七善”即所谓正法所具七善：初、中、后善、义善、语善、独法、具足。其中“起掷荡举”一节，细腻生动地刻画了音调变化的情形。如此高低曲折、舒徐急促、“变态无穷”，正体现了包括“调”的汉语语音的特征。在佛教赞呗里自觉地利用声调来加强效果，客观上有助于“四声”的总结。

日僧空海说:“宋末以来，始有四声之目。沈氏乃著其谱论，云起自周颙。”[③]正是积极参加竟陵王法会的西邸学士周颙、沈约等人总结出四声规律。而齐、梁之际许多文人都精研音律，这些人大多又信仰佛教。如“好释事”的文惠太子萧长懋“尚解声律”，“音韵和辩”[④]；“竟陵八友”之一的萧琛也“常言少壮三好：音律、书、酒”[⑤]。钟嵘说：

齐有王元长（融）者，尝谓余云:“宫商与二仪俱生，自古词人不知之。惟颜宪子（延之）乃云律吕音调，而其实大谬；惟见范晔、谢庄，颇识之耳。

①《声律说考辨》，《照隅室古典文学论集》，上海古籍出版社，1983年，下册第286页。

②《高僧传》卷一三《经师论》，第508页。

③《文镜秘府论》天卷《四声论》，人民文学出版社，1980年，第25~26页。

④《南史》卷四四《文惠太子传》，第1099页。

⑤《梁书》卷二六《萧琛传》，第373页。

尝欲进《知音论》，未就。”王元长创其首，谢朓、沈约扬其波。三贤或贵公子孙，幼有文辩。于是士流景慕，务为精密，襞积细微，专相凌架。是故文多拘忌，伤其真美。①

王融为“八友”之一，范晔、谢庄等都活动在周、沈之前不久。《南史》说：

（永明末）盛为文章，吴兴沈约、陈郡谢朓、琅琊王融以气类相推毂；汝南周颙善识声韵，约等文皆用宫商，将平、上、去、入四声，以此制韵，有平头、上尾、蜂腰、鹤膝。五字之中，音韵悉异；两句之内，角征不同。不可增减，世呼为“永明体”。②

又周颙“始著《四声切韵》，行于时”③，沈约“又撰《四声谱》，以为在昔词人，累千载而不悟，而独得胸衿，穷其妙旨”④。周、沈书均已不传。据考《文镜秘府论》所录《调四声谱》一段即取自沈书。把一个个汉字列为谱表，就意味着已明确地按声调对它们做了分类。这是只有在分辨出四声之后才能做到的。而且只有区分了韵与调，才能在创作中由不自觉发展到自觉地、规范化地运用它们。所以沈约说：

自古词人，岂不知宫羽之殊，商征之别？虽知五音之异，而其中参差变动，所昧实多，故敝意所谓“此秘未睹”者也。以此而推，则知前世文士便未悟此处。⑤

这就明确指出，人们对于四声的认识经过了从感性上升到理性的过程，在应用上则是从不自觉逐渐走向自觉的。这里所谓“宫羽之殊，商征之别”，用的仍是旧的“五声”名称，实际指的却是四声。正是在明确四声的基础上，才能够提出应当避忌的“八病”的“病犯”。而正如明确了四声才能归纳出平、仄两声，明确消极避免的“八病”才能逐步发展出声调“黏”与“对”的规律，从而促成近体诗格律的定型。而格律精严的近体诗正体现了汉语古典诗歌形式的最高成就。

---

①《诗品序》，陈延杰《诗品注》，人民文学出版社，1980 年，第 5 页。

②《南史》卷四八《陆厥传》，第 1195 页。

③《南史》卷三四《周颙传》，第 895 页。

④《南史》卷五七《沈约传》，第 1414 页。

⑤《答陆厥书》，陈庆元《沈约集校笺》，浙江人民出版社，1995 年，第 137 页。

第四节 佛教“心性”说影响下的文学观念

佛教的“心性”理论在中国文化中占有特殊地位。自晋、宋以降，其影响逐渐加深，隋、唐以来，佛教各宗派特别是禅宗十分重视对心性理论的探讨，影响及于文学观念，出现所谓“境界”、“兴趣”、“童心”、“性灵”、“意境”等新说，更促成了文学创作上的多方面的新变。

盛唐时期殷璠提倡“兴象”①，高仲武明确指出“诗人之作，本诸于心”②，这都是在强调心性的作用。诗僧皎然则在《诗品》里提出了注重主观心性作用的“境界”新说。他在作为诗论纲领的“辨体有一十九字”开头就说：

> 夫诗人之思初发，取境偏高，则一首举体便高；取境偏逸，则一首举体便逸……③

这就把“取境”当作诗创作成败的关键。但这“境”并不是客观反映于主观的实境。他又说：

> 夫天地、日月、元化之渊奥、鬼神之微冥，精思一搜，万象不能藏其巧。④
> 诗人立意变化，无有依傍，得之者悬解其间。⑤

“悬解”一语出《庄子·养生主》：“适来夫子时也，适去夫子顺也。安时而处顺，哀乐不能入也，古者谓是帝之县解。”郭注：“以有系者为县，则天系者县解也。县解而性命之情得矣。”⑥ 这样，“取境”得自“精思”、“悬解之间”，无所系缚。所取乃心造之境。所以皎然又有诗说：

> 如何万象自心出，而心淡然无所营。⑦

①《河岳英灵集序》，《四部丛刊》本。

②《中兴间气集校文》，《中兴间气集》，《四部丛刊》本。

③《诗式》卷一，张伯伟《全唐五代诗格汇考》第241页，江苏古籍出版社，2002年。

④《诗式》卷一《总序》，张伯伟《唐五代诗格汇考》，江苏古籍出版社，2002年，第222页。

⑤《诗式》卷五《立意总评》，张伯伟《唐五代诗格汇考》，江苏古籍出版社，2002年，第346页。

⑥郭象注《庄子》卷二。

⑦《奉应颜尚书真卿观玄真子置酒张乐舞破阵画洞庭三山歌》，《全唐诗》卷八二一，第9255页。

积疑一念破，澄息万缘静。世事花上尘，惠心空中境。[1]

正因为境由心造，所以外境随着心情而变化：

逸民对云效高致，禅子逢云增道意。白云遇物无偏颇，自是人心见同异。[2]

因为“性起之法，万象皆真”[3]，诗思来自诗人所取之境，因而他又强调内心的“作用”。他说：

……精思一搜，万象不能藏其巧。其作用也，放意须险，定句须难，虽取由我衷，而得若神表。[4]

皎然更常常以“作用”论诗：

其五言周时已见滥觞，及乎成篇，则始于李陵、苏武。二人天予真性，发言自高，未有作用。《十九首》辞精义炳，婉而成章，始见作用之功。[5]

尝与诸公论康乐为文，真于情性，尚于作用，不顾词采，而风流自然。[6]

他说苏、李诗“未有作用”，是指它们浑然天成，不见用心的痕迹。这在他看来是可望而不可即的理想。人力可为则要“深于作用”，这是他称赞谢灵运的缘由。

皎然作为谢灵运的后裔，评论乃祖“性颖神彻，及通内典，心地更精，故所作诗，发皆造极，得非空王之道助邪”[7]。他本人不只创作中多表现佛理禅意，其“境界”、“作用”理论更是佛教教理影响下形成的。

禅宗以“明心见性”为纲领，又受到广大士大夫阶层的欢迎，其“心性”理论对于文学的影响更是十分巨大。特别是中唐以后，马祖道一的洪州禅讲“平常心是道”，把禅进一步落实到人生日用之中，诗境和禅境得以融而为一。德山宣鉴法嗣岩头全豁说：

---

①《白云上人精舍寻杼山禅师兼示崔子向何山道上人》，《全唐诗》卷八一五，第9185页。

②《白云歌寄陆中丞使君长源》，《全唐诗》卷八二一，第9258页。

③《诗式》卷五《复古通变体》，张伯伟《全唐五代诗歌汇考》，江苏古籍出版社，2002年，第331页。

④《诗式》卷一《总序》，张伯伟《唐五代诗格汇考》，江苏古籍出版社，2002年，第222页。

⑤《诗式》卷一《李少卿并古诗十九首》，张伯伟《唐五代诗格汇考》，江苏古籍出版社，2002年，第228页。

⑥《诗式》卷一《文章宗旨》，张伯伟《唐五代诗格汇考》，江苏古籍出版社，2002年，第229页。

⑦《诗式》卷一《文章宗旨》，张伯伟《唐五代诗格汇考》，江苏古籍出版社，2002年，第229页。

若欲得播扬大教去，一个一个从自己胸襟间流将出来，与他盖天盖地去摩。①

这样，肯定了从胸襟中自然流出的就是禅，就是道，体现为文学创作，则要求主观心性的发露。中国传统文论所谓“言志”、“缘情”的“情”与“志”都是来自现实的，并具有一定的伦理内容；而从“平常心”“流出”的意念则是不假外铄、纯任主观的。这种观念把心性的表现作为创作的目的和标准，从而大为提高了主观心性及其抒发的作用和意义。这种观念体现在创作实践方面，前面相关章节已经论及；在理论层面，宋代以后，强调“心性”已成为评论诗文的常谈。如释惠洪说：

李格非善论文章，尝曰：诸葛亮《出师表》、刘伶《酒德颂》、陶渊明《归去来辞》、李令伯《陈情表》，皆沛然从肺腑中流出。②

陈师道评论杜甫说：

孟嘉落帽，前世以为胜绝。杜子美《九日》诗曰：“羞将短发还吹帽，笑倩旁人为正冠。”其文雅旷达，不减昔人。故谓诗非力学可致，正须胸肚中泄尔。③

南宋初年的张戒说：

诗、文、字、画，大抵从胸臆中出。

世徒见子美诗多粗俗，不知粗俗语在诗句中最难。非粗俗，乃高古之极也。自曹、刘死，至今一千年，惟子美一人能之……近世苏、黄亦喜用俗语，然时用之，亦颇安排勉强，不能如子美胸襟流出也。④

宋代理学的集大成者是朱熹。他也明确说：

三代圣贤文章皆从此心写出。

欧公……谢表中自叙一段，只是自胸中流出。⑤

---

①《祖堂集》卷七，《基本典籍丛刊》本，禅文化研究所，1994 年，第 227 页。

②《冷斋夜话》卷三。

③《后山诗话》，《历代诗话》上册第 302 页。

④《岁寒堂诗话》卷上，《历代诗话续编》上册，第 458～459、450～451 页。

⑤黎靖德编《朱子语录》卷一三九《论文上》，中华书局，1989 年，第 8 册第 3319、3308 页。

值得注意的是，他作为理学家，不是强调文章要从“道”或“理”中出，而是“自胸中流出”。他本人对作诗、作文有亲切的体会，因此不但常常有不同于一般道学家讲道论学时重道德、轻文章的特殊见解，而且有时相当注重心性的表露。这是朱熹论文十分高明的地方。

正是在这种潮流中，南宋后期严羽作《沧浪诗话》，自诩“以禅喻诗，莫此亲切”[①]。他主张作诗取法盛唐以上，不满大历以下，特别反对江西诗派，特别强调“吟咏性情”，说：

> 夫诗有别材，非关书也；诗有别趣，非关理也。然非多读书，多穷理，则不能极其至。所谓不涉理路、不落言筌者，上也。诗者，吟咏情性也。盛唐诸人惟在兴趣，羚羊挂角，无迹可求。故其妙处，透彻玲珑，不可凑迫，如空中之音，相中之色，水中之月，镜中之象，言有尽而意无穷。近代诸公乃作奇特解会，遂以文字为诗，以才学为诗，以议论为诗。夫岂不工，终非古人之诗也。盖于一唱三叹之音，有所歉焉。[②]

他主张写诗表现“性情”、“兴趣”，另一处又讲“词理意兴”[③]，都突出强调主观感兴的作用。其所谓不关“书”、“理”的“别材”、“别趣”，也正是性情的表现。这都是与“自胸中流出”的观念相一致的。

《沧浪诗话》更重视所谓“妙悟”，他说：

> 大抵禅道惟在妙悟，诗道亦在妙悟。且孟襄阳学力下韩退之远甚，而其诗独出退之之上者，一味妙悟而已。惟悟乃为当行，乃为本色。然悟有浅深，有分限，有透彻之悟，有但得一知半解之悟。汉魏尚矣，不假悟也。谢灵运至盛唐诸公，透彻之悟也。他虽有悟者，皆非第一义也。[④]

这里明确沟通了禅与诗，同归之“妙悟”。所谓“透彻之悟”、“第一义之悟”即“妙悟”，也就是南宗的“顿悟”。《沧浪诗话》里“以禅喻诗”涉及面很多，如以大小乘、南北宗禅法比拟诗的水平高低；用“饱参”、“熟参”来说明对诗的欣赏，

①严羽《答出继叔临安吴景仙书》，郭绍虞《沧浪诗话校释》，人民文学出版社，1961年，附录第234页。
②郭绍虞《沧浪诗话校释》，《诗辨》，人民文学出版社，1961年，第23~24页。
③郭绍虞《沧浪诗话校释》，《诗评》，人民文学出版社，1961年，第137页。
④郭绍虞《沧浪诗话校释》，《诗辨》，人民文学出版社，1961年，第10页。

等等，都体现了对禅的心性观念的借鉴。

宋代以后，重视心性的诗论在诗坛上一直发挥着久远的影响。金王若虚是反对黄庭坚和江西诗派的，他说：

> 山谷之诗，有奇而无妙，有斩绝而无横放，铺张学问以为富，点化陈腐以为新，而浑然天成，如肺肝中流出者不足也，此所以力追东坡而不及欤?①

这是站在批评立场批评黄庭坚而褒扬苏东坡的。

到明中期以后，反对统治文坛的复古倾向，又受到理学里“心学”一派的影响，出现强调抒写性灵的主张。李贽反对“以闻见道理为心”，“以孔子之是非为是非”，主张文学要表达“童心自出之言”。他这样解释所谓“童心”：

> 夫童心者，真心也……夫童心也，绝假纯真，最初一念之本心也。若失却童心，便失却真心，失却真心，便失却真人。人而非真，全不复有初矣。……天下之至文，未有不出于童心焉者也。苟童心常存，则道理不行，闻见不立，无时不文，无人不文，无一样创制体格文字而非文者。②

由此他批评“六经、《语》、《孟》乃道学之口实，假人之渊薮”，对理学权威大施挞伐；另一方面则称赞院本、杂剧、《水浒》、《西厢》等为“古今至文”。李贽称为“最初一念之本心”的所谓“童心”，显然与禅的自性清净心、本来心相通。不过李贽主张的并不是不思善、不思恶、离情绝欲的绝对的清净心，他还认为“人必有私”③，所以他又主张文章出于感愤：

> 且夫世之真能文者，比起初皆非有意于为文也。其胸中有如许无状可怪之事，其喉间有如许欲吐而不敢吐之物，其口头又时时有许多欲语而莫可所以告语之处，蓄极积久，势不能遏。一旦见景生情，触目兴叹，夺他人之酒杯，浇自己之垒块，诉心中之不平，感数奇于千载。既已喷玉吐珠，昭回云汉，为章于天矣，遂亦自负，发狂大叫，流涕恸哭，不能自止。宁使见者闻者切齿咬

①《滹南诗话》，霍松林、胡主佑校点本，人民文学出版社，1962 年，第 72 页。

②《焚书》卷三。

③《藏书》卷三四《德业儒臣后论》。

牙，欲杀欲割，而终不忍藏于名山，投之水火……①

这种对“真心”的理解，充分显示了李贽思想的战斗性格是在汲取禅的心性说的基础上更向积极方面发挥了。

“公安三袁”受到李贽的影响。其所提倡的“性灵”说与李贽的“童心”说一脉相承。袁宏道的性灵也是从心中流出的。他评论中道诗说：

……足迹所至，几半天下，而诗文亦因之而日进。大都独抒性灵，不拘格套，非从自己胸臆流出，不肯下笔。有时情与境会，顷刻千言，如水东注，令人夺魂……②

他又曾说：

文章新奇，无定格式，只要发人所不能发，句法字法调法，一一从自己胸中流出，此真新奇也。③

“公安派”所谓“性灵”，有“以趣为主”的一面，而其趣味不外乎士大夫阶层的闲情逸致，有玩物丧志之嫌；但主张诗文要表现真“性情”，“能抒己见，信心而言，寄口于腕”④，“意会所至，随事直书”⑤，则是积极发挥了注重心性一派诗论。

清代的王士禛倡“神韵”，王国维讲“境界”，也都有注重心性表现的含义。总的看来，在唐代以后，强调抒写个人主观心性的众多理论主张成为文学理论和文学批评中最有活力、最有价值的部分。这一潮流正是汲取和借鉴了佛教、特别是禅宗的心性理论形成的。

第五节　诗、禅相通和“以禅喻诗”

佛教的禅无论是作为思维内容还是思维方式，对于文学特别是诗歌创作，都有相通一面。从而以禅入诗，沟通禅思与诗思，则是佛教禅观输入中土的必然结果。

①《杂说》，《李氏焚书》卷三。

②《序小修诗》，钱伯诚《袁宏道集笺校》卷四，上海古籍出版社，1981年，第187页。

③《答李元善》，钱伯诚《袁宏道集笺校》卷二二，上海古籍出版社，1981年，第786页。

④《序梅子马王程稿》，《袁宏道集笺校》卷一八，上海古籍出版社，1981年，第699页。

⑤《叙姜陆二公同适稿》，《袁宏道集笺校》卷一八，上海古籍出版社，1981年，第696页。

早在慧远时期，僧俗已创作“念佛三昧诗”，结集后慧远作序，说：

夫称三昧者何？专思寂想之谓也。思专，则志一不分；想寂，则气虚神朗……鉴明则内照交映而万像生焉，非耳目之所暨而闻见行焉。于是睹夫渊凝虚静之体，则悟灵根湛一，清明自然……①

这种虚寂的境界也是禅为诗歌开拓出的新境界。

唐、宋时期，禅宗大盛，诗人创作相当普遍地得句于禅思。如戴叔伦已有诗说：

律仪通外学，诗思入禅关。烟景随缘到，风姿与道闲。②

元稹称赞韩愈的诗说：

清新便妓唱，凝妙入僧禅。③

晚唐有“诗禅”之说，《唐才子传》记载：

（周）繇，江南人，咸通十三年郑昌图榜进士，调福昌县尉。家贫，生理索寞，只苦篇韵，俯有思，仰有咏，深造阃域，时号为“诗禅”。④

五代以后，有关诗、禅一致的议论渐多。五代徐寅说：

夫诗者，儒中之禅也。一言契道，万古咸知。⑤

苏轼这样称赞友人李之仪的诗：

暂借好诗消永夜，每至佳句辄参禅。⑥

李之仪本人则说：

---

①《念佛三昧诗集序》，《广弘明集》卷三〇上，《正》第52卷第351页中。

②《送道虔上人游方》，《全唐诗》卷二七三，第3082页。

③《见人咏韩舍人新律师因有戏赠》，《元稹集》卷一二，冀勤点校，中华书局，1982年，第134页。

④《唐才子传笺校》卷八，第3册第534～537页。

⑤《雅道机要》，《诗学指南》卷四。

⑥《夜直玉堂携李之仪端叔诗百余首读至夜半书其后》，《东坡集》卷一七。

得句如得仙，悟笔如悟禅。①

后来王士祯则说：

严沧浪以禅喻诗，余深契其说，而五言尤为近之。如王、裴辋川绝句，字字入禅。他如“雨中山果落，灯下草虫鸣”，“明月松间照，清泉石上流”，以及李白“却下水精帘，玲珑望秋月”，常建“松际露微月，清光犹为君”，浩然“樵子暗相失，草虫寒不闻”，刘昚虚“时有落花至，远随流水香”，妙谛微言，与世尊拈花、迦叶微笑等无差别。通其解者，可语上乘。②

这类说法出发点不同，着眼点也不一样。有的说诗趣通禅趣，有的指禅法通诗法，有的以禅理比诗理，有的则以禅品明诗品，等等。而且有些人谈诗、禅一致仅得皮毛，往往是一知半解而随意附会；就是真正有所理解的人，谈论的重点和意图也有所不同，从而观点也会有很大差异。例如江西诗派和反对江西诗派的人都以禅喻诗，看法显然不一样。

苏轼是明确主张诗与禅的关联的。他说：

台阁山林本无异，故应文字不离禅。③

对他来说，禅是一种人生体验和观念。正是用这种禅观来看待外物，就会得到特殊的诗境：

欲令诗语妙，不厌空且静。静故了群动，空故纳万境。④
我心空无物，斯文定何间。君看古井水，万象自往还。⑤

继承苏轼这种观念并加以发挥的是他曾赞赏的吴可，其《藏海诗话》主张写诗要“外枯中膏”、“中边皆甜”、“含不尽之意见于言外”等等，显然也更重视“意”的方面。他说：

---

①《兼江祥暎上人能书，自以为未工，又能诗，而求予诗甚勤，予以为非所当病也，为赋一首勉之，使进于道云》，《姑溪居士文集后集》卷一。

②《书西溪堂诗序》，《续蚕尾文》卷二。

③《次韵参寥寄少游》，《东坡续集》卷二。

④《送参寥师》，《东坡集》卷一〇。

⑤《书王定国所藏王晋卿画著色山》，《东坡集》卷一七。

凡作诗如参禅，须有悟门。①

他有《学诗诗》三首，具体论“悟门”，引起后人的众多和作。这些作品以“悟”、“妙悟”说诗，颇有精彩见解，要点有以下几方面。

一是强调自悟。禅家认为自性本来清净，不假外力，不需他求。禅的这种见解，通于诗歌创作的独创性原则。所以吴可《学诗诗》说：

学诗浑似学参禅，头上安头不足传。跳出少陵窠臼外，丈夫志气本冲天。②

南宗禅反对拘守经教，要人作顶天立地的“大丈夫儿”写诗则重自心的独特解会，要不因循，敢创新，破弃陈规，突破传统，就是对于诗圣杜甫也不可模拟，落其窠臼。陆游说：

文章之妙，在有自得处，而诗其尤者也。③

他叙述自己的创作历程，曾说“中年始少悟，渐若窥宏大”④，经历了摆脱依傍唐人和江西派的过程，才开拓出自己独创的格局。姜夔则说：

文以文而工，不以文而妙。然舍文无妙，胜处要自悟。⑤

后来的王虚若也说到同样的意思：

文章自得方为贵，衣钵相传岂是真。已觉祖师低一著，纷纷法嗣复何人。⑥

王虚若是极力反对江西诗派的模拟倾向的。

二是强调一念之悟。“顿悟”之妙，在不假修持，不经渐次，灵心一动，完成于一刹那间。这一念悟是不能用文字形容的。诗歌创作往往也是出于一时灵感的激发，其精神状态也是难以言诠的。这样禅悟和作诗在思维方式上就有一致之处。吴可在《藏海诗话》里说到作诗须有“悟门”后，接着举例：

---

①《藏海诗话》，《历代诗话续编》上册第340页。

②魏庆之《诗人玉屑》卷一，古典文学出版社，1958年，上册第8页。

③《颐庵居士集序》，刘应时《颐庵居士集》卷首，《四库全书》本。

④《示子遹》，《剑南诗稿》卷七八，《四库全书》本。

⑤《白石道人诗说》，《历代诗话》下册第682页。

⑥《山谷于诗每与东坡相抗门人亲党遂谓过之而今之作者亦以为然予尝戏作四绝云》之四，《滹南遗老集》卷四五。

……少从荣天和学，尝不解其诗曰“多谢喧喧雀，时来破寂寥”。一日于竹亭中坐，忽有群雀飞鸣而下，顿悟前语。自尔看诗，无不通者。①

这已和禅师顿悟禅机相似。他的《学诗诗》又说：

学诗浑似学参禅，竹榻蒲团不计年。直待自家都了得，等闲拈出便超然。②

后来叶梦得也讲一念之悟：

“池塘生春草，园柳变鸣禽。”世多不解此语为工，盖欲以奇求之耳。此语之工，正在无所用意，猝然与景相遇，借以成章。不假绳削，故非常情所能到。诗家妙处，当须以此为根本。而思苦言难者，往往不悟。③

这种一念之悟是神秘莫测、不可以踪迹求的，正是诗歌创作中的“灵感”境界。

三是强调一体之悟。南宗禅主张万法归于一心，森罗万象皆是一心之所印，一念见道，天下皆然，有性无性，统为一体。这样的观念用之于诗的构思，则追求意境的整体和谐，表现意境的浑融圆成，而不在具体言句上下功夫，论工拙。吴可《学诗诗》说：

学诗浑似学参禅，自古圆成有几联。春草池塘一句子，惊天动地至今传。④

这里也是拿“池塘”、“园柳”一联为例子，说明好诗在意境的“圆成”。龚相的《学诗诗》则说：

学诗浑似学参禅，几许搜肠觅句联。欲识少陵奇绝处，初无言句与人传。⑤

这里同样反对搜索枯肠，雕琢言句。禅悟本是内外明澈、直契本源的，因此触处是道，立处皆真。用这种心态论诗，也就要皮毛略尽，触境皆然，唯见真实，不应在雕琢字句上多用力气。

因而最后，这种一念、一体之悟必然是直证之悟。这是唯识学所谓“现观”、

---

①《藏海诗话》，《历代诗话续编》上册第340～341页。

②魏庆之《诗人玉屑》卷一，古典文学出版社，1958年，上册第8页。

③《石林诗话》卷中，《历代诗话》上册第426页。

④魏庆之《诗人玉屑》卷一，古典文学出版社，1958年，上册第8页。

⑤魏庆之《诗人玉屑》卷一，古典文学出版社，1958年，上册第9页。

“亲证”，是不借助于逻辑思维、非名言所可诠释的。大珠慧海说：

得意者越于浮言，悟理者超于文字。法过语言文字，何向数句之求？是以发菩提者，得意而忘言，悟理而遗教，亦犹得鱼忘筌、得兔忘蹄也。①

在诗论里，从司空图讲“味外味”、“文外深旨”，到姜夔《诗论》里主“贵含蓄”，严羽求“言有尽而意无穷”，都与禅的这种直证之悟相通。

上面所讲诗、禅一致，“以禅喻诗”，是从创作内容、思维方式立论的。五代以后，随着五家分灯，各个派别都在启发学人的言句、手段上用功夫，“不立文字”的禅转而十分讲究文字。禅门中上堂示法，请益商量，斗机锋，说公案，不仅重视语言，更发挥出一套独特的语言表达技巧。宋人受到理学影响，诗歌创作重理致，以道理为诗，以学问为诗，相应地也就重视语言技术，正与禅门重文字的风气相合。当时禅门喜欢以诗说禅，禅从诗歌得到表达上的借鉴；诗人也汲取禅的语言技巧，宋人的诗论多有这方面的内容。

诗歌史上一般把黄庭坚及其开创的江西诗派看做是宋诗的代表。前面论及他们的创作时已提到，这一派诗人与禅门有密切关系。他们在诗歌创作上成就不同，论诗观点也不尽一致，但重视文字技巧则是共同的。他们也讲“悟”，如曾季貍说：

后山论诗说换骨，东湖论诗说中的，东莱论诗说活法，子苍论诗说饱参。入处虽不同，然其实皆一关捩，要知非悟入不可。②

然而这里虽然也强调“悟入”，但“入处”主要落实到方法上。前面讨论禅文学时已经提到，禅门师资讲话头、斗机锋，要截断常识情解，从而形成禅语言的一些特点，提倡所谓“参活句”。所谓“活句”，一方面思路要活络，不黏不滞，不即不离；具体表达上则多用暗示、联想、比喻、象征、双关、答非所问等灵活手法。后人评论黄庭坚说：

黄鲁直……以俗为雅，以故为新，不犯正位，如参禅，著末后句为具眼。③

黄庭坚作诗讲究所谓“夺胎换骨”、“点铁成金”法门，正是注重言句、事典的翻

①《诸方门人参问语录》卷下，（日）平野宗净注《顿悟要门》，筑摩书房，1965 年，第 195 页。
②《艇斋诗话》，《历代诗话续编》上册第 296 页。
③李屏山《刘西岩小传引》，《中州集》卷二。

新。阐述黄庭坚一派诗论的范温，名其所著为《诗眼》，取作诗的“正法眼”之意。他虽然也强调“识”与“悟”，但更重“识作诗句法”，认为“句法之学，自是一家功夫”。吴可等人反对追求一联一句之妙，黄庭坚、范温则专求句法之工，两种见解同样受到禅宗影响，但其间的变化是明显的。这也是诗论上的重大转变。

对于江西诗派有总结表彰之功的吕居仁素明禅学，论诗也主“悟入”①，而具体创作则提倡“活法”。他说：

> 学诗当识活法。所谓活法者，规矩备具，而能出于规矩之外；变化不测，而亦不背于规矩也。是道也，盖有定法而无定法，无定法而有定法。知是者，则可以与语活法矣。②

他有诗说：

> 惟昔交朋聚，相期文字盟。笔头传活法，胸次即圆成。③

这种“活法”又被归纳为某些具体写作方法。如罗大经说：

> 两句一意，乃诗家活法。④

陈模说：

> 杜诗：“风磴吹阴雪，云门吼瀑泉。”“酒醒思卧簟，衣冷欲装棉。”此本是难解，乃是十字一意解……读者要当以活法求之。⑤

俞有成说：

> 文章一技，要自有活法。若胶古人之陈迹，而不能点化其句语，此乃谓之死法。死法专主蹈袭，则不能生于吾言之外；活法夺胎换骨，则不能毙于吾言之内。毙吾言者，故为死法；生吾言也，故为活法。⑥

---

①《与曾吉甫论诗第一帖》，《苕溪渔隐丛话》前集卷四九。
②《夏均父集序》，《后村先生大全集》卷九五《江西诗派・吕紫薇》，《四部丛刊》本。
③《别后寄舍弟三十韵》，《东莱先生诗集》卷六，《四部丛刊》本。
④《鹤林玉露》乙编卷四《云日对》，王瑞来点校，中华书局，1983年，第194页。
⑤《怀古录》卷上。
⑥《萤雪丛说》卷一，《丛书集成初编》本。

这样，“活法”成为江西诗派的重要创作原则之一。这种理论也影响到整个诗坛。周必大也主张“活法”:“诚哉万事悟活法，诲人有功如利涉。”[①] 杨诚斋推崇江西诗派“以味不以形”，也是指善用“活法”。陆游曾受江西诗派影响，也反对“参死句”[②]。张镃则说：“胸中活底仍须悟，若泥陈言却是痴。”[③] 把“悟门”限制在“悟活法”，也正是“文字禅”与“以文字为诗”相贯通的体现。

“活法”主要体现在句法上。再进一步具体化，则归结到文字的应用上，专门讲求推敲文字，以一字论工拙。齐己曾有诗说:“千篇著述诚难得，一字知音不易求。”[④] “千篇未听常徒口，一字须防作者心。”[⑤] 有关于他的一段逸事：

> 齐己有《早梅》诗，中云“昨夜数枝开”，郑谷为点定曰:“数枝非早，不若一枝佳耳。”人以谷为齐己一字师。[⑥]

晚唐五代类似的记载有许多，作为小说家言，可靠性是值得怀疑的。但它们反映的诗坛风气则是真实的。本来中唐孟郊、贾岛等人已兴起苦吟之风，努力追求“一字”的工拙。到宋代，由于更多地借鉴禅门专精文字的做法，这种风气更被推波助澜。所以宋代有更多的一字师故事，正是宋人“以文字为诗（文）”风尚的具体表现。这种风气之兴盛，则如上所述与禅门的语言运用有密切关系。

禅门还有一个概念——“宗眼”。法眼文益即曾要求“须语带宗眼，机锋酬对，各不相辜”，并批评当时丛林里有些人“对答既不辨纲宗，作用又焉知要眼”[⑦]。“宗眼”这个词本来是指宗义的关键，引申为表达宗派观点的关键字眼。因此禅门中又有“句中有眼”之说。文人们把这一观念用于论艺，讲究所谓“诗眼”。这也是注重推敲文字的又一具体表现。南宋牟巘论僧人恩上人诗说：

> ……大率不蔬笋，不葛藤，不老辣，不精彩，而用字新，用字活，所谓诗

---

①周必大《次韵杨廷秀待制寄题朱氏涣然书院》，《周益国文忠公集》卷四一《平园续稿》卷一，《四库全书》本。

②《赠应秀才》，《剑南诗稿》卷三一。

③《题尚友轩诗》，《南湖集》卷五，《知不足斋丛书》本。

④《谢人寄新诗集》，《全唐诗》卷八四四，第9538页。

⑤《送吴先辈赴京》，《全唐诗》卷八四五，第9561页。

⑥转引王士禛原编、郑方坤删补《五代诗话》卷八，戴鸿森点校，人民文学出版社，1989年，第329页。

⑦《宗门十规论》，《续藏经》第63卷第37页。

中有句，句中有眼，直是透出畦径，能道人所不到处。想当来必从悟入，非区区效苦吟生钵心陷胃作为如此诗也。或谓禅家每以诗为外学，上古德多有言句，不知是诗是禅、是习是悟、是外是内耶。①

这里明确指出所谓"诗中有句，句中有眼"，具体表现在"用字新，用字活"。这"新"和"活"应包括意义和方法两个方面的要求。"诗眼"即指这"新"和"活"的用字。这里还进一步指出，这种用字方法是"悟入"的。这就和禅悟的道理一致了。

"诗眼"概念也有两个含义。苏轼说:"君虽不作丹青手，诗眼亦自工识拔。"②这里是指对诗的见解。"眼"谓"眼光"。范温说"学者要先以识为主，如禅家所谓正法眼者。直须具此眼目，方可入道"③，也是这样的意思。南宋刘应时评陆游诗:

饱参要具正法眼，切忌错下将毋同。茶山夜半传机要，断非口耳得其妙。④

陆游早年从曾几受诗法，这里是说他所得是"正法眼"，也是指正确的见解。另一个含义就是牟巘文章指出的，指写诗使用的新、活字眼。后一种"诗眼"之说被黄庭坚以及后来的"江西诗派"大加发挥，用来表达他们重视词语锻炼的主张。黄庭坚诗云:

拾遗句中有眼，彭泽意在无弦。顾我今六十老，付公以二百年。⑤

他特别称赞杜甫"句中有眼"，同时又表扬陶渊明"意在无弦"的混融无迹。但其后学却更重视前一方面。范温作《潜溪诗眼》，其主要关注处在"炼字"，即前述"诗眼"的后一种含义。他说:

世俗所谓乐天《金针集》，殊鄙浅，然其中有可取者。"炼句不如炼意"，非老于文学不能道此。又云"炼字不如炼句"，则未安也。好句要须好字。如李太白诗:"吴姬压酒唤客尝。"见新酒初熟，江南风物之美，工在"压"字。

①《跋恩上人诗》，《陵阳集》卷一七，《四库全书》本。

②《行次吴传正枯木歌》，《东坡后集》卷三。

③《潜溪诗眼》，《宋诗话辑佚》上册第317页。

④《读放翁剑南集》，《颐庵居士集》卷上，《四库全书》本。

⑤《赠高子勉四首》之四，《豫章黄先生文集》卷一二。

老杜《画马》诗:“戏拈秃笔扫骅骝。”初无意于画，偶然天成，工在“拈”字。柳诗:“汲井漱寒齿。”工在“汲”字。工部又有所喜用字，如“修竹不受暑”，“野航恰受两三人”，“吹面受和风”，“轻燕受风斜”，“受”字皆入妙。老坡尤爱“轻燕受风斜”，以谓燕迎风低飞，乍前乍却，非“受”字不能形容也。至于“能事不受相促迫”，“莫受二毛侵”，虽不及前句警策，要自稳惬尔。①

这里指出的“炼字”之处，正是“诗眼”所在。

释惠洪论诗也说：

造语之工，至于荆公、东坡、山谷，尽古今之变。荆公曰:“江月转空为白昼，岭云分暝与黄昏。”又曰:“一水护田将绿绕，两山排闼送青来。”东坡《海棠》诗曰:“只恐夜深花睡去，高烧银烛照红妆。”又曰:“我携此石归，袖中有东海。”山谷曰:“此皆谓之句中眼，学者不知此妙，语韵终不胜。”②

这是特别表扬王安石、苏轼、黄庭坚的“造语之工”，关键又在“句中眼”。这也反映了宋人作诗的追求。

禅语讲究一字之妙，带动了诗语的重视推敲之风；禅门谈禅要求“句中有眼”，启发诗坛总结出“诗眼”观念。更拓开一步看，宋人无论作诗还是论诗，往往在一句一字上较工拙。这也是宋人“以文字为诗”的一种典型表现，与当时的禅语言有密切关系。

宋人作诗，用心力于推敲字句，以至据一字论工拙，使得诗歌的语言更加准确、更加精致了。但过分追求一言一句的精确完美，以至忽略了整体的意境，这就引发出所谓“炼字”、“炼句”与“炼意”孰优孰劣的问题，进而出现了创作中重“情性”、“兴趣”、“兴象”还是溺于“理路”、“言筌”的争论，终于发展为延续久远的唐、宋诗之争的一个焦点。平心而论，“不立文字”的禅发展成“文字禅”，乃是禅宗自身衰落的表现，但其影响到诗歌创作的语言运用，推动了诗歌语言修辞技巧的锻炼，还是有贡献的；只因为走向极端而流荡往返，则成为偏颇或弊害了。

---

①《宋诗话辑佚》卷上，第321～322页。

②《冷斋夜话》卷五。

第十三章
近代文人与佛教

第一节　晚清居士佛教的振兴

关于晚清佛学发展的状况，法国学者巴斯蒂（Marianne Bastil ~ Bruguière）曾指出："宗教思考的复苏是中国文人学士的意识中的回归性现象。诚然，在帝制的最后几个世纪中，这一现象只是在明代末年政治社会危机极度深化的时期才以比较充分的群体势头显现出来，此后它只是或因个人的倾向，或因个人的命运，一个人的形式，零星地维持其存在。"① 这里所谓"回归"，指向固有传统的回归。在晚清，佛教与佛学已是传统的重要组成部分。梁启超在《清代学术概论》里更精辟地描述这种群体"回归"的形势说：

> 晚清思想界有一伏流，曰佛学。前清佛学极衰微，高僧已不多，既有，亦于思想界 无关系。其在居士中，清初王夫之颇治相宗，然非其专好。至乾隆时，则有彭绍升、罗有高，笃志信仰。绍升尝与戴震往复辨难(《东原集》)。其后龚自珍受佛学于绍升（《定庵文集》有《知归子赞》，知归子即绍升），晚

①巴斯蒂《梁启超与宗教问题》，（日）狭间直树编《梁启超·明治日本·西方——日本京都大学人文科学研究所共同研究报告》，社会科学文献出版社，2001 年，第 456 页。

受菩萨戒。魏源亦然，晚受菩萨戒，易名承贯，著《无量寿经会译》等书。龚、魏为“今文学家”所推奖，故“今文学家”多兼治佛学。石埭杨文会少曾佐曾国藩幕府，复随曾纪泽使英，夙栖心内典，学问博而道行高，晚年息影金陵，专以刻经弘法为事，至宣统三年武汉革命之前一日圆寂。文会深通“法相”、“华严”两宗，而以“净土”教学者，学者渐敬信之。谭嗣同从之游一年，本其所得以著《仁学》，尤尝鞭策其友梁启超。启超不能深造，顾亦好焉，其所著论，往往推挹佛教。康有为本好言宗教，往往以己意进退佛说。章炳麟亦好“法相宗”，有著述。故晚清所谓新学家者，殆无一不与佛学有关系。而凡有真信仰者，率皈依文会。①

梁启超以当时人记当时事，自有其体察深刻处。这里对佛教给予晚清学术界的影响作了相当精确的概括描写。鸦片战争以后，清王朝在帝国主义侵逼下，腐败无能，积贫积弱，国衰民困，危机四伏，知识阶层探索救国救民的方策，一方面向西方学习，引进西方科学与文化，另一方面则面向中国传统思想、学术，其中包括佛学。梁启超正描述了这一股形成一定声势的振兴佛学的潮流。但推动这一潮流的人的立场、观点并不相同：有主张维新变法的改良派，有资产阶级革命派，也有热衷于革新佛教的居士阶层。他们对佛教的态度也大不一致：有些人是坚定的信仰者，有些人推崇佛学但并不信仰佛教，还有些人全然是借用佛教的某些内容来阐发自己的思想主张。梁启超曾以“应用佛学”②来概括谭嗣同《仁学》里的佛学，可以用来说明晚清时期振兴佛教潮流的一般特征：即不同立场、观点的人所阐发和提倡的佛学，均具有鲜明的经世致用的“应用”性格。另一方面则研习、赞赏和宣扬佛说的人，多重视教理方面，尤其对法相唯识教学加以推崇和阐发，因而慈恩宗义特别得以振兴。总之，这一颇具声势的思潮带着其积极的内容与作用和消极的局限与后果，汇入到时代变革的总潮流之中，使得历史悠久、但已长期没落的中国佛教对思想、学术、文学艺术诸多领域又一次发挥相当的影响，作出了一定贡献。

下面介绍几位在文学艺术领域具有重大影响的人物。

---

①梁启超《清代学术概论》，《梁启超史学论著四种》，岳麓书社，1998 年，第 93 页。

②梁启超《论佛教与群治之关系》，《饮冰室合集》文集第四册，中华书局，1989 年。

第二节　康有为

康有为（1858—1927），字广夏，号长素，又号更生，广东南海人，是近代启蒙维新派的精神领袖。他在晚清所推动的"康梁变法"、"百日维新"，乃是激发资产阶级革命运动的前奏。著作有《新学伪经考》、《孔子改制考》、《大同书》等。他在这些著作中，批判程朱为代表的旧经学，宣扬资产阶级民主、自由、平等、博爱思想和改良主义理论。在构造其思想理论体系过程中，他借助于古代经学主要是"公羊"学派的观点和方法，以所谓"孔教复原"来实现其改革的政治和社会理想。梁启超评论他的老师的贡献说："先生所以效力于国家者，以宗教事务为最伟，其所以得谤于天下者，亦以宗教事务为最多。"这里所谓宗教，指的是"孔教"。但他同时也肯定康有为利用佛学来发展出自己的思想，并指出康有为本人也承认佛教比儒教更为完备，因此其学说必然融入佛学的内容。他特别更指出："先生所以不畏疑难、刚健果决以旋撼世界者，皆此自信力为之也。盖受用于佛学者多矣。"①钱穆论康有为的思想来历则认为，在中国古代为庄、墨，"又炫于欧美之新奇，附之释氏之广大，而独以孔子为说"②。康有为一生中并没有留下专门的佛学著作，但在其代表作《大同书》等著作里，有关佛学的观点却多有反映，体现了佛学对他的思想、学术的深刻影响；而且可以明显看出，这种影响集中表现在学理方面。他所开创的这一传统也成为近代佛学的一个重要特征。

康有为早年师事名儒朱琦次，潜心于陆王心学，兼修史学，同时在佛学方面也打下了坚实基础。光绪十七年（1891）在广州万木草堂讲学，即取华严教理来阐发其哲学思想。梁启超说"先生由阳明学以入佛学，故最得力于禅宗，而以华严宗为归宿焉"③。他的哲学的根本观念是"以元为体"，而这"统于天"的"元"也就是华严宗所说的"性海"。他用佛教语言来解释世界观说："众生同原于性海，舍众生亦无性海；世界原具含于法界，舍世界亦无法界。"正是这种华严法界缘起思想

①梁启超《康南海先生传》，《饮冰室合集》文集第六册，中华书局，1989 年。
②钱穆《中国近三百年学术史》，商务印书馆，1997 年，下册第 738 页。
③梁启超《康南海先生传》，《饮冰室合集》文集第六册，中华书局，1989 年。

被他作为提倡平等观念的理据。《大同书》开宗明义的甲部，就是《入世界观众苦》，其中又分为“人生之苦”、“天灾之苦”、“人道之苦”等六章，这种对人生的看法，正通于佛教“四圣谛”的第一“苦谛”。《大同书》的最后一部癸部，则是《去苦界至极乐》，这种语言显然也是来自佛教的。他用华严妙界来勾画他所理想的极乐境界。其中《灵魂之乐》一节中有云：

养形之极，则人有好新奇者，专养神魂，以去轮回而游无极，至于不生不灭、不增不减焉。①

这里所提出的，又正通于佛教宣扬的涅槃境界。他采用《公羊》“三世”之说，构想出历史发展的三个阶段，即君主专制的“据乱世”、君主立宪的“升平世”和民主平等的“太平世”。他所描绘的“太平世”，杂糅了《礼记·礼运》篇里的“小康”、“大同”理想、西方资产阶级政治思想以及佛家的慈悲、平等观念。他特别对佛学加以推崇，说：

大同之世，惟神仙与佛学二者大行。盖大同者世间法之极，而仙学者长生不死，尤世间法之极也。佛学者不生不灭，不离乎世间出乎世间，有出乎大同之外也。至是则出乎人境而入乎仙、佛之境，于是仙、佛之学方始矣。

他更进一步说：

仙学太粗，其微言奥理无多，令人醉心者有限。若佛学之博大精微，至于言语道断，心行路绝，虽有圣哲无所措手，其所包容尤为深远……故大同之后，始为仙学，后为佛学；下智为仙学，上智为佛学。②

这样佛学就成为大同世界的最高的、也是唯一的宗教。由此可见康有为对佛教推尊之重。但值得注意的是，他并不同意出家为僧侣。己部《出家界为天民》的《总论》说：

吾于佛义之微妙广大，诚服而异之。而于其背父母而逃，不偿夙负而自图受用，则终以为未可也。且夫大地文明，实赖人类自张之。若人类稍少，则聪

①康有为《康有为大同书二种》，三联书店，1998年，第368页。

②康有为《康有为大同书二种》，三联书店，1998年，第369页。

明同缩，复为野蛮，况于禁男女之交以绝人类之种！①

这不但表明他反对僧侣主义的立场；而“僧”本是佛门三宝之一，僧团乃是佛教存在的依托，反对出家则无疑即否定了佛教作为教团的依据。由此也可以看出康有为的佛学思想注重政治、注重学理的特征。康有为有《大同书成题诗》说：

人道只求乐，天心惟有仁。先除诸苦法，渐见太平春。一一生花界，人人现佛身。大同犹有道，吾欲度生民。

从这首诗中可以看出作者的高远理想，而这一理想中又显然透露出佛教济度观念和极乐世界的影子。

第三节 谭嗣同

谭嗣同（1865—1898），字复生，号壮飞，别署华相众生、东海褰冥氏、通眉生等，湖南浏阳人。作品结集为《谭嗣同全集》。他潜心考据、笺注、古诗文、兵法等传统学术，又钻研西方天算、格致、政治之学。光绪三年（1877），其父谭继洵任官于甘肃，他有机会遍游西北、东南诸省，目睹灾民流离、山河异变，深有感触。光绪二十二年在北京结识梁启超，进一步了解康、梁的变法主张。同年选为候补知府，在南京候缺，结识著名居士杨文会，跟随他学佛一年，遍阅《华严》及性、相二宗著作，佛学大为精进。这一时期，他一方面接受康有为的今文经学，一方面深入研究佛学，融会二者，遂“会通群哲之心法，衍绎南海之宗旨”②，写出著名的《仁学》一书。此后他来往沪、宁、湘等地，与梁启超、杨文会等商讨学术，创办学会，出版报刊，宣扬维新思想。梁启超说：

谭浏阳之有得于佛学，知浏阳者皆能言之。然浏阳之学佛，实自金陵杨仁山居士。其遗诗有《金陵听说法》一章，即居士所说也。诗云：“而为上首普观察，承佛威神说偈言。一任法田卖人子，独从性海救灵魂。纲伦惨以喀私

①康有为《康有为大同书二种》，三联书店，1998年，第205页。

②梁启超《戊戌政变记·谭嗣同传》，《饮冰室合集》专集之一，中华书局，1989年。

德，法会盛于巴力门。大地山河今领取，菴摩罗果掌中论。”①

这里“喀私德”和“巴力门”都是外语音译，前者指印度种姓制度，后者谓议会。诗中颂扬杨仁会承佛说法为普救灵魂的事业，批判歧视人的种姓制度，赞扬西方的议会民主。

戊戌变法时，谭嗣同被举荐为四品卿衔军机章京，参议新政。维新失败，他与杨锐等五人同时被戮，人称“戊戌六君子”。在《仁学》中他鼓吹“冲决网罗”的大无畏精神，他又曾说“各国变法，无不从流血而成……有之，请自嗣同始”②。他临难不屈，忠实实践了自己的理念。

谭嗣同推重佛教，重在救度众生和变法维新。他说：“佛法以救度众生为本根，以檀波罗蜜为首义（克己时，当以蝼蚁、草芥、粪土自待；救人时，当以佛天、圣贤、帝王自待），即吾孔、孟救世之深心也。”③ 他致欧阳渐书又说：“佛说以无畏为主，以已成德者为大无畏，教人也名施无畏，而无畏之源出于慈悲。故为度一切众生故，无不活畏，无恶名畏，无死畏，无地狱恶道畏，乃至无大众威德畏，盖仁之至矣。”④ 他正是以这种大无畏精神来实践改革理想的。

《仁学》是谭嗣同思想成熟期的代表论著，其《自叙》中明确写作目的：“网罗重重，与虚空而无极。初当冲决利禄之网罗，次冲决俗学若考据、若词章之网罗，次冲决全球群学之网罗，次冲决君主之网罗，次冲绝伦常之网罗，次冲决天之网罗，次冲决全球群教之网罗，终将冲决佛法之网罗。然真能冲决，亦自无网罗；真无网罗，乃可言冲决。”⑤ 其全书纲领是所谓“以求仁为宗旨，以大同为条理，以救中国为下手，以杀身破家为究竟”⑥。他在前面的《界说》里说：

> 凡为《仁学》者，于佛书当通《华严》及心宗、相宗之书；于西书当通《新约》及算学、格致、社会学之书；于中国书当通《易》、《春秋公羊传》、

①梁启超《饮冰室诗话》，人民文学出版社，1959年，第13页。诗为《金陵听说法诗》四首之三，见《谭嗣同全集》（增订本），中华书局，1981年，第247页。

②梁启超《谭嗣同传》，《谭嗣同全集》（增订本），中华书局，1981年，第556页。

③《壮飞楼治世十篇第九·群学》，《谭嗣同全集》（增订本），中华书局，1981年，第443页。

④《上欧阳忠鹄·十一》，《谭嗣同全集》（增订本），中华书局，1981年，第469页。

⑤《谭嗣同全集》（增订本），中华书局，1981年，第290页。

⑥《仁学序》，原载《清议报》第二册，转引《谭嗣同全集》（增订本），中华书局，1981年，第373页。

《论语》、《礼记》、《孟子》、《庄子》、《墨子》、《史记》及陶渊明、周茂叔、张横渠、陆子静、王阳明、王船山、黄梨洲之书。①

这清楚表明他会通自然科学、传统经学和佛学，融科学、哲学、宗教于一炉，以“世法”为极轨而通之于佛教，从而佛法在其整个思想体系中占据重要地位。《仁学》开宗明义即利用当时自然科学关于“以太”（当时物理学认为是宇宙间无所不在的介质）的概念，认为即孔子所谓“仁”、“元”、“性”，墨子所谓“兼爱”，佛所谓“性海”；而仁为以太之用，天地万物由之而生，由之而通。他基于此而建立起平等、革新的理据。他用佛教的“不生不灭”、“一多相容”、“三世一时”等观念，来看待人的灵魂和世界的存在，从而肯定革故鼎新的必要。他认为佛教的“忏悔”、“精进”都具有求“新”的意义，他说:“则新也者，夫亦群教之公理已。德之宜新也，世容知之。独何以居今之世，犹有守旧之鄙生，断断然曰不当变法，何哉？……虽然，彼之力又何足以云尔哉！毋亦自断其方生之化机，而与于不仁之甚，则终成为极旧极敝一残朽不灵之废物而已矣。”② 他激情满怀地说：

西人之喜动，其坚韧不挠，以救世为心之耶教使然也。又岂惟耶教，孔教固然矣。佛教尤甚。曰“威力”，曰“奋迅”，曰“勇猛”，曰“大无畏”，曰“大雄”，括此数义，至取象于师子……故夫善学佛者，未有不震动奋厉而雄强刚猛者也。③

他所理解的佛法，毫无悲观、出世色彩。他说：

佛法以救度众生为根本，以檀波罗密为首义。克己时，当以蝼蚁、草芥、粪土自待；救人时，当以佛、天、圣贤、帝王自待，即吾孔、孟救世之深心也。学者堕落小乘，不离我相，于是为孔、孟者独善其身，为佛者遁于断灭。揆之立教之初心，不啻背驰于燕、越，甚无谓也。④

他更具体分辨佛与老，认为二者不当混而同之。他说：山林习静在佛诋为顽空，为

①《谭嗣同全集》（增订本），中华书局，1981 年，第 293 页。
②《谭嗣同全集》（增订本），中华书局，1981 年，第 318 ~ 319 页。
③《谭嗣同全集》（增订本），中华书局，1981 年，第 321 页。
④《壮飞楼治世十篇第九·群学》，《谭嗣同全集》（增订本），中华书局，1981 年，第 443 页。

断灭，为九十六种外道之一。他完全是从积极能动的方面来理解佛学，论证儒、释、耶诸教的统一，从而全面系统地发挥了革故鼎新、救世度人的理想。他主张发扬威力奋迅、勇猛如狮子的精神，强聒不舍地去“冲绝网罗”。他自己真能实践这种大无畏的勇气，自觉地为改革事业献出了性命。

谭嗣同的诗抒写忧国情怀和报国壮志，在黑暗窒息的时代发出觉醒的呼声，风格或激越苍凉、或深密幽邃，“独辟新界而渊含古声”①。他三十岁以前的作品，记游咏怀，沉郁哀艳，风格更接近六朝、晚唐。参与变法维新活动以后的作品则加入维新观念和语汇，面貌一新。他这一时期的作品里杂用新名词和佛、耶语，虽然稍显生僻怪诞，但却正反映了他勇于表现新思想、新事物的强烈愿望。在这方面他和梁启超等人是一致的。他有赠梁启超诗说：

虚空以太显诸仁，络定阊浮脑气筋。何者众生非佛性，但牵一发动全身。机铃地轴言微纬，吸力星林主有神。希卜梯西无著处，智悲香海返吾真。②

这里讲的即是《仁学》，“仁以通为第一义，以太也，电也，心力也，皆指所以通之具”的道理。他认为这就是“慈悲”、“佛性”。代表他的风格的作品有《似曾诗》四首：

同住莲花证四禅，空然一笑是横阗。惟红法雨偶生色，被黑罡风吹堕天。大患有身无想定，小言破道遣愁篇。年来嚼蜡成滋味，阑入《楞严》十种仙。

无端过去生中事，兜上朦胧业眼来。灯下髑髅谁一剑，尊前尸冢梦三槐。金裘喷血和天斗，云竹歌声匝地哀。徐甲傥容心忏悔，愿身成骨骨成灰。

死生流转不相值，天地翻时忽一逢。干笑东风真解脱，春词残月已冥濛。桐花院落乌头白，芳草汀洲雁泪红。隔世金环弹指过，结空为色又俄空。

柳花夙有何冤业，萍末相逢乃尔奇。直到化泥方是聚，只今堕水尚成离。

①梁启超《饮冰室诗话》，人民文学出版社，1959年，第1页。

②《赠梁卓如诗四首》之三，《谭嗣同全集》（增订本），中华书局，1981年，第244页。

焉能忍此而终古，亦与之为无町畦。我佛天亲魔眷属，一时撒手动僧祇。[1]

梁启超评论这一组诗说："其言沉郁哀艳，盖浏阳集中所罕见者，不知其何所指也。然遣情之中，字字皆学道有得语，亦浏阳之所以为浏阳，新学之所以为新学欤！"[2]把输入的新概念和佛典的词语意念融入诗句，造成了新颖而又古奥、渊深而又奇崛的诗风。这也正体现了新学家融会百家、勇于创新的风格特征。

第四节　梁启超

梁启超（1873—1929），字卓如，一字任甫，号饮冰子，或署饮冰室主人，广东新会（今广东新会县）人。作品结集为《饮冰室合集》。早年受学于康有为。康有为当年在广州万木草堂授徒讲学，以宋明理学和佛学为体，以史学和儒学为用。"甲午战争"之后，随同康有为联合各省举人"公车上书"，宣传维新变法主张，并成为"百日维新"的领导人之一。变法失败，"六君子"遇难，他流亡日本，奔走于美、澳、南洋各地，建立保皇会，宣扬改良主义，主张君主立宪。辛亥革命以后，曾策动蔡锷组织护国军讨伐袁世凯称帝，并曾出任北洋段祺瑞政府财政总长。第一次世界大战后游历欧洲，回国后弃政从学，在南开大学、清华大学任教，并全力从事学术著述。按法国学者巴斯蒂的看法，他对待佛教与佛学的态度，可以划分为四个时期：在 1901 年秋季以前，他开始接触佛教，试图从中寻求救国之道；1901 年秋到 1905 年初，他有意识地把佛教当作政治变革的工具来宣扬。正是在这一时期，梁启超借用日语翻译拉丁语 religare 一词"宗教"，开始使用现代社会科学词语的"宗教"一词，同时继续使用已有的"佛学"一词。词语（概念）的使用标志着他对待佛教的观念的进展，体现着思想史的意义。从 1905 年初到 1918 年 10 月十三年间，梁启超态度转变，基本轻忽宗教问题，而更重视意识形态问题；1918 年到去世，他重新回归重视宗教问题，并把振兴佛教当作文化建设的重心之一[3]。梁启超对待佛教的心路历程，大体代表了当时思想界的大趋势。

---

①《谭嗣同全集》（增订本），中华书局，1981 年，第 245 ~ 246 页。

②梁启超《饮冰室诗话》，人民文学出版社，1959 年，第 2 页。

③参阅巴斯蒂《梁启超与宗教问题》，（日）狭间直树编《梁启超 · 明治日本 · 西方——日本京都大学人文科学研究所共同研究报告》，社会科学文献出版社，2001 年，第 456 页。

梁启超自幼接受经学教育，而作为启蒙思想家，在介绍西方资产阶级社会、政治、经济学说方面，他做了许多工作，同时又和友人谭嗣同、夏曾佑等一起研习佛学。他1902年作《论宗教家与哲学家之长短得失》、《论佛教与群治之关系》。前者指出无宗教思想则无统一、无希望、无解脱、无忌惮、无魄力；后者则提出佛教有六大优点：智信而非迷信，兼善而非独善，入世而非厌世，无量而非有限，平等而非差别，自力而非他力。他这一时期有《论支那宗教改革》一文，又揭示出孔教的六大主义。拿它们与佛教的六项优点相比较会发现，他认为二者有相同和互异两方面。就相异两项而论，佛教的智信和入世恰可补“孔教”的不足，从而他力图把佛教纳入到革新思想体系中来。但随着他政治上渐趋保守，对待佛教的立场有很大变化。第一次世界大战后游欧，回国后他评论说：

> 泰西思想界，现在依然是混沌过渡时代，他们正在那里横冲直撞，寻觅曙光。许多先觉之士，正想把中国印度文明输入。①

这一时期他否定西方文化的价值，认为东方文明可以拯救世界，其中既有中国的三圣——孔、老、墨，也有印度文明的佛教。他的这种论调当时就受到包括取持自由主义立场的胡适等人的批评。上世纪二十年代他脱离政坛后，更潜心研究佛典，在南京从佛学家欧阳竟吾学法相唯识之学，拟编撰《中国佛教史》，写成一批文章，后来辑录为《佛学研究十八篇》。

梁启超称佛教的信仰为“智信”，他说：

> 中国之佛学，以宗教而兼有哲学之长。中国人迷信宗教之心，素称薄弱……佛说本有宗教与哲学之两方面。其证道之究竟也在觉悟（觉悟者，正迷信之反对也），其入道之法门也在智慧（耶教以为人之智力极有限，不能与全知全能之造化主比），其修道之得力也在自力（耶教日事祈祷，所谓借他力也）。佛教者，实不能与寻常宗教同视者也。②

而他个人对于以“悲智双修”为纲领的佛教信仰，则更注重教理方面。不过他如当时的一般启蒙主义者一样，往往对佛教教理作出“哲学”的解释。他的信仰核心是

①梁启超《欧游心影录节录》，《饮冰室合集》专集第二十三册，中华书局，1989年。
②梁启超《论中国学术思想变迁之大势》，《饮冰室合集》文集第七册，中华书局，1989年。

"因果报应"论和"精神不死"说。他在给子女的信中说:

……思成前次给思顺的信说:"感觉着做错多少事,便受多少惩罚,非受完了不会转过来。"这是宇宙间惟一真理(我笃信佛教,就在此点,七千卷《大藏经》也只说明这点道理)。凡自己造过的"业",无论为善为恶,自己总要受"报",一斤报一斤,一两报一两,丝毫不能躲闪,而且善和恶是不能抵消的……佛教所说的精理,大略如此……我的宗教观、人生观的根本在此,这些话都是我切实受用的所在。①

这种报应观又是和他的生死观相一致的。他曾概观中国的儒教、道家(庄列、老杨、神仙)、埃及古教、婆罗门外道、景教等对于生死的看法,特别推重佛教:

佛说其至矣,谓一切众生本不生不灭,由妄生分别,故有我相,我相若留,则堕生死海;我相若去,则法身常存。死固非可畏,亦非可乐,无所罣碍,无所恐怖,无所贪恋,举一切宗教上最难解之疑问,一一喝破之,佛说其至矣。②

他赞同友人杨度在《中国之武士道》里论"精神不死"的观点:"……去我之体魄有尽,而来人之体魄无尽,斯去我之精神与来人之精神相贯相袭,相发明相推衍,而亦长此无尽,非至地球末日,人类绝种,则精神无死去之一日。盛矣哉!人之精神果可以不死也。"他进一步发挥说:

故以吾所综合诸尊诸哲之说,则微特圣贤不死,豪杰不死,即至愚极不肖之人亦不死。语其可死者,则俱死也;语其不可死者,则俱不死也。但同为不死,而一则以善业之不死者遗传诸方来,而使大我食其幸福;一则以恶业之不死者遗传诸方来,而使大我受其痛苦……然则吾人于生死之间所以自处者,其可知矣。

他进而又说:

夫使在精神与躯壳可以两全之时也,则无取夫戕之,固也。而所以养之

①《与梁令娴等书》,《梁启超年谱长编》,上海人民出版社,1983 年,第 1046 页。
②梁启超《进化论革命者颉德之学说》,《饮冰室合集》文集第十二册,中华书局,1989 年。

者，其轻重大小，既当严辨焉。若夫不能两全之时，则宁死其可死者，而毋死其不可死者。死其不可死者，名曰心死。君子曰：哀莫大于心死。①

由他的这种生死观自然可以得出结论，为了革新事业可以舍生取义，而不能苟全性命“心死”。日本学者森纪子指出:“梁启超辛亥革命前的佛教思想，归根结底是一种因时而发的应用宗教，其目的是为形成国民国家而振奋不惜流血牺牲的无私精神，鼓舞殉教精神。他对源自佛教的这种轮回思想和无我精神的追求一直持续到晚年。”②

梁启超对于当代佛教的一个突出贡献，是他的佛学研究业绩。这主要是在他晚年退出政治舞台后进行的。他活动在西方资产阶级启蒙思想大量输入的时期，在尝试使用现代社会科学方法来认识、阐释佛教教理和中国佛教史方面，做出了具有开拓意义的成绩。其成果直到今天仍具有不朽的价值。他所研究的课题，集中在两个领域。一是佛教史：所著《汉明求法说辩伪》、《四十二章经辩伪》、《牟子理惑论辩伪》、《佛教与西域》、《佛教教理在中国之发展》、《见于高僧传中之支那著述》、《大乘起信论考证序》、《说四阿含》、《说大毗婆沙》等，从中国佛教历史、佛教典籍、佛教在中国的发展等追溯到印度原始佛教，而注重阐发中国佛教的特点。梁启超在印度大乘佛教发展为中国佛教的过程中看到了中华民族的创造精神，他又指出由于教外别传的禅宗的兴盛造成其他诸派衰微，导致中国佛学的衰落。另在佛教对中国学术的影响方面，梁启超对于诸多重要问题发表了精辟见解。例如他把大乘空观特别是唯识宗的认识论与近代西方实验主义哲学相比附。他说印度佛学“对于心理之观察分析，渊渊入微。以较今欧美人所著述，彼盖仅涉其樊而未窥其奥也”③。他作《佛教心理学浅测》等一系列论文，让人“虚心努力研究这种高深精密心理学”，可以了解“五蕴皆空的道理”，从而“转识成智”，改变“我痴我慢”的不合理的生活。依据他的唯心主义世界观，他宣扬思想是事实之母，感情是人类活动的原动力，因而接受唯识境由心造的观念，强调“心对物的征服”，得出少数天才创造历史的唯心论主张。他这样给佛学穿上现代外衣，试图用来解决当代问题的方

①梁启超《余之生死观》，《饮冰室合集》文集第十四册，中华书局，1989年。

②巴斯蒂《梁启超的佛学与日本》，（日）狭间直树编《梁启超·明治日本·西方——日本京都大学人文科学研究所共同研究报告》，社会科学文献出版社，2001年，第206页。

③梁启超《说大毗婆沙》，《佛学研究十八篇》，上海古籍出版社，2009年，第10页。

法，意在发掘佛学的现代意义，当然有不少牵强、曲解和谬误之处，但其中又确实有些探幽发覆之论。而如他的《佛家经录在中国目录学之位置》、《佛典之翻译》、《翻译文学与佛典》等，探讨佛教对中国学术与文学的影响，则更多所创见。本书在相关部分即多征引他的见解和资料。

梁启超的文学成就，主要体现在他的政论文字，这主要又是“戊戌变法”前在上海任《时务报》总撰述和之后流亡日本主编《清议报》、《新民丛报》时的作品。他自述后一段情形说：“……自是启超复以宣传为业，为《新民丛报》、《新小说》等诸杂志，畅其旨义，国人竞喜读之，清廷虽严禁，不能遏，每一册出，内地翻刻本辄十数，二十年来学子之思想，颇受其影响。启超夙不喜桐城派古文，幼年为文，学晚汉、魏、晋，颇尚矜炼，至是自解放，务为平易畅达，时杂以俚语韵语及外国语法，纵笔所至不检束，学者竞效之，号为新体。老辈则痛恨，诋为野狐。然其文条理明晰，笔锋常带感情，对于读者，别有一种魔力焉。”① 这是符合真实状况的夫子自道。实际上，他熟悉佛书，浸渍日久，佛教的语汇、句法和修辞方法也被他化用到文章之中。他本来很称赞佛书的译经体。他的文章整散间行，文白参半，多用提掇、倒装的句式，多用排比、夸张、譬喻等修辞方法，以至慷慨、热烈的语气文情，处处都可以看出对于三藏文字的借鉴。

梁启超重视文学的社会作用，特别重视小说等通俗文学的作用，也与他的佛教思想有直接关系。如前所述，他十分强调精神的作用；又认为“境者心造也，一切物境皆虚幻，惟心所造之境为真实……天下岂有物境哉？但有心境而已”②。依据这样的观念，他重视小说作为文学创作的价值，肯定其在革新道德、宗教、政治、学艺乃至世道人心即“群治”方面的重大作用。在其著名文学理论论文《论小说与群治之关系》里，他提出小说对于群众具有熏、浸、刺、提四种力量。这正通于佛教唯识学理。在解说中他更明确利用了佛教的语言和例证。这篇文章乃是他的著名佛学著作《论佛教与群治之关系》的姊妹篇。它们并列阐发文学与佛教二者与“群治”的关系，也正显示了二者之间的密切关联。

法国学者巴斯蒂（Marianne Bastil ~ Bruguière）说：“梁启超的宗教从属于佛教复兴的潮流。这一潮流是配合政治的积极化、回应清王朝最后几十年和‘民国初

①梁启超《清代学术概论》，《梁启超史学论著四种》，岳麓书社，1998年，第83页。

②梁启超《唯心》，《饮冰室合集》专集第二册，中华书局，1989年。

年’的国家危机而发展起来的。和另外许多人相比，特别是与章太炎或熊十力的佛学思想相比，梁启超的佛学缺少哲理的精雕细刻，显得相当简陋粗俗。毕竟，梁氏的宗教思想的历史意义更久留在它显现出来的个人轨迹之中。他的宗教是一种人格的宗教。他的这种宗教奠立在中国传统产生的道德文化基础之上，是他终生都想和各式各样、一再重现的专制暴政拼搏到底、以保障他的人民和人类取得进步而最后依靠的凭借。正因为如此，虽然梁氏的态度经常受到20世纪20年代的中国青年的苛责，斥之为不合时宜的时代谬误，但是，梁启超可以被认为是今天中国学术界论战中最多产的先驱之一。”① 这应当是客观的、实事求是的评价。

第五节　章炳麟

章炳麟（1869—1936），原字枚叔；仰慕顾炎武，改名绛（炎武原名绛），号太炎。著作有手订《章氏丛书》和后人编辑的《续编》。章炳麟是近代资产阶级革命家、思想家，在哲学、文学、语言文字之学等诸多领域均颇有建树，被视为晚清学术的总结者。他早年即具有强烈的民族意识，从著名经学家俞樾钻研“稽古之学”，精研诂训；“甲午战争”后变法维新运动兴起，他积极参与；变法失败，避地日本，结识孙中山，参加同盟会，主持机关报《民报》，并与主张“君主立宪”的改良派进行坚决斗争，曾在上海被捕入狱；辛亥革命后曾出任孙中山总统府枢密顾问；护法战争期间参加护法军政府任秘书长；“九一八”事变后积极活动抗日；晚年脱离政坛，定居苏州，著书讲学。

章炳麟于1916年曾著书叙说自己的思想变迁，说自己“少时治经，谨守朴学，所疏通证明者，在文字器数之间。虽尝博观诸子，略识微言，亦随顺旧义耳。遭世衰微，不忘经国，寻求政术，历览前史，独于荀卿、韩非所说，谓不可易。自余闳眇之旨，未暇深察。继阅佛藏，涉猎《华严》、《法华》、《涅槃》诸经，义解渐深，卒未窥其究竟。及囚系上海，三岁不觌，专修慈氏世亲之书。此一术也，以分析名相始，以排遣名相终，从入之途，与平生朴学相似，易于契机。解此以还，乃达大

①巴斯蒂《梁启超与宗教问题》，（日）狭间直树编《梁启超·明治日本·西方——日本京都大学人文科学研究所共同研究报告》，社会科学文献出版社，2001年，第456～457页。

乘深趣”[①]。这里所说三年“系囚上海”，指的是光绪二十九年（1903）他发表《驳康有为论革命书》并为邹容《革命军》一书作序，在上海被捕入狱。这狱中三年，是他对佛学大为精进的时期。自此他认为释迦立言出过晚秦诸子不可计数，程、朱以下尤不足道。后来他东走日本，研习欧洲、希腊、古印度哲学，以此格以大乘，霍然知其利病，识其流变。这样，他总结自己的学术道路，是“始则转俗成真，终乃回真向俗”[②]。就是说，他开始走经学的路子，探讨形而下问题，而后转向形而上的抽象研究，终于又归结到社会现实上来。佛学研究是他“转俗成真”过程的一部分。

李泽厚指出:“近代中国资产阶级在其革命的英雄时期，也是总要把刚学会的欧洲资产阶级的新语言，在心里翻译成中国传统的旧语言。”[③] 章炳麟之利用佛学，正具有这样的意味。作为革命家，章炳麟清楚地认识到宗教的消极面。他在《訄书》初刻本《公言》篇中说：

> 若夫宗教之士，剸取一陬，以杜塞人智虑，使不获知公言之至，则进化之机自此阻。[④]

他在这里指出宗教信仰与“智虑”的“公言”相反对，是阻碍社会进化的。但他又提出“用宗教发起信心，增进国民的道德”的主张，创《建立宗教论》，认为如吠陀、基督、天方诸教，以及佛教里的净土教，均“知为概念，即属依佗；执为实神，即属遍计”。这是用唯识“三自性”即遍计所执自性、依他起自性、圆成实自性对“有神教”的批判。但他又认为，“程朱陆王故以禅宗为其根本，而晚近独逸诸师，亦于内典有所摭拾，则继起之宗教，必释教无疑也”。然而他所推崇的“释教”，并不是执有“实神”的佛教，他说：

> 六道轮回、地狱变相之说，犹不足以取济。非说无生，则不能去畏死心；非破我所，则不能去拜金心；非谈平等，则不能去奴隶心；非示众生皆佛，则不能去退屈心；非举三轮清静，则不能去德色心。

---

①章炳麟《菿汉微言》，《章氏丛书》第四函，浙江图书馆刊本，1918 年。
②章炳麟《菿汉微言》，《章氏丛书》第四函，浙江图书馆刊本，1918 年。
③章炳麟《中国近代思想史论》，人民出版社，1979 年，第 386 页。
④章炳麟《章太炎全集》三卷，上海人民出版社，1984 年，第 15 页。

他拟建立的是“以自识为宗”的新佛教。“识者云何？真如即是唯识实性，所谓圆成实也。”基于此，他认为一般宗教对人格神的崇拜本是“虚文”，“是故，识性真如，本非可以崇拜，惟一切事端之起，必先有其本师，以本师代表其事，而施以殊礼者，宗教而外，所在多有……释教亦尔”。所以崇拜佛陀，是“尊其为师，非尊其为鬼神”。他明确主张“宗教之用，上契无生，下教十善，其所以驯化生民者，特其余绪”。按他所理解的“三自性”，“今所归敬者，在圆成实自性，非依佗起自性。若其随顺而得入也，则惟以依佗为方便，一切众生，同此真如，同此阿赖耶识。是故此识非局自体，普遍众生，唯一不二。若执著自体为言，则唯识之教，即与神我不异。以众生同此阿赖耶识，故立大誓愿，尽欲度脱等众生界，不限劫数，尽于未来”①。这样，他的唯识教理贯穿了众生平等、普遍济度的精神。他更明确指出：

至所以提倡佛学者，则自有说。民德衰颓，于今为甚，姬孔遗言，无复挽回之力，即学理亦不足以持世。且学说日新，智慧增长。而主张竞争者，流入害为正法论；主张功利者，流入顺世外道论。恶慧既深，道德日败，矫弊者乃憬然于宗教之不可灭绝。而崇拜天神，既近卑鄙；归依净土，亦非丈夫余志之事（《十住毗婆沙论》既言之）；至欲步趣东土，使比丘纳妇食肉，戒行既亡，尚何足为轨范乎？自非法相之理，华严之行，必不能制恶见而清污俗。②

所以，章炳麟的宗教观是具有强烈的功利色彩和政治目的的。他还说：“道德普及之世，即宗教消镕之世也。”③ 则他的宗教观又带有鲜明的神道设教的意味。

章炳麟以其渊博的知识把佛学与现代科学相沟通，显示了当时进步思想界的一大特色。例如他把佛教“劫”的观念和中国古代哲学的“运”、西方哲学的“期”等同起来，以说明世界进化之理；他把《华严经》里所讲“世界如白云”的重重不尽的宇宙观，与牛顿、哥白尼、赫歇儿建立在科学观察上的宇宙观联系起来，以说明宇宙的无限性；他论证人的生命过程，强调爱染忘情的作用，又把它与近代科学的斥力、吸力混同起来；对于十九世纪末叶重新引起人们兴趣的唯识和因明，他

①章炳麟《建立宗教论》，《章太炎全集》第四卷，上海人民出版社，1985 年，第 414 ~ 415 页。
②章炳麟《人物我论》，《章太炎全集》第四卷，上海人民出版社，1985 年，第 429 页。
③章炳麟《建立宗教论》，《章太炎全集》第四卷，上海人民出版社，1985 年，第 418 页。

研习有得，调和到自己的思想、学术之中，特别重视佛教因明在认识论和逻辑上的创获，援引佛学里“四缘”、“量”，“心分位”等观念，来说明认识过程和认识与名言的关系；在讲墨家逻辑的时候，他拿因明三支论法、欧洲三段论法与之相比较，明其异同，更有卓见。

章炳麟与谭嗣同一样，要求发扬主观精神以改造人生，革新社会。晚年他十分推崇《庄子》，他曾作《齐物论释》，并解释说:“余既解《齐物》，于老氏亦能推明。佛法虽高，不应用于政治社会，此则惟恃老庄也。儒家比之，邈焉不相逮矣。”① 他认为“夫能上悟唯识，广利有情，域中故籍，莫善于《齐物论》”。在《齐物论释》里，他用佛说比附庄子说：

> 齐物者，一往平等之谈，详其实义，非独等视有情，无所优劣，盖离言说相，离名字相，离心缘相，毕竟平等，乃合齐物之义。次即《般若》所云:“字平等性，语平等性也。”其文既破名家之执，而即泯绝人法，兼空见相，于是乃得荡然无阂。若其情存彼此，智有是非，虽复泛爱兼利，人我毕足，封畛已分，乃奚齐之有哉！……齐其不齐，下士之鄙执；不齐而齐，上哲之玄谈。自非涤除名相，其孰能与于此?②

他把佛说“真如”等同于老子所谓“道”，康德所谓“自在之物”，又与庄子所说基于自心观念相合；他又说自由平等观念早见于佛书，释迦当初不平于种姓制度，党言平等以矫之，而自由在佛经里称“自在”，因此大、小二乘，与庄周义有相征。这样，他借鉴或发挥佛理以解释庄子，又给佛学套上现代外衣。这些都表现了他积极使佛学为我所用的努力。

第六节　杨文会

在晚清佛教中，居士阶层仍是起支持作用的关键力量。虽然在思想、学术领域，由于没有出现领袖群伦的人物，这一股力量也并不那么显赫，但其影响却十分深远。近、现代佛教一直延续着这一传统，一批具有高度学养的居士的活动给佛教

①《章太炎先生自述学术次第》，章氏国学讲习会印本。

②章炳麟《齐物论释定本》，《章太炎全集》第六卷，上海人民出版社，1986 年，第 61 页。

发展注入了生生不息的活力。而回顾晚清时代，如梁启超所说:“晚清所谓新学家者，殆无不与佛学有关系。而凡有真信仰者，率皈依（杨）文会。”① 他又说:“晚清有杨文会者，得力于《华严》而教人以净土，流通经典，孜孜不倦。今代治佛学者，什九皆闻文会之风而兴起也。”② 当然，晚清佛学的“复兴”有其更深刻的社会和思想、学术的原因，但杨文会所起的巨大作用也是不容忽视的。

杨文会（1837—1911），号仁山，安徽石埭人。幼能文，不喜举子业，任侠击剑，广有交游。咸丰三年（1853）太平天国革命军起，他随家人转徙各地十年，同时又钻研学问，有所成就。同治四年（1864），他病中读书，得《大乘起信论》和《楞严经》，领会奥义，会心不已，从此热衷于佛学。弟子欧阳渐替他作传，记述他“于佛法中有十大功德”：

> 一者，学问之规模弘扩；二者，创刻书本全藏；三者，搜集古德遗书；四者，为雕塑学画刻佛像；五者，提倡办僧学校；六者，提倡弘法于印度；七者，创居士道场；八者，舍女为尼，孙女外孙女独身不嫁；九者，舍金陵刻经处于十方；十者，舍科学技艺之能，而全力于佛事。菩萨于求五明，岂不然哉！③

从以上十事可以看出，杨仁山的贡献主要在振兴佛教的弘法事业，特别是组织刻印佛典、创建专门的刻印机构和组建培养僧尼的学校。前者为知识界研究佛教提供了必要条件，起了推动作用；后者为此后佛教发展培养了人才，如太虚就是他在南京创建的祇洹精舍的优秀学生。

杨仁山学佛，抱着改造社会的明确目的，他在给友人信中说：

> 承示时务多艰，此皆众生业力所感，正是菩萨悲愿度生之境。修行人常以兼善为怀，若存独善之心，则违大乘道矣。④

他的友人夏曾佑来信中更有云：

---

①梁启超《清代学术概论》，《梁启超史学论著四种》，岳麓书社，1998年，第93页。

②《中国佛法兴衰沿革略说·五》。

③《杨仁山居士传》，《学思文萃》卷一〇。

④《与郑陶斋官应书附来书》，《等不等观杂录》卷六，《中国现代学术经典·杨仁山　欧阳渐　吕澂卷》，河北教育出版社，1996年，第102页。

近来国家之祸，实由全国民人太不明宗教之理之故所致，非宗教之理大明，必不足以图治也。①

他自己也有明确的“不变法不能自存”的观念②。可知他的思想。他提倡佛教的意图与当时的革新潮流是有相契合的一面的。另一方面他也看到当时佛教的窳败，僧徒安于固陋，不学无术，滥附禅宗，佛学颓坏，因而提出明确的革新佛教的要求。这些都是他宣扬佛教、提倡佛学中值得称道的地方。

他“统摄诸教而无遗”③，具有浓厚的调和色彩。他推尊《起信论》和明末四高僧（莲池、紫柏、憨山、藕益），自称“教宗贤首，行在弥陀”。他对净土有坚定的信仰，劝人学佛，却不劝人出家。另一方面他又以佛说统合儒、道，作《论语发隐》、《孟子发隐》，以佛释儒；又作《道德经发隐》、《南华经发隐》等，以儒释道。这都显示了他的思想的综合性质，也表现了文人本色。

造成杨仁山对思想学术界巨大影响的是他坚持四十余年的弘法事业。特别是他创立金陵刻经处，刻印经典，自任校勘，编辑《大藏辑要》。光绪四年（1878）以后他服务于外交界，两度作为随从使欧，在伦敦结识日本留学僧南条文雄，在后者帮助下，从日本搜得中土佚失经典，刊刻流通。其中包括一批久佚的法相宗疏记。这些书回归中土，直接刺激了十九世纪末唯识学的复兴。他更创办佛学研究会，广结善缘，会员中有谭嗣同、桂伯华、黎端甫、梅光羲、欧阳渐等，都各有造诣，成为一代佛学研究的中坚。从这个意义说，他可以说是晚清佛学研究的先行者和指导者。

以上介绍了晚清文人中热衷佛教和佛说的几个主要人物。在当时形成的时代思潮中，主动接近佛教、受到佛说影响，在文人中是相当普遍的现象。例如晚清所谓“诗界革命”的另一位开风气者黄遵宪，梁启超评论说：

自唐人喜以佛语入诗。至于苏（东坡）、王（半山），其高雅之作，大半为禅悦语……《人境庐集》中有一诗，题为《以莲菊桃杂供一瓶作歌》，半取

---

①《与夏惠卿曾佑书附来书》，《等不等观杂录》卷六，《中国现代学术经典·杨仁山　欧阳渐　吕澂卷》，河北教育出版社，1996年，第103页。

②《观未来》，《等不等观杂录》卷一，《等不等观杂录》卷六，《中国现代学术经典·杨仁山　欧阳渐　吕澂卷》，河北教育出版社，1996年，第19页。

③《与释幻人书二附来书》，《等不等观杂录》卷五，河北教育出版社，1996年，第80页。

佛理。有参以西人植物学、化学、生理学诸说，实足为诗界开一新壁垒。[1]

他的创作无论是内容还是语言表达，对佛书多有汲取。又如王国维，他尝试以西方哲学的观点和方法来研究文学，同样也注意从佛说得到借鉴。例如他在《人间词话》里阐发“境界”说，正和佛理有一定关系。

康有为、谭嗣同、章太炎、梁启超等人都是新旧交替时期的人物，从一定意义上正是梁启超所说的“清代思想时之结束人物”[2]。也是在这个意义上，他们也可以说是中国佛教学术的结束人物。梁启超说：

佛教哲学，本为我先民最珍贵之一遗产，特因发达太过，末流滋弊，故清代学者，对于彼而生剧烈之反动。及清学发达太过，末流亦敝，则还原的反动又起焉。适值全世界学风，亦同有此等倾向，物质文明烂熟，而“精神上之饥饿”益不胜其痛苦，佛教哲学，盖应于此时代要求之一良药也。我国民性，对于此种学问，本有特长，前此所以能发达者在此。[3]

据此看来，晚清这一由不同立场、出于不同目的鼓动起来的复兴佛教、提倡佛学的潮流，总体上具有对于固有文化传统进行反省、意图开创文化建设新机的性质。在检阅文化遗产、检讨固有文化良窳的过程中，当时有许多人发现了佛教和佛学的价值，并意图从中寻求有益于满足时代要求、有助于实现社会理想的内容。在这一过程中，人们没有可能也没有必要过多、过深地去进行学理上的探讨。他们主要着眼于“应用”。因而他们往往是根据个人主观理解来阐释佛教，有时甚至硬是给自己的革新、革命主张披上佛说的外衣，以图实现改造社会、促进历史进步的目的。所以就学术层面而言，这一时期的佛学研究是比较粗陋的，成就因而也就有限；就具体实践层面而言，在宋代以来已经衰落的佛教从总体说已退出中国思想学术舞台的形势下，试图从中寻求创新的思想、理论资源，也只能是一厢情愿的努力，而其消极、落后的东西更往往在一定程度上束缚了人们的脚步。即使如此，在中国有长期发展历史、积累了丰厚传统的佛教思想和学术，经过这些革新事业先行者之手，确实得到一次推陈出新的机会。他们为建设新的思想、学术所作的阐释，对于发掘这

①梁启超《饮冰室诗话》，人民文学出版社，1959 年，第 30 ~ 31 页。

②梁启超《清代学术概论》《梁启超史学论著四种》，岳麓书社，1998 年，第 86 页。

③梁启超《清代学术概论》《梁启超史学论著四种》，岳麓书社，1998 年，第 99 页。

一遗产总算做了一次清算、总结的工作，对于后来继承这一份文化遗产，积累了经验教训，也发挥了积极作用。

如果说晚清这些从事革新、革命的先行者们在学术上是中国古典学术的结束者，在一定意义上也是新学术的开拓者，那么在佛学上他们也是旧佛学研究的结束者，从一定意义上也替新的佛教、新的佛学研究作了准备。进入二十世纪，无产阶级革命运动兴起，全面转变了思想、学术发展的方向。特别是“五四”新文化运动高举科学和民主两大旗帜，以摧枯拉朽之势批判旧文化和旧道德，宗教包括佛教理所当然地在被猛烈冲击之列。在这种新的条件和形势之下，为求得佛教的生存和发展，僧、俗间遂有革新佛教的持续努力。在学术界，则作为社会科学一个重要分支的全新的佛教学被创立起来，众多学者在这个领域辛勤耕耘，并与世界各国的佛教学者密切合作，使这一门新的学科呈迅速发展之势。由于这一学科与众多社会、人文学科，与许多自然科学学科有着密切关联，得到学界的广泛关注，遂逐步展现出蓬勃发展的美好前景，全新的佛学正在不断地对于新一代思想、文化建设作出贡献。

结　　语

一位外国学者曾指出:“佛教是印度对中国的贡献。并且，这种贡献对接受国的宗教、哲学与艺术有着如此令人震惊并能导致大发展的效果，以至渗透到中国文化的整个结构。”① 曾经担任印度总统的拉达克里希南则说:“关于佛教对于中国人心灵的深刻影响，挪威的一位基督教传教士写道：‘思想、观点、未来的希冀、服从、无法言说的痛苦与悲伤、觉悟与安宁的深切渴望、对一切众生之无法言表的同情、对所有生灵之解脱的平静而又热烈的希望，在所有这一切当中，佛教都已刻下了深深的痕迹。如果人们希望理解中国，那么他就必须以佛教的观点来看待它。’(Reichelt: Truth and Tradition in Buddhism)。”② 正如本书中一再指出的，佛教输入中土，是中国历史上第一次大规模的对外文化交流，对中国文化发展的影响是十分巨大、无限深远的。从这个角度看，佛教乃是古代佛教发源地及其传入中国的广大中介地区（包括古印度、中亚、南亚等）各族人民馈赠给中国的珍贵礼物，中国从中确实得到了无穷恩惠。但是从另一个角度看，一种外来文化移植到不同国度、不同民族的文化土壤上，能够扎根并健康地成长、发展，也是基于所移植民族文化所具有的良好的基础。就佛教输入中土的具体情况而论，中土人士在相当长的历史时期内，不仅以开阔的胸怀、积极的姿态努力汲取外来佛教的有价值的思想、文化内

①J. 勒卢瓦·戴维森《印度对中国的影响》; A Cultural History of India, Edited by A. L. Basham, Oxford University Press, New Delhi, 1984, p.455; 巴沙姆主编《印度文化史》，闵光沛等译，商务印书馆，1997 年，第 669 页。

②《印度与中国》，《中国印象——世界名人论中国文化》，广西师范大学出版社，2001 年，下册第 404 页。

容，吸纳了它的优点、长处，更能够在本土悠久而丰富的文化传统的基础上，对这一外来文化加以改造、发展即所谓实现“中国化”，并能在相当程度上扬弃了它的消极、落后的方面，从而创造出更丰硕、有益的成果。这也正如陈寅恪所说：

> 释迦之教义，无父无君，与吾国传统之学说，存在之制度，无一不相冲突。输入之后，若久不变异，则决难保持。是以佛教学说，能于吾国思想史上，发生重大久远之影响者，皆经国人吸收改造之过程。①

钱穆论述南北朝时期历史有两个显著特征，一是新民族的羼杂，一是新宗教的传入，他并比较罗马文化、希伯来文化的发展情形，得出结论说：

> ……在西方是罗马文化衰亡，希伯来宗教文化继之代兴，在中国则依然是自古以来诸夏文化的正统，只另又羼进了一些新信仰。因此在西方是一个“变异”，在中国则只是一个“转化”。这是罗马衰亡和汉统中衰所决然相异的。②

这样，外来佛教输入中土，能够积极地适应中土思想文化环境，其内容和形式得到全面的扬弃、改造，并主动地、逐步地融入到中国固有的传统之中，从而得以在与其产生本土全然不同的异域土地上生存和发展，这正显示了华夏文化的重大优长，表明了中华民族文化发展的强大生命力。

就中、印文化交流情况，印度独立后第一任总理、政治家尼赫鲁曾说过：

> 在千年以上的中印两国的交往中，彼此相互学习了不少知识，这不仅在思想上和哲学上，并且在艺术上和实用科学上。中国受到印度的影响也许比印度受到中国的影响为多。这是很可惋惜的事，因为印度若是得了中国人的健全常识，用之来制止自己的过分的幻想对自己是很有益的。中国曾向印度学到了许多东西，可是由于中国人经常有充分的坚强性格和自信心，能以自己的方式吸取所学，并把它运用到自己的生活体系中去。甚至佛教和佛教的高深哲学在中国也染有孔子和老子的色彩。佛教哲学的消极看法未能改变或是抑制中国人对

①陈寅恪《冯友兰中国哲学史下册审查报告》，《金明馆丛稿二编》，上海古籍出版社，1980年，第251页。

②钱穆《中国文化史导论》（修订本），商务印书馆，2001年，第131～132页。

于人生的爱好和愉快的情怀。①

这番话是站在印度人的立场说的，却也清楚表明一个历史事实：古代中国吸纳了印度佛教的成就，并在本民族的文化土壤上加以发展，取得了远比印度佛教文化更为优异的成绩。正因此，本来是外来产物的中国佛教和佛教文化，就成为世界佛教文化中最为丰富多彩、也最具思想、文化价值的一部分，在世界文化发展史上占有重要地位，发挥了并继续发挥着巨大的影响，这在全部世界文化交流史上，也是个极富特色、极具光彩的现象。

中国文学受到佛教影响所发生的变化，所取得的成绩，正是上述历史发展的一部分。中国文学接受佛教影响取得的成就，同样远远超出佛教发源地印度本土佛教文学的成就；而且这种内容、价值和意义，更远远超越佛教的范围之外。至于所以能够取得这样的成就，也正是由于中土文人和民间的无名作者们勇于和善于对外来佛教加以陈寅恪所谓"改造"，钱穆所谓"变异"、"转化"，能够借鉴外来的滋养来丰富、发展自身的传统，有时甚至是"化腐朽为神奇"，创造出优异的文学业绩。

中国文学吸纳、借鉴佛教并加以发展又有一些特点和优点。总括起来举起荦荦大者，值得重视的有以下三点：

首先，佛教输入中土并得以迅速弘传，本有其内、外各种机缘，其中重要的一点如王国维所指出：

> 自汉以后……儒家惟以抱残守缺为事，其为诸子之学者，亦但守其师说，无创作之思想，学界稍稍停滞矣。佛教之东，适值吾国思想凋敝之后。当此之时，学者见之，如饥者之得食，渴者之得饮……②

就是说，佛教传入中土，无论是在教理方面，还是从信仰角度，恰恰都适应了中土的现实环境和思想、文化领域的实际需要，在许多方面可补中土传统之不足；而中土人士接受佛教，则一方面能够有分析地汲取其学理上和文化上具有积极意义和真理价值的部分，另一方面又能够结合中土实际需要和固有传统加以发挥和发展。这特别表现在所谓"三教"交流、交融、统合的过程之中。修《南齐书》的萧子显生活在佛教兴盛的时代，又是坚定的佛教信仰者，他论述佛教的价值和作用说：

①尼赫鲁《印度的发现》，齐文译，世界知识出版社，1958 年，第 246 页。

②王国维《论近年之学术界》，《静安文集》。

佛法者，理寂乎万古，迹兆乎中世，渊源浩博，无始无边，宇宙之所不知，数量之所不尽，盛乎哉！真大士之立言也。探机扣寂，有感必应，以大苞小，无细不容。若乃儒家之教，仁义礼乐，仁爱义宜，礼从乐和而已；今则慈悲为本，常乐为宗，施舍惟机，低举成敬。儒家之教，宪章祖述，引古证今，于学易悟；今树以前因，报以后果，业行交酬，连锁相袭。阴阳之教，占气步景，授民以时，知其利害；今则耳眼洞达，心智它通，身为奎井，岂俟甘石。法家之教，出于刑理，禁奸止邪，明用赏罚；今则十恶所坠，五及无间，刀树剑山，焦汤猛火，造受自贻，罔或差贰。墨家之教，遵上俭薄，磨踵灭顶，且犹非吝；今则肤同断瓠，目如井星，授子捐妻，在鹰庇鸽。从横执教，所贵权谋，天口连环，归乎适变；今则一音万解，无待户说，四辩三会，咸得吾师。杂家之教，兼有儒墨；今则五时所宣，于何不尽。农家之教，播植耕耘，善相五事，以艺九谷；今则郁单粳稻，已异阎浮，生天果报，自然饮食。道家之教，执一虚无，得性亡情，凝神勿扰；今则波若无照，万法皆空，岂有道之可名，宁余一之可得。道俗对校，真假将雠，释理奥藏，无往而不有也。能善用之，即真是俗。①

这当然是基于信仰发出的议论，但确也代表了当时人的看法。具体说法虽不免夸饰，但却指明了佛教在中土发展中的地位和意义，即一方面佛法与中土思想、学术在主旨上相一致，另一方面又是对中土思想学术的补充。至于认为佛法包容一切、超越中土传统，则是出于信仰的偏见了。从历史上的真实情形看，生存在中国封建体制和经学传统下的历代中国文人，一般都是以儒家思想为立身行事的依据的。尽管他们对待佛教信仰的情况不同，在思想观念、生活方式等方面则普遍地、不同程度地接受其影响，并基本上能够从积极的方面加以发挥。本来“佛以一大事因缘出现于世”，佛教更为关注人的生命、生存状态，人的心理、心态等方面，即是人自身“终极关怀”的各种问题。而文学被称为“人学”，以人生作为根本表现对象，以改造人作为终极目的，这就使得它和佛教的宗旨有多方面、多角度的重叠之处。这样，佛教建立在“般若空”观上的宇宙观和人生观，慈悲、平等、和平、护生等等伦理思想，关于佛性（实际是“人性”）、心性、心理等方面的理论等等，这些

①《南齐书》卷五四，第946～947页。

中土传统上历来陌生的内容也就可能被文人积极地接纳，并通过不同方式表现在文学作品之中，给中土文学不断注入新鲜的、有价值的内容，艺术上也不断开拓出新的局面。

其次，佛教作为外来思想、文化，输入中国并成为有规模、有势力的社会存在，就在中土文人面前树立起一个比较的指标，给他们认识生活并进行思索、加以评判提供了一种重要依据。而对现实的批判本是文学最具价值的功能之一。确立批判眼光和批判态度，则是文人创作取得成绩的重要前提之一。

佛教对文人发挥显著影响，恰是在汉代“独尊儒术”的传统确立起来之后。朝廷行政和社会伦理一以经学教条为指针，使得当时的思想文化界大受禁锢。先后兴起的谶纬神学和玄学都曾给经学教条以巨大冲击，但并没有从根本上扭转经学统治的一统局面。这也和谶纬与玄学自身缺乏更积极的内容有关系。正是在这样的思想环境中，佛教带着它的宏大、严密、系统的教理体系，又挟带着丰富多彩的西域文化内容输入中土，给中土人士提供了一套与固有传统全然不同的思想观念、伦理主张、生活方式等等。而且就其内涵的丰富、表现的精彩来看，这外来的一切足以和中土固有传统相抗衡。文化像一切事物一样，必须在矛盾、冲突中发展。佛教输入中土正造成了文化史上持续不断的、规模巨大的冲突局面。这种冲突涉及思想观念、伦理道德、生活方式等诸多层面，从而大大开阔、活跃了思想、文化领域。也正由于有了佛教提供的这样一个系统的批判指标，文人们才能够在创作中根据这些指标（尽管在理解、领会上往往是片面的甚至是歪曲的），对现实中统治阶层的专横暴虐、杀戮征伐、巧取豪夺、践踏民命等罪恶行径，对社会上的贪婪、欺诈、伪善、谄媚之类恶劣风气，对士人间热衷功名、追求利禄、攀附权势、寡廉鲜耻之类丑恶现象等等，进行揭露、批判和抨击，从而丰富了创造内容，提高了作品的思想意义。正如本书提供的众多例证可以证明的，在全部古代文学遗产中，基于这种批判意识创作出来的作品是十分可贵的一部分。

而且值得注意的是，这里所说的批判是双方面的。文人们一方面利用外来佛教提供的、不同于中土传统的思想资源来批判传统的历史、现实与思想观念，另一方面又利用传统思想资源来批判佛教的迷信、消极等落后方面。正是在这种相互批判中，有可能确立起一种相对独立、超然的立场和眼光。再来用这样的立场和眼光审视、反映现实和人生，作品中体现的视野就更为开阔，见解也更为犀利。

典型的例子如唐代的柳宗元，他在《送元十八山人南游序》里曾明确说：

太史公尝言："世之学孔氏者，则黜老子；学老子者，则黜孔氏。道不同不相为谋。"余观老子亦孔氏之异流也，不得以相抗。又况杨、墨、申、商、刑名、纵横之说，其迭相訾毁、抵牾而不合者，可胜言耶？然皆有以佐世。太史公没，其后有释氏，故学者之所怪骇舛逆其尤者也。今有河南元生者，其人闳旷而质直，物无以挫其志；其为学，恢博而贯统，数无以踬其道。悉取向之所以异者，通而同之，搜择融液，与道大适。咸伸其所长，而黜其奇邪，要之与孔子同道，皆有以会其趣。①

这是指出佛教可以与儒道调和、有益于世用的方面。他和反佛的韩愈辩论，这是他作为辩论依据的重要一点。而他写《赠浩初序》，在再一次提出与上述类似的看法为佛教辩护后，接着说：

吾之所取者与《易》、《论语》合，虽圣人复生不可得而斥也。退之所罪者其迹业，曰髡与缁，无夫妇父子，不为耕农蚕桑而活乎人。若是，虽吾亦不乐也。退之忿其外而遗其中，是知石而不知韫玉也。吾之所以嗜浮图之言以此。与其人游者，未必能通其言也。且凡为其道者，不爱官，不争能，乐山水而嗜闲安者为多。吾病世之逐逐然惟印组为务以相轧也，则舍是其焉从？吾之好与浮图游以此。②

这段话又十分清楚地表明，他一方面坚持中国固有的基本观念，反对佛教的"髡而缁"等等，另一方面又赞赏佛教的"不爱官"等等，用以批判世间争夺功名利禄的弊风。而且，正是基于这样的批判的立场，他能够坚定地反天命，反鬼神、反符瑞、反封禅，发展出他的"天人相分"的自然哲学思想和客观演进的历史发展观念，从而成为站在当时思想发展前列的杰出的思想家；也是在此基础上，创作出他的具有高度思想性和卓越艺术水平的作品。

柳宗元的例子的"典型"意义，在于他的看法和做法在相当大的程度上代表了中国文人对待佛教的态度和方式，即尽管具体表现各种各样，基本上都不同程度地采取这种分析、批判、"为我所用"的立场。另一个例子如苏轼，众所周知，他在思想上境界开阔，出入百家，这对他取得创作上的成就起到决定性的作用。他有文

①《柳河东集》卷二五，上海人民出版社，1975年，第419页。

②《柳河东集》卷二五，上海人民出版社，1975年，第425页。

章说：

孔、老异门，儒、释分宫，又于其间，禅、律交攻。我见大海，有北南东，江河虽殊，其至则同。①

这里明确表达了他统合诸家的立场。但又如朱熹指出的："东坡天资高明，其议论文词自有人不到处。" "平正不及韩公，东坡说得高妙处，只是说佛。"②王懋竑也曾指出：

以佛、老之道治性养心，而以周孔之道治天下，是佛、老得其精而周、孔得其粗矣。苏老学术根底如此。③

佛教在苏轼的整个思想中确实占据十分重要的地位。

苏轼在诗文里直接、间接宣扬佛说的作品不少。然而他早年曾尖锐地批评佛教说：

佛之道难成，言之使人悲酸愁苦。其始学之，皆入山林，践荆棘蛇虺，袒裸雪霜，或刲割屠脍，燔烧烹煮，以肉饲虎豹乌乌蚊蚋，无所不至，茹苦含辛，更千百万亿生而后成……吾尝究其语矣，大抵务为不可知，设械以应敌，匿形以备败，窘则推堕晃漾中不可捕捉，如是而已矣……吾之于僧，慢侮不信如此。④

他后来在给友人的书信里写到自己学佛的态度，有过一段生动而意味深长的比喻：

佛书旧亦尝看，但暗塞不能通其妙，独时取其粗浅假说以自洗濯。若农夫之去草，旋去旋生，虽若无益，然终愈于不去也。若世之君子所谓超然玄悟者，仆不识也。往时陈述古好论禅，自以为至矣，而鄙仆所言为浅陋。仆尝语述古：公之所谈，譬之饮食，龙肉也；而仆之所学，猪肉也。猪之与龙，则有间矣。然公终日说龙肉，不如仆之食猪肉实美而真饱也。不知君所得于佛书者果何耶？为出生死、超三乘遂作佛乎？抑尚与仆辈俯仰也？学佛、老者本期于

①《祭龙井辩才文》，《东坡后集》卷一六。

②黎靖德编《朱子语录》卷一三〇《本朝四》，中华书局，1988年，第8册第3113页。

③《读书记疑》卷一六《白田草堂续集》。

④《中和胜相院记》，《东坡集》卷三一。

静而达。静似懒，达似放，学者或未至其所期，而先得其所似，不为无害。仆尝以此自疑，故亦以为献。①

就是说，他学佛所得，主要在洗濯自己的心性，而对于佛教的“超然玄悟”的神秘方面是反对的。他广交僧侣为友，其中有禅宗名宿大觉怀琏。他赞扬说：

……时北方之为佛者，皆留于名相，囿于因果，以故士之超轶者皆鄙其言，诋为蛮夷下俚直说。琏独指其妙与孔、老合者，其言文而真，其行峻而通，故一时士大夫喜从之游。②

这也明确道出了他对佛教的基本认识和他所采取的分析、批判的立场。

前面说到梁启超提倡所谓“应用佛学”。从一定意义说，中国历代文人对待佛教基本上都带有“应用”的意味。正是基于这样的立场，使得他们一方面才能够在批判中汲取佛教的滋养，在创作中得到有益的借鉴，另一方面则积极地发挥佛教的文化批判功能。而从历史发展角度讲，文化批判正是文学健全发展的重要推动力。

再一点，中国文人汲取、借鉴外来佛教和佛教文化，善于分析、批判，能够有选择地吸纳其有价值的内容，分别应用到创作实践的不同方面。特别值得注意的是，从主导方面说，中国文人在创作实践中一方面坚持和发扬了本土固有的人本主义和理性主义传统，有效地抵制、削减了佛教作为宗教的迷信、消极的内容；另一方面则十分注重佛书的思维方式和表现方法，经过积极地改造和发挥，汲取其题材、主题、构思、问题、语言和艺术表现技巧等等，有力地推进了文学的发展，提高了创作的艺术水平。这也是中土人士善于从文化角度来接受和发展外来佛教所取得的重大成就之一。本书记述的大量史实正可以说明这种状况。

本来宗教的本质决定其具有排他性，宗教信仰则具有先验性和绝对性。这对于一般的文化发展（本民族的世俗文化、异民族的外来宗教与文化等）必然有所制约。而从世界历史发展角度看，一种外来宗教输入一个民族或国家，必然与这一民族或国家原来的文明形成冲突，更经常会采取宗教战争、宗教裁判等酷烈形式，最终形成征服与被征服的局面。但中国人接受外来佛教却基本是和平的、渐进的过程。外来的新鲜信仰、教义等等以及伴随着的外来文化当然也曾引发长时期、不间

①《答毕仲举书》，《东坡集》卷三〇。

②《辰奎阁碑》，《东坡集》卷三三。

断的矛盾和冲突，但基本没有出现激烈对抗的局面。反而是矛盾、冲突逐渐被化解，代之以相互交流与融合。这样，中国人能够从本土的、外来的宗教与文化中博采众长，熔铸成新的民族文化。中国文学的发展同样经历了这样的过程，也是这种熔铸成功的具体体现。在这里显示了中国人的智慧，也是中国文化发展本身孕育的无限可能性。

关于佛教在中华文化史上的地位、价值和意义，中、外学者有许多论述。在本卷结束的时候，笔者想引用德国佛教学者、波恩大学教授顾彬（WolfgangKubin）博士的一段话：

> 中国的现代精神，从本质来讲应当归功于翻译……这一翻译的激情由来已久。其源头可以追溯到近两千年前佛教传入中国的时代。从那时起，中国不仅翻译了佛经，同时也把佛像“翻译”了过来。中国并不只为自己的文化和文明立下了不朽的功勋，同样也为整个人类作出了更大的贡献。因为如果没有中国在翻译方面所取得的成就的话，那今天的佛教，确切地讲，这一从中国传到朝鲜、日本进而对世界产生影响的佛教，也就不复存在了。在这里，中国的贡献显然不只是翻译。中国不仅翻译了佛教，也在宗教、哲学以及美学诸多方面发展了佛教。①

本卷作为《中华佛教史》的一个分册，讨论中国古代文学在佛教影响下发生的变化和取得的成就，正是古代中国人“翻译”佛教并加以发展从而做出辉煌业绩的领域之一。写《中华佛教史》，之所以要用整整一卷篇幅来介绍这方面的情况，是因为这个领域乃是佛教在中土发展中发挥作用、取得成就的重要部分，是中国佛教文化中内容十分丰富、价值十分巨大的部分之一。对于有着一千几百年历史、积累文献无数的这一领域的介绍，一卷书的篇幅远远谈不到详密和充分。但仅据本书所提供的史实和资料却也足以证明：佛教输入中土，对中国文学确实发挥了极其巨大的影响，在很多情况下这种影响对于一代文学的进一步发展是决定性的，而且从主导方面看是积极的、有益的；中土人士善于有分析地、批判地从这一外来宗教汲取滋养，用作借鉴，不断发挥自身的创造力，创造出有价值的文学成果。而由于中国文

---

①《佛像解说中本版序》，李雪涛译，赫尔穆特·吴黎熙（Helmut Uhlig）《佛像解说》（Das Bild des Buddha），卷首第 1 ~ 2 页，社会科学文献出版社，2003 年。

学在整个中国历史发展中占据着特别重要的地位，发挥着特别重要的作用，佛教对中国文学造成巨大、深远影响，又间接地作用于中国文化的诸多领域，例如众多的学术、艺术、伦理等领域；而佛教对中国文学发挥影响并取得成就，作为中国佛教实践活动的重要方面，反过来又影响和推动了佛教自身的发展。如此等等，佛教与中国古典文学的相互影响的历史，就成为中国佛教史和中国文化史的光辉一页。这一页记录着古代中国精神史和文化交流史的重要侧面，留下了中国古代文化的一份值得珍视的丰厚遗产。

参考文献

《大正藏》
《大藏新纂卍续藏经》
《大藏经补编》
《道藏》，上海书店、文物出版社、天津古籍出版社 1994 年版。
《二十四史》，中华书局点校本。
（清）《四库全书总目提要》，中华书局影印本 1965 年版。
（清）《全唐文》，中华书局 1982 年版。
范文澜：《中国通史简编》（修订本），人民出版社 1965 年版。
钱穆：《中国近三百年学术史》，商务印书馆 1997 年版。
金克木：《梵语文学史》，人民文学出版社 1964 年版。
汤用彤校注：《高僧传》，中华书局 1992 年版。
季羡林主编：《印度古代文学史》，北京大学出版社 1991 年版。
陈寅恪：《读书札记三集·高僧传初集之部》，三联书店 2001 年版。
胡适：《白话文学史》，上海古籍出版社 1999 年版。
汤用彤：《隋唐佛教史稿》，中华书局 1982 年版。
王瑶：《中古文学史论》，北京大学出版社 1998 年版。
周一良：《魏晋南北朝史札记》，中华书局 1985 年版。
李肇：《国史补》，古典文学出版社 1957 年版。
马西沙、韩秉芳：《中国民间宗教史》，上海人民出版社 1992 年版。
《二十二子》，上海古籍出版社 1986 年版。
（汉）张衡：《论衡》，上海人民出版社 1974 年版。
（晋）僧肇：《注维摩诘所说经》，上海古籍出版社 1990 年版。
（北魏）杨炫之：《洛阳伽蓝记》，上海古籍出版社 1978 年版。

（南北朝）释僧祐：《出三藏记集》，中华书局 1995 年版。
（唐）冯翊《桂苑丛谈·史遗》，中华书局上海编辑所 1958 年版。
（唐）范摅《云溪友议》，古典文学出版社 1957 年版。
（南唐）释静、释筠：《祖堂集》，日本禅文化研究所 1994 年版。
（宋）李纮：《太平广记》，中华书局 1981 年版。
（宋）钱易：《南部新书》，中华书局 1958 年版。
（宋）魏庆之：《诗人玉屑》，古典文学出版社 1958 年版。
（元）耶律楚材：《湛然居士文集》，谢方点校，中华书局 1986 年版。
（元）陶宗仪：《南村辍耕录》，中华书局 1997 年版。
（明）兰陵笑笑生：《金瓶梅词话》，人民文学出版社 2000 年版。
（明）何良俊：《四友斋丛说》，中华书局 1997 年版。
（明）冯梦龙：《警世通言》，人民文学出版社 1957 年版。
（明）李渔：《宣和遗事两种·新编五代史评话》，江苏古籍出版社 1993 年版。
（明）沈德符：《万历野获编》，中华书局 1997 年版。
（清）龚自珍：《龚自珍全集》，上海人民出版社 1975 年版。
（清）王士禛原编、郑方坤删补、戴鸿森点校：《五代诗话》，人民文学出版社 1989 年版。
（清）戴震：《孟子字义疏证》，中华书局 1961 年版。
（清）浦起龙：《读杜心解》，中华书局 1961 年版。
（清）纪昀：《瀛奎律髓》，中国书店影印扫叶山房本 1990 年版。
（清）钱谦益：《列朝诗集小传》，中华书局 1983 年版。
（清）龚自珍：《龚自珍全集》，上海人民出版社 1975 年版。
（清）纪昀：《阅微草堂笔记》，天津古籍出版社 1994 年版。
（清）袁枚：《子不语》，上海古籍出版社 1998 年版。
鲁迅：《鲁迅全集》，人民文学出版社 1980 年版。
鲁迅：《鲁迅辑录古籍丛编》，人民文学出版社 1999 年版。
梁启超：《佛学研究十八篇》，台湾中华书局 1976 年版。
梁启超：《梁启超史学论著四种》，岳麓书社 1998 年版。
梁启超：《饮冰室合集》，中华书局 1989 年版。
康有为：《康有为大同书二种》，三联书店 1998 年版。

章炳麟：《章氏丛书》，浙江图书馆刊本1918年版。
章炳麟：《中国近代思想史论》，人民出版社1979年版。
章炳麟：《章太炎全集》，上海人民出版社1984年版。
周叔迦：《周叔迦佛学论著集》，中华书局1991年版。
李四龙等译：《佛教征服中国》，江苏人民出版社1998年版。
吕澂：《印度佛学源流略讲》，上海人民出版社1979年版。
苏晋仁、萧链子点校：《出三藏记集》，中华书局1995年版。
周一良：《周一良集》，辽宁教育出版社1998年版。
王邦维：《南海寄归内法传校注》，中华书局1995年版。
饶宗颐：《梵学集》，上海古籍出版社1993年版。
陈寅恪：《金明馆丛稿二编》，上海古籍出版社1980年版。
陈庆元：《沈约集校笺》，浙江古籍出版社1995年版。
章巽：《法显传校注》，上海古籍出版社1985年版。
丁敏：《佛教譬喻文学研究》，东初出版社1996年版。
许明编：《中国佛教经论序跋记集》，上海辞书出版社2002年版。
刘熙载：《艺概》，上海古籍出版社1978年版。
范文澜：《文心雕龙注》，人民文学出版社1961年版。
陈延杰：《诗品注》，人民文学出版社1980年版。
逯钦立：《先秦汉魏晋南北朝诗·全晋诗》，中华书局1983年版。
王伊同：《五朝门第》，香港中文大学出版社1978年版。
王叔岷：《钟嵘诗品笺证稿》，台湾“中央研究院”中国文哲研究所1992年版。
汤用彤：《汤用彤学术论文集》，中华书局1983年版。
朱金城：《白居易集笺校》，上海古籍出版社1988年版。
黄节：《谢灵运诗注》，人民文学出版社1958年版。
胡晓明、傅杰主编：《释中国》，上海文艺出版社1998年版。
沈德潜：《古诗源》，文学古籍刊行社1957年版。
范祥雍：《洛阳伽蓝记校注》，上海古籍出版社1958年版。
黄裳：《来燕榭读书记》，辽宁教育出版社2001年版。
王利器：《颜氏家训集解》，上海古籍出版社1980年版。

胡明编：《胡适精品集》，光明日报出版社 1998 年年版。
刘师培：《刘师培学术论著》，浙江人民出版社 1998 年版。
陈世强：《佛典精解》，上海古籍出版社 1993 年版。
陈垣：《中国佛教史籍概论》，中华书局 1962 年版。
季羡林：《大唐西域记校注》，中华书局 1985 年版。
孙昌武点校：《观世音应验记三种》，中华书局 1994 年版。
贾兰坡：《中国大陆上的远古居民》，天津人民出版社 1978 年版。
李学勤：《走出疑古时代》（修订本），辽宁大学出版社 1997 年版。
杨伯峻：《春秋・左传注》（修订本），中华书局 1990 年版。
郭鹏：《坛经校释》，中华书局 1983 年版。
方诗铭辑校：《冥报记》，中华书局 1992 年版。
任国绪：《卢照邻集编年笺注》，黑龙江人民出版社 1989 年版。
徐鹏校：《陈子昂集》，中华书局 1960 年版。
黎靖德编：《朱子语录》，中华书局 1986 年版。
许鹏：《孟浩然集校注》，人民文学出版社 1989 年版。
张宗柟篡集：《带经堂诗话》，夏闳点校，人民文学出版社 1963 年版。
胡适校：敦煌唐写本《神会和尚遗集》，台湾“中央研究院”胡适纪念馆 1982 年版。
何文焕辑：《历代诗话》，中华书局 1981 年版。
王琦注：《李太白全集》，中华书局 1977 年版。
郁贤皓：《唐刺史考》，江苏古籍出版社 1987 年版。
郭沫若：《李白与杜甫》，人民文学出版社 1971 年版。
仇兆鳌：《杜少陵集详注》，文学古籍出版社 1955 年版。
王瑞来校点：《鹤林玉露》，中华书局 1983 年版。
郭绍虞：《宋诗话辑佚》，人民文学出版社 1980 年版。
陶敏、王友胜：《韦应物集校注》，上海古籍出版社 1998 年版。
储仲君：《刘长卿诗编年笺注》，中华书局 1996 年版。
卞孝萱校订：《刘宾客集》，中华书局 1990 年版。
冀勤点校：《元稹集》，中华书局 1982 年版。
傅璇琮主编：《唐才子传校笺》，中华书局 1990 年版。

黄鹏：《贾岛诗集笺注》，巴蜀书社 2002 年版。
胡大浚、张春雯校点：《梁肃文集》，甘肃人民出版社 2000 年版。
马其昶：《韩昌黎文集校注》，上海古籍出版社 1986 年版。
郝润华校点：《李翱集》，甘肃人民出版社 1992 年版。
林纾：《柳文研究法》，台湾广文书局 1980 年版。
严寿澂：《郑谷诗集笺注》，上海古籍出版社 1991 年版。
任半塘：《敦煌歌辞总编》，上海古籍出版社 1987 年版。
钱钟书：《谈艺录》（修订本），中华书局 1984 年版。
舒芜等编：《中国近代文论选》，人民文学出版社 1981 年版。
贾晋华：《皎然年谱》，厦门大学出版社 1992 年版。
郭韶虞：《沧浪诗话校释·诗评》，人民文学出版社 1961 年版。
胡震亨：《唐音癸签》，古典文学出版社 1957 年版。
张伯伟：《唐五代诗格汇考》，江苏古籍出版社 2002 年版。
郭绍虞等编：《万首论诗绝句》，人民文学出版社 1991 年版。
顾嗣立：《元诗选》，中华书局 1987 年版。
黄君坦点校：《静志居诗话》，人民文学出版社 1998 年版。
蔡尚思等编：《谭嗣同全集》（增订本），中华书局 1981 年版。
梁启超：《饮冰室诗话》，人民文学出版社 1959 年版。
项楚：《王梵志诗校注》，上海古籍出版社 1991 年版。
黄征、张涌泉：《敦煌变文校注》，中华书局 1997 年版。
钱伯诚：《袁宏道集笺校》，上海古籍出版社 1981 年版。
陈铭：《龚自珍评传》，南京大学出版社 1998 年版。
徐朔方笺校：《汤显祖集》，中华书局 1962 年版。
阿英：《晚清文学丛钞·小说戏曲研究卷》，中华书局 1960 年版。
朱其铠主编：《全本新注聊斋文集》，人民文学出版社 1989 年版。
张友鹤：《聊斋志异会校会注会评本》，上海古籍出版社 1983 年版。
甲戌本《脂砚斋重评石头记》卷首，上海人民出版社 1975 年版。
王璧疆：《唐人小说·柳毅传》，上海古籍出版社 1978 年新一版。
季羡林：《季羡林学术论著自选集》，北京师范学院出版社 1991 年版。
车锡伦：《中国宝卷总目》，燕山出版社 2000 年版。

车锡伦：《中国宝卷研究论集》，学海出版社 1997 年版。
方部和：《河西宝卷真本校注研究》，兰州大学出版社 1992 年版。
段平：《河西宝卷的调查研究》，兰州大学出版社 1992 年版。
向达：《唐代长安与西域文明》，三联书店 1957 年版。
陶慕宁校点：《金瓶梅词话》，人民文学出版社 2000 年版。
戈唐：《江苏南部民间戏曲说唱音乐集》，音乐出版社 1955 年版。
宋仲琤选编：《中国佛话》，上海文艺出版社 1994 年版。
何学威等编著：《佛话经典》，湖南文艺出版社 1996 年版。
郭绍虞：《照隅室古典文学论集》，上海古籍出版社 1983 年版。
杨仁山：《等不等观杂录》，河北教育出版社 1996 年版。
【德】黑格尔：《美学》，朱光潜译，人民文学出版社 1962 年版。
【印】尼赫鲁：《印度的发现》，世界知识出版社 1958 年版。
【英】渥德尔：《印度佛教史》，商务印书馆 1987 年版。
【英】查尔斯·埃利奥特：《印度教与佛教史纲》，李荣熙译，商务印书馆 1982 年版。
【日】平等通昭：《印度佛教文学の研究》，日本横滨佛教学研究所 1967 年版。
【日】吉川幸次郎：《我的留学记》，钱婉约译，光明日报出版社 1999 年版。
【日】柳田圣山编：《胡适禅学案》，日本中文出版社 1981 年版。
【日】入矢义高编：《马祖の语录》，日本禅文化研究所 1984 年版。
【日】西谷启治：《宗教论集Ⅱ·禅の立场》，创文社 1986 年版。
【日】小林太市郎：《禅月大师の生涯と艺术》，日本淡交社 1974 年版。
【日】狭间直树编：《梁启超·明治日本·西方——日本京都大学人文科学研究所共同研究报告》，社会科学文献出版社 2001 年版。
【日】遍照金刚：《文镜秘府论》，人民文学出版社 1980 年版。

《中华佛教史》后记

◎汤一介

1999年冬，山西教育出版社约请季羡林先生主编一套多卷本《中华佛教史》。其时，季先生年近九十，因身体的原因，季先生向出版社提出由他与我共同主编。我虽对中国佛教史稍有涉猎，但并无深入研究，为了帮助季先生实现编著《中华佛教史》的意愿，我答应了。自2000年起，我们开始组织编写队伍，又花了一年多的时间经多次与作者共同讨论，就《中华佛教史》的框架和编写体例达成了共识。我们认为，现有的中国佛教史著作多为汉地佛教，而且往往只写佛教思想，这次我们是否可以编写出一套有特色的佛教史，把我国多个受佛教影响的民族的佛教历史也包含在内，这样也许更有意义。为了与过去的中国佛教史有所区别，我们把这部佛教史定名为《中华佛教史》，此点季先生在本书的总序中已有说明。

原来我们讨论编写的《中华佛教史》共分十三卷：一、汉魏两晋南北朝佛教史卷；二、隋唐五代佛教史卷；三、宋元明清佛教史卷；四、近代佛教史卷；五、佛教文学卷；六、佛教美术卷；七、西藏佛教史卷；八、西夏佛教史卷；九、云南上部座佛教史卷；十、西域佛教史卷；十一、敦煌佛教史卷；十二、中韩佛教交流史卷；十三、中国佛教东传日本史卷。后季先生自2003年起因身体原因长期住在医院，我又担任了教育部哲学社会科学重大攻关研究项目“儒藏编纂与研究”的首席专家，加之各卷作者的教学与其他研究任务繁忙，因此《中华佛教史》的进度较慢。自2004年，开始有作者交稿，至2012年已交十卷，敦煌卷、西域卷、西夏卷因各种原因而无法继续写作。现在完成的是以下十卷，即汉魏两晋南北朝佛教史卷、隋唐五代佛教史卷、宋元明清佛教史卷、近代佛教史卷、佛教文学卷、佛教美术卷、云南上部座佛教史卷、西藏佛教史卷、中韩佛教交流史卷、中国佛教东传日本史卷。为了稍稍弥补此套《中华佛教史》之不足，我征得季先生同意，从季先生的著作中把他所写的中国佛教论文编成一本《佛教史论集》，把它作为本书的最后一卷，一方面希望读者能了解季先生对“中华佛教史”总体上的把握，另一方面季先生的这本《论集》中包含着他对敦煌、吐鲁番以及西域地区佛教的若干看法，这或许对敦煌佛教、西域佛教的研究有所帮助。还需要说明一事，季先生曾为西域卷写了三万余字的书稿，但现在不知手稿在何处，故未及编入《论集》，希望以后能找到，供研究西域佛教的学者利用。把季先生的《佛教史论集》作为《中华佛教史》最后一卷，其他十卷顺序排列，这或者也可以说仍是一套稍具规模而与其他中国佛教史著述有所不同的研究著作。

由于我不是专门研究佛教史的专家，加之我晚年特别关注中国儒家哲学及其现代发展的可能性问题，因此没有可能把大力花在《中华佛教史》上，这是一件遗憾的事。学术研究是没有止境的，我相信一定会有更好的包含中华各民族佛教信仰的佛教史研究著作出现。这对凝聚中华民族为一体也有一定的意义。

《中华佛教史》

总主编

季羡林

汤一介

《汉魏两晋南北朝佛教史卷》 张雪松

《隋唐五代佛教史卷》 洪修平

《宋元明清佛教史卷》 魏道儒

《近代佛教史卷》 麻天祥

《佛教文学卷》 孙昌武

《佛教美术卷》 金维诺

《西藏佛教史卷》 王尧

《云南上部座佛教史卷》 张公瑾 杨民康 戴红亮

《中韩佛教交流史卷》 魏常海

《中国佛教东传日本史卷》 杨曾文

《佛教史论集》 季羡林